Power Query

Daniil Maslyuk ist ein unabhängiger Business-Intelligence-Berater, Trainer und Redner, der sich auf Microsoft Power BI spezialisiert hat. Daniil ist der Autor aller offiziellen Prüfungstrainingsbücher für Microsoft Power BI. Für seine Beiträge zur Community wurde Daniil als Microsoft MVP ausgezeichnet. Daniil bloggt auf *xxlbi.com* und postet auf X als @DMaslyuk.

Gil Raviv ist ein erfahrener Daten- und KI-Experte, Gründer der Firma DataChant Consulting und Schöpfer von BI Pixie, einer Unternehmenslösung, die das Engagement, die Akzeptanz und die Benutzerzufriedenheit von Microsoft Power BI-Zielgruppen misst.

Gil begann seine Reise mit Power Query als Senior Program Manager im Microsoft Excel Product Team, wo er die Entwicklung und Integration von Power Query als die nächste Generation der Get-Data- und Data-Wrangling-Technologie in Excel 2016 leitete. Seitdem ist Gil ein begeisterter Power Query-Anwender.

Mit seinem Wissen über Power Query wechselte Gil in den Bereich Consulting und hatte im Laufe von sieben Jahren globale Führungspositionen bei Avanade und Amazon Web Services (AWS) inne, wo er Fortune-1000-Unternehmen bei ihren BI-Migrationen und in deren Analytics-Kompetenzzentren beriet.

Mit zwei Jahrzehnten Erfahrung in der Softwareentwicklung, im Produktmanagement und in der Beratung bei Microsoft, AWS und anderen Unternehmen hat Gil immer die Zeit gefunden, sein Wissen weiterzugeben, und er hat für seine Beiträge Anerkennungen erhalten, darunter eine Auszeichnung für fünf Jahre als Microsoft MVP, zwei Jahre als Microsoft Fast Track Solution Architect und vier US-Patente in den Bereichen Computernetzwerke, Cybersicherheit und Analytics.

Power Query

In Excel und Power BI Daten sammeln, kombinieren und transformieren

2., aktualisierte und erweiterte Auflage

Daniil Maslyuk
Gil Raviv

dpunkt.verlag

Microsoft

Wir hoffen, dass Sie Freude an diesem Buch haben und sich Ihre Erwartungen erfüllen. Falls Sie Anregungen, Wünsche und Kommentare haben, lassen Sie es uns wissen: **service@rheinwerk-verlag.de**.

Informationen zu unserem Verlag und Kontaktmöglichkeiten finden Sie auf unserer Verlagswebsite **www.dpunkt.de**. Dort können Sie sich auch umfassend über unser aktuelles Programminformieren und unsere Bücher und E-Books bestellen.

Autoren: Daniil Maslyuk, Gil Raviv
Übersetzung: Rainer G. Haselier
Lektorat: Sandra Bollenbacher
Buchmanagement: Julia Griebel
Copy-Editing: Annette Schwarz, Ditzingen
Satz: SatzPro, Krefeld
Herstellung: Stefanie Weidner
Covergestaltung: Eva Hepper, Silke Braun
Druck: mediaprint solutions GmbH, 33100 Paderborn

PEFC-zertifiziert
Dieses Buch stammt aus nachhaltig bewirtschafteten Wäldern und kontrollierten Quellen
PEFC
PEFC/04-31-0810
www.pefc.de

Dieses Buch wurde mit mineralölfreien Farben auf PEFC-zertifiziertem Papier aus nachhaltiger Waldwirtschaft gedruckt. Der Umwelt zuliebe verzichten wir zusätzlich auf die Einschweißfolie. Hergestellt in Deutschland.

Bibliografische Information der Deutschen Nationalbibliothek:
Die Deutsche Nationalbibliothek verzeichnet diese Publikation in der Deutschen Nationalbibliografie; detaillierte bibliografische Daten sind im Internet über *http://dnb.dnb.de* abrufbar.

ISBN Print: 978-3-98889-045-0
ISBN PDF: 978-3-98890-274-0
ISBN ePub: 978-3-98890-275-7

2., aktualisierte und erweiterte Auflage 2025
Authorized translation of the English language edition of *Collect, Combine, And Transform Data Using Power Query In Power BI And Excel* 2nd Edition by Daniil Maslyuk, Gil Raviv published by Pearson Education, Inc, publishing as MICROSOFT PRESS, Copyright © 2025 Gil Raviv.

dpunkt.verlag ist eine Marke des Rheinwerk Verlags.
Translation Copyright für die deutschsprachige Ausgabe © Rheinwerk Verlag, Bonn 2025

Rheinwerk Verlag GmbH • Rheinwerkallee 4 • 53227 Bonn
service@rheinwerk-verlag.de

Inhaltsverzeichnis

Kapitel 3

Kapitel 4

Kapitel 5

Kapitel 6

Kapitel 7

Kapitel 8

Kapitel 9

Kapitel 10

Kapitel 16

Danksagungen

Ich habe zwar schon fünf Bücher geschrieben, aber das waren alles Bücher für die Vorbereitung auf eine Zertifizierungsprüfung, und ich wollte schon immer ein »anderes« Buch schreiben. Dies ist das erste Buch, das meinen Namen trägt und nichts mit einer Prüfung zu tun hat. Ich möchte Loretta Yates von Pearson und Gil, dem Autor der ersten Auflage dieses Buches, dafür danken, dass sie mir die Möglichkeit gegeben haben, eine aktualisierte und überarbeitete Auflage zu erstellen.

Ich danke Owen Auger, dem technischen Lektor dieses Buches, der dafür gesorgt hat, dass es weniger Fehler enthält, als es ohne Owen der Fall gewesen wäre, und dass er mir Ratschläge zur Verbesserung der neuen Kapitel gegeben hat, die ich geschrieben habe. Meine anderen Lektorinnen, Songlin Qiu und Linda Laflamme, haben dafür gesorgt, dass dieses Buch besser zu lesen ist. Shourav Bose hat sichergestellt, dass das Buch rechtzeitig veröffentlicht wird, und Tracey Croom hat bei der Produktion unterstützt. Mohammad Ali und Miguel Llopis von Microsoft haben mir geholfen zu verstehen, warum Power Query so populär ist.

Mehrere andere Personen haben zu diesem Buch beigetragen, indem sie direkt oder indirekt ihr Wissen mit mir geteilt haben. Auch bei ihnen möchte ich mich bedanken. *M Is for (Data) Monkey* von Ken Puls und Miguel Escobar war wahrscheinlich das erste technische Buch, das ich vor vielen Jahren gekauft habe. Es war mit Sicherheit dafür verantwortlich, dass ich mich für eine Karriere im Bereich Business Intelligence entschied. Es gab eine Zeit, in der ich jeden Blog-Beitrag, den Ken schrieb, geradezu verschlang. Später erfuhr ich, dass auch Miguel einen Blog mit außergewöhnlichem Content hat. Ich bin froh, dass Miguel jetzt Teil des Power Query-Teams ist.

Maxim Uvarov hat schon benutzerdefinierte Konnektoren erstellt, lange bevor ich überhaupt wusste, was das überhaupt ist, aber er ist sehr bescheiden und offen. Maxim Zelensky hat sich schon solange ich ihn kenne mit Power Query beschäftigt, und er ist immer noch leidenschaftlich dabei. Sergej Lossev ist ein Beispiel für einen äußerst kompetenten Menschen, der nicht nach Ruhm strebt. Viele seiner Lösungen haben mich früher umgehauen. (Ehrlich gesagt, tun sie es noch immer.) Ivan Bondarenko hat mir gezeigt, wie viel man mit Power Query und VBA erreichen kann, und das ohne schwerfällige Tools. Ivan zog etwa zur gleichen Zeit wie ich nach Australien, und es war gut, sich mit einem Gleichgesinnten im wirklichen Leben anzufreunden.

Alex Powers, Ben Gribaudo, Bill Szysz, Chris Webb, Imke Feldmann, Lars Schreiber, Rick de Groot, Wyn Hopkins – vielen Dank an Euch alle, dass Ihr Euer Wissen mit der Community und mit mir geteilt habt.

Zu guter Letzt und vor allem möchte ich mich bei meiner Familie für ihre Unterstützung bedanken.

– Daniil Maslyuk

Die erste Ausgabe dieses Buches zu schreiben, war eine der furchteinflößendsten Aufgaben, die ich je in Angriff genommen habe. Zu wissen, dass ich damit in unbekanntes Territorium vorstoßen und die Essenz einer sich ständig weiterentwickelnden Technologie einfangen musste, machte die Mission für mich schwierig. Ich hatte Angst davor, Ihre hohen Erwartungen nicht zu erfüllen. Wie könnte ich Ihnen das Wissen über diese Technologie so vermitteln, dass Sie die wesentlichen Elemente nutzen und tatsächlich etwas für Ihr Unternehmen bewirken können, während der Inhalt mit der Weiterentwicklung der Technologie Schritt hält?

Die Angst wurde schließlich durch die Erkenntnis besiegt, dass es bei dem Wissen, das ich weitergeben sollte, nicht um die Besonderheiten des Werkzeugs geht, sondern um die Reise, die man damit macht, und um die Probleme, die man löst. Den Menschen, die ich auf meiner Reise kennenlernen durfte und die mir das Lernen ermöglicht haben, bin ich sehr dankbar.

Ich möchte mich bei den Lesern meines Blogs *DataChant.com* und den Lesern der ersten Ausgabe dieses Buches bedanken. Ihr Feedback und Ihre Unterstützung haben dieses Unterfangen möglich gemacht. Die Techniken, die ich seit 2016 vermittelt habe, sind auch heute noch in Power Query relevant. Sie haben mich gelehrt, dass es wertvoll ist, sich auf Menschen und ihre Datenherausforderungen zu konzentrieren und nicht auf Funktionen. Es gibt kein Verfallsdatum für diese Art des Lernens. Die Fähigkeiten, die Sie erwerben, wenn Sie sich um die Lösung echter Datenprobleme bemühen, werden Ihnen erhalten bleiben und Sie auf Ihrer Reise unterstützen – unabhängig davon, wie sich das Tool weiterentwickelt.

In Zeiten, in denen sich KI so schnell weiterentwickelt und neue Wege zur Automatisierung von Prozessen und zur Steigerung der Produktivität eröffnet, befürchten viele Datenanalytiker, dass KI uns ersetzen wird. Die gleiche Befürchtung ist auch in unserem Bereich relevant. Wird KI uns als Datenexperten ersetzen? Welchen Sinn macht es, Power Query zu lernen, wenn die KI diese Aufgabe bald übernehmen wird? Auch wenn ich die Zukunft der KI nicht vorhersehen kann, so kann ich doch eines mit Sicherheit sagen: Die Fähigkeiten, die Sie in der zweiten Auflage dieses Buches erlernen werden, werden alle Fortschritte der KI überdauern. Mein besonderer Dank gilt daher Daniil Maslyuk, der die Aktualisierung des Buches genau zum richtigen Zeitpunkt in Angriff genommen hat.

Vielen Dank an Microsoft Press, Pearson, Loretta Yates und das gesamte Verlagsteam, das an diesem Projekt mitgewirkt hat! Vielen Dank an Owen Auger, der als technischer Redakteur der zweiten Auflage für höchste Qualität gesorgt hat, und an Justin DeVault, der dies bereits bei der ersten Auflage getan hat.

An die großartigen Leute bei Microsoft: Miguel Llopis, Sid Jayadevan und das Power Query-Team. Ihre Schöpfung hat ihren Weg in so viele Microsoft-Produkte gefunden und vielen Power Query-Anwendern in den letzten zehn Jahren – und heute mehr denn je – Türen geöffnet.

Marco Russo, Rob Collie, Mike Carlo, Reza Rad, Chris Webb, Matt Allington: Ihr seid meine Vorbilder, und ich danke Euch für die Inspiration und das umfangreiche Wissen.

Lada Hill und Charles Webb danke ich für ihre Vordenkerrolle und Freundschaft. Ich hatte das Glück, in den ersten Tagen der ersten Auflage des Buches eng mit ihnen zusammenzuarbeiten, und ich habe so viel von beiden gelernt.

Schließlich danke ich meiner Frau und meinen Kindern, dass sie Ende 2017 und viele kalte Tage Anfang 2018 gemeinsam mit mir zu Hause festsaßen, um meine Arbeit an der ersten Auflage zu unterstützen. Ich danke ihnen für ihre Liebe und Unterstützung in diesem Jahr, als ich die Annehmlichkeiten eines festen Jobs in einem Unternehmen verließ, um BI Pixie zu entwickeln und in die Power BI-Community zurückzukehren.

– Gil Raviv

Einleitung

Wussten Sie, dass in Power BI, Microsoft Excel und anderen Produkten eine Datentransformationstechnologie integriert ist, mit der Sie an Ihren Daten wahre Wunder vollbringen, sich wiederholende manuelle Arbeit vermeiden und bis zu 80 % Ihrer Zeit einsparen können?

- Jedes Mal, wenn Sie ähnliche Daten in Ihre Arbeitsmappe kopieren/einfügen und manuell bereinigen, verschwenden Sie wertvolle Zeit, möglicherweise ohne sich der Alternativen bewusst zu sein, mit denen Sie dies besser und schneller erledigen können.
- Jedes Mal, wenn Sie sich darauf verlassen, dass andere Ihre Daten in die richtige Form und den richtigen Zustand bringen, sollten Sie wissen, dass es eine einfachere Möglichkeit gibt: Gestalten Sie Ihre Daten einmal um und freuen Sie sich darüber, dass das in Zukunft automatisiert funktioniert.
- Jedes Mal, wenn Sie schnell fundierte Entscheidungen treffen müssen, Sie aber vor massiven Herausforderungen bei der Datenbereinigung stehen, wissen Sie, dass Sie diese jetzt leicht bewältigen können.

Sind Sie bereit für Veränderung? Die Frustration, die sich bei Ihnen breitmacht, wenn Sie die Datenbereinigung ständig manuell durchführen müssen, wird Begeisterung und Spaß an der Sache weichen, und durch diesen Prozess können Sie sogar Ihre Datenqualität verbessern und neue Erkenntnisse gewinnen.

Power BI, Excel, Fabric und Power Platform nutzen eine bahnbrechende Technologie zum Abrufen und Transformieren von Daten, Power Query, die es jeder Person mit grundlegenden Excel-Kenntnissen ermöglicht, den Datenimport, die Umgestaltung von Daten und die Datenbereinigung zu automatisieren. Mit ein paar einfachen Klicks in der Benutzeroberfläche und einer einheitlichen Benutzererfahrung für eine Vielzahl von Datenquellen und Formaten können Sie jedes Problem bei der Datenvorbereitung lösen und zum Meister im Data-Wrangling werden.

In diesem Buch werden Sie echte Datenherausforderungen angehen und lernen, wie Sie diese mit Power Query angehen können. Im Rahmen von mehr als 70 Challenges und fast 200 Übungsdateien im Begleitmaterial zu diesem Buch importieren Sie chaotische und unzusammenhängende Tabellen und arbeiten sich durch die Erstellung automatisierter und gut strukturierter Datensätze, die für die Analyse bereitstehen. Die meisten Techniken sind einfach zu befolgen und können leicht in Ihrem eigenen Arbeitsalltag wiederverwendet werden.

Für wen ist dieses Buch?

Dieses Buch wurde geschrieben, um geschäftliche Anwender und Berichtsautoren in Power BI und Microsoft Excel zu befähigen, das Potenzial von Power Query optimal auszuschöpfen. Das Buch ist auch für SQL Server-Entwickler und Fabric-Datenanalytiker relevant, die ihre ETL-Entwicklung (ETL = Extract, Transform, Load) beschleunigen möchten. Benutzer, die Apps mit Microsoft PowerApps erstellen, können ebenfalls dieses Buch nutzen, um komplexe Datasets in ihre Geschäftslogik zu integrieren.

Ganz gleich, ob Sie Power BI-Berichte für Ihr Unternehmen entwickeln oder ob Sie für sich wiederholende Datenvorbereitungsaufgaben in Excel zuständig sind: Dieses Buch ist für Sie. Analysten, Business-Intelligence-Spezialisten und ETL-Entwickler können ihre Produktivität durch die Techniken in diesem Buch steigern. Da die Power Query-Technologie zum primären Datenstapel in Excel geworden ist und der Einsatz von Power BI enorm zugenommen hat, wird dieses Buch Ihnen helfen, den Weg in Ihrem Unternehmen zu ebnen und eine größere Wirkung zu erzielen.

Das Buch wurde geschrieben, damit alle Power Query-Benutzer neue Fähigkeiten erlernen können. Gleichgültig, ob Sie ein neuer, ein fortgeschrittener oder ein Benutzer mit moderaten Kenntnissen sind, Sie werden nützliche Techniken finden, die Ihnen helfen, die nächste Stufe zu erklimmen.

Voraussetzungen, die Sie mitbringen sollten

Grundkenntnisse in Power BI und Excel werden vorausgesetzt. Während jeder Excel-Benutzer von diesem Buch profitieren kann, würde es Ihnen noch weitaus mehr nützen, wenn Sie eines der folgenden Kriterien erfüllten. (Beachten Sie, dass bereits die Erfüllung eines einzelnen Kriteriums ausreichend ist.)

- Sie kopieren und fügen regelmäßig Daten aus den gleichen Quellen in Excel ein und müssen diese Daten häufig bereinigen.
- Sie erstellen Berichte in Power BI oder Excel, die mit externen Datenquellen verbunden sind, und möchten diese verbessern.
- Sie sind mit PivotTables in Excel vertraut.
- Sie sind mit Power Pivot in Excel vertraut und möchten Ihre Datenmodelle vereinfachen.
- Sie sind mit Power Query vertraut und möchten auf die nächste Stufe wechseln.
- Sie entwickeln Geschäftsanwendungen mit PowerApps und müssen sich mit Datenquellen verbinden, deren Datensätze wenig aufgeräumt sind.
- Sie sind Entwickler von Analysis Services und möchten Ihre ETL-Entwicklung beschleunigen.

Wie ist dieses Buch aufgebaut?

Das Buch ist in 16 Kapitel unterteilt, die bei allgemeinen und einfacheren Datenherausforderungen beginnen und zu fortgeschrittenen und spezifischen Szenarien übergehen, die es zu meistern gilt. Es ist vollgepackt mit praktischen Übungen und Schritt-für-Schritt-Lösungen, die die notwendigen Techniken für die Bewältigung realer Herausforderungen bei der Datenvorbereitung bereitstellen und als langfristige Lernressource dienen, unabhängig davon, wie viele neue Funktionen in Zukunft in Power Query veröffentlicht werden.

In Kapitel 1, »Einführung in Power Query«, wird Ihnen Power Query vorgestellt und Sie erhalten die grundlegenden Kenntnisse, um die nachfolgenden Übungen durchführen zu können.

In Kapitel 2, »Grundlegende Herausforderungen bei der Datenvorbereitung«, erfahren Sie, wie Sie relativ einfache typische Datenherausforderungen bewältigen. Wenn Sie im Rahmen Ihres Arbeitsalltags häufig Datenbereinigungsaufgaben durchführen, werden Sie dieses Kapitel sehr hilfreich finden. Sie lernen die einfachsten Techniken zur Automatisierung Ihrer Datenbereinigungsaufgaben kennen, die Sie mit wenigen Klicks und ohne Programmierkenntnisse durchführen können. Wenn Power Query noch neu für Sie ist, sparen Sie bereits Zeit, wenn Sie die Techniken in diesem Kapitel befolgen.

In Kapitel 3, »Daten aus mehreren Quellen kombinieren«, erfahren Sie, wie Sie getrennte Datasets kombinieren und mehrere Tabellen im Power Query-Editor anfügen. Sie erfahren, wie Sie mehrere Arbeitsmappen aus einem Ordner anfügen und mehrere Arbeitsblätter auf robuste Weise kombinieren: Wenn später neue Arbeitsblätter hinzugefügt werden, genügt eine einzelne Aktualisierung des Berichts, um die neuen Daten an Ihren Bericht anzuhängen.

In Kapitel 4, »Tabellen mit unterschiedlichen Datenstrukturen kombinieren«, erklimmen Sie die nächste Stufe und lernen, wie Sie nicht übereinstimmende Tabellen, also Tabellen, die zwar die gleichen Daten enthalten, jedoch unterschiedlich aufgebaut sind, kombinieren. In realen Szenarien sind Ihre Daten segmentiert und isoliert, und das Format und die Struktur der Daten sind oft nicht konsistent. Wenn Sie lernen, wie Sie nicht übereinstimmende Tabellen normalisieren, erhalten Sie neue Einblicke in strategische Geschäftsszenarien.

In Kapitel 5, »Den Kontext erhalten«, erfahren Sie, wie Sie externen Kontext in Ihren Tabellen extrahieren und beibehalten und Titel sowie andere Metainformationen, wie Dateinamen und Arbeitsblattnamen, kombinieren, um die angehängten Tabellen mit diesen Informationen zu bereichern.

In Kapitel 6, »Tabellen entpivotieren«, wird Ihnen erklärt, wie Sie die Tabellenstruktur verbessern können, um eine bessere Darstellung der Entitäten zu erhalten, die die Daten darstellen. Sie erfahren, dass die Transformation Entpivotieren ein Eckpfeiler für die Bereinigung der Adressierung schlecht gestalteter Tabellen ist, und nutzen die Leistungsfähigkeit von Entpivotieren, um Ihre Tabellen für eine bessere Analyse neu zu strukturieren. Außerdem lernen Sie, wie Sie mit verschachtelten Tabellen umgehen und warum und wie Sie Summen und Zwischensummen in Ihren Quelldaten ignorieren.

In Kapitel 7, »Fortgeschrittenes Entpivotieren und Pivotieren von Tabellen«, setzen Sie Ihre Reise zur Transformation Entpivotieren fort und verallgemeinern eine Lösung, die Ihnen hilft, beliebige zusammengefasste Tabellen zu entpivotieren, unabhängig davon, wie viele Hierarchieebenen auf Zeilen- und Spaltenebene vorliegen. Anschließend erfahren Sie, wie Sie Pivotieren anwenden, um mehrzeilige Datensätze zu verarbeiten. Die in diesem Kapitel gezeigten Techniken ermöglichen es Ihnen, eine Vielzahl von Transformationen durchzuführen und überstrukturierte Datasets in eine leistungsstarke und agile Analyseplattform umzuformen.

Als Berichtsautor geben Sie Ihre Berichte häufig an andere Autoren in Ihrem Team oder Unternehmen weiter. In Kapitel 8, »Herausforderungen bei der Zusammenarbeit meistern«, erfahren Sie mehr über grundlegende Herausforderungen bei der Zusammenarbeit und wie Sie diese mithilfe von Parametern und Vorlagen angehen können.

In Kapitel 9, »Einführung in die Power Query-Formelsprache M«, werden Sie tiefer in die Abfragesprache M eintauchen, die verwendet werden kann, um Ihre Abfragen anzupassen, um mehr zu erreichen und Ihre Transformation in einem größeren Umfang von Herausforderungen wiederzuverwenden. In diesem Kapitel lernen Sie die wichtigsten Bausteine von M kennen – Syntax, Operatoren, Typen und eine Vielzahl integrierter Funktionen. Wenn Sie kein fortgeschrittener Benutzer sind, können Sie dieses Kapitel überspringen und es zu einem späteren Zeitpunkt lesen. M vollständig zu meistern ist keine Voraussetzung, um ein Experte für das Data-Wrangling zu werden, jedoch kann die Fähigkeit, die M-Formeln bei Bedarf zu ändern, Ihre Möglichkeiten erheblich steigern.

Die Benutzererfahrung mit dem Power Query-Editor in Excel und Power BI ist sehr angenehm, da sie Ihre alltäglichen, aber entscheidenden Datenvorbereitungsaufgaben in einen automatisierten Aktualisierungsfluss verwandeln kann. Leider treten auf dem Weg zum Beherrschen des Data-Wrangling typische Fehler auf, die Sie möglicherweise im Power Query-Editor machen, was zur Erstellung anfälliger Abfragen führt, die nicht aktualisiert werden können, oder zu falschen Ergebnissen, wenn sich die Daten ändern. In Kapitel 10, »Von Stolperfallen zu robusten Abfragen«, lernen Sie die häufigsten Fehler oder Fallstricke kennen und wie Sie diese durch robuste Abfragen vermeiden können, deren Aktualisierung nicht fehlschlägt und die nicht zu falschen Ergebnissen führen.

In Kapitel 11, »Data-Profiling», erfahren Sie, wie Sie in Power Query Profile für Ihre Daten erstellen können, bevor Sie sie laden. Durch die Erstellung von Datenprofilen können Sie feststellen, ob Ihre Daten unerwartete Werte enthalten oder ob die Datenqualität leidet. Sie werden Werkzeuge kennenlernen, die in der Benutzeroberfläche zur Verfügung stehen, sowie die M-Funktionen für das Data-Profiling nutzen.

In Kapitel 12, »Einfache Textanalyse«, nutzen Sie Power Query, um grundlegende Einblicke in Textfeeds zu gewinnen. Viele Tabellen in Ihren Berichten enthalten möglicherweise bereits reichlich Textspalten, die bei der Analyse häufig ignoriert werden. Sie lernen, wie Sie allgemeine Transformationen anwenden, um Bedeutung aus Wörtern zu extrahieren, wie Sie Schlüsselwörter erkennen und häufig auftretende Wörter, die in der Regel keine Relevanz für den Dokumentinhalt besitzen, sogenannte Stoppwörter, ignorieren. Außerdem werden Sie lernen, wie Sie das kartesische Produkt für komplexe Textsuchen anwenden.

In Kapitel 13, »Fortgeschrittene Textanalyse: Bedeutung extrahieren«, werden Sie von grundlegenden zu erweiterten Textanalysen übergehen und lernen, wie Sie Sprachübersetzungen, Stimmungsanalysen und Schlüsselbegrifferkennung mithilfe von Microsoft KI Services anwenden. Mit dem Power Query-Web-Konnektor und einigen grundlegenden M-Funktionen können Sie ohne die Hilfe von Datenwissenschaftlern oder Softwareentwicklern die wirkliche Bedeutung aus Text extrahieren und die Leistungsfähigkeit künstlicher Intelligenz nutzen.

In Kapitel 14, »Abfragediagnose«, erfahren Sie, wie Sie einen Abfrageschritt, eine ganze Abfrage oder alle Abfragen in Power BI diagnostizieren können. Die Abfragediagnose kann Ihnen dabei helfen, den Ressourcenverbrauch und die Effizienz einer Abfrage zu verstehen. Sie erfahren auch etwas über das Query Folding und wie es dabei hilft, Ihre Abfragen leistungsfähiger zu machen.

In Kapitel 15, »Power Query Online«, erfahren Sie mehr über Power Query in der Cloud, mit einem Schwerpunkt auf Power BI Dataflows. Sie lernen die wichtigsten Vorteile der Verwendung von Power BI Dataflows kennen und inwiefern sie sich von Power Query in semantischen Modellen unterscheiden.

Schließlich werden Sie in Kapitel 16, »Abschlussprojekt: Alles miteinander kombinieren«, vor die letzte Herausforderung des Buches treten und Ihr ganzes Wissen auf die Probe stellen, indem Sie Ihre neu erworbenen Data-Wrangling-Kenntnisse auf eine große Herausforderung anwenden. Wenden Sie die Techniken aus diesem Buch an, um Dutzende von Arbeitsblättern aus mehreren Arbeitsmappen zu kombinieren, die Daten zu entpivotieren und zu pivotieren und um Wide World Importers vor einem groß angelegten Cyberangriff zu retten!

In diesem Buch verwendete Konventionen

Um Ihnen bei der Arbeit mit der Software die Orientierung zu erleichtern und wichtige Aktionen und Befehle hervorzuheben, werden in diesem Buch einige Konventionen verwendet:

- Elemente der Benutzeroberfläche sind zur Verdeutlichung *kursiv* gedruckt.
- Benutzereingaben sind **fett** gedruckt.
- M-Sprachelemente und sonstiger Code erscheinen in einer `nicht proportionalen Schrift`.
- Den Power Query-Schrittformeln wird kein Gleichheitszeichen (=) vorangestellt, auch wenn es Power Query-Umgebungen gibt, in denen Sie angezeigt werden. Wenn Sie eine Power Query-Umgebung einsetzen, bei der die Formeln in der Bearbeitungsleiste mit einem Gleichheitszeichen eingeleitet werden, müssen Sie in den Schritten im Buch ebenfalls das Gleichheitszeichen eingeben.

Außerdem werden Sie feststellen, dass häufig ausgeführte Schritte in den ersten Übungen ausführlich dargestellt werden. Im Laufe des Buches und mit zunehmender Beherrschung des Themas werden wir eine komprimierte Version dieser nun vertrauten Aktionen verwenden. Wenn Sie jemals eine ausführlichere Anleitung benötigen, können Sie einfach eines der ersten Kapitel des Buches lesen, um Ihr Gedächtnis aufzufrischen.

Über die Begleitdateien

Die Begleitdateien zum Buch können Sie kostenlos unter *dpunkt.de/produkt/power-query-2* herunterladen.

In den Begleitdateien finden Sie:

- Excel-Arbeitsmappen und CSV-Dateien, die als chaotische und schlecht formatierte Datenquellen für alle Übungen im Buch verwendet werden. Es ist daher nicht nötig, eine externe Datenbank zu installieren, um die Übungen durcharbeiten zu können.
- Power BI-Berichte und Excel-Arbeitsmappen mit den Lösungen, die die erforderlichen Abfragen enthalten, um die einzelnen Datenherausforderungen zu meistern.

In der folgenden Tabelle sind die Übungsdateien aufgeführt, die zum Ausführen der Übungen in diesem Buch erforderlich sind.

Kapitel	Dateien
Kapitel 1: Einführung in Power Query	K01U01.xlsx K01U01 - Lösung.pbix K01U01 - Lösung.xlsx
Kapitel 2: Grundlegende Herausforderungen bei der Datenvorbereitung	K02U01.xlsx K02U01 - Lösung.xlsx K02U02.xlsx K02U02 - Lösung - Teil 1.pbix K02U02 - Lösung - Teil 1.xlsx K02U02 - Lösung - Teil 2.pbix K02U02 - Lösung - Teil 2.xlsx K02U02 - Lösung - Teil 3.pbix K02U02 - Lösung - Teil 3.xlsx K02U03 - Lösung - Teil 1.pbix K02U03 - Lösung - Teil 1.xlsx K02U03 - Lösung - Teil 2.pbix K02U03 - Lösung - Teil 2.xlsx K02U04.xlsx K02U04 - Lösung.pbix K02U04 - Lösung.xlsx K02U05.xlsx K02U05 - Lösung.pbix K02U05 - Lösung.xlsx K02U06.xlsx K02U06 - Lösung.pbix K02U06 - Lösung.xlsx K02U07.xlsx K02U07 - Lösung.pbix K02U07 - Lösung.xlsx K02U08.xlsx K02U08 - Lösung.pbix K02U08 - Lösung.xlsx
Kapitel 3: Daten aus mehreren Quellen kombinieren	K03U01 - Fahrräder.xlsx K03U01 - Kleidung.xlsx K03U01 - Komponenten.xlsx K03U01 - Zubehör.xlsx

→

Kapitel	Dateien
	K03U01 - Lösung.pbix K03U01 - Lösung.xlsx K03U02 - Lösung - Teil 1.pbix K03U02 - Lösung - Teil 1.xlsx K03U02 - Lösung - Teil 2.pbix K03U02 - Lösung - Teil 2.xlsx K03U02 - Lösung - Teil 3.pbix K03U02 - Lösung - Teil 3.xlsx K03U02 - Lösung - Teil 4.pbix K03U02 - Lösung - Teil 4.xlsx K03U03 - Produkte.zip K03U03 - Lösung.pbix K03U03 - Lösung.xlsx K03U04 - Jahr pro Arbeitblatt.xlsx K03U04 - Jahr pro Arbeitsblatt, für Lösung K03U04 - Lösung 01.pbix K03U04 - Lösung 01.xlsx K03U04 - Lösung 02.pbix K03U04 - Lösung 02.xlsx
Kapitel 4: Tabellen mit unterschiedlichen Datenstrukturen kombinieren	K04U01 - Fahrräder.xlsx K04U01 - Zubehör.xlsx K04U01 - Lösung.pbix K04U01 - Lösung.xlsx K04U02 - Produkte.zip K04U02 - Lösung.pbix K04U02 - Lösung.xlsx K04U03 - Produkte.zip K04U03 - Lösung.xlsx K04U03 - Lösung.pbix K04U04 - Produkte.zip K04U04 - Konvertierungstabelle.xlsx K04U04 - Lösung - Vertauschen.pbix K04U04 - Lösung - Vertauschen.xlsx K04U05 - Lösung - Entpivotieren.pbix K04U05 - Lösung - Entpivotieren.xlsx K04U06 - Lösung - Überschriften transponieren.pbix K04U06 - Lösung - Überschriften transponieren.xlsx K04U07 - Lösung - M.pbix K04U07 - Lösung - M.xlsx
Kapitel 5: Den Kontext erhalten	K05U01 - Fahrräder.xlsx K05U01 - Zubehör.xlsx K05U01 - Lösung - Teil1.pbix K05U01 - Lösung - Teil1.xlsx K05U01 - Fahrräder & Zubehör.xlsx K05U01 - Lösung - Teil2.pbix K05U01 - Lösung - Teil2.xlsx K05U02 - Fahrräder.xlsx K05U02 - Lösung.pbix K05U02 - Lösung.xlsx K05U03 - Produkte.zip K05U03 - Lösung.pbix K05U03 - Lösung.xlsx K05U04 - Produkte.xlsx

→

Kapitel	Dateien
	K05U04 - Lösung.pbix K05U04 - Lösung.xlsx K05U05 - Produkte.xlsx K05U05 - Lösung.pbix K05U05 - Lösung.xlsx K05U06 - Produkte.xlsx K05U06 - Schnellstart.pbix K05U06 - Schnellstart.xlsx K05U06 - Lösung.pbix K05U06 - Lösung.xlsx
Kapitel 6: Tabellen entpivotieren	K06U01.xlsx K06U02.xlsx K06U03.xlsx K06U03 - Falsche Lösung.pbix K06U03 - Lösung.pbix K06U03 - Lösung.xlsx K06U04.xlsx K06U04 - Lösung.pbix K06U04 - Lösung.xlsx K06U05.xlsx K06U05 - Lösung.pbix K06U05 - Lösung.xlsx K06U06.xlsx K06U06 - Lösung.pbix K06U06 - Lösung.xlsx
Kapitel 7: Fortgeschrittenes Entpivotieren und Pivotieren von Tabellen	K07U01.xlsx K07U01 - Lösung.pbix K07U01 - Lösung.xlsx K07U02.pbix K07U02.xlsx K07U03 - Lösung.pbix K07U03 - Lösung.xlsx K07U04.xlsx K07U04 - Lösung.pbix K07U04 - Lösung.xlsx K07U05 - Lösung.xlsx K07U05 - Lösung.pbix
Kapitel 8: Herausforderungen bei der Zusammenarbeit meistern	K08U01.xlsx K08U01 - Alice.pbix K08U01 - Alice.xlsx K08U01 - Lösung.pbix K08U01 - Lösung.xlsx K08U02 - Lösung - Teil 1.pbit K08U02 - Lösung - Teil 2.pbit K08U03 - Lösung - Teil 1.xlsx K08U03 - Lösung - Teil 2.xlsx K08U04 - Lösung.pbix K08U04 - Lösung.xlsx K08U05.pbix K08U05.xlsx K08U05 - Ordner.zip K08U05 - Lösung.pbix K08U05 - Lösung.xlsx

→

Kapitel	**Dateien**
Kapitel 9: Einführung in die Power Query-Formelsprache M	K09U01 – Lösung.pbix K09U01 – Lösung.xlsx K09U02.xlsx
Kapitel 10: Von Stolperfallen zu robusten Abfragen	K10U01.xlsx K10U01 - Lösung.xlsx K10U02 - Lösung.pbix K10U02 - Lösung.xlsx K10U03 - Lösung.pbix K10U03 - Lösung.xlsx K10U04 - Lösung.xlsx K10U04 - Lösung.pbix K10U05.xlsx K10U05 - Lösung.xlsx K10U05 - Lösung.pbix K10U06.xlsx K10U06 - Lösung.xlsx K10U06 - Lösung.pbix K10U06-v2.xlsx
Kapitel 11: Data-Profiling	K11E01.csv K11U01 - Lösung.pbix K11U01 - Lösung.xlsx K11U02 - Lösung.pbix K11U02 - Lösung.xlsx K11U03 - Lösung.pbix K11U03 - Lösung.xlsx
Kapitel 12: Grundlegende Textanalyse	Schlüsselwörter.txt Stoppwörter.txt K12U01.xlsx K12U01 - Lösung.pbix K12U01 - Lösung.xlsx K12U02 - Lösung.pbix K12U02 - Lösung.xlsx K12U02 - Aktualisierung Vergleich.xlsx K12U03 - Lösung.xlsx K12U04 - Lösung.pbix K12U04 - Lösung.xlsx K12U05 - Lösung.pbix K12U05 - Lösung.xlsx K12U06 - Lösung.pbix K12U06 - Lösung.xlsx K12U07 - Lösung.pbix
Kapitel 13: Fortgeschrittene Textanalyse: Bedeutung extrahieren	K13U01 - Lösung.xlsx K13U01 - Lösung.pbix K13U02.xlsx K13U02 - Lösung.pbix K13U02 - Lösung.pbit K13U02 - Lösung.xlsx K13U03 - Lösung.pbix K13U03 - Lösung.xlsx K13U04.pbix K13U04.xlsx K13U04 - Lösung.pbix

→

Kapitel	Dateien
	K13U04 - Lösung.xlsx K13U05 - Lösung.pbix K13U05 - Lösung.xlsx K13U06 - Lösung.pbix K13U06 - Lösung.xlsx
Kapitel 14: Abfragediagnose	K14U01 - Diagnose.zip K14U01 - Lösung.pbix
Kapitel 15: Power Query Online	K15U02 - Lösung.pbix K15U02 - Lösung.xlsx
Kapitel 16: Abschlussprojekt: Alles miteinander kombinieren	K16U01 - Ziel.xlsx K16U01.zip K16U01 - Lösung.xlsx K16U01 - Lösung.pbix K16U02 - Kompromittiert.xlsx K16U02 - Lösung.xlsx K16U02 - Lösung.pbix

Systemvoraussetzungen

Sie benötigen die folgende Software, um die Codebeispiele für dieses Buch zu erstellen und auszuführen:

- Betriebssystem: Windows 10, Windows 11 oder Windows Server 2016 oder neuer
- Software: Power BI Desktop, Microsoft 365, Microsoft Excel 2016 oder eine neuere Version von Excel

Feedback

Mit Anmerkungen, Fragen oder Verbesserungsvorschlägen zu diesem Buch können Sie sich an den dpunkt.verlag wenden: *hallo@dpunkt.de*

Bitte beachten Sie, dass über diese E-Mail-Adressen kein Software- oder Hardware-Support angeboten wird. Für Supportinformationen bezüglich der Software- und Hardwareprodukte von Microsoft besuchen Sie bitte die Microsoft-Website: *http://support.microsoft.com*

KAPITEL 1

Einführung in Power Query

In diesem Kapitel:

- erhalten Sie eine Einführung in Power Query und erfahren Sie, wie alles begann
- lernen Sie die Hauptkomponenten von Power Query und des Power Query-Editors kennen
- erkunden Sie das Tool und bereiten Sie Beispieldaten für die Analyse vor

In diesem Buch lernen Sie, wie Sie die Features von Power Query nutzen, um Ihre Herausforderungen bei der Datenanalyse zu bewältigen, und wie Sie dabei bis zu 80 % der für die Datenvorbereitung benötigten Zeit einsparen. Dieses Kapitel beginnt mit einer offiziellen Einführung. Power Query verdient es. Wissen Sie, während Sie diese Zeilen lesen, gibt es wahrscheinlich eine halbe Million Anwender, die gerade jetzt, genau in diesem Moment mit zusammengebissenen Zähnen in Excel sich wiederholende, aber wichtige Datenvorbereitungsaufgaben durchführen. Sie tun es jeden Tag, jede Woche oder jeden Monat.

Wenn Sie mit dem Lesen dieses Buches fertig sind, werden etwa 50 Millionen Menschen manuell Datenvorbereitungsaufgaben durchgeführt haben, ohne zu wissen, dass ein Tool, das sich in Excel versteckt, nur darauf wartet, ihnen dabei zu helfen, ihr Leben einfacher zu machen. Einige von ihnen haben bereits gelernt, wie man erweiterte Tools wie Python und R verwendet, um ihre Daten zu säubern; andere verlassen sich auf ihre IT-Abteilungen und warten monatelang darauf, dass ihre Anfragen bearbeitet werden; die meisten von ihnen wollen nur die Arbeit erledigen und haben sich damit abgefunden, Hunderte oder sogar Tausende von Stunden damit zu verbringen, ihre Daten für die Analyse vorzubereiten. Wenn Sie oder Ihre Freunde zu diesen 50 Millionen gehören, ist es Zeit, mehr über Power Query und darüber zu erfahren, wie Sie damit Ihre Datenanalysen für immer verändern.

Gleichgültig, ob Power Query neu für Sie ist oder ob Sie ein versierter Praktiker sind, dieses Kapitel hilft Ihnen bei der Vorbereitung auf die vor Ihnen liegende Reise. Im Laufe der Reise werden Sie zu einem Meister beim Data-Wrangling, bei der Datenaufbereitung, und Sie werden in der Lage sein, selbstständig neue Erkenntnisse aus Ihren Daten zu gewinnen.

Was ist Power Query?

Power Query ist eine bahnbrechende Technologie für die Verbindung zu unterschiedlichsten Datenquellen und für die Transformation der Daten, die in Microsoft Excel, Power BI und anderen Microsoft-Produkten zur Verfügung steht. Es ermöglicht jeder Person, eine Verbindung zu einem umfangreichen Satz externer Datenquellen und sogar lokaler Daten in einer Kalkulationstabelle herzustellen und die Daten mithilfe einer einfachen Benutzeroberfläche zu sammeln, zu kombinieren und zu transformieren. Sobald die Daten gut vorbereitet sind, können sie in Power

BI oder Excel in einen Bericht geladen oder als Tabelle in anderen Produkten gespeichert werden. Wenn die Daten aktualisiert werden, können Benutzer ihre Berichte aktualisieren und sich an der automatisierten Transformation ihrer Daten erfreuen.

Power Query wird seit seiner Veröffentlichung von Millionen Benutzern verwendet. Aufgrund seiner erheblichen Auswirkungen auf die Möglichkeiten für Information Worker und Datenanalysten hat Microsoft beschlossen, Power Query in weitere Produkte zu integrieren. Hierzu gehören unter anderem die folgenden:

- **Azure Data Factory (siehe *learn.microsoft.com/azure/data-factory/control-flow-power-query-activity*)**
- **Dataflows, die in Power Apps, Power BI und Dynamics 365 Customer Insights zur Verfügung stehen (siehe *learn.microsoft.com/power-query/dataflows/overview-dataflows-across-power-platform-dynamics-365*)**
- **Power BI Report Builder (bitte nicht mit Power BI Desktop verwechseln) (siehe *learn.microsoft.com/power-bi/paginated-reports/report-builder-power-bi*)**
- **SQL Server Data Tools (SSDT) (siehe *learn.microsoft.com/sql/ssdt/sql-server-data-tools*)**

Während Sie die Daten mithilfe des Power Query-Editors, der zentralen Benutzeroberfläche von Power Query, vorbereiten, zeichnet das Tool eine Sequenz von Transformationsanweisungen auf, sodass Sie die Datenvorbereitungssequenz in Zukunft wiederholen können. Fortgeschrittene Excel-Benutzer vergleichen dies oft mit der Makroaufzeichnung, aber es ist einfacher als das. Wenn Sie die Transformationsschritte abgeschlossen haben, können Sie die vorbereiteten Daten in einen Bericht laden. Ab diesem Zeitpunkt werden jedes Mal, wenn Sie den Bericht aktualisieren, die gleichen Transformationsschritte ausgeführt, sodass Sie viele Stunden und sogar Tage wiederholter manueller Datenvorbereitungsarbeiten sparen.

Power Query ist wirklich einfach zu bedienen. Es stellt eine einheitliche Benutzeroberfläche zur Verfügung – unabhängig davon, aus welcher Datenquelle Sie die Daten importieren oder welches Format die Daten besitzen. Power Query ermöglicht es Ihnen, komplexe Datenvorbereitungsszenarien mittels einer Reihe kleiner Schritte zu erstellen, die editierbar und leicht zu verstehen sind. Bei komplexeren Einsatzszenarien können fortgeschrittene Anwender jeden Schritt in der Bearbeitungsleiste oder im Fenster *Erweiterter Editor* ändern, um die Transformationsausdrücke anzupassen (mit der M-Abfragesprache, die in Kapitel 9, »Einführung in die Power Query-Formelsprache M«, erläutert wird). Jede Abfolge von Transformationsschritten wird als Abfrage gespeichert, die in einen Bericht geladen oder von anderen Abfragen wiederverwendet werden kann, um so eine Pipeline von Transformationsbausteinen zu erstellen.

Bevor wir die einzelnen Hauptkomponenten von Power Query untersuchen, gehen wir ein paar Jahre zurück und schauen uns an, wie alles begann. Dieser kurze geschichtliche Überblick zu Power Query wird Ihnen helfen, zu verstehen, wie lange es diese Technologie bereits gibt und wie sie sich zum heutigen Status weiterentwickelt hat.

Ein kurzer geschichtlicher Überblick zu Power Query

Power Query wurde ursprünglich 2011 als Teil von Microsoft SQL Azure Labs entwickelt. Es wurde auf dem PASS Summit im Oktober 2011 unter dem Microsoft-Codenamen »Data Explorer« angekündigt. Abbildung 1.1 zeigt die ursprüngliche Benutzeroberfläche.

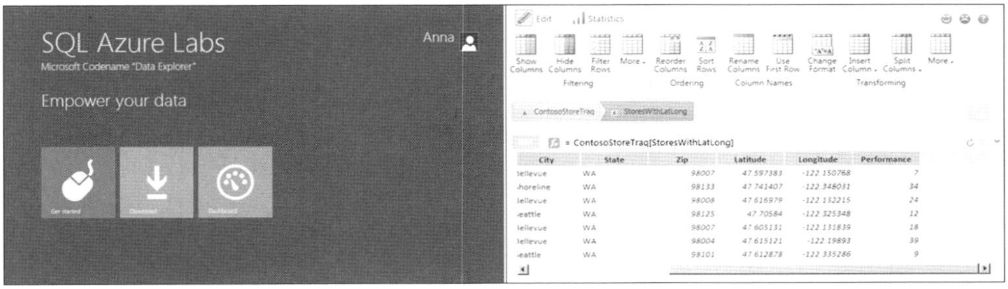

Abbildung 1.1 Hinter dem Produkt mit dem Microsoft-Codenamen *Data Explorer* verbirgt sich eine frühe Version von Power Query.

Im Februar 2013 hat Microsoft das Tool als Excel-Add-In neu gestaltet und es von SQL Azure Labs abgekoppelt. Das Tool, das jetzt den Namen *Data Explorer Preview for Excel* trägt, wurde positioniert, um die Self-Service-BI-Erfahrung in Excel zu verbessern, indem die Untersuchung von Daten und der Zugriff auf eine breite Palette von Datenquellen für umfassendere Erkenntnisse vereinfacht wird.

Bereits von Beginn an stellte Data Explorer als Excel-Add-In eine intuitive und konsistente Benutzeroberfläche für die Erforschung, Kombination und Verfeinerung von Daten zur Verfügung, und zwar für Daten aus einer Vielzahl von Quellen, einschließlich relationaler, strukturierter und halbstrukturierter Datenbanken, OData, Web, Hadoop, Azure Market Place und mehr. Mit Data Explorer war es auch möglich, nach öffentlichen Daten auf Quellen wie Wikipedia zu suchen (eine Funktionalität, die später entfernt wurde).

Nach der Installation der Add-Ins in Excel 2010 oder 2013 war Data Explorer Preview for Excel auf der Registerkarte *Data Explorer* sichtbar. Diese Registerkarte in Excel hatte das gleiche Look & Feel wie das heutige Power Query-Add-In. Der Power Query-Editor wurde zu diesem Zeitpunkt als *Neue Abfrage* bezeichnet, und es gab keine spezifischen Power Query-Registerkarten. Wenn Sie sich die Ankündigung von Data Explorer ansehen und sich über die ursprüngliche Benutzeroberfläche als Excel-Add-In informieren wollen, schauen Sie sich dieses Video an: *learn.microsoft.com/archive/blogs/dataexplorer/announcing-microsoft-data-explorer-preview-for-excel*.

Abbildung 1.2 zeigt Statistiken über die zunehmende Adaption von Data Explorer und seinen Übergang von SQL Azure Labs zu Excel. Laut dem MSDN-Profil des Data Explorer-Teams bei Microsoft (das online nicht mehr verfügbar ist, da MSDN eingestellt wurde) startete das Team seine ersten Community-Aktivitäten im Oktober 2011, als Data Explorer zum ersten Mal in SQL Azure Labs veröffentlicht wurde. Seit Februar 2013, als Data Explorer als Excel-Add-In veröffentlicht wurde, hat das Community-Engagement deutlich zugenommen; der Umstieg auf Excel hatte sich eindeutig gelohnt.

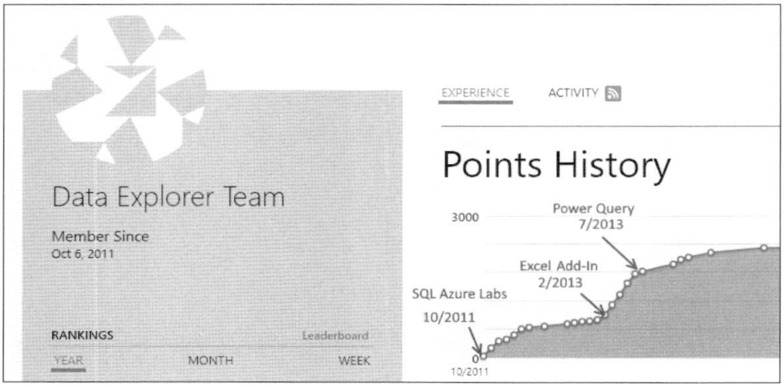

Abbildung 1.2 Der Punkteverlauf des Daten-Explorer-Teams auf MSDN zeigt die zunehmende Adaption von Data Explorer, nachdem das Team von SQL Azure Labs auf Excel umgeschwenkt ist.

Wie Sie an der Trendlinie im Punkteverlauf in Abbildung 1.2 sehen können, begann die Aktivität des Data Explorer-Teams im Juli 2013 an Schwung zu verlieren. Es war jedoch kein negativer Moment in der Geschichte des Data Explorers – nur eine Wiedergeburt des Tools unter einem neuen Namen. Im Juli 2013 gab Microsoft die a lgemeine Verfügbarkeit des Add-Ins unter dem neuen Namen Power Query-Add-In für Excel bekannt. Zu diesem Zeitpunkt bot das Add-In die gleiche Benutzererfahrung wie die neueste Version von Power Query.

Das Power Query-Team begann, monatlich Updates für das Power Query-Add-In zu veröffentlichen. Diese Entwicklungsgeschwindigkeit führte zu rascher Innovation und ständigem Wachstum der Community. Viele Benutzer und Fans halfen, das Produkt durch direktes Feedback, Foren und Blogs zu gestalten.

Das Power Query-Add-In wird immer noch ständig aktualisiert und steht als Add-In für Excel 2010 und Excel 2013 zum Download zur Verfügung. Nach der Installation wird Power Query als neue Registerkarte in Excel angezeigt, und Sie können von dieser Registerkarte aus eine Verbindung zu neuen Datenquellen herstellen.

Im Dezember 2014 veröffentlichte Microsoft eine Vorschau von Power BI Designer (*powerbi.microsoft.com//blog/new-power-bi-features-available-for-preview*). Der Power BI Designer war ein neues Clienttool für die Erstellung von Berichten, das es Business-Intelligence-Experten ermöglichte, interaktive Berichte zu erstellen und sie im Power BI-Dienst zu veröffentlichen, der sich ebenfalls noch in der Previewphase befand. Power BI Designer vereinheitlichte drei Excel-Add-Ins (Power Query, Power Pivot und Power View) und war für den Erfolg von Power BI entscheidend. Im Power BI Designer behielt Power Query alle Funktionen des Excel-Add-Ins bei. Während die meisten Benutzererfahrungen identisch waren, wurde der Begriff Power Query in Power BI Designer nicht mehr verwendet. Sieben Monate später, im Juli 2015, änderte Microsoft den Namen von Power BI Designer in Power BI Desktop und gab dessen allgemeine Verfügbarkeit bekannt (*powerbi.microsoft.com//blog/what-s-new-in-the-power-bi-desktop-ga-update*).

In dieser Phase lieferte das Power Query-Team weiterhin monatliche Updates von Power Query für Power BI Desktop und Excel aus, während es mit dem Excel-Team zusammenarbeitete, um die standardmäßige Benutzererfahrung für das Abrufen von Daten in Excel vollständig zu überarbeiten.

Während das Power Query-Add-In ursprünglich von Excel getrennt war, entschied sich Microsoft, es als systemeigene Komponente zu integrieren und das Power Query-Modul in Excel als primären Data Stack zu verwenden. Im September 2015 veröffentlichte Microsoft Excel 2016 mit integrierter Power Query-Funktionalität; die Installation eines Add-Ins war nicht mehr erforderlich. Microsoft platzierte die Power Query-Funktionalität zunächst auf die Registerkarte *Daten* in die Befehlsgruppe *Abrufen und transformieren*, die später in *Daten abrufen und transformieren* umbenannt wurde.

Damit war die Power Query-Technologie zum ersten Mal für die massenhafte Verwendung verfügbar und unterstützte native Excel-Funktionen wie Rückgängig und Wiederholen, Kopieren und Einfügen von Tabellen, Makroaufzeichnung und VBA. Weitere Informationen zur Power Query-Integration in Excel 2016 finden Sie unter *www.microsoft.com/en-us/microsoft-365/blog/2015/09/10/integrating-power-query-technology-in-excel-2016*.

Im März 2017 veröffentlichte Microsoft ein Update für Office 365, das weitere Verbesserungen am Data Stack enthielt. Die Power Query-Technologie wurde damit tatsächlich zum primären Data Stack von Excel (*techcommunity.microsoft.com/t5/excel-blog/modernized-data-import-and-shaping-experience/ba-p/88175*). Das Update umfasste eine Vereinheitlichung der Erfahrungen zwischen Abfragen und Arbeitsmappenverbindungen und verbesserte die Unterstützung für ODC-Dateien. Darüber hinaus wurde der Haupteinstiegspunkt zu Power Query, das Dropdown-Menü *Daten abrufen*, als erster Befehl auf die Registerkarte *Daten* in den Abschnitt *Daten abrufen und transformieren* verschoben.

Im April 2017 veröffentlichte Microsoft SQL Server Data Tools (SSDT) und kündigte an, dass die moderne Oberfläche für den Abruf von Daten auch für tabellarische Modelle mit dem Kompatibilitätsgrad 1400 der Analysis Services zur Verfügung steht (*learn.microsoft.com/en-us/archive/blogs/ssdt/announcing-the-general-availability-ga-release-of-ssdt-17-0-april-2017*). Mit SSDT 17.0 können Sie Power Query verwenden, um Daten in Ihren Tabellenmodellen in SQL Server 2017 Analysis Services und Azure Analysis Services zu importieren und vorzubereiten. Wenn Sie mit Analysis Services vertraut sind, können Sie hier erfahren, wie Sie Power Query hierfür verwenden: *learn.microsoft.com/en-us/analysis-services/tutorial-tabular-1400/as-lesson-2-Get-data*.

Obwohl sich dieses Buch auf Power BI Desktop und Excel konzentriert, sind die meisten Kapitel und Übungen des Buches auch für die Arbeit mit Analysis Services relevant, insbesondere in frühen Phasen Ihrer Projekte, in denen Sie mit chaotischen Datasets umgehen müssen.

Im März 2018 kündigte Microsoft Common Data Service (CDS) for Apps (*www.microsoft.com/en-us/power-platform/blog/power-apps/cds-for-apps-march*) an und hat Power Query zusammen mit Microsoft Flow als eines der wichtigsten Datenimporttools integriert (siehe Abbildung 1.3). Microsoft hat Power Query über seinen ursprünglichen Zweck hinaus erweitert, um BI-Szenarien zu adressieren, sodass Power Query jetzt als einfaches ETL-Tool (Extract Transform Load) verwendet werden kann, mit dem Business-Anwender Geschäftsanwendungen für Microsoft Office 365 und Dynamics 365 entwickeln können, ohne dass hierfür Programmierkenntnisse erforderlich sind.

Ebenfalls im März 2018 hat Microsoft den Begriff Power Query in Power BI Desktop und Excel wieder eingeführt, indem der Titel des Fensters *Query-Editor* in *Power Query-Editor* geändert wurde. Um es zu starten, können Sie jetzt im Dropdown-Menü *Daten abrufen* den Befehl *Power Query-Editor starten* auswählen. Im Juli 2018 gab Microsoft bekannt, dass die Onlineversion von Power Query Teil einer neuen Self-Service-ETL-Lösung, Dataflows, sein wird, mit der Sie Datenvorbereitungen in Power Query problemlos durchführen, die Ergebnisse in Azure speichern und in Power BI oder anderen Anwendungen (*www.microsoft.com/en-us/power-platform/blog/power-apps/biz-apps-summit-2018*) nutzen können.

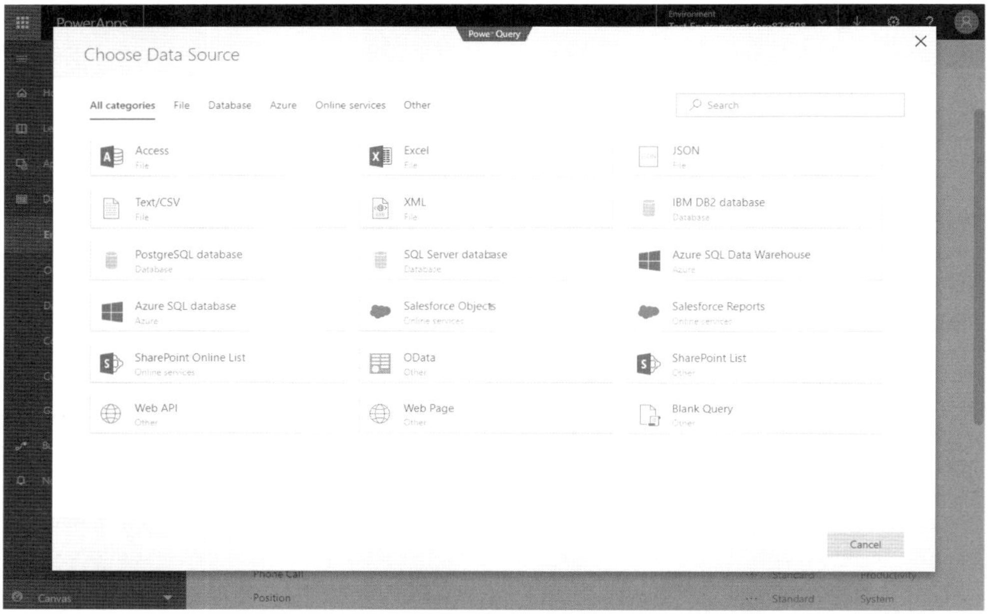

Abbildung 1.3 Power Query in CDS für Apps wurde im März 2018 angekündigt.

Im Januar 2021 hat Microsoft Power Query zu Azure Data Factory hinzugefügt und ermöglichte damit hochskalierte Datenverarbeitung (*techcommunity.microsoft.com/t5/azure-data-factory-blog/azure-data-factory-enables-datawrangling-at-scale-with-power/ba-p/2084863*). Azure Data Factory ist ein Cloud-ETL-Dienst, mit dem Sie serverlose Datenintegration und -transformation durchführen können. Jemand mit den Kenntnissen von Power Query kann nun ein Datenintegrationstool auf Enterprise-Niveau nutzen.

Microsoft hat Microsoft Fabric vorgestellt (*azure.microsoft.com/en-us/blog/introducing-microsoft-fabric-data-analytics-for-the-era-of-ai*), das Dataflow Generation 2 sowie zahlreiche weitere Features enthält, um Power Query zu nutzen, sodass mehr Benutzer einen Mehrwert für ihr Unternehmen schaffen können.

Wo finde ich Power Query?

Power Query in Power BI Desktop und in Excel zu finden ist eine Herausforderung, wenn Sie nicht wissen, wonach Sie suchen müssen. Während diese Zeilen geschrieben werden, gibt es keinen zentralen Einstiegspunkt mit dem Namen »Power Query«, um den Power Query-Editor zu starten. Abbildung 1.4 fasst die wichtigsten Einstiegspunkte für Power Query in Excel und Power BI Desktop zusammen.

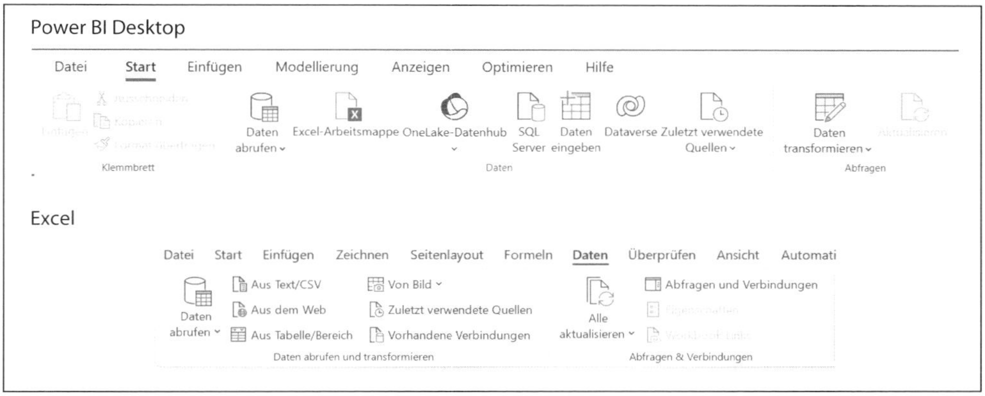

Abbildung 1.4 Sie können verschiedene Einstiegspunkte in Power BI Desktop und Excel verwenden, um Power Query zu starten.

In Power BI Desktop können Sie auf der Registerkarte *Start* den Befehl *Daten abrufen* auswählen. Anschließend wird das Dialogfeld *Daten abrufen* geöffnet, in dem Sie Ihre Datenquelle auswählen. Im Dropdown-Menü *Daten abrufen* können Sie eine der häufig verwendeten Quellen auswählen, zum Beispiel *Excel-Arbeitsmappe*, *Dataflows* oder *SQL Server*. Um Ihre im Bericht vorhandenen Abfragen zu bearbeiten, klicken Sie auf der Registerkarte *Start* auf *Daten transformieren*; hiermit wird der Power Query-Editor gestartet. Sie finden dann alle Abfragen im Bereich *Abfragen* auf der linken Seite des Power Query-Editors; wählen Sie dort die Abfrage aus, die Sie bearbeiten möchten.

Um in Excel Daten abzurufen und zu transformieren, verwenden Sie den Abschnitt *Daten abrufen und transformieren* auf der Registerkarte *Daten*. Verwenden Sie den Befehl Dat*en abrufen,* um mit dem Import der Daten zu beginnen. Wenn Sie bereits vorhandene Abfragen bearbeiten wollen, verwenden Sie im Abschnitt *Abfragen & Verbindungen* den Befehl *Abfragen und Verbindungen*.

Jetzt kennen Sie die wichtigsten Einstiegspunkte für Power Query. Im nächsten Abschnitt erfahren Sie mehr über die Hauptkomponenten von Power Query.

Hauptkomponenten von Power Query

In diesem Abschnitt lernen Sie die wesentlichen Komponenten von Power Query und die wichtigsten Elemente der Benutzeroberfläche kennen. Hierzu gehören die Schnittstelle zum Abrufen von Daten sowie die Datenverbindungen, der Power Query-Editor und das Dialogfeld *Abfrageoptionen*.

Daten abrufen und Konnektoren

Das Herstellen einer Verbindung zu einer Datenquelle ist der erste Schritt im Lebenszyklus beim Erstellen eines Berichts. Mit Power Query können Sie Verbindungen zu einer Vielzahl von Datenquellen herstellen. Häufig werden Datenquellen auch Datenverbindungen oder Konnektoren genannt. Wenn Sie beispielsweise in Excel *Daten abrufen* auswählen, dann *Aus Datenbank* und abschließend *Aus SQL Server-Datenbank* anklicken, wählen Sie in Power Query den SQL Server-Konnektor aus. Die Liste der unterstützten Datenverbindungen wird häufig im Monatsrhythmus über Power BI Desktop-Updates aktualisiert und dann später in Excel in Microsoft 365 eingepflegt.

Viele Konnektoren werden zuerst in Power BI Desktop veröffentlicht und finden nicht sofort ihren Weg in Excel. Dies kann mit der Ausgereiftheit des Konnektors zusammenhängen, der Verbreitung der Datenquelle oder aus zwischen Microsoft und dem Anbieter der Datenquelle getroffenen Vereinbarungen resultieren. Außerdem unterscheidet sich die Verfügbarkeit der Konnektoren zwischen den verschiedenen Excel-Versionen. Weitere Einzelheiten dazu finden Sie unter *support.microsoft.com/en-us/office/power-query-data-sources-in-excel-versions-e9332067-8e49-46fc-97ff-f2e1bfa0cb16*.

In Power BI Desktop können Sie auf *Daten abrufen* klicken, um das Dialogfeld *Daten abrufen* zu öffnen. Von dort aus können Sie nach dem Konnektor suchen, den Sie verwenden möchten, oder durch die Ansichten *Alle, Datei, Datenbank, Microsoft Fabric, Power Platform, Azure, Onlinedienste* und *Sonstige* navigieren, um den gewünschten Konnektor zu finden. Eine vollständige Liste der Datenquellen in Power BI Desktop finden Sie unter *learn.microsoft.com/en-us/power-bi/connect-data/desktop-data-sources*.

Um in Excel die derzeit unterstützten Datenquellen anzuzeigen, öffnen Sie auf der Registerkarte *Daten* das Menü der Schaltfläche *Daten abrufen* und sehen Sie sich die verschiedenen Optionen unter *Aus Datei, Aus Datenbank, Aus Azure, Aus Onlinediensten* und *Aus anderen Quellen* an.

Abbildung 1.5 zeigt einige der Konnektoren, die zur Verfügung stehen. Manche Konnektoren befinden sich möglicherweise noch im Beta-Stadium, bevor sie allgemein verfügbar sind.

Wenn Sie eine bereits vorhandene Datenquelle wiederverwenden möchten, müssen Sie nicht erneut die Schritte der Schnittstelle *Daten abrufen* durchlaufen. Stattdessen können Sie in Excel auf der Registerkarte *Daten* im Abschnitt *Daten abrufen und transformieren* auf *Zuletzt verwendete Quellen* klicken oder die gleiche Schaltfläche auf der Registerkarte *Start* von Power BI Desktop verwenden. Im Dialogfeld *Zuletzt verwendete Quellen* finden Sie die spezifischen Datenquellen, die Sie zuletzt verwendet haben. Sie können dort Ihre bevorzugten Quellen anheften, damit diese immer oben in der Liste des Dialogfelds *Zuletzt verwendete Quellen* angezeigt werden.

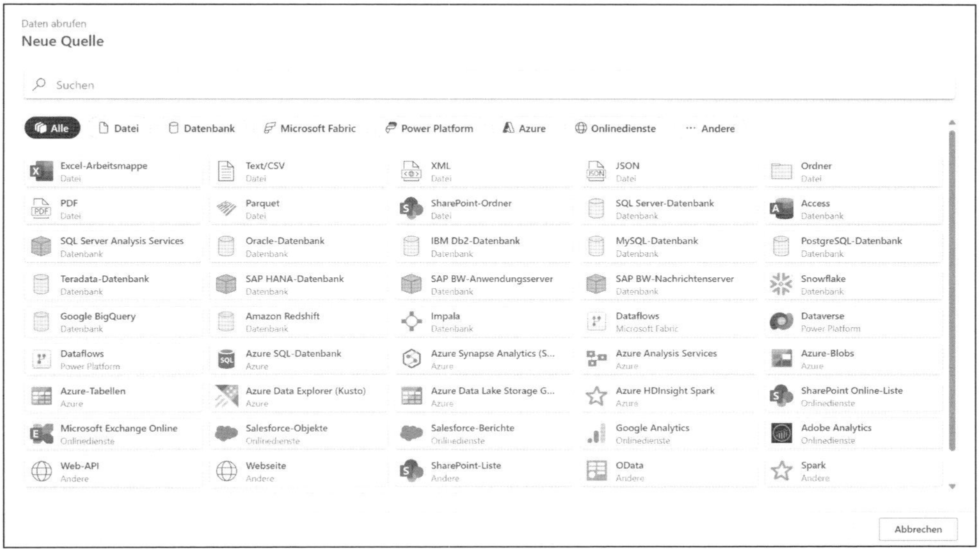

Abbildung 1.5 Für den Import können Sie eine Vielzahl von Konnektoren verwenden.

Viele der Datenquellen, mit denen Sie eine Verbindung herstellen, zum Beispiel Datenbanken und Dateien in SharePoint, bieten integrierte Authentifizierungsmethoden. Die von Ihnen angegebenen Anmeldeinformationen werden nicht im Bericht selbst, sondern auf Ihrem Computer gespeichert. Um die Anmeldeinformationen zu bearbeiten oder die Authentifizierungsmethode zu ändern, können Sie die Datenquelleneinstellungen über die Registerkarte *Start* des Power Query-Editors starten oder auf der Registerkarte *Datei* den Befehl *Optionen & Einstellungen* verwenden. Wenn das Dialogfeld *Datenquelleneinstellungen* geöffnet wird, können Sie die Datenquelle auswählen und die Anmeldeinformationen zurücksetzen. Weitere Informationen zu Datenquelleneinstellungen finden Sie unter *support.microsoft.com/office/manage-data-source-settings-and-permissions-power-query-9f24a631-f7eb-4729-88dd-6a4921380ca9*.

Die Hauptbereiche des Power Query-Editors

Nachdem Sie eine Verbindung zu einer Datenquelle hergestellt haben, wird in der Regel das Dialogfeld *Navigator* angezeigt. Hier wählen Sie die Tabellen aus, die Sie aus der Datenquelle laden möchten, oder Sie können einfach eine Vorschau der Daten erhalten. (Sie werden den Navigator in Übung 1.1 kennenlernen.) Im Navigator können Sie *Daten transformieren* auswählen, um in das Herz und den Mittelpunkt von Power Query einzutreten: den Power Query-Editor. Hier wird im Hauptfenster eine Vorschau der Daten angezeigt, und Sie können die Daten untersuchen und mit der Durchführung von Datentransformationen beginnen. Wie in Abbildung 1.6 dargestellt, besteht der Power Query-Editor aus den folgenden Komponenten: Vorschaubereich, Menüband, Bereich Abfragen, Bereich Abfrageeinstellungen, Bereich Angewendete Schritte und der Bearbeitungsleiste. Lassen Sie mich die verschiedenen Elemente kurz erläutern.

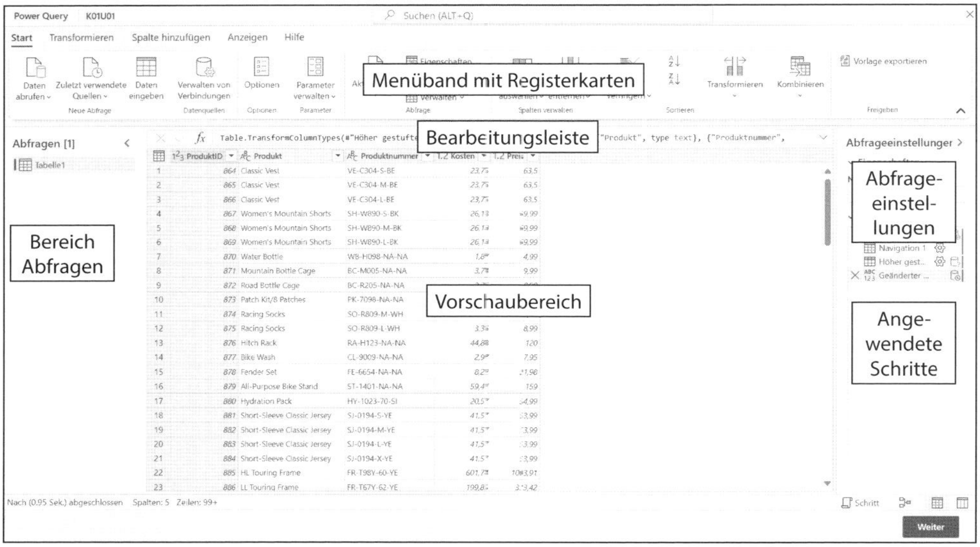

Abbildung 1.6 Der Power Query-Editor enthält eine Reihe von Benutzeroberflächenkomponenten.

Der Vorschaubereich

Im Vorschaubereich, der als zentraler Bereich in Abbildung 1.6 dargestellt ist, können Sie eine Vorschau Ihrer Daten anzeigen und sie untersuchen und vorbereiten, bevor Sie sie in einen Bericht übernehmen. Normalerweise werden Daten in diesem Bereich in einem tabellarischen Format angezeigt. Über die Spaltenüberschriften können Sie bestimmte Transformationen initiieren, zum Beispiel das Umbenennen oder Entfernen von Spalten. Sie können außerdem Filter auf Spalten anwenden, indem Sie in den Spaltenüberschriften das Filtersteuerelement verwenden.

Der Vorschaubereich ist kontextabhängig. Dies bedeutet, dass Sie mit der rechten Maustaste auf ein beliebiges Element in der Tabelle klicken können, um ein Kontextmenü zu öffnen, das die Transformationen enthält, die auf das ausgewählte Element angewendet werden können. Wenn Sie beispielsweise mit der rechten Maustaste auf die obere linke Ecke der Tabelle klicken, sind Transformationen auf Tabellenebene verfügbar, zum Beispiel *Erste Zeile als Überschriften verwenden*.

Mithilfe des Kontextmenüs im Vorschaubereich des Power Query-Editors können Sie neue Transformationen entdecken und die Features von Power Query erkunden.

Denken Sie daran, dass im Vorschaubereich nicht immer das gesamte Dataset angezeigt wird. Der Vorschaubereich wurde entwickelt, um nur einen Teil der Daten anzuzeigen und Ihnen die Datenvorbereitung mit großen Datasets zu ermöglichen. Bei breiten (viele Spalten) oder großen (viele Zeilen) Datasets können Sie die Daten überprüfen, indem Sie im Vorschaubereich nach links und rechts scrollen, oder Sie können den Bereich *Filter* öffnen, um die eindeutigen Werte in jeder Spalte zu überprüfen.

Neben der Datenexploration ist die Spaltenauswahl die häufigste Aktion, die Sie im Vorschaubereich vornehmen. Sie können eine oder mehrere Spalten auswählen und dann auf die ausgewählten Spalten eine Transformation anwenden. Wenn Sie mit der rechten Maustaste auf eine Spaltenüberschrift klicken, werden die Aktionen zur Spaltentransformation angezeigt, die im Kontextmenü verfügbar sind. Beachten Sie, dass Spalten über Datentypen verfügen und die Transformationen, die Ihnen über das Kontextmenü und die Registerkarten im Menüband zur Verfügung stehen, vom Datentyp der Spalte abhängen.

Das Menüband

Gemäß dem Look & Feel von Microsoft Office enthält auch der Power Query-Editor ein Menüband mit mehreren Registerkarten, wie in Abbildung 1.7 dargestellt. Jede Registerkarte enthält eine Vielzahl von Transformationsschritten oder anderen Aktionen, die auf Abfragen angewendet werden können. Sehen wir uns die einzelnen Registerkarten an:

- **Start:** Auf dieser Registerkarte finden Sie einige der häufigsten Transformationsschritte, zum Beispiel *Spalten auswählen, Spalten entfernen, Zeilen beibehalten* und *Zeilen entfernen*. Sie können auch den Vorschaubereich aktualisieren und den Abfrage-Editor schließen. Der Befehl *Neue Quelle* bzw. *Daten abrufen* entspricht dem Befehl *Daten abrufen* in Excel und Power BI Desktop; mit ihm können Sie neue Datenquellen als zusätzliche Abfragen importieren.

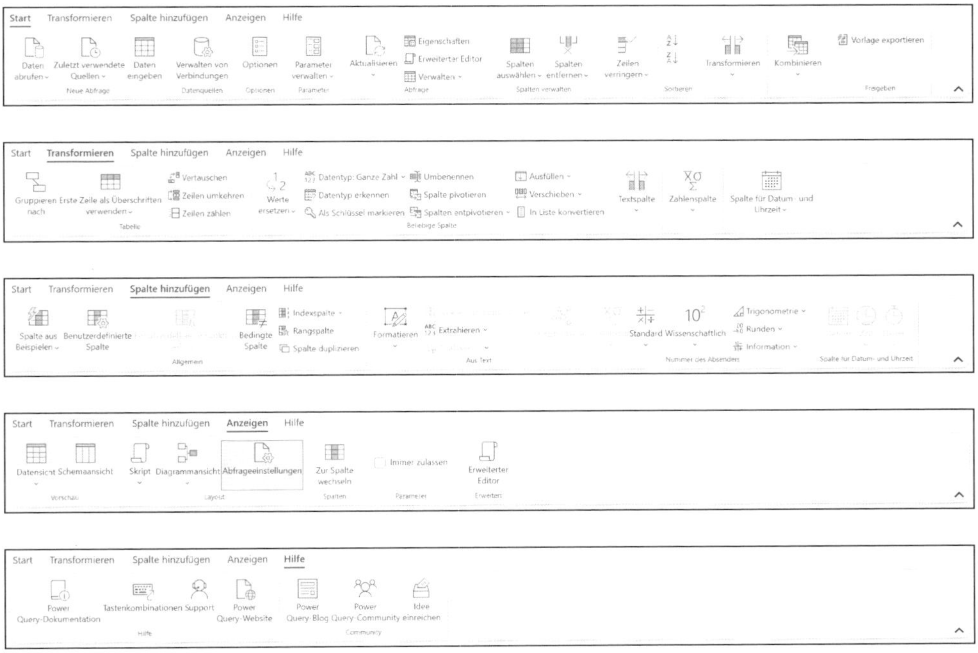

Abbildung 1.7 Im Menüband des Power Query-Editors finden Sie mehrere nützliche Registerkarten.

Sie können im Power Query-Editor an mehreren Abfragen arbeiten. Jede Abfrage kann als separate Tabelle geladen oder von einer anderen Abfrage verwendet werden. Das Kombinieren mehrerer Abfragen ist eine äußerst leistungsfähige Funktionalität, die in Kapitel 3, »Daten aus mehreren Quellen kombinieren«, vorgestellt wird.

- **Transformieren:** Auf dieser Registerkarte können Sie eine Transformation auf ausgewählte Spalten anwenden. Je nach Datentyp der Spalte werden einige Befehle aktiviert oder deaktiviert. Wenn Sie zum Beispiel eine Datumsspalte auswählen, werden die datumsbezogenen Befehle aktiviert. Auf dieser Registerkarte finden Sie auch sehr nützliche Transformationen wie *Gruppieren nach, Erste Zeile als Überschriften verwenden, Überschriften als erste Zeile verwenden* sowie *Vertauschen* (Transponieren).
- **Spalte hinzufügen:** Auf dieser Registerkarte fügen Sie einer Tabelle neue Spalten hinzu, indem Sie auf ausgewählte Spalten Transformationen anwenden. Mit zwei speziellen Befehlen erreichen Sie komplexe Transformationen in neuen Spalten über eine sehr einfache Benutzeroberfläche. Diese Befehle, *Spalte aus Beispielen* und *Bedingte Spalte*, werden im weiteren Verlauf des Buches ausführlicher erläutert und veranschaulicht. Auf dieser Registerkarte können fortgeschrittene Benutzer benutzerdefinierte Spalten und benutzerdefinierte Funktionen aufrufen, was ebenfalls in späteren Kapiteln erläutert wird.
- **Anzeigen:** Auf dieser Registerkarte ändern Sie die Ansichtseinstellungen des PowerQuery-Editors. Sie können beispielsweise die Bearbeitungsleiste einschalten, zu einer bestimmten Spalte navigieren (was sehr nützlich ist, wenn Ihre Tabelle Dutzende von Spalten enthält) und das Fenster öffnen, das die Abfrageabhängigkeiten darstellt.
- **Hilfe:** Auf dieser Registerkarte finden Sie eine Sammlung nützlicher Links, beispielsweise zur Power Query-Dokumentation, zu Tastenkombinationen usw.

Im Verlauf dieses Buches werden Sie anhand von praktischen Übungen, die reale Datenherausforderungen simulieren, die am häufigsten verwendeten und nützlichsten Befehle im Power Query-Editor kennenlernen.

Der Bereich *Abfragen*

Im Bereich *Abfragen*, der sich auf der linken Seite des Power Query-Editors befindet (siehe Abbildung 1.6), wählen Sie die Abfrage aus, die Sie bearbeiten möchten, oder erstellen neue Abfragen, indem Sie eine der Abfragen duplizieren oder einen Verweis auf eine vorhandene Abfrage erstellen. Wenn Sie im Bereich *Abfragen* mit der rechten Maustaste auf eine Abfrage klicken, werden verschiedene Vorgänge angezeigt, die Sie auf die Abfrage anwenden können.

Sie organisieren Abfragen im Bereich *Abfragen*, indem Sie sie in Abfragegruppen zusammenfassen. Diese Gruppen haben keine Auswirkungen auf die zugrunde liegenden Daten oder einen Bericht. Sie dienen nur als visuelle Ordner im Bereich *Abfragen*. Sie können auch die Reihenfolge der Abfragen und Gruppen ändern, indem Sie Elemente im Bereich nach oben oder unten verschieben.

Wenn Sie in Excel den Power Query-Editor starten, wird manchmal der Abfragebereich reduziert dargestellt. Sie können ihn bei Bedarf erweitern. Nachdem Sie den Power Query-Editor geschlossen haben, können Sie die Abfragen in Excel über den Aufgabenbereich *Abfragen und Verbindungen* verwalten.

Abfrageeinstellungen und *Angewendete Schritte*

Im Bereich *Abfrageeinstellungen* auf der rechten Seite des Power Query-Editors benennen Sie eine Abfrage um, öffnen das Dialogfeld *Abfrageeigenschaften*, um eine Beschreibung bereitzustellen, und verwalten die Transformationsschritte. In der Liste *Angewendete Schritte* überprüfen Sie die Transformationsschritte einer Abfrage.

Mit Power Query können Sie eine Sequenz von Transformationen für importierte Daten erstellen, bevor die Daten in einem Bericht landen. Wenn Sie Transformationsschritte anwenden, werden diese Schritte der Liste *Angewendete Schritte* hinzugefügt. Sie können jederzeit einen der Schritte unter *Angewendete Schritte* auswählen, einen Schritt ändern oder zwischen zwei vorhandenen Schritten und am Ende der Sequenz einen neuen Schritt einfügen.

Die Bearbeitungsleiste, der erweiterte Editor und die M-Abfragesprache

Standardmäßig ist die Bearbeitungsleiste im Power Query-Editor deaktiviert. Sie aktivieren sie auf der Registerkarte *Ansicht* bzw. *Anzeigen*, indem Sie das Kontrollkästchen *Bearbeitungsleiste* einschalten. Obwohl Sie die Bearbeitungsleiste in vielen Datentransformationsszenarien nicht verwenden müssen, werden Sie in diesem Buch sehen, dass es viele Szenarien gibt, in denen die Bearbeitungsleiste sehr hilfreich ist.

Während in der Bearbeitungsleiste in Excel Excel-Formeln angezeigt werden, zeigt die Bearbeitungsleiste im Power Query-Editor M-Formeln an. Jeder Transformationsschritt, den Sie im Power Query-Editor erstellen, beginnend mit dem ersten Import der Daten, generiert in dieser Leiste eine Formel. Diese Formel ist Teil der M-Abfragesprache, einer speziellen Programmiersprache, die von Microsoft für Power Query entwickelt wurde und die es Ihnen ermöglicht, die Transformationsfunktionen dieses Tools zu erweitern.

Auf der Registerkarte *Start* oder auf der Registerkarte *Ansicht* bzw. *Anzeigen* starten Sie den erweiterten Editor, der den gesamten M-Ausdruck anzeigt, der durch die Schritte generiert wurde, die Sie im Power Query-Editor ausgeführt haben. Von hier aus können fortgeschrittene Benutzer den Ausdruck anpassen, um komplexe Transformationen zu erstellen. Für die meisten Übungen in diesem Buch müssen Sie den erweiterten Editor nicht öffnen. Wenn Sie jedoch neugierig auf M sind, starten Sie den erweiterten Editor und untersuchen Sie die M-Syntax Ihrer Abfragen. Sie werden M in den Übungen in diesem Buch kennenlernen, wenn eine Anpassung des Codes in der Bearbeitungsleiste oder im erweiterten Editor Ihnen hilft, spezielle Datenprobleme zu lösen. Kapitel 9 gibt Ihnen die Möglichkeit, tiefer in M einzusteigen und sich auf die Kernsyntax und die integrierten Funktionen zu konzentrieren.

Auch wenn die Programmierung nicht Ihr Ding ist, besteht kein Grund zur Sorge. Für die meisten Herausforderungen in diesem Buch ist es nicht erforderlich, dass Sie M verwenden.

Optionen in Power BI und Abfrageoptionen in Excel

Im Dialogfeld *Optionen* in Power BI Desktop und im Dialogfeld *Abfrageoptionen* in Excel legen Sie verschiedene Einstellungen für Power Query fest. In Power BI Desktop sind die Optionen in den Abschnitten *Global* und *Aktuelle Datei* gruppiert. In Excel werden die Optionen in den Abschnitten *Global* und *Aktuelle Arbeitsmappe* zusammengefasst. Einige der Optionen sind nur in Excel verfügbar. Andere Optionen finden Sie nur in Power BI Desktop. Das letztgenannte Produkt enthält zusätzliche Einstellungen für Power BI Desktop, die über die von Power Query hinausgehen.

Die globalen Optionen, die auf Ihrem Computer gespeichert werden, wirken sich auf alle Berichte aus, die Sie von diesem Computer aus erstellen. Die Optionen in der Kategorie *Aktuelle Arbeitsmappe* beziehungsweise *Aktuelle Datei* werden in der Datei gespeichert und nicht an andere Dateien weitergegeben. Wie in Abbildung 1.8 dargestellt, ist jede der Optionsgruppen in mehrere Untergruppen unterteilt. Die Untergruppen *Daten laden* und *Datenschutz* befinden sich sowohl in der Kategorie *Global* als auch in der Kategorie *Aktuelle Arbeitsmappe/Datei*.

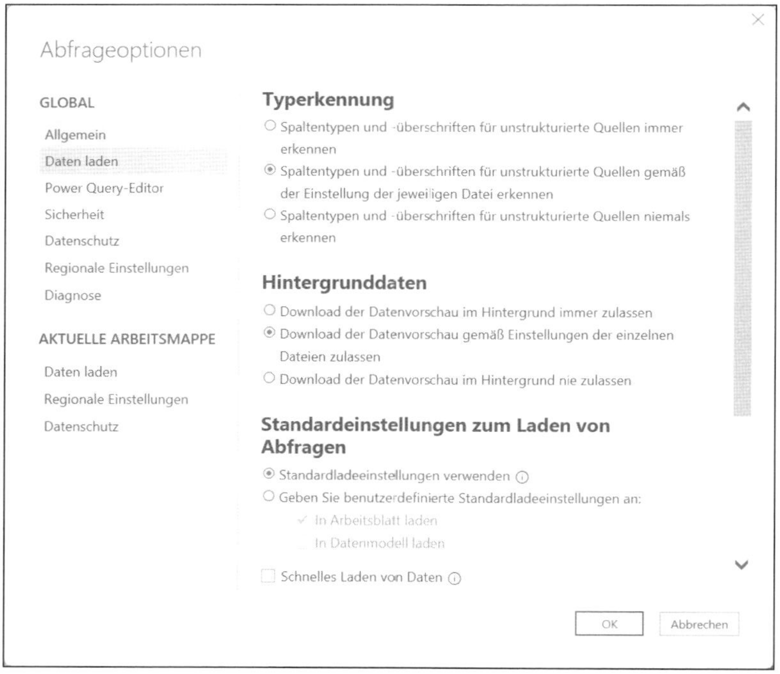

Abbildung 1.8 Das Dialogfeld *Abfrageoptionen* in Excel enthält globale Eigenschaften, die auf dem Computer gespeichert sind, sowie Einstellungen für die aktuelle Arbeitsmappe, die im Bericht gespeichert werden.

Um das Dialogfeld *Abfrageoptionen* in Excel zu öffnen, wechseln Sie zur Registerkarte *Daten* und wählen Sie *Daten abrufen | Abfrageoptionen*. Sie können das Dialogfeld *Abfrageoptionen* auch im Power Query-Editor öffnen: Wählen Sie auf der Registerkarte *Datei* den Befehl *Optionen und Einstellungen* und dann *Abfrageoptionen*. Um das Dialogfeld *Optionen* in Power BI zu öffnen, wechseln Sie zur Registerkarte *Datei* und wählen Sie *Optionen und Einstellungen | Optionen*.

Sie müssen nur selten Änderungen an den Optionen vornehmen. Die Standardoptionen werden normalerweise Ihren Anforderungen genügen. Wenn Sie ein fortgeschrittener Excel-Benutzer sind und in der Regel mit Datenmodellen arbeiten, können Sie die Standardoptionen zum Laden von Daten ändern, wenn Sie die Option für benutzerdefinierte Standardladeeinstellungen festlegen, indem Sie bei den Standardladeeinstellungen die Option *In Datenmodell laden* auswählen.

Unterschiede zwischen der alten und neuen Power Query-Editor-Benutzeroberfläche

Seit Ende 2024 können Sie je nach Produkt, das Sie verwenden, unterschiedliche Benutzeroberflächen für den Power Query-Editor sehen. Der Power Query-Editor in Dataflows verwendet die neue Oberfläche, die in Abbildung 1.6 und Abbildung 1.7 dargestellt ist. In Power BI Desktop und Excel sehen Sie möglicherweise die alte Benutzeroberfläche, deren Menüband-Registerkarten in Abbildung 1.9 dargestellt sind.

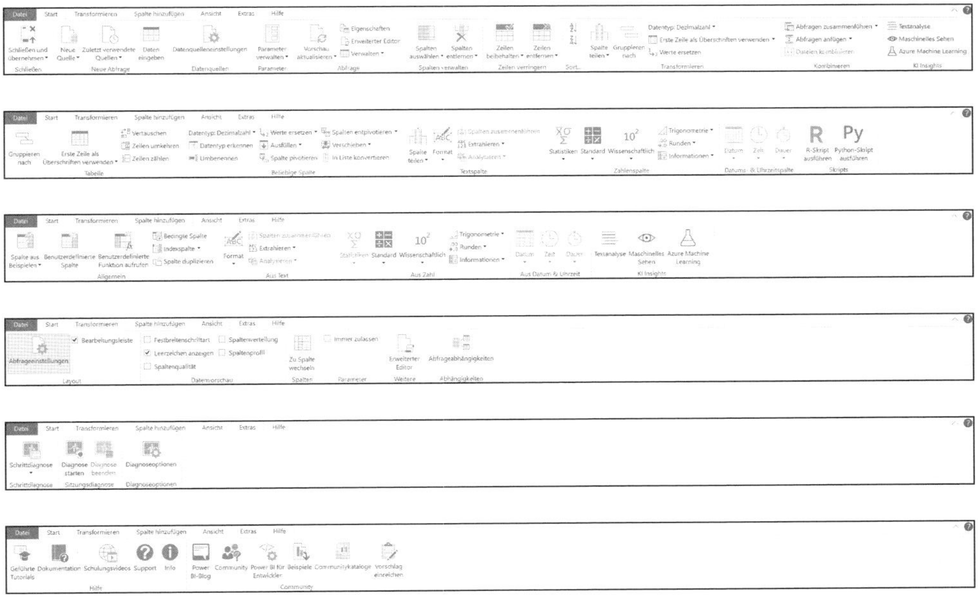

Abbildung 1.9 Vergleichen Sie die Registerkarten der alten Benutzeroberfläche (hier gezeigt) mit der neuen Oberfläche des Power Query-Editors, die Sie in den Abbildungen 1.6 und 1.7 sehen.

Die Unterschiede sind nicht nur kosmetischer Natur. Es gibt einige wichtige Aspekte, in denen sich die neue und die alte Benutzeroberfläche voneinander unterscheiden:

- In der Bearbeitungsleiste der alten Benutzeroberfläche beginnen Ausdrücke mit dem Gleichheitszeichen (=), wohingegen das Gleichheitszeichen in der neuen Benutzeroberfläche nicht mehr verwendet wird. In der alten Benutzeroberfläche sehen Sie zum Beispiel die folgende Formel:

  ```
  = Quelle{[Item="Tabelle1",Kind="Sheet"]}[Data]
  ```

  Hier ist die entsprechende Formel in der neuen Benutzeroberfläche:

  ```
  Quelle{[Item="Tabelle1",Kind="Sheet"]}[Data]
  ```

- In der neuen englischsprachigen Benutzeroberfläche wird im Code nur der erste Buchstabe eines Satzes großgeschrieben, wohingegen früher immer alle Wörter großgeschrieben waren. Zum Beispiel sehen Sie in der alten Benutzeroberfläche:

  ```
  = Table.AddColumn(#"Changed Type", "Subtraction", each [Price] - [Cost], type number)
  ```

  In der neuen Benutzeroberfläche sehen Sie hingegen:

  ```
  Table.AddColumn(#"Changed column type", "Subtraction", each [Price] - [Cost], type
  number)
  ```

  In den beiden obigen Formeln beziehen sich `#"Changed Type"` und `#"Changed column type"` auf den Namen des vorherigen Schritts, der von der Benutzeroberfläche bei der Erstellung des Schritts generiert wurde.

  Da in der deutschsprachigen Version des Power Query-Editors immer schon der erste Buchstabe großgeschrieben und für den Rest des Schrittnamens die korrekte Groß-/Kleinschreibung verwendet wurde, ändert sich hier nichts. Es kann jedoch sein, dass sich die Namen der Schritte geändert haben. So ist beispielsweise die Aktion `#"Geänderter Typ"` in `#"Geänderter Spaltentyp"` umbenannt worden.

- Einige Elemente der Benutzeroberfläche können unterschiedliche Namen haben. Wenn Sie beispielsweise in der neuen Benutzeroberfläche Daten aus Excel-Arbeitsmappen abrufen, sehen Sie die Schaltfläche *Erstellen*, während in der alten Benutzeroberfläche die Schaltfläche *Daten transformieren* angezeigt wird.

Es ist wichtig, diese Unterschiede bei der Lektüre dieses Buches zu beachten, denn es wurde mit der neuen Benutzeroberfläche geschrieben, in der Hoffnung, das Buch so für einen längeren Zeitraum aktuell zu halten. Deshalb werden die Formeln in den Schritten nicht mit einem Gleichheitszeichen eingeleitet. Außerdem kann der Code, den Sie im Buch sehen, kleine Anpassungen an der Groß- und Kleinschreibung oder des Wortlauts oder von beidem erfordern. Möglicherweise müssen Sie wie bereits erwähnt `#"Geänderter Spaltentyp"` anstelle von `#"Geänderter Typ"` schreiben. Außerdem können die Elemente der Benutzeroberfläche einige minimale Unterschiede aufweisen.

Das Power Query-Team hat angekündigt, dass es beabsichtigt, die neue Benutzeroberfläche in Power BI Desktop und Excel verfügbar zu machen. Für die meisten Übungen in diesem Buch sind Lösungen verfügbar, sodass Sie, falls Sie auf Probleme stoßen, die Lösungsdateien einsehen können.

Übung 1.1: Ein erster Blick auf Power Query

Nachdem Sie nun die zentralen Komponenten von Power Query kennen, ist es an der Zeit, eine schnelle Übung zu starten, um sich mit den verschiedenen Komponenten von Power Query vertraut zu machen. Sie können diese Übung mit Power BI Desktop oder Excel durchführen.

Um diese Übung zu starten, verwenden Sie die Arbeitsmappe *K01U01.xlsx* in den Begleitdateien zu diesem Buch, die Sie von dessen Website herunterladen können (siehe Einleitung). Speichern Sie die Datei im Ordner *C:\Daten\K01* auf Ihrem Computer ab. Bitte verwenden Sie immer die angegebenen Ordner, da dann die in den Beispieldateien enthaltenen Verknüpfungen ohne weiteres Zutun funktionieren. Falls Sie die Beispieldateien noch nicht heruntergeladen haben, ist jetzt ein guter Zeitpunkt dafür. Alle Dateinamen folgen den gleichen Namenskonventionen und verwenden das folgende Format: *KxxUyy.xslx* oder *KxxUyy.pbix*, wobei *K* für *Kapitel* steht und *xx* eine zweistellige Zahl ist, die der Kapitelnummer entspricht. *U* steht für *Übung* und *yy* ist eine zweistellige Zahl, die der Nummer der Übung entspricht.

Um die Übungen im Buch durchzuführen, werden Sie aufgefordert, Quelldatendateien in einem Unterordner unterhalb von *C:\Daten* zu speichern. Für jedes Kapitel erstellen Sie unterhalb von *C:\Daten* einen eigenen Ordner, angefangen bei *K01* für Kapitel 1 bis *K16* für Kapitel 16. Für die meisten Übungen gibt es Dateien mit der Lösung, diese erkennen Sie am Namenszusatz *Lösung*. Bei den Abfragen in den Lösungsdateien wird davon ausgegangen, dass sich die Quelldaten im Ordner »C:\Daten\K*XX*« befinden, wobei *XX* der Kapitelnummer entspricht.

Nachdem Sie die Arbeitsmappe *K01U01.xlsx* im angegebenen Ordner gespeichert haben, können Sie sie öffnen, um die Haupttabelle zu überprüfen. Diese Tabelle enthält einen Produktkatalog mit Produkt-ID, Produktname, Produktnummer, Kosten und Preis. Im nächsten Kapitel arbeiten Sie an der Spalte *Produktnummer*, um aus dieser Nummer die Produktfarbe, -größe und -kategorie zu extrahieren. In dieser Übung verwenden Sie dieses Dataset lediglich dazu, um die Benutzeroberfläche des Power Query-Editors zu untersuchen.

1. Erstellen Sie einen neuen Power BI-Bericht oder eine leere Excel-Arbeitsmappe.
2. Klicken Sie in Power BI Desktop auf der Registerkarte *Start* in der Gruppe *Daten* auf *Excel-Arbeitsmappe*. Alternativ können Sie auch auf *Daten abrufen* klicken, um das Dialogfeld *Daten abrufen* zu öffnen. Untersuchen Sie die verschiedenen Typen der Datenquellen (auch Konnektoren genannt). Sie können die Namen von Datenquellentypen in das Suchfeld eingeben, um die Liste zu filtern. Wenn Sie fertig sind, wählen Sie *Excel* aus.

   Öffnen Sie in Excel 2016 oder neuer die Registerkarte *Daten* und klicken Sie in der Gruppe *Daten abrufen und transformieren* auf *Daten abrufen*. Sehen Sie sich die verschiedenen Menüs und Untermenüs der Schaltfläche *Daten abrufen* an. Wie in Abbildung 1.5 gezeigt, stehen Ihnen zahlreiche Datenquellen zur Verfügung. Klicken Sie für diese Übung auf *Aus Datei* und dann auf *Aus Excel-Arbeitsmappe*.

3. Navigieren Sie im Dialogfeld *Daten importieren* zum Ordner *C:\Daten\K01* und wählen Sie die Arbeitsmappe *K01U01.xslx* aus. Drücken Sie die `Eingabe`-Taste oder klicken Sie auf *Importieren*, um das Dialogfeld zu schließen.
4. Navigieren Sie im geöffneten Dialogfeld *Navigator* (siehe Abbildung 1.10) zu der Tabelle, die Sie importieren möchten. Dieses Dialogfeld wird immer dann geöffnet, wenn Sie eine Verbindung zu Datenquellen herstellen, die mehrere Tabellen enthalten. Wenn Sie eine Verbindung zu relationalen Datenbanken herstellen, zum Beispiel SQL Server- oder Access-Datenbanken, enthält der linke Bereich weitere Optionen, jedoch sieht der große Teil der Benutzeroberfläche gleich aus.

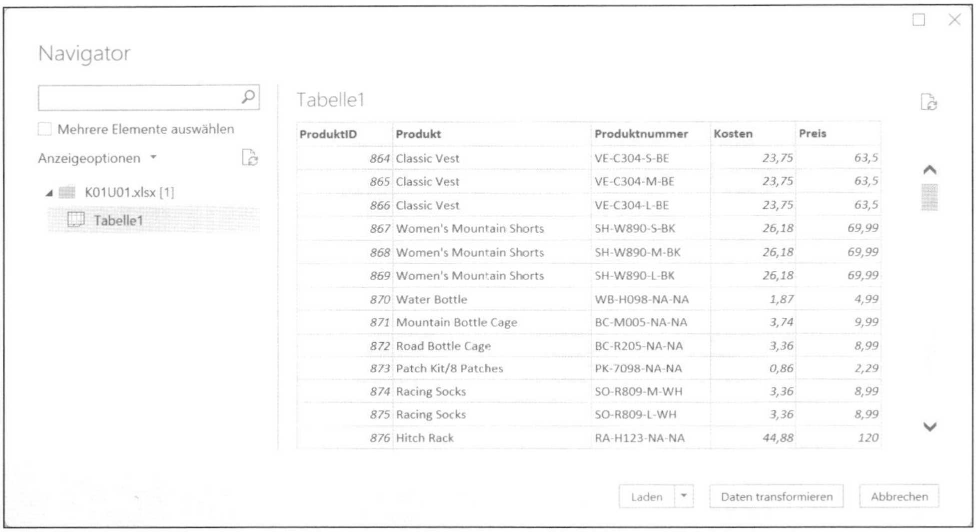

Abbildung 1.10 Im Dialogfeld *Navigator* wählen Sie die Tabellen aus, die Sie laden wollen.

Sie sehen in Abbildung 1.10, dass *Laden* die Standardschaltfläche ist, und nicht *Daten transformieren*. Viele Benutzer nehmen Power Query überhaupt nicht wahr, weil sie den Standardprozess durchlaufen. Wenn Sie *Laden* auswählen, überspringen Sie den Schritt der Datenaufbereitung und laden die Tabelle so, wie sie ist, in Ihren Bericht.

Wenn im Dialogfeld *Navigator* die Schaltfläche *Daten transformieren* nicht als zweite Schaltfläche neben *Laden* angezeigt wird (siehe Abbildung 1.10), finden Sie sie möglicherweise unter einem anderen Namen (zum Beispiel *Bearbeiten*). Microsoft verwendet verschiedene Namen für diese Schaltfläche, um zu sehen, was bei den Kunden am besten ankommt. Wenn Sie in diesem Buch angewiesen werden, im Navigator *Daten transformieren* auszuwählen, und Sie diese Schaltfläche nicht finden, wählen Sie *Bearbeiten* oder die Schaltfläche aus, die sich direkt neben *Laden* befindet.

Auch wenn Ihre Daten in einem guten Zustand sind, wird empfohlen, im Dialogfeld *Navigator* die Option *Daten transformieren* und nicht *Laden* auszuwählen. Dadurch wird der Power Query-Editor geöffnet, in dem Sie eine Vorschau der Daten anzeigen, die Daten untersuchen und sich vergewissern können, dass die Daten im erwarteten Format vorliegen.

5. Markieren Sie *Tabelle1* und wählen Sie dann *Daten transformieren* aus. Der Power Query-Editor wird geöffnet. Werfen Sie noch einmal einen Blick auf Abbildung 1.6 und stellen Sie sicher, dass Sie alle Komponenten im Power Query-Editor finden. Beachten Sie, dass der Power Query-Editor in Power BI Desktop und Excel dieselbe Benutzeroberfläche verwendet. Es gibt nur geringfügige Unterschiede zwischen den beiden Produkten.

   Wenn Sie die Bearbeitungsleiste nicht sehen, können Sie sie aktivieren, indem Sie die Registerkarte *Ansicht* bzw. *Anzeigen* öffnen und das Kontrollkästchen *Bearbeitungsleiste* aktivieren. Von nun an ist die Bearbeitungsleiste immer sichtbar.
6. Benennen Sie die Abfrage *Tabelle1* im Bereich *Abfragen* oder im Bereich *Abfrageeinstellungen* in **Produkte** um. Um die Abfrage im Bereich *Abfragen* umzubenennen, doppelklicken Sie auf den Namen und tippen Sie den neuen Namen ein. Um die Abfrage im Bereich *Abfrageeinstellungen* umzubenennen, bearbeiten Sie das Textfeld *Name* im Abschnitt *Eigenschaften*.
7. Beachten Sie im Vorschaubereich, dass die Namen der letzten beiden Spalten *Kosten* und *Preis* sind. Angenommen, Sie möchten eine neue Spalte für den Gewinn hinzufügen, die das Ergebnis aus Preis minus Kosten enthält. Um eine neue Spalte hinzuzufügen, die auf der Berechnung von zwei anderen Spalten basiert, müssen Sie zuerst die beiden Spalten auswählen. Um in Power Query eine Spalte auszuwählen, klicken Sie im Vorschaubereich auf deren Überschriftenzeile. Alternativ verwenden Sie die Pfeiltasten. Um mehrere Spalten auszuwählen, können Sie die Tasten `Strg` oder `Umschalt` verwenden (die `Umschalt`-Taste für benachbarte Spalten und `Strg` für nicht benachbarte Spalten).

   Wählen Sie die Spalte *Preis* aus. Wählen Sie dann die Spalte *Kosten* aus, während Sie gleichzeitig die `Strg`- oder die `Umschalt`-Taste drücken.
8. Um die neue Spalte hinzuzufügen, suchen Sie auf der Registerkarte *Spalte hinzufügen* nach der entsprechenden Transformation. Wechseln Sie zur Registerkarte *Spalte hinzufügen*, überprüfen Sie die verschiedenen Befehle und klicken Sie auf *Standard*. Sie sehen nun die verschiedenen arithmetischen Operationen, die beim Erstellen einer neuen Spalte verfügbar sind. Um Kosten von Preis zu subtrahieren, wählen Sie im Dropdown-Menü die Option *Subtrahieren* aus.
9. Nachdem die Spalte *Subtraktion* im Vorschaubereich angezeigt wird, benennen Sie sie in **Gewinn** um. Um eine Spalte umzubenennen, klicken Sie in der Überschriftenzeile der Spalte doppelt auf den Namen und tippen den neuen Namen ein. Alternativ klicken Sie mit der rechten Maustaste auf die Spaltenüberschrift, um das Kontextmenü zu öffnen, in dem Sie eine Vielzahl Optionen zur Transformation finden, die Sie auf die ausgewählten Spalten anwenden können. Im Kontextmenü sollte auch der Befehl *Umbenennen* angezeigt werden.

10. Schauen Sie sich die Werte in der Spalte *Gewinn* an. Sehen Sie in dieser Spalte negative Zahlen? Dies sollte nicht der Fall sein. Falls Sie dennoch negative Werte sehen, liegt dies daran, wie Sie Schritt 7 implementiert haben. Wenn in der Spalte negative Zahlen angezeigt werden, bedeutet dies, dass Sie in Schritt 7 zuerst die Spalte *Kosten* und dann die Spalte *Preis* ausgewählt haben, anstatt zuerst *Preis* und dann *Kosten*. Um dies zu beheben (oder einfach um sicherzustellen, dass die Formel korrekt ist), führen Sie die folgenden Schritte aus
    a. Schauen Sie sich die Liste *Angewendete Schritte* auf der rechten Seite des Power Query-Editors an. Sie sehen dort alle Schritte, die durchgeführt wurden. Wählen Sie einen der Schritte aus und überprüfen Sie deren Ausgabe im Vorschaubereich. Die Daten, die Sie im Vorschaubereich sehen, sind nur eine zwischengespeicherte Vorschau der tatsächlichen Daten. Keine der Zwischentabellen wird im Bericht selbst gespeichert.
    b. Wählen Sie in der Liste *Angewendete Schritte* den Schritt *Subtraktion eingefügt* aus.
    c. Sehen Sie sich die lange Formel in der Bearbeitungsleiste an und suchen Sie nach dem folgenden Code:

    ```
    [Kosten] - [Peis]
    ```

    Ändern Sie diesen Code wie folgt ab:

    ```
    [Preis] - [Kosten]
    ```

    Nach dieser Änderung sollte die Forme wie folgt aussehen:

    ```
    Table.AddColumn(#"Geänderter Spaltentyp", "Subtraktion", each [Preis] - [Kosten],
    type number)
    ```

Wenn Sie mit Power Query noch nicht vertraut sind, brauchen Sie sich zum jetzigen Zeitpunkt nicht zu sehr bemühen, die Syntax in der Bearbeitungsleiste zu verstehen. Diese Formel ist Teil der Sprache M. In diesem Buch erfahren Sie, wann und wie Sie solche Formeln ändern können, ohne die M-Syntax beherrschen zu müssen. Wenn Sie Kapitel 9 erreichen, sind Sie bereit, tiefer in M einzutauchen und seine Geheimnisse zu erkunden.

---

11. Entfernen Sie die Spalte *Produktnummer*, indem Sie sie auswählen und die Taste `Entf` drücken. Alternativ können Sie auf der Registerkarte *Start* auf *Spalten entfernen* klicken.
12. Versuchen Sie, die Daten zu filtern. Angenommen, Sie möchten nur die Zeilen beibehalten, bei denen die Spalte *Produkt* den Text *Mountain* enthält. Dazu können Sie das Filtersteuerelement im Überschriftenfeld der Spalte *Produkt* auswählen. Schauen Sie sich im geöffneten Filterbereich die verschiedenen Produkte an.

    Wählen Sie *Textfilter* aus und wählen Sie dann *Enthält*. Geben Sie im Dialogfeld *Zeilen filtern*, das geöffnet wird, in das Textfeld rechts neben *enthält* den Text **Mountain** ein und klicken Sie auf *OK*.

Standardmäßig verarbeitet Power Query Text so, dass die Groß-/Kleinschreibung beachtet wird. Wenn Sie in Schritt 12 in das Textfeld mountain eingeben, werden Sie kein einziges Produkt sehen, da es keine Produkte gibt, in denen Mountain mit einem Kleinbuchstaben beginnt. Um einen Filter anzuwenden, der die Groß-/Kleinschreibung nicht beachtet, können Sie die M-Formel ändern. Hier ist die ursprüngliche Formel, die in der Bearbeitungsleiste zu sehen ist:

```
Table.SelectRows(#"Entfernte Spalten", each Text.Contains([Produkt], "Mountain"))
```

Durch Hinzufügen von `Comparer.OrdinalIgnoreCase` **als drittes Argument zur Funktion** `Text.Contains` **erreichen Sie, dass beim Filtern die Groß-/Kleinschreibung ignoriert wird. Hier ist die geänderte Formel, die dafür sorgt, dass die Groß-/Kleinschreibung nicht beachtet wird:**

```
Table.SelectRows(#"Entfernte Spalten", each Text.Contains([Produkt], "Mountain"),
Comparer.OrdinalIgnoreCase)
```

Vielleicht denken Sie, dass diese Änderung zum jetzigen Zeitpunkt zu fortgeschritten für Sie ist, aber keine Sorge. Sie können die meisten Herausforderungen bei der Datenvorbereitung bewältigen, ohne dass Sie dazu Formeln ändern müssen. In diesem Buch erfahren Sie, wann solche Änderungen Ihnen helfen, und Sie werden auch lernen, wie Sie diese Änderungen vornehmen. Außerdem müssen Sie nicht die gesamte M-Syntax lernen. Kapitel 10, »Von Stolperfallen zu robusten Abfragen«, wird Ihnen helfen, weitere Kenntnisse zu erlangen, und Sie werden dann M besser verstehen.

13. Laden Sie abschließend die Abfrage in den Bericht. Wenn Sie Power BI Desktop verwenden, wählen Sie auf der Registerkarte *Start* die Option *Schließen & laden* aus. Von hier aus können Sie mit dem Erstellen der Visualisierung der transformierten Tabelle beginnen. Wenn Sie Excel verwenden, wählen Sie auf der Registerkarte *Start* die Option *Schließen & laden* aus, um die transformierte Tabelle als Tabelle in das Arbeitsblatt zu laden.

Im Gegensatz zu Power BI stehen Ihnen in Excel mehrere Optionen zum Laden zur Verfügung, die unterschiedliche Excel-Features nutzen. Sie können die transformierten Daten in eine Tabelle in einem Arbeitsblatt laden, sie in das Datenmodell laden oder sie einfach als Verbindung für die spätere Verwendung aufbewahren. Sie können die Daten auch direkt aus dem Dialogfeld *Daten importieren* in eine PivotTable oder ein PivotChart laden.

14. Öffnen Sie die Quelldatei *K01U01.xlsx* und nehmen Sie einige Änderungen vor. Nachdem Sie die Datei gespeichert haben, aktualisieren Sie den Bericht und beachten Sie, wie die Abfrage mit den geänderten Daten verarbeitet wird. Um die Abfrage in Excel zu aktualisieren, wählen Sie auf der Registerkarte *Daten* die Option *Alle aktualisieren* aus. Um die Abfrage in

Power BI Desktop zu aktualisieren, wählen Sie auf der Registerkarte *Start* die Option *Aktualisieren* aus.

Dies ist der Kern der Automatisierung und ein Power Query-Feature, das enorm viel Zeit spart. Sie bereiten Ihre Daten einmal vor und lösen dann eine Aktualisierung aus, um Ihre Daten jederzeit automatisch vorzubereiten.

Wenn Sie den Power BI-Dienst nutzen, können Sie auch von geplanten Aktualisierungen der Berichte profitieren, einschließlich lokaler Datenquellen. Weitere Informationen hierzu finden Sie unter *learn.microsoft.com/power-bi/connect-data/refresh-scheduled-refresh*.

---

15. Bearbeiten Sie die Abfrage mit folgenden Schritten:
    a. Wählen Sie in Excel auf der Registerkarte *Daten* den Befehl *Abfragen und Verbindungen* aus und doppelklicken Sie auf die Abfrage *Produkte*. Alternativ verwenden Sie in Power BI Desktop auf der Registerkarte *Start* den Befehl *Daten transformieren*.
    b. Wählen Sie einen der Schritte unter *Angewendete Schritte* aus, ändern oder löschen Sie vorhandene Schritte und fügen Sie neue Schritte ein. Um zwischen zwei Schritten einen weiteren Schritt einzufügen, wählen Sie den ersten Schritt aus und verwenden Sie eine der Transformationen im Menüband beziehungsweise in den Kontextmenüs.
    c. Um die Änderungen zu speichern und die Daten zu aktualisieren, wählen Sie in Power BI Desktop *Schließen & übernehmen* und in Excel *Schließen & laden* aus.

Sie haben nun die ursprüngliche Quelltabelle importiert und transformiert. Die Lösungsdateien dieser Übungen finden Sie unter den Namen *K01U01 – Lösung.pbix* und *K01U01 – Lösung.xlsx* in den Begleitdateien zu diesem Buch (siehe Einleitung).

Diese Übung war ein Warm-up für die zahlreichen Herausforderungen bei der Datenaufbereitung und Analyse, denen Sie im Rest des Buches begegnen, und Sie lernen dabei, wie Sie diese angehen können.

Zusammenfassung

In diesem Kapitel haben Sie Power Query kennengelernt und einen knappen Einblick in seine Fähigkeiten erhalten. Sie haben etwas erfahren über die kurze Geschichte des Tools und seine Entwicklung von einem Tool aus der Forschungsabteilung hin zu einer weitverbreiteten Datenaufbereitungstechnologie in Power BI, Excel, Fabric und Power Platform. Wenn Sie diese Zeilen lesen, wird Power Query in der Zwischenzeit höchstwahrscheinlich an Bedeutung gewonnen haben und eine neue Weboberfläche besitzen, die in viele Lösungen und Dienste des Microsoft-Produktportfolios integriert werden kann.

In der ersten Übung in diesem Buch haben Sie eine Tabelle importiert und ein wenig über einige grundlegende Transformationen gelernt. Im nächsten Kapitel erfahren Sie, wie Sie grundlegende Probleme bei der Datenvorbereitung im Power Query-Editor lösen, damit Sie so eine erhebliche Menge an Zeit einsparen und sich wiederholende Aufgaben bei der Datenvorbereitung vermeiden können.

KAPITEL 2

Grundlegende Herausforderungen bei der Datenvorbereitung

In diesem Kapitel:

- lernen Sie, wie Sie Werte, die durch Trennzeichen getrennt sind, aufteilen und so wertvolle Informationen extrahieren
- lernen Sie, wie Sie Ihre Daten aus Nachschlagetabellen in einer einzigen Tabelle oder mit Beziehungen zwischen Faktentabellen und Nachschlagetabellen anreichern
- lernen Sie, wie Sie mithilfe des Features *Spalte aus Beispielen* aussagekräftige Daten aus Spalten extrahieren oder berechnen und verwenden, um neue Transformationen zu untersuchen
- erfahren Sie, wie Sie aus Textspalten aussagekräftige Informationen, zum Beispiel Hyperlinks, extrahieren
- behandeln Sie inkonsistente Datumswerte aus einem oder mehreren Gebietsschemas
- erfahren Sie, wie Sie Datums- oder Uhrzeitelemente aus Datumsspalten extrahieren
- verwenden Sie die Befehle *Verweis* und *Duplikate entfernen*, um eine Tabelle in eine Faktentabelle und eine Nachschlagetabelle aufzuteilen
- erfahren Sie, wie Sie Aktualisierungsfehler vermeiden, wenn eine Nachschlagetabelle doppelte Werte enthält, auch wenn Sie sicher sind, dass Sie sie entfernt haben
- teilen Sie durch Trennzeichen getrennte Werte in Zeilen auf, um Gruppen-/Mitgliedszuordnungen zu definieren

Die Arbeit mit chaotischen Datasets kann viel Arbeitszeit eines Datenanalysten in Anspruch nehmen. In der Vergangenheit mussten Analysten schlecht formatierte Daten manuell und mit viel Aufwand bereinigen. Excel-Power-User konnten erweiterte Formeln und VBA verwenden, um Daten zu bereinigen und diese vorzubereiten. Diejenigen, die Programmiersprachen wie Python und R kannten, konnten deren Möglichkeiten bei der Datenbereinigung nutzen. Aber in vielen Fällen gaben die Datenanalysten schließlich das Erforschen chaotischer Datensätze auf, da sie sich nicht sicher waren, ob sich der Aufwand lohnt, der für die Bereinigung der schlecht formatierten Daten erforderlich ist.

In diesem Kapitel lernen Sie eine Vielzahl von Techniken im Power Query-Editor in Power BI und Excel kennen, mit denen Sie schlecht formatierte Datasets bereinigen können. Mit diesen Techniken bereiten Sie Ihre Daten in wenigen Minuten vor. Wenn Power Query neu für Sie ist, ist dieses Kapitel der Schlüssel, um als Datenanalytiker viel zu erreichen. Die einfachen Techniken, die Sie hier lernen, reduzieren Ihre Datenvorbereitungszeit erheblich und ermöglichen es Ihnen, auch größere Herausforderungen schneller anzugehen.

Möglicherweise müssen Sie unordentliche Daten für eine Ad-hoc-Analyse vorbereiten oder Sie müssen regelmäßig Berichte für große Zielgruppen vorbereiten und sie dann verteilen. In diesem Kapitel werden die gängigsten und einfachsten Datenvorbereitungstechniken vorgestellt, die Ihnen Zeit sparen und es Ihnen ermöglichen, Ihren Aufwand für das Gewinnen von Erkenntnissen zu automatisieren und zu optimieren.

Die Bedeutung aus codierten Spalten extrahieren

Eine der typischen Herausforderungen bei nicht gut aufbereiteten Daten besteht darin, aus Spalten, die schlecht formatiert sind, deren Bedeutung zu extrahieren. Wenn sich in einer einzelnen Spalte eine durch Trennzeichen getrennte Sequenz von Codes oder Werten befindet, können Sie diese Sequenz in mehrere Spalten aufteilen.

Excel stellt eigene Funktionen zum Extrahieren von Werten aus schlecht formatiertem Text zur Verfügung. Sie können eine Kombination der Excel-Funktionen `LINKS`, `TEIL`, `RECHTS`, `FINDEN`, `SUCHEN` und `LÄNGE` verwenden, um aus Text eine beliebige Teilzeichenfolge zu extrahieren. Häufig erfordert jedoch die Logik zum Extrahieren der gesuchten Informationen komplexe Formeln, die im Laufe der Zeit nur schwer zu pflegen sind, weshalb Sie die Formeln auf neue Zeilen erweitern müssen, wenn sich die Quelldaten ändern.

Mit dem Textkonvertierungs-Assistenten, der sich hinter dem Befehl *Text in Spalten* auf der Registerkarte *Daten* von Excel verbirgt, können Sie eine Spalte problemlos in mehrere Spalten aufteilen. Wenn Sie eine neue Tabelle laden und die gleiche Art der Aufteilung anwenden wollen, müssen Sie die Schritte wiederholen oder Makros und VBA verwenden. In diesem Abschnitt erfahren Sie, wie Sie Power Query verwenden können, um diese Herausforderung zu bewältigen. Sie werden feststellen, dass der Power Query-Editor in Power BI und Excel äußerst hilfreich ist, insbesondere wenn Sie dieselben Aufgaben häufig wiederholen, mit großen Datasets arbeiten oder einen Bericht über einen längeren Zeitraum pflegen müssen.

Die AdventureWorks-Herausforderung

In diesem Kapitel arbeiten Sie mit dem Produktkatalog eines fiktiven Fahrradherstellers, AdventureWorks Cycles; die Daten befinden sich in der AdventureWorks-Datenbank.

AdventureWorks Cycles ist ein fiktives Unternehmen, das von Microsoft erfunden wurde, um die Implementierung von Microsoft-Anwendungen in realen Geschäftsszenarien zu demonstrieren. Die AdventureWorks-Datenbank kann zu Lernzwecken auf einem Azure SQL-Datenbankserver bereitgestellt werden. Sie erstellen einen Azure SQL-Datenbankserver, der AdventureWorks-Daten enthält, mit den Schritten im Artikel *learn.microsoft.com/azure/azure-sql/database/single-database-create-quickstart*. Es ist nicht zwingend erforderlich, dies zu tun, um die Übungen in diesem Buch nachzuverfolgen, jedoch erhalten Sie so mehr Daten, mit denen Sie üben können.

Die Daten in der AdventureWorks-Datenbank sind nicht lokalisiert. Um den Text des Buches besser lesbar zu machen, wurden in den Beispieldateien die Namen von Tabellen und Spalten übersetzt; die Daten selbst wurden jedoch nicht übersetzt.

Angenommen, Sie sind ein neuer Analytiker in der fiktiven Firma AdventureWorks. Ihre erste Aufgabe besteht darin, den Produktkatalog des Unternehmens zu analysieren und herauszufinden, wie viele Produkte das Unternehmen nach Kategorie, Produktgröße und Farbe herstellt. Die Liste der Produkte wird in einer Excel-Arbeitsmappe bereitgestellt, die manuell aus einem älteren Datawarehouse exportiert wird. Die Arbeitsmappe mit den Ausgangsdaten finden Sie unter dem Namen *K02U01.xlsx* in den Begleitdateien zu diesem Buch.

Leider fehlen im Produktkatalog die Spalten *Kategorie, Größe* und *Farbe*. Stattdessen enthält der Produktkatalog in der Spalte *Produktnummer* eine Produktnummer, die durch Bindestrich getrennte Werte enthält, die die Informationen zur Kategorie, Größe und Farbe enthalten. Abbildung 2.1 zeigt die Zuordnung zwischen der Spalte *Produktnummer* und den fehlenden Spalten.

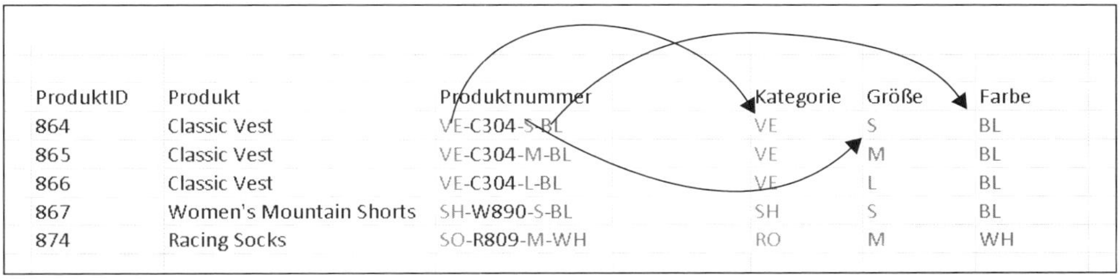

ProduktID	Produkt	Produktnummer	Kategorie	Größe	Farbe
864	Classic Vest	VE-C304-S-BL	VE	S	BL
865	Classic Vest	VE-C304-M-BL	VE	M	BL
866	Classic Vest	VE-C304-L-BL	VE	L	BL
867	Women's Mountain Shorts	SH-W890-S-BL	SH	S	BL
874	Racing Socks	SO-R809-M-WH	RO	M	WH

Abbildung 2.1 Im AdventureWorks-Produktkatalog sind die Informationen zu Kategorie, Größe und Farbe in der Produktnummer codiert.

Ihr Vorgänger, der vor Kurzem befördert wurde und nun das Business-Intelligence-Team leitet, hatte dieses Problem mit Excel-Formeln gelöst. In der nächsten Übung erfahren Sie, wie er die Lösung implementiert hat.

Übung 2.1: Der alte Weg: Excel-Formeln verwenden

Laden Sie die Beispieldateien herunter und kopieren Sie die Arbeitsmappe *K02U01 - Lösung.xlsx* in den Ordner *C:\Daten\K02*. Diese Arbeitsmappe, die von Ihrem Vorgänger implementiert wurde, verwendet Excel-Formeln, um die Produktkategorie, die Farbe und die Größe zu extrahieren. In dieser Übung erfahren Sie, wie er die Lösung implementiert hat – ohne Power Query zu nutzen.

Ihr Ziel in Übung 2.1 besteht darin, sich eine typische Lösung in Excel anzusehen, die Power Query nicht verwendet. Sie sind nicht verpflichtet, die Lösung zu implementieren oder sogar vollständig zu verstehen. Wie Sie bald erfahren werden, ist die Power Query-Lösung einfacher.

1. Öffnen Sie in Excel die Arbeitsmappe *K02U01 - Lösung.xlsx*.
2. Sehen Sie sich die ersten drei Tabellenblätter an: *Produkte, Kategorien* und *Farben. Produkte* enthält die Tabelle mit dem Hauptkatalog. Auf dem Tabellenblatt *Kategorien* sehen Sie die Zuordnung zwischen den *Kategoriecodes* und den entsprechenden Werten. Zum Beispiel steht *VE* für Vests (Westen), *SH* steht für Shorts, *WB* steht für Water Bottles (Wasserflaschen) und *BC* steht für Bottle Cage (Halterung für Wasserflasche). Auf dem Tabellenblatt *Farben* finden Sie die Zuordnung zwischen Farbcodes und den Werten. *BE* steht beispielsweise für Blau und *BK* für Schwarz.

   Das vierte Tabellenblatt enthält drei PivotTables mit der Art von Analyse, die Sie erwarten würden. Alle PivotTables basieren auf den Daten im Tabellenblatt *Produkte*.
3. Markieren Sie auf dem Tabellenblatt *Produkte* die Zelle F2. In der Bearbeitungsleiste sehen Sie, dass diese Zelle die folgende Formel enthält:

   ```
   =LINKS(C2; 2)
   ```

   Die Formel gibt die beiden ersten Zeichen aus Spalte C zurück, die die Produktnummer enthält. Diese beiden Zeichen stellen den Kategoriecode dar.
4. Markieren Sie Zelle G2. In der Bearbeitungsleiste sehen Sie die folgende Formel:

   ```
   =RECHTS(C2; 2)
   ```

   Die Formel gibt die beiden letzten Zeichen aus Spalte C zurück, die die Produktnummer enthält. Diese beiden Zeichen repräsentieren den Farbcode.
5. Markieren Sie Zelle H2. In der Bearbeitungsleiste sehen Sie die folgende Formel:

   ```
   =WECHSELN(TEIL(C2;SUCHEN("-";C2; 8); 3); "-"; "")
   ```

   Diese Formel gibt den Code zurück, der die Produktgröße darstellt. Hier wird es etwas schwierig. Die innere Formel sucht nach dem Zeichen »-« in der Produktnummer in Zelle C2, beginnend mit Zeichen 8. `SUCHEN` gibt die Position des Zeichens zurück. Anschließend gibt die `TEIL`-Funktion eine dreistellige Teilzeichenfolge zurück. Die Teilzeichenfolge kann entweder am Anfang oder am Ende einen Bindestrich enthalten. Die Funktion `WECHSELN` entfernt den Bindestrich.

6. Markieren Sie Zelle I2. In der Bearbeitungsleiste sehen Sie die folgende Formel:

   ```
   =XVERWEIS(F2; Kategorien!A:A; Kategorien!B:B)
   ```

   Diese Formel gibt den Namen der Kategorie aus dem Tabellenblatt *Kategorien* zurück, deren Code mit dem Wert in F2 übereinstimmt.

7. Markieren Sie Zelle J2. In der Bearbeitungsleiste sehen Sie die folgende Formel:

   ```
   =XVERWEIS(G2; Farben!A:A; Farben!B:B)
   ```

   Diese Formel gibt den Namen der Farbe aus dem Tabellenblatt *Farben* zurück, deren Code mit dem Wert in G2 übereinstimmt.

Wenn Sie ein Excel-Power-User sind, wird es für Sie nicht schwierig sein, dieselben Formeln, die soeben beschrieben wurden, für ein neues Dataset zu implementieren, zum Beispiel in *K02U01.xlsx*. Wenn Sie kein Power-User sind, können Sie das Dataset aus *K02U01.xlsx* kopieren und in die entsprechenden Spalten des Tabellenblatts *Produkte* von *K02U01 - Alte Lösung.xlsx* einfügen und dann alle Formeln in den Spalten F bis J kopieren.

Was aber, wenn Sie diese Arbeitsmappe wöchentlich aktualisieren müssen? Da Sie ständig Aktualisierungen zu Produkten erhalten, müssen Sie eine sich wiederholende Folge von Kopier- und Einfügeaktionen durchführen, was zu menschlichen Fehlern und falschen Berechnungen führen kann. In den nächsten beiden Übungen lernen Sie einen besseren Weg kennen, um mithilfe von Power Query Ihre Ziele zu erreichen.

Übung 2.2, Teil 1: Der neue Weg

In dieser Übung verwenden Sie den Power Query-Editor, um eine einzelne Tabelle *Produkte* zu erstellen. Die Wartung dieser neuen Lösung wird viel einfacher sein als die von *K02U01 - Lösung.xlsx*. Eine einzige Aktualisierung der Arbeitsmappe reicht aus; die Kalkulationstabelle enthält dann nicht mehr viele Formeln, die Sie überwachen und schützen müssen.

Sie können diese Übung in Power BI Desktop, in Excel oder einem anderen Produkt durchführen, das den Power Query-Editor enthält.

Laden Sie, falls noch nicht geschehen, die Beispieldateien herunter (siehe Einleitung) und kopieren Sie die Arbeitsmappe *K02U02.xlsx* in den Ordner *C:\Daten\K02*. Diese Arbeitsmappe enthält Daten aus der AdventureWorks-Datenbank, und zwar auf den Tabellenblättern *Produkte, Kategorien* und *Farben*. Sie beginnen die Übung damit, diese drei Tabellen in den Power Query-Editor zu importieren.

1. Erstellen Sie einen neuen Bericht in Power BI Desktop oder eine neue, leere Excel-Arbeitsmappe.
2. Führen Sie die folgenden Schritte aus, um *K02U02.xlsx* in den Power Query-Editor zu importieren:
   a. In Power BI Desktop: Wählen Sie den Befehl *Daten abrufen | Excel-Arbeitsmappe* aus.
   b. In Excel: Wählen Sie auf der Registerkarte *Daten* den Befehl *Daten abrufen | Aus Datei | Aus Excel-Arbeitsmappe*.

Aufgrund der Unterschiede im Menüband von älteren Excel-Versionen gehen die Anweisungen im gesamten Buch von nun an davon aus, dass Sie Excel 2016 oder neuer verwenden. (Daher wird die Dropdown-Liste *Daten abrufen* auf der Registerkarte *Daten* als Einstiegspunkt verwendet.) Sie können diese Schritte auch im Power Query-Add-In für Excel 2010 und 2013 ausführen – die Unterschiede sind winzig und betreffen nur die ersten Schritte auf der Registerkarte *Daten/PowerQuery*. Die Unterschiede im Menüband bei den verschiedenen Power Query-Versionen sind in Kapitel 1, »Einführung in Power Query«, im Abschnitt »Wo kann ich Power Query finden?« beschrieben.

   c. Wählen Sie die Datei *K02U02.xlsx* aus.
   d. Aktivieren Sie im Dialogfeld *Navigator*, das in Excel geöffnet wird, das Kontrollkästchen *Mehrere Elemente auswählen*. Wählen Sie in Power BI Desktop oder Excel die Tabellenblätter *Kategorien, Farben* und *Produkte* aus und klicken Sie dann auf *Daten transformieren*. (Wie in Kapitel 1 erläutert: Wenn Sie die Schaltfläche *Daten transformieren* im Dialogfeld *Navigator* nicht finden, wählen Sie *Bearbeiten* oder die Schaltfläche aus, die sich rechts neben *Laden* befindet.)

3. Im Power Query-Editor, der geöffnet wird, sehen Sie auf der linken Seite den Bereich *Abfragen*, der nun drei Abfragen enthält, und zwar je eine Abfrage für jedes Tabellenblatt, das Sie in Schritt 2 ausgewählt haben. Wenn Sie eine der Abfragen auswählen, sehen Sie im Vorschaubereich eine Vorschau der Daten. Auf der rechten Seite sehen Sie den Bereich *Abfrageeinstellungen* mit den Abschnitten *Eigenschaften* und *Angewendete Schritte*. Die Liste *Angewendete Schritte* zeigt die Reihenfolge der Transformationsschritte an, während Sie Änderungen an Ihrer Abfrage vornehmen. Führen Sie die folgenden Schritte durch, um die Abfragen *Kategorien* und *Farben* vorzubereiten:
   a. Wählen Sie im Bereich *Abfragen* die Abfrage *Kategorien* aus. Im Vorschaubereich können Sie sehen, dass die *Überschriften* der beiden Spalten *Column1* und *Column2* lauten. Die erste Zeile enthält die Spaltennamen: *Kategoriecode* und *Produktkategorie Name*. Um die erste Zeile heraufzustufen, wählen Sie auf der Registerkarte *Transformieren* die Option *Erste Zeile als Überschriften verwenden* aus.

Wenn Sie lieber mit Kontextmenüs arbeiten, klicken Sie im Vorschaubereich des Power Query-Editors auf das Tabellensymbol in der oberen linken Ecke der Tabelle und klicken Sie dann im Kontextmenü den Befehl *Erste Zeile als Überschriften verwenden* an.

   b. Wählen Sie im Bereich *Abfragen* die Abfrage *Farben* aus; hier sind die gleichen vorbereitenden Schritte wie bei der Abfrage *Kategorie* erforderlich. Die Spaltenüberschriften lauten *Column1* und *Column2*. Die erste Zeile enthält die tatsächlichen Spaltennamen, *Farbcode* und *Farbe*. Um die erste Zeile heraufzustufen, wählen Sie auf der Registerkarte *Transformieren* die Option *Erste Zeile als Überschriften verwenden* aus.

4. Wählen Sie im Bereich *Abfragen* die Abfrage *Produkte* aus.
5. Wählen Sie die Spalte *Produktnummer* aus, indem Sie entweder auf die Überschrift klicken oder auf der Registerkarte *Start* das Dropdown-Menü *Spalten auswählen* öffnen und dort auf *Zu Spalte wechseln* klicken. Wenn das Dialogfeld *Zu Spalte wechseln* geöffnet wird, wählen Sie in der Liste die Spalte *Produktnummer* aus und klicken Sie auf *OK*, um das Dialogfeld zu schließen.
6. Wählen Sie auf der Registerkarte *Transformieren* die Option *Spalte teilen* aus und klicken Sie dann auf *Nach Trennzeichen*. Sie können auch mit der rechten Maustaste die Überschrift der Spalte *Produktnummer* anklicken und im Kontextmenü *Spalte teilen | Nach Trennzeichen* auswählen.
7. Im Dialogfeld *Spalte teilen* müssen Sie sicherstellen, dass Sie den Bindestrich (-) als Trennzeichen verwenden, der möglicherweise nicht standardmäßig ausgewählt ist. Um den Bindestrich als Trennzeichen auszuwählen, müssen Sie gegebenenfalls bei *Trennzeichen* die Option *Benutzerdefiniert* auswählen und den Bindestrich eingeben. Bevor Sie das Dialogfeld mit *OK* schließen, sollten Sie sich die erweiterten Einstellungen des Dialogfelds ansehen (siehe Abbildung 2.2):

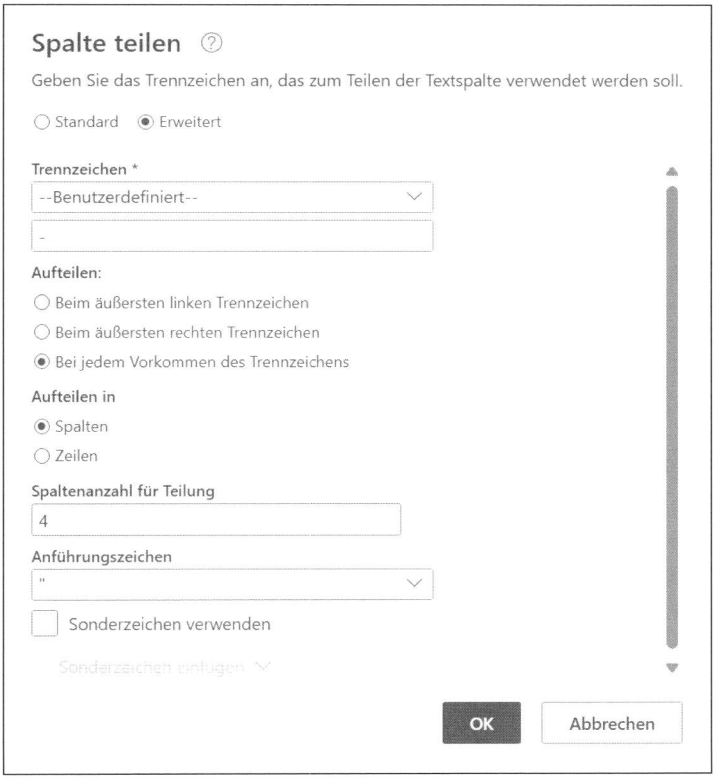

Abbildung 2.2 Das Dialogfeld *Spalte teilen* wird automatisch so eingestellt, dass der Bindestrich als Trennzeichen verwendet wird. Weitere Optionen finden Sie unter *Erweitert*. Es wird empfohlen, die Optionen zu überprüfen und sicherzustellen, dass die Standardoptionen richtig sind.

- Im Dialogfeld ist die Option *Benutzerdefiniert* ausgewählt und der Bindestrich wird als Trennzeichen angezeigt.
- Bei *Aufteilen* ist *Bei jedem Vorkommen des Trennzeichens* ausgewählt, da in jeder Zelle mehrere Bindestriche vorhanden sind.
- Wenn Sie den Abschnitt *Erweitert* öffnen, sehen Sie, dass Power Query erkannt hat, dass die Werte in *Produktnummer* in vier Spalten aufgeteilt werden können.

Wenn Sie über eine feste Anzahl von Trennzeichen verfügen, ist das Aufteilen in Spalten sinnvoll. Wenn die Anzahl der Trennzeichen nicht bekannt ist, sollten Sie die Spalte in Zeilen aufteilen. Weiter hinten in dieser Übung werden Sie sehen, wann die Aufteilung in Zeilen hilfreich sein kann.

- Sie können sehen, dass das Anführungszeichen ebenfalls festgelegt ist. Warum brauchen Sie es? Wie werden durch Bindestrich getrennte Werte aufgeteilt, wenn einer der Werte einen Bindestrich enthält, der nicht als Trennzeichen verwendet werden soll? Der Ersteller der Daten kann am Anfang und am Ende des Textes, in dem sich ein Bindestrich befindet, doppelte Anführungszeichen verwenden. Wenn sich innerhalb einer durch Anführungszeichen eingeschlossenen Zeichenfolge ein Bindestrich befindet, wird dieser von Power Query nicht für die Aufteilung der Werte verwendet. Das einzige Problem besteht darin, dass, wenn sich am Anfang des Wertes ein doppeltes Anführungszeichen befindet, aber das endende doppelte Anführungszeichen fehlt, der gesamte Text, der mit den doppelten Anführungszeichen beginnt, nicht bearbeitet wird. Um Anführungszeichen zu ignorieren, wählen Sie in der Liste *Anführungszeichen* die Option *Keine* aus.

8. Wenn Sie das Dialogfeld *Spalten nach Trennzeichen teilen* mit *OK* schließen, sehen Sie im Vorschaubereich, dass die Spalte *Produktnummer* in vier Spalten aufgeteilt wurde: *Produktnummer.1*, *Produktnummer.2*, *Produktnummer.3* und *Produktnummer.4*. Benennen Sie die Spalten in **Kategoriecode**, **Kurze Produktnummer**, **Größe** und **Farbcode** um. Um eine Spalte umzubenennen, doppelklicken Sie auf den Spaltennamen und geben Sie einen neuen Namen ein. Alternativ können Sie die Spalte markieren und dann auf der Registerkarte *Transformieren* den Befehl *Umbenennen* auswählen. Hierdurch wird der Spaltenname ausgewählt, und Sie können den neuen Spaltennamen eingeben.

   Zum jetzigen Zeitpunkt haben Sie die Spalte *Größe* extrahiert und Sie haben separate Codes für die Produktkategorie und die Farbe. Sie lernen nun zwei Ansätze kennen, mit denen Sie die tatsächliche Kategorie und die Farbe anstelle der Codes in die Tabelle einfügen können. In Übung 2.2, Teil 2, erfahren Sie, wie Sie die Kategorie- und Farbwerte in der Tabelle *Produkte* zusammenführen, und in Übung 2.2, Teil 3, wie Sie die drei Tabellen als Fakten- und Nachschlagetabellen verwenden.

9. Führen Sie die folgenden Schritte aus, um die Arbeitsmappe oder den Power BI-Bericht zu speichern:

   In Power BI-Desktop: Wählen Sie *Schließen & übernehmen* und speichern Sie den Bericht unter dem Namen **K02U02 - Lösung - Teil 1.pbix**.

In Excel:

a. Öffnen Sie im Power Query-Editor das Dropdown-Menü *Schließen & laden* und klicken Sie dann auf *Schließen & laden in*. Das Dialogfeld *Daten importieren* wird geöffnet.

b. Wählen Sie die Option *Nur Verbindung erstellen* und achten Sie darauf, dass das Kontrollkästchen *Dem Datenmodell diese Daten hinzufügen* nicht eingeschaltet ist. (Im dritten Teil dieser Übung werden Sie dieses Kontrollkästchen aktivieren.)

c. Speichern Sie die Arbeitsmappe unter dem Namen **K02U02 - Lösung - Teil 1.xlsx**.

Übung 2.2, Teil 2: Nachschlagetabellen zusammenführen

In diesem Teil von Übung 2.2 führen Sie die Kategorie- und Farbwerte aus den Abfragen *Kategorien* und *Farbe* anhand der entsprechenden Codes in der Abfrage *Produkte* zusammen. Rufen Sie sich aus Übung 2.1 in Erinnerung, dass die Zuordnung zwischen den Codes und den Werten in Excel mithilfe von `XVERWEIS` erfolgen kann. In dieser Übung lernen Sie eine entsprechende Methode mithilfe des Power Query-Editors kennen.

1. In Power BI Desktop: Öffnen Sie die Datei *K02U02 - Lösung - Teil 1.pbix* und wählen Sie auf der Registerkarte *Start* den Befehl *Daten transformieren aus*.

   In Excel: Öffnen Sie die Datei *K02U02 - Lösung - Teil 1.xlsx*. Wählen Sie auf der Registerkarte *Daten* die Option *Daten abrufen* aus und wählen Sie dann *Power Query-Editor starten* aus.

2. Wählen Sie im Power Query-Editor, der geöffnet wird, im Bereich *Abfragen* die Abfrage *Produkte* aus. Wählen Sie dann auf der Registerkarte *Start* den Befehl *Kombinieren | Abfragen zusammenführen* aus.

3. Im Dialogfeld *Zusammenführen*, das geöffnet wird, können Sie zwei Tabellen anhand von übereinstimmenden Werten in angegebenen Spalten zusammenführen. Sie führen die Kategorienamen aus der Abfrage *Kategorien* gemäß dem entsprechenden Kategoriecode in der Abfrage *Produkte* zusammen. Abbildung 2.3 zeigt die Schritte, die Sie im Dialogfeld *Zusammenführen* ausführen müssen:

   a. Wählen Sie die Spalte *Kategoriecode* in der Tabelle *Produkte* aus und im Dropdown-Menü *Rechte Tabelle für die Zusammenführung* den Eintrag *Kategorien*. Wählen Sie dann in der zweiten Tabelle die Spalte *Kategoriecode* aus (siehe Abbildung 2.3).

   b. Achten Sie darauf, dass bei *Art des Joins* die Option *Linker äußerer* ausgewählt ist, und klicken Sie auf *OK*.

   Im Power Query-Editor sehen Sie, dass eine neue Spalte *Kategorien* als letzte Spalte hinzugefügt wird; bei den Werten dieser Spalte handelt es sich um Tabellenobjekte.

4. Erweitern Sie die Spalte *Kategorien*. (Klicken Sie hierzu entweder das Steuerelement an der rechten Seite der Überschrift an oder wählen Sie zuerst die Spalte *Kategorien* aus und klicken Sie dann auf der Registerkarte *Transformieren* den Befehl *Strukturierte Spalte | Erweitern* an.)

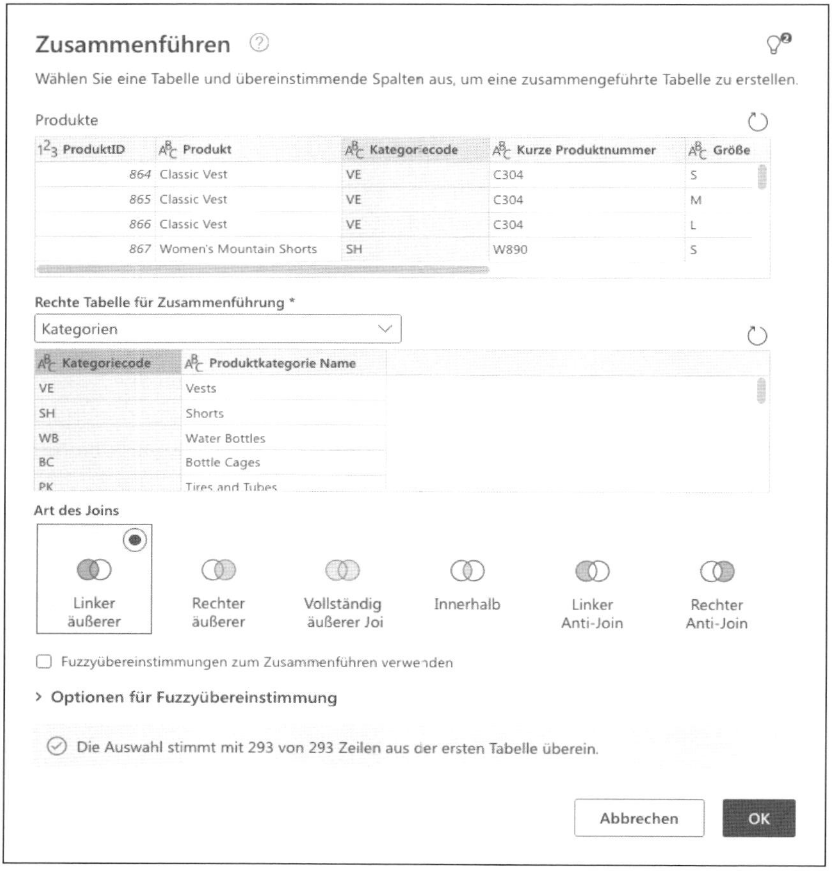

Abbildung 2.3 Sie können im Dialogfeld *Zusammenführen* Kategorien anhand des Kategoriecodes in der Tabelle *Produkte* zusammenführen.

5. Schalten Sie im Bereich *Erweitern* die Kontrollkästchen vor *Kategoriecode* und vor *Ursprünglichen Spaltennamen als Präfix verwenden* aus. Klicken Sie dann auf *OK*. Die neue Spalte *Kategorien* wird in eine neue Spalte mit dem Namen *Produktkategorie Name* transformiert, und alle Zeilen enthalten nun die übereinstimmenden Werte aus der Abfrage *Kategorie*.
6. Nachdem Sie nun den tatsächlichen Kategorienamen haben, entfernen Sie die Spalte *Kategoriecode*, indem Sie sie auswählen und die Taste `Entf` drücken.

Schritt 6 mag neuen Benutzern, die an Excel-Formeln gewöhnt sind, ein wenig ungeschickt vorkommen. Sie werden überrascht sein, dass der Name der Produktkategorie auch nach dem Entfernen des Kategoriecodes intakt bleibt. Beachten Sie, dass der Power Query-Editor nicht wie Excel funktioniert. In Schritt 3 haben Sie den Kategoriecode verwendet, indem Sie mithilfe der übereinstimmenden Werte in der Spalte *Kategoriecode* die Kategorien in *Produkte* zusammengeführt haben. In Schritt 6 haben Sie jedoch die Spalte *Kategoriecode* entfernt. Während man sich ein

Tabellenblatt als eine einzelne Ebene vorstellen kann, stellt Ihnen Power Query einen mehrschichtigen Fluss von Transformationen oder Zuständen zur Verfügung. Jeder Zustand ist hierbei eine Übergangsschicht oder Tabelle, deren einziger Zweck darin besteht, als Grundlage für die nächste Ebene zu dienen.

---

7. Um die Farben mit der Abfrage *Produkte* zusammenzuführen, wählen Sie auf der Registerkarte *Start* erneut *Kombinieren | Abfragen zusammenführen* aus. Wenn das Dialogfeld *Zusammenführen* geöffnet wird, führen Sie die folgenden Schritte durch (siehe Abbildung 2.4):
   a. Wählen Sie in der Tabelle *Produkte* die Spalte *Farbcode* und im Dropdown-Menü *Rechte Tabelle für die Zusammenführung* den Eintrag *Farben* aus. Wählen Sie dann in der zweiten Tabelle die Spalte *Farbcode* aus.
   b. Achten Sie darauf, dass im Abschnitt *Art des Joins* die Option *Linker äußerer* ausgewählt ist, und klicken Sie auf *OK*.

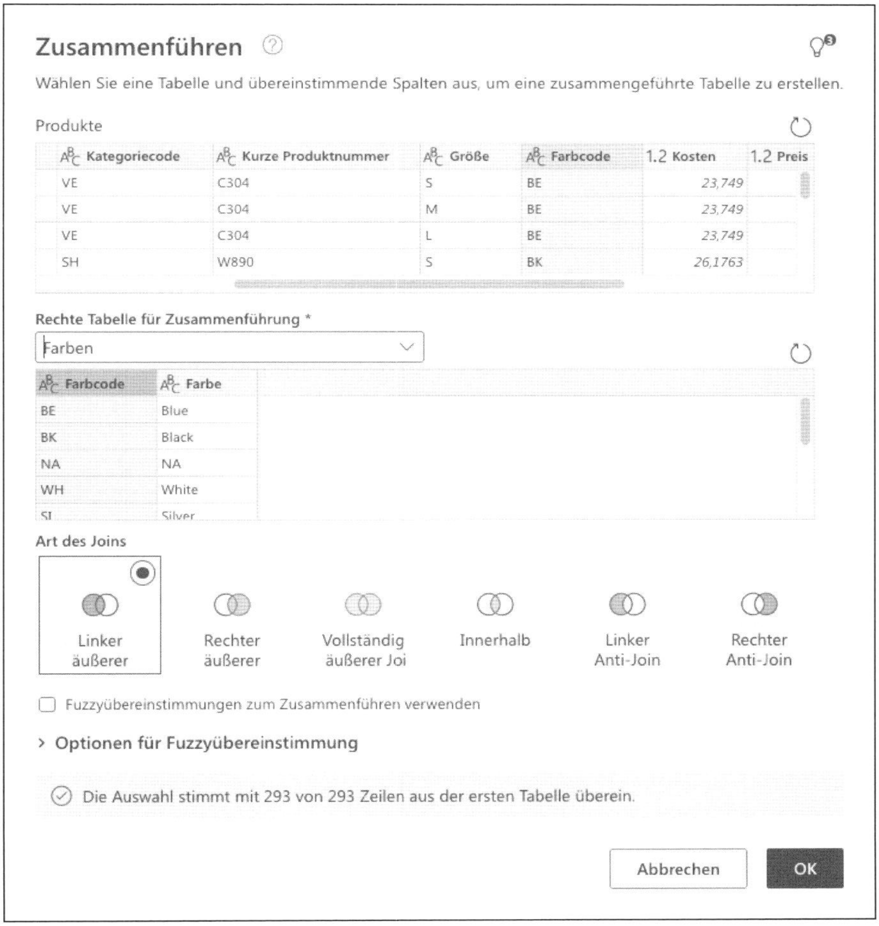

Abbildung 2.4 Sie können die Farbnamen anhand des Farbcodes in die Tabelle *Produkte* einfügen.

Im Power Query-Editor wird als letzte Spalte die neue Spalte *Farben* eingefügt, bei deren Werten es sich um Tabellenobjekte handelt. Lassen Sie uns einen Moment innehalten und mehr über das Tabellenobjekt und darüber erfahren, wie Sie mit dem Objekt interagieren. Zusätzlich zum Steuerelement *Erweitern*, das sich an der rechten Seite der Spaltenüberschrift befindet, gibt es drei weitere typische Aktionen, die Sie mit Tabellenobjekten durchführen können:

- Sie können einen Drilldown in ein einziges Tabellenobjekt ausführen, indem Sie auf einen der Tabellen-Hyperlinks klicken. Wenn Sie dies tun, wird in *Angewendete Schritte* ein neuer Schritt hinzugefügt; von hier aus können Sie möglicherweise mit der Vorbereitung Ihrer Daten fortfahren, die auf dem ausgewählten Tabellenobjekt basieren. Probieren Sie es einmal aus.

  Wählen Sie eines der Tabellenobjekte in der Spalte *Farben* aus. Die Tabelle im Vorschaubereich wird in eine einzeilige Tabelle mit dem spezifischen Farbcode und Farbwert transformiert, die in der ausgewählten Zelle zusammengeführt wurden. Löschen Sie diesen Schritt aus *Angewendete Schritte*, um zur Tabelle *Produkte* zurückzukehren.
- Sie können auch einen Drilldown in ein einziges Tabellenobjekt ausführen und dabei eine neue Abfrage erstellen. Auf diese Weise können Sie die Daten einer einzelnen Tabelle untersuchen, während die ursprüngliche Tabelle intakt bleibt. Um einen Drilldown in ein einziges Tabellenobjekt als neue Abfrage durchzuführen, klicken Sie mit der rechten Maustaste auf eines der Tabellenobjekte und wählen Sie *Als neue Abfrage hinzufügen*. Es wird eine neue Abfrage mit allen Transformationsschritten in *Produkte* erstellt, einschließlich des neuen Drilldown-Schritts, der dem Drilldown im vorherigen Beispiel entspricht. Wenn Sie es selbst ausprobiert haben, können Sie die neue Abfrage jetzt löschen.
- Für die temporäre Überprüfung eines bestimmten Tabellenobjekts können Sie auf den freien Bereich einer beliebigen Zelle klicken, die ein Tabellenobjekt enthält. Am unteren Rand des Vorschaubereichs wird eine Vorschau der Tabelle angezeigt. Nachdem Sie nun etwas mehr über die Tabellenobjekte gelernt haben, erweitern wir die Spalte *Farben*.

Sie werden feststellen, dass die Arbeit mit anderen strukturierten Objekten im Power Query-Editor – wie beispielsweise Record, List und Binary – ähnlich ist: Sie können ein Drilldown zu einem einzelnen Objekt ausführen, das Objekt als neue Abfrage hinzufügen oder eine Vorschau seines Inhalts anzeigen, indem Sie eine beliebige Stelle im Zellbereich auswählen.

8. Erweitern Sie die Spalte *Farben,* indem Sie das Steuerelement an der rechten Seite der Überschrift anklicken.
9. Deaktivieren Sie im Bereich *Erweitern* die Option *Farbcode* und die Option *Ursprünglichen Spaltennamen als Präfix verwenden*. Klicken Sie dann auf *OK*. Die neue Spalte *Farben* wird in Farbe umgewandelt, wobei jede Zeile den entsprechenden Farbwert enthält.
10. Nachdem Sie nun über die tatsächlichen Farbwerte verfügen, entfernen Sie die Spalte *Farbcode*. Die Datenvorbereitungen in der Abfrage *Produkte* sind damit abgeschlossen, und es ist an der Zeit, sie in den Bericht zu laden.

11. Führen Sie in Power BI Desktop diese Schritte durch:
    a. Klicken Sie im Bereich *Abfragen* mit der rechten Maustaste auf *Kategorien* und deaktivieren Sie das Häkchen *Laden aktivieren*.
    b. Klicken Sie mit der rechten Maustaste auf *Farben* und deaktivieren Sie das Häkchen *Laden aktivieren*.

       Die beiden letzten Schritte ermöglichen es, bestimmte Abfragen als Grundlage für andere Abfragen zu behandeln. Da Sie die Kategorie- und Farbwerte aus Kategorien und Farben extrahiert haben, können Sie Produkte als einzelne Tabelle in Ihrem Bericht beibehalten. Wenn Sie *Laden aktivieren* deaktivieren, wird sichergestellt, dass diese Abfragen nicht in den Power BI-Bericht geladen werden. Diese Schritte entsprechen Schritt 9.b. aus Übung 2.2, Teil 1, wo Sie im Dialogfeld *Daten importieren* die Option *Nur Verbindung erstellen* ausgewählt haben.
    c. Klicken Sie auf der Registerkarte *Start* auf *Schließen & übernehmen*.

    Führen Sie in Excel die folgenden Schritte durch, um *Produkte* in das Datenmodell zu laden:
    a. Wählen Sie auf der Registerkarte *Start* des Power Query-Editors *Schließen & laden* aus.
    b. Wählen Sie in Excel auf der Registerkarte *Daten* den Befehl *Abfragen und Verbindungen*, um den Bereich *Abfragen* zu öffnen. Klicken Sie *Produkte* mit der rechten Maustaste an und wählen Sie den Befehl *Laden in*.
    c. Schalten Sie im Dialogfeld *Daten importieren* das Kontrollkästchen *Dem Datenmodell diese Daten hinzufügen* ein und klicken Sie auf *OK*.
    d. Sie können jetzt eine PivotTable erstellen, die das Datenmodell verwendet und die Verteilung von Farben oder Kategorien analysiert. Wählen Sie auf der Registerkarte *Einfügen* den Befehl *PivotTable* aus. Das Dialogfeld *PivotTable erstellen* wird geöffnet. Achten Sie darauf, dass das Kontrollkästchen *Das Datenmodell dieser Arbeitsmappe verwenden* eingeschaltet ist, und klicken Sie auf *OK*, um das Dialogfeld zu schließen.

Die Tabelle *Produkte* ist jetzt geladen und fertig und sie enthält Kategorien, Farben und Größen. Um die Lösung zu überprüfen, einschließlich eines Beispiels für eine PivotTable mit der Verteilung der Produkte nach Farbe, öffnen Sie die Arbeitsmappe *K02U02 - Lösung - Teil 2.xlsx*, die sich in den Beispieldateien befindet. Wenn Sie sich die Power BI-Lösung ansehen wollen, öffnen Sie den Bericht *K02U02 - Lösung - Teil 2.pbix*.

Übung 2.2, Teil 3: Fakten- und Nachschlagetabellen

In Teil 2 von Übung 2.2 haben Sie die Kategorie- und Farbwerte aus den Abfragen *Kategorien* und *Farben* in der Abfrage *Produkte* zusammengeführt. Dieser Ansatz ermöglicht es Ihnen zwar, eine einzelne Tabelle mit den für Ihren Bericht erforderlichen Informationen zu erstellen, es gibt jedoch eine bessere Möglichkeit, dies zu tun: Verwenden Sie Beziehungen.

Wenn Sie mehrere Tabellen importieren, können Beziehungen zwischen diesen Tabellen erforderlich sein, um die Ergebnisse genau zu berechnen und um in Ihren Berichten die richtigen Informationen anzuzeigen. Power BI Desktop und das Excel-Datenmodell (auch als Power Pivot bekannt) erleichtern das Erstellen dieser Beziehungen. Weitere Informationen zu Beziehungen in Power BI finden Sie unter *learn.microsoft.com/power-bi/transform-model/desktop-create-and-manage-relationships*.

In Teil 3 von Übung 2.2 beginnen Sie dort, wo Sie in Teil 1 aufgehört haben, und laden die drei Abfragen als separate Tabellen in das Datenmodell.

1. In Power BI Desktop: Öffnen Sie die Datei *K02U02 - Lösung - Teil 1.pbix* und wählen Sie im Menü an der linken Seite die Ansicht *Modell* aus.

   In Excel: Öffnen Sie die Datei *K02U02 - Lösung - Teil 1.xlsx*. In den nächsten Schritten laden Sie alle Abfragen in das Datenmodell in Excel, wodurch Sie dann PivotTables und PivotCharts aus mehreren Tabellen erstellen können. Wählen Sie auf der Registerkarte *Daten* den Befehl *Abfragen und Verbindungen* aus.

   a. Klicken Sie im geöffneten Bereich *Abfragen und Verbindungen* mit der rechten Maustaste auf die Abfrage *Kategorien* und wählen Sie *Laden in* aus.
   b. Schalten Sie im Dialogfeld *Daten importieren* das Kontrollkästchen *Dem Datenmodell diese Daten hinzufügen* ein und klicken Sie auf *OK*.
   c. Klicken Sie die Abfrage *Farben* mit der rechten Maustaste an und wählen Sie *Laden in* aus.
   d. Schalten Sie im Dialogfeld *Daten importieren* das Kontrollkästchen *Dem Datenmodell diese Daten hinzufügen* ein und klicken Sie auf *OK*.
   e. Klicken Sie die Abfrage *Produkte* mit der rechten Maustaste an und wählen Sie *Laden in* aus.
   f. Schalten Sie im Dialogfeld *Daten importieren* das Kontrollkästchen *Dem Datenmodell diese Daten hinzufügen* ein und klicken Sie auf *OK*.

      In dieser Phase haben Sie die drei Tabellen in das Datenmodell geladen. Es ist an der Zeit, die Beziehung zwischen diesen Tabellen zu erstellen.
   g. Wählen Sie auf der Registerkarte *Daten* den Befehl *Zum Power Pivot-Fenster wechseln* aus. Das Fenster *Power Pivot für Excel* wird geöffnet.
   h. Wählen Sie auf der Registerkarte *Start* den Befehl *Ansicht | Diagrammsicht*.
2. Falls keine Beziehung zwischen den Tabellen *Kategorien* und *Produkte* vorhanden ist, ziehen Sie *Kategoriecode* aus der Tabelle *Kategorien* auf *Kategoriecode* in der Tabelle *Produkte* und legen Sie ihn dort ab.
3. Falls keine Beziehung zwischen den Tabellen *Farben* und *Produkte* vorhanden ist, ziehen Sie *Farbcode* aus der Tabelle *Farben* auf *Farbcode* in der Tabelle *Produkte* und legen Sie ihn dort ab.

Ihr Datenmodell besteht nun aus einer Faktentabelle mit der Produktliste und zwei Nachschlagetabellen mit den zusätzlichen Informationen zu Kategorien und Farben. Wie in Abbildung 2.5 dargestellt, gibt es 1:n-Beziehungen zwischen *Kategoriecode* in der Tabelle *Kategorien* und *Kategoriecode* in der Tabelle *Produkte* sowie zwischen *Farbcode* in der Tabelle *Farben* und *Farbcode* in der Tabelle *Produkte*.

Das Thema Modellierung steht nicht im Mittelpunkt dieses Buches. Weitere Informationen zu Power Pivot, Datenmodellen und Beziehungen in Excel und Power BI finden Sie im Buch *Datenanalyse mit Microsoft Power BI und Power Pivot für Excel* von Alberto Ferrari und Marco Russo (erschienen im dpunkt.verlag).

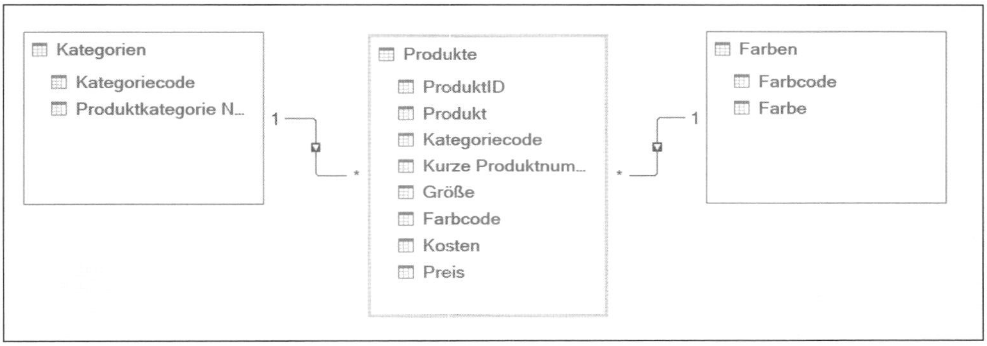

Abbildung 2.5 Die Diagrammsicht zeigt die Datenmodellbeziehungen in Excel zwischen »Kategorien« und »Produkte« sowie zwischen »Farben« und »Produkte«.

4. Nachdem Sie die Beziehungen zwischen den Tabellen eingerichtet haben, blenden Sie in den Tabellen die Spalten *Kategoriecode* und *Farbcode* aus, um sicherzustellen, dass diese Felder nicht mehr in PivotTables, PivotCharts und Power BI-Visualisierungen ausgewählt werden. Durch das Ausblenden dieser Felder ist das Modell für die Betrachter besser ersichtlich. In anderen Szenarien, in denen Sie mehrere Faktentabellen haben, die mit derselben Spalte an eine Nachschlagetabelle gebunden sind, kann das Ausblenden der Spalte in den Faktentabellen zu einem besser erweiterbaren Bericht führen, in dem eine einzelne Spalte der Nachschlagetabelle in einem Datenschnitt oder einer Visualisierung verwendet werden kann, um Daten aus mehreren Faktentabellen zu filtern.

   Klicken Sie in Power BI mit der rechten Maustaste auf *Farbcode* in der Tabelle *Farben* und wählen Sie *In Berichtsansicht ausblenden*. Wiederholen Sie diesen Schritt für *Farbcode* in der Tabelle *Produkte* und den *Kategoriecode* in den Tabellen *Kategorien* und *Produkte*.

   Klicken Sie in Power Pivot Excel mit der rechten Maustaste auf *Farbcode* in der Tabelle *Farben* und wählen Sie *Aus Clienttools ausblenden*. Wiederholen Sie diesen Schritt für *Farbcode* in der Tabelle *Produkte* und für *Kategoriecode* in den Tabellen *Kategorien* und *Produkte*.

Sie können jetzt Visualisierungen, PivotTables sowie PivotCharts erstellen, wie in den Lösungsdateien *K02U02 - Lösung - Teil 3.pbix* und *K02U02 - Lösung - Teil 3.xlsx* gezeigt. Diese Dateien sind in den herunterladbaren Begleitdateien zu diesem Buch verfügbar.

Während die Lösung in Übung 2.2, Teil 2 Ihren Bericht vereinfacht, da Sie es dann nur mit einer einzigen Tabelle zu tun haben, werden im realen Leben häufig mehrere Tabellen in Berichten verwendet. Die Lösung in Übung 2.2, Teil 3 bietet mehr Erkenntnismöglichkeiten, da Ihr Modell komplexer wird. Wenn zum Beispiel eine Nachschlagetabelle *Kategorien* mit mehreren Faktentabellen verknüpft ist, in denen sich die Produkt-Kategoriecodes befinden, können Sie mit den gemeinsam genutzten Kategorien numerische Spalten in den verschiedenen Faktentabellen vergleichen.

Das Feature *Spalte aus Beispielen* verwenden

Häufig weist der erste Befehl, den Sie auf der linken Seite des Menübands sehen, auf die Wichtigkeit eines Features hin. Aus diesem Grund finden Sie beispielsweise *PivotTable* als ersten Befehl auf der Registerkarte *Einfügen* von Excel. Im Power Query-Editor finden Sie eines der wichtigsten Features als ersten Befehl auf der Registerkarte *Spalten hinzufügen. Spalte aus Beispielen* ist eine leistungsstarke Funktion, mit der Sie die Bedeutung aus vorhandenen Spalten in eine neue Spalte extrahieren können, ohne dass hierfür Kenntnisse der verschiedenen Transformationen nötig sind, die im Power Query-Editor zur Verfügung stehen.

Mithilfe von *Spalte aus Beispielen* können Sie im Power Query-Editor neue Datenspalten hinzufügen, indem Sie einfach einen oder mehrere Beispielwerte für die neue Spalte bereitstellen. Wenn Sie diese Beispiele bereitstellen, versucht Power Query, die Berechnung abzuleiten, die zum Generieren der Werte in der neuen Spalte erforderlich ist. Dieses Feature kann als schnelles Verfahren verwendet werden, um aus Daten neue Bedeutung zu extrahieren. Dies ist ein sehr leistungsstarkes Feature, und zwar insbesondere für neue Benutzer, da sie nicht im Menüband nach den erforderlichen Transformationen suchen oder die M-Formeln auswendig lernen müssen, um die aussagekräftigen Daten in die neue Spalte zu extrahieren. Wenn Sie einfach einige Beispiele in der neuen Spalte angeben, versucht Power Query, die Arbeit für Sie zu erledigen.

Übung 2.3 demonstriert an einem einfachen Beispiel, wie Sie *Spalte aus Beispielen* verwenden. Die Übung verwendet das Dataset aus Übung 2.2.

Übung 2.3, Teil 1: Einführung in *Spalte aus Beispielen*

In Übung 2.2 haben Sie gelernt, wie Sie die Produktnummer in vier Elemente aufteilen. Aber stellen Sie sich vor, dass Sie nur die Produktgröße aus der Produktnummer extrahieren müssen. In dieser Übung erfahren Sie, wie Sie dies mithilfe von *Spalte aus Beispielen* tun.

Falls Sie Übung 2.2 nicht durchgearbeitet haben, verwenden Sie die Arbeitsmappe *K02U02.xlsx* aus den Begleitdateien zu diesem Buch und speichern Sie sie im Ordner *C:\Daten\K02*.

1. Erstellen Sie einen neuen Bericht in Power BI Desktop oder eine neue, leere Excel-Arbeitsmappe.

2. Führen Sie die folgenden Schritte aus, um *K02U02.xlsx* in den Power Query-Editor zu importieren:
   a. In Power BI Desktop: Wählen Sie den Befehl *Daten abrufen | Excel-Arbeitsmappe*.
      In Excel: Wählen Sie auf der Registerkarte *Daten* den Befehl *Daten abrufen | Aus Datei | Aus Excel-Arbeitsmappe*.
   b. Markieren Sie die Datei *K02U02.xlsx*.
   c. Wählen Sie im Dialogfeld *Navigator* das Tabellenblatt *Produkte* und klicken Sie dann auf *Daten transformieren*.
3. Im Power Query-Editor können Sie nun im Vorschaubereich sehen, dass die Spalte *Produktnummer* vier durch Bindestriche getrennte Codes enthält (zum Beispiel VE-C304-S-BE). Die Herausforderung besteht darin, den dritten Wert zu extrahieren, der die Größe des Produkts enthält.

   Wählen Sie die Spalte *Produktnummer* aus und öffnen Sie auf der Registerkarte *Spalte hinzufügen* das Dropdown-Menü der Schaltfläche *Spalte aus Beispielen*, in dem zwei Optionen angezeigt werden:
   - *Aus allen Spalten*
   - *Aus Auswahl*

   In dieser Übung müssen Sie die Größe des Produkts aus der Produktnummer extrahieren; wählen Sie daher *Aus Auswahl* aus.

Wenn Sie im Voraus wissen, welche vorhandenen Spalten für das Erstellen der neuen Spalte verwendet werden sollen, verbessert die Auswahl der relevanten Eingabespalten und die anschließende Verwendung des Befehls *Aus Auswahl* im Dropdown-Menü *Spalte aus Beispielen* die Wahrscheinlichkeit, dass Power Query eine sinnvolle Empfehlung anbietet.

   Der Power Query-Editor wechselt nun in einen anderen Modus. Der Vorschaubereich wird nach unten verschoben, und oberhalb des Vorschaubereichs wird ein neuer Abschnitt eingeblendet. Dort sehen Sie die Meldung »Geben Sie Beispielwerte zum Erstellen einer neuen Spalte ein«. Unten rechts in diesem neuen Abschnitt befinden sich die Schaltflächen *OK* und *Abbrechen*, mit denen Sie diesen besonderen Modus wieder verlassen können.

   Auf der rechten Seite des Vorschaubereichs befindet sich ein Bereich mit einer neuen leeren Spalte. Hier können Sie Ihre Beispiele eingeben. Benennen Sie zuvor *Spalte1* in **Größe** um, indem Sie auf die Überschrift der neuen Spalte doppelklicken.
4. Doppelklicken Sie im Vorschaufenster auf die erste leere Zelle der Spalte *Größe*. Ein Dropdown-Menü zeigt einige empfohlene Beispiele, aus denen Sie auswählen können, um die neue Spalte zu erstellen. Die Werte im Dropdown-Menü liefern einige Ideen für die Transformation, die zum Füllen der neuen Spalte verwendet werden können.
5. Geben Sie in der ersten leeren Zelle **S** ein; dieses S entspricht dem fett formatierten Buchstaben in dieser Produktnummer: VE-C304-**S**-BE. Drücken Sie die `Eingabe`-Taste, damit

Power Query die neue Spalte *Größe* mit allen vorgeschlagenen Werten füllt, wie in Abbildung 2.6 dargestellt. Drücken Sie `Strg` + `Eingabe` oder klicken Sie auf *OK*, um die Spalte zu erstellen.

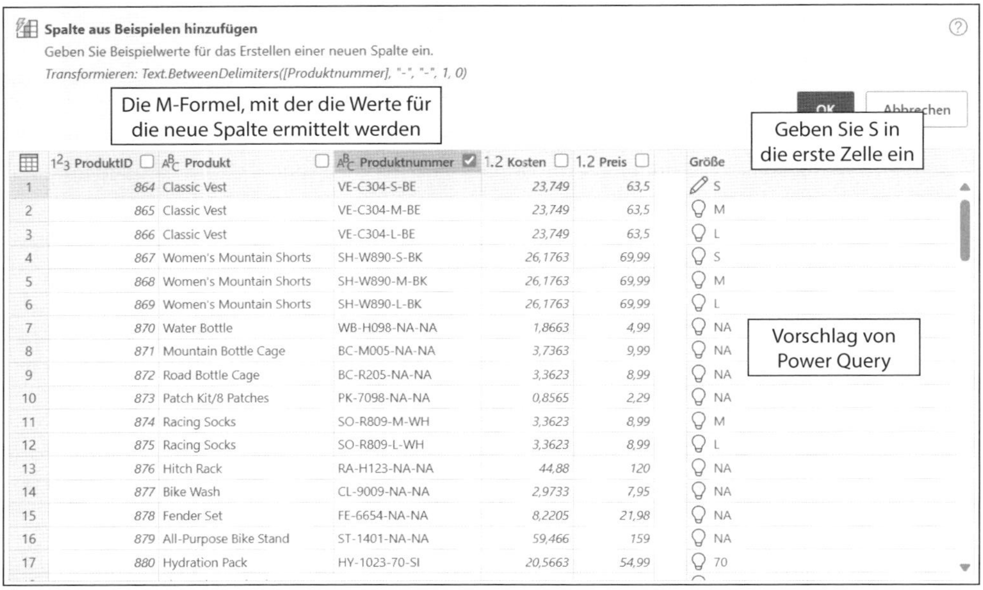

Abbildung 2.6 Der Modus *Spalte aus Beispielen hinzufügen* des Power Query-Editors ermöglicht es, den Größencode einfach aus der Spalte *Produktnummer* zu extrahieren.

6. Sie sehen nun die neue Spalte *Größe*, die wie erwartet berechnet wurde. Laden Sie die Daten in Ihren Power BI-Bericht oder in Ihre Excel-Arbeitsmappe und speichern Sie sie.

Sie finden die Lösungsdateien *K02U03 – Lösung - Teil1.pbix* und *K02U03 - Lösung - Teil 1.xlsx* in den Begleitdateien zu diesem Buch.

Praktische Verwendung von *Spalte aus Beispielen*

Spalte aus Beispielen ist ein sehr nützliches Werkzeug, um neue Transformationen zu entdecken, die in der Benutzeroberfläche und in M verfügbar sind. Lassen Sie uns an einem Beispiel untersuchen, wie Sie mithilfe der Ausgabe von *Spalte aus Beispielen* eine neue Transformation entdecken können. In Schritt 6 der Übung 2.3, Teil 1, sehen Sie, dass sich im Bereich *Angewendete Schritte* des Power Query-Editors rechts neben dem letzten Schritt, *Der Text zwischen den Trennzeichen wurde eingefügt*, das Steuerelement *Einstellungen* (in Form eines Zahnrads) befindet. Wenn Sie dieses Steuerelement anklicken, können Sie das Dialogfeld *Text zwischen Trennzeichen* öffnen. Damit können Sie Text extrahieren, der sich zwischen Trennzeichen befindet. Wenn Sie nun wissen, dass es ein solches Dialogfeld gibt, können Sie Power Query-Editor untersuchen, um zu ermitteln, welche anderen Befehle im Menüband, außer *Spalte aus Beispielen*, Ähnliches macht. Auf der Registerkarte *Transformieren* werden Sie den Befehl *Text zwischen Trennzeichen* im Menü der Schaltfläche *Extrahieren* finden.

Für fortgeschrittene Power Query-Benutzer ist *Spalte aus Beispielen* eine gute Möglichkeit, die Kenntnisse von M zu verbessern, indem sie sich den vorgeschlagenen Code ansehen, der im oberen Bereich angezeigt wird (siehe Abbildung 2.6). Auf diese Weise können Sie einige nützliche Funktionen entdecken, wie beispielsweise `Text.BetweenDelimiters`, die in Übung 2.3, Teil 1 verwendet wird.

Spalte aus Beispielen kann Ihnen helfen, eine Vielzahl von Transformationen für Text, Datumsangaben, Uhrzeiten und Zahlen zu erledigen. Sie können es sogar verwenden, um Klassen/Bereiche und bedingte Spalten zu erstellen, wie Sie in Übung 2.3, Teil 2 sehen werden.

Die aktuelle Liste der von *Spalte aus Beispielen* unterstützten Funktionen finden Sie unter *https://learn.microsoft.com/power-bi/create-reports/desktop-add-column-from-example.*

Übung 2.3, Teil 2: Größe in Buckets/Klassen konvertieren

In diesem Teil von Übung 2.3 verwenden Sie *Spalte aus Beispielen*, um numerische Größenwerte in Klassen zu gruppieren. Sie können die Lösungsdateien *K02U03 - Lösung - Teil 1.pbix* und *K02U03 - Lösung - Teil 1.xlsx* aus den Begleitdateien verwenden, um die Schritte dieser Übung nachzuverfolgen.

1. Öffnen Sie *K02U03 – Lösung - Teil 1.pbix* oder *K02U03 - Lösung - Teil 1.xlsx* und starten Sie den Power Query-Editor. Um ihn in Power BI Desktop zu starten, wählen Sie auf der Registerkarte *Start* den Befehl *Daten transformieren* aus. Um ihn in Excel zu starten, wechseln Sie zur Registerkarte *Daten* und wählen *Daten abrufen | Power Query-Editor starten*.

   Sie sehen, dass die Spalte *Größe* eine Kombination aus alphabetischen und numerischen Größenwerten enthält. In den nächsten beiden Schritten erfahren Sie, wie Sie die Textwerte ignorieren und sich nur auf numerische Werte in der Spalte *Größe* konzentrieren, indem Sie eine neue Spalte mit der numerischen Darstellung für Größen erstellen. Es gibt mehrere Möglichkeiten, dieses Ziel zu erreichen. In Schritt 2 werden Sie dies mit dem Fehlerbehandlungsfeature in Power Query tun. In Schritt 3 verwenden Sie das Feature *Spalte aus Beispielen*.
2. Führen Sie die folgenden Schritte aus, um alle numerischen Größen mithilfe der Fehlerbehandlung aus der Spalte *Größe* zu extrahieren:
   a. Markieren Sie die Spalte *Größe*. Wählen Sie auf der Registerkarte *Spalte hinzufügen* den Befehl *Spalte duplizieren*.
   b. Benennen Sie die neue Spalte in **Größe - Zahlen** um und ändern Sie den Spaltentyp in **Ganze Zahl**. Klicken Sie dazu neben der Spaltenüberschrift auf das ABC-Steuerelement und wählen Sie im Dropdown-Menü *Ganze Zahl* aus.
   c. Es werden nun in allen Zellen, die die Größe als Textcode enthielten (S, M, L, X und NA), Fehlerwerte angezeigt. Da Sie jedoch nur mit Zahlen arbeiten möchten, müssen Sie die Fehler durch Nullwerte ersetzen. Markieren Sie dazu die Spalte *Größe - Zahlen*, öffnen Sie auf der Registerkarte *Transformieren* das Dropdown-Menü *Werte ersetzen* und wählen Sie dann *Fehler ersetzen* aus. Eine einfachere Möglichkeit, die Transformation »Fehler ersetzen« zu verwenden, besteht darin, mit der rechten Maustaste auf die Spal-

tenüberschrift zu klicken und dann im Kontextmenü nach dieser Transformation zu suchen.

   d. Geben Sie im Dialogfeld *Fehler ersetzen*, das geöffnet wird, in das Feld *Wert* **null** ein und klicken Sie auf *OK*, um das Dialogfeld zu schließen.

3. Führen Sie die folgenden Schritte aus, um die numerischen Größenwerte mithilfe von *Spalte aus Beispielen* zu extrahieren, anstatt die Fehler durch null zu ersetzen:

   a. Wenn Sie Schritt 2 durchgeführt haben, löschen Sie die letzten vier Schritte, die im Bereich *Angewendete Schritte* angezeigt wurden. Ihr letzter Schritt sollte nun *Der Text zwischen Trennzeichen wurde eingefügt* sein.

   b. Markieren Sie die Spalte *Größe*. Öffnen Sie auf der Registerkarte *Spalte hinzufügen* das Dropdown-Menü *Spalte aus Beispielen* und wählen Sie dann *Aus Auswahl*.

   c. Wenn der Bereich *Spalte aus Beispielen hinzufügen* geöffnet wird, in dem die neue Spalte angezeigt wird, benennen Sie die Spalte in **Größe - Zahlen** um.

   d. Doppelklicken Sie auf die erste leere Zelle in der Spalte *Größe - Zahlen*. Sie können sehen, dass der Wert in der Spalte *Größe* S ist. Da Sie nicht an Größenwerten, die als Text vorliegen, interessiert sind, geben Sie in die erste leere Zelle **null** ein und drücken Sie die `Eingabe`-Taste.

   e. Wenn der zweite und dritte Wert in der Spalte *Größe* M beziehungsweise L ist, geben Sie sowohl in der zweiten als auch in der dritten Zelle von *Größe - Zahlen* **null** ein und drücken Sie die `Eingabe`-Taste.

   f. Machen Sie bei Zeile 7 weiter. Dort wird in der Spalte *Größe* der Wert *NA* angezeigt. Geben Sie in die siebte Zelle der Spalte *Größe - Zahlen* **null** ein und drücken Sie die `Eingabe`-Taste.

   g. Machen Sie bei Zeile 21 weiter. Dort wird in der Spalte *Größe* der Wert *X* angezeigt. Geben Sie in die entsprechende Zelle der Spalte *Größe - Zahlen* **null** ein und drücken Sie die `Eingabe`-Taste.

   h. Nun sehen Sie in Zeile 22 den Wert 60. Geben Sie **60** in die entsprechende Zelle der Spalte *Größe - Zahlen* ein und drücken Sie die `Eingabe`-Taste. Power Query füllt die neue Spalte *Größe - Zahlen* mit allen vorgeschlagenen Werten. Sie können jetzt `Strg`+`Eingabe` drücken, um die neue Spalte *Größe - Zahlen* zu erstellen.

   Im Bereich *Angewendete Schritte* sehen Sie nun den neuen Schritt *Hinzugefügte bedingte Spalte*. Wählen Sie das Einstellungssymbol aus oder doppelklicken Sie auf diesen Schritt, und das Dialogfeld *Bedingte Spalte hinzufügen* wird geöffnet. In diesem Dialogfeld können Sie eine Spalte basierend auf Bedingungen in anderen Spalten erstellen. Sie hätten diesen Punkt auch erreichen und eine neue Spalte für die numerischen Größenwerte erstellen können, indem Sie anstelle von *Spalte aus Beispielen* zu verwenden eine bedingte Spalte hinzugefügt hätten. Schließen Sie das Dialogfeld *Bedingte Spalte hinzufügen*. Sie erfahren mehr über dieses Dialogfeld in Übung 2.4.

4. Ändern Sie den Spaltentyp in **Ganze Zahl**. Klicken Sie dazu neben der Spaltenüberschrift auf das ABC-Steuerelement und wählen Sie im Dropdown-Menü den Befehl *Ganze Zahl*.

Im nächsten Teil dieser Übung erstellen Sie eine separate Tabelle für die Produkte mit numerischen Größen und klassifizieren die Größe in vier Buckets (S = Klein, M = Mittel, L = Groß und X = Extra groß). Hierfür verwenden Sie das Feature *Spalte aus Beispielen*.

5. Klicken Sie im Bereich *Abfragen* mit der rechten Maustaste auf *Produkte* und wählen Sie *Verweis* aus. Benennen Sie die neue Abfrage in **Produkte - numerische Größen** um. Um die Abfrage umzubenennen, klicken Sie im Bereich *Abfragen* mit der rechten Maustaste auf die Abfrage und wählen Sie im Kontextmenü *Umbenennen* aus oder benennen Sie die Abfrage im Bereich *Abfrageeinstellungen* um und geben Sie im Abschnitt *Eigenschaften* in das Feld *Name* den neuen Namen ein.

Die Verwendung von Verweisen ist eine sehr nützliche Technik, um auf eine Quelltabelle zu verzweigen und basierend auf dem letzten Schritt der referenzierten Abfrage eine neue Abfrage zu erstellen.

6. Entfernen Sie in der neuen Abfrage alle Produkte, bei denen der Wert in der Spalte *Größe - Zahlen* null ist. Klicken Sie dazu in der Spalte *Größe - Zahlen* auf das Filtersteuerelement und wählen Sie *Leere entfernen* aus.
7. Angenommen, Sie möchten die numerischen Größen wie folgt in die Klassen X, L, M und S konvertieren: Zahlen, die größer oder gleich 70 sind, werden dem X-Bucket zugewiesen. Zahlen, die größer oder gleich 60 sind, werden L zugewiesen. Zahlen, die größer oder gleich 50 sind, werden M zugewiesen, und Zahlen, die größer oder gleich 40 sind, werden S zugewiesen. Hier sind die Schritte, um dies mit *Spalte aus Beispielen* zu erreichen (siehe Abbildung 2.7, um sicherzustellen, dass Sie die Schritte korrekt ausführen):

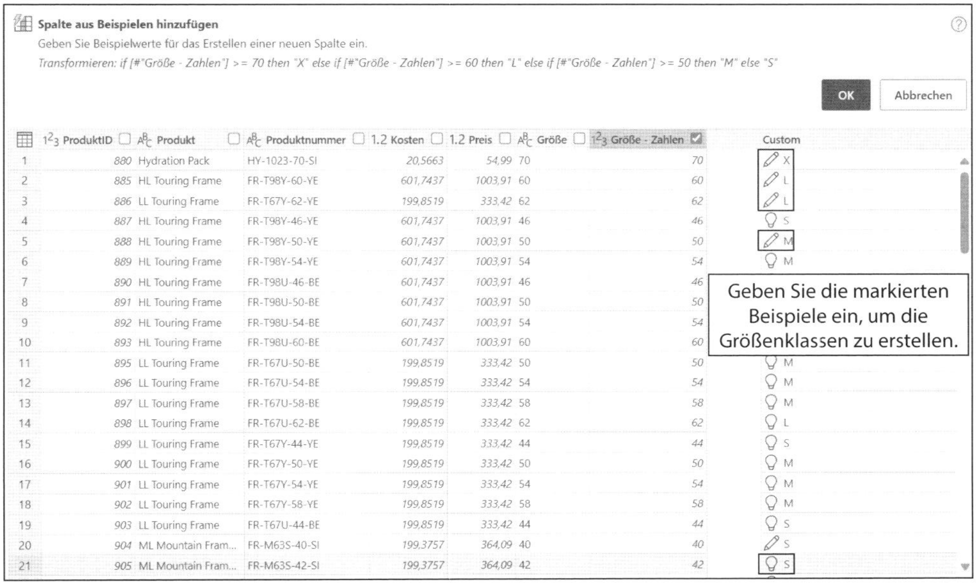

Abbildung 2.7 Sie können *Spalte aus Beispielen* verwenden, um Größen-Buckets zu erstellen.

   a. Markieren Sie die Spalte *Größe - Zahlen*. Öffnen Sie auf der Registerkarte *Spalte hinzufügen* das Dropdown-Menü *Spalte aus Beispielen* und wählen Sie dann *Aus Auswahl*.
   b. Benennen Sie die Spalte in **Größe - Buckets** um.
   c. Geben Sie in Zeile 1 **X** ein (da der Wert in *Größe - Zahlen* 70 ist).
   d. Geben Sie in Zeilen 2 und 3 **L** ein (da der Wert in *Größe - Zahlen* 60 beziehungsweise 62 beträgt).
   e. Geben Sie in Zeile 5 **M** ein (da der Wert in *Größe - Zahlen* 50 beträgt).
   f. Geben Sie in Zeile 20 **S** ein (da der Wert in *Größe - Zahlen* 40 beträgt).
   g. Drücken Sie `Strg`+`Eingabe`, um die neue Spalte *Größe - Bucket* zu erstellen. Die Spalte *Größe - Bucket* enthält jetzt die erforderlichen Bucket-Namen für die relevanten Bereiche.
8. Doppelklicken Sie zu Lernzwecken in der Liste *Angewendete Schritte* auf den Schritt *Hinzugefügte bedingte Spalte*. Das Dialogfeld *Bedingte Spalte hinzufügen* wird geöffnet. Sehen Sie sich die Bedingungen an, mit denen die Wertebereiche für jeden Bucket definiert wurden, und schließen Sie das Dialogfeld.
9. Werfen Sie einen Blick auf die M-Formel in der Bearbeitungsleiste, um einen kurzen Einblick in die M-Syntax zu bekommen, die im weiteren Verlauf des Buches ausführlicher beschrieben wird, insbesondere in Kapitel 9, »Einführung in die Power Query-Formelsprache M«.

Sie finden die Lösungsdateien *K02U03 - Lösung - Teil 2.pbix* und *K02U03 - Lösung - Teil 2.xlsx* in den Begleitdateien zu diesem Buch.

Informationen aus Textspalten extrahieren

In den vorherigen Übungen haben Sie aussagekräftige Informationen aus durch Trennzeichen getrennten Code durch die Transformation *Spalte nach Trennzeichen teilen* extrahiert. In der nächsten Übung werden Sie eine weitere typische Herausforderung angehen: wie man aussagekräftige Daten aus unstrukturierten Textdaten extrahiert. Diese Herausforderung kann einfach sein, wenn Ihre Daten relativ konsistent sind, aber Sie benötigen ein breiteres Spektrum an Techniken, um auch inkonsistente Daten aufbereiten zu können.

Übung 2.4: Hyperlinks aus Nachrichten extrahieren

In dieser Übung arbeiten Sie an einer Arbeitsmappe, die importierte Facebook-Beiträge von der offiziellen Microsoft Press Facebook-Seite enthält. Insbesondere extrahieren Sie die Hyperlinks aus Beiträgen, die von Microsoft Press veröffentlicht wurden. Während einige Hyperlinks leicht extrahiert werden können, da sie mit dem Präfix »http://« beginnen, gibt es viele Grenzfälle, die nicht so einfach gelöst werden können.

Bevor Sie loslegen, speichern Sie die Arbeitsmappe *K02U04.xlsx* aus den Begleitdateien zu diesem Buch im Ordner *C:\Daten\K02* ab.

Obwohl einige Elemente in dieser Übung ein wenig fortgeschritten sein können, weil hierfür kleine Änderungen an Formeln erforderlich sind, die in diesem Kapitel nicht im Detail erklärt werden, werden Sie diese Aktionen dennoch sehr nützlich finden. Diese Bearbeitung der Formeln können Sie auch dann auf Ihre eigenen Daten anwenden, wenn Sie die Aktionen noch nicht vollständig verstehen. Kapitel 9 erklärt M ausführlicher, und es wird Ihnen helfen, mit den Änderungen, denen Sie hier begegnen, vertrauter zu werden.

1. Erstellen Sie einen neuen Bericht in Power BI Desktop oder eine neue leere Excel-Arbeitsmappe.
2. Führen Sie die folgenden Schritte aus, um *K02U04.xlsx* in den Power Query-Editor zu importieren:
   a. Rufen Sie Daten aus einer Excel-Arbeitsmappe ab.
   b. Markieren und importieren Sie die Datei *K02U04.xlsx*.
   c. Wählen Sie im Dialogfeld *Navigator* das Tabellenblatt *Tabelle1* und klicken Sie dann auf *Daten transformieren*.

   Der Power Query-Editor wird geöffnet, und Sie sehen, dass die Spalte *Message* Fließtext enthält. Bevor Sie die Hyperlinks aus der Spalte *Message* extrahieren, müssen Sie, um Ihr Ziel zu erreichen, wie in Abbildung 2.8 dargestellt, zuerst die Spalte duplizieren, um die ursprüngliche Nachricht intakt zu halten. Markieren Sie die Spalte *Message* und wählen Sie auf der Registerkarte *Spalte hinzufügen* den Befehl *Spalte duplizieren*.

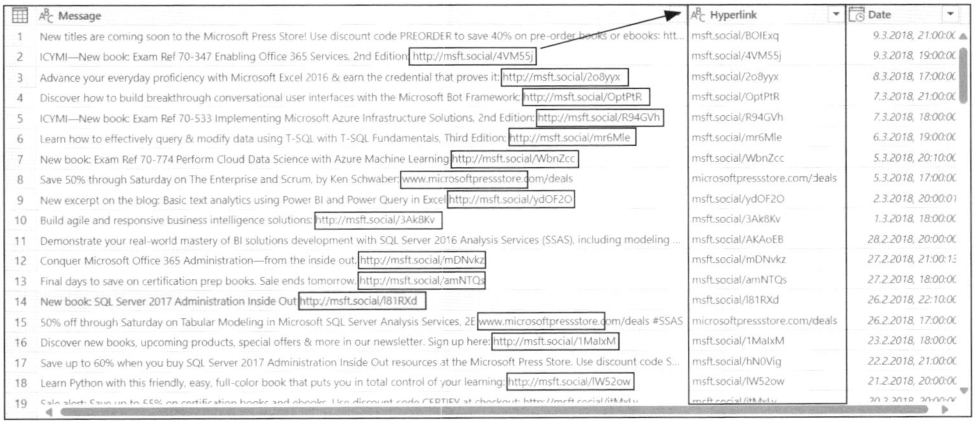

	Message	Hyperlink	Date
1	New titles are coming soon to the Microsoft Press Store! Use discount code PREORDER to save 40% on pre-order books or ebooks: htt...	msft.social/BOIExq	9.3.2018, 21:00:0(
2	ICYMI—New book: Exam Ref 70-347 Enabling Office 365 Services, 2nd Edition: http://msft.social/4VM55j	msft.social/4VM55j	9.3.2018, 19:00:0(
3	Advance your everyday proficiency with Microsoft Excel 2016 & earn the credential that proves it: http://msft.social/2o8yyx	msft.social/2o8yyx	8.3.2018, 17:00:0(
4	Discover how to build breakthrough conversational user interfaces with the Microsoft Bot Framework: http://msft.social/OptPtR	msft.social/OptPtR	7.3.2018, 21:00:0(
5	ICYMI—New book: Exam Ref 70-533 Implementing Microsoft Azure Infrastructure Solutions, 2nd Edition: http://msft.social/R94GVh	msft.social/R94GVh	7.3.2018, 18:00:0(
6	Learn how to effectively query & modify data using T-SQL with T-SQL Fundamentals, Third Edition: http://msft.social/mr6Mle	msft.social/mr6Mle	6.3.2018, 19:00:0(
7	New book: Exam Ref 70-774 Perform Cloud Data Science with Azure Machine Learning http://msft.social/WbnZcc	msft.social/WbnZcc	5.3.2018, 20:10:0(
8	Save 50% through Saturday on The Enterprise and Scrum, by Ken Schwaber: www.microsoftpressstore.com/deals	microsoftpressstore.com/deals	5.3.2018, 17:00:0(
9	New excerpt on the blog: Basic text analytics using Power BI and Power Query in Excel http://msft.social/ydOF2O	msft.social/ydOF2O	2.3.2018, 20:00:01
10	Build agile and responsive business intelligence solutions: http://msft.social/3Ak8Kv	msft.social/3Ak8Kv	1.3.2018, 18:00:0(
11	Demonstrate your real-world mastery of BI solutions development with SQL Server 2016 Analysis Services (SSAS), including modeling ...	msft.social/AKAoEB	28.2.2018, 20:00:0(
12	Conquer Microsoft Office 365 Administration—from the inside out. http://msft.social/mDNvkz	msft.social/mDNvkz	27.2.2018, 21:00:1:
13	Final days to save on certification prep books. Sale ends tomorrow. http://msft.social/amNTQs	msft.social/amNTQs	27.2.2018, 18:00:0(
14	New book: SQL Server 2017 Administration Inside Out http://msft.social/I81RXd	msft.social/I81RXd	26.2.2018, 22:10:0(
15	50% off through Saturday on Tabular Modeling in Microsoft SQL Server Analysis Services, 2E www.microsoftpressstore.com/deals #SSAS	microsoftpressstore.com/deals	26.2.2018, 17:00:0(
16	Discover new books, upcoming products, special offers & more in our newsletter. Sign up here: http://msft.social/1MalxM	msft.social/1MalxM	23.2.2018, 18:00:0(
17	Save up to 60% when you buy SQL Server 2017 Administration Inside Out resources at the Microsoft Press Store. Use discount code S...	msft.social/hN0Vig	22.2.2018, 21:00:0(
18	Learn Python with this friendly, easy, full-color book that puts you in total control of your learning: http://msft.social/lW52ow	msft.social/lW52ow	21.2.2018, 20:00:0(

Abbildung 2.8 Sie können Hyperlinks aus Microsoft Press Facebook-Beiträgen extrahieren.

3. Benennen Sie die neue Spalte in **Hyperlink** um.
4. Um den Hyperlink aus der neuen Spalte zu extrahieren, können Sie das Hyperlinkpräfix »http://« als Trennzeichen verwenden und die Spalte aufteilen. Markieren Sie dazu die Spalte *Hyperlink* und wählen Sie auf der Registerkarte *Transformieren* den Befehl *Spalte teilen | Nach Trennzeichen*.

5. Führen Sie im Dialogfeld *Spalte teilen*, das geöffnet wird, folgende Aktionen durch:
   a. Wählen Sie bei *Trennzeichen* die Option *Benutzerdefiniert* aus.
   b. Geben Sie in das Textfeld unterhalb von *Benutzerdefiniert* **http://** ein.
   c. Wählen Sie im Abschnitt *Aufteilen* die Option *Beim äußersten linken Trennzeichen* aus und klicken Sie auf *OK*, um das Dialogfeld zu schließen.

   Sie sehen nun, dass die Spalte *Hyperlink* in zwei Spalten aufgeteilt wurde: *Hyperlink.1* und *Hyperlink.2*. Aber wie können Sie Hyperlinks extrahieren, die mit »https://« oder vielleicht nur »www.« beginnen?
6. Wählen Sie in der Liste *Angewendete Schritte* den Schritt *Spalte nach Trennzeichen teilen* aus.
7. Stellen Sie sicher, dass die Bearbeitungsleiste im Power Query-Editor sichtbar ist. Wenn sie nicht angezeigt wird, wechseln Sie zur Registerkarte *Ansicht* bzw. *Anzeigen* und aktivieren Sie das Kontrollkästchen *Bearbeitungsleiste*. Jetzt sehen Sie die folgende Formel, die in Schritt 5 generiert wurde:

```
Table.SplitColumn(#"Umbenannte Spalten", "Hyperlink",
Splitter.SplitTextByEachDelimiter({"http://"}, QuoteStyle.Csv, false),
{"Hyperlink.1", "Hyperlink.2"})
```

8. Um die Spalte *Hyperlink* anhand von weiteren Trennzeichen aufzuteilen, ändern Sie den Funktionsnamen `Splitter.SplitTextBy`**Each**`Delimiter` in `Splitter.SplitTextBy`**Any**`Delimiter` ab. Jetzt können Sie die neuen Trennzeichen »https://« und »www.« hinzufügen. Sie sehen in der obigen Formel, dass »https://« in doppelte Anführungszeichen eingefasst ist und dass sich der gesamte Ausdruck zwischen geschweiften Klammern befindet. Geschweifte Klammern stellen Listen in der Sprache M von Power Query dar. Sie können der Liste nun mehrere Elemente hinzufügen, die jeweils von doppelten Anführungszeichen eingeschlossen und durch Kommata voneinander getrennt sind. Die fertige Liste sieht wie folgt aus: `{"http://", "https://", "www." }`.

   Hier ist die vollständige bearbeitete Formel:

```
Table.SplitColumn(#"Umbenannte Spalten", "Hyperlink",
Splitter.SplitTextByAnyDelimiter({"http://", "https://", "www."}, QuoteStyle.Csv,
false),
{"Hyperlink.1", "Hyperlink.2"})
```

9. Dank der Ergänzung von »www.« als Trennzeichen sehen Sie nun im Vorschaubereich, dass in Zeile 8 in der Spalte *Hyperlink.2* ein neuer Hyperlink erkannt wurde: *microsoftpressstore.com/deals*.
10. Kehren Sie zum letzten Schritt in *Angewendete Schritte* zurück.
11. Überprüfen Sie die weiteren Ergebnisse in der Spalte *Hyperlink.2*. Beachten Sie in Zeile 15, dass der ursprüngliche Beitrag nach dem Hyperlink weiteren Text enthält. Um den nachfolgenden Text aus dem Hyperlink zu entfernen, können Sie davon ausgehen, dass die Hyperlinks mit einem Leerzeichen enden, und *Hyperlink.2* teilen. Markieren Sie dazu die Spalte

Hyperlink.2. Wählen Sie auf der Registerkarte *Transformieren* den Befehl *Extranieren | Text vor Trennzeichen*. Das Dialogfeld *Text vor Trennzeichen* wird geöffnet.

a. Geben Sie ein Leerzeichen als Trennzeichen ein.

b. Klicken Sie auf *OK*, um das Dialogfeld zu schließen.

12. Löschen Sie die Spalte *Hyperlink.2*.

Überprüfen Sie die Ergebnisse in der Spalte *Hyperlink.2* und scrollen Sie nach unten, bis Sie den ersten Nullwert in Zeile 29 finden. Nullwert bedeutet, dass Sie im Beitrag keinen Hyperlink erkennen konnten. Wenn Sie sich jedoch die Nachricht in der Spalte *Hyperlink.1* genauer ansehen, stellen Sie fest, dass sie folgenden Text einschließlich des hier fett formatierten Hyperlinks enthält: *Discover Windows containers in this free ebook. Download here: aka.ms/containersebook*.

Die nächste Herausforderung besteht darin, die Hyperlinks zu extrahieren, deren Domainname *aka.ms* lautet, und diese ebenfalls in die Spalte *Hyperlink* aufzunehmen. Diese Herausforderung ist ziemlich komplex, da nach dem Aufteilen der Spalte *Message* durch das Trennzeichen *aka.ms* der Domainname aus den aufgeteilten Ergebnissen entfernt wird. Als Sie in Schritt 8 »www.« angewendet haben, wurde »www.« entfernt, was eine relativ unproblematische Transformation war. Sie sind das Risiko eingegangen, dass der resultierende Hyperlink auch ohne das Präfix »www.« einwandfrei funktioniert, da es üblich ist, dieses Präfix bei Hyperlinks wegzulassen (so führen beispielsweise *www.microsoft.com* und *microsoft.com* zur gleichen Website).

Sie müssen einen Weg finden, um *aka.ms* als Trennzeichen zu verwenden, und Sie müssen einen Weg finden, den Domainnamen zurückzugeben, jedoch nur für die Zeilen, die diese Domain enthalten. Sie werden bald lernen, wie Sie dies mit einer bedingten Spalte bewerkstelligen. Zunächst müssen Sie jedoch *aka.ms* zur Liste der Trennzeichen hinzufügen.

13. Markieren Sie zuerst in der Liste *Angewendete Schritte* den ersten Schritt *Spalte nach Trennzeichen teilen*, den Sie in Schritt 8 geändert haben, und fügen Sie *aka.ms* zur Liste der Trennzeichen hinzu. Hier ist die modifizierte Formel:

```
Table.SplitColumn(#"Umbenannte Spalten", "Hyperlink",
Splitter.SplitTextByAnyDelimiter({"http://", "https://", "www.", "aka.ms"},
QuoteStyle.Csv, false), {"Hyperlink.1", "Hyperlink.2"})
```

Sie können nun in Zeile 29 sehen, dass der Hyperlink */containersebook* lautet. In den nächsten Schritten fügen Sie eine bedingte Spalte hinzu, die den fehlenden Domänennamen *aka.ms* wieder ergänzt, wenn die Werte in der Spalte *Hyperlink* mit / beginnen.

14. Gehen Sie in der Liste *Angewendete Schritte* zum letzten Schritt. Entfernen Sie die Spalte *Hyperlink.1* und benennen Sie *Hyperlink.2* in **Hyperlink Alt** um.

15. Wählen Sie auf der Registerkarte *Spalte hinzufügen* den Befehl *Bedingte Spalte* aus. Führen Sie im Dialogfeld *Bedingte Spalte hinzufügen* folgende Schritte aus (siehe Abbildung 2.9):

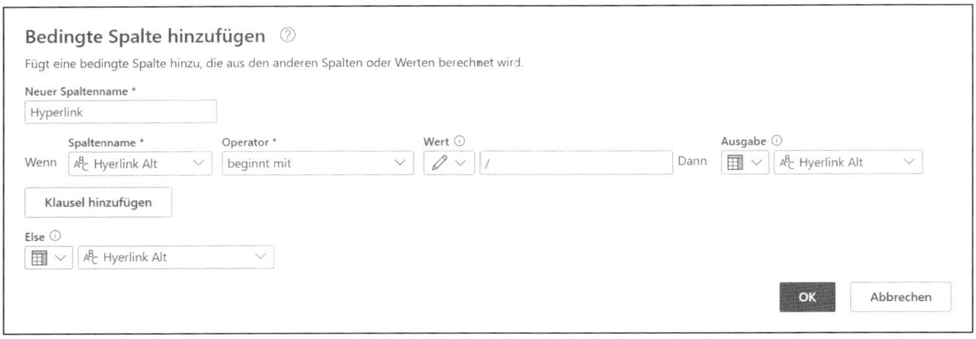

Abbildung 2.9 Sie können eine bedingte Spalte als vorbereitenden Schritt für das Wiedereinfügen des Domainnamens *aka.ms* hinzufügen. Beachten Sie, dass die Bedingungen im Dialogfeld als Grundlage für die endgültigen Bedingungen verwendet werden.

Die Verwendung des Dialogfelds *Bedingte Spalte hinzufügen* hilft Ihnen, die Phase für die endgültigen Bedingungen vorzubereiten. Die Benutzeroberfläche ist eingeschränkt, und Sie verwenden sie als Abkürzung, um einen Teil der erforderlichen Bedingungen zu generieren. Für den letzten Schliff müssen Sie die Formel in der Bearbeitungsleiste ein klein wenig modifizieren; dies werden Sie in Schritt 16 erledigen.

---

a. Geben Sie in das Feld *Neuer Spaltenname* **Hyperlink** ein.
b. Wählen Sie in der Dropdown-Liste *Spaltenname* der Zeile *Wenn* den Eintrag *Hyperlink Alt* aus.
c. Wählen Sie als *Operator* den Eintrag *beginnt mit* aus.
d. Geben Sie in das Feld *Wert* das Zeichen **/** ein.
e. Wählen Sie in der Dropdown-Liste bei *Ausgabe* die Option *Werte in einer Spalte verwenden* und wählen Sie dann die Spalte *Hyperlink Alt* aus.
f. Wählen Sie in der Dropdown-Liste bei *Else* die Option *Werte in einer Spalte verwenden* und wählen Sie dann die Spalte *Hyperlink Alt* aus.
g. Überprüfen Sie, ob die von Ihnen vorgenommenen Einstellungen mit denen in Abbildung 2.9 übereinstimmen, und klicken Sie auf *OK*, um das Dialogfeld zu schließen.

16. Schauen Sie sich nun die Bearbeitungsleiste an. Es ist an der Zeit, die M-Formel zu ändern, um das Präfix *aka.ms* hinzuzufügen, wenn ein Hyperlink mit / beginnt. Hier ist die ursprüngliche Formel, wie sie nach Schritt 15 aussieht:

```
Table.AddColumn(#"Umbenannte Spalten 1", "Hyperlink", each if Text.StartsWith([Hyperlink
Alt], "/") then [Hyperlink Alt] else [Hyperlink Alt])
```

Um das Problem zu beheben, können Sie *aka.ms* und *[Hyperlink Alt]* verketten. Ähnlich wie in einer Excel-Formel fügen Sie *aka.ms* als Präfix in der Spalte *Hyperlink Alt* hinzu, indem Sie den Operator & verwenden:

```
"aka.ms" & [Hyperlink Alt]
```

Hier ist die geänderte Formel, die vorgenommene Änderung ist fett formatiert:

```
Table.AddColumn(#"Umbenannte Spalten 1", "Hyperlink", each if
Text.StartsWith([Hyperlink Alt], "/") then "aka.ms" & [Hyperlink Alt] else
[Hyperlink Alt])
```

17. Löschen Sie die Spalte *Hyperlink Alt.*

    Sie sind fast fertig, aber es warten ein paar Überraschungen auf Sie. Setzen Sie die Überprüfung der Ergebnisse in der Spalte *Hyperlink* fort, indem Sie nach unten zu Zeile 149 scrollen. Die Zelle *Hyperlink* ist leer, aber wenn Sie sich die ursprüngliche *Message*-Spalte ansehen, sehen Sie dort den folgenden Hyperlink: *https://www.microsoftpressstore.com/Ignite*.

    Warum ist die Hyperlink-Zelle in diesem Fall leer? Wenn Sie diese Message in Schritt 14 aufteilen, wurden bei der Teilung sowohl »https://« als auch »www.« als Trennzeichen verwendet. Als Ergebnis enthielt die Teilung drei getrennte Werte, aber nur die ersten beiden wurden geladen. Die nächsten Schritte helfen Ihnen bei der Behebung dieses Problems.

18. Wählen Sie unter *Angewendete Schritte* den ersten Schritt *Spalte nach Trennzeichen teilen* aus. Ändern Sie den fett formatierten Teil in der folgenden Formel von `{"Hyperlink.1", "Hyperlink.2"}` in **3** ab.

```
Table.SplitColumn(#"Umbenannte Spalten", "Hyperlink",
Splitter.SplitTextByAnyDelimiter({"http://", "https://", "www.", "aka.ms"},
QuoteStyle.Csv, false), {"Hyperlink.1", "Hyperlink.2"})
```

Nach der Änderung sieht die Formel folgendermaßen aus:

```
Table.SplitColumn(#"Umbenannte Spalten", "Hyperlink",
Splitter.SplitTextByAnyDelimiter({"http://", "https://", "www.", "aka.ms"},
QuoteStyle.Csv, false), 3)
```

Sie verwenden hier das Argument 3 anstelle der Liste der Spaltennamen `{"Hyperlink.1", "Hyperlink.2", "Hyperlink.3"}`. **Die Ergebnisse sind die gleichen. Der Funktion** `Table.SplitColumn` **können entweder die Spaltennamen oder die Anzahl der neuen Spalten übergeben werden, die in der Aufteilung verwendet werden sollen. Entscheidend ist, dass Sie wichtige Daten übersehen, wenn Sie nur die Standardaufteilung verwenden. Dies wird in Kapitel 10, »Von Stolperfallen zu robusten Abfragen« ausführlicher erläutert.**

Wie in Abbildung 2.10 dargestellt, haben Sie nun die Hyperlink-Werte entweder in *Hyperlink.2* (in den meisten Zeilen) oder in *Hyperlink.3* (in Zeile 149). Wenn Sie die beiden Spalten zusammenführen, können Sie die fehlenden Hyperlinks abrufen und das Problem mit der Abfrage beheben.

19. Während der Schritt *Spalte nach Trennzeichen teilen* in *Angewendete Schritte* ausgewählt ist, fügen Sie die folgenden Schritte in die Transformationssequenz ein:

    a. Markieren Sie die beiden Spalten *Hyperlink.2* und *Hyperlink.3*.

    b. Klicken Sie auf der Registerkarte *Transformieren* auf *Spalten zusammenführen*.

c. Wenn das Dialogfeld *Schritt einfügen* angezeigt wird und Sie warnt, dass dieser Schritt zwischen den vorhandenen Schritten eingefügt wird und die nachfolgenden Schritte unterbrechen kann, wählen Sie *Einfügen* aus.

d. Übernehmen Sie im Dialogfeld *Spalten zusammenführen*, das geöffnet wird, die Standardeinstellungen und klicken Sie auf *OK*, um das Dialogfeld zu schließen.

e. Benennen Sie die zusammengeführte Spalte in **Hyperlink.2** um.

f. Wenn das Dialogfeld *Schritt einfügen* erneut geöffnet wird, klicken Sie auf *Einfügen*.

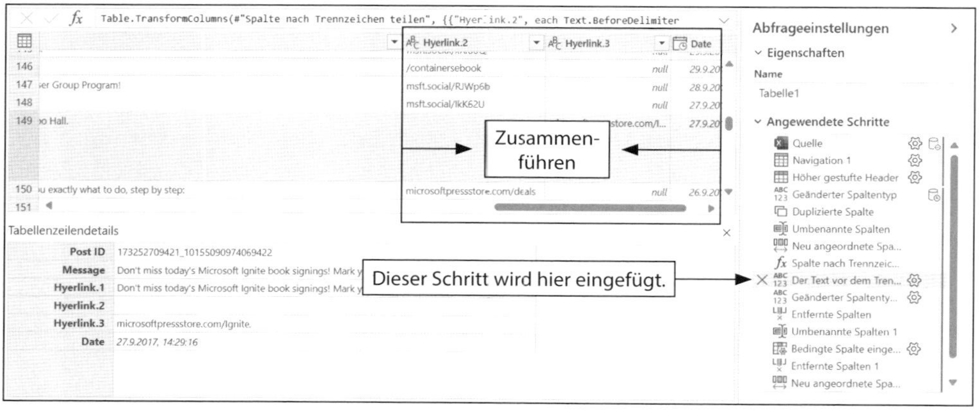

Abbildung 2.10 Sie können die Spalte *Hyperlink.2* mit der Spalte *Hyperlink.3* zusammenführen, um Hyperlinks zu extrahieren, die mit *https://www* beginnen.

20. Wählen Sie nun den letzten Schritt unter *Angewendete Schritte* aus, um sicherzustellen, dass die vorherigen Schritte wie erwartet funktionieren.

    Es gibt immer noch zwei Fälle, die nicht korrekt behandelt wurden. Erstens sehen Sie in Zeile 149, dass die Hyperlinks nicht mit einem Leerzeichen enden, sondern mit anderen Satzzeichen, zum Beispiel einem Punkt. Daher konnten Sie in Schritt 11, als Sie das Leerzeichen als Trennzeichen verwendet haben, die nachfolgende Nachricht nicht vom Hyperlink-Wert trennen. Um dies zu beheben, sollten Sie die Interpunktion aus allen Hyperlinks entfernen.

21. Markieren Sie die Spalte *Hyperlink* und wählen Sie auf der Registerkarte *Transformieren* den Befehl *Formatieren | Kürzen*.

    Alternativ klicken Sie mit der rechten Maustaste auf die Spalte *Hyperlink* und wählen im Kontextmenü *Spalte transformieren | Texttransformationen | Kürzen* aus.

    Standardmäßig entfernt der Befehl *Kürzen* Leerzeichen vom Anfang und Ende der Textwerte. Sie können den Befehl so abändern, dass auch die nachfolgende Interpunktion getrimmt wird. Hierfür sind einige Änderungen an der Formel in der Bearbeitungsleiste erforderlich. Sie sehen, dass die Formel das Element `Text.Trim` enthält (nachfolgend fett formatiert):

```
Table.TransformColumns(#"Entfernte Spalten 1", {{"Hyperlink", each
Text.Trim(Text.From(_)), type nullable text}})
```

Je nachdem, welche Version der Power Query-Benutzeroberfläche Sie verwenden, sehen Sie möglicherweise nur `Text.Trim` anstelle von `Text.Trim(Text.From(_))`. Für `Text.Trim` ist die Verwendung von `Text.From` nicht erforderlich, wenn es auf Textwerte angewendet wird, wie Sie in Kapitel 9 noch sehen werden. `each Text.Trim(_)` entspricht `Text.Trim`, wenn es auf Elemente einer Liste angewendet wird.

Der M-Funktion `Text.Trim` kann als zweites Argument eine Liste von Textelementen übergeben werden, mit denen Sie anderen führenden und nachgestellten Text als Leerzeichen kürzen können. In M kann die Liste der Satzzeichen – Punkt, Komma und schließende runde Klammer – innerhalb geschweifter Klammern definiert werden, wobei die einzelnen Satzzeichen in doppelten Anführungszeichen stehen und durch Kommata voneinander getrennt sind, wie hier gezeigt:

```
{ ".", ",", ")" }
```

Um die Liste als zweites Argument an `Text.Trim` zu übergeben, sollten Sie auch das erste Argument angeben, das heißt den eigentlichen Text in der Spalte *Hyperlink*. Um den eigentlichen Text zu erhalten, können Sie die Kombination aus dem Schlüsselwort `each` und dem Unterstrich verwenden. (In Kapitel 9 ist dies ausführlicher erläutert.) Geben Sie diese geänderte Formel in die Bearbeitungsleiste ein, damit auch die Satzzeichen aus der Spalte *Hyperlink* gekürzt werden:

```
Table.TransformColumns(#"Entfernte Spalten1",{{"Hyperlink", each
Text.Trim(Text.From(_), {".",",",")"}), type nullable text}})
```

22. Beachten Sie das letzte Problem in Zeile 174; dort endet der Hyperlink mit Zeilenwechseln, gefolgt von weiterem Text. Als Sie das zweite Mal *Spalte nach Trennzeichen teilen* angewendet und hierbei das Leerzeichen als Trennzeichen verwendet haben, wurde der Hyperlink nicht korrekt extrahiert. Um dies zu beheben, markieren Sie bei *Angewendete Schritte* die zweite Verwendung von *Spalte nach Trennzeichen teilen*.
23. In der Bearbeitungsleiste sehen Sie die folgende Formel, in der `#"Geänderter Spaltentyp 1"` der Name des vorherigen Schritts ist:

```
Table.TransformColumns(#"Geänderter Spaltentyp 1", {{"Hyperlink.2", each
Text.BeforeDelimiter(_, " ", 0), type text}})
```

Ändern Sie diese Formel wie folgt ab (die Änderungen sind fett formatiert):

```
Table.TransformColumns(#"Geänderter Spaltentyp 1", {{"Hyperlink.2", each
Text.BeforeDelimiter(Text.BeforeDelimiter(_," ", 0), "#(lf)"), type text}})
```

Um das Fehlen einer Funktion `Text.BeforeAnyDelimiter` auszugleichen, verwenden wir `Text.BeforeDelimiter` zweimal. Der Wert `"#(lf)"` steht für das Sonderzeichen Zeilenvorschub. Die Verwendung derselben Funktion ist nicht immer sinnvoll; in Kapitel 9 erfahren Sie, wie Sie mit `List.Accumulate` einsetzen, um zu vermeiden, dass dieselbe Funktion mehr als einmal verwendet wird.

24. Um abschließend allen Hyperlinks das Präfix »http://« voranzustellen, gehen Sie in *Angewendete Schritte* zurück zum letzten Schritt. Markieren Sie die Spalte *Hyperlink* und wählen Sie auf der Registerkarte *Transformieren* den Befehl *Formatieren | Präfix hinzufügen* aus. Wenn das Dialogfeld *Präfix* geöffnet wird, geben Sie in das Feld den *Wert* **http://** ein und schließen das Dialogfeld.
25. Im vorherigen Schritt haben Sie das Präfix »http://« zu allen Zeilen hinzugefügt, auch wenn keine URLs vorhanden sind. Es gibt jedoch legitime Fälle, in denen die Hyperlink-Spalte leer sein sollte (zum Beispiel Zeile 113). Führen Sie die folgenden Schritte aus, um »http://« aus Zellen zu entfernen, die keine Hyperlinks enthalten.
    a. Markieren Sie die Spalte *Hyperlink*. Wählen Sie dann auf der Registerkarte *Start* den Befehl Transformieren | *Werte ersetzen*.
    b. Geben Sie im Dialogfeld *Werte ersetzen* in das Feld *Zu suchender Wert* **http://** ein.
    c. Lassen Sie das Feld *Ersetzen durch* leer.
    d. Öffnen Sie die *Erweiterten Optionen* und schalten Sie das Kontrollkästchen *Gesamten Zellinhalt vergleichen* ein. (Dieser Schritt ist von entscheidender Bedeutung. Ohne ihn entfernt Power Query »http://« aus allen Werten.)
    e. Klicken Sie auf *OK*, um das Dialogfeld zu schließen, und wählen Sie *Schließen & übernehmen* in Power BI Desktop oder *Schließen & laden* in Excel, um die Messages und die extrahierten Hyperlinks in den Bericht zu laden.

Zum jetzigen Zeitpunkt haben Sie die meisten Herausforderungen in diesem Dataset gemeistert und die erforderlichen Hyperlinks extrahiert. Sie finden die Lösungsdateien *K02U04 - Lösung.pbix* und *K02U04 - Lösung.xlsx* in den Beispieldateien für dieses Buch, die Sie von der Website zum Buch herunterladen können.

In der Spalte *Message* befinden sich noch immer einige Hyperlinks. Diese Hyperlinks beginnen nicht mit »www.«, »http«, »https« oder »aka.ms«. Können Sie sie finden? In Kapitel 12, »Grundlegende Textanalyse«, lernen Sie fortgeschrittene Techniken zum Erkennen von Schlüsselwörtern in Text kennen. Diese Techniken helfen Ihnen, eine umfangreichere Liste von Domainnamen zu erkennen und die Hyperlinks zu extrahieren.

Datumswerte bearbeiten

Eine der häufigsten Herausforderungen bei der Datenaufbereitung ist der Umgang mit Datumswerten. Während Textspalten einfach zu handhaben sind, kann die Analyse von Zahlen und Datumsangaben selbst bei den einfachsten Datasets für die Analyse schnell entmutigen. In diesem Abschnitt erfahren Sie, wie Sie mit Datumsangaben und Uhrzeiten umgehen. Sie beginnen mit einer typischen Herausforderung – dem Konvertieren von Text in Datumsangaben – und gehen dann zu schwierigeren Fällen mit ungültigen Datumsangaben über. Am Ende dieses Abschnitts erfahren Sie, wie Sie bestimmte Datums- oder Uhrzeitelemente aus Datum/Uhrzeitwerten extrahieren.

Wenn Sie eine Tabelle mit Datums- oder Datum/Uhrzeitwerten laden, konvertiert Power Query die entsprechenden Spalten in das richtige Datum/Uhrzeitformat. In Übung 2.4 haben Sie ein Dataset mit einer Datum/Uhrzeit-Spalte importiert. Power Query hat die Spalte *Datum* automatisch in Datum/Uhrzeit konvertiert. Übung 2.5 zeigt, wie Power Query eine Spalte mit gemischten Datumsformaten verarbeitet.

Übung 2.5: Verarbeitung unterschiedlicher Datumsformate

Laden Sie die Arbeitsmappe *K02U05.xlsx*, die sich in den Begleitdateien zu diesem Buch befindet, herunter und speichern Sie sie im Ordner *C:\Daten\K02*. Diese Arbeitsmappe enthält den AdventureWorks-Produktkatalog, in dem sich in der letzten Spalte das Veröffentlichungsdatum jedes Produkts befindet. Stellen Sie sich vor, dass verschiedene Dateneingabeteams die Veröffentlichungsdaten der Produkte in fünf verschiedenen Formaten eingegeben haben:

- 7/1/2018
- 2018-07-01
- 7.1.2018
- Jul 1, 2018
- 1 July, 2018

Gehen Sie der Einfachheit halber davon aus, dass alle Teams in ihren regionalen Einstellungen das Gebietsschema Englisch/Vereinigte Staaten verwenden, sodass das erste Datum, 7/1/2018, der 1. Juli und nicht der 7. Januar ist.

Wenn Sie versuchen, mit diesen verschiedenen Formaten zu arbeiten und Datumsberechnungen anzuwenden, sehen Sie, dass Excel nicht in allen Zellen die Datumsangaben erkennt und für einige Zellen der Fehler #WERT zurückgegeben wird.

1. Öffnen Sie eine Kopie der Arbeitsmappe *K02U05.xlsx*. (Achten Sie darauf, dass Sie eine Kopie und nicht die Originalarbeitsmappe öffnen. Sie erreichen dies, indem Sie im Excel-Dialogfeld *Öffnen* auf den Pfeil der Schaltfläche *Öffnen* klicken und dann *Als Kopie öffnen* wählen.)
2. Geben Sie in Zelle H2 die folgende Formel ein:

   ```
   = G2 + 1
   ```

   Diese Formel sollte das Veröffentlichungsdatum um einen Tag erhöhen, aber das Ergebnis ist 45565. Dies liegt daran, dass Excel Datumsangaben als fortlaufende serielle Zahl speichert, sodass sie in Berechnungen verwendet werden können. Standardmäßig ist der 1. Januar 1900 die fortlaufende Zahl 1; wenn Sie die Arbeitsmappe in einer deutschen Excel-Version öffnen und Sie die obige Formel eingeben, wird der Wert 7/1/2025 als 7. Januar 2025 interpretiert. Dieses Datum entspricht der fortlaufenden Zahl 45564. Durch die Addition von 1 erhalten Sie in Zelle H2 das Ergebnis 45565.
3. Um die Zahlen als Datumswerte anzuzeigen, ändern Sie das Zahlenformat von Spalte H in *Datum* ab. Nachdem Sie diese Änderung durchgeführt haben, kopieren Sie die Formel aus Schritt 2 in die nächsten vier Zellen von Spalte H: H3, H4, H5 und H6.

In den Zellen H5 und H6 wird der Fehler #WERT! ausgegeben, da Excel nicht weiß, wie der Wert der Ausgangszelle in ein Datum oder eine Zahl konvertiert werden kann, das/die sich anschließend um 1 inkrementieren lässt.

Beachten Sie außerdem, dass Excel den Wert in G3 als 1. Juli 2025 interpretiert und nicht wie in den Zellen G2 und G4 als 7. Januar 2025.

4. Lassen Sie uns nun schauen, wie Power Query in diesem Szenario helfen kann. Öffnen Sie dazu eine neue Arbeitsmappe oder starten Sie Power BI Desktop. Da Ihre Eingabedaten auf dem regionalen Format Englisch (USA) basieren, müssen Sie sicherstellen, dass Sie in dieser Übung dieses Gebietsschema verwenden.

   In Excel: Wählen Sie *Daten abrufen | Power Query-Editor* starten. Klicken Sie im Power Query-Editor auf die Registerkarte *Datei* und wählen Sie *Optionen und Einstellungen | Abfrageoptionen*. Klicken Sie unterhalb von *Aktuelle Arbeitsmappe* auf *Regionale Einstellungen* und wählen Sie abschließend in der Dropdown-Liste *Gebietsschema* den Eintrag *Englisch (USA)* aus.

   In Power BI Desktop: Wählen Sie *Datei | Optionen und Einstellungen | Optionen*. Klicken Sie unterhalb von *Aktuelle Datei* auf *Regionale Einstellungen*. Wählen Sie abschließend in der Dropdown-Liste *Gebietsschema für Import* den Eintrag *Englisch (USA)* aus.

5. Klicken Sie auf *OK*, um das Dialogfeld *Optionen* zu schließen.
6. Importieren Sie die Arbeitsmappe *K02U05.xlsx* in den Power Query-Editor.
   a. Rufen Sie Daten aus einer Excel-Arbeitsmappe ab.
   b. Wählen Sie die Datei *K02U05.xlsx* aus und klicken Sie auf *Importieren*.
   c. Wenn das Dialogfeld *Navigator* geöffnet wird, markieren Sie *Tabelle1* und klicken Sie dann auf *Daten transformieren*.
7. Beachten Sie beim Öffnen des Power Query-Editors, dass alle Datumswerte in der Spalte *VÖ-Datum* beim Importieren korrekt erkannt und im deutschen Datumsformat angezeigt werden (siehe Abbildung 2.11).
8. Schließen Sie den Power Query-Editor und laden Sie die Daten in Ihren Bericht.

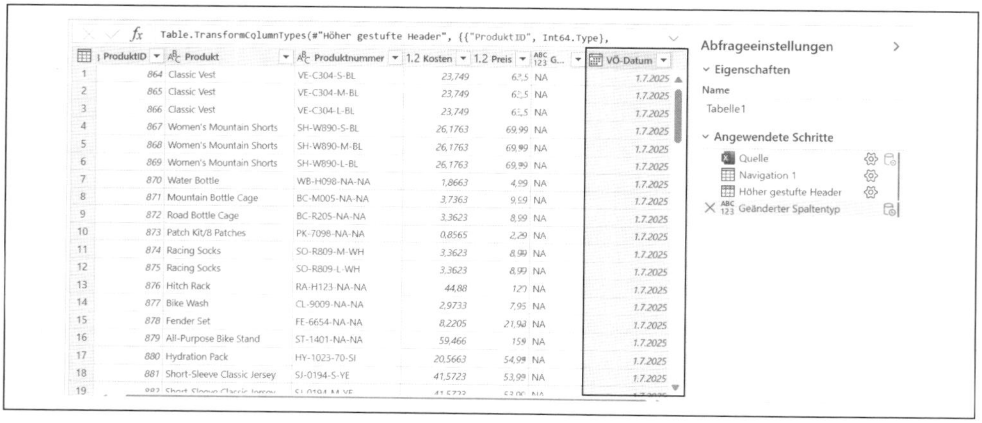

Abbildung 2.11 Power Query ändert automatisch den Spaltentyp von *Text* in *Datum* ab und konvertiert die verschiedenen Datumsformate korrekt.

Wenn Sie Datumsangaben eines anderen Gebietsschemas als demjenigen importieren, das für Ihr Microsoft Windows-Betriebssystem definiert ist, können Sie das spezifische Gebietsschema im Dialogfeld *Abfrageoptionen* definieren, wie in Schritt 4 gezeigt. Nachdem Sie die Vorschau im Power Query-Editor aktualisiert haben, sehen Sie, dass die Datumsangaben korrekt erkannt werden.

Übung 2.6: Datumswerte aus verschiedenen Gebietsschemata

In Übung 2.5 hatten Sie mehrere Datumsformate, Sie gingen jedoch davon aus, dass nur die Schreibweise unterschiedlich ist, aber dass alle Datumsangaben aus dem gleichen Gebietsschema stammen. In dieser Übung erfahren Sie, wie Sie Fälle behandeln, in denen Ihre Daten für unterschiedliche Gebietsschemata eingegeben wurden, was dazu führt, dass bei manchen Zellen die Werte für Monat und Tag getauscht werden sollten.

Laden Sie die Arbeitsmappe *K02U06.xlsx* von der Website zum Buch herunter und speichern Sie diese im Ordner *C:\Daten\K02*. Der Einfachheit halber enthält die Arbeitsmappe nur zwei Zeilen aus dem AdventureWorks-Produktkatalog – jeweils eine Zeile für ein Produkt mit einem anderen Land und Veröffentlichungsdatum, das mit dem Gebietsschema des jeweiligen Landes formatiert ist:

- Land: USA, Veröffentlichungsdatum: 7/23/2025
- Land: GB (Großbritannien), Veröffentlichungsdatum: 23/7/2025

Wie Sie in Abbildung 2.12 sehen können, gibt die Spalte *VÖ-Datum*, wenn sie in den Typ *Datum* geändert wird, einen Fehlerwert für die *GB*-Zeile zurück, wenn das Gebietsschema im Dialogfeld *Abfrageoptionen* von Power Query auf *Englisch (USA)* festgelegt ist. Sie erhalten einen Fehlerwert für die *USA*-Zeile, wenn das Gebietsschema in diesem Dialogfeld auf *Englisch (Vereinigtes Königreich)* festgelegt ist.

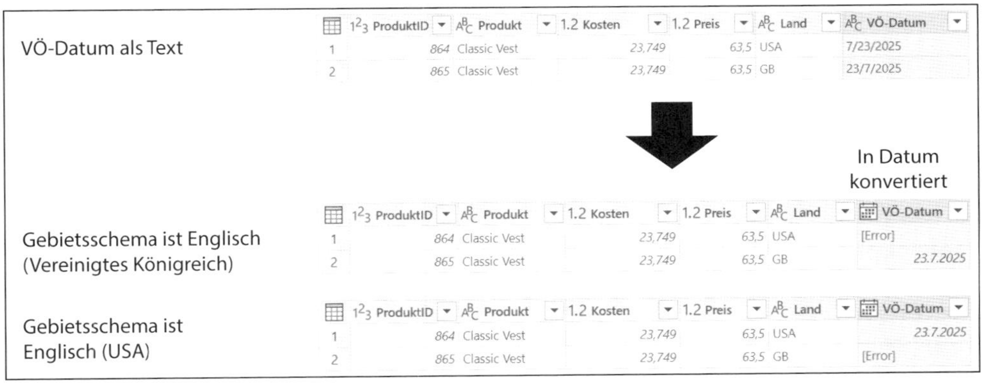

Abbildung 2.12 Das Konvertieren der Spalte *VÖ-Datum* von *Text* in *Datum* führt zu unterschiedlichen Fehlern, je nachdem, welches Gebietsschema für die Arbeitsmappe beziehungsweise Datei festgelegt wurde.

Um dieses Problem zu beheben, können Sie sich nicht auf das Gebietsschema im Dialogfeld *Optionen* verlassen. Stattdessen können Sie *Spalte nach Trennzeichen teilen* verwenden und dann eine bedingte Spalte anwenden, wie in dieser Übung beschrieben.

1. Erstellen Sie einen neuen Power BI Desktop-Bericht oder eine neue leere Excel-Arbeitsmappe.
2. Importieren Sie *K02U06.xlsx* in den Power Query-Editor:
   a. Rufen Sie Daten aus einer Excel-Arbeitsmappe ab.
   b. Wählen Sie die Datei *K02U06.xlsx* aus und klicken Sie auf *Importieren*.
   c. Wenn das Dialogfeld *Navigator* geöffnet wird, markieren Sie *Produkte* und klicken Sie dann auf *Daten transformieren*.
3. Markieren Sie die Spalte *VÖ-Datum*. Wählen Sie auf der Registerkarte *Transformieren* den Befehl *Spalte teilen | Nach Trennzeichen* aus. Achten Sie darauf, dass der Schrägstrich als Trennzeichen ausgewählt ist. Wählen Sie, falls erforderlich, *Benutzerdefiniert* aus und tippen Sie das Zeichen **/**. Wählen Sie *OK*, um das Dialogfeld zu schließen.

   Sie sehen nun, dass das Veröffentlichungsdatum in drei Spalten aufgeteilt ist: *VÖ-Datum.1*, *VÖ-Datum.2* und *VÖ-Datum.3*. Wenn das Land GB ist, befindet sich in *VÖ-Datum.1* der Tag und in *VÖ-Datum.2* der Monat. Wenn das Land USA ist, befindet sich in *VÖ-Datum.1* der Monat und in *VÖ-Datum.2* der Tag. Im nächsten Schritt erfahren Sie, wie Sie mithilfe einer M-Formel und einer benutzerdefinierten Spalte eine neue Spalte mit dem richtigen Datum erstellen. In den Schritten 6 bis 10 lernen Sie dann eine alternative Methode kennen, die es nicht erfordert, dass Sie M kennen, sondern Sie können diese Aufgabe mithilfe der Benutzeroberfläche des Power Query-Editors lösen.
4. Wählen Sie auf der Registerkarte *Spalte hinzufügen* die Option *Benutzerdefinierte Spalte*. Das Dialogfeld *Benutzerdefinierte Spalte* wird geöffnet.
   a. Geben Sie in das Feld *Neuer Spaltenname* **Datum** ein.
   b. Geben Sie in das Feld *Benutzerdefinierte Spaltenformel* die folgende Formel ein:

```
if [Land] = "USA" then
  #date([#"VÖ-Datum.3"], [#"VÖ-Datum.1"], [#"VÖ-Datum.2"])
else
  #date([#"VÖ-Datum.3"], [#"VÖ-Datum.2"], [#"VÖ-Datum.1"])
```

   Klicken Sie dann auf *OK*, um das Dialogfeld zu schließen.
   c. Ändern Sie den Typ der Spalte *Datum* in **Datum** ab.
   d. Entfernen Sie die Spalten *VÖ-Datum.1, VÖ-Datum.2* und *VÖ-Datum.3*.

In den Schritten 6 bis 10 lernen Sie eine alternative Methode kennen, wie Sie das Datum erstellen können. Bevor Sie fortfahren, sollten Sie die aktuelle Abfrage duplizieren, damit Sie beide Versionen beibehalten können.

5. Um die Abfrage *Produkte* zu duplizieren, klicken Sie im Bereich *Abfragen* mit der rechten Maustaste auf *Produkte* und wählen Sie *Duplizieren* aus.

   Eine neue Abfrage, *Produkte (2)*, wird erstellt. Wählen Sie sie aus und löschen Sie unter *Angewendete Schritte* die letzten drei Schritte (einschließlich *Hinzugefügte benutzerdefinierte Spalte*).

6. Wählen Sie mit der `Strg`-Taste die drei Spalten des geteilten Datums in dieser Reihenfolge aus: *VÖ-Datum.1, VÖ-Datum.2* und *VÖ-Datum.3*. Wählen Sie nun auf der Registerkarte *Spalten hinzufügen* den Befehl *Spalten zusammenführen*. Das Dialogfeld *Spalten zusammenführen* wird geöffnet.
   a. Wählen Sie *Benutzerdefiniert* als *Trennzeichen* und geben Sie dann in das Feld darunter den Schrägstrichzeichen (/) ein.
   b. Geben Sie in das Feld *Neuer Spaltenname* **USA Datum** ein und klicken Sie auf *OK*, um das Dialogfeld zu schließen.

7. Erstellen Sie nun eine Datumsspalte für das Gebietsschema des Vereinigten Königreichs. Wählen Sie mit der `Strg`-Taste die drei aufgeteilten Datumsspalten in dieser Reihenfolge aus: *VÖ-Datum.2, VÖ-Datum.1* und *VÖ-Datum.3*. Wählen Sie nun auf der Registerkarte *Spalten hinzufügen* den Befehl *Spalten zusammenführen*. Das gleichnamige Dialogfeld wird geöffnet.
   a. Wählen Sie *Benutzerdefiniert* als *Trennzeichen* und geben Sie dann in das Feld darunter das Schrägstrichzeichen (/) ein.
   b. Geben Sie in das Feld *Neuer Spaltenname* **GB Datum** ein und klicken Sie auf *OK*, um das Dialogfeld zu schließen.

   Sie haben jetzt die Spalten *USA Datum* und *GB Datum* mit verschiedenen Datumsformaten. Es ist an der Zeit, das Datumsformat zu bestimmen, das für die einzelnen Zeilen ausgewählt werden soll.

8. Wählen Sie auf der Registerkarte *Spalte hinzufügen* den Befehl *Bedingte Spalte* aus. Das Dialogfeld *Bedingte Spalte hinzufügen* wird geöffnet. Führen Sie die folgenden Schritte aus, um die Einstellungen im Dialogfeld so wie in Abbildung 2.13 gezeigt vorzunehmen:
   a. Geben Sie in das Feld *Neuer Spaltenname* **Datum** ein.
   b. Wählen Sie in der Dropdown-Liste *Spaltenname* den Eintrag *Land* aus.
   c. Wählen Sie *ist gleich* als *Operator* aus und geben Sie in das Feld unterhalb von *Wert* **USA** ein.
   d. Wählen Sie im Dropdown-Menü unter *Ausgabe* die Option *Werte in einer Spalte verwenden* und dann *USA Datum* aus.
   e. Wählen Sie im Dropdown-Menü unterhalb von *Sonst/Else* die Option *Werte in einer Spalte verwenden* und dann *GB Datum* aus.
   f. Überprüfen Sie, ob Ihre Einstellungen mit denen aus Abbildung 2.13 übereinstimmen, und klicken Sie auf *OK*, um das Dialogfeld *Bedingte Spalte hinzufügen* zu schließen.

Abbildung 2.13 Sie können eine bedingte Spalte hinzufügen, um je nach Land das richtige Datum auszuwählen.

9. Die Spalte *Datum* enthält nun die Datumsangaben als Text im amerikanischen Format. Konvertieren Sie nun diese Spalte in den Datentyp *Datum* und informieren Sie Power Query darüber, welches Gebietsschema die Daten verwenden.
   a. Klicken Sie die Spalte *Datum* mit der rechten Maustaste an und wählen Sie *Typ ändern | Mit Gebietsschema*.
   b. Wählen Sie im Dialogfeld *Typ mit Gebietsschema ändern* in der Dropdown-Liste *Datentyp* den Eintrag *Datum* aus.
   c. Wählen Sie in der Dropdown-Liste *Gebietsschema* den Eintrag *Englisch (USA)* aus und klicken Sie auf *OK*.
10. Entfernen Sie die Spalten *VÖ-Datum.1, VÖ-Datum.2, VÖ-Datum.3, USA Datum* sowie *GB Datum*.
11. Laden Sie die Abfrage in Ihre Excel-Arbeitsmappe oder Ihren Power BI-Bericht. Die Datumsangaben werden nun entsprechend der regionalen Einstellung von Windows angezeigt und weisen keine Fehler auf.

Sie finden die fertigen Lösungen in den Dateien *K02U06 - Lösung.pbix* und *K02U06 - Lösung.xlsx*, die sich in den Begleitdateien zu diesem Buch befinden.

Datum- und Uhrzeitelemente extrahieren

Jetzt haben Sie Datum- oder Datum/Uhrzeit-Spalten in Ihren Abfragen und das Format ist konsistent. Wie können Sie sinnvolle Elemente aus solchen Werten extrahieren? Der Power Query-Editor enthält auf den Registerkarten *Transformieren* und *Spalte hinzufügen* eine Vielzahl von Funktionen sowie Transformationen, damit Sie Jahre, Quartale, Monate, Tage und viele andere berechnete Elemente extrahieren können, um Ihr Dataset um Zeitintelligenz zu bereichern.

Im Folgenden finden Sie einige der nützlichen Transformationsschritte, die auf den Registerkarten *Transformieren* und *Spalte hinzufügen* in den Dropdown-Menüs *Datum* verfügbar sind, wenn Sie eine Spalte mit den Datentypen *Datum* oder *Datum/Uhrzeit* auswählen:

- **Alter** Sie weisen diese Transformation einer ausgewählten Datum- oder Datum/Uhrzeit-Spalte zu, um die verstrichene Zeit seit dem bestimmten Datum zu berechnen. Dies wird implementiert, indem das aktuelle Datum/die aktuelle Uhrzeit vom spezifischen Wert subtrahiert wird.
- **Nur Datum** Extrahiert die Datumskomponente aus der ausgewählten Datum/Uhrzeit-Spalte. In Kombination mit der Transformation *Nur Zeit* können Sie eine Datum/Uhrzeit-Spalte in zwei separate Spalten mit den Typen *Datum* und *Uhrzeit* umwandeln, was Ihr Modell vereinfacht und die Größe des Berichts und den Speicherverbrauch reduziert.
- **Jahr** Extrahiert die Jahreskomponente aus einer Datum- oder Datum/Uhrzeit-Spalte.
- **Jahresbeginn/Jahresende** Extrahiert den ersten oder letzten Tag des Jahres als Datumswert.
- **Monat** Extrahiert die Monatskomponente aus einer Datum- oder Datum/Uhrzeit-Spalte.
- **Monatsbeginn/Monatsende** Extrahiert den ersten oder letzten Tag des Monats als Datumswert.
- **Tage des Monats** Berechnet die Anzahl der Tage im Monat der ausgewählten Datumsspalte.
- **Name des Monats** Gibt den Namen des Monats zurück.
- **Quartal des Jahres** Gibt das Quartal zurück, das den einzelnen Datum/Uhrzeit-Werten in der ausgewählten Spalte entspricht.
- **Quartalsbeginn/Quartalsende** Extrahiert den ersten oder letzten Tag des Quartals aus den einzelnen Datum/Uhrzeit-Werten in der ausgewählten Spalte als Datumswert.
- **Woche des Jahres/Woche des Monats** Berechnet die Wochennummer im Monat oder Jahr aus den einzelnen Datum/Uhrzeit-Werten in der ausgewählten Spalte.
- **Wochenbeginn/Ende der Woche** Extrahiert aus den einzelnen Datum/Uhrzeit-Werten in der ausgewählten Spalte den ersten oder letzten Tag der Woche als Datumswert.
- **Tag** Extrahiert die Monatskomponente aus einer Datum- oder Datum/Uhrzeit-Spalte.
- **Tagesbeginn/Tagesende** Extrahiert den ersten oder letzten Datum/Uhrzeit-Wert des Tages in einer Datum/Uhrzeit-Spalte.
- **Tag der Woche/Tag des Jahres** Gibt den Tag der Woche oder den Tag des Jahres einer Datum- oder Datum/Uhrzeit-Spalte als Zahl zurück. Der erste Wochentag ist Montag und besitzt den Wert 0.
- **Name des Tags** Gibt den Namen des Tags zurück (zum Beispiel Sonntag, Montag).

Wenn Sie mehrere Datum- oder Datum/Uhrzeit-Spalten auswählen, können Sie auch *Tage subtrahieren* anwenden, um die verstrichene Zeit zwischen den beiden Datumsangaben zu berechnen. Mit *Früheste* und *Neueste* können Sie aus mehreren Datum- oder Datum/Uhrzeit-Spalten die früheste oder neueste Datumsangabe extrahieren.

Das Modell vorbereiten

Die Datenaufbereitung ist der Schlüssel zum Erfolg der Datenanalyse. Um die Voraussetzungen für eine effektive Analyse zu schaffen, müssen Sie Tabellen häufig in mehrere Tabellen aufteilen, damit Sie über eine einzige flache Tabelle für Fakten oder Transaktionen (zum Beispiel Bestellungen) und zusätzliche Tabellen zur Unterstützung Ihrer Fakten verfügen (zum Beispiel Produkte, Kunden).

In Übung 2.2, Teil 3, haben Sie gesehen, wie Beziehungen zwischen Faktentabellen und Nachschlagetabellen erstellt werden. Während die Modellierungskomponenten in Power Pivot und Power BI nicht im Mittelpunkt dieses Buches stehen, werden die Möglichkeiten, Ihre Tabellen entsprechend Ihren Anforderungen zu formen, ausführlich behandelt. In den nächsten drei Kapiteln erfahren Sie, wie Sie mehrere Tabellen kombinieren, um Ihr Modell zu vereinfachen. In Kapitel 6, »Tabellen entpivotieren«, erfahren Sie, wie Sie komplexe Tabellenstrukturen so aufschlüsseln, dass Ihre Analysen besser unterstützt werden.

In diesem Abschnitt lernen Sie die erforderlichen Vorbereitungsschritte kennen, mit denen Sie eine aggregierte Tabelle in mehrere Tabellen aufteilen, Sternschemata erstellen und die Granularität Ihrer Entitäten steuern können.

Übung 2.7: Daten in Nachschlagetabellen und Faktentabellen aufteilen

In dieser Übung importieren Sie Beispieldaten eines anderen fiktiven Unternehmens: Wide World Importers. Dieses Dataset, das umfangreicher und neuer ist als das AdventureWorks-Dataset, wird ebenfalls von Microsoft zu Lernzwecken bereitgestellt. Weitere Informationen zu diesen Beispieldaten finden Sie unter *learn.microsoft.com/sql/samples/wide-world-importers-what-is*.

Die Arbeitsmappe *K02U07.xlsx*, die Sie in den Begleitdateien zu diesem Buch finden, fasst die bei Wide World Importers eingegangenen Bestellungen zusammen. Das Ziel dieser Übung besteht darin, Ihnen zu zeigen, wie einfach es durch die Befehle *Verweis* und *Duplikate entfernen* ist, mit Power Query eine Tabelle in eine Faktentabelle und eine Nachschlagetabelle aufzuteilen.

1. Verwenden Sie die Arbeitsmappe *K02U07.xslx* aus den Beispieldateien und speichern Sie sie im Ordner *C:\Daten\K02*.
2. Erstellen Sie einen neuen Power BI Desktop-Bericht oder eine neue leere Excel-Arbeitsmappe und importieren Sie die Arbeitsmappe *K02U07.xslx* in den Power Query-Editor.
3. Wählen Sie im Dialogfeld *Navigator* die Tabelle *Bestellungen* aus und klicken Sie auf *Daten transformieren*.
4. Benennen Sie die Abfrage *Bestellungen* in **Bestellungen - Ausgangsdaten** um.

   Das Ziel besteht darin, die ursprüngliche Tabelle in zwei Tabellen mit den richtigen Granularitätsstufen aufzuteilen, wie in Abbildung 2.14 dargestellt. Eine der Tabellen (die Tabelle unten links in Abbildung 2.14) wird für die Bestellungen und die IDs der bestellten Artikel verwendet (die Faktentabelle) und die zweite (die Tabelle unten rechts in Abbildung 2.14) für die Bestandspositionen (die Nachschlagetabelle).

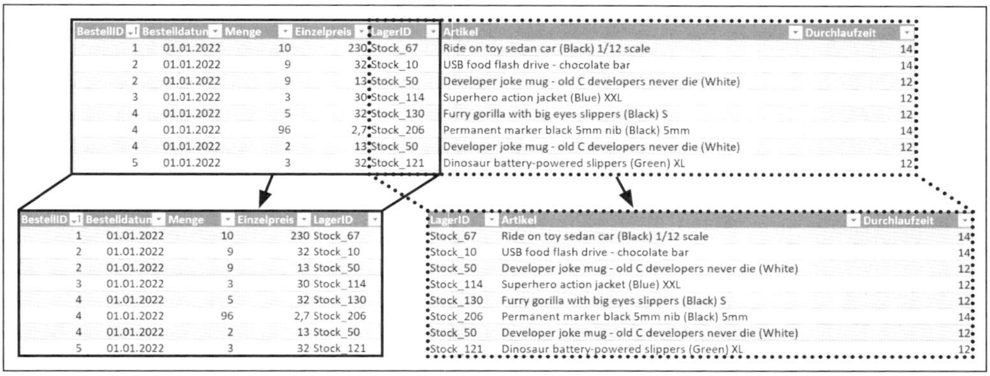

BestellID	Bestelldatum	Menge	Einzelpreis	LagerID	Artikel	Durchlaufzeit
1	01.01.2022	10	230	Stock_67	Ride on toy sedan car (Black) 1/12 scale	14
2	01.01.2022	9	32	Stock_10	USB food flash drive - chocolate bar	14
2	01.01.2022	9	13	Stock_50	Developer joke mug - old C developers never die (White)	12
3	01.01.2022	3	30	Stock_114	Superhero action jacket (Blue) XXL	12
4	01.01.2022	5	32	Stock_130	Furry gorilla with big eyes slippers (Black) S	12
4	01.01.2022	96	2,7	Stock_206	Permanent marker black 5mm nib (Black) 5mm	14
4	01.01.2022	2	13	Stock_50	Developer joke mug - old C developers never die (White)	12
5	01.01.2022	3	32	Stock_121	Dinosaur battery-powered slippers (Green) XL	12

BestellID	Bestelldatum	Menge	Einzelpreis	LagerID
1	01.01.2022	10	230	Stock_67
2	01.01.2022	9	32	Stock_10
2	01.01.2022	9	13	Stock_50
3	01.01.2022	3	30	Stock_114
4	01.01.2022	5	32	Stock_130
4	01.01.2022	96	2,7	Stock_206
4	01.01.2022	2	13	Stock_50
5	01.01.2022	3	32	Stock_121

LagerID	Artikel	Durchlaufzeit
Stock_67	Ride on toy sedan car (Black) 1/12 scale	14
Stock_10	USB food flash drive - chocolate bar	14
Stock_50	Developer joke mug - old C developers never die (White)	12
Stock_114	Superhero action jacket (Blue) XXL	12
Stock_130	Furry gorilla with big eyes slippers (Black) S	12
Stock_206	Permanent marker black 5mm nib (Black) 5mm	14
Stock_50	Developer joke mug - old C developers never die (White)	12
Stock_121	Dinosaur battery-powered slippers (Green) XL	12

Abbildung 2.14 Sie können die Tabelle *Bestellungen* in eine Faktentabelle und eine Nachschlagetabelle aufteilen.

5. Klicken Sie im Bereich *Abfragen* mit der rechten Maustaste auf *Bestellungen - Ausgangsdaten* und wählen Sie *Verweis*. Benennen Sie die neue Abfrage in **Lagerartikel** um. Anhand dieser Abfrage werden Sie eine Artikelliste erstellen. (Um die Abfrage umzubenennen, klicken Sie im Bereich *Abfragen* mit der rechten Maustaste auf die Abfrage und wählen Sie im Kontextmenü *Umbenennen* aus oder ändern Sie den Namen im Feld *Name* im Bereich *Abfrageeinstellungen* im Abschnitt *Eigenschaften*.)
6. Wählen Sie die Abfrage *Lagerartikel* aus und klicken Sie auf der Registerkarte *Start* auf *Spalten auswählen*.
7. Wählen Sie im Dialogfeld *Spalten auswählen* alle Spalten ab und wählen Sie dann die Spalten *LagerID, Artikel* und *Durchlaufzeit* aus. Klicken Sie auf *OK*, um das Dialogfeld zu schließen.
8. Markieren Sie die Spalte *LagerID* und wählen Sie auf der Registerkarte *Start* den Befehl *Zeilen entfernen | Duplikate entfernen*.

   Sie haben jetzt eine Nachschlagetabelle für die Artikel erstellt, in der sich in jeder Zeile ein eindeutiger Artikel befindet.

Wenn sich in der Tabelle *Lagerartikel* mehrere identische *LagerID*-Werte befinden, können Sie in Schritt 13 die Beziehung nicht erstellen. Diese Übung vermeidet bewusst zwei entscheidende Schritte, die am Ende dieser Übung erläutert werden. Ohne diese Schritte reicht das Entfernen von Duplikaten allein nicht aus, um sicherzustellen, dass Ihre Nachschlagetabelle eindeutige *LagerID*-Werte enthält, und die Aktualisierung schlägt daher fehl.

9. Um eine neue Faktentabelle für die Bestellungen zu erstellen, klicken Sie im Bereich *Abfragen* mit der rechten Maustaste auf *Bestellungen - Ausgangsdaten* und wählen Sie *Verweis*.
10. Benennen Sie die neue Abfrage in **Bestellungen** um. (Um die Abfrage umzubenennen, klicken Sie im Bereich *Abfragen* mit der rechten Maustaste auf die Abfrage und wählen Sie im Kontextmenü *Umbenennen* aus oder ändern Sie den Namen im Feld *Name* im Bereich *Abfrageeinstellungen* im Abschnitt *Eigenschaften*.)

11. Wählen Sie die Abfrage *Bestellungen* aus und klicken Sie auf der Registerkarte *Start* auf *Spalten auswählen*. Deaktivieren Sie im Dialogfeld *Spalten auswählen* die Kontrollkästchen vor *Artikel* und *Durchlaufzeit*. Wählen Sie *OK*, um das Dialogfeld zu schließen.
12. In Excel: Wählen Sie auf der Registerkarte *Start* den Befehl *Schließen & laden in* aus, um zu vermeiden, dass die Abfrage mit den Ausgangsdaten in Ihr Tabellenblatt oder Datenmodell geladen wird. Schalten Sie im Dialogfeld *Daten importieren* das Optionsfeld *Nur Verbindung erstellen* aus. Wählen Sie dann im Bereich *Abfragen und Verbindungen* die Abfragen *Bestellungen* und *Lagerartikel* aus und laden Sie sie mithilfe der Option *Laden in* in das Datenmodell, wie Sie es in Übung 2.2, Teil 2, Schritt 1' getan haben.

    In Power BI Desktop: Deaktivieren Sie das Laden von *Bestellungen - Ausgangsdaten*, wie Sie es in Übung 2.2, Teil 2, Schritt 11 getan haben, und klicken Sie auf der Registerkarte *Start* auf *Schließen und übernehmen*.
13. Erstellen Sie eine Beziehung zwischen den beiden Tabellen über die Spalten *LagerID*.

Wenn das Erstellen einer Beziehung fehlschlägt

Wenn Sie in Power Query Nachschlagetabellen erstellen, wie in Übung 2.7, und Sie Textspalten als Schlüssel in der Beziehung verwenden, müssen zwei zusätzliche Schritte ausgeführt werden, bevor Sie in Schritt 8 die doppelten Schlüssel entfernen, damit die Aktualisierung des Berichts nicht fehlschlägt.

In Übung 2.7 haben Sie in Schritt 8 die doppelten *LagerID*-Werte aus der Nachschlagetabelle entfernt. Leider gibt es Unterschiede zwischen Power Query und dem Datenmodell in Excel und Power BI. Während Power Query immer die Groß-/Kleinschreibung beachtet, ist dies im Datenmodell nicht der Fall. Wenn Ihr *LagerID*-Wert »Stock_1« beispielsweise eine andere Variante der Klein- oder Großbuchstaben verwendet (zum Beispiel »STOCK_1«) oder ein nachgestelltes Leerzeichen (zum Beispiel »Stock_1 «) enthält, betrachtet Power Query die beiden Instanzen als eindeutige Werte, das Datenmodell hingegen sieht diese Werte als Duplikate an und gibt die folgende Fehlermeldung aus:

```
Spalte 'LagerID' in Tabelle Lagerartikel' enthält einen Duplikatwert 'STOCK1_1'. Dies ist
nicht zulässig für Spalten auf der 1-Seite einer n:1-Beziehung oder für Spalten, die als
Primärschlüssel der Tabelle verwendet werden.
```

Um diesen Fehler zu beheben, öffnen Sie die Arbeitsmappe *K02U07.xslx* und ändern Sie zwei der *LagerID*-Werte. Ändern Sie einen der Werte in Großbuchstaben, und fügen Sie am Ende eines anderen Werts ein Leerzeichen hinzu. Speichern Sie dann die Arbeitsmappe und versuchen Sie, die Arbeitsmappe mit der Lösung zu Übung 2.7 oder den Power BI-Bericht zu aktualisieren.

Um dieses Problem zu lösen, wenden Sie die folgenden Schritte auf die Abfrage *Bestellungen - Ausgangsdaten* an:

1. Starten Sie den Power Query-Editor und wählen Sie die Abfrage *Bestellungen - Ausgangsdaten*.
2. Markieren Sie die Spalte *LagerID*, wählen Sie auf der Registerkarte *Transformieren* den Befehl *Format* und dann *Kleinbuchstaben* oder *Großbuchstaben* oder *Ersten Buchstaben im Wort großschreiben* aus. Jede dieser drei Optionen stellt sicher, dass die Schlüssel normali-

siert werden, sodass Variationen aus Klein-/Großbuchstaben von Power Query als doppelte Werte entfernt werden.

3. Wählen Sie die Spalte *LagerID* aus und wählen Sie auf der Registerkarte *Transformieren* den Befehl *Format | Kürzen*.
4. Aktualisieren Sie die Arbeitsmappe oder den Bericht; die Fehlermeldung wird nicht mehr angezeigt.

Das Erstellen von Verweisen und Entfernen von Duplikaten sind typische Schritte beim Erstellen von Nachschlagetabellen. Viele Benutzer, die den Schritt *Duplikate entfernen* verwenden, sind sich der potenziellen Aktualisierungsfehler nicht bewusst, die bei einem Dataset auftreten können, das Variationen der Klein-/Großschreibung oder nachfolgende Leerzeichen enthält. Oftmals treten die Fehler sogar früher auf, und zwar wenn die Benutzer versuchen, die Beziehung zwischen den Tabellen zu erstellen. Die Vereinheitlichung der Groß-/Kleinschreibungswerte und das Entfernen nachgestellter Leerzeichen vor dem Entfernen von Duplikaten löst dieses Problem.

Sie finden die fertige Lösung dieser Übung in den Begleitdateien *K02U07 - Lösung.xlsx* und *K02U07 - Lösung.pbix*.

Diese Stolperfalle, also obige Schritte nicht anzuwenden, um so Aktualisierungsfehler aufgrund von Beziehungen zu verhindern, wird in meinem Blog unter *datachant.com/2017/02/14/power-bi-pitfall-10* beschrieben. In Kapitel 10 erfahren Sie mehr über typische Fallstricke oder häufig auftretende Fehler, die zu schwerwiegenden Problemen bei Ihren Berichten führen können.

Übung 2.8: Durch Trennzeichen getrennte Werte in Zeilen aufteilen

Im vorherigen Abschnitt haben Sie gelernt, wie Tabellen in Fakten- und Nachschlagetabellen aufgeteilt werden. In dieser Übung erfahren Sie mehr über einen speziellen Fall von Fakten- und Nachschlagetabellen. Stellen Sie sich vor, dass Ihre Faktentabelle als Zuordnungstabelle fungiert, die eine Verknüpfung zwischen den Mitgliederentitäten und ihren eindeutigen Gruppenbezeichnern beschreibt. Die Nachschlagetabelle in diesem Szenario beschreibt die Gruppenentitäten.

In dieser Übung verwenden Sie erneut die AdventureWorks-Produkttabelle. Jedes Produkt kann in einer oder mehreren Farben versendet werden. Die zugeordneten Farben werden als durch Kommata getrennte Werte dargestellt, wie in Abbildung 2.15 in der Tabelle links zu sehen. In dieser Übung erfahren Sie, wie Sie die Produkttabelle in zwei Tabellen aufteilen: eine für die Entitäten (in diesem Fall die Produktentitäten, ohne Farben) und die andere für die Zuordnungen zwischen Gruppen und ihren Mitgliedern (in diesem Fall Produktcodes und Farben).

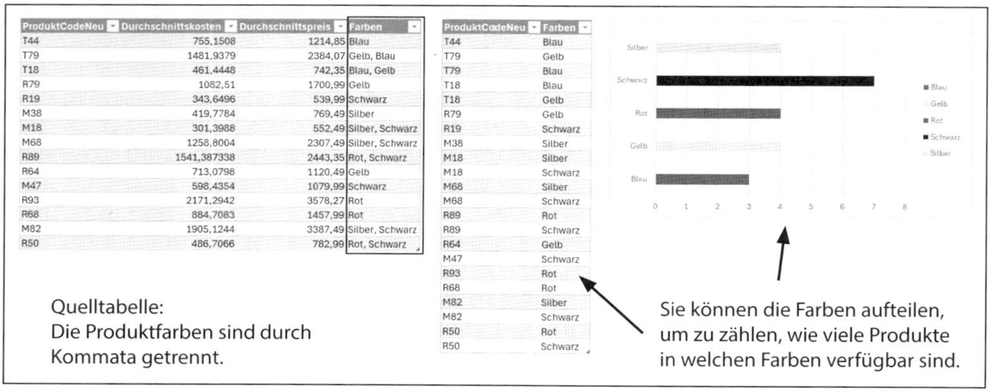

ProduktCodeNeu	Durchschnittskosten	Durchschnittspreis	Farben
T44	755,1508	1214,85	Blau
T79	1481,9379	2384,07	Gelb, Blau
T18	461,4448	742,35	Blau, Gelb
R79	1082,51	1700,99	Gelb
R19	343,6496	539,99	Schwarz
M38	419,7784	769,49	Silber
M18	301,3988	552,49	Silber, Schwarz
M68	1258,8004	2307,49	Silber, Schwarz
R89	1541,387338	2443,35	Rot, Schwarz
R64	713,0798	1120,49	Gelb
M47	598,4354	1079,99	Schwarz
R93	2171,2942	3578,27	Rot
R68	884,7083	1457,99	Rot
M82	1905,1244	3387,49	Silber, Schwarz
R50	486,7066	782,99	Rot, Schwarz

ProduktCodeNeu	Farben
T44	Blau
T79	Gelb
T79	Blau
T18	Blau
T18	Gelb
R79	Gelb
R19	Schwarz
M38	Silber
M18	Silber
M18	Schwarz
M68	Silber
M68	Schwarz
R89	Rot
R89	Schwarz
R64	Gelb
M47	Schwarz
R93	Rot
R68	Rot
M82	Silber
M82	Schwarz
R50	Rot
R50	Schwarz

Abbildung 2.15 Sie können die Spalte mit den Farben der AdventureWorks-Produkte, in der die Farben durch Kommata getrennt sind, aufteilen, um zu ermitteln, wie viele Produkte in den unterschiedlichen Farben veröffentlicht wurden.

Für diese Übung verwenden Sie die Beispielarbeitsmappe *K02U08.xlsx*, die Sie in den Begleitdateien zu diesem Buch finden. Die Beispielarbeitsmappe fasst AdventureWorks-Produktcodes nach den Durchschnittskosten, dem Durchschnittspreis und nach durch Kommata getrennten Farben, in denen die Produkte erhältlich sind, zusammen. Gehen Sie wie folgt vor, um einen Bericht zu erstellen, der die Anzahl der Produkte je Farbe anzeigt, wie auf der rechten Seite von Abbildung 2.15 dargestellt.

1. Speichern Sie die Arbeitsmappe *K02U08.xslx* im Ordner *C:\Daten\K02*.
2. Erstellen Sie einen neuen Power BI Desktop-Bericht oder eine neue leere Excel-Arbeitsmappe und importieren Sie die Arbeitsmappe *K02U08.xslx* aus dem Ordner *C:\Daten\K02* in den Power Query-Editor.
3. Wählen Sie im Dialogfeld *Navigator* die Tabelle *Produkte* aus und klicken Sie auf *Daten transformieren*.
4. Klicken Sie im Bereich *Abfragen* mit der rechten Maustaste auf *Produkte* und wählen Sie *Verweis*. Das Ziel ist, eine neue Tabelle mit einer Zuordnung zwischen den Produktcodes und den Farben zu erstellen.
5. Benennen Sie die neue Abfrage in **Produkte und Farben** um. (Um die Abfrage umzubenennen, klicken Sie im Bereich *Abfragen* mit der rechten Maustaste auf die Abfrage und wählen Sie im Kontextmenü *Umbenennen* aus oder ändern Sie den Namen im Feld *Name* im Bereich *Abfrageeinstellungen* im Abschnitt *Eigenschaften*.)
6. Achten Sie darauf, dass die neue Abfrage markiert ist, und wählen Sie auf der Registerkarte *Start* den Befehl *Spalten auswählen*.
7. Wählen Sie im Dialogfeld *Spalten auswählen* die Spalten *ProduktCodeNeu* und *Farben* aus und klicken Sie auf *OK*, um das Dialogfeld zu schließen.
8. Markieren Sie die Spalte *Farben* und wählen Sie auf der Registerkarte *Transformieren* die Option *Spalte teilen* und dann *Nach Trennzeichen* aus.
9. Beachten Sie, dass im Dialogfeld *Spalte teilen*, das geöffnet wird, standardmäßig das Komma als Trennzeichen ausgewählt ist, zusammen mit der Option *Bei jedem Vorkommen des Trenn-*

zeichens (siehe Abbildung 2.16). Öffnen Sie den Abschnitt *Erweiterte Optionen* und wählen Sie bei *Aufteilen in* die Option *Spalten* aus. Wählen Sie *OK*, um das Dialogfeld zu schließen.

Abbildung 2.16 Vergessen Sie nicht, im Dialogfeld *Spalte teilen* die erweiterten Optionen einzublenden und dann *Aufteilen in Zeilen* auszuwählen.

10. Markieren Sie in der Abfrage *Produkte und Farben* die Spalte *Farben*. Wählen Sie auf der Registerkarte *Transformieren* den Befehl *Format | Kürzen*. Durch diesen Schritt werden die führenden Leerzeichen aus den Farbwerten entfernt.

Sie können nun die beiden Tabellen in das Datenmodell in Excel oder Power BI Desktop laden und eine Beziehung zwischen *ProduktCodeNeu* in *Produkte* und *ProduktCodeNeu* in *Produkte und Farben* erstellen. Sie können die Lösungsdateien *K02U08 - Lösung.pbix* und *K02U08 - Lösung.xlsx* aus den Begleitdateien zu diesem Buch öffnen und sich dort die Lösung ansehen.

Um die Größe des Berichts zu minimieren, sollten Sie die Spalte *Farben* aus der fertigen Tabelle *Produkte* entfernen. Falls Sie dies jetzt versuchen, erhalten Sie Fehler, da die *Produkte*-Abfrage von *Produkte und Farben* referenziert wird. Um dieses Problem zu beheben und das Entfernen von Farben aus *Produkte* zu ermöglichen, müssen Sie einen neuen Verweis für *Produkte* erstellen und die Spalte *Farben* aus der referenzierenden Abfrage entfernen. Stellen Sie dann sicher, dass die ursprüngliche Abfrage *Produkte* nur als Basisabfrage verwendet und nicht in das Datenmodell oder den Bericht geladen wird. (In Übung 2.2, Teil 2, haben Sie gesehen, wie Sie das Laden deaktivieren.)

Zusammenfassung

Die Datenaufbereitung kann extrem zeitaufwendig sein. Mit den umfangreichen Transformationsfunktionen, die im Power Query-Editor verfügbar sind, können Sie jedoch jedes Dataset für die Analyse bereinigen und vorbereiten. In diesem Kapitel haben Sie typische Herausforderungen bei der Datenvorbereitung kennengelernt und gesehen, wie Sie diese Probleme mit Power Query bewältigen können.

In Übung 2.2 haben Sie gelernt, wie Sie mit Power Query Codes extrahieren und diesen Code mit Bedeutung versehen können, ohne hierfür die komplexen und schwer zu pflegenden Formeln wie in Übung 2.1 verwenden zu müssen.

In Übung 2.3 haben Sie eine sehr nützliche Möglichkeit zum Extrahieren von Bedeutung aus Spalten kennengelernt, nämlich die Transformation *Spalte aus Beispielen*. Sie haben gesehen, dass es *Spalte aus Beispielen* ermöglicht, Text, Datum, Uhrzeit und Zahlen zu extrahieren, und Sie auf Basis der Beispiele, die Sie zur Verfügung stellen, eine Vielzahl von Transformationen durchführen können. Sie haben gesehen, wie dieses Feature verwendet werden kann, um Text zwischen Trennzeichen zu extrahieren, eine bedingte Spalte anzuwenden und Buckets aus Zahlenbereichen zu erstellen.

In Übung 2.4 haben Sie gelernt, wie Sie Hyperlinks aus Textnachrichten extrahieren und wie Sie unterschiedliche Transformationstechniken anwenden, um Ihre Ziele zu erreichen. Eine der wichtigsten Lehren aus dieser Übung ist, dass Sie Ihre Abfragen so oft wie möglich überprüfen und nach Sonderfällen suchen sollten.

Eine häufige und sehr zeitaufwendige Herausforderung ist das Handling von inkonsistenten Datumswerten, die sich in Ihren Datasets befinden. In den Übungen 2.5 und 2.6 haben Sie gesehen, wie einfach es ist, mit Power Query inkonsistente Daten in eine konsistente Form zu bringen.

Schließlich haben Sie in den Übungen 2.7 und 2.8 gelernt, wie Sie eine Tabelle mithilfe der Befehle *Verweis* und *Duplikate entfernen* in eine Faktentabelle und eine Nachschlagetabelle aufteilen. Außerdem haben Sie gesehen, wie Sie Aktualisierungsfehler vermeiden, indem Sie Text in Kleinbuchstaben konvertieren sowie führende oder nachgestellte Leerzeichen entfernen. Abschließend wurde beschrieben, wie Sie durch Kommata getrennte Werte in Zeilen aufteilen, um Gruppen-/Mitgliedertabellen zu erstellen.

Auch wenn Sie noch ziemlich am Anfang dieses Buches sind, können Sie mit dem Wissen, das Sie sich in den bisherigen Übungen angeeignet haben, vermutlich schon jetzt den Aufwand bei der Bereinigung von Daten um Tausende von Stunden reduzieren. Im nächsten Kapitel erfahren Sie, wie Sie mehrere Tabellen kombinieren und so schneller zu Einsichten über Ihre Daten kommen.

KAPITEL 3

Daten aus mehreren Quellen kombinieren

In diesem Kapitel werden Sie:

- Tabellen aus mehreren angegebenen Datenquellen anfügen
- mehrere Excel-Arbeitsmappen aus einem Ordner anfügen
- mehrere Tabellenblätter aus einer Excel-Arbeitsmappe anfügen

Mit Power Query haben Sie die Möglichkeit, mehrere Datenquellen zu kombinieren, um dauerhafte Ergebnisse zu erzielen. In diesem Kapitel erfahren Sie, wie Sie mehrere Tabellen in verschiedenen Komplexitätsstufen kombinieren, um Einblicke aus den kombinierten Datasets zu gewinnen.

In Kapitel 2, »Grundlegende Herausforderungen bei der Datenvorbereitung«, werden verschiedene Szenarien schlecht formatierter und nicht vorbereiteter Daten erläutert. Oft sind die Daten, mit denen Sie umgehen müssen, gut formatiert, aber auf mehrere Datenquellen verteilt. In solchen Szenarien besteht die größte Herausforderung darin, die Daten zusammenzuführen, um aus den einzelnen Silos eine einzige Quelle der Weisheit werden zu lassen. Das Anfügen mehrerer Tabellen steht im Mittelpunkt dieses Kapitels.

Dieses Kapitel beginnt mit einfachen Szenarien für das Zusammenführen einer kleinen Anzahl von Tabellen, die ein gemeinsames Format aufweisen, und geht dann reale Herausforderungen aus dem Alltag an, wie beispielsweise sich ständig ändernde Datenquellen.

Ein paar Tabellen anfügen

Eines der häufig verwendeten Features in Power Query ist *Abfragen anfügen*, das Sie auf der Registerkarte *Start* des Power Query-Editors finden. Sie können einen vordefinierten Satz von Tabellen anfügen. Der Einfachheit halber beginnt dieses Kapitel mit dem Anfügen von zwei Tabellen, die das gleiche Format besitzen (das heißt, beide Tabellen verwenden die gleichen Spaltennamen).

Zwei Tabellen anfügen

Bevor wir zu der Art und Weise springen, wie zwei Tabellen angefügt werden, überprüfen wir die Gründe dafür, warum die beiden Tabellen für die Durchführung der Analyse angefügt werden, anstatt sie getrennt zu halten. Warum sollten Sie nicht einfach die beiden Tabellen kopieren und jede Tabelle auf einem eigenen Tabellenblatt in eine neue Excel-Arbeitsmappe einfügen und dann ein drittes Tabellenblatt für die erforderlichen Berechnungen verwenden? Während dieser Ansatz für Tabellen mit wenigen Zeilen und Spalten einfach sein kann, ist das Durchführen solcher Berechnungen für größere und sich ständig ändernde Tabellen eine völlig andere Sache.

So gehen Sie diese Herausforderung in Excel ohne Power Query an: Sie müssen die Tabellen kopieren und einfügen und diese dann manuell in einer einzigen Tabelle zusammenführen. Wenn sich die Daten ändern, müssen Sie die Tabelle erneut kopieren und einfügen. Alternativ müssen Sie komplexe Berechnungen erstellen, um die Bereiche in den verschiedenen Tabellenblättern zusammenzufassen. Wenn sich die Größe des Datasets ändert, müssen Sie die Zellbereiche in den Formeln aktualisieren. Glücklicherweise können Sie Power Query verwenden, um diesen aufwendigen Prozess zu automatisieren. Wenn sich beim Erstellen des nächsten Berichts die Daten in Ihren Tabellen geändert haben, reicht eine einfache Aktualisierung aus, und die Arbeit wird für Sie erledigt.

Übung 3.1: Beispiel Fahrräder und Zubehör

Diese Übung umfasst zwei Tabellen des fiktiven Unternehmens AdventureWorks, das in Kapitel 2 vorgestellt wurde. Die Daten stammen wie auch die Daten in Kapitel 2 aus der Beispieldatenbank von Microsoft. Für die Begleitdateien dieses Kapitels wurden die Spaltenüberschriften übersetzt; die eigentlichen Daten wurden unverändert übernommen.

Um das Problem dieser Übung in einen geschäftlichen Kontext zu stellen, stellen Sie sich vor, dass AdventureWorks, dessen Hauptproduktlinie Fahrräder sind, ein anderes Unternehmen übernimmt, das das Produktportfolio um Zubehörprodukte bereichert. Als Chefanalyst von AdventureWorks werden Sie gebeten, einen neuen Bericht basierend auf den vereinheitlichten Produktlinien zu erstellen (siehe Abbildung 3.1).

Produkte (Fahrräder)

Name	Produktnummer	Standardkosten	Kategorie
Touring-2000 Blue, 60	BK-T44U-60	755,15	Fahrräder
Touring-1000 Yellow, 46	BK-T79Y-46	1481,94	Fahrräder
Touring-1000 Yellow, 50	BK-T79Y-50	1481,94	Fahrräder

\+

Produkte (Zubehör)

Name	Produktnummer	Standardkosten	Kategorie
Water Bottle - 30 oz.	WB-H098	1,87	Zubehör
Mountain Bottle Cage	BC-M005	3,74	Zubehör
Road Bottle Cage	BC-R205	3,36	Zubehör

→

Produkte (Fahrräder und Zubehör)

Name	Produktnummer	Standardkosten	Kategorie
Touring-2000 Blue, 60	BK-T44U-60	755,15	Fahrräder
Touring-1000 Yellow, 46	BK-T79Y-46	1481,94	Fahrräder
Touring-1000 Yellow, 50	BK-T79Y-50	1481,94	Fahrräder
Water Bottle - 30 oz.	WB-H098	1,87	Zubehör
Mountain Bottle Cage	BC-M005	3,74	Zubehör
Road Bottle Cage	BC-R205	3,36	Zubehör

Abbildung 3.1 Ihr Geschäftsproblem besteht darin, die Tabellen für Fahrräder und Zubehör in einer einzigen Produkttabelle zusammenzubringen.

Um die Tabellen *Fahrräder* und *Zubehör* zusammenzufügen, können Sie mit einem neuen Power BI Desktop-Bericht oder einer neuen Excel-Arbeitsmappe beginnen und die beiden Tabellen als separate Abfragen importieren. Sie können die Schritte dieser Übung ausführen, nachdem Sie die Dateien *K03U01 – Fahrräder.xlsx* und *K03U01 – Zubehör.xlsx* aus den Begleitdateien zu diesem Buch in den Ordner *C:\Daten\K03* kopiert haben.

1. Erstellen Sie einen leeren Power BI-Bericht oder eine leere neue Excel-Arbeitsmappe.

   In Power BI Desktop wählen Sie auf der Registerkarte *Start* den Befehl *Excel-Arbeitsmappe.*

   In Excel wählen Sie auf der Registerkarte *Daten* den Befehl *Daten abrufen | Aus Datei | Aus Excel-Arbeitsmappe.*

2. Wählen Sie die Datei *K03U01 – Fahrräder.xlsx* aus und klicken Sie auf *Importieren.*
3. Wählen Sie im Navigator *Fahrräder* aus und klicken Sie auf *Daten transformieren* oder *Erstellen.*
4. Wählen Sie im Power Query-Editor *Schließen & laden in.* Wenn Sie Power BI Desktop verwenden, wählen Sie *Schließen & übernehmen* und überspringen Sie Schritt 5.
5. Wählen Sie im Dialogfeld *Daten importieren* die Option *Tabelle* aus und klicken Sie auf *OK.* Sie haben jetzt alle Daten zu den Fahrrädern in Ihre neue Arbeitsmappe oder in Power BI Desktop importiert. Wenn sich die Daten in *K03U01 – Fahrräder.xlsx* ändern und der Produktlinie neue Fahrräder hinzugefügt werden, können Sie die neuesten Daten abrufen, indem Sie auf der Registerkarte *Daten* von Excel auf *Alle aktualisieren* klicken oder `Strg`+`Alt`+`F5` drücken. Wenn Sie Power BI Desktop verwenden, können Sie einfach auf der Registerkarte *Start* die Option *Aktualisieren* anklicken.

   Es ist an der Zeit, die Tabelle *Zubehör* in die Arbeitsmappe oder den Power BI-Bericht zu importieren.

6. Klicken Sie im Power Query-Editor mit der rechten Maustaste in eine freie Stelle des Bereichs *Abfragen* und wählen Sie *Neue Abfrage | Aus Excel-Arbeitsmappe.*
7. Wählen Sie die Datei *K03U01 – Zubehör.xlsx* aus.
8. Wählen Sie im Navigator *Zubehör* aus und klicken Sie auf *Daten transformieren* oder *Erstellen.*
9. Um im Power Query-Editor die Abfrage *Fahrräder* an *Zubehör* anzufügen, stellen Sie sicher, dass die Abfrage *Zubehör* ausgewählt ist, und wählen Sie auf der Registerkarte *Start* den Befehl *Kombinieren | Abfragen anfügen | Abfragen anfügen* aus. Beachten Sie, dass das Dropdown-Menü der Schaltfläche *Abfragen anfügen* auch den Befehl *Abfragen als neu anfügen* enthält, der in Übung 3.2 beschrieben wird.
10. Wenn das Dialogfeld *Anfügen* geöffnet wird, wählen Sie *Fahrräder* als anzufügende Tabelle aus und klicken dann auf *OK.*
11. Achten Sie darauf, dass der Bereich *Abfragen* (der Bereich an der linken Seite des Power Query-Editors) erweitert ist.

    Beachten Sie, dass sich im Bereich *Abfragen* zwei Abfragen befinden: *Fahrräder* und *Zubehör.* Da Sie die Abfrage *Fahrräder* soeben an *Zubehör* angefügt haben, spiegelt der Name der Abfrage nicht mehr die enthaltenen Daten wider. Sie sollten daher die Abfrage *Zubehör* umbenennen und sicherstellen, dass diese Abfrage und nicht *Fahrräder* in die Excel-Arbeitsmappe oder den Power BI-Bericht geladen wird. Um die Abfrage umzubenennen, klicken Sie mit der rechten Maustaste auf die Abfrage *Zubehör,* wählen Sie *Umbenennen* aus und benennen Sie die Abfrage in **Produkte** um. Sie können die Abfrage auch im Abschnitt *Eigenschaften* des Bereichs *Abfrageeinstellungen* umbenennen.

12. Führen Sie diese Schritte durch, um *Fahrräder* zu entladen:

    In Power BI Desktop klicken Sie im Bereich *Abfragen* die Abfrage *Fahrräder* mit der rechten Maustaste an, deaktivieren Sie die Option *Laden aktivieren* und wählen Sie *Schließen & übernehmen*.

    In Excel:

    a. Wählen Sie *Schließen & laden in*.
    b. Markieren Sie im Dialogfeld *Daten importieren* die Option *Tabelle* und klicken Sie auf *OK*.
    c. Um *Fahrräder* aus der Arbeitsmappe zu entladen, klicken Sie im Bereich *Abfragen & Verbindungen* mit der rechten Maustaste auf die Abfrage *Fahrräder* und wählen Sie *Laden in*.
    d. Wählen Sie im Dialogfeld *Daten importieren* die Option *Nur Verbindung erstellen* aus und klicken Sie auf *OK*.
    e. Wenn das Meldungsfeld *Möglicher Datenverlust* geöffnet wird, klicken Sie auf *OK*, um die Abfrage zu entladen und die Tabelle zu löschen.
    f. Löschen Sie schließlich die Tabelle *Fahrräder*.

Sie haben jetzt eine kombinierte Tabelle *Produkte*, die die kombinierten Daten von *Fahrräder* und *Zubehör* enthält. Wenn Sie jedoch den Bereich *Abfragen* genauer betrachten, werden Sie die asymmetrische Natur des Anfügeschritts bemerken. Sie haben jetzt die Abfrage *Fahrräder* und die kombinierte Abfrage *Produkte*. Aber wo ist *Zubehör*? Erinnern Sie sich daran, dass Sie direkt nach dem Import von *Zubehör* die Daten aus *Fahrräder* an diese Abfrage angehängt und dann in *Produkte* umbenannt haben. Wenn Sie in Zukunft einige Änderungen an der Tabelle *Zubehör* vornehmen möchten, wird es schwierig sein, den richtigen Schritt zum Ändern zu finden, da Sie jetzt eine Abfrage mit den kombinierten Transformationsschritten von *Zubehör* und der durch Anfügen erstellten Tabelle *Produkte* haben. Ein sauberer Ansatz wäre, *Zubehör* als separate Abfrage zu verwenden – und aus diesem Grund verfügt die Transformation *Abfragen anfügen* über eine weitere Transformation mit dem Namen *Abfragen als neu anfügen*.

Übung 3.2, Teil 1: Abfragen als neu anfügen verwenden

Auf der Registerkarte *Start* des Power Query-Editors können Sie in der Gruppe *Kombinieren* Abfragen auf mehreren Wegen anfügen: mithilfe von *Abfragen anfügen* und mit *Abfragen als neu anfügen* (siehe Abbildung 3.2).

In der vorherigen Übung haben Sie zwei Tabellen mit der Transformation *Abfragen anfügen* angefügt; hierbei wird eine zweite Abfrage an die aktuelle angefügt. *Abfragen als neu anfügen* erstellt eine dritte Abfrage, die die beiden Abfragen kombiniert, und hierdurch bleiben die beiden Ausgangsabfragen davon unberührt.

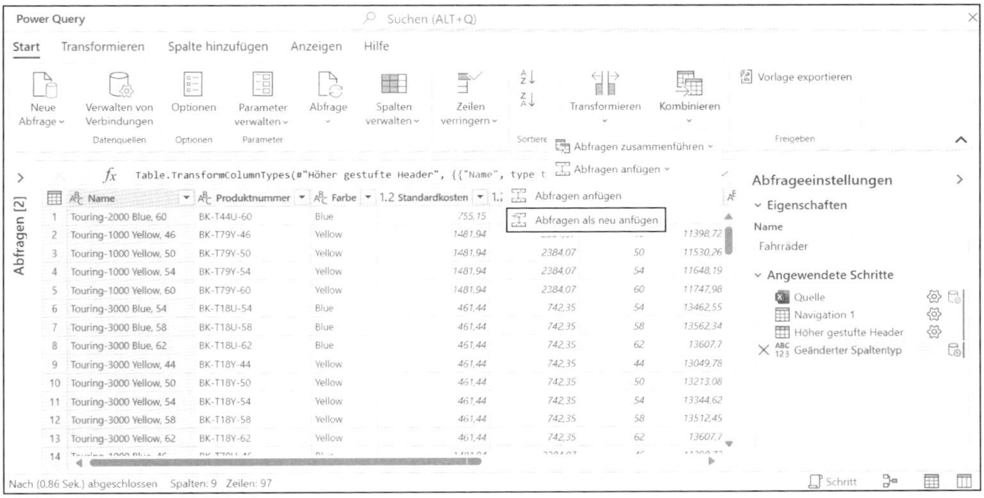

Abbildung 3.2 Die Transformation *Abfragen als neu anfügen* ermöglicht es Ihnen, für die angefügte Tabelle und ihre Teile eigene Abfragen zu haben.

Anstatt *Zubehör* so umzuwidmen, dass dort alle Produkte aufgenommen werden, bleibt in dieser Übung *Zubehör* als separate Abfrage bestehen und Sie erstellen eine neue Abfrage für die Produkte.

1. Führen Sie die Schritte 1 bis 8 in Übung 3.1 aus, um die Abfragen *Fahrräder* und *Zubehör* in den Power Query-Editor zu laden.
2. Achten Sie darauf, dass im Power Query-Editor die Abfrage *Zubehör* ausgewählt ist, und wählen Sie auf der Registerkarte *Start* den Befehl *Abfragen anfügen | Abfragen als neu anfügen* aus.
3. Wenn das Dialogfeld *Anfügen* geöffnet wird, wählen Sie *Fahrräder* als Tabelle aus, die an die primäre Tabelle angefügt werden soll, und klicken Sie auf *OK*. Sie haben jetzt eine neue Abfrage, *Anfügen1*, mit den Kombinationen der Daten aus *Fahrräder* und *Zubehör*.
4. Benennen Sie die neue Abfrage in **Produkte** um und führen Sie Schritt 12 aus Übung 3.1 aus, um *Fahrräder* zu entladen. Um *Zubehör* zu entladen, können Sie wieder Schritt 12 ausführen, aber wenden Sie die Anweisungen dieses Mal auf *Zubehör* und nicht auf *Fahrräder* an.
5. Speichern Sie Ihre Arbeitsmappe oder Ihren Power BI-Bericht. Als Nächstes lernen Sie eine andere Methode kennen, um *Fahrräder* und *Zubehör* an eine neue Abfrage anzufügen, und zwar mit dem Befehl *Verweis*. Sie vergleichen außerdem den M-Ausdruck, der den beiden Methoden zugrunde liegt.

Wenn Sie einen kleinen Satz von Tabellen anfügen, wird empfohlen, *Abfragen als neu anfügen* anstelle von *Abfragen anfügen* zu verwenden, damit Sie in Zukunft die separaten Bausteine der kombinierten Tabelle problemlos bearbeiten können.

Übung 3.2, Teil 2: Abfrageabhängigkeiten und Verweise

In Übung 3.2, Teil 1, haben Sie *Abfragen als neu anfügen* angewendet, was zu einer neuen Abfrage führte, in der die Daten aus *Fahrräder* und *Zubehör* kombiniert waren. Die neue Abfrage referenzierte die beiden anderen Abfragen und verwendete deren Ausgabe als Eingabe. Wenn eine Abfrage auf eine andere Abfrage verweist, wird eine Abhängigkeit zwischen den Abfragen erstellt. Wenn eine Abfrage von anderen Abfragen abhängt, können Sie sie nicht löschen. (Wenn Sie zum Beispiel versuchen, *Fahrräder* zu löschen, wird eine Meldung angezeigt, die Sie daran hindert, da die Abfrage *Produkte* von der Abfrage *Fahrräder* abhängig ist.)

Um die Abhängigkeiten zwischen Abfragen anzuzeigen, öffnen Sie die Excel-Arbeitsmappe oder den Power BI-Bericht, die bzw. den Sie in Übung 3.2, Teil 1, erstellt haben, und starten Sie den Power Query-Editor. Wählen Sie auf der Registerkarte *Ansicht* den Befehl *Abfrageabhängigkeiten*. Das Dialogfeld *Abfrageabhängigkeiten* wird geöffnet, wie in Abbildung 3.3 dargestellt.

Das Dialogfeld *Abfrageabhängigkeiten* zeigt ein Flussdiagramm, das von den Abfragen *Fahrräder* und *Zubehör* als Datenquellen ausgeht, durch die Zwischenabfragen *Fahrräder* und *Zubehör* fließt und schließlich bei *Produkte* endet, in der Sie die beiden Tabellen kombiniert haben. Diese Ansicht ist nützlich, wenn Sie an komplexen Datenvorbereitungsszenarien arbeiten.

Nachdem Sie nun wissen, wie Sie die Abhängigkeiten zwischen Abfragen anzeigen können, werden Sie mehr über Verweise (Referenzen) erfahren, mit denen Sie umfangreiche und wiederverwendbare Datentransformationsflüsse erstellen und die Herausforderungen bei realen Daten bewältigen können. Ein Verweis kann verwendet werden, um eine neue Abfrage zu erstellen, deren Datenquelle, also die Eingabedaten, die Ausgabe einer anderen Abfrage ist.

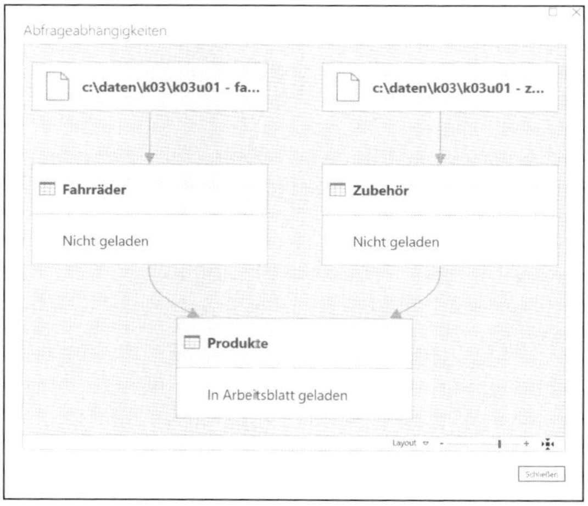

Abbildung 3.3 Das Dialogfeld *Abfrageabhängigkeiten* zeigt die Verweise und Abhängigkeiten zwischen den Abfragen eines Berichts an.

Weiter vorne haben Sie in Übung 3.2, Teil 1, *Fahrräder* und *Zubehör* als Abfragen geladen und *Abfragen als neu anfügen* angewendet, um eine neue Abfrage mit den kombinierten Ergebnissen zu erstellen. Eine alternative Methode, um das gleiche Ergebnis zu erzielen, ist die Verwendung einer Kombination aus *Abfragen anfügen* und *Verweis*:

1. Führen Sie die Schritte 1 bis 8 aus Übung 3.1 aus, um die Abfragen *Fahrräder* und *Zubehör* in den Power Query-Editor zu laden.
2. Öffnen Sie den Bereich *Abfragen* und klicken Sie mit der rechten Maustaste auf Zubehör. Wählen Sie *Verweis*. Beachten Sie, dass Sie jetzt eine neue Abfrage haben, *Zubehör (2)*, die mit der Ausgabe von *Zubehör* beginnt.
3. Benennen Sie *Zubehör (2)* in **Produkte** um.
4. Achten Sie darauf, dass die Abfrage *Produkte* ausgewählt ist, und wählen Sie auf der Registerkarte *Start* den Befehl *Abfragen anfügen*. Wenn das Dialogfeld *Anfügen* geöffnet wird, wählen Sie *Fahrräder* als anzufügende Tabelle aus und klicken Sie auf *OK*.

Nun können Sie untersuchen, wie Power Query die Schritte *Verweis* und *Abfrage anfügen* in den zugrunde liegenden M-Formeln verarbeitet hat, und die Ausgabe der Kombination aus den Befehlen *Verweis* und *Abfrage anfügen* mit der Ausgabe von Übung 3.2, Teil 1, vergleichen. Betrachten wir den zugrunde liegenden M-Code.

In Kapitel 1, »Einführung in Power Query«, haben wir kurz den M-Code erwähnt, der von Power Query generiert wird, um die Transformationsschritte auszuführen. Jeder Transformationsschritt, den Sie im Power Query-Editor erstellen, wird in eine Codezeile übersetzt, die in der Bearbeitungsleiste angezeigt werden kann.

Schalten Sie, falls erforderlich, auf der Registerkarte *Anzeigen* die *Bearbeitungsleiste* ein und wählen Sie dann im Abschnitt *Angewendete Schritte* im Bereich *Abfrageeinstellungen* den Eintrag *Quelle* aus. Hier ist die M-Formel, die Sie sehen:

```
Zubehör
```

Dieser Code repräsentiert die Ausgabe der Abfrage *Zubehör*, die als Eingabe für die neue Abfrage verwendet wird. Wie Sie vielleicht vermuten, wurde dieser Code durch Anwenden von *Verweis* auf die Abfrage *Zubehör* generiert.

Klicken Sie auf der Registerkarte *Start* auf *Erweiterter Editor*, um sich den M-Ausdruck anzusehen:

```
let
    Quelle = Zubehör,
    #"Angefügte Abfrage" = Table.Combine({Quelle, Fahrräder})
in
    #"Angefügte Abfrage"
```

Kapitel 9, »Einführung in die Power Query-Formelsprache M«, erläutert diese Syntax ausführlicher und erklärt die Bedeutung von `let` und `in`. Konzentrieren Sie sich daher im Moment nur auf die beiden Zeilen zwischen `let` und `in`.

In der ersten Zeile nach `let` wird die Ausgabe der Abfrage *Zubehör* in *Quelle* platziert. (Sie können sehen, dass `Quelle` auch der erste Schritt im Bereich *Angewendete Schritte* ist.) Die zweite Zeile verwendet `Table.Combine`, um *Quelle* und *Fahrräder* zu kombinieren – hierbei wird *Fahrräder* an *Zubehör* angefügt. (Sie haben möglicherweise bemerkt, dass im Argument von `Table.Combine` die Namen der Abfragen in geschweiften Klammern eingeschlossen sind, was im nächsten Abschnitt erläutert wird. Hinweis: Geschweifte Klammern werden verwendet, um eine Liste zu erstellen.)

Wenn Sie sich nun den M-Code ansehen, der generiert wurde, als Sie in Übung 3.2, Teil 1, den Befehl *Abfragen als neu anfügen* verwendet haben, finden Sie den folgenden Code im erweiterten Editor:

```
let
   Quelle = Table.Combine({Zubehör, Fahrräder})
in
   Quelle
```

Wenn Sie sich diese beiden Codeabschnitte genau ansehen, werden Sie feststellen, dass die beiden Ausdrücke die gleiche Ausgabe liefern: die kombinierten Tabellen *Zubehör* und *Fahrräder*.

Zum Abschluss dieser Übung können Sie eine Kombination aus *Verweis* und *Abfragen anfügen* verwenden, mit der Sie dieselben Ergebnisse erzielen wie bei der Verwendung von *Abfragen als neu anfügen*. Während die letztgenannte Technik zu weniger Codezeilen führt und in der Benutzeroberfläche nur einen einzigen Schritt anstelle von zweien erfordert, gibt es keinen wirklichen Unterschied zwischen den beiden Methoden. Warum habe ich also den Befehl *Verweis* eingeführt? Wie Sie in späteren Kapiteln sehen werden, kann *Verweis* sehr hilfreich beim Erstellen einer Pipeline von Transformationsabfragen oder mehreren Transformationszweigen derselben Basisabfrage sein.

Drei oder mehr Tabellen anfügen

Bisher haben Sie in diesem Kapitel gelernt, wie Sie zwei Tabellen verketten. Es ist an der Zeit, zu einer allgemeineren Herausforderung überzugehen: wie man drei oder mehr Tabellen verkettet. Ein Ansatz besteht darin, zunächst zwei Tabellen zu kombinieren und dann die Ausgabe der beiden Tabellen an eine dritte Tabelle anzuhängen. Als Nächstes können Sie die Ausgabe dieser Schritte mit einer vierten Tabelle kombinieren usw. Obwohl dieser Ansatz gut funktionieren kann, ist er schwer zu pflegen, da er die Erstellung von Zwischenabfragen erfordert. Wenn Sie drei oder vier Tabellen kombinieren müssen, ist dies kein signifikanter Aufwand, aber für eine größere Anzahl von Abfragen ist ein besserer Ansatz erforderlich.

Übung 3.2, Teil 3: Fahrräder + Zubehör + Komponenten

Kehren wir zu unserer fiktiven Geschichte zurück. Nach der erfolgreichen Integration der Zubehör-Produktlinie entschließt sich AdventureWorks, ein neues Unternehmen zu akquirieren und sein Portfolio auf Komponenten auszudehnen. Ihr Ziel als Chefanalytiker ist, alle Produktlinien in einer einzigen Tabelle zu kombinieren.

In dieser Übung werden Sie die folgenden drei Arbeitsmappen verwenden, die sich in den Begleitdateien zu diesem Buch befinden. Kopieren Sie diese drei Dateien in den Ordner *C:\Daten\K03*:

- K03U01 – Fahrräder.xlsx
- K03U01 – Zubehör.xlsx
- K03U01 – Komponenten.xlsx

Erstellen Sie einen neuen Power BI-Bericht oder eine neue leere Excel-Arbeitsmappe und importieren Sie die drei Excel-Arbeitsmappen in den Power Query-Editor. Jede Arbeitsmappe enthält ein einzelnes Tabellenblatt mit einem entsprechenden Namen (das heißt ein Tabellenblatt *Fahrräder* in *K03U01 – Fahrräder.xlsx*, ein Tabellenblatt *Zubehör* in *K03U01 – Zubehör.xlsx* und ein Tabellenblatt *Komponenten* in *K03U01 – Komponenten.xlsx*). Wenn Sie nicht sicher sind, wie Sie diese Arbeitsmappen importieren können, finden Sie unter Übung 3.1 die Schritte zum Laden von *Fahrräder* und *Zubehör*. Verwenden Sie dann die entsprechenden Schritte, um *Komponenten* zu importieren.

1. Wählen Sie im Bereich *Abfragen* des Power Query-Editors *Komponenten* aus.
2. Wählen Sie auf der Registerkarte *Start* den Befehl *Abfragen als neu anfügen*.
3. Wenn das Dialogfeld *Anfügen* geöffnet wird, schalten Sie das Optionsfeld *Drei oder mehr Tabellen* ein. Die Listen *Verfügbare Tabellen* und *Anzufügende Tabellen* werden angezeigt (siehe Abbildung 3.4). *Fahrräder* und *Zubehör* finden Sie unter *Verfügbare Tabellen*.
4. Fügen Sie *Fahrräder* und *Zubehör* der Liste *Anzufügende Tabellen* hinzu und klicken Sie anschließend auf *OK*.

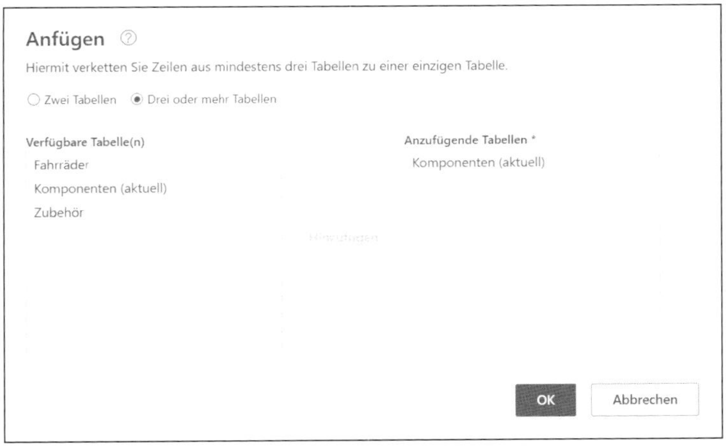

Abbildung 3.4 Im Dialogfeld *Anfügen* können Sie mit der Option *Drei oder mehr Tabellen* mehrere Abfragen auswählen, die angefügt werden sollen.

Sie haben jetzt eine neue Abfrage, *Anfügen1*, mit der kombinierten Produktlinie. Von hier aus können Sie diese Abfrage in **Produkte** umbenennen und die Zwischenabfragen entladen, wie Sie es in Übung 3.1 gesehen haben.

Im Dialogfeld *Anfügen*, das Sie in Abbildung 3.4 sehen, können Sie die Reihenfolge der Tabellen in der kombinierten Tabelle steuern. Sie können eine Tabelle auswählen und ihre Reihenfolge in der Liste ändern, indem Sie auf die Aufwärts- und Abwärtspfeile auf der rechten Seite von *Anzufügende Tabellen* klicken. Sie können sogar eine Tabelle mehrmals in die Liste *Anzufügende Tabellen* einfügen und so die Daten in der kombinierten Tabelle duplizieren.

Nachdem Sie nun *Fahrräder, Zubehör* und *Komponenten* zusammengefügt haben, können Sie sehen, wie einfach es ist, dieselbe Transformation in der Bearbeitungsleiste des Power Query-Editors anzuwenden. Wenn die Abfrage *Produkte* ausgewählt ist, wird die folgende Formel angezeigt:

```
Table.Combine({Komponenten, Fahrräder, Zubehör})
```

Kommt Ihnen das bekannt vor? Als Sie weiter vorne zwei Tabellen angefügt haben, enthielt die Bearbeitungsleiste den folgenden Code:

```
Table.Combine({Zubehör, Fahrräder})
```

An der Syntax dieser Formel können Sie erkennen, dass `Table.Combine` die Funktion ist, die zum Ausführen der Anfügetransformation mehrerer Tabellen verwendet wird. Der Funktion können in den geschweiften Klammern mehrere Tabellen übergeben werden.

In M werden geschweifte Klammern verwendet, um eine Liste zu definieren. Die einzelnen Elemente der Liste werden durch Kommata getrennt. Weitere Beispiele für Listen finden Sie in späteren Kapiteln. Mit Listen können Sie leistungsstarke Transformationen erstellen und sogar Ihre Abfrage zur Laufzeit bearbeiten.

Da Sie nun wissen, wie Sie drei Tabellen anfügen, können Sie eine vierte Tabelle hinzufügen, aber dieses Mal werden Sie dies nur mithilfe von Code tun. (Lassen Sie Ihren Power BI-Bericht oder Ihre Excel-Arbeitsmappe für die nächste Übung geöffnet.)

Übung 3.2, Teil 4: Fahrräder + Zubehör + Komponenten + Kleidung

Kehren wir zu unserem fiktiven Szenario zurück. Mit der Erweiterung der Produktlinien beschließt der Chief Operating Officer von AdventureWorks, den Geschäftsbereich Bekleidung mit den Kern-Business-Units zu konsolidieren. Als Chefanalytiker erhalten Sie eine vierte Tabelle mit der Bekleidungs-Produktlinie. In Teil 4 dieser Übung erfahren Sie, wie Sie die vier Tabellen kombinieren – diesmal nur mit M und ohne das Dialogfeld *Anfügen*.

In dieser Übung verwenden Sie zusätzlich die Arbeitsmappe *K03U01 – Kleidung.xlsx*, die sich in Begleitdateien zu diesem Buch befindet. Speichern Sie auch diese Datei im Ordner *C:\Daten\K03* ab. Öffnen Sie den Power BI Desktop-Bericht oder die Excel-Arbeitsmappe aus Übung 3.2, Teil 3, und importieren Sie *Kleidung* als neue Abfrage. (Siehe Übung 3.1 für die Schritte zum Laden von *Fahrräder* und *Zubehör*. Wenden Sie dann ähnliche Schritte für *Kleidung* an.) Benennen Sie die neue Abfrage in **Kleidung** um.

Wählen Sie im Power Query-Editor die Abfrage *Produkte* aus. Schauen Sie sich die Bearbeitungsleiste an. Sie sollten dort die folgende Formel sehen:

```
Table.Combine({Komponenten, Fahrräder, Zubehör})
```

Sie müssen diese Formel ändern, indem Sie irgendwo in den geschweiften Klammern *Kleidung* hinzufügen. Stellen Sie sicher, dass alle vier Tabellen innerhalb der geschweiften Klammern durch Kommata getrennt sind. Wenn Sie fertig sind, drücken Sie die Eingabe-Taste. Ihre Formel kann wie folgt aussehen:

```
Table.Combine({Kleidung, Komponenten, Fahrräder, Zubehör})
```

oder:

```
Table.Combine({Komponenten, Kleidung, Fahrräder, Zubehör})
```

oder:

```
Table.Combine({Komponenten, Fahrräder, Kleidung, Zubehör})
```

oder:

```
Table.Combine({Komponenten, Fahrräder, Zubehör, Kleidung})
```

Um zu überprüfen, ob `Table.Combine` funktioniert hat, klicken Sie auf das Filtersteuerelement in der Überschrift der Spalte *ÜbergeordneteProduktkategorieName*. Wenn der Bereich *Filter* geöffnet wird, sollten vier Werte angezeigt werden: *Accessoires, Bikes, Components* und *Clothing*. Das Überprüfen der Werte im Filterbereich ist eine einfache und praktische Methode zum Überwachen Ihrer Transformationsschritte.

Nachdem Sie nun *Kleidung* an die *Produkte* angefügt haben, können Sie zu neuen Szenarien wechseln und erfahren, wie Sie mehrere Tabellen in größerem Maßstab anhängen. Sie finden die Lösungsdateien für die verschiedenen Teile dieser Übung im Ordner *K03* in den Begleitdateien zu diesem Buch.

Tabellen in größerem Maßstab anhängen

Im vorherigen Abschnitt haben Sie gelernt, wie Sie mehrere Tabellen anfügen, indem Sie im Power Query-Editor *Abfragen anfügen* und *Abfragen als neu anfügen* verwenden. Diese Transformationen sind zwar nützlich, wenn Sie über einen vordefinierten Satz von Tabellennamen verfügen, aber in einigen häufig vorkommenden Szenarien können Sie nicht im Voraus wissen, welche Tabellennamen verfügbar sind, und Sie müssen des Öfteren einen Bericht über die kombinierten Daten erstellen. Daher kann die manuelle Bearbeitung der Abfragen, um bei jeder Änderung die aktuellen Tabellennamen einzubeziehen, eine zeitaufwendige Aktion sein, die Sie besser vermeiden sollten.

Tabellen aus einem Ordner anfügen

Das am häufigsten vorkommende Szenario und seine Herausforderung lassen sich an diesem Beispiel verdeutlichen: Stellen Sie sich vor, Sie haben mehrere Tabellen, die Sie kombinieren müssen. Jede Tabelle befindet sich in einer separaten Excel-Arbeitsmappe, deren Name ein anderes Jahr und einen anderen Monat enthält:

- Jan2025.xlsx
- Feb2025.xlsx
- Mrz2025.xslx
- Apr2025.xslx

Jeden Monat wird in einem freigegebenen Ordner eine neue Excel-Arbeitsmappe gespeichert, und Sie werden aufgefordert, einen aktualisierten Bericht vorzubereiten, der alle Tabellen aus dem Ordner enthält. Angenommen, Sie haben bereits einen Bericht erstellt, in dem jede der Tabellen separat importiert und mit der weiter vorne beschriebenen Technik angefügt wurde. Wenn eine neue Datei hinzugefügt wird (zum Beispiel *Mai2025.xlsx*), müssen Sie eine Reihe von Schritten manuell ausführen, um die Abfragen zu ändern. Zuerst importieren Sie die Excel-Datei als neue Abfrage mit dem Namen *Mai2025*. Anschließend bearbeiten Sie in *Angewendete Schritte* im Power Query-Editor den Anfügeschritt, um die neue Abfrage zu ergänzen. Sie können die Abfrage in der folgenden Formel hinzufügen (wobei die Änderung fett hervorgehoben ist):

```
Table.Combine({Jan2025, Feb2025, Mar2025, Apr2025, Mai2025})
```

Dieser Ansatz ist letztendlich sehr mühsam, wenn Sie dies jeden Monat wiederholen müssen. Wäre es nicht besser, eine verbesserte Abfrage zu erstellen, die automatisch alle Arbeitsmappen aus einem Ordner anfügt – mit einer einzigen Aktualisierung der Arbeitsmappe und ohne manuelles Bearbeiten der Abfrage? Dies ist machbar, und zwar dank der Möglichkeit, Daten aus einem Ordner abzurufen.

Übung 3.3: AdventureWorks-Produkte aus einem Ordner anfügen

Kehren wir zu AdventureWorks zurück, um die Herausforderung zu veranschaulichen. Angenommen, ein VBA-Entwickler hat ein Skript erstellt, das eine Excel-Datei aktualisiert, wenn ein neues Produkt veröffentlicht wird. Jedes Jahr wird eine neue Excel-Datei erstellt, die im laufenden Betrieb mit neu veröffentlichten Produkten aktualisiert wird. Die Produktdateien werden in einem freigegebenen Ordner aggregiert, wie in Abbildung 3-5 dargestellt. Als Chefanalytiker möchten Sie einen Bericht erstellen, der alle Produkte kombiniert.

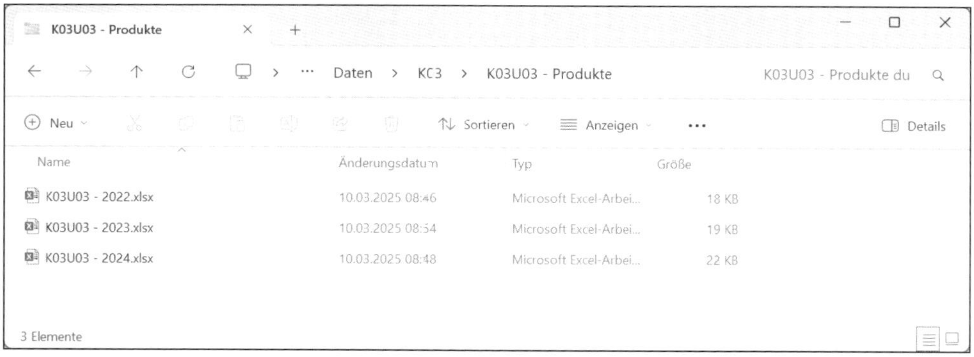

Abbildung 3.5 In diesem Beispiel sammelt AdventureWorks in einem freigegebenen Ordner Excel-Arbeitsmappen mit Produkten: die Produkte, die in einem bestimmten Jahr veröffentlicht wurden, befinden sich jeweils in einer eigenen Arbeitsmappe.

Um die Schritte in dieser Übung auszuführen, können Sie die Dateien *K03U03 – 2022.xlsx*, *K03U03 – 2023.xlsx* und *K03U03 – 2024.xlsx* verwenden, die Sie in den Begleitdateien zu diesem Buch finden. Kopieren Sie diese Arbeitsmappen in den Ordner *C:\Daten\K03\K03U03 – Produkte*.

1. Erstellen Sie einen neuen Power BI Desktop-Bericht oder eine leere Excel-Arbeitsmappe.

   Wählen Sie in Power BI Desktop auf der Registerkarte *Start* den Befehl *Daten abrufen | Datei | Ordner* und klicken Sie auf *Verbinden*.

   Wählen Sie in Excel auf der Registerkarte *Daten* den Befehl *Daten abrufen | Aus Datei | Aus Ordner*.
2. Navigieren Sie im geöffneten Dialogfeld *Durchsuchen* zu dem zuvor erstellten Ordner (siehe Abbildung 3.5) oder kopieren Sie den Pfad, fügen Sie ihn in das Textfeld *Ordner* ein und klicken Sie auf *OK*.
3. Wählen Sie im Dialogfeld, das dann geöffnet wird (und das den Namen des Ordners, den Sie in Schritt 2 ausgewählt haben, als Titel verwendet), den Befehl *Kombinieren | Daten kombinieren und transformieren*.

Es wird nicht empfohlen, den Befehl *Kombinieren und laden* zu verwenden, der alle Dateien kombiniert und das angehängte Ergebnis in den Bericht lädt ohne die Möglichkeit, es zu bearbeiten. Wenn Sie nicht sicher sind, welche Dateien kombiniert werden sollen, wählen Sie im Dialogfeld, das in Schritt 3 beschrieben wird, die Option *Daten transformieren* aus. Der Power Query-Editor wird mit einer Vorschau des Ordners geöffnet und ermöglicht es Ihnen, Filter auf die Dateien anzuwenden, die Sie kombinieren möchten. Wenn sich zum Beispiel andere Dokumenttypen im Ordner befinden, können Sie die Dateien mit der Erweiterung *.xlsx* filtern, um nur die Excel-Dateien zu kombinieren und die anderen Typen zu ignorieren. Anschließend können Sie die Dateien im Power Query-Editor kombinieren, indem Sie in der Überschrift der Spalte *Content* die kleine Schaltfläche *Dateien kombinieren* anklicken.

---

4. Markieren Sie im Dialogfeld *Dateien kombinieren* (siehe Abbildung 3.6) *Tabelle1* und klicken Sie auf *OK*.

Das Dialogfeld *Dateien kombinieren* entspricht dem Dialogfeld *Navigator*, das beim Laden einer einzelnen Excel-Arbeitsmappe geöffnet wird. Im Dialogfeld *Navigator* können Sie das Tabellenblatt oder die Tabelle auswählen, das bzw. die bearbeitet oder in den Bericht geladen werden soll; im Dialogfeld *Dateien kombinieren* können Sie das Tabellenblatt oder die Tabelle auswählen, das bzw. die aus allen im Ordner vorhandenen Dateien verwendet werden soll. Sie müssen Ihre Auswahl auf eine Beispielarbeitsmappe und ein Tabellenblatt anwenden; diese Auswahl wird dann für alle anderen Arbeitsmappen im Ordner verwendet.

---

5. Werfen Sie einen Blick in den Vorschaubereich des Power Query-Editors, der nun geöffnet wird. In der ersten Spalte, *Source.Name*, befinden sich die Dateinamen. Klicken Sie das Filtersteuerelement in der Überschrift *Source.Name* an. Im Filterbereich sehen Sie, dass die Werte in dieser Spalte mit den Dateinamen im Ordner identisch sind.

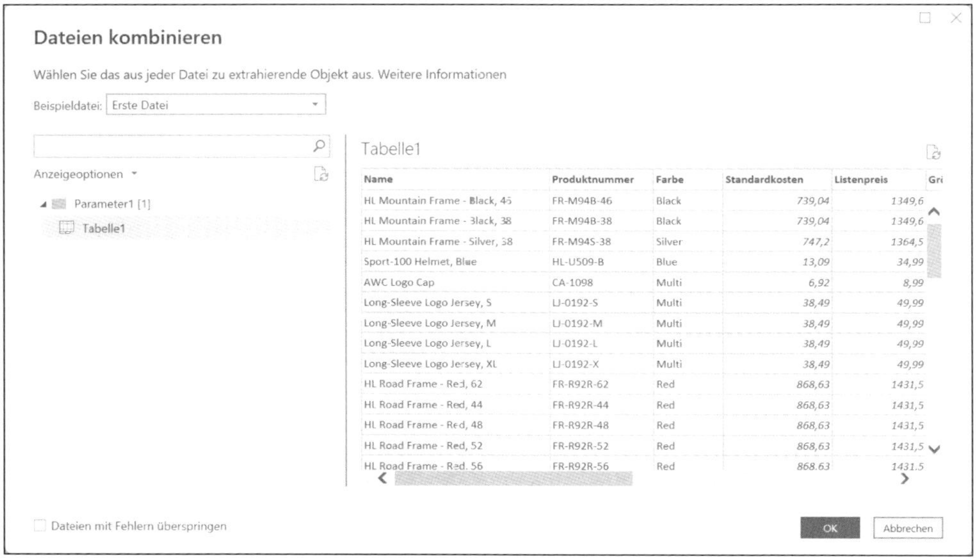

Abbildung 3.6 Im Dialogfeld *Dateien kombinieren* können Sie das zu kombinierende Tabellenblatt oder die zu kombinierende Tabelle auswählen. Nachdem Sie die Auswahl vorgenommen haben, werden alle Tabellenblätter beziehungsweise Tabellen mit demselben Namen aus jeder Excel-Arbeitsmappe im Ordner kombiniert.

Die Spalte *Source.Name* kann manchmal sehr wertvoll sein. Im vorherigen Beispiel enthält die Spalte *VerkaufsstartDatum* das Datum, ab dem das Produkt bei AdventureWorks verkauft wird. Das Veröffentlichungsjahr kann aus dieser Spalte extrahiert werden, wenn es im Bericht benötigt wird. In vielen Fällen gibt es jedoch in den Quelldaten keine solche Spalte, und diese kontextbezogenen Informationen sind nur im Dateinamen verfügbar. Glücklicherweise können Sie diese kontextbezogenen Informationen aus *Source.Name* extrahieren.

Um aus dem Dateinamen *K03U03 – 2022.xlsx* in *Source.Name* das Jahr zu extrahieren, können Sie verschiedene Transformationstechniken anwenden. Kapitel 2 enthält eine ausführliche exemplarische Vorgehensweise zu ähnlichen Szenarien, daher weisen wir in diesem Zusammenhang nur kurz auf einige hin. Die Dateinamen in diesem Fall enthalten das Präfix *K03U03 –* und das Suffix *.xlsx,* und dazwischen befindet sich das Jahr. Sie können das Jahr aus *Source.Name* auf verschiedene Arten extrahieren:

- Ersetzen Sie *K03U03 –* durch eine leere Zeichenfolge und ersetzen Sie dann *.xlsx* ebenfalls durch eine leere Zeichenfolge. In Kapitel 2 haben Sie gelernt, wie Sie Werte ersetzen.
- Alternativ können Sie *Source.Name* ab dem neunten Zeichen von links teilen (indem Sie den Befehl *Spalte teilen | Nach Anzahl von Zeichen* verwenden) und dann die zweite Spalte ab dem Punkt teilen oder alternativ die zweite Spalte nach Position teilen und dann bei vier Zeichen von rechts teilen. Entfernen Sie die erste und dritte Spalte und behalten Sie die zweite Spalte bei, die die extrahierten Jahre enthält.

- Extrahieren Sie den Text zwischen dem zweiten Leerzeichen und dem Punkt:
  a. Markieren Sie die Spalte *Source.Name*.
  b. Wählen Sie auf der Registerkarte *Transformieren* den Befehl *Extrahieren | Text zwischen Trennzeichen*.
  c. Verwenden Sie das Leerzeichen als *Starttrennzeichen* und den Punkt als *Endtrennzeichen*.
  d. Geben Sie in das Feld *Anzahl von Starttrennzeichen, die übersprungen werden sollen* eine **1** ein.
  e. Klicken Sie auf *OK*.

Sie können nun die kombinierte Produkttabelle in Ihre Excel-Arbeitsmappe oder Ihren Power BI-Bericht laden. Sie können die Lösungsdateien *K03U03 – Lösung.pbix* und *K03U03 – Lösung.xlsx* einsehen, die in den Begleitdateien zu diesem Buch verfügbar sind.

Ein paar Gedanken zum Importieren aus Ordnern

Es gibt drei wichtige Aspekte zu bedenken, wenn Sie Dateien mit der Option *Aus Ordner* kombinieren:

- Das Importieren mehrerer Tabellen aus einem Ordner ist sehr leistungsstark. Wenn eine neue Datei hinzugefügt wird, muss die zuvor erstellte Abfrage nicht aktualisiert werden, um die neue Datei in die Anfügetransformation zu integrieren. Um dies zu überprüfen, können Sie einen kleinen Test ausführen. Kopieren Sie eine der vorhandenen Quellarbeitsmappen und fügen Sie diese unter dem Namen *K03U03 – 2025.xlsx* in den gleichen Ordner ein. Aktualisieren Sie nun die Arbeitsmappe oder den Power BI-Bericht, die bzw. den Sie in Übung 3.3 erstellt haben, und prüfen Sie, dass es neue Produkte für das Jahr 2025 gibt. Ist dies nicht eine bemerkenswerte Funktion?
- Nach Schritt 5 in Übung 3.3 haben Sie vielleicht bemerkt, dass der Bereich *Abfragen* neue Artefakte wie Gruppen und verschiedene Arten von Abfragen enthält. Sie können diese Elemente vorerst ignorieren. Wir werden später darauf zurückkommen, wenn wir uns Abfragefunktionen und anderen fortgeschrittenen Themen widmen.
- Sie können mehrere Dateien aus freigegebenen Ordnern in einem Netzwerk oder auf SharePoint-Websites kombinieren. Mithilfe freigegebener Ordner können Sie einen Power BI-Bericht oder eine Excel-Arbeitsmappe für andere Berichtsautoren freigeben, die dann ebenfalls Aktualisierungen durchführen können. Wenn Sie Power BI verwenden, können Sie den Bericht im Power BI-Dienst veröffentlichen und so die Vorteile von geplanten Aktualisierungen genießen. Wenn sich der Ordner in SharePoint Online oder OneDrive for Business befindet, hat der Power BI-Dienst direkten Zugriff auf die Daten und kann so konfiguriert werden, dass er regelmäßig aktualisiert wird. Wenn der freigegebene Ordner lokal ist, können Sie das lokale Power BI Gateway verwenden, sodass der Power BI-Dienst Zugriff auf den Ordner hat, um regelmäßige Aktualisierungen durchzuführen.

Tabellenblätter aus einer Arbeitsmappe anfügen

Sehen wir uns ein letztes Szenario für das Anfügen von Tabellen im großen Maßstab an: das Kombinieren von Tabellen aus mehreren Tabellenblättern. Im vorherigen Beispiel haben Sie AdventureWorks-Produkte kombiniert, die in unterschiedliche Arbeitsmappen aufgeteilt waren. Jede Arbeitsmappe hatte ihre eigenen Produkte, und die Arbeitsmappen waren anhand des Veröffentlichungsjahrs organisiert. Stellen Sie sich jedoch vor, dass dieselben Tabellen in separaten Tabellenblättern in derselben Excel-Arbeitsmappe gespeichert werden. Können Sie alle Tabellenblätter in einer einzigen Tabelle anfügen, wobei der Kontext des Verkaufsstarts für jedes Produkt beibehalten wird, wie in Abbildung 3.7 gezeigt? Können Sie auch sicherstellen, dass Sie die Abfrage nicht jedes Jahr aktualisieren müssen, wenn ein neues Tabellenblatt hinzugefügt wird? Wie können Sie gewährleisten, dass die Produkte des nächsten Jahres automatisch in Ihrem Bericht kombiniert werden, wenn Sie auf *Aktualisieren* klicken?

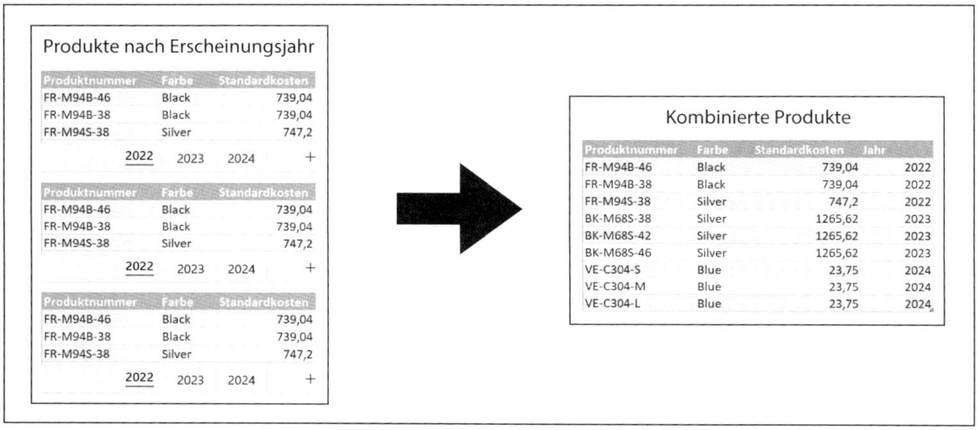

Abbildung 3.7 Ihr Ziel für die AdventureWorks-Produkte, die nach ihrem Veröffentlichungsjahr in separate Tabellenblätter unterteilt sind, besteht darin, sie zu kombinieren, gleichzeitig den Kontext des Veröffentlichungsjahrs zu erhalten und außerdem für zukünftige Jahre weitere Änderungen an der Abfrage zu vermeiden.

Übung 3.4: Tabellenblätter anfügen – die Lösung

Um die Schritte für die Lösung dieser Herausforderung selbst durchzuführen, können Sie die Datei *K03U04 – Jahr pro Arbeitsblatt.xlsx* aus den Begleitdateien zu diesem Buch verwenden.

1. Erstellen Sie eine leere neue Excel-Arbeitsmappe oder einen neuen Power BI Desktop-Bericht.

   In Power BI Desktop wählen Sie auf der Registerkarte *Start* den Befehl *Excel-Arbeitsmappe*.

   In Excel wählen Sie auf der Registerkarte *Daten* den Befehl *Daten abrufen | Aus Datei | Aus Excel-Arbeitsmappe*.
2. Wählen Sie die Datei *K03U04 – Jahr pro Arbeitsblatt.xlsx* aus und klicken Sie auf *Importieren*.
3. Klicken Sie im Dialogfeld *Navigator* die Zeile mit dem Ordnersymbol (hier *K03U04 – Jahr pro Arbeitsblatt.xlsx*) mit der rechten Maustaste an und wählen Sie *Daten transformieren*.

Wählen Sie im Dialogfeld *Navigator* keines der Tabellenblätter aus. Sie können dies zwar tun und dann die Tabellenblätter wie in Übung 3.1 gezeigt anfügen, jedoch führt diese Lösung langfristig zu unerwünschten Ergebnissen. Wenn neue Tabellenblätter in die Arbeitsmappe eingefügt werden, müssen Sie die Abfragen ändern und die neuen Tabellenblätter hinzufügen. Stattdessen haben Sie in Schritt 3 die gesamte Arbeitsmappe ausgewählt und können so eine robuste Lösung erstellen.

4. Wenn der Power Query-Editor geöffnet wird, benennen Sie die Abfrage in **Produkte** um. Im Vorschaubereich sehen Sie eine Tabelle, in der jede der Zeilen ein Tabellenblatt enthält. Der tatsächliche Inhalt jedes Tabellenblatts wird in der Spalte *Data* gekapselt. Bevor Sie die Tabellenblätter kombinieren, können Sie die folgenden drei Spalten entfernen: *Item, Kind* und *Hidden*.

Wenn sich in Ihrer Quellarbeitsmappe ausgeblendete Tabellenblätter oder bestimmte Tabellenblätter mit Daten befinden, die Sie nicht verwenden wollen, können Sie diese herausfiltern, bevor Sie in Schritt 5 die Tabellenblätter kombinieren. Dies ist ein guter Zeitpunkt, um die erforderlichen Filter anzuwenden. Sie können zum Beispiel einen Filter auf die Spalte *Hidden* anwenden, um nur die Zeilen beizubehalten, die den Wert FALSE enthalten; auf diese Weise können Sie ausgeblendete Tabellenblätter ausschließen.

5. Klicken Sie in der Überschriftenzeile der Spalte *Data* auf die Schaltfläche *Erweitern*.
6. Wenn der Bereich *Erweitern* geöffnet wird, in dem die Spalten angezeigt werden, die Sie erweitern können, klicken Sie auf *OK*, um alle Spalten zu erweitern. Wenn Sie die Spalte *Data* erweitern, enthält die kombinierte Tabelle bedeutungslose Überschriften *(Data.Column1, Data.Column2* usw.). Außerdem enthält die Tabelle sowohl die Überschriftenzeilen als auch die Datenzeilen aus jedem Tabellenblatt, wie in der ersten Tabelle in Abbildung 3.8 gezeigt.

Wenn es sich bei den Produkttabellen in jedem Tabellenblatt um Tabellenobjekte handeln würde, könnten Sie in Schritt 6 die tatsächlichen Produktspaltennamen erweitern, anstatt *Data.Column1, Data.Column2* usw. zu verwenden. (Um in Excel einen Zellbereich in eine Tabelle zu konvertieren, wählen Sie den Bereich oder eine einzelne Zelle in einem Bereich aus und klicken Sie dann auf der Registerkarte *Einfügen* auf *Tabelle* oder drücken Sie Strg+T.)

Das Transformationsflussdiagramm in Abbildung 3.8 zeigt die drei Transformationsschritte, die zum Bereinigen der kombinierten Tabelle erforderlich sind. Im ersten Schritt verschieben Sie die erste Zeile, die die Überschriftenzeile der Tabelle *2022* war, nach oben, damit diese Zeile die Überschriftenzeile der kombinierten Tabelle wird. Im nächsten Schritt entfernen Sie dann alle Überschriftenzeilen der Tabellenblätter *2023* und *2024*. Schließlich benennen Sie im dritten Schritt die Spalte *2022* um, damit diese das Veröffentlichungsjahr jedes Produkts enthält. Ich könnte im gesamten Buch diese Art von Diagramm verwenden, um die Abfolge der wichtigsten Transformationsschritte darzustellen und um die jeweilige Zielsetzung für die Lösung fortgeschrittener Datenvorbereitungsprobleme zu beschreiben. Als Nächstes betrachten wir die Schritte im Detail.

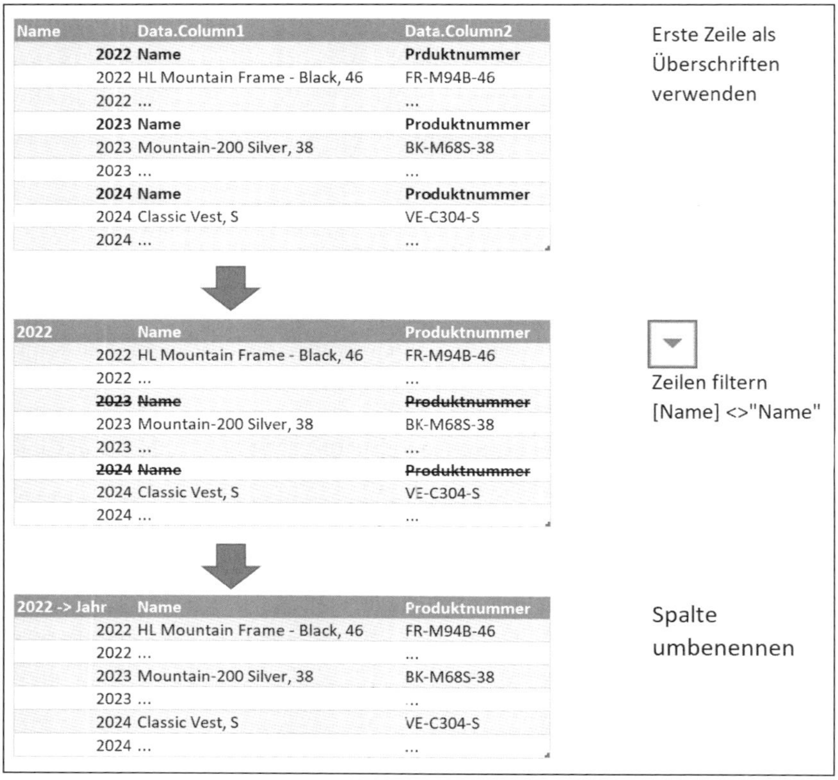

Abbildung 3.8 Dieses Transformationsflussdiagramm zeigt, wie Sie kombinierte Tabellenblätter bereinigen.

7. Wählen Sie auf der Registerkarte *Transformieren* den Befehl *Erste Zeile als Überschriften verwenden*. Auf diese Weise können Sie die Spaltenüberschriften aus dem ersten Tabellenblatt als Spaltenüberschriften für die kombinierte Tabelle beibehalten.
8. Beachten Sie im Vorschaubereich, dass die Spaltenüberschriften der Tabellenblätter *2023* und *2024* als Zeilen in der angefügten Tabelle enthalten sind. Diese Zeilen enthalten den Wert *Name* in der Spalte *Name* und sollten aus der Tabelle entfernt werden. Um diese Zeilen herauszufiltern, klicken Sie auf das Filtersteuerelement auf der linken Seite der Überschrift *Name*. Wenn der Filterbereich geöffnet wird, geben Sie **Name** in das Suchfeld ein und deaktivieren Sie das Kontrollkästchen *Name*. Klicken Sie dann auf *OK*.

9. Doppelklicken Sie auf die erste Spaltenüberschrift mit dem Namen *2022* und benennen Sie sie in **Jahr** um.

Die Schritte 7 bis 9 können auf lange Sicht fehlschlagen. Sie werden in Kürze erfahren, warum dies ein Problem darstellt und wie Sie es lösen können.

Sie können die kombinierte Tabelle jetzt in Ihren Power BI-Bericht oder Ihre Excel-Arbeitsmappe laden. Sie haben die drei Tabellenblätter für die drei Veröffentlichungsjahre kombiniert und das Veröffentlichungsjahr jedes Produkts aus den Tabellenblattnamen extrahiert. Es ist an der Zeit, die Skalierbarkeit der Lösung zu testen und zu prüfen, ob sie korrekt aktualisiert wird, wenn ein viertes Tabellenblatt mit den neu veröffentlichten Produkten hinzugefügt wird.

10. Während Ihr Power BI-Bericht oder Ihre Excel-Arbeitsmappe mit den kombinierten Produkten noch geöffnet ist, öffnen Sie die Excel-Quelldatei *K03U04 – Jahr pro Arbeitsblatt.xlsx*, die in dieser Übung verwendet wurde. Duplizieren Sie das Tabellenblatt *2024* als viertes Tabellenblatt (fügen Sie also die Kopie am Ende ein) und benennen Sie es in **2025** um.

Wenn Sie den Power Query-Editor in Excel (und nicht in Power BI Desktop) geöffnet haben, haben Sie möglicherweise bemerkt, dass Sie nicht auf andere geöffnete Arbeitsmappen zugreifen oder über die Excel-Registerkarte *Datei* weitere Arbeitsmappen öffnen können, wenn der Power Query-Editor geöffnet ist. Daher müssen Sie in Schritt 10 gegebenenfalls den Power Query-Editor schließen, bevor Sie die Quellarbeitsmappe öffnen. Um diese Einschränkung zu umgehen, können Sie über die Taskleiste oder das Startmenü eine neue Excel-Instanz starten und dort *K03U04 – Jahr pro Arbeitsblatt.xlsx* öffnen. Die neue Excel-Instanz wird vom aktuellen Power Query-Editor-Fenster nicht blockiert.

---

11. Aktualisieren Sie die Abfrage *Produkte* in Ihrem Power BI-Bericht oder Ihrer Excel-Arbeitsmappe und überprüfen Sie, ob die duplizierten Produkte aus dem Tabellenblatt *2025* jetzt mit dem Wert 2025 als Veröffentlichungsdatum angefügt wurden. Sie sollten feststellen, dass es funktioniert hat!

    Fügen Sie als erstes Tabellenblatt ein Blatt mit historischen Daten für *Produkte* hinzu, die 2021 veröffentlicht wurden, und nennen Sie dieses Blatt **2021**. Dazu können Sie eines der vorhandenen Tabellenblätter duplizieren und es als erstes Tabellenblatt in *K03U04 – Jahr pro Arbeitsblatt.xlsx* hinzufügen. Wenn das erste, also ganz links stehende Tabellenblatt *2021* und nicht *2022* ist, schlägt die Aktualisierung mit diesem Fehler fehl: *Expression.Error: Die Spalte '2022' der Tabelle wurde nicht gefunden.*

12. Um diesen Fehler kurzfristig zu beheben, starten Sie den Power Query-Editor, wählen Sie die Abfrage *Produkte* aus und markieren Sie in *Angewendete Schritten* den Schritt *Geänderter Typ*. In der Bearbeitungsleiste wird die folgende Formel angezeigt:

```
Table.TransformColumnTypes(#"Höher gestufte Header",{{"2022", Int64.Type},
{"Name", type text}, {"Produktnummer", type text}, {"Farbe", type text},
{"Standardkosten", type any}, {"Listenpreis", type any}, {"Größe", type text},
{"Gewicht", type any}, {"ÜbergeordneteProduktkategorieName", type text},
{"ProduktkategorieName", type text}})
```

Suchen Sie in obiger Formel nach *2022* und ersetzen Sie diesen Text durch **2021**.

13. Wählen Sie im Abschnitt *Angewendete Schritte* den Schritt *Umbenannte Spalten* aus. In der Bearbeitungsleiste wird die folgende Formel angezeigt:

```
Table.RenameColumns(#"Gefilterte Zeilen",{{"2022", "Jahr"}})
```

Suchen Sie in obiger Formel nach dem Text *2022* und ersetzen Sie diesen durch **2021**.

14. Schließen Sie den Power Query-Editor und aktualisieren Sie den Bericht. Die in 2021 veröffentlichten Produkte werden nun korrekt mit Ihrem Bericht kombiniert.

Sie können sich diese Schritte in den Lösungsdateien *K03U04 – Lösung 01.pbix* oder *K03U04 – Lösung 01.xlsx* ansehen, die Sie in den Begleitdateien zu diesem Buch finden.

Wenn Sie davon ausgehen können, dass das erste Tabellenblatt immer *2022* oder jetzt, nach der Korrektur, *2021* sein wird, und wenn Sie sicherstellen können, dass neue Produkte immer als neue Tabellenblätter auf der rechten Seite hinzugefügt werden, dann haben Sie Ihre Mission erfüllt. Aber was, wenn Sie sich hierbei nicht ganz sicher sind? Wie können Sie die Abfrage verbessern, damit Sie die Schritte 12 bis 14 nicht wiederholen müssen, wenn ein neues Tabellenblatt als erstes Tabellenblatt hinzugefügt wird?

Im nächsten und letzten Teil dieses Kapitels erfahren Sie, wie Sie die Abfrage verbessern können, um das Szenario zu unterstützen, bei dem Sie nicht wissen, welches Tabellenblatt das erste sein wird.

Ein robuster Ansatz zum Kombinieren mehrerer Tabellenblätter

In diesem Abschnitt werden kurz neue Konzepte vorgestellt, mit denen Sie die Robustheit Ihrer Abfragen verbessern und Aktualisierungsfehler vermeiden können. In Übung 3.4 haben Sie drei Tabellenblätter von AdventureWorks-Produkten nach deren Veröffentlichungsjahr kombiniert. Sie können die drei Tabellenblätter zwar skalierbar anfügen und eine neue Tabelle aus den neuen Tabellenblättern integrieren, wenn sie der Datenquelle hinzugefügt werden, Sie haben jedoch herausgefunden, dass die Abfrage fehlschlägt, wenn als erstes Tabellenblatt ein unbekanntes Tabellenblatt hinzugefügt wird.

In Übung 3.4 haben Sie drei Schritte (7 bis 9) ausgeführt, um die Tabellenblätter in einer einzigen Tabelle zu kombinieren. In Kapitel 10, »Von Stolperfallen zu robusten Abfragen«, erfahren Sie mehr darüber, wie jeder dieser Schritte anders hätte ausgeführt werden können, um potenzielle Fehler zu vermeiden. Im Moment werden in diesem Abschnitt nur kurz die Fehler und deren Lösung in diesem speziellen Szenario vorgestellt:

- In Schritt 7 haben Sie die erste Zeile als Überschriften verwendet und zugelassen, dass Power Query automatisch die Spaltentypen für Sie ändert. Daher wurde in der Formel explizit auf das Jahr 2022 verwiesen. Sie haben die Formel so beibehalten, wie sie ist; als Ergebnis davon können bei der zukünftigen Aktualisierung der Abfrage Fehler auftreten. In Kapitel 10 wird dieser Fehler »geänderte Typen-Stolperfalle« genannt.

- In Schritt 9 haben Sie die Spaltenüberschrift *2022* in *Jahr* umbenannt. Diese Aktion führte zu einem expliziten Verweis auf die Spalte 2022 in der Bearbeitungsleiste; hierdurch wurde die Abfrage für Aktualisierungsfehler anfällig, wie Sie es nach dem Hinzufügen von *2021* als erstem Tabellenblatt beobachtet haben. In Kapitel 10 wird dieser Fehler »umbenannte Spalten-Stolperfalle« genannt.

Beachten Sie, dass Sie in Schritt 8 beinahe über eine weitere Stolperfalle gestürzt wären, die »Suche in Filter-Stolperfalle«. Dort haben Sie den Filter im Suchbereich angewendet, anstatt Textfilter auszuwählen und dann die Filterbedingung explizit zu definieren. Sie erfahren mehr über diese und weitere Stolperfallen in Kapitel 10.

Führen Sie die folgenden Schritte aus, um diese beiden Fallstricke zu beseitigen:

1. Öffnen Sie die Abfrage *Produkte* im Power Query-Editor und löschen Sie aus den *Angewendeten Schritten* den Schritt *Geänderter Spaltentyp*. (Sie werden weiter hinten die richtigen Typen explizit zuweisen.)
2. Markieren Sie im Abschnitt *Angewendete Schritte* den Schritt *Umbenannte Spalten*. In der Bearbeitungsleiste wird die folgende Formel angezeigt:

```
Table.RenameColumns(#"Gefilterte Zeilen",{{"2022", "Jahr"}})
```

3. Ersetzen Sie `"2022"` in der obigen Formel durch den Code **Table.ColumnNames(#"Gefilterte Zeilen"){0}**. Die fertige Formel in der Bearbeitungsleiste lautet nach dieser Änderung wie folgt (Änderungen sind fett formatiert):

```
Table.RenameColumns(#"Gefilterte Zeilen",{{ Table.ColumnNames(#"Gefilterte Zeilen"){0},
"Jahr"}})
```

   Die Sprache M wird in Kapitel 9 ausführlich behandelt. Sie sollten sich zum jetzigen Zeitpunkt keine Sorgen darüber machen, wenn Sie die Syntax nicht verstehen. Sie müssen M nicht vollständig beherrschen, um 99 % der Datenprobleme zu lösen, mit denen Sie jemals konfrontiert sein werden. Da Sie jedoch hier die M-Formel geändert haben, lassen Sie mich kurz beschreiben, was passiert ist.

   Kurz gesagt bewirkt diese Änderung, dass Sie Power Query nicht mehr anweisen »Bitte benenne die Spalte 2022 in Jahr um«, sondern stattdessen diese Anweisung geben: »Bitte benenne die *erste* Spalte in Jahr um.«

   Wie haben Sie auf die erste Spalte verwiesen? Mit der Funktion `Table.ColumnNames`. Diese Funktion gibt die Liste der Spaltennamen der Tabelle zurück, die sie als Argument erhält. In diesem Fall lautet die Tabelle *Gefilterte Zeilen*; der Tabelle wurde im vorherigen Schritt, in dem Sie die Tabelle gefiltert haben, dieser Name zugewiesen. Um Power Query zum ersten Element in der Liste der Spaltennamen zu schicken, können Sie den Index null in geschweiften Klammern verwenden. Mit dieser Syntax können Sie in M auf bestimmte Elemente in einer Liste oder auf eine bestimmte Zeile in einer Tabelle zugreifen. Indexwerte beginnen in M immer mit 0, nicht mit 1. Der Index des ersten Elements ist also 0, und der Index des n-ten Elements ist n–1. In Kapitel 10 verwenden Sie die Funktion `Table.ColumnNames`, um zu vermeiden, dass Sie mit den hart verdrahteten Namen auf Spalten verweisen; so vermeiden Sie Aktualisierungsfehler, wenn sich die Spaltennamen ändern.

4. Sie können die Erstellung einer robusten Abfrage wie folgt abschließen:
   a. Weisen Sie der Spalte *Jahr* den Typ *Ganze Zahl* zu.
   b. Weisen Sie der Spalte *Standardkosten* den Typ *Dezimalzahl* zu.
   c. Weisen Sie der Spalte *Listenpreis* den Typ *Dezimalzahl* zu.

Sie können nun den Power Query-Editor schließen und den Bericht aktualisieren. Die Produkte werden korrekt kombiniert, unabhängig davon, welches Jahr als erstes Tabellenblatt platziert wird.

Sie können sich die vorherigen Schritte in den Lösungsdateien *K03U04 – Lösung 02.pbix* oder *K03U04 – Lösung 02.xlsx* ansehen, die sich in den herunterladbaren Begleitdateien zu diesem Buch befinden.

Zusammenfassung

In diesem Kapitel haben Sie eine der am häufigsten verwendeten Transformationen in Power Query kennengelernt. Durch das Kombinieren von Tabellen, die das gleiche Format aufweisen, wird die Analyse vereinfacht und die Komplexitäten bei der Erstellung von Berichten werden vermieden, die dazu führen, dass mit Silos getrennter Datasets gearbeitet wird.

Dieses Kapitel begann mit den einfachen Transformationen *Abfragen anfügen* und *Abfragen als neu anfügen*, mit denen Sie zwei oder mehr Tabellen kombinieren können. Sie haben die Unterschiede zwischen den beiden Methoden kennengelernt; außerdem wurde die Bedeutung von Verweisen und der Abfrageabhängigkeiten erläutert, um den Transformationsfluss zu überprüfen.

Der zweite Teil des Kapitels widmete sich dann Szenarien aus dem Praxisalltag, in denen die Anzahl der Tabellen und deren Namen unbekannt sind. Sie haben das Feature *Aus Ordner importieren* kennengelernt, das Tabellen kombiniert, die sich in einem Ordner befinden, und das es Ihnen ermöglicht, die Tabellen anzufügen, während der Kontext anhand des Dateinamens, der in der Spalte *Source.Name* verfügbar ist, beibehalten werden kann.

In diesem Kapitel haben Sie außerdem gelernt, wie Sie Tabellen aus mehreren Tabellenblättern einer Arbeitsmappe kombinieren und dass dabei die ursprünglichen Tabellenblattnamen als zusätzlicher Kontext beibehalten werden. Anschließend haben Sie sichergestellt, dass ohne weitere Änderungen neue Tabellenblätter an die Abfrage angefügt werden können.

Schließlich haben Sie in diesem Kapitel einen ersten Eindruck von einigen der häufigsten Fallstricke bekommen, die in Kapitel 10 ausführlicher behandelt werden. Daneben haben Sie gelernt, wie Sie eine Abfrage mithilfe der M-Funktion `Table.ColumnNames` verbessern, wenn der Name des ersten Tabellenblatts in einer Excel-Arbeitsmappe geändert wird.

Die Beispiele in diesem Kapitel gingen davon aus, dass die angefügten Tabellen das gleiche Format besitzen – eine Annahme, die Ihre Arbeit relativ einfach gemacht hat –, aber in Kapitel 4, »Tabellen mit unterschiedlichen Datenstrukturen kombinieren«, werden Sie typische Szenarien untersuchen, in denen selbst geringfügige Formatabweichungen zwischen Tabellen das Kombinieren von Tabellen ohne vorherige ordnungsgemäße Datenaufbereitung unmöglich machen. Kapitel 4 ist entscheidend, um mit den neu erworbenen Kenntnissen »ewige Weisheit« zu erlangen. Mit Power Query ist es durchaus möglich, Macht und Weisheit zu kombinieren.

KAPITEL 4

Tabellen mit unterschiedlichen Datenstrukturen kombinieren

In diesem Kapitel:

- erfahren Sie, wie sich das nicht korrekte Kombinieren von Tabellen mit unterschiedlichen Datenstrukturen auswirkt
- werden Sie Tabellen mit nicht übereinstimmenden Spaltennamen richtig kombinieren
- werden Sie Tabellen mit nicht übereinstimmenden Spaltennamen, die sich in einem Ordner befinden, richtig kombinieren
- erfahren Sie, wie Sie Spaltennamen mithilfe einer Konvertierungstabelle normalisieren
- lernen Sie verschiedene Lösungen für die Tabellennormalisierung kennen, die unterschiedlich komplex sind und unterschiedliche Leistungseinschränkungen aufweisen

In Kapitel 3, »Daten aus mehreren Quellen kombinieren«, haben Sie gelernt, wie Sie mehrere Tabellen in Power Query kombinieren und anfügen, um Ihre Analyse- und Berichtsaufgaben zu vereinfachen. Tabellen liegen oft in unterschiedlichen Formaten vor; es kann auch passieren, dass sich deren Struktur im Laufe der Zeit ändert, wenn sie von verschiedenen Personen bearbeitet werden, die sich nicht darüber bewusst sind, welche potenziell katastrophalen Auswirkungen diese Änderungen auf ihre Berichte haben.

Dieses Kapitel konzentriert sich auf eine große Herausforderung: wie nicht übereinstimmende Tabellen kombiniert werden können. Um diese Herausforderung zu verstehen, verwende ich Socken als Analogie für Tabellen. Die Arbeiten, die Sie in Kapitel 3 durchgeführt haben, entsprechen, um in diesem Bild zu bleiben, dem Tragen eines Paars gleicher Socken. In diesem Kapitel erfahren Sie, wie Sie mit zwei ungleichen Socken umgehen. Sie werden sicherlich zustimmen: Haben Sie zwei zusammengehörige Socken, dann ist das Tragen einfach. Die Suche nach den beiden Socken eines Paars – das ist oft der frustrierende Teil. Und manchmal ist es einfach unmöglich, in einem großen Haufen gewaschener Kleidung die richtige Socke zu finden. Können Sie Socken tragen, die nicht zueinanderpassen? Ja, im realen Leben geht das, und in Power Query ist dies im übertragenen Sinn auch möglich. Dieses Kapitel untersucht, wie Sie in Power Query mit nicht übereinstimmenden Tabellen leben können, unabhängig davon, wie sehr sich deren Formate unterscheiden.

Das Problem von Tabellen mit unterschiedlichen Datenstrukturen

In Kapitel 3 haben Sie mehrere Tabellen mit einer Vielzahl von Techniken angefügt: Sie haben manuell mehrere Tabellen geladen und auf der Registerkarte *Start* des Power Query-Editors entweder den Befehl *Abfragen anfügen* oder *Abfragen als neu anfügen* verwendet, um die Abfragen in einer einzigen Tabelle zu konsolidieren. Außerdem haben Sie Tabellen aus mehreren Dateien, die sich in einem Ordner befanden, importiert sowie die Tabellen aus mehreren Tabellenblättern in einer einzigen Arbeitsmappe angefügt. Die verschiedenen Übungen, die Sie durchgearbeitet haben, wiesen eine Gemeinsamkeit auf, eine implizite Annahme, die nicht im Detail artikuliert wurde: Alle Tabellen hatten das gleiche Format.

Es erscheint völlig vernünftig, zu erwarten, dass Ihre Tabellen ein konsistentes Format aufweisen, bevor Sie sie kombinieren. Obwohl dies in idealen Szenarien eine vernünftige Anforderung sein mag, ist dies im wirklichen Leben selten möglich. Eventuell müssen Sie mit Tabellen arbeiten, die unterschiedliche Formate haben oder, noch schlimmer, deren Format sich im Laufe der Zeit mehrfach ändert. In diesem Abschnitt werden die wichtigsten Szenarien im Hinblick auf Tabellen mit nicht übereinstimmenden Datenstrukturen beschrieben und wie Sie die Auswirkungen davon identifizieren können.

Was sind nicht übereinstimmende Tabellen?

Im Kontext dieses Kapitels sind nicht übereinstimmende Tabellen Tabellen, die dieselben semantischen Entitäten und ihre Fakten beschreiben, bei denen sich aber die Spaltennamen unterscheiden. Angenommen, *Tabelle1* besteht aus den Spaltennamen *mitarbeiter, alter* und *geschlecht. Tabelle2* besteht aus den Spaltennamen *Name, Alter* und *W/M*. Tabelle 4.1 veranschaulicht die Unterschiede zwischen den Spaltennamen in diesen beiden Tabellen.

	Tabelle1	Tabelle2	Grund der Diskrepanz
Spalte1	mitarbeiter	Name	unterschiedlicher Spaltenname
Spalte2	alter	Alter	unterschiedlicher Spaltenname aufgrund von unterschiedlicher Groß/Kleinschreibung
Spalte2	geschlecht	W/M	unterschiedlicher Spaltenname

Tabelle 4.1 Beispiele von nicht übereinstimmenden Spaltennamen

Symptome und Risiken von nicht übereinstimmenden Tabellen

Nachdem Sie nun wissen, was nicht übereinstimmende Tabellen sind, können Sie sich mit den Hauptsymptomen vertraut machen, wenn Sie versuchen, nicht übereinstimmende Tabellen zu kombinieren. Ähnliche Symptome treten auf, wenn Sie versuchen, einen vorhandenen Bericht zu aktualisieren, der für Tabellen mit demselben Format erstellt wurde, deren Format jedoch nach der Erstellung des Berichts geändert wurde, wodurch sie nicht mehr übereinstimmen.

Wenn Sie im Power Query-Editor zwei Tabellen kombinieren, wird jede übereinstimmende Spalte korrekt in der kombinierten Tabelle angefügt. Für jede Zeile in der ersten Tabelle werden die Werte in den übereinstimmenden Spalten in die kombinierte Tabelle kopiert. Für die zweite Tabelle wird die gleiche Logik angewendet: Für jede Zeile in der zweiten Tabelle werden die Werte in den übereinstimmenden Spalten in die kombinierte Tabelle kopiert.

Wie behandelt Power Query nicht übereinstimmende Spalten? In den meisten Fällen kombiniert es die Tabellen in einer neuen Tabelle, die eine Obermenge (oder eine Union) aller Spalten aus den Quelltabellen enthält. Jede Zeile aus der ersten Tabelle wird in die kombinierte Tabelle kopiert, und in den Spalten, die nur in der zweiten Tabelle vorhanden sind, werden leere Werte angezeigt. Jede Zeile aus der zweiten Tabelle wird auf die gleiche Weise kopiert; auch hier stehen dann leere Werte in den Spalten, die nur in der ersten Tabelle vorkommen. Wir nennen dieses Symptom, das in Abbildung 4.1 dargestellt ist, *getrennte Daten*. Anstatt die Werte aus den beiden Tabellen in einer einzigen Spalte zusammenzuführen, behält Power Query die ursprünglichen Spalten mit ihren geerbten getrennten Daten bei.

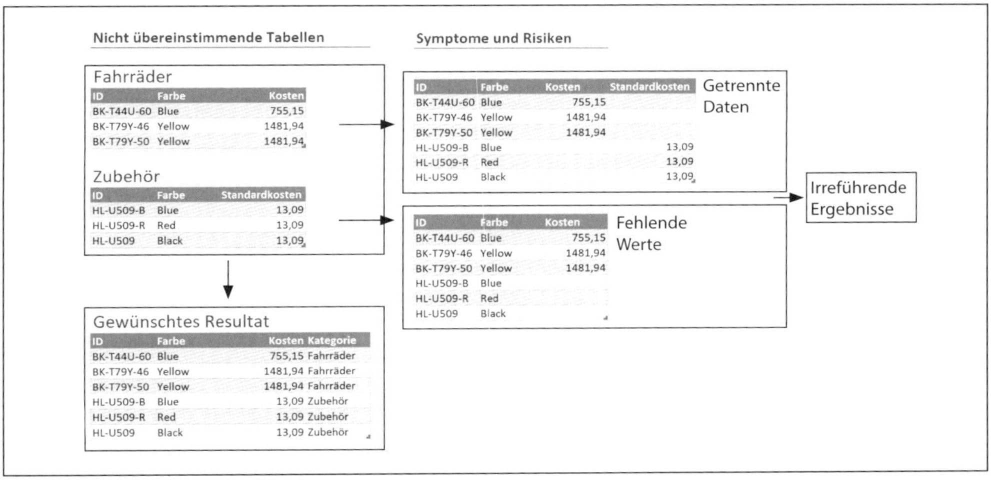

Abbildung 4.1 Nicht übereinstimmende Tabellen können zwei Arten von Symptomen aufweisen: getrennte Daten und fehlende Werte, die zu irreführenden Ergebnissen führen.

Das zweite, ebenfalls in Abbildung 4.1 dargestellte Symptom, das auftreten kann, wenn Sie nicht übereinstimmende Tabellen kombinieren, sind fehlende Werte. Dies geschieht, wenn die nicht übereinstimmenden Spalten aus der ersten Tabelle für die kombinierte Tabelle ausgewählt werden und alle nicht übereinstimmenden Spalten aus der zweiten Tabelle einfach ignoriert werden. Daher finden Sie für jede Zeile in der zweiten Tabelle in der kombinierten Tabelle leere Werte in der nicht übereinstimmenden Spalte. Später in diesem Kapitel erfahren Sie mehr über dieses Symptom und die Möglichkeiten, es zu beheben.

Wenn die oben beschriebenen Symptome ignoriert werden oder unentdeckt bleiben, sind die Risiken klar. Getrennte Daten und fehlende Werte können zu ungenauen und irreführenden Ergebnissen führen. Glücklicherweise wissen Sie jetzt nicht nur, wie Sie die Symptome bei nicht übereinstimmenden Tabellen, die schlecht kombiniert sind, erkennen, sondern auch, wie wichtig es ist, nach diesen Symptomen Ausschau zu halten. Es ist jetzt an der Zeit, zu lernen, wie Sie diese Probleme lösen, damit Sie auch nicht übereinstimmende Tabellen erfolgreich kombinieren können.

Übung 4.1: Nicht übereinstimmende Spaltennamen auflösen – der reaktive Ansatz

In dieser Übung erfahren Sie, wie Sie das Problem von nicht übereinstimmenden Spaltennamen beheben und die im vorherigen Abschnitt beschriebenen Symptome für geteilte Daten und fehlende Werte vermeiden (siehe Abbildung 4.1). In dieser Übung werden Excel-Arbeitsmappen mit AdventureWorks-Daten verwendet, um das Problem und seine Lösung zu veranschaulichen.

Betrachten wir zunächst das Symptom der geteilten Daten in einem einfachen Szenario. Außerdem untersuchen wir, wie Sie es reaktiv durch die Vereinheitlichung der Spaltennamen beheben können. Für diese Übung können Sie die folgenden Arbeitsmappen verwenden, die Sie in den Begleitdateien zu diesem Buch finden:

- K04U01 – Zubehör.xlsx
- K04U01 – Fahrräder.xlsx

Jede dieser beiden Arbeitsmappen enthält den Produktbestand der jeweiligen übergeordneten Kategorie – *Zubehör* oder *Fahrräder*. Die Produktkosten befinden sich in der Tabelle *Fahrräder* in der Spalte *Kosten* und in der Tabelle *Zubehör* in der Spalte *Standardkosten*. Arbeiten Sie diese Übung durch und versuchen Sie, diese beiden Tabellen zu kombinieren.

1. Erstellen Sie einen Power BI Desktop-Bericht oder eine neue Excel-Arbeitsmappe und importieren Sie die beiden Arbeitsmappen in den Power Query-Editor.
2. Markieren Sie die Abfrage *Zubehör*, wählen Sie *Abfragen als neu anfügen* und fügen Sie die Abfrage *Fahrräder* hinzu.
3. Schauen Sie sich den Vorschaubereich der neuen Abfrage *Anfügen1* an und Sie sehen eine Vorschau der kombinierten Tabellen. Beachten Sie, dass in den kombinierten Ergebnissen sowohl die Spalte *Kosten* als auch die Spalte *Standardkosten* enthalten sind. Die Spalte *Kosten* enthält die importierten Kosten aus *Fahrräder* sowie Nullwerte für die Produkte aus der Tabelle Zubehör, wohingegen die Spalte *Standardkosten* die importierten Kosten aus *Zubehör* und für alle Produkte der Tabelle *Fahrräder* Nullwerte enthält.

Möglicherweise haben Sie bemerkt, dass beim Anfügen von *Zubehör* und *Fahrräder* die Informationen der übergeordneten Kategorie verloren gingen, die im Dateinamen und im Namen des Tabellenblatts verfügbar waren. In Kapitel 5, »Den Kontext erhalten«, erfahren Sie, wie Sie den Tabellenkontext beibehalten können.

4. Wählen Sie die Abfrage *Zubehör* aus und benennen Sie die Spalte *Standardkosten* in **Kosten** um. Wenn Sie nun erneut *Anfügen1* auswählen, sehen Sie, dass das Symptom der geteilten Daten aufgelöst wird und die ehemals nicht übereinstimmenden Spalten konvergiert wurden.

Die hier beschriebene Lösung ist einfach. Sie können diesen Ansatz oft verwenden, um das Problem von nicht übereinstimmenden Spaltennamen zu beheben. Es gibt aber auch Situationen, in denen das manuelle Umbenennen von nicht übereinstimmenden Spaltennamen kein geeigneter Ansatz ist. Angenommen, Sie haben zwei Tabellen mit 100 Spalten, die übereinstimmen sollen. In diesem Fall artet der Ansatz des manuellen Umbenennens von nicht übereinstimmenden Spaltennamen zu einer sich wiederholenden und zeitaufwendigen Aufgabe aus. Noch schlimmer ist, dass das manuelle Umbenennen von Spalten in den meisten Fällen nicht funktioniert, wenn Sie Tabellen aus einem Ordner kombinieren, wie Sie im nächsten Abschnitt sehen werden.

Nicht übereinstimmende Tabellen aus einem Ordner kombinieren

Im vorherigen Abschnitt haben Sie gelernt, wie Sie nicht übereinstimmende Spaltennamen manuell ändern, bevor Sie die Tabellen anfügen. Wenn Sie mehrere Tabellen kombinieren wollen, die sich in einem Ordner befinden und deren Spaltennamen nicht übereinstimmen, wird die Situation schwieriger. Einerseits wäre das manuelle Anfügen von Dateien kein guter Ansatz, vor allem wenn Sie eine große Anzahl von Dateien haben. Auf der anderen Seite erlaubt es das Kombinieren der Dateien aus einem Ordner nicht, für jede Datei eine andere Logik anzuwenden.

Angesichts dieser Herausforderung könnten Sie versucht sein, zur Datenquelle zu gehen und dort die Spalten umzubenennen. Angenommen, in jeder der 60 Arbeitsmappen in dem Ordner befindet sich eine Tabelle mit 20 Spalten, die Sie kombinieren sollen. Sie müssen mehr als 1200 Spalten überprüfen, um sicherzustellen, dass die Namen übereinstimmen, und die Spalten von Hand in den Arbeitsmappen umbenennen, falls sie nicht übereinstimmen. Dieser Ansatz wäre nicht praktikabel, insbesondere dann nicht, wenn Sie nicht der Besitzer und einzige Bearbeiter der Quelldateien sind und wenn Sie regelmäßig neue Dateien erhalten, bei denen dann wiederum die Spaltennamen nicht übereinstimmen.

Erinnern Sie sich daran, dass Sie in Kapitel 3 gelernt haben, wie Sie mehrere Tabellen aus einem Ordner kombinieren. Als Sie in Kapitel 3 die entsprechenden Schritte ausgeführt haben, hat Power Query die Überschriften der ersten Tabelle als Überschriften der kombinierten Tabelle verwendet. Wenn Sie Tabellen mit nicht übereinstimmenden Spaltennamen aus einem Ordner kombinieren, werden Sie sehr schnell das Symptom der fehlenden Werte sehen. Im nächsten Abschnitt wird dieses Symptom veranschaulicht, und Sie werden sehen, wie Sie nicht übereinstimmende Tabellen aus einem Ordner erfolgreich kombinieren.

Übung 4.2, Teil 1: Das Symptom der fehlenden Werte demonstrieren

Kehren wir zu unserem fiktiven Unternehmen, AdventureWorks, zurück. Jeder der vier Produktmanager der verschiedenen Produktlinien des Unternehmens besitzt eine Excel-Arbeitsmappe mit dem Produktbestand. Als Chefanalytiker wurden Sie gebeten, die vier Tabellen zu kombinieren und Ihre Analyse freizugeben, aber wenn Sie auf die verschiedenen Arbeitsmappen zugreifen, stellen Sie fest, dass die Produktmanager kreativ geworden sind und viele der Spaltennamen in ihren Produkttabellen geändert haben (siehe Abbildung 4.2). Wenn Sie versuchen, die Tabellen aus dem Ordner zu kombinieren, merken Sie, dass dies nicht gut funktioniert. In dieser Übung werden die Schritte zum Umgang mit diesem Problem beschrieben.

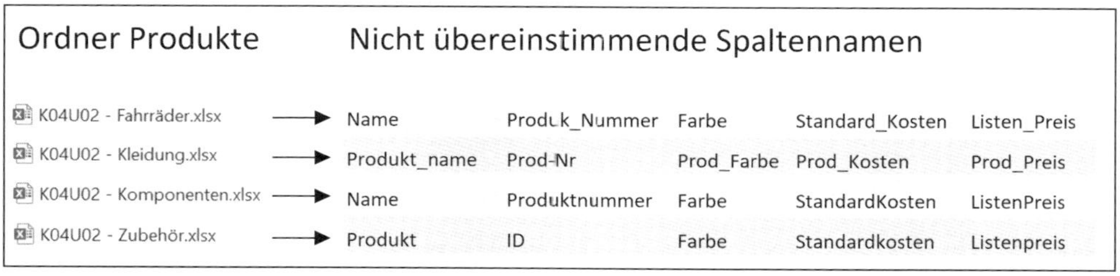

Abbildung 4.2 Die Spaltennamen in den Arbeitsmappen des AdventureWorks-Ordners *Produkte* stimmen nicht überein.

1. Öffnen Sie den Ordner, in den Sie die Begleitdateien für dieses Buch heruntergeladen und extrahiert haben, und suchen Sie im Ordner *K04* nach der Datei *K04U02 – Produkte.zip*.
2. Extrahieren Sie die Inhalte dieser ZIP-Datei in einen neuen Ordner, *C:\Daten\K04\K04U02 – Produkte*. Dieser Ordner enthält nun die folgenden vier Dateien:
   - K04U02 – Fahrräder.xlsx
   - K04U02 – Kleidung.xlsx
   - K04U02 – Komponenten.xlsx
   - K04U02 – Zubehör.xlsx
3. Schauen Sie sich die Tabellenblätter an. Sie werden feststellen, dass die Spaltennamen zu unterschiedlich sind und es nicht praktikabel ist, sie einzeln zu reparieren.
4. Lassen Sie uns die vier nicht übereinstimmenden Tabellen aus dem Ordner importieren, wobei wir dem Symptom der fehlenden Werte begegnen werden:

   Erstellen Sie in Power BI Desktop einen neuen Bericht, wählen Sie *Daten abrufen,* wählen Sie im Dialogfeld *Daten abrufen* zuerst *Datei* und dann *Ordner* aus.

   Erstellen Sie in Excel eine neue Arbeitsmappe und wählen Sie auf der Registerkarte *Daten* den Befehl *Daten abrufen | Aus Datei | Aus Ordner*.
5. Wählen Sie im angezeigten Dialogfeld *Ordner* den Ordner *C:\Daten\K04\K04U02 – Produkte* aus und klicken Sie auf *OK*.
6. Klicken Sie im nächsten Dialogfeld, dessen Titel mit dem in Schritt 5 ausgewählten Ordner identisch ist, auf *Kombinieren* und dann auf *Daten kombinieren und transformieren*.
7. Wenn das Dialogfeld *Dateien kombinieren* geöffnet wird, klicken Sie auf *Tabelle1* und dann auf *OK*.
8. Wenn der Power Query-Editor geöffnet wird, scrollen Sie im Vorschaubereich nach unten, bis die Zeilen von *Fahrräder* zu *Kleidung* wechseln. Die Spalten *Name, Produkt_Nummer, Farbe, Standard_Kosten, Listen_Preis* und *Größe* enthalten Nullwerte (aus denen im Bericht leere Zellen werden), wie in Abbildung 4.3 dargestellt.

Bevor Sie das Symptom der fehlenden Werte beseitigen können, müssen Sie den Bereich *Abfragen* öffnen und die Abfrage *Beispieldatei transformieren* auswählen, die in diesem Buch *Beispielabfrage* genannt wird. Sie wurde generiert, als Sie die Dateien aus dem Ordner kombiniert haben. Wenn die Beispielabfrage ausgewählt ist, können Sie im Vorschaubereich des Power Query-Editors sehen, dass die Daten für *Fahrräder* korrekt angezeigt werden. Die Lösung des Fehlende-Werte-Problems beginnt immer bei der Beispielabfrage.

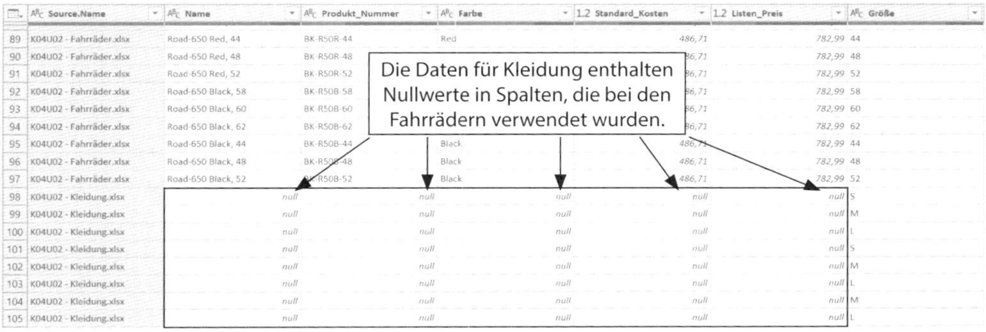

Abbildung 4.3 Das Symptom der fehlenden Werte wird ausgelöst, wenn Sie aus einem Ordner mehrere Tabellen importieren, bei denen die Spaltennamen nicht übereinstimmen.

Wenn Sie Dateien aus einem Ordner kombinieren, erstellt Power Query eine Abfragefunktion, eine Beispielabfrage, eine Dateiabfrage und einen Parameter. Diese Artefakte helfen Ihnen, mehrere Dateien aus einem Ordner basierend auf den ausgewählten Daten zu kombinieren. Die Haupttransformation für jede Datei wird in der Funktion implementiert. Um Ihnen zu helfen, die Transformation für jede Datei anzupassen, können Sie Änderungen an der Beispielabfrage vornehmen. Diese Änderungen werden an die Funktion weitergegeben und auf alle Dateien angewendet. Wenn Sie Dateien aus einem Ordner kombinieren, suchen Sie nach der Beispielabfrage, die mit dem Text *Beispieldatei transformieren* beginnt, um Änderungen an jeder Datei vorzunehmen, bevor sie angehängt wird.

Übung 4.2, Teil 2: Die Annahme der gleichen Reihenfolge und die Vereinheitlichung der Überschriften als Lösung

Um das Problem der fehlenden Werte zu lösen, gehen wir davon aus, dass alle Produkttabellen die gleiche Reihenfolge der Spalten verwenden, auch wenn die Namen der Spalten unterschiedlich sind. Bei dieser Annahme können Sie beliebige Spaltennamen verwenden, zum Beispiel die allgemeinen Standardspaltennamen *Column1*, *Column2* usw, und Sie können die Spaltenreihenfolge verwenden, um die Tabellen korrekt anzuhängen. Die folgenden Schritte sollten nach den Schritten 1 bis 8 aus Übung 4.2, Teil 1, ausgeführt werden:

9. Während der Power Query-Editor nach Schritt 8 noch geöffnet ist, wählen Sie im Bereich *Abfragen* die Abfrage *Beispieldatei transformieren* aus und benennen Sie sie in **Produkte Beispiel** um.
10. Löschen Sie in *Angewendete Schritte* den Schritt *Höher gestufte Header*. Ohne diesen Schritt enthält die kombinierte Tabelle die allgemeinen Spaltennamen *Column1*, *Column2*, *Column3* usw. Wenn alle Tabellen dieselben generischen Spaltennamen besitzen, werden in der kombinierten Tabelle die richtigen Daten angezeigt.
11. Wählen Sie die Abfrage *K04U02 – Produkte* aus. Sie sehen die folgende Fehlermeldung:

```
Expression.Error: Die Spalte "Name" der Tabelle wurde nicht gefunden.
```

12. Löschen Sie in *Angewendete Schritte* den letzten Schritt, *Geänderter Spaltentyp*. Jetzt fehlen in der kombinierten Tabelle keine Werte mehr. Sie können dies prüfen, indem Sie erneut nach unten scrollen und sicherstellen, dass nach den Werten für Fahrräder auch alle Werte für Kleidung vorhanden sind.
13. Nachdem nun alle Daten korrekt in *K04U02 – Produkte* angefügt wurden, können Sie die erste Zeile als Überschriftenzeile heraufstufen, indem Sie auf der Registerkarte *Transformieren* den Befehl *Erste Zeile als Überschriften verwenden* auswählen.

    Leider werden nun die Überschriften jeder Tabelle als eigene Zeilen in der angefügten Tabelle angezeigt. In Kapitel 3 haben Sie ein ähnliches Problem behoben, indem Sie die Überschriften herausgefiltert haben. Diesmal befinden sich in den überflüssigen Zeilen unterschiedliche Spaltennamen, und Sie können daher nicht einfach bestimmen, welche Werte Sie mit einem Filter explizit ausschließen sollten. Um dieses Problem zu beheben, können Sie die Überschriftenzeilen markieren, indem Sie vor dem Kombinationsschritt eine Indexspalte hinzufügen. Der Index dient als Hinweis, um die eingebetteten Überschriften zu identifizieren.
14. Wählen Sie im Bereich *Abfragen* die Abfrage *Produkte Beispiel* aus. Wählen Sie auf der Registerkarte *Spalte hinzufügen* die Option *Indexspalte*. Sie können sehen, dass die Beispieldaten für jede Zeile eine fortlaufende Indexnummer enthalten. Die erste Zeile, die die ursprünglichen Spaltennamen der Tabelle enthält, besitzt den Indexwert 0.
15. Kehren Sie zur Abfrage *K04U02 – Produkte* zurück und entfernen Sie alle Header, indem Sie die Zeilen mit dem Index 0 herausfiltern. Klicken Sie dazu auf das Filtersteuerelement der letzten Spalte, die mit 0 beschriftet ist. Deaktivieren Sie im Filterbereich das Kontrollkästchen für den Wert 0 und klicken Sie auf *OK*.
16. Entfernen Sie die erste Spalte (Spalte *K04U02 – Fahrräder.xlsx*) und die letzte Spalte (die Spalte 0). Nachdem Sie diese Spalten entfernt haben, können Sie die Formel optimieren, um die Abfragestabilität zu verbessern, wie im letzten Abschnitt von Kapitel 3, »Daten aus mehreren Quellen kombinieren«, gezeigt. Ersetzen Sie in diesem Fall den statischen Verweis auf den Spaltennamen *K04U02 – Fahrräder.xlsx* durch einen dynamischen Verweis mit **Table.ColumnNames(...) {0}**.

    Ändern Sie in der Bearbeitungsleiste die folgende Formel:

    ```
    Table.RemoveColumns(#"Gefilterte Zeilen",{"K04U02 - Fahrräder.xlsx", "0"})
    ```

    folgendermaßen ab:

    ```
    Table.RemoveColumns(#"Gefilterte Zeilen",{Table.ColumnNames(#"Gefilterte Zeilen"){0},
    "0"})
    ```

    Sie können nun die kombinierte Produkttabelle laden und mit der Analyse beginnen.

Die Lösung für diese Übung finden Sie im Power BI-Bericht *K04U02 – Lösung.pbix* und in der Excel-Arbeitsmappe *K04U02 – Lösung – Teil 2.xlsx*; beide Dateien befinden sich in den Begleitdateien zu diesem Buch.

Bitte beachten Sie, dass Sie in Schritt 10 die Überschriftenzeilen der ersten Tabelle herabgestuft haben, um die generischen Spalten *Column1, Column2* usw. zu verwenden. Dieser Schritt war möglich, da Sie davon ausgegangen sind, dass die Reihenfolge der Spalten in allen Tabellen identisch ist. Stellen Sie sich vor, was passieren würde, wenn eine dieser Tabellen anders angeordnet wäre. Was wäre zum Beispiel, wenn der Produktmanager der AdventureWorks-Unternehmenssparte Fahrräder die Position der Spalten *Name* und *Produkt_Nummer* vertauschen würde? Die Anwendung der in diesem Abschnitt beschriebenen Technik würde die kombinierte Tabelle durcheinanderbringen. Alle Zeilen von *Fahrräder* hätten Produkt-ID-Werte als Produktnamen und Produktnamenwerte als Produkt-IDs. Um dieses Chaos zu vermeiden, müssen Sie einen Datenvertrag mit Ihren Produktmanagern abschließen, um sicherzustellen, dass sich die Spaltenreihenfolge in den Quelldateien nie ändert. Ein anderer Ansatz wäre, die Tabellen mit einer anderen Methode zu kombinieren und alle Überschriften zu normalisieren, bevor die Tabellen kombiniert werden. Übung 4.3 erläutert diesen Ansatz.

Übung 4.3: Einfache Normalisierung mit *Table.TransformColumnNames*

Das automatische Abgleichen und Umbenennen von Spaltennamen über mehrere Tabellen hinweg ist ein wichtiger Bestandteil bei der Kombination nicht übereinstimmender Tabellen. Wenn Sie viele nicht übereinstimmende Spalten vorliegen haben, ist die manuelle Umbenennung von einzelnen Spalten, wie in Übung 4.1 gezeigt, nicht praktikabel und lässt sich mit häufigen Aktualisierungen oder mit einer großen Anzahl von Dateien, die kombiniert werden müssen, nicht gut skalieren. Wenn Sie davon ausgehen können, dass die Spalten in den Tabellen eine konsistente Reihenfolge aufweisen, lässt sich das Problem mit der in Übung 4.2 gezeigten Lösung beheben, bei der die Überschriften verallgemeinert werden. Wenn Sie sich jedoch nicht auf eine konsistente Reihenfolge verlassen können, werden Sie die Normalisierung der Spaltennamen als leistungsstarkes Werkzeug empfinden.

Im Prinzip ist die Spaltennormalisierung eine einfache Textmanipulation. In vielen Fällen müssen Sie nur kleinere Textänderungen an allen nicht übereinstimmenden Spaltennamen anwenden, damit ihr Format konsistent ist. Sie können zum Beispiel alle Unterstriche durch Leerzeichen ersetzen oder jedes Wort in allen Spaltennamen mit einem Großbuchstaben beginnen lassen.

Einfache Textmanipulationen wie das Umwandeln in Kleinbuchstaben oder Großbuchstaben oder jedes Wort mit einem Großbuchstaben beginnen zu lassen, können sehr effektive Schritte beim Angleichen von Spaltennamen sein. Power Query unterscheidet standardmäßig zwischen Groß-/Kleinschreibung, sodass zum Beispiel *Spalte1* und *spalte1* als zwei verschiedene Spalten behandelt werden. Wenn sich Ihre Tabellen häufig ändern und wenn die Groß-/Kleinschreibung der Spaltennamen angepasst wird, können Sie fehlende Übereinstimmungen reduzieren, indem Sie alle Spaltennamen entweder in Groß- oder in Kleinbuchstaben konvertieren.

Um Spaltennamen mithilfe einer einfachen Textbearbeitung zu transformieren, können Sie die M-Formel `Table.TransformColumnNames` auf eine Tabelle anwenden. Wenn der letzte Schritt in der Liste *Angewendete Schritte* beispielsweise den Namen *Vorheriger Schritt* besitzt, können Sie die folgende Formel anwenden, um jedes Wort der Spaltennamen mit einem Großbuchstaben beginnen zu lassen:

```
Table.TransformColumnNames(#"Vorheriger Schritt", Text.Proper)
```

Sie können den folgenden Code verwenden, um Unterstriche durch Leerzeichen zu ersetzen:

```
Table.TransformColumnNames(#"Vorheriger Schritt", each Replacer.ReplaceText(_, "_", " "))
```

In der folgenden Übung werden Sie diese beiden Formeln verwenden, wenn Sie die AdventureWorks-Produkttabellen kombinieren.

Sie müssen in dieser Phase die Syntax dieser Formeln nicht verstehen. Ich behandle die Syntax in Kapitel 9, »Einführung in die Power Query-Formelsprache M«. Im Moment sollten Sie nur wissen, dass sowohl `Text.Proper` **als auch** `Replacer.ReplaceText` **M-Funktionen sind, die Ihnen beim Transformieren von Text helfen. Sie können jede beliebige Funktion in** `Table.TransformColumnNames` **verwenden. In den vorherigen Beispielen wandelt** `Text.Proper` **jedes Wort im Text so um, dass es mit einem Großbuchstaben beginnt, und** `Replacer.ReplaceText` **ersetzt im Text alle Instanzen des zweiten Arguments durch das dritte Argument.**

---

1. Öffnen Sie den Ordner, in den Sie die Begleitdateien für dieses Buch heruntergeladen und extrahiert haben, und suchen Sie im Ordner *K04* nach der Datei *K04U03 – Produkte.zip*.
2. Extrahieren Sie die Inhalte dieser ZIP-Datei in einen neuen Ordner, *C:\Daten\K04\K04U03 – Produkte*. Dieser Ordner enthält nun die folgenden vier Dateien:
   - K04U03 – Fahrräder.xlsx
   - K04U03 – Kleidung.xlsx
   - K04U03 – Komponenten.xlsx
   - K04U03 – Zubehör.xlsx

   Die Dateien hier sind die gleichen wie in Übung 4.2, aber mit zwei absichtlich vorgenommenen Änderungen. Erstens können die nicht übereinstimmenden Spaltennamen alle aufgelöst werden, wenn Sie jedes Wort mit einem Großbuchstaben beginnen lassen und wenn Sie die Unterstriche durch Leerzeichen ersetzen. Zweitens werden bei *Fahrräder* die ersten beiden Spalten vertauscht, damit Sie die Technik der Verallgemeinerung der Überschriften aus Übung 4.2 nicht wirksam verwenden können, um die Tabellen zu kombinieren.
3. Erstellen Sie einen neuen Power BI Desktop-Bericht oder eine neue Excel-Arbeitsmappe und rufen Sie dann Daten aus einem Ordner ab.

   Wählen Sie in Power BI Desktop *Daten abrufen,* danach wählen Sie im Dialogfeld *Daten abrufen* zuerst *Datei* und dann *Ordner* aus.

   Wählen Sie in Excel auf der Registerkarte *Daten* den Befehl *Daten abrufen | Aus Datei | Aus Ordner*.
4. Wählen Sie im angezeigten Dialogfeld *Ordner* den Ordner *C:\Daten\K04\K04U03 – Produkte* aus und wählen Sie *OK*.
5. Klicken Sie im nächsten Dialogfeld, dessen Titel mit dem in Schritt 4 ausgewählten Ordner identisch ist, auf *Kombinieren* und dann auf *Daten kombinieren und transformieren*.

6. Wenn das Dialogfeld *Dateien kombinieren* geöffnet wird, wählen Sie im Dropdown-Menü *Beispieldatei* eine der Optionen aus, klicken Sie auf *Tabelle1* und dann auf *OK*.

   Wie erwartet sehen Sie nach dem Öffnen des Power Query-Editors, dass bei den angefügten Ergebnissen das Symptom der fehlenden Werte auftritt.

7. Wählen Sie die Beispielabfrage *Beispieldatei transformieren* aus und benennen Sie sie in **Produkte Beispiel** um.

8. Achten Sie darauf, dass die Abfrage *Produkte Beispiel* ausgewählt ist, und klicken Sie in der Bearbeitungsleiste auf das *fx*-Symbol (siehe Abbildung 4.4).

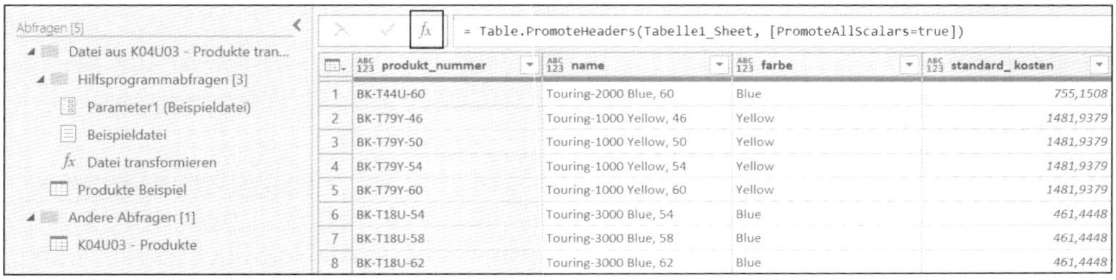

Abbildung 4.4 Das *fx*-Symbol erstellt einen benutzerdefinierten Schritt, mit dem Sie auf den vorherigen Schritt eine Formel für eine neue Transformation anwenden können.

9. Beachten Sie, dass im Bereich *Angewendete Schritte* ein neuer Schritt, *Benutzerdefiniert1*, erstellt wird, der die folgende Formel enthält:

   ```
   #"Höher gestufte Header"
   ```

   Höher gestufte Header war der letzte Schritt in *Angewendete Schritte*, bevor Sie die *fx*-Schaltfläche angeklickt haben.

   `#"Höher gestufte Header"` ist die Variable, die für die Ausgabe dieses Schritts verwendet wird. Da diese Variable die Tabelle mit den nicht übereinstimmenden Spaltennamen zurückgibt, können Sie hierauf die Funktion `Table.TransformColumnNames` mit `Text.Proper` anwenden, um die Spaltennamen so abzuändern, dass jedes Wort mit einem Großbuchstaben beginnt. Ändern Sie dazu die Formel wie folgt ab:

   ```
   Table.TransformColumnNames(#"Höher gestufte Header", Text.Proper)
   ```

10. Drücken Sie die [Eingabe]-Taste und beachten Sie, dass jetzt alle Spaltennamen mit einem Großbuchstaben beginnen. Wenn Sie Spaltennamen verwenden möchten, die komplett Klein- oder Großbuchstaben verwenden, können Sie in der vorherigen Formel `Text.Proper` durch `Text.Lower` oder `Text.Upper` ersetzen.

Auch wenn Sie mit Datasets arbeiten, deren Überschriften übereinstimmen und die in der gewünschten Groß-/Kleinschreibung vorliegen, können Sie diese Formel anwenden, um Fällen vorzubeugen, in denen der Ersteller der Quelltabelle sich entscheidet, in irgendeiner Weise die Groß-/Kleinschreibung der Header zu ändern.

11. Um die Unterstriche in den Spaltennamen durch Leerzeichen zu ersetzen, klicken Sie erneut auf das *fx*-Symbol in der Bearbeitungsleiste.
12. Beachten Sie, dass in *Angewendete Schritte* ein neuer Schritt, *Benutzerdefiniert2*, erstellt wird. In der Bearbeitungsleiste sehen Sie diese Formel:

    ```
    Benutzerdefiniert1
    ```

    Wenden Sie auf *Benutzerdefiniert1* die Funktion `Table.TransformColumnNames` mit *Custom1* mit `Replacer.ReplaceText` an, um die Unterstriche in den Spaltennamen durch Leerzeichen zu ersetzen, indem Sie die Formel wie folgt ändern:

    ```
    Table.TransformColumnNames(Benutzerdefiniert1, each Replacer.ReplaceText(_,"_", " "))
    ```

13. Drücken Sie die `Eingabe`-Taste und beachten Sie, dass alle Spaltennamen nun Leerzeichen anstelle von Unterstrichen verwenden. Die Spaltennamen sind benutzerfreundlich geworden.
14. Wählen Sie die Abfrage *K04U03 – Produkte* aus und entfernen Sie aus dem Bereich *Angewendete Schritte* den letzten Schritt *Geänderter Spaltentyp*. Sie können nun sehen, dass alle Spaltennamen Leerzeichen anstelle von Unterstrichen enthalten, dass die Dateien korrekt angefügt wurden und dass es keine Hinweise mehr auf das Symptom der fehlenden Werte gibt.

    Die Lösung für diese Übung finden Sie im Power BI-Bericht *K04U03 – Lösung.pbix* und in der Excel-Arbeitsmappe *K04U03 – Lösung.xlsx*; beide Dateien befinden sich in den Begleitdateien zu diesem Buch.

Die Konvertierungstabelle

In Übung 4.3 haben Sie auf nicht übereinstimmende Spaltennamen einfache Textmanipulationen angewendet und Unterstriche durch Leerzeichen ersetzt. Im echten Leben reichen einfache Textmanipulationen leider nicht aus.

Um dies zu demonstrieren, kehren wir zu unserem fiktiven Unternehmen AdventureWorks und dem in Übung 4.2 verwendeten Dataset zurück. Auch dieses Mal sind wie bei Übung 4.3 in einer Tabelle die ersten beiden Spalten ausgetauscht, weshalb die in Übung 4.2 gezeigte Technik der Header-Verallgemeinerung nicht funktioniert.

Für die folgenden Übungen verwenden Sie das Dataset *K04U04 – Produkte.zip*, das sich in den Begleitdateien dieses Buches befindet. Für das Dataset dieser Übung haben wir die ursprünglichen englischen Spaltennamen beibehalten und verwenden den Schritt der Normalisierung gleichzeitig für die Lokalisierung der Spaltennamen.

Im Ordner *Produkte* befinden sich verschiedene Tabellen mit den Spalten *ID, Product_Number, Prod_num* und *Product Number*, die von verschiedenen Produktmanagern verwendet werden, um dieselbe Spalte zu repräsentieren. Sie können keine einfache Textbearbeitung anwenden, um diese Spaltennamen zu normalisieren. Stattdessen können Sie eine Konvertierungstabelle mit Paaren von nicht übereinstimmenden Spaltennamen und den gewünschten normalisierten Namen erstellen.

Abbildung 4.5 zeigt einen Teil der nicht übereinstimmenden Spaltennamen für Übung 4.4 und wie diese in einer Konvertierungstabelle dargestellt werden können. Die Spalte *Quelle* stellt den nicht übereinstimmenden Spaltennamen dar, den Sie ersetzen möchten. Die Spalte *Ziel* stellt den gewünschten normalisierten und übersetzten Spaltennamen dar.

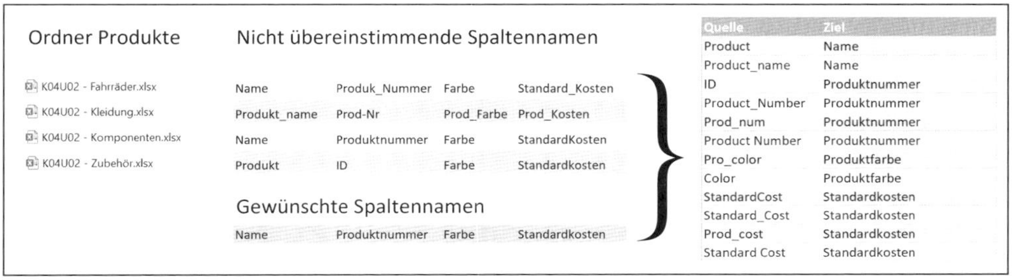

Abbildung 4.5 In der Konvertierungstabelle wird jeder nicht übereinstimmende Spaltenname mit einem Zielspaltennamen gekoppelt.

Das Erstellen einer Konvertierungstabelle kann zeitaufwendig sein. Sie müssen jedoch nicht für jeden Spaltennamen in den Quelldateien eine Zeile erstellen. Im Beispiel in Abbildung 4.5 enthält die Konvertierungstabelle kein Paar für Name ? Name, da hier nichts konvertiert werden muss. Nur die Paare der nicht übereinstimmenden Spalten und deren gewünschte Ersetzungen sollten in die Konvertierungstabelle aufgenommen werden. Wenn Sie Hunderte von Spalten haben, sollten nur die wenigen, die nicht übereinstimmen, aufgenommen werden.

Wenn Sie sich die tatsächliche Konvertierungstabelle ansehen wollen, die Sie in Übung 4.4 verwenden, können Sie die Arbeitsmappe *K04U04 – Konvertierungstabelle.xlsx* öffnen, die sich ebenfalls in den Begleitdateien zu diesem Buch befindet.

Wenn Sie eine externe Excel-Arbeitsmappe als Konvertierungstabelle verwenden, können Sie mit einer kleinen Tabelle mit wenigen nicht übereinstimmenden Spaltennamen beginnen und nach und nach neue nicht übereinstimmende Spalten und deren gewünschte Ersetzung hinzufügen. Wenn Sie die Konvertierungstabelle mit Ihren Abfragen verknüpfen, müssen Sie die Abfrage nicht mehr bearbeiten, um die Normalisierung neuer nicht übereinstimmender Spaltennamen zu verfeinern. Ändern Sie stattdessen einfach die externe Konvertierungstabelle und aktualisieren Sie den Bericht.

Nachdem Sie nun wissen, wie Sie eine Konvertierungstabelle manuell erstellen, werden Sie erfahren, wie Sie sie verwenden, um die nicht übereinstimmenden Spalten zu ersetzen. Dazu können Sie die Transformation *Abfragen zusammenführen* verwenden, die auf der Registerkarte *Start* des Power Query-Editors verfügbar ist. Wie in Kapitel 2, »Grundlegende Herausforderungen bei der Datenvorbereitung«, gezeigt, ermöglicht das Zusammenführen von Abfragen das Verknüpfen mehrerer Tabellen, und zwar basierend auf identischen Werten bestimmter Spalten.

Bevor Sie erfahren, wie Sie die Abfragen zusammenführen, um die Konvertierungstabelle anzuwenden, legen wir eine kurze Pause ein, damit ich eine der wichtigsten Herausforderungen bei der Normalisierung von Spaltennamen erwähnen kann. Die Benutzeroberfläche des Power Query-Editors ist reich an Texttransformationen für Spalten, aber nicht für Überschriften. In der letzten Übung dieses Kapitels lernen Sie, wie Sie `Table.TransformColumnNames` in Kombination mit einer Konvertierungstabelle innerhalb einer benutzerdefinierten Funktion anwenden, um die Spaltennamen zu ersetzen. Da diese Technik tiefere Kenntnisse von M erfordert, werden in den Übungen 4.4, 4.5 und 4.6 zunächst drei andere Ansätze vorgestellt, die die Power Query-Editor-Benutzeroberfläche nutzen, um die Konvertierungstabelle anzuwenden. Bei diesen Verfahren ist es *nicht* erforderlich, fortgeschrittene M-Formeln oder benutzerdefinierte Funktionen zu verwenden.

Wenn Sie bereits mit M vertraut sind, wird Ihnen die vierte Technik gefallen, die in Übung 4.7 auf Sie wartet. Sie werden wahrscheinlich diese Lösung als beste Methode zum Kombinieren nicht übereinstimmender Tabellen und zum Anwenden der Normalisierung auf ihre Spaltennamen ansehen. Dennoch sollten Sie auch die anderen Übungen durcharbeiten, damit Sie diese Möglichkeiten zu schätzen wissen und deren Vor- und Nachteile kennenlernen. Darüber hinaus können diese auch bei anderen Herausforderungen im Rahmen der Datenvorbereitung nützlich sein.

Übung 4.4: Transponieren und die Verwendung einer Konvertierungstabelle

Um nicht übereinstimmende Spalten mithilfe einer Konvertierungstabelle zu normalisieren, müssen Sie die Spaltennamen vorübergehend in eine einspaltige Tabelle umwandeln, die Konvertierungstabelle zusammenführen, die nicht übereinstimmenden Spaltennamen durch die Zielspalten ersetzen und aus den Spaltennamen wieder Überschriften machen. In dieser Übung lernen Sie die erste von drei Techniken kennen, mit der Sie dies bewerkstelligen können. Aber zuerst beginnen Sie mit der gleichen Schrittfolge, die Sie in den Übungen 4.2 und 4.3 verwendet haben, um die Tabellen aus einem Ordner zu laden.

1. Öffnen Sie den Ordner, in den Sie die Begleitdateien für dieses Buch heruntergeladen und extrahiert haben, und suchen Sie im Ordner *K04* nach der Datei *K04U04 – Produkte.zip*. Extrahieren Sie die Inhalte dieser ZIP-Datei in einen neuen Ordner, *C:\Daten\K04\K04U04 – Produkte*. Dieser Ordner enthält nun die folgenden vier Dateien:
   - K04U04 – Fahrräder.xlsx
   - K04U04 – Kleidung.xlsx
   - K04U04 – Komponenten.xlsx
   - K04U04 – Zubehör.xlsx
2. Kopieren Sie die Arbeitsmappe *K04U04 – Konvertierungstabelle.xlsx* aus den Begleitdateien und speichern Sie sie in *C:\Daten\K04*.
3. Importieren Sie die Konvertierungstabelle in einen neuen Power BI-Bericht oder eine neue Excel-Arbeitsmappe:

   In Power BI Desktop: Starten Sie einen neuen Bericht, wählen Sie *Daten abrufen* und wählen Sie im Dialogfeld *Daten abrufen* die Option *Datei* und dann *Excel-Arbeitsmappe* aus. Wählen Sie die Datei *K04U04 – Konvertierungstabelle.xlsx*. Wählen Sie dann im *Navigator* die Tabelle *Überschriften_Konvertierung* aus und klicken Sie auf *Daten transformieren*. Wählen Sie schließlich die Abfrage im Bereich *Abfragen* aus und deaktivieren Sie *Laden aktivieren*. Wählen Sie dann *Schließen & übernehmen*.

In Excel: Erstellen Sie eine neue Arbeitsmappe und wählen Sie auf der Registerkarte *Daten* den Befehl *Daten abrufen | Aus Datei | Aus Excel-Arbeitsmappe*. Wählen Sie die Datei *K04U04 – Konvertierungstabelle.xlsx*. Wählen Sie dann im Navigator die Tabelle *Überschriften_Konvertierung* aus und klicken Sie auf *Daten transformieren*. Wählen Sie schließlich *Schließen & laden in* und wählen Sie die Option *Nur Verbindung erstellen* aus.

Nachdem Sie Ihre Konvertierungstabelle als neue Abfrage geladen haben, ist es an der Zeit, den Ordner *Produkte* zu laden.

4. Importieren Sie die Tabellen mit den Produkten, indem Sie im Dialogfeld *Daten abrufen* Daten aus einem Ordner abrufen.
5. Wählen Sie im angezeigten Dialogfeld *Ordner* den Ordner *C:\Daten\K04\K04U04 – Produkte* aus und klicken Sie auf *OK*.
6. Klicken Sie im nächsten Dialogfeld, dessen Titel mit dem in Schritt 4 ausgewählten Ordner identisch ist, auf *Kombinieren* und dann auf *Daten kombinieren und transformieren*.
7. Wenn das Dialogfeld *Dateien kombinieren* geöffnet wird, wählen Sie *Tabelle1* aus und wählen Sie dann *OK*.
8. Wählen Sie die Beispielabfrage *Beispieldatei transformieren* aus und benennen Sie sie in **Produkte Beispiel** um. Denken Sie daran, dass dies die Beispielabfrage ist. Wenn Sie hier Änderungen vornehmen, wirken sich diese auf die angefügten Tabellen in der Abfrage *K04U04 – Produkte* aus.
9. Benennen Sie die Abfrage *K04U04 – Produkte* in **Angefügte Produkte** um und speichern Sie die Arbeitsmappe oder den Power BI-Bericht. Erstellen Sie dann drei Kopien dieser Datei; Sie benötigen diese Kopien für die Übungen 4.5, 4.6 und 4.7.

Vertauschen (Transponieren)

Die erste Methode zum Normalisieren der Spaltennamen besteht darin, die Transformation *Vertauschen* zu verwenden, die auf der Registerkarte *Transformieren* des Power Query-Editors verfügbar ist. Beim *Vertauschen* wird jede Zelle in Spalte X und Zeile Y in Spalte Y und Zeile X platziert.

Wenn Sie die Werte von Spaltennamen bearbeiten möchten, ist es viel einfacher, dies im Power Query-Editor zu erledigen, wenn diese Spaltennamen vertikal in einer Spalte dargestellt werden. Hierbei ist der Befehl Vertauschen nützlich.

Wenn Sie jedoch versuchen, eine Tabelle zu transponieren, werden Sie feststellen, dass die ursprünglichen Spaltennamen nach der Transformation nicht beibehalten werden. Um die Spaltennamen beizubehalten, müssen Sie sie in die erste Zeile herabstufen, bevor Sie die Tabelle transponieren. Öffnen Sie dazu die gespeicherte Arbeitsmappe oder den Power BI-Bericht aus den vorherigen Schritten (1 bis 9) und starten Sie den Power Query-Editor. Wählen Sie im Bereich *Abfragen* die Abfrage *Produkte Beispiel* aus und führen Sie dann die folgenden zusätzlichen Schritte durch:

10. Achten Sie darauf, dass die Abfrage *Produkte Beispiel* markiert ist, und löschen Sie dann im Bereich *Angewendete Schritte* den Schritt *Höher gestufte Header*. Nun befinden sich die Überschriften der Beispieltabelle in der ersten Zeile.
11. Klicken Sie auf der Registerkarte *Transformieren* auf *Vertauschen*. *Column1* enthält nun die Spaltennamen, die normalisiert werden müssen.

Die Schritte für das Zusammenführen

Sie haben bei der Normalisierung den Punkt erreicht, an dem Sie die Konvertierungstabelle in der transponierten Tabelle zusammenführen, um die umfangreiche Ersetzung der nicht übereinstimmenden Spaltennamen auszuführen. Folgen Sie den folgenden Schritten:

12. Achten Sie darauf, dass die Abfrage *Produkte Beispiel* ausgewählt ist, und wählen Sie auf der Registerkarte *Start* den Befehl *Kombinieren | Abfragen zusammenführen* aus.
13. Wenn das Dialogfeld *Zusammenführen* geöffnet wird, wählen Sie in *Produkte Beispiel Column1* und dann im Dropdown-Menü unterhalb von *Produkte Beispiel Überschriften_Konvertierung* aus (siehe Abbildung 4.6). Markieren Sie anschließend in *Überschriften_Konvertierung* die Spalte *Quelle*.

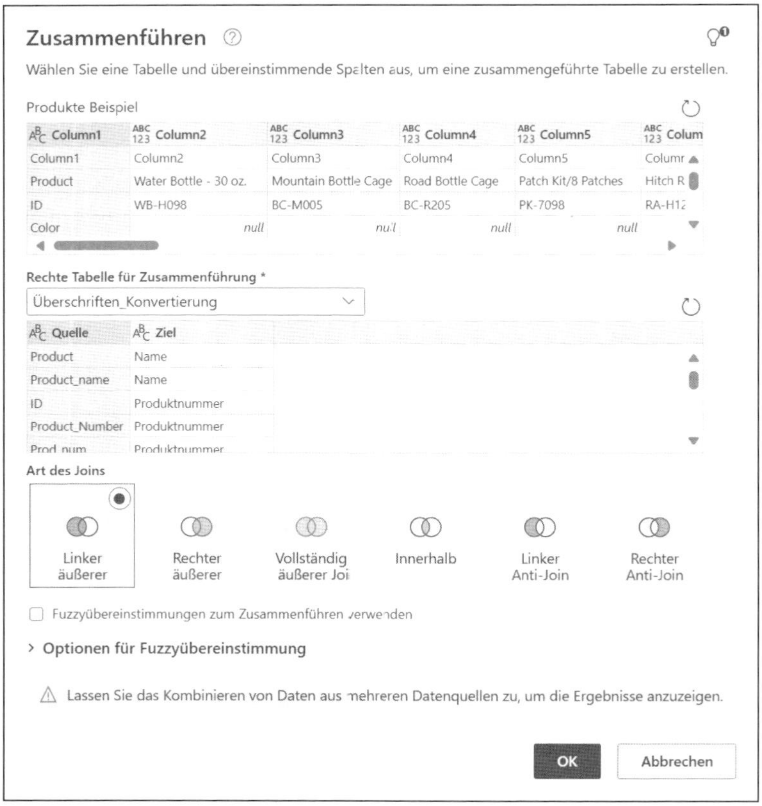

Abbildung 4.6 Sie können im Dialogfeld *Zusammenführen* eine Konvertierungstabelle anwenden, um die nicht übereinstimmenden Spaltennamen zu vereinheitlichen.

14. Stellen Sie sicher, dass bei *Art des Joins* die Option *Linker äußerer* ausgewählt ist, und klicken Sie auf *OK*.
15. Im Power Query-Editor wurde eine neue Spalte mit dem Namen *Überschriften_Konvertierung* als letzte Spalte hinzugefügt. Bei den Werten in dieser Spalte handelt es sich um Tabellenobjekte. Erweitern Sie diese Spalte, indem Sie an der rechten Seite der Überschrift die Schaltfläche *Erweitern* anklicken.
16. Um den Wert *Ziel* aus der Tabelle *Überschriften_Konvertierung* abzurufen, deaktivieren Sie im Bereich *Erweitern* die Option *Quelle;* achten Sie darauf, dass das Kontrollkästchen *Ursprüngliche Spaltennamen als Präfix verwenden* eingeschaltet ist, und wählen Sie *OK*. Die neue Spalte wird in die neue Spalte *Überschriften_Konvertierung.Ziel* transformiert mit den Zielwerten in Zeilen, in denen *Column1* und *Quelle* denselben Spaltennamen hatten, oder mit Nullwerten in den Zeilen, in denen keine Quellwerte vorhanden waren, die den Werten in *Column1* entsprachen. Wenn sich jetzt in *Überschriften_Konvertierung.Ziel* Nullwerte befinden, verwenden Sie die ursprünglichen Spaltennamen in *Column1*.

    Im nächsten Schritt fügen Sie eine bedingte Spalte hinzu, um die Zielwerte aus Zeilen zu kopieren, die normalisiert werden müssen, und die Quellwerte aus Zeilen, in denen *Überschriften_Konvertierung.Ziel* null ist. Die neue Spalte enthält die normalisierten Spaltennamen oder die ursprünglichen Spaltennamen, wenn die ursprünglichen Spaltennamen nicht in der Konvertierungstabelle gefunden werden.
17. Wählen Sie auf der Registerkarte *Spalte hinzufügen* den Befehl *Bedingte Spalte* aus. Das Dialogfeld *Bedingte Spalte hinzufügen* wird geöffnet. Führen Sie die folgenden Schritte aus, damit das Dialogfeld wie in Abbildung 4.7 dargestellt aussieht:
    a. Geben Sie im Feld *Neuer Spaltenname* **Neue Spaltennamen** ein.
    b. Wählen Sie im Dropdown-Menü *Spaltenname* den Eintrag *Überschriften_Konvertierung.Ziel* aus.
    c. Geben Sie im Feld *Wert null* ein.
    d. Wählen Sie in der linken Dropdown-Liste unterhalb von *Ausgabe* die Option *Werte in einer Spalte verwenden* aus.
    e. Wählen Sie in der rechten Dropdown-Liste unter *Ausgabe* die Option *Column1* aus.
    f. Wählen Sie in der linken Dropdown-Liste unterhalb von *Sonst* die Option *Werte in einer Spalte verwenden* aus.
    g. Wählen Sie in der rechten Dropdown-Liste unterhalb von *Sonst* den Eintrag *Überschriften_Konvertierung.Ziel* aus und klicken Sie auf *OK*.
18. Löschen Sie die Spalten *Column1* und *Überschriften_Konvertierung.Ziel*.
19. Verschieben Sie die Spalte *Neue Spaltennamen*, damit dies die erste Spalte in der Tabelle wird (entweder indem Sie die Spalte mittels Drag & Drop von der rechten Seite auf die linke Seite ziehen oder indem Sie den folgenden Tipp verwenden).

Abbildung 4.7 Mit dem Dialogfeld *Bedingte Spalte hinzufügen* können Sie je nach den definierten Bedingungen eine neue Spalte mit Werten erstellen, die aus unterschiedlichen anderen Spalten stammen. In diesem Fall enthält die neue Spalte die normalisierten Spaltennamen oder die ursprünglichen Spaltennamen, wenn die ursprünglichen Spaltennamen nicht in der Konvertierungstabelle gefunden werden.

Wenn sich in einer Tabelle sehr viele Spalten befinden und Sie eine Spalte an den Anfang verschieben müssen, ist es einfacher, zuerst die Spalte zu markieren und dann auf der Registerkarte *Transformieren* den Befehl *Verschieben | An den Anfang* zu verwenden. Sie können auch mit der rechten Maustaste auf die Spaltenüberschrift klicken und dann im Kontextmenü den Befehl *Verschieben | An den Anfang* auswählen.

Die Reihenfolge von Spalten in Tabellen zu ändern, kann in Power Query schwierig sein. In Kapitel 10, »Von Stolperfallen zu robusten Abfragen«, erfahren Sie, wie Sie die damit verbundenen Risiken vermeiden können. Wenn Sie eine Spalte verschieben, erstellt die zugrunde liegende M-Formel, die auf alle Spalten in der Tabelle verweist, eine anfällige Abfrage, die nicht aktualisiert werden kann, wenn eine der Spalten fehlt oder umbenannt wurde.

Zurückvertauschen

Rufen Sie sich in Erinnerung, dass Sie in Schritt 11 die Tabelle transponiert und die herabgestuften Headernamen in *Column1* verschoben haben. Das Transponieren hat es möglich gemacht, die ursprünglichen Tabellenüberschriften in *Column1* und die neuen Spaltenüberschriften aus der Spalte *Quelle* in der Konvertierungstabelle zusammenzuführen. Anschließend haben Sie die Ziel-Header aus der zusammengeführten Konvertierungstabelle extrahiert und mithilfe einer bedingten Spalte die ursprünglich nicht übereinstimmenden Header durch die Zielüberschriften ersetzt. Wenn Sie sich die Werte von *Column1* anschauen, sehen Sie, dass nun die normalisierten Werte vorliegen, die als die korrekten Spaltennamen verwendet werden sollen. Daher ist es jetzt an der Zeit, die Tabelle erneut zu transponieren, um die Spaltennamen aus *Column1* wiederherzustellen. Führen Sie dazu die folgenden weiteren Schritte aus:

20. Wählen Sie auf der Registerkarte *Transformieren* den Befehl *Vertauschen*. Durch das erneute Transponieren werden die Header aus *Column1* wiederhergestellt, aber jetzt handelt es sich bei ihnen um die erste Zeile der Tabelle, daher müssen wir sie nun zu Überschriften heraufstufen.
21. Wählen Sie auf der Registerkarte *Transformieren* den Befehl *Erste Zeile als Überschriften verwenden*.
22. Wählen Sie im Bereich *Abfragen* die Abfrage *Angefügte Produkte* aus und überprüfen Sie die kombinierte Tabelle. Wenn Sie einen Fehler sehen, entfernen Sie in *Angewendete Schritte* den letzten Schritt *Geänderter Spaltentyp*, und Sie sind fertig.

Sie finden die Lösungsdateien *K04U04 – Lösung – Vertauschen.pbix* und *K04U04 – Lösung – Vertauschen.xlsx* in den Begleitdateien für dieses Buch.

Leider funktioniert die Technik mit dem Vertauschen nur bei kleinen Datensätzen. Umfangreiche Datasets mit einer großen Anzahl von Zeilen benötigen viel Arbeitsspeicher. Power Query unterstützt Tabellen mit bis zu 16.384 Spalten. Wenn Sie eine Tabelle mit mehr als 16.384 Zeilen transponieren, treten Fehler auf, das Importieren wird langsam und es wird eine große Menge an Speicher verbraucht, wenn Sie diese Zeilen im Schritt *Vertauschen* in Spalten umwandeln. Selbst wenn Sie diese Methode mit 15.000 Zeilen ausprobieren, rechtfertigen der Speicherverbrauch und die langsame Aktualisierungsrate die Verwendung einer alternativen Technik. In einem solchen Fall benötigen Sie eine bessere Lösung, um die Spaltennamen zu normalisieren – eine Lösung, die bei großen Tabellen nicht fehlschlägt.

Übung 4.5: Entpivotieren, Zusammenführen und erneutes Pivotieren

Eine bessere Methode zum Transformieren von Spaltennamen in eine Spalte und zur Vorbereitung der Zusammenführung der Konvertierungstabelle ist die Verwendung der Transformation *Entpivotieren*. In dieser Übung erfahren Sie, wie Sie es anwenden und mit den normalisierten Spaltennamen mithilfe der Pivot-Transformation wieder zurücktauschen können.

In Kapitel 6, »Tabellen entpivotieren«, wird eine Vielzahl von Einsatzbereichen der Transformation *Entpivotieren* vorgestellt. Kapitel 7, »Fortgeschrittenes Entpivotieren und Pivotieren von Tabellen«, beschreibt nützliche Szenarien für die Verwendung des Pivotierens.

Sie starten diese Übung direkt nach dem Import der Dateien aus dem Ordner, den Sie in den Schritten 1 bis 9 von Übung 4.4 ausgeführt haben.

1. Beginnen Sie mit der Arbeitsmappe oder dem Power BI-Bericht, den Sie in Schritt 9 in Übung 4.4 gespeichert haben. Öffnen Sie die Datei mit Excel oder Power BI Desktop und starten Sie den Power Query-Editor.
2. Markieren Sie die Abfrage *Produkte Beispiel* und wählen Sie auf der Registerkarte *Spalte hinzufügen* den Befehl *Indexspalte*. Sie werden im nächsten Schritt verstehen, warum Sie den Index benötigen.

3. Markieren Sie die Spalte *Index*, klicken Sie mit der rechten Maustaste auf die Überschrift der Spalte *Index* und wählen Sie den Befehl *Andere Spalten entpivotieren*. Power Query verflacht die Tabelle, indem eine neue Tabelle mit den drei Spalten *Index, Attribut* und *Wert* erstellt wird. In der Spalte *Index* wird die ursprüngliche Zeilen-ID beibehalten, die Ihnen in Schritt 6 hilft, die Tabelle in ihren ursprünglichen Zustand zurückzuversetzen. Die Spalte *Attribut* enthält den Spaltennamen und die Spalte *Wert* enthält die ursprünglichen Werte, die Sie in der Tabelle hatten. Jetzt können Sie die Textänderung auf die Spalte *Attribut* anwenden.
4. Benennen Sie die Spalte *Attribut* in *Column1* um, damit die nächsten Schritte konsistent sind.
5. Führen Sie die in den Schritten 12 bis 19 in Übung 4.4 beschriebenen Aktionen für das Zusammenführen aus, um die nicht übereinstimmenden Spaltennamen zu ersetzen.
6. Um das Entpivotieren umzukehren, markieren Sie die Spalte *Neue Spaltennamen* und klicken Sie auf der Registerkarte *Transformieren* auf *Spalte pivotieren*.

Die Transformation *Spalte pivotieren* ist ein sehr nützlicher Schritt. In Kapitel 7 erfahren Sie, wie dieses Feature Ihnen helfen kann, Probleme mit schlecht strukturierten Datasets zu lösen.

---

7. Wenn das Dialogfeld *Spalte pivotieren* geöffnet wird, wählen Sie in der Liste *Wertespalte* den Eintrag *Wert* aus. Blenden Sie die *Erweiterten Optionen* ein. Wählen Sie im Listenfeld *Aggregatwertfunktion* die Option *Nicht aggregieren* aus und klicken Sie auf *OK*.
8. Entfernen Sie die Spalte *Index*.
9. Wählen Sie im Bereich *Abfragen* die Abfrage *Angefügte Produkte* aus und überprüfen Sie die kombinierte Tabelle. Wenn Sie eine Fehlermeldung sehen, entfernen Sie den letzten Schritt, *Geänderter Spaltentyp,* und Sie sind fertig.

Sie finden die Lösungsdateien *K04U04 – Lösung – Entpivotieren.pbix* sowie *K04U04 – Lösung – Entpivotieren.xlsx* in den Begleitdateien für dieses Buch.

Während die Technik des Entpivotierens auf große Datasets angewendet werden kann, kann das Pivotieren, das verwendet wird, um die Tabelle wiederherzustellen, viel Arbeitsspeicher verbrauchen und die Aktualisierungszeit erheblich verlangsamen, da Power Query das gesamte Dataset durchlaufen muss, um die eindeutigen Werte in *Column1* zu identifizieren und dann aus diesen eindeutigen Werten die neuen Spalten zu konstruieren. Daher ist diese Technik nicht ideal, wenn Sie über große Datasets verfügen und Sie die Tabellen optimiert und mit einer kurzen Aktualisierungszeit kombinieren möchten.

Übung 4.6: Nur die Spaltennamen transponieren

Ein performanceoptimierter Ansatz zum Transformieren von Spaltennamen in eine Spalte und zum Vorbereiten der Zusammenführung mit der Konvertierungstabelle besteht darin, als Zwischenschritt nur die Spaltennamen zu transponieren und dann die Zusammenführung anzuwenden. Abbildung 4.8 zeigt, wie Sie die Spaltennamen transponieren, die Normalisierung anwenden und die Spaltennamen wieder in die ursprüngliche Tabelle transponieren können.

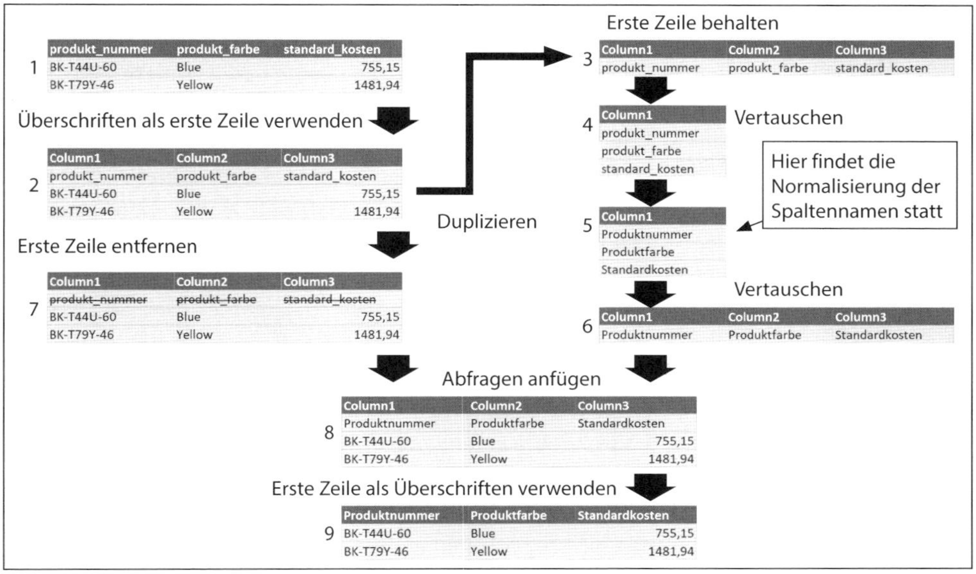

Abbildung 4.8 Die Normalisierung der Spaltennamen umfasst neun Transformationsschritte.

Während die in Abbildung 4.8 dargestellte Technik einfach zu implementieren ist, wenn Sie lediglich ein paar bestimmte Dateien mithilfe von *Abfragen anfügen* kombinieren, zählt diese Vorgehensweise beim Anwenden auf einen Ordner zu den sehr fortgeschrittenen Techniken, da sie auf benutzerdefinierten Funktionen beruht. Daher wird diese Technik hier vor allem für Lernzwecke beschrieben. Sie sollten sie verwenden, wenn die bereits in den Übungen 4.4 und 4.5 beschriebenen Techniken aufgrund von Leistungseinschränkungen nicht zielführend sind, und nur dann, wenn Sie es vorziehen, die in Übung 4.7 beschriebene M-Technik zu vermeiden.

1. Beginnen Sie diese Übung mit den in den Schritten 1 bis 9 von Übung 4.4 erstellten und dann gespeicherten Abfragen.
2. Achten Sie darauf, dass die Abfrage *Produkte Beispiele* ausgewählt ist, und löschen Sie in *Angewendete Schritte* den Schritt *Höher gestufte Header*. Jetzt befinden sich die Überschriften der Beispieltabelle in der ersten Zeile der Tabelle.
3. Klicken Sie im Bereich *Abfragen* mit der rechten Maustaste auf *Produkte Beispiel* und wählen Sie *Duplizieren*. Während die neue Abfrage *Produkte Beispiel (2)* ausgewählt ist, wählen Sie auf der Registerkarte *Start* den Befehl *Zeilen verringern | Zeilen beibehalten | Erste Zeilen beibehalten*. Geben Sie im Dialogfeld *Erste Zeilen beibehalten* im Feld *Anzahl von Zeilen* **1** ein und klicken Sie auf *OK*.
4. Wählen Sie auf der Registerkarte *Transformieren* den Befehl *Vertauschen*, um die Voraussetzungen für die Normalisierung zu schaffen. Dies ist der Punkt, an dem Sie das Zusammenführen durchführen, das dem in den Schritten 12 bis 19 der Übung 4.4 beschriebenen Verfahren ähnelt. Führen Sie in diesem Fall jedoch nicht diese Schritte aus. Es gibt hier ein paar Variationen, die entscheidend sind.
5. Achten Sie darauf, dass die Abfrage *Produkte Beispiel (2)* ausgewählt ist, und wählen Sie auf der Registerkarte *Start* den Befehl *Kombinieren | Abfragen zusammenführen*.

Wenn Sie Dateien aus einem Ordner kombinieren, erstellt Power Query eine Abfragefunktion, eine Beispielabfrage, eine Dateiabfrage und einen Parameter. Diese Artefakte helfen Ihnen, mehrere Dateien aus einem Ordner basierend auf einer ausgewählten Datei zu kombinieren. Die Haupttransformation für jede Datei ist in der Funktion implementiert. Um die Transformation für jede der einzelnen Dateien anzupassen, können Sie Änderungen an der Beispielabfrage vornehmen. In dieser Übung haben Sie die Beispielabfrage in *Produkte Beispiel* umbenannt. Änderungen, die in der Beispielabfrage vorgenommen werden, werden an die Funktion weitergegeben und daher auf alle Dateien im Ordner angewendet. Jedoch existiert eine entscheidende Einschränkung: Wenn Sie für die Beispielabfrage die Befehle *Duplizieren* oder *Verweis* verwenden, werden die Transformationen in der neuen Abfrage nicht von Power Query weitergegeben, wenn Sie Dateien aus einem Ordner kombinieren – es sei denn, Sie wenden eine erweiterte Technik an, um die neue Abfrage wieder mit der Transformationssequenz in der Beispielabfrage zu verbinden. Sie werden diese Verbindung weiter hinten in den Schritten 21 und 22 anwenden.

6. Wenn das Dialogfeld *Zusammenführen* geöffnet wird, wählen Sie in *Produkte Beispiel (2)* die Spalte *Column1* und in der Dropdown-Liste unterhalb von *Produkte Beispiel (2)* den Eintrag *Überschriften_Konvertierung* aus. Wählen Sie dann die Spalte *Quelle* aus, wie Sie es in Übung 4.4 getan haben (siehe Abbildung 4.6).
7. Stellen Sie sicher, dass bei *Art des Joins* die Option *Linker äußerer* ausgewählt ist, und klicken Sie auf *OK*. Im Power Query-Editor wird die neue Spalte *Überschriften_Konvertierung* hinzugefügt, bei deren Werte es sich um Tabellenobjekte handelt.
8. Nun müssen Sie eine Indexspalte hinzufügen, damit der nächste Schritt nicht die Reihenfolge der Spaltennamen in *Column1* verändert. Klicken Sie daher auf der Registerkarte *Spalte hinzufügen* auf *Indexspalte*. In Schritt 13 erfahren Sie, warum dieser Schritt wichtig war.
9. Markieren Sie die Spalte *Überschriften_Konvertierung* und wählen Sie auf der Registerkarte *Transformieren* den Befehl *Strukturierte Spalte | Erweitern*.
10. Deaktivieren Sie im Bereich *Erweitern* das Kontrollkästchen vor *Quelle*, achten Sie darauf, dass das Kontrollkästchen *Ursprünglichen Spaltennamen als Präfix verwenden* eingeschaltet ist, und klicken Sie auf *OK*. Die neue Spalte wird in die neue Spalte *Überschriften_Konvertierung.Ziel* transformiert mit den Zielwerten in den Zeilen, in denen die Namen der Produktspalten nicht übereinstimmen, und mit Nullwert in den Zeilen, in denen die ursprünglichen Namen der Produktspalten beibehalten werden sollen.
11. Wählen Sie auf der Registerkarte *Spalte hinzufügen* den Befehl *Bedingte Spalte*.
12. Nehmen Sie im Dialogfeld *Bedingte Spalte hinzufügen* folgende Einstellungen vor:
    a. Geben Sie im Feld *Neuer Spaltenname* **Neue Spaltennamen** ein.
    b. Wählen Sie im Dropdown-Menü *Spaltenname* den Eintrag *Überschriften_Konvertierung.Ziel* aus.
    c. Geben Sie im Feld *Wert* **null** ein.

d. Wählen Sie in der linken Dropdown-Liste unterhalb von *Ausgabe* die Option *Werte in einer Spalte verwenden* aus.
e. Wählen Sie in der rechten Dropdown-Liste unterhalb von *Ausgabe* die Option *Column1* aus.
f. Wählen Sie in der linken Dropdown-Liste unterhalb von *Sonst* die Option *Werte in einer Spalte verwenden* aus.
g. Wählen Sie in der rechten Dropdown-Liste unterhalb von *Sonst* den Eintrag *Überschriften_Konvertierung.Ziel* aus und wählen Sie *OK*.

13. Stellen Sie sicher, dass sich die Spalte *Index* weiterhin in aufsteigender Reihenfolge befindet. Ist dies nicht der Fall, können Sie die Indexspalte in aufsteigender Reihenfolge sortieren. Die Reihenfolge der Spaltennamen ist hier entscheidend. In Schritt 9 haben Sie die Tabelle erweitert, und dieser Schritt kann dazu führen, dass sich die Reihenfolge der Zeilen ändert. Dadurch, dass Sie in Schritt 8 die Spalte *Index* hinzugefügt haben, können Sie die ursprüngliche Reihenfolge beibehalten.
14. Löschen Sie die Spalten *Column1*, *Überschriften_Konvertierung*.Ziel und *Index* und behalten Sie nur die letzte Spalte, *Neue Spaltennamen*, bei.
15. Wählen Sie auf der Registerkarte *Transformieren* den Befehl *Vertauschen*. Die Spaltennamen sind nun normalisiert.

    Sie haben den Normalisierungsteil der Abfrage *Produkte Beispiel (2)* abgeschlossen, der in Abbildung 4.8 (in Schritt 5 in der Abbildung) dargestellt ist. Von hier aus können Sie die verbleibende Sequenz der Transformationsschritte fortsetzen.
16. Um die alten Header aus der Tabelle zu entfernen, kehren Sie zur ursprünglichen Abfrage *Produkte Beispiel* zurück. Während *Produkte Beispiel* im Bereich *Abfragen* ausgewählt ist, wählen Sie auf der Registerkarte *Start* den Befehl *Zeilen verringern | Zeilen entfernen | Erste Zeilen entfernen*. Geben Sie im Dialogfeld *Erste Zeilen entfernen* in das Feld *Anzahl von Zeilen* **1** ein und klicken Sie auf *OK*.
17. Während im Bereich *Abfragen* weiterhin *Produkte Beispiel* ausgewählt ist, klicken Sie auf der Registerkarte *Start* auf *Abfragen anfügen*. Das Dialogfeld *Anfügen* wird geöffnet. Wählen Sie in der Liste *Anzufügende Tabelle* den Eintrag *Produkte Beispiel (2)* aus und klicken Sie auf *OK*.
18. Im Vorschaubereich können Sie sehen, dass sich die normalisierten Spaltennamen aus *Produkte Beispiel (2)* jetzt in der untersten Zeile befinden, da Sie *Produkte Beispiel (2)* als zweite Tabelle angefügt haben. Sie können die Reihenfolge der Tabellen tauschen. In der Bearbeitungsleiste sehen Sie die folgende Formel:

    ```
    Table.Combine({#"Entfernte oberste Zeilen", #"Produkte Beispiel (2)"})
    ```

    Ändern Sie die Formel ab und drehen Sie die Reihenfolge von #"*Entfernte oberste Zeilen*" und #"*Produkte Beispiel (2)*" um, wie hier gezeigt:

    ```
    Table.Combine({#"Produkte Beispiel (2)", #"Entfernte oberste Zeilen"})
    ```
19. Nachdem sich die normalisierten Spaltennamen nun in der ersten Zeile befinden, können Sie diese als Header heraufstufen. Klicken Sie dazu auf der Registerkarte *Transformieren* auf *Erste Zeile als Überschriften verwenden* und entfernen Sie aus *Angewendete Schritte* den Schritt *Geänderter Spaltentyp*.

Es ist wichtig, hier den Schritt *Geänderter Spaltentyp* zu entfernen. Die Spalte *Größe* für *Fahrräder* enthält nur Zahlen. Daher konvertierte Power Query den Typ der Spalte *Größe* in *Ganze Zahl*. Bei anderen Produkten, beispielsweise bei Kleidung, sind Textwerte jedoch gültige Größen. Wenn Sie die Typkonvertierung in dieser Phase nicht entfernen, erhalten Sie Fehler in den Zellen der Spalte *Größe*, bei denen Textwerte korrekt sind.

20. Wählen Sie im Bereich *Abfragen* die Abfrage *Angefügte Produkte* aus, um die kombinierte Tabelle zu überprüfen. Sie sehen einen Fehler, der behoben werden kann, indem Sie den letzten Schritt, *Geänderter Spaltentyp*, aus den angewendeten Schritten entfernen.

    Wenn Sie nun im Vorschaubereich nach unten scrollen, bis Sie die ersten Zeilen aus *K04U04 – Kleidung.xlsx* sehen, stellen Sie fest, dass, wie in Abbildung 4.9 dargestellt, die Werte in den Spalten *Name* und *Produktnummer* vertauscht sind. Die Normalisierung hat nicht gut funktioniert.

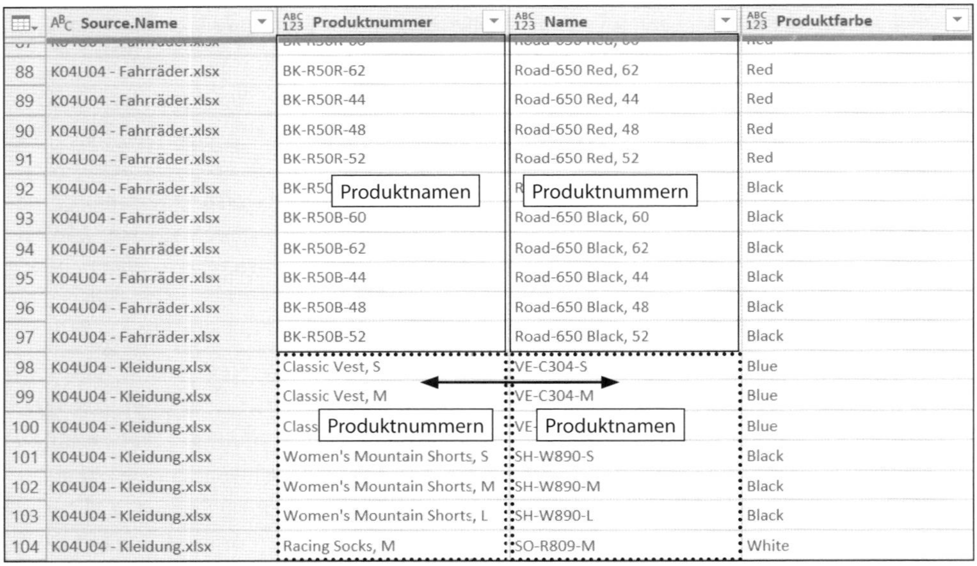

	Source.Name	Produktnummer	Name	Produktfarbe
88	K04U04 - Fahrräder.xlsx	BK-R50R-62	Road-650 Red, 62	Red
89	K04U04 - Fahrräder.xlsx	BK-R50R-44	Road-650 Red, 44	Red
90	K04U04 - Fahrräder.xlsx	BK-R50R-48	Road-650 Red, 48	Red
91	K04U04 - Fahrräder.xlsx	BK-R50R-52	Road-650 Red, 52	Red
92	K04U04 - Fahrräder.xlsx	BK-R5[illegible]	R[illegible]	Black
93	K04U04 - Fahrräder.xlsx	BK-R50B-60	Road-650 Black, 60	Black
94	K04U04 - Fahrräder.xlsx	BK-R50B-62	Road-650 Black, 62	Black
95	K04U04 - Fahrräder.xlsx	BK-R50B-44	Road-650 Black, 44	Black
96	K04U04 - Fahrräder.xlsx	BK-R50B-48	Road-650 Black, 48	Black
97	K04U04 - Fahrräder.xlsx	BK-R50B-52	Road-650 Black, 52	Black
98	K04U04 - Kleidung.xlsx	Classic Vest, S	VE-C304-S	Blue
99	K04U04 - Kleidung.xlsx	Classic Vest, M	VE-C304-M	Blue
100	K04U04 - Kleidung.xlsx	Class[illegible]	VE-[illegible]	Blue
101	K04U04 - Kleidung.xlsx	Women's Mountain Shorts, S	SH-W890-S	Black
102	K04U04 - Kleidung.xlsx	Women's Mountain Shorts, M	SH-W890-M	Black
103	K04U04 - Kleidung.xlsx	Women's Mountain Shorts, L	SH-W890-L	Black
104	K04U04 - Kleidung.xlsx	Racing Socks, M	SO-R809-M	White

Abbildung 4.9 In der Abfrage *Angefügte Produkte* sind in den Zeilen für Kleidung die Produktnummern und Produktnamen vertauscht.

Die Überprüfung der Endergebnisse ist ein wichtiger Schritt bei der Verwendung von Power Query. Der Vorschaubereich kann häufig sehr irreführend sein, da er Teildaten anzeigt. In diesem Fall hat für die Daten aus *Fahrräder* alles gut funktioniert, aber wenn Sie einen genauen Blick auf die angefügten Ergebnisse werfen, stellen Sie fest, dass bei *Kleidung*, *Komponenten* und *Zubehör* die Produktnummern und Produktnamen vertauscht sind. Überprüfen Sie stets sorgfältig die Ergebnisdaten.

Lassen Sie uns hier für einen Moment innehalten, um zu verstehen, was passiert ist und warum die Normalisierung nicht funktioniert hat. Die gute Nachricht ist, dass die Abfrage *Produkte Beispiel (2)* jetzt für eine einzelne Datei funktioniert. Wenn Sie *Produkte Beispiel (2)* auswählen, sehen Sie, dass im letzten Schritt in den angewendeten Schritten die Überschriften wie erwartet normalisiert werden. Die schlechte Nachricht ist jedoch, dass die Headernormalisierung nur für eine einzelne Datei durchgeführt wurde, und wenn diese Beispielabfrage jetzt über die benutzerdefinierte Funktion für alle Dateien im Ordner wiederverwendet wird, transformiert sie starr alle Spaltennamen anhand der Daten aus dieser einen Datei.

Warum wird dieselbe eine Datei verwendet? Sehen Sie sich die Abfrage *Produkte Beispiel (2)* an. Wenn Sie in *Angewendete Schritte* den Schritt *Quelle* auswählen, können Sie in der Bearbeitungsleiste sehen, dass die Abfrage die Excel-Arbeitsmappe aus dem Parameter *Parameter1* lädt. Dieser Parameter wurde von Power Query erstellt, als Sie die Dateien aus dem Ordner kombiniert haben. Sie können diesen Parameter im Bereich *Abfragen* auswählen, indem Sie *Parameter1 (Beispieldatei)* anklicken, und werden feststellen, dass der aktuelle Wert des Parameters *Beispieldatei* ist. Sie finden die Abfrage *Beispieldatei* ebenfalls im Bereich *Abfragen*. Diese Abfrage gibt den Inhalt der Arbeitsmappe *K04U04 – Fahräder.xlsx* zurück.

Warum sind die Werte *Produktnummer* und *Produktname* in der Abfrage *Angefügte Produkte* für die Daten aus *Kleidung* vertauscht? Der Grund ist, dass die Reihenfolge dieser beiden Spalten in den Dateien *K04U04 – Fahrräder.xlsx* und *K04U04 – Kleidung.xlsx* vertauscht ist. Es ist nicht möglich, die Normalisierung für die Datei *K04U04 – Fahrräder.xlsx* durchzuführen und sie dann unverändert auf die anderen Dateien anzuwenden, wenn die Reihenfolge der Spalten unterschiedlich ist.

Um dieses Problem zu beheben, müssen Sie lernen, wie Sie die Logik in der Abfrage *Produkte Beispiel (2)* für die anderen Dateien im Ordner wiederverwenden. Rufen Sie sich aus Schritt 3 dieser Übung in Erinnerung, dass es sich bei *Produkte Beispiel (2)* um ein Duplikat von *Produkte Beispiel* handelt, das seinerseits eine Beispielabfrage ist. Als Beispielabfrage wird *Produkte Beispiel* für jede Datei im Ordner ausgeführt, und sie ruft hierbei die Abfrage *Produkte Beispiel (2)* auf. Da *Produkte Beispiel (2)* jedoch derzeit keine Beispielabfrage ist, werden die Dateien aus dem Ordner nicht an *Produkte Beispiel (2)* weitergegeben. Diese Abfrage führt die Transformationssequenz immer für dieselbe Datei aus: *K04U04 – Fahrräder.xlsx*.

Sie müssen also einen Weg finden, um *Produkte Beispiel (2)* in eine wiederverwendbare Abfrage zu konvertieren, der von *Produkte Beispiel* eine Datei als Parameter übergeben werden kann und die dann die Header für jede Datei normalisiert. Um diese Aufgabe zu lösen, können Sie *Produkte Beispiel (2)* in eine Funktion (auch als benutzerdefinierte Funktion bezeichnet) umwandeln, die für jede Datei im Ordner aufgerufen und wiederverwendet werden kann. Führen Sie die folgenden Schritte aus, um aus *Produkte Beispiel (2)* eine Funktion zu erstellen:

21. Klicken Sie im Bereich *Abfragen* den Eintrag *Produkte Beispiel (2)* mit der rechten Maustaste an und wählen Sie *Funktion erstellen*. Das Dialogfeld *Funktion erstellen* wird geöffnet. Geben Sie im Feld *Funktionsname* **FnNormalisiereSpaltenNamen** ein und wählen Sie *OK*. Wie in Abbildung 4.10 gezeigt, haben Sie jetzt eine neue Funktion, die für alle Dateien verwendet werden kann.

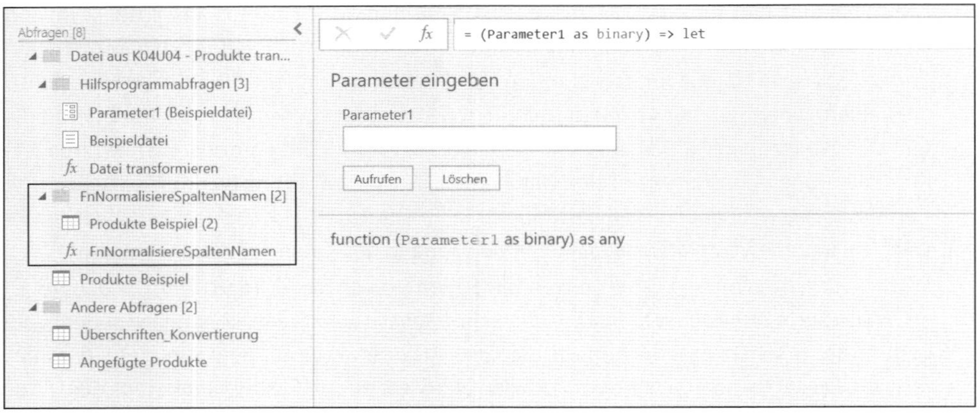

Abbildung 4.10 *Produkte Beispiel (2)* wurde in die Funktion *FnNormalisiereSpaltenNamen* konvertiert, bei der *Produkte Beispiel (2)* als Beispielabfrage dient.

Jetzt haben Sie eine Funktion, `FnNormalisiereSpaltenNamen`, die in der Abfrage *Produkte Beispiel* anstelle der Abfrage *Produkte Beispiel (2)* aufgerufen werden kann.

22. Wählen Sie im Bereich *Abfragen* die Abfrage *Produkte Beispiel* aus. Wählen Sie unter *Angewendete Schritte* den Schritt *Angefügte Abfrage* aus. Ersetzen Sie in der Bearbeitungsleiste die folgende Formel:

```
Table.Combine({#"Produkte Beispiel (2)", #"Entfernte oberste Zeilen"})
```

durch die folgende Formel:

```
Table.Combine({FnNormalisiereSpaltenNamen (#"Parameter1"), #"Entfernte oberste
Zeilen"})
```

Die Funktion `FnNormalisiereSpaltenNamen` erhält den Inhalt einer Excel-Arbeitsmappe aus dem Ordner als Argument und gibt die normalisierten Spalten zurück. Die Tabelle *Entfernte oberste Zeilen* ist der letzte Schritt in *Produkte Beispiel*, bevor Sie das Anfügen angewendet haben. Sie enthält die ursprünglichen Zeilen ohne die Überschriften.

Warum verwenden Sie hier `#"Parameter1"`? Rufen Sie sich in Erinnerung, dass dieser Parameter immer auf die Datei *Fahrräder* zeigte, wenn er in *Produkte Beispiel (2)* aufgerufen wurde. Aber jetzt, im Kontext einer Funktion, wird diesem Parameter die richtige Datei zugewiesen, während Power Query die einzelnen Dateien im Ordner in einer Schleife durchläuft.

23. Kehren Sie zu den angefügten Ergebnissen in der Abfrage *Angefügte Produkte* zurück und scrollen Sie im Vorschaubereich nach unten, um sich davon zu überzeugen, dass auch alle Spalten von *K04U04 – Kleidung.xlsx* die korrekten Inhalte enthalten. Schließen Sie den Power Query-Editor und laden Sie die Daten in Ihren Bericht.

Sie finden die Lösungsdateien *K04U06 – Lösung – Überschriften transponieren.xlsx* und *K04U06 – Lösung – Überschriften transponieren.pbix* in den Begleitdateien für dieses Buch.

Übung 4.7: M zum Normalisieren von Spaltennamen verwenden

In dieser Übung lernen Sie die effizienteste Methode zum Anwenden einer Konvertierungstabelle und zum Normalisieren von Spaltennamen kennen. In dieser Übung verwenden Sie M und wenden die Konvertierung direkt auf die Spaltennamen an.

Erinnern Sie sich daran, dass Sie in Übung 4.3 eine einfache Textmanipulation auf die Spaltennamen angewendet haben, indem Sie die M-Formel `Table.TransformColumnNames` mit der entsprechenden Textmanipulation als zweites Argument angewendet haben. Sie haben zum Beispiel `Text.Proper` verwendet, damit jedes Wort mit einem Großbuchstaben beginnt.

In dieser letzten Übung zum Normalisieren von Spaltennamen erstellen Sie eine benutzerdefinierte Funktion, die die Spaltennamen gemäß den Regeln in der Konvertierungstabelle normalisiert.

Bevor Sie die Funktion erstellen, müssen Sie eine weitere Transformationsänderung verstehen, die den Code vereinfacht und die Suche in der Konvertierungstabelle beschleunigt. Erinnern Sie sich daran, dass Ihre Konvertierungstabelle bisher aus Paaren der Quell- und der Zielwerte bestand. Nun transponieren Sie diese Tabelle und stufen die erste Zeile zu Überschriften herauf. Danach enthält die neue Konvertierungstabelle die Quellwerte als Header und die Zielwerte als erste Zeile, wie in Abbildung 4.11 dargestellt.

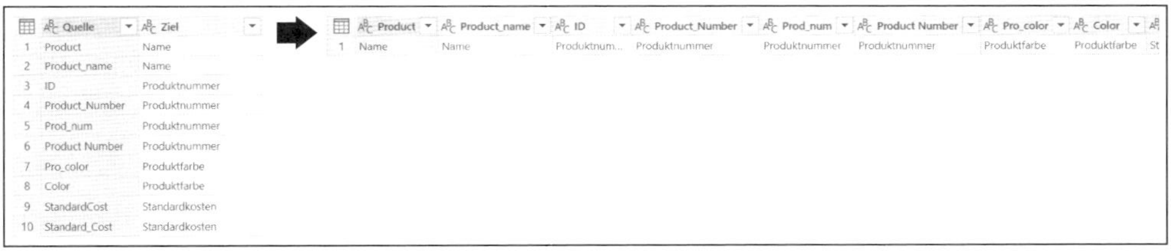

Abbildung 4.11 Das Transponieren der ursprünglichen Konvertierungstabelle aus Quell-/Zielpaaren in eine einzeilige Tabelle kann eine effiziente Methode zum Normalisieren der Spaltennamen sein.

Nach dieser Transformation können Sie die Quellwerte in den Überschriften der Konvertierungstabelle suchen und mithilfe einer einfachen benutzerdefinierten Funktion deren Zielwerte abrufen. Um die transponierte Konvertierungstabelle zu erstellen, beginnen Sie mit den gespeicherten Abfragen nach den Schritten 1 bis 9 aus Übung 4.4.

1. Öffnen Sie Ihre Arbeitsmappe oder Ihren Power BI-Bericht und starten Sie den Power Query-Editor.
2. Wählen Sie im Bereich *Abfragen* die Abfrage *Überschriften_Konvertierung* aus.
3. Wählen Sie auf der Registerkarte *Transformieren* zuerst *Vertauschen* und dann *Erste Zeile als Überschriften verwenden* aus.
4. Löschen Sie in *Angewendete Schritte* den Schritt *Geänderter Spaltentyp*, der automatisch erstellt wurde. Dieser Schritt wird nicht benötigt; wenn Sie ihn beibehalten, können Änderungen, die Sie an den Quellwerten der Konvertierungstabelle vornehmen, in Zukunft zu Aktualisierungsfehlern führen.

5. Markieren Sie im Bereich *Abfragen* die Abfrage *Produkte Beispiel* und klicken Sie dann auf die *fx*-Schaltfläche, wie bereits in Schritt 8 von Übung 4.3 gezeigt.
6. Ändern Sie in der Bearbeitungsleiste diese Formel:

   ```
   #"Höher gestufte Header"
   ```

   wie folgt ab:

   ```
   Table.TransformColumnNames(#"Höher gestufte Header",
   each try Table.Column(Überschriften_Konvertierung, _){0} otherwise _)
   ```

7. Drücken Sie die Eingabe-Taste und überprüfen Sie die Überschriften im Vorschaubereich. Sie wurden normalisiert. Sie können nun die Abfrage *Angefügte Produkte* auswählen und werden feststellen, dass alle nicht übereinstimmenden Tabellen korrekt kombiniert wurden. (Eventuell müssen Sie noch den Schritt *Geänderter Spaltentyp* entfernen.)

Betrachten wir kurz den Ausdruck, den Sie in Schritt 6 eingegeben haben. In Übung 4.3 haben Sie bereits `Table.TransformColumnNames` verwendet. Hier konzentriere ich mich bei den Erläuterungen auf das zweite Argument:

```
each try Table.Column(Überschriften_Konvertierung, _){0} otherwise _
```

In Kapitel 9 erfahren Sie mehr über diese Arten von Ausdrücken. Die Kombination aus `each` und _ (Unterstrich) wird als Abkürzung verwendet, um eine Funktion zu definieren. In diesem Fall benötigt `Table.TransformColumnNames` als zweites Argument eine Funktion; durch die Verwendung von `each` und des Unterstrichs wird diese Funktion für jeden Spaltennamen aufgerufen.

Kehren wir zu einigen grundlegenden Syntaxelementen zurück und untersuchen den obigen Ausdruck Schritt für Schritt. Um auf eine Zelle in der ersten Zeile für eine der Spalten in der Konvertierungstabelle zuzugreifen, haben Sie den Ausdruck `{0}` verwendet. Denken Sie daran, dass in M nullbasierte Indizes verwendet werden und dass Sie daher 0 anstelle von 1 verwenden, um auf die erste Zelle zuzugreifen. Die geschweiften Klammern werden verwendet, um auf ein Element in einer Liste zuzugreifen, wobei in den Klammern der nullbasierte Index des gewünschten Elements angegeben wird.

Angenommen, in der Tabelle *Überschriften_Konvertierung* befindet sich eine Spalte mit dem Namen *Column1*. Um auf die Liste der Werte in *Column1* zuzugreifen, verwenden Sie die folgende Formel:

```
Überschriften_Konvertierung[Column1]
```

In diesem Fall wird der Spaltenname als Eingabeparameter für die definierte Funktion über das Unterstrichzeichen bereitgestellt. Um über deren Spaltennamen auf alle Spalten (als Listen) in der Tabelle *Überschriften_Konvertierung* zuzugreifen, können Sie die folgende Funktion schreiben:

```
each Table.Column(Überschriften_Konvertierung, _)
```

Beachten Sie, dass Sie die Funktion `Table.Column` verwenden. Die folgende Formel funktioniert nicht:

```
each Überschriften_Konvertierung[_]
```

Mit dieser Formel sucht die M-Engine nach einer Spalte, deren tatsächlicher Name _ ist. Als Ergebnis erhalten Sie den folgenden Fehler:

```
Expression.Error: Die Spalte "_" der Tabelle wurde nicht gefunden
```

Um diesen Fehler zu vermeiden, verwenden Sie die Funktion `Table.Column`, der eine Tabelle und ein Spaltenname übergeben wird und die die gewünschte Spalte als Liste zurückgibt. Durch das Kombinieren dieser Formeln können Sie diese Formel verwenden, um in der transponierten Konvertierungstabelle, die Sie in Schritt 3 erstellt haben, anhand eines Quellwerts auf einen Zielwert zuzugreifen:

```
each Table.Column(Überschriften_Konvertierung, _){0}
```

Warum haben Sie in Schritt 6 die Elemente `try/otherwise` hinzugefügt? Beachten Sie, dass die Konvertierungstabelle nicht für alle möglichen vorliegenden Spaltennamen ausgelegt ist, sondern dass dort nur die nicht übereinstimmenden Spaltennamen enthalten sind. Daher enthält der Ausdruck in Schritt 6 die Elemente `try/otherwise`, die im folgenden Ausdruck fett formatiert sind:

```
each try Table.Column(Überschriften_Konvertierung, _){0} otherwise _
```

Wenn der Wert für *Quelle* in der Tabelle *Überschriften_Konvertierung* nicht gefunden wird, schlägt der `try`-Teil fehl und löst den *otherwise*-`Teil` aus, der den Quellwert zurückgibt.

Hier ist noch einmal die gesamte Funktion:

```
Table.TransformColumnNames(#"Höher gestufte Header",
each try Table.Column(Überschriften_Konvertierung, _){0} otherwise _)
```

Umgangssprachlich lässt sich dieser Ausdruck wie folgt übersetzen: »Nimm die Tabelle, die das Ergebnis des Schritts *Höher gestufte Header* war, und transformiere die Spaltennamen dieser Tabelle anhand der folgenden Regel: Versuche, für jeden Spaltennamen einen Spaltennamen in der Konvertierungstabelle zu finden, und gib den entsprechenden Wert in der Zelle der Konvertierungstabellen zurück. Wenn dies fehlschlägt (weil der Spaltenname aus der Ausgangstabelle in der Konvertierungstabelle nicht vorhanden ist), gib den Spaltennamen aus der Tabelle *Höher gestufte Header* als Ergebnis zurück.«

Wenn Sie nicht alle Details dieses Abschnitts nachvollziehen können, machen Sie sich keine Sorgen. Sie können dann immer noch die drei anderen Methoden aus den Übungen 4.4, 4.5 und 4.6 verwenden, um nicht übereinstimmende Tabellen mittels einer Konvertierungstabelle zu kombinieren. Das Ziel von Übung 4.7 besteht darin, Ihnen zu zeigen, wie schnell Sie nicht übereinstimmende Tabellen mithilfe von M kombinieren können. Kehren Sie am besten zu dieser Übung zurück, nachdem Sie in Kapitel 9 mehr über M erfahren haben.

Die Lösungsdateien zu dieser Übung, *K04U07 – Lösung – M.pbix* und *K04U07 – Lösung – M.xlsx*, finden Sie wie immer in den Begleitdateien für dieses Buch.

Zusammenfassung

In diesem Kapitel haben Sie die Auswirkungen der Kombination nicht übereinstimmender Tabellen und verschiedene Techniken kennengelernt, die Sie verwenden können, um Spaltennamen abzugleichen und so mehrere Tabellen erfolgreich zu kombinieren.

Sie haben gelernt, wie Sie fehlende Werte identifizieren und Daten in nicht übereinstimmenden Tabellen aufteilen, die fehlerhaft kombiniert wurden. Sie haben außerdem gelernt, wie Sie Spalten manuell umbenennen, damit die Spaltennamen einheitlich sind, bevor Sie die Tabellen anfügen.

Für die Fälle, in denen mehrere Tabellen in einem Ordner vorliegen, bei denen die Reihenfolge der Spalten identisch ist und bei denen lediglich die Spaltennamen unterschiedlich sind, haben Sie gelernt, wie Sie die Technik der Verallgemeinerung der Überschriften verwenden, um die Tabellen anzufügen. Sie haben außerdem die Funktion `Table.TransformColumnNames` kennengelernt und für die einfache Spaltennamennormalisierung angewendet, zum Beispiel um jedes Wort mit einem Großbuchstaben beginnen zu lassen oder um Unterstriche durch Leerzeichen zu ersetzen.

Eine Konvertierungstabelle hilft bei der Normalisierung von Spaltennamen in Fällen, in denen die Textmanipulation mit einer Regel nicht ausreicht. Sie haben gelernt, wie Sie eine Konvertierungstabelle zusammenführen, um nicht übereinstimmende Spaltennamen zu ersetzen, indem Sie drei Techniken verwenden: das Transponieren (Vertauschen), das Entpivotieren und das Transponieren von lediglich den Spaltennamen. Abschließend haben Sie die effektivste Methode zur Normalisierung von Spaltennamen gesehen, die Verwendung von fortgeschrittenem M-Code.

Die folgende Tabelle fasst die verschiedenen Techniken und deren Vor- und Nachteile zusammen:

Technik	**Vorteile**	**Nachteile**
1. Verallgemeinerung der Überschriften	Einfache Implementierung. Keine Performanceeinbußen.	Wenn sich die Reihenfolge der Spalten ändert, führt diese Methode zu vertauschten Werten.
2. Vertauschen, Zusammenführen und Zurückvertauschen	Einfache Implementierung. Kann mit nicht konsistenter Reihenfolge der Spalten umgehen.	Erheblicher Speicherbedarf. Schlägt fehl, wenn eine der kombinierten Tabellen mehr als 16.384 Zeilen aufweist.
3. Entpivotieren, Zusammenführen und Pivotieren	Einfache Implementierung. Kann für größere Datasets verwendet werden. Kann mit nicht konsistenter Spaltenreihenfolge umgehen.	Erheblich langsamer als die Methoden 1, 4 und 5.
4. Nur die Spaltennamen transponieren	Kann mit nicht konsistenter Spaltenreihenfolge umgehen. Die Aktualisierung erfolgt erheblich schneller als bei den Methoden 2 und 3.	Die Implementierungszeit ist die längste.

→

Technik	Vorteile	Nachteile
5. M verwenden, um die Spaltennamen zu normalisieren	Im Hinblick auf die Performance die effektivste Methode. Kurze Implementierungszeit (wenige Schritte erforderlich).	Setzt Kenntnisse über M voraus.

Tabelle 4.2 Vor- und Nachteile der verschiedenen Techniken zur Handhabung nicht übereinstimmender Tabellen

Die Möglichkeit, nicht übereinstimmende Tabellen zu kombinieren, kann einen erheblichen geschäftlichen Nutzen bringen. Stellen Sie sich vor, Sie arbeiten für ein Unternehmen, das ständig andere Unternehmen übernimmt. Sie können die Techniken in diesem Kapitel anwenden, um schnell die verschiedenen Datasets der übernommenen Unternehmen zusammenzuführen und Einblicke zu erhalten, bevor die Daten durch die IT konsolidiert werden. Self-Service-BI-Szenarien können wirklich glänzen, wenn es darum geht, solche isolierten Datasets miteinander zu kombinieren.

KAPITEL 5

Den Kontext erhalten

In diesem Kapitel:

- erfahren Sie, wie Sie beim Anfügen von Abfragen die Kontextinformationen in Form von Dateinamen und Namen von Tabellenblättern beibehalten
- lernen Sie, wie Sie die Drilldown-Transformation auf Titel anwenden und deren Inhalt dynamisch in Tabellen beibehalten
- werden Sie in der Phase vor dem Anfügen die Titel beibehalten, indem Sie Drilldown sowie eine benutzerdefinierte Spalte verwenden, um mehrere Tabellen aus einem Ordner zu kombinieren
- werden Sie in der Phase nach dem Anfügen die Titel beibehalten, indem Sie Drilldown, eine benutzerdefinierte Spalte sowie die Transformation *Nach unten ausfüllen* verwenden, um mehrere Tabellenblätter aus einer Arbeitsmappe zu kombinieren
- lernen Sie fortgeschrittene Techniken kennen, um den Inhalt bestimmter Zellen eines Tabellenblatts beizubehalten, indem Sie eine Indexspalte und Informationen über die Nachbarschaft zu anderen Zellen verwenden

In Kapitel 3, »Daten aus mehreren Quellen kombinieren«, und Kapitel 4, »Tabellen mit unterschiedlichen Datenstrukturen kombinieren«, haben Sie sich der Herausforderung gestellt, Tabellen zu kombinieren, und dabei einige reale Szenarien von nicht übereinstimmenden Datensilos gelöst, die normalisiert werden mussten, bevor sie kombiniert werden können. Häufig sind jedoch wichtige Kontextinformationen, die außerhalb von Tabellen gespeichert werden, für die Analyse von entscheidender Bedeutung. Das Kombinieren von Tabellen, ohne dabei den Kontext zu berücksichtigen und beizubehalten, führt zu bedeutungslosen Ergebnissen. In diesem Kapitel erfahren Sie, wie Sie den Tabellenkontext beibehalten und separate Tabellen mitsamt ihren Kontextinformationen kombinieren. Dieses Kapitel behandelt den Tabellenkontext in einer Vielzahl von Szenarien. Außerdem wird Ihnen vermittelt, wie wichtige Kontextelemente in Ihren Daten dynamisch erkannt und extrahiert und gleichzeitig nicht relevante Elemente ignoriert werden. Der Kontext ist der Schlüssel für das Verständnis von allem. Ohne den Kontext fehlen entscheidende Informationen.

Den Kontext der Dateinamen und Arbeitsblätter beibehalten

In den Kapitel 3 und Kapitel 4 haben Sie verschiedene Methoden zum Kombinieren mehrerer Tabellen kennengelernt und dabei die unterschiedlichen Techniken auf Produktdaten der fiktiven Firma AdventureWorks angewendet. In den Übungen in Kapitel 3 und Kapitel 4 hatten Sie für die übergeordneten Produktkategorien, wie Fahrräder und Zubehör, jeweils eigene Tabellen. Glücklicherweise (bzw. absichtlich) befand sich die übergeordnete Kategorie zusätzlich als eigene Spalte in den Daten. Dadurch blieben die Informationen zu den übergeordneten Kategorien auch nach dem Kombinieren der Tabellen erhalten. In diesem Abschnitt wird ein typisches Szenario behandelt, in dem wichtige Kontextinformationen als Name des Tabellenblatts oder im Dateinamen, aber nicht als eigene Spalte in der Tabelle verfügbar sind. Das Ziel hier ist, Wege zu finden, diese Informationen als eigene Spalte aufzunehmen, um den Kontext beizubehalten.

Beginnen wir mit einem einfachen Beispiel.

Übung 5.1, Teil 1: Die Technik der benutzerdefinierten Spalte

In dieser Übung importieren Sie AdventureWorks-Produktdatensätze für zwei übergeordnete Kategorien – Fahrräder und Zubehör –, die sich in zwei separaten Arbeitsmappen befinden, und fügen sie zusammen. Das angefügte Ergebnis enthält nicht die Namen der Produktkategorien, und Sie können daher keine Analyse durchführen, die die Performance der beiden Produktlinien vergleicht. In dieser Übung sehen Sie, wie einfach es ist, die Werte der übergeordneten Kategorien in den angefügten Ergebnissen beizubehalten.

In dieser Übung verwenden Sie die Arbeitsmappen *K05U01 – Fahrräder.xlsx* und *K05U01 – Zubehör.xlsx*, die Sie in den Begleitdateien zum Buch finden. Speichern Sie diese Dateien im Ordner *C:\Daten\K05* ab.

1. Laden Sie die beiden Arbeitsmappen in einen neuen Power BI-Bericht oder in eine leere neue Arbeitsmappe. Wählen Sie im Dialogfeld *Navigator* bei jeder Datei die Option *Tabelle1* aus, bevor Sie sie laden. Wenn der Power Query-Editor geöffnet ist, werden Sie feststellen, dass die Abfragen *Tabelle1* und *Tabelle1 (2)* heißen, wie in Abbildung 5.1 dargestellt. Die Informationen zur übergeordneten Kategorie sind nicht in einer eigenen Spalte verfügbar.
2. Benennen Sie *Tabelle1* in **Fahrräder** und *Tabelle1 (2)* in **Zubehör** um. Wenn Sie nicht genau wissen, bei welcher Abfrage es sich um Fahrräder oder um Zubehör handelt, können Sie den ersten Schritt in *Angewendete Schritte* auswählen (*Quelle*) und die entsprechende übergeordnete Kategorie ermitteln, indem Sie in der Bearbeitungsleiste den Dateinamen überprüfen. Hier ist beispielsweise die Formel für die Arbeitsmappe mit den Informationen zu den Fahrrädern:

   ```
   Excel.Workbook(File.Contents("C:\Daten\K05\K05U01 - Fahrräder.xlsx"), null, true)
   ```

   Alternativ können Sie in *Angewendete Schritte* an der rechten Seite des Schritts *Quelle* auf das Symbol *Einstellungen* klicken. Im Dialogfeld *Excel*, das daraufhin geöffnet wird, können Sie im Feld *Dateipfad* sehen, ob es sich bei der ausgewählten Abfrage um die Arbeitsmappe mit den Daten zu Fahrrädern oder Zubehör handelt.

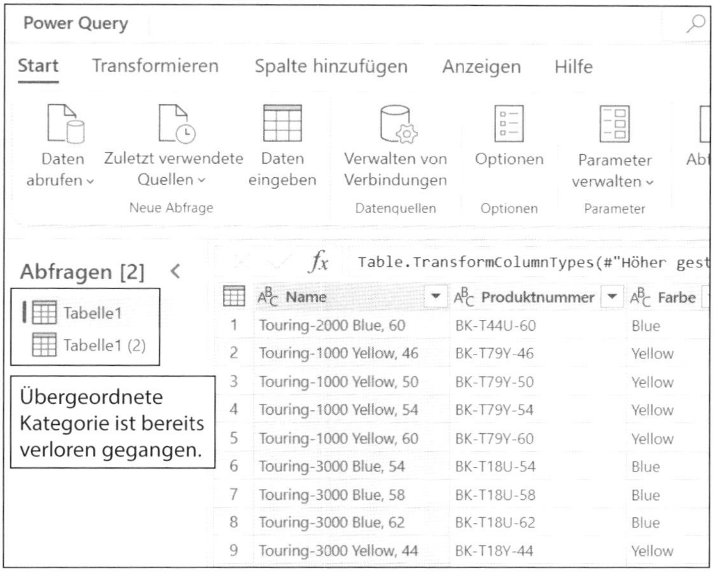

Abbildung 5.1 Wenn Sie *Fahrräder* und *Zubehör* aus *Tabelle1* von zwei separaten Arbeitsmappen importieren, geht der Kontext, der im Dateinamen enthalten ist, verloren.

3. Markieren Sie im Bereich *Abfragen* die Abfrage *Fahrräder*. Wählen Sie auf der Registerkarte *Start* im Menü der Schaltfläche *Abfragen anfügen* den Befehl *Abfragen als neu anfügen* aus.
4. Wählen Sie im Dialogfeld *Anfügen* die Option *Fahrräder* als *Primäre Tabelle* und *Zubehör* als Tabelle aus, die an die primäre Tabelle angefügt werden soll, und wählen Sie *OK*.

   Die neue Abfrage *Angefügt1* enthält die kombinierten Daten der Produkte aus *Fahrräder* und *Zubehör*, aber der Kontext der übergeordneten Kategorie ist jetzt verloren gegangen. Das Umbenennen der ursprünglichen Abfragen *Tabelle1* und *Tabelle1 (2)* in *Fahrräder* und *Zubehör* in Schritt 2 reichte nicht aus, um den Kontext beizubehalten. Sie können dies jetzt beheben.
5. Wählen Sie im Bereich *Abfragen* die Abfrage *Fahrräder* aus.
6. Klicken Sie auf der Registerkarte *Spalte hinzufügen* auf *Benutzerdefinierte Spalte*.
7. Wenn das Dialogfeld *Benutzerdefinierte Spalte* geöffnet wird, geben Sie in das Feld *Neuer Spaltenname* **Übergeordnete Kategorie** und die folgende Zeile in das Feld *Benutzerdefinierte Spaltenformel* ein:

   ```
   "Fahrräder"
   ```
8. Wählen Sie *OK*, um das Dialogfeld *Benutzerdefinierte Spalte* zu schließen, und wählen Sie im Bereich *Abfragen* den Eintrag *Zubehör* aus.
9. Klicken Sie auf der Registerkarte *Spalte hinzufügen* auf *Benutzerdefinierte Spalte*.

10. Wenn das Dialogfeld *Benutzerdefinierte Spalte* geöffnet wird, geben Sie in das Feld *Neuer Spaltenname* **Übergeordnete Kategorie** und die folgende Zeile in das Feld *Benutzerdefinierte Spaltenformel* ein:

    ```
    "Zubehör"
    ```

11. Wählen Sie *OK*, um das Dialogfeld *Benutzerdefinierte Spalte* zu schließen, und wählen Sie im Bereich *Abfragen* die Abfrage *Angefügt1* aus. Wenn Sie im Vorschaubereich nach unten scrollen, werden Sie feststellen, dass die neue Spalte, *Übergeordnete Kategorie*, den richtigen Kontext für Zeilen aus *Fahrräder* und *Zubehör* enthält.

Sie finden die Lösung dieser Übung im Power BI-Bericht *K05U01 – Lösung – Teil 1.pbix* und in der Arbeitsmappe *K05U01 – Lösung – Teil 1.xlsx* in den Begleitdateien zu diesem Buch.

Übung 5.1, Teil 2: Umgang mit Kontextinformationen in Dateinamen und Tabellenblattnamen

Wenn Sie *Abfragen anfügen* oder *Abfragen als neu anfügen* verwenden, geht in der Regel der Kontext verloren, der in den Abfragenamen verfügbar ist. Um dies zu beheben, müssen Sie für jede Tabelle eine vorläufige benutzerdefinierte Spalte hinzufügen. Wenn Sie mehrere Dateien aus einem Ordner kombinieren und die Dateinamen den Kontext enthalten, können Sie den erforderlichen Kontext in der Spalte *Source.Name* finden und müssen daher keine benutzerdefinierte Spalte hinzufügen. Kapitel 3 veranschaulicht dies, indem das Veröffentlichungsjahr der AdventureWorks-Produkte beibehalten wird (siehe Abschnitt »Tabellen aus einem Ordner anfügen« in Kapitel 3).

Wenn sich der Kontext der Daten in den Namen der Tabellenblätter befindet, haben Sie zwei Möglichkeiten, die Informationen in diesen Namen beizubehalten. Wenn die Anzahl der Tabellenblätter klein ist und Sie nicht davon ausgehen, dass sich deren Namen ändern, können Sie jedes Tabellenblatt einzeln importieren und die in Übung 5.1, Teil 1, beschriebene Technik der benutzerdefinierten Spalte verwenden, um den Kontext zu bewahren.

Sie können dies mit der Arbeitsmappe *K05U01 – Fahrräder & Zubehör.xlsx* aus den Begleitdateien selbst ausprobieren. Importieren Sie jedes Tabellenblatt einzeln und kombinieren Sie die Abfragen für *Fahrräder* und *Zubehör* durch *Abfragen als neu anfügen*. Ohne jeder Abfrage eine benutzerdefinierte Spalte hinzuzufügen, gehen die Informationen zur übergeordneten Kategorie verloren.

Wenn sich in einer Arbeitsmappe viele Arbeitsblätter befinden, die Sie anfügen müssen, und die Tabellenblattnamen beibehalten werden sollen, können Sie die in Übung 3.4 in Kapitel 3 erläuterte Technik verwenden. So können Sie die dort beschriebene Technik auf die Datei *K05U01 – Fahrräder & Zubehör.xlsx* anwenden:

1. Erstellen Sie einen neuen Power BI-Bericht oder eine neue leere Excel-Arbeitsmappe und rufen Sie Daten aus einer Excel-Arbeitsmappe ab.
2. Wählen Sie die Datei *K05U01 – Fahrräder & Zubehör.xlsx* aus und klicken Sie auf *Importieren*.
3. Klicken Sie im Dialogfeld *Navigator* eines der Tabellenblätter an und wählen Sie *Daten transformieren oder Erstellen*.

4. Benennen Sie die Abfrage in **Fahrräder & Zubehör** um.
5. Löschen Sie in der Liste *Angewendete Schritte* alle Schritte bis auf *Quelle,* indem Sie den Schritt *Navigation* mit der rechten Maustaste anklicken und dann *Bis zum Ende löschen* wählen.
6. Löschen Sie im Power Query-Editor alle Spalten bis auf *Name* und *Data* und erweitern Sie die Spalte *Data*. Dank der Spalte *Name* können Sie den Kontext der übergeordneten Kategorie beibehalten.
7. Verwenden Sie die in Übung 3.4 beschriebene Technik, um die Spaltennamen zu bearbeiten, die als Zeilen in den Daten eingebettet sind.

Sie finden die Lösung zu dieser Übung im Power BI-Bericht *K05U01 – Lösung – Teil 2.pbix* und in der Arbeitsmappe *K05U01 – Lösung – Teil 2.xlsx* in den Begleitdateien zu diesem Buch.

Titel vor dem Anfügen beibehalten

In Teil 2 der Übung 5.1 konnten Sie *Fahrräder* und *Zubehör* kombinieren und das Attribut der übergeordneten Kategorie aus den Datei- oder Tabellenblattnamen extrahieren. Leider werden Sie im echten Leben auf viele Szenarien stoßen, in denen wichtige Kontextinformationen zwar im Tabellenblatt, aber außerhalb von Tabellen gespeichert werden und nicht als Name der Datei oder des Tabellenblatts vorliegen.

Rufen Sie sich aus Übung 5.1, Teil 1, in Erinnerung, dass Sie vor dem Anfügen von *Fahrräder* und *Zubehör* in jeder Tabelle eine benutzerdefinierte Spalte mit dem Namen der übergeordneten Kategorie hinzugefügt haben. Sie lernen nun eine erweiterte Variante dieser Technik kennen, mit der Sie Titel erhalten können, die sich in der Datenquelle vor den eigentlichen Tabellenzeilen befinden.

Wir nennen diese Technik »Beibehalten vor dem Anfügen«, da Sie diese vor dem Anfügeschritt anwenden. Dieser Ansatz ist sehr nützlich, wenn Sie ein paar Tabellen mit *Abfragen anfügen* oder mit *Abfragen als neu anfügen* kombinieren. Die Methode ist auch sehr nützlich, wenn Sie mehrere Dateien aus einem Ordner kombinieren, wie Sie später noch sehen werden. Abbildung 5.2 zeigt die Transformationsschritte, die erforderlich sind, um die Titel-Informationen aus dem Gitternetz zu extrahieren und als neue Spalte zu kombinieren.

Im Unterschied zur Technik in Übung 5.1, Teil 1, bei der Sie die Schlüsselwörter *Fahrräder* und *Zubehör* in jeder Abfrage hart verdrahtet in einer neuen Spalte ergänzt haben, benötigen Sie hier ein allgemeines Verfahren, um den Wert aus dem Titel zu extrahieren, da Sie ihn nicht kennen. Außerdem benötigen Sie eine dynamische Methode, die auch mit vielen Tabellen mit unterschiedlichen Titeln umgehen kann.

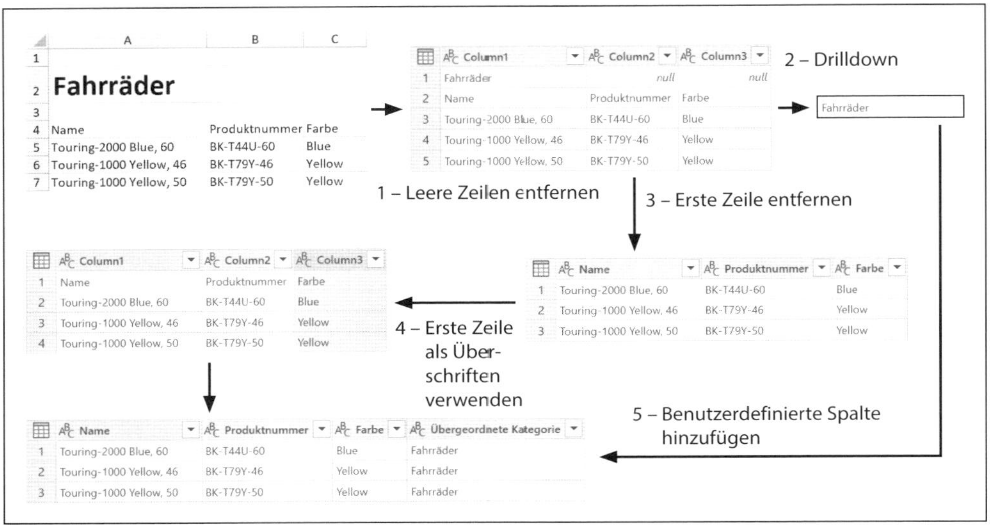

Abbildung 5.2 Die Kontexterhaltung von Titeln vor dem Anfügen ist hier für AdventureWorks-Produkte veranschaulicht. Mit dieser Methode können Sie die Tabellentitel dynamisch extrahieren und den angefügten Ergebnissen hinzufügen.

Übung 5.2: Die Titel mithilfe von Drilldown erhalten

In dieser Übung führen Sie die in Abbildung 5.2 dargestellte Sequenz aus, um den Titel *Fahrräder* aus der Excel-Zelle zu extrahieren und ihn als neue Spalte in die Tabelle *Fahrräder* einzufügen. In der danach folgenden Übung erfahren Sie dann, wie Sie diese Technik verallgemeinern und auf mehrere Dateien anwenden, bevor Sie alle Tabellen aus einem Ordner anfügen.

Diese Technik kann auch auf Text- und CSV-Dateien in einem Ordner angewendet werden, wenn sich der Kontext als eigene Zeile vor den Zeilen mit den Daten befindet.

Bevor Sie mit dieser Übung beginnen, speichern Sie zuerst die Arbeitsmappe *K05U02 – Fahrräder.xlsx*, die sich in den Begleitdateien zu diesem Buch befindet, im Ordner *C:\Daten\K05* ab.

1. Erstellen Sie einen neuen Power BI-Bericht oder eine neue leere Excel-Arbeitsmappe und rufen Sie Daten aus einer Excel-Arbeitsmappe ab.
2. Wählen Sie die Datei *K05U02 – Fahrräder.xlsx* aus und klicken Sie auf *Importieren*.
3. Wählen Sie im Dialogfeld *Navigator* das Tabellenblatt *Tabelle1* aus und klicken Sie auf *Daten transformieren*. Benennen Sie diese Abfrage im Power Query-Editor in **Fahrräder** um.
4. Entfernen Sie in *Angewendete Schritte* den Schritt *Geänderter Spaltentyp*. (Dies ist kein obligatorischer Schritt, aber es macht in dieser Phase keinen Sinn, den automatischen Schritt *Geänderter Spaltentyp* anzuwenden, da die Spaltentypen der Produkttabelle derzeit von

Power Query nicht korrekt erkannt werden können, weil die ersten Zeilen den Titel und leere Zeilen enthalten.) Falls sich der Text *Fahrräder* in den Überschriften befindet, löschen Sie ebenfalls den Schritt *Höher gestufte Header*.

5. Klicken Sie auf der Registerkarte *Start* auf *Zeilen verringern | Zeilen entfernen | Leere Zeilen entfernen,* um die leeren Zeilen aus den importierten Daten zu löschen. Warum ist dieser Schritt wichtig? Weil Sie oft leere Zeilen vorfinden, die den Titel von den eigentlichen Tabellen trennen. Durch Löschen dieser Zeilen ist es später einfacher, die Zeilen mit der Produkttabelle zu importieren, nachdem Sie in den nächsten Schritten die übergeordnete Kategorie aus dem Titel extrahiert und beibehalten haben.
6. Klicken Sie im Bereich *Abfragen* mit der rechten Maustaste auf die Abfrage *Fahrräder* und klicken Sie im Kontextmenü auf *Verweis*. Die Abfrage *Fahrräder (2)* wird erstellt. Wählen Sie sie aus und beachten Sie, dass die erste Zelle in der ersten Zeile den Wert *Fahrräder* enthält. Klicken Sie diese Zelle mit der rechten Maustaste an und wählen Sie *Drilldown ausführen*. Durch diesen Schritt wird das Wort *Fahrräder* im Vorschaubereich angezeigt.

Lassen Sie Ihren Bericht geöffnet, um mit Schritt 7 fortzufahren, nachdem im nächsten Abschnitt die Drilldown-Transformation erläutert wurde.

Drilldown auf einer Tabellenzelle in M erklärt

Nachdem Sie im letzten Schritt des vorigen Abschnitts *Drilldown ausführen* ausgewählt haben, sehen Sie die folgende Zeile in der Bearbeitungsleiste:

```
Quelle{0}[Column1]
```

Diese M-Formel extrahiert den Wert *Fahrräder* aus der Tabelle, und *Quelle* ist der Name der Tabelle, die Sie bereitgestellt haben. Bitte beachten Sie, dass *Quelle* als erster Schritt im Bereich *Angewendete Schritte* verwendet wird.

`Quelle{0}` gibt die erste Zeile in der Tabelle *Quelle* zurück (und `Quelle{1}` die zweite Zeile). Sie verwenden einen nullbasierten Index von 0 bis n–1, um auf 1 bis n Zeilen zuzugreifen. Vielleicht ist dies am Anfang ein wenig verwirrend, aber Sie gewöhnen sich schnell daran. In den meisten Szenarien können Sie einfach die Benutzeroberfläche verwenden und einen Drilldown ausführen, um auf einzelne Zellen zuzugreifen.

In Power Query werden Zeilen als Datensätze dargestellt. Ein Datensatz (Record) ist eine Liste von Schlüssel/Wert-Paaren, wobei die Schlüssel den Spaltennamen und die Werte den Werten in den betreffenden Zeilen entsprechen. Um mittels eines Schlüssels auf einen Wert in einem Datensatz zuzugreifen, können Sie die *Datensatz[Schlüssel]* verwenden, wobei *Datensatz* der Datensatzname und der *Schlüssel* der Name des Schlüssels ist.

Wenn also die Formel `Quelle{0}[Column1]` lautet, greifen Sie auf die erste Zeile in Quelle und dann auf den Wert in *Column1* zu. Abbildung 5.3 zeigt, wie die Drilldown-Formel `Quelle{0}[Column1]` in zwei Schritten auf den Wert *Fahrräder* zugreift: zuerst von einer Tabelle zu einem Datensatz und dann von einem Datensatz zu einer Zelle.

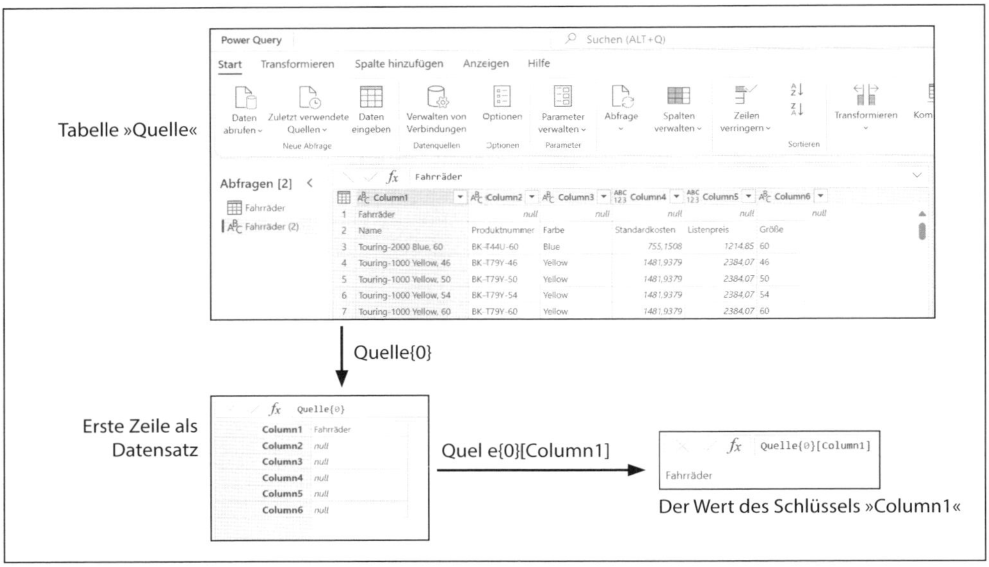

Abbildung 5.3 Der Befehl *Drilldown ausführen* generiert eine M-Formel. Deren Logik wird in zwei Schritten erklärt.

Sie müssen die M-Syntax nicht kennen, um auf Zeilen, Spalten oder Zellen zuzugreifen. Sie müssen lediglich eine Drilldown-Transformation anwenden und die Bearbeitungsleiste überprüfen, um die Syntax zu sehen. Beachten Sie auch, dass Sie auf eine einzelne Zelle zugreifen können, indem Sie zuerst auf die Spalte und dann auf die Zeile zugreifen. Beispielsweise gibt der Code `Quelle{0}[Column1]` **den gleichen Wert zurück wie** `Quelle[Column1]{0}`**. Die letztgenannte Syntax funktioniert etwas anders: Sie gibt zunächst eine Liste aller Elemente in *Column1* zurück und dann wird das erste Element in der Liste zurückgegeben.**

Das Drilldown-Ergebnis mit der Abfrage kombinieren

Führen Sie die folgenden Schritte aus, um Übung 5.2 fortzusetzen:

7. Nachdem Sie nun wissen, wie Sie einen Drilldown ausführen, um eine Zelle zu extrahieren, löschen Sie *Fahrräder (2)* und wählen Sie die Abfrage *Fahrräder* aus.

   Sie werden anschließend einen weiteren Drilldown ausführen, aber diesmal auf der Abfrage *Fahrräder*.

8. Klicken Sie mit der rechten Maustaste auf die Zelle, die den Wert *Fahrräder* enthält, und wählen Sie *Drilldown ausführen*.

9. In der Bearbeitungsleiste wird die folgende Formel angezeigt:

   ```
   #"Entfernte leere Zeilen"{0}[Column1]
   ```

   Sie sollten nun die Syntax erkennen. Dieses Mal wird sie auf den Schritt *Entfernte leere Zeilen* in *Angewendete Schritte* angewendet, der in der M-Formel als `#"Entfernte leere Zeilen"` dargestellt wird. (Das Format `#"..."`, das in M »Bezeichner in Anführungszeichen« genannt wird, wird verwendet, um eine beliebige Folge von null oder mehr Unicode-Zeichen, inkl. Leerzeichen und anderen Sonderzeichen, in Formeln als Bezeichner zu verwenden.)

Im Vorschaubereich sehen Sie nun die Ausgabe »Fahrräder«.

10. Beachten Sie, dass dieser Schritt in der Liste *Angewendete Schritte* den Namen *Drilldown ausführen* besitzt. Um diesen Schritt mit einem aussagekräftigen Namen zu versehen, benennen Sie ihn in **Titel** um. Klicken Sie dazu in *Angewendete Schritte* mit der rechten Maustaste auf *Drilldown ausführen* und wählen Sie *Eigenschaften*. Geben Sie dann im Dialogfeld *Schritteigenschaften* in das Feld *Name* **Titel** ein und schließen Sie das Dialogfeld. (Im Dialogfeld *Schritteigenschaften* können Sie Schritte umbenennen und Beschreibungen hinzufügen, um so die Transformationslogik Ihrer Abfragen zu dokumentieren und hierdurch besser nachvollziehbar zu machen.)

    Da Sie nun den Titel zwischengespeichert haben, ist es an der Zeit, zur Tabelle zurückzukehren und die Titelzeile zu löschen, wie in Abbildung 5.2, Schritt 3, gezeigt. Da jedoch der Titel im Vorschaubereich angezeigt wird, müssen Sie ein Rollback zum Schritt vor dem Drilldown durchführen, wobei der Schritt *Titel* beibehalten werden muss.

11. Klicken Sie an der linken Seite der Bearbeitungsleiste auf die *fx*-Schaltfläche und ersetzen Sie diese Formel:

    ```
    Titel
    ```

    durch die folgende Formel:

    ```
    #"Entfernte leere Zeilen"
    ```

    Mit diesem Ansatz können Sie den Schritt *Titel* überspringen und zum vorherigen Schritt zurückkehren. Im Vorschaubereich wird nun anstelle des Wortes *Fahrräder* wieder die Tabelle angezeigt. Wie Sie sehen können, ist der Schritt *Titel* weiterhin in *Angewendete Schritte* vorhanden. Sie werden diesen Schritt in Kürze verwenden.

12. Um die erste Zeile zu entfernen, wie in Schritt 3 von Abbildung 5.2 dargestellt, wählen Sie auf der Registerkarte *Start* den Befehl *Zeilen verringern* | *Zeilen entfernen* | *Erste Zeilen entfernen*. Wenn das Dialogfeld *Erste Zeilen entfernen* geöffnet wird, geben Sie in das Feld *Anzahl von Zeilen* eine **1** ein und wählen Sie *OK*, um das Dialogfeld zu schließen.

Das Entfernen einer vordefinierten Anzahl erster Zeilen (zum Beispiel einer Zeile wie in der aktuellen Übung) ist kein gutes Verfahren. Später in diesem Kapitel erfahren Sie im Abschnitt »Kontexthinweise verwenden«, wie Sie den Kontext ignorieren und die obersten Zeilen anhand der Position der Tabelle im Excel-Gitternetz entfernen, anstatt eine hart codierte Anzahl von Zeilen zu verwenden.

13. Stufen Sie analog zu Schritt 4 in Abbildung 5.2 die Spaltennamen der Tabelle zu Überschriften herauf: Wählen Sie auf der Registerkarte *Transformieren* den Befehl *Erste Zeilen als Überschriften verwenden*.

14. Zum Schluss führen Sie den letzten Schritt aus Abbildung 5.2 durch und erstellen eine benutzerdefinierte Spalte mit dem Wert *Fahrräder* als übergeordnete Kategorie. Klicken Sie dazu auf der Registerkarte *Spalte hinzufügen* auf *Benutzerdefinierte Spalte*. Wenn das Dialogfeld *Benutzerdefinierte Spalte* geöffnet wird, geben Sie im Feld *Neuer Spaltenname* **Übergeordnete Kategorie** ein und geben Sie in das Feld *Benutzerdefinierte Spaltenformel* die folgende Formel ein:

    ```
    Titel
    ```

    Klicken Sie dann auf *OK*, um das Dialogfeld *Benutzerdefinierte Spalte* zu schließen.

Sie sollten nun sehen, dass *Fahrräder* als neue Spalte hinzugefügt wurde. Sie konnten das Wort *Fahrräder* dynamisch aus der Zelle extrahieren, die als Titel des Tabellenblatts verwendet wurde, und die Schritte in Abbildung 5.2 ausführen, um den Titel in die Tabelle aufzunehmen. Diese Technik ist bei realen Herausforderungen im Rahmen der Datenvorbereitung äußerst nützlich, und Sie können sie in vielen Szenarien sowie bei unterschiedlichen Datenquellen und Datenformaten anwenden – und nicht nur für Titel in Excel-Zellen.

Die Möglichkeit, die Transformation in zwei Abläufe aufzuteilen und sie dann zu einem einzigen Ablauf zusammenzuführen, ist eine leistungsstarke Technik in Power Query. Wenn Sie mit M mehr vertraut sind, können Sie solche Manipulationen direkt im erweiterten Editor durchführen, anstatt benutzerdefinierte Schritte zu erstellen, wie Sie es in dieser Übung getan haben.

Sie finden die Lösung zu dieser Übung im Power BI-Bericht *K05U02 – Lösung.pbix* und in der Arbeitsmappe *K05U02 – Lösung.xlsx* in den Begleitdateien zu diesem Buch.

Übung 5.3: Titel beim Import aus einem Ordner erhalten

In Übung 5.2 haben Sie den Titel aus einem einzigen Tabellenblatt beibehalten. Es ist an der Zeit, diese Technik zu verallgemeinern und sie für mehrere Arbeitsmappen in einem Ordner anzuwenden.

1. Suchen Sie in den Begleitdateien zu diesem Buch nach der Datei *K05U03 – Produkte.zip*.
2. Extrahieren Sie den Inhalt der ZIP-Datei in einen neuen Ordner: *C:\Daten\K05\K05U03 – Produkte*. Der Ordner enthält nun die folgenden Dateien:
    - K05U03-01.xlsx
    - K05U03-02.xlsx
    - K05U03-03.xlsx
    - K05U03-04.xlsx
3. Schauen Sie sich die Dateien an. Jede Datei enthält eine Produkttabelle mit einem anderen Titel, wie in Abbildung 5.4 zu sehen. Für die Dateien wurden absichtlich bedeutungslose Namen verwendet, sodass die übergeordneten Kategorien der Produkte in jeder Arbeitsmappe nur durch Extrahieren der Titel beibehalten werden können.

4. Erstellen Sie einen neuen Power BI-Bericht oder eine neue leere Excel-Arbeitsmappe und rufen Sie Daten aus einem Ordner ab.
5. Wählen Sie im Dialogfeld *Ordner* den Ordner *C:\Daten\K05\K05U03 – Produkte* aus und schließen Sie das Dialogfeld.
6. Klicken Sie im nächsten Dialogfeld, dessen Titel mit dem in Schritt 5 ausgewählten Ordner identisch ist, auf die Schaltfläche *Kombinieren* und dann auf *Daten kombinieren und transformieren* bzw. auf *Kombinieren*, falls Daten kombinieren und transformieren nicht zur Verfügung steht.

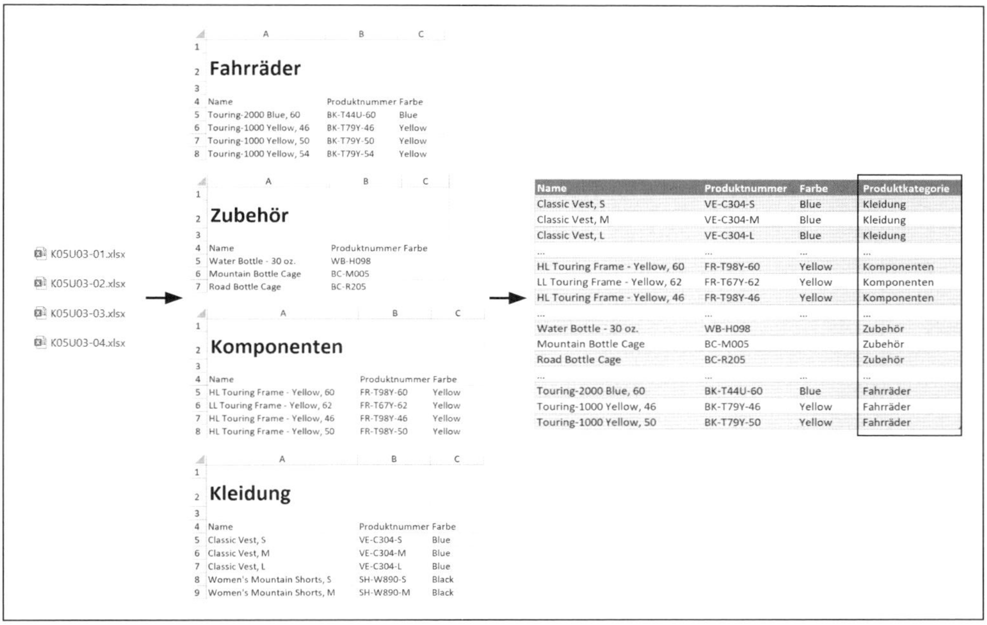

Abbildung 5.4 Es ist möglich, mehrere Tabellen zu kombinieren und deren Titel zu erhalten und weiterzuverwenden.

7. Wenn das Dialogfeld *Dateien kombinieren* geöffnet wird, klicken Sie auf *Tabelle1* und abschließend auf *OK* bzw. *Erstellen*.
8. Wenn der Power Query-Editor geöffnet wird, achten Sie darauf, dass die Abfrage den Namen *K05U03 – Produkte* besitzt und benennen Sie sie ggfs. um. Beachten Sie im Vorschaubereich, dass in der Tabelle der kombinierten Produkte der Kontext der übergeordneten Kategorie fehlt. Auch dies ist das Ergebnis der Dateinamen, die keinen Kontext beinhalten. Wählen Sie die Abfrage *Beispieldatei transformieren* aus und benennen Sie die Abfrage in **Produkte Beispiel** um.
9. Markieren Sie die Abfrage in *Produkte Beispiel* und achten Sie darauf, das der Bereich *Angewendete Schritte* nur die Schritte *Quelle* und *Navigation* enthält. Entfernen Sie weitere Schritte, die dort angezeigt werden, wie beispielsweise *Höher gestufte Header*.
10. Wählen Sie auf der Registerkarte *Start* den Befehl *Zeilen entfernen | Leere Zeilen entfernen*, um den ersten Schritt aus Abbildung 5.2 anzuwenden.

11. Führen Sie die folgenden Schritte an der Abfrage *Produkte Beispiel* durch, um aus der Tabelle *Fahrräder* (wie Sie es in den Schritten 8 bis 14 in Übung 5.2 getan haben) und den anderen Tabellen den Titel in die neue Spalte *Übergeordnete Kategorie* zu überführen:
    a. Klicken Sie mit der rechten Maustaste auf die Zelle, die den Wert *Fahrräder* enthält, und wählen Sie *Drilldown ausführen.*
    b. In der Formelleiste wird die folgende Formel angezeigt:
    ```
    #"Entfernte leere Zeilen"{0}[Column1]
    ```
    c. Im Bereich *Angewendete Schritte* besitzt dieser Schritt den Namen *Column1*. Klicken Sie in *Angewendete Schritte* mit der rechten Maustaste auf *Column1* und wählen Sie *Eigenschaften*. Geben Sie dann im Dialogfeld *Schritteigenschaften* in das Feld *Name* **Titel** ein und klicken Sie auf *OK*, um das Dialogfeld zu schließen.
    d. Klicken Sie an der linken Seite der Bearbeitungsleiste auf die *fx*-Schaltfläche und ersetzen Sie diese Formel:
    ```
    Titel
    ```
    durch die folgende Formel:
    ```
    #"Entfernte leere Zeilen"
    ```
    e. Wählen Sie auf der Registerkarte *Start* den Befehl *Zeilen verringern | Zeilen entfernen | Erste Zeilen entfernen*. Wenn das Dialogfeld *Erste Zeilen entfernen* geöffnet wird, geben Sie in das Feld *Anzahl von Zeilen* eine **1** ein und klicken Sie auf *OK*, um das Dialogfeld zu schließen.
    f. Wählen Sie auf der Registerkarte *Transformieren* den Befehl *Erste Zeilen als Überschriften verwenden.*
    g. Klicken Sie auf der Registerkarte *Spalte hinzufügen* auf *Benutzerdefinierte Spalte*. Wenn das Dialogfeld *Benutzerdefinierte Spalte* geöffnet wird, geben Sie im Feld *Neuer Spaltenname* **Übergeordnete Kategorie** und im Feld *Benutzerdefinierte Spaltenformel* die folgende Formel ein:
    ```
    Titel
    ```
    Wählen Sie *OK*, um das Dialogfeld *Benutzerdefinierte Spalte* zu schließen.
12. Während die Abfrage *Produkte Beispiel* ausgewählt ist, löschen Sie in *Angewendete Schritte* den Schritt *Geänderter Spaltentyp*. (Der Schritt *Geänderter Spaltentyp* führt zu Fehlern in der Spalte *Größe,* und Sie können die Spaltentypen später explizit ändern.)
13. Wählen Sie im Bereich *Abfragen* die Abfrage *K05U03 – Produkte* aus.
14. Löschen Sie in *Angewendete Schritte* den Schritt *Geänderter Spaltentyp.*
15. Öffnen Sie das Filtersteuerelement der Spalte *Übergeordnete Kategorie*, um sicherzustellen, dass die Titel aus den vier Arbeitsmappen in der Phase vor dem Anfügen korrekt in die Abfrage *Produkte Beispiel* extrahiert wurden. Die kombinierten Ergebnisse sollten alle vier übergeordneten Kategorien enthalten.

Sie finden die Lösung zu dieser Übung im Power BI-Bericht *K05U03 – Lösung.pbix* und in der Arbeitsmappe *K05U03 – Lösung.xlsx* in den Begleitdateien zu diesem Buch.

Im nächsten Abschnitt erfahren Sie, wie Sie die Kontexterhaltung der Titel nach dem Anfügen anwenden. Auf diese Weise können Sie die Transformationen auf die angefügten Ergebnisse der Abfrage *K05U03 – Produkte* anwenden, anstatt die Änderungen auf *Produkte Beispiel* anzuwenden. Diese Technik ist dann besonders nützlich, wenn Sie mehrere Arbeitsblätter kombinieren, wie Sie in Übung 5.4 sehen werden.

Titel nach dem Anfügen beibehalten

Im vorherigen Abschnitt haben Sie die Technik angewendet, um vor dem Anfügen den Wert eines Titels dynamisch zu extrahieren und ihn vor dem Anfügeschritt als benutzerdefinierte Spalte hinzuzufügen. Dieser Ansatz ist sinnvoll, wenn Sie eine begrenzte Anzahl von Tabellen anfügen oder wenn Sie mehrere Tabellen aus einem Ordner kombinieren. In einigen Szenarien wäre es jedoch einfacher, die Titel aus der angefügten Tabelle zu extrahieren. Wir können diese Technik »Beibehalten nach dem Anfügen« nennen, da Sie sie nach dem Anfügeschritt anwenden. Die Technik ist besonders nützlich, wenn Sie mehrere Arbeitsblätter aus einer Arbeitsmappe anfügen oder wenn die Datenquelle mehrere Tabellen in derselben Textdatei enthält – jede Tabelle ist von der vorhergehenden Tabelle durch eine Überschriftenzeile getrennt.

Übung 5.4: Aus mehreren Tabellenblättern in derselben Arbeitsmappe die Titel beibehalten

Diese Übung demonstriert die Verwendung der Nach-dem-Anfügen-Methode anhand einer Arbeitsmappe mit mehreren Tabellenblättern, bei denen sich der Titel der übergeordneten AdventureWorks-Produktkategorien auf dem Tabellenblatt befindet. In realen Szenarien können sich Dutzende von Tabellenblättern in einer einzelnen Arbeitsmappe befinden, bei denen die Kontextinformationen jeweils als Titel am Anfang jeder Tabelle gespeichert sind, wie in Abbildung 5.5 dargestellt. Beachten Sie, dass in diesem Szenario, wie bei den Dateinamen in Übung 5.3, die Namen der Arbeitsblätter keinen aussagekräftigen Kontext für die jeweiligen Tabellen enthalten.

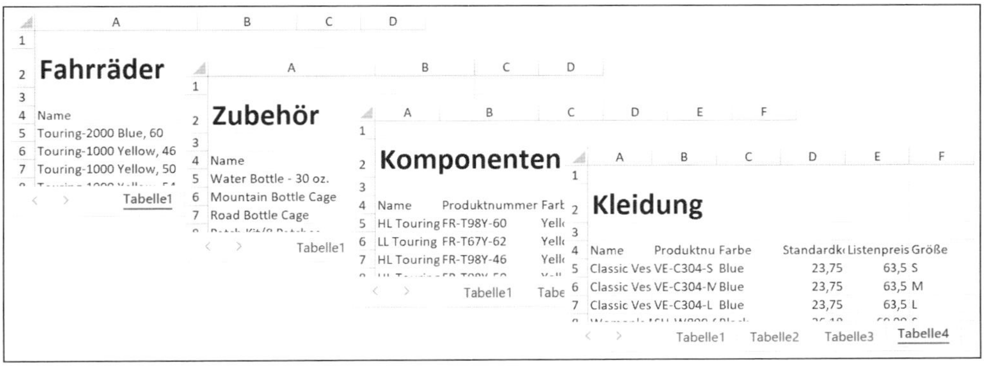

Abbildung 5.5 Die AdventureWorks-Produkte wurden in getrennten Tabellenblättern derselben Arbeitsmappe gespeichert, wobei die übergeordneten Kategorien als Tabellentitel (und nicht als Tabellenblattname) vorliegen.

In dieser Übung wird gezeigt, wie Sie die Titel extrahieren, nachdem Sie alle Arbeitsblätter angefügt haben.

1. Verwenden Sie die Datei *K05U04 – Produkte.xlsx* aus den Begleitdateien und speichern Sie die Arbeitsmappe im Ordner *C:\Daten\K05*.
2. Öffnen Sie die Arbeitsmappe und sehen Sie sich ihren Aufbau an. Beachten Sie, dass AdventureWorks-Produkte nach übergeordneten Kategorien in vier Arbeitsblätter unterteilt sind: *Tabelle1*, *Tabelle2*, *Tabelle3* und *Tabelle4*, wobei sich die Tabellentitel *Fahrräder*, *Zubehör*, *Komponenten* und *Kleidung* in eigenen Zellen oberhalb der Tabellen befinden (siehe Abbildung 5.5).
3. Erstellen Sie einen neuen Power BI-Bericht oder eine neue leere Excel-Arbeitsmappe und rufen Sie Daten aus einer Excel-Arbeitsmappe ab.
4. Wählen Sie die Datei *C:\Daten\K05\K05U04 – Produkte.xlsx* und klicken Sie auf *Importieren*.
5. Klicken Sie im Dialogfeld *Navigator* mit der rechten Maustaste auf *K05U04 – Produkte.xlsx* und wählen Sie im Kontextmenü *Daten transformieren* oder wählen Sie *Erstellen*.
6. Im Vorschaubereich gibt es keine Möglichkeit, die übergeordnete Kategorie des Produkts zu bestimmen. Als Sie in Kapitel 3 mehrere Tabellen aus mehreren Tabellenblättern kombiniert haben, stand Ihnen ein wichtiger Kontext als Name der einzelnen Arbeitsblätter zur Verfügung. Es war einfach, diese Kontextinformationen beizubehalten, indem Sie die Spalte *Name* verwenden. Leider enthalten die Tabellenblattnamen in dieser Übung keine Kontextinformationen. Sie können alle Spalten außer *Data* ignorieren. Klicken Sie mit der rechten Maustaste auf die Überschrift der Spalte *Data* und wählen Sie *Andere Spalten entfernen*.
7. Erweitern Sie die Spalte *Data*, indem Sie auf das Symbol *Erweitern* an der rechten Seite der Überschrift klicken. Achten Sie darauf, dass das Kontrollkästchen *Ursprüngliche Spaltennamen als Präfix verwenden* eingeschaltet ist und wählen Sie *OK*.

   Die erste Tabelle in Abbildung 5.6 zeigt die angefügten Ergebnisse. Die Titel *Fahrräder*, *Zubehör*, *Komponenten* und *Kleidung* sind in der angefügten Tabelle eingebettet. Sie müssen die in Abbildung 5.6 hervorgehobenen Transformationsschritte ausführen, um die Titel zu extrahieren und sie in die Spalte *Übergeordnete Kategorie* einzufügen.
8. Wählen Sie auf der Registerkarte *Start* den Befehl *Zeilen entfernen | Leere Zeilen entfernen*. Die Ziele dieses Schritts sind klar; Sie haben ihn auch in Übung 5.3 angewendet. Da den Titeln aus kosmetischen Gründen in der Regel leere Zeilen folgen, werden sie in diesem Schritt entfernt.
9. Klicken Sie auf der Registerkarte *Spalte hinzufügen* auf *Bedingte Spalte*.

   Ihre Aufgabe besteht darin, eine bedingte Spalte zu erstellen, die Ihnen dabei hilft, Zeilen mit Titeln zu identifizieren. Es gibt zwei verschiedene Ansätze, um zu erkennen, in welchen Zeilen sich die Titel befinden:

   - Beim *naiven Ansatz* können Sie ermitteln, ob die erste Spalte den Text *Fahrräder, Zubehör, Komponenten* oder *Kleidung* enthält, und Sie legen den Wert der neuen Spalte auf 1 fest, wenn dies zutrifft, andernfalls auf 0. Der naive Ansatz wird nicht empfohlen, da er hart codierte Werte verwendet, um die Titel zu bestimmen. Möglicherweise werden in Zukunft neue übergeordnete Kategorien als Titel verwendet. Daher können Sie deren

Werte in dieser Phase nicht vorhersagen. Sie müssen also jedes Mal, wenn Sie ein neues Tabellenblatt mit einer neuen übergeordneten Kategorie erhalten, die Abfrage so ändern, dass sie diese neue Kategorie berücksichtigt.

- Beim *robusten Ansatz* erkennen Sie die Titel in den Beispieldaten daran, dass die betreffenden Zeilen in allen Spalten bis auf Spalte *Column1* Nullwerte enthalten. Dieser Ansatz ermöglicht es Ihnen, die Abfrage einmal zu erstellen, ohne dass Sie sie ändern müssen, wenn Arbeitsblätter mit neuen übergeordneten Kategorien hinzugefügt werden.

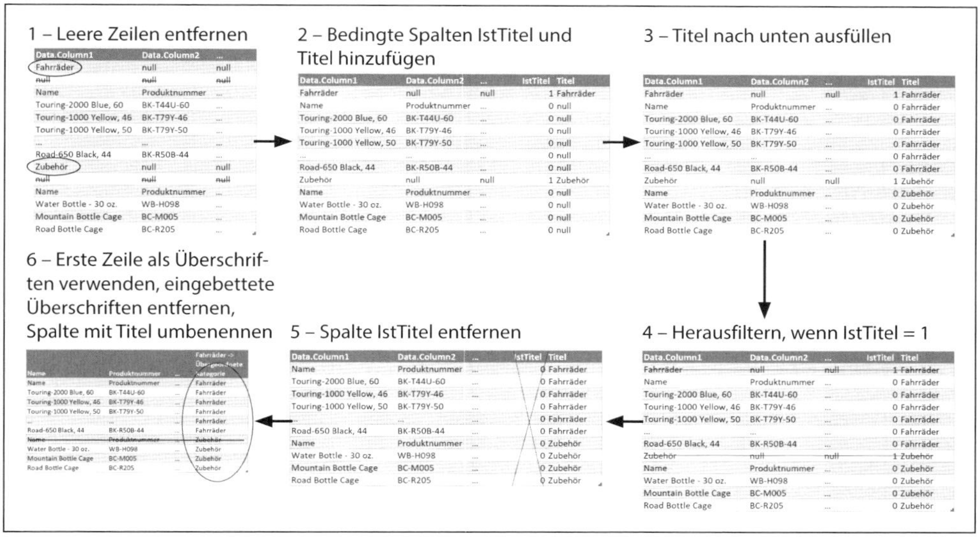

Abbildung 5.6 Die Titel nach dem Anfügen beibehalten, illustriert am Beispiel der AdventureWorks-Produkte. Dies ermöglicht es Ihnen, mehrere Arbeitsblätter einer Arbeitsmappe zu kombinieren und gleichzeitig die Tabellentitel zu erhalten.

Oft gibt es mehrere Methoden, um kontextbezogene Informationen zu extrahieren. Wenn Sie explizite Annahmen über Ihre Daten treffen, können Sie die beste Methode auswählen.

10. Verwenden Sie den robusten Ansatz und führen Sie im Dialogfeld *Bedingte Spalte hinzufügen* die folgenden Schritte durch, um die bedingte Spalte zu definieren, die Titel erkennt (verwenden Sie Abbildung 5.7, um zu prüfen, ob Sie die Schritte korrekt ausgeführt haben):
    a. Geben Sie in das Feld *Neuer Spaltenname* **IstTitel** ein.
    b. Legen Sie *Data.Column2* als ersten Spaltennamen fest.
    c. Wählen Sie als Operator *ist ungleich* aus.
    d. Geben Sie in das Feld *Wert* **null** ein.
    e. Geben Sie eine **0** in das Feld *Ausgabe* ein.
    f. Klicken Sie auf *Regel hinzufügen*, wiederholen Sie die Schritte b. bis e., aber wählen Sie in Schritt b. *Data.Column3* aus und nicht *Data.Column2*.

g. Klicken Sie auf *Regel hinzufügen*, wiederholen Sie die Schritte b. bis e., aber wählen Sie in Schritt b. *Data.Column4* aus und nicht *Data.Column2*.
h. Klicken Sie auf *Regel hinzufügen*, wiederholen Sie die Schritte b. bis e., aber wählen Sie in Schritt b. *Data.Column5* aus und nicht *Data.Column2*.
i. Klicken Sie auf *Regel hinzufügen*, wiederholen Sie die Schritte b. bis e., aber wählen Sie in Schritt b. *Data.Column6* aus und nicht *Data.Column2*.
j. Geben Sie **1** in das Feld *Sonst* ein und wählen Sie *OK*, um das Dialogfeld *Bedingte Spalte hinzufügen* zu schließen.

Als Nächstes fügen Sie eine neue bedingte Spalte mit dem tatsächlichen Titel hinzu, wenn *IstTitel* den Wert 1 besitzt; andernfalls legen Sie den Wert auf null fest. Dies ist die Vorbereitung für den Schritt »nach unten ausfüllen«, der in Abbildung 5.6 als Schritt 3 dargestellt ist.

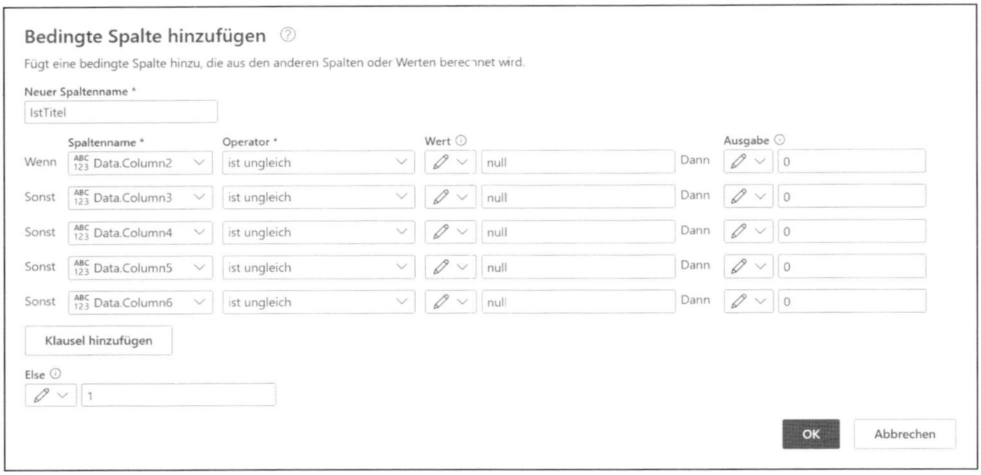

Abbildung 5.7 Sie können das Dialogfeld *Bedingte Spalte hinzufügen* so konfigurieren, dass damit die Titel dynamisch identifiziert werden.

11. Wählen Sie auf der Registerkarte *Spalte hinzufügen* den Befehl *Bedingte Spalte*. Führen Sie im Dialogfeld *Bedingte Spalte hinzufügen*, das geöffnet wird, die folgenden Schritte durch:
    a. Legen Sie **Titel** als neuen Spaltennamen fest.
    b. Wählen Sie im ersten Listenfeld *Spaltenname* die Option *IstTitel* aus.
    c. Wählen Sie *ist gleich* als *Operator*.
    d. Geben Sie in das Feld *Wert* **1** ein.
    e. Öffnen Sie das Dropdown-Menü unterhalb von *Ausgabe* und klicken Sie auf *Werte in einer Spalte verwenden*.
    f. Wählen Sie im Listenfeld *Ausgabe* die Option *Data.Column1* aus.
    g. Geben Sie in das Feld *Sonst* **null** ein und wählen Sie *OK*, um das Dialogfeld *Bedingte Spalte hinzufügen* zu schließen.

    In den Zeilen, in denen die Titel stehen, befindet sich nun in der Spalte *Titel* der Titel; in den Zeilen mit den Produktdaten befindet sich in der Spalte *Titel* der Wert null. Jetzt ist die Transformation »nach unten ausfüllen« nützlich.

12. Klicken Sie die Überschrift der Spalte *Titel* mit der rechten Maustaste an und wählen Sie *Ausfüllen | Nach unten*. Mit diesem Schritt können Sie die übergeordnete Kategorie im richtigen Kontext und in jeder Zeile beibehalten.

    Sie können nun die Titelzeilen herausfiltern, und die Spalte *IstTitel* hilft Ihnen dabei.

13. Klicken Sie auf das Filtersteuerelement in der Überschrift der Spalte *IstTitel*. Wenn der Bereich *Filter* geöffnet wird, deaktivieren Sie den Wert 1 und klicken Sie dann auf *OK*.
14. Entfernen Sie die Spalte *IstTitel*. (Nachdem Sie sie zum Entfernen der Titelzeilen verwendet haben, benötigen Sie diese nicht mehr.)
15. Führen Sie die folgenden Schritte durch, um die eingebetteten Header in den Tabellenzeilen zu behandeln. Sie sollten diese Schritte aus Kapitel 3 kennen; dort haben Sie sie angewendet, als Sie mehrere Arbeitsblätter kombiniert haben:
    a. Wählen Sie auf der Registerkarte *Transformieren* den Befehl *Erste Zeilen als Überschriften verwenden*.
    b. Benennen Sie die Spalte *Fahrräder* in **Übergeordnete Kategorie** um.
    c. Filtern Sie die eingebetteten Spaltennamen aus den Produkttabellen. Filtern Sie dazu in der Spalte *Name* alle Zeilen, bei denen in der Spalte *Name* der Wert *Name* steht.

Sie können die Robustheit des Umbenennens in Schritt 15.b. verbessern, indem Sie den Code *Fahrräder* in der Bearbeitungsleiste durch `List.Last(Table.ColumnNames(#"Geänderter Spaltentyp"))` **ersetzen, wobei** `#"Geänderter Spaltentyp"` **den vorherigen Schritt angibt. Hier ist die modifizierte Formel:**

```
Table.RenameColumns(#"Geänderter Spaltentyp",
{{List.Last(Table.ColumnNames(#"Geänderter Spaltentyp")), "Übergeordnete
Kategorie"}})
```

Diese Verbesserung weist Power Query an, die letzte Spalte umzubenennen, anstatt explizit auf die Spalte *Fahrräder* zu verweisen. Dies ist wichtig, weil sich im wirklichen Leben Daten ändern. Die ursprüngliche Abfrage kann nicht aktualisiert werden, wenn die Tabelle *Fahrräder* nicht mehr die erste Arbeitsmappe in Ihrem Quellordner ist. Wenn Sie Power Query anweisen, die letzte Spalte umzubenennen, wird sichergestellt, dass die Abfrage auch bei einem anderen Titel aktualisiert werden kann. In Kapitel 9, »Einführung in die Power Query-Formelsprache M«, erfahren Sie mehr über die hier verwendete Syntax und in Kapitel 10, »Von Stolperfallen zu robusten Abfragen«, lernen Sie, wie Sie Ihre Abfragen auf ähnliche Weise optimieren können, auch wenn es um das Umbenennen von Spalten geht.

---

16. Schließen Sie den Power Query-Editor und laden Sie die angefügte Tabelle.

Sie finden die Lösung zu dieser Übung im Power BI-Bericht *K05U04 – Lösung.pbix* und in der Arbeitsmappe *K05U04 – Lösung.xlsx* in den Begleitdateien zu diesem Buch.

Kontexthinweise verwenden

In Übung 5.4 konnten Sie die Titel nach dem Anfügeschritt aus den AdventureWorks-Tabellenblättern extrahieren, beibehalten und als übergeordnete Kategorie verwenden. Da die angefügten Tabellen die Titel als eingebettete Zeilen enthielten, haben Sie eine bedingte Spalte verwendet, um die Titel zu erkennen. Um dynamisch Zeilen zu identifizieren, die Titel enthalten, gingen Sie davon aus, dass die Titel in Zeilen vorhanden sind, in denen die erste Spalte nicht leer ist und alle anderen Spalten leer sind. Aber was tun Sie, wenn Sie diese Annahme nicht treffen können? Gibt es eine Möglichkeit, den Titel anhand seiner Nähe/Nachbarschaft zu bestimmten Zellen zu identifizieren?

In diesem Abschnitt erfahren Sie, wie Sie Kontextinformationen anhand ihrer Position und Nachbarschaft zu bestimmten »Ankerzellen« identifizieren. Diese Ankerzellen werden als Hinweise verwendet, um den benötigten Kontext zu finden. Sie werden außerdem sehen, wie Sie nicht relevanten Kontext ignorieren.

Sie werden eine neue Variante der AdventureWorks-Produktarbeitsmappe verwenden. Im Gegensatz zur Beispielarbeitsmappe, die in Übung 5.4 verwendet wird, befindet sich die übergeordnete Kategorie dieses Mal in einer kleinen Tabelle oben auf den verschiedenen Tabellenblättern mit den Produkten, wie in Abbildung 5.8 dargestellt.

Sie identifizieren den Wert der übergeordneten Kategorie anhand der Position des Textes *Übergeordnete Kategorie*.

	A	B	C	D	E	F	G
1							
2	Übergeordnete Kategorie	Berichtsdatum					
3	Fahrräder	01.01.2025					
4							
5	Name	Produktnummer	Farbe	Standardkosten	Listenpreis	Größe	
6	Touring-2000 Blue, 60	BK-T44U-60	Blue	755,1508	1214,85	60	
7	Touring-1000 Yellow, 46	BK-T79Y-46	Yellow	1481,9379	2384,07	46	
8	Touring-1000 Yellow, 50	BK-T79Y-50	Yellow	1481,9379	2384,07	50	
9	Touring-1000 Yellow, 54	BK-T79Y-54	Yellow	1481,9379	2384,07	54	
10	Touring-1000 Yellow, 60	BK-T79Y-60	Yellow	1481,9379	2384,07	60	
11	Touring-3000 Blue, 54	BK-T18U-54	Blue	461,4448	742,35	54	
12	Touring-3000 Blue, 58	BK-T18U-58	Blue	461,4448	742,35	58	
13	Touring-3000 Blue, 62	BK-T18U-62	Blue	461,4448	742,35	62	
14	Touring-3000 Yellow, 44	BK-T18Y-44	Yellow	461,4448	742,35	44	
15	Touring-3000 Yellow, 50	BK-T18Y-50	Yellow	461,4448	742,35	50	

Abbildung 5.8 Ihre Herausforderung besteht darin, die übergeordnete Kategorie aus der oberen Tabelle zu extrahieren und sie als neue Spalte in den angefügten unteren Tabellen beizubehalten.

Übung 5.5: Verwenden einer Indexspalte als Hinweis

In dieser Übung verwenden Sie verschiedene Techniken, um die übergeordnete Kategorie beizubehalten. Sie importieren jedes Tabellenblatt und verwenden eine Indexspalte als Hinweis, die Ihnen dabei hilft, die Tabellen zu kombinieren und die übergeordnete Kategorie beizubehalten.

1. Verwenden Sie die Datei *K05U05 – Produkte.xlsx* aus den Begleitdateien und speichern Sie die Arbeitsmappe im Ordner *C:\Daten\K05*.

   Öffnen Sie die Arbeitsmappe und sehen Sie sich deren Aufbau an. Die AdventureWorks-Produkte sind nach den übergeordneten Kategorien in vier Arbeitsblätter unterteilt. Wie in

Abbildung 5.8 gezeigt, befindet sich der Name der übergeordneten Kategorie – *Fahrräder, Zubehör, Komponenten* und *Kleidung* – auf jedem Tabellenblatt in einer eigenen kleinen Tabelle, die oberhalb der Tabelle mit den Produktdaten steht. Die Namen der Tabellenblätter lauten *Tabelle1, Tabelle2, Tabelle3* und *Tabelle4* und stellen daher keine Hilfe beim Unterscheiden der übergeordneten Kategorien dar.

2. Erstellen Sie einen neuen Power BI-Bericht oder eine neue leere Excel-Arbeitsmappe und rufen Sie Daten aus einer Excel-Arbeitsmappe ab.
3. Wählen Sie die Datei *C:\Daten\K05\K05U05 – Produkte.xlsx* aus und wählen Sie *Importieren*.
4. Klicken Sie im Dialogfeld *Navigator* mit der rechten Maustaste auf *K05U05 – Produkte.xlsx* und wählen Sie im Kontextmenü *Daten transformieren* oder wählen Sie *Excel-Arbeitsmappe* und klicken Sie auf *Erstellen*.
5. Klicken Sie mit der rechten Maustaste auf die Überschrift der Spalte *Data* und wählen Sie im Kontextmenü *Andere Spalten entfernen*. Wie in Übung 5.4 müssen Sie nun eine Möglichkeit finden, die Zeilen mit den Werten der übergeordneten Kategorie zu erkennen. Zum jetzigen Zeitpunkt wäre es verfrüht, die Spalte *Data* zu erweitern, um so die Tabelle anzuzeigen. Sie müssen zuerst einige Hinweise aus jeder Tabelle extrahieren: ihre Zeilennummern.

   In Übung 5.4 gingen Sie davon aus, dass sich die übergeordnete Kategorie als Titel in den Zeilen befindet, in denen sich außer dem Titel keine anderen Werte befinden. Aufgrund dieser Annahme haben Sie eine bedingte Spalte hinzugefügt, um Zeilen zu erkennen, bei denen sich in der ersten Spalte Werte befinden und bei denen die weiteren Spalten leer sind. In dieser Übung können Sie diese Annahme nicht mehr verwenden. Wie in Abbildung 5.8 dargestellt, befindet sich der Wert der übergeordneten Kategorie (Zelle A3) neben dem Wert mit dem Berichtsdatum (Zelle B3).

   Wie können Sie jetzt die übergeordnete Kategorie identifizieren? Obwohl Sie davon ausgehen können, dass sich in Zeilen mit den Werten der übergeordneten Kategorie in den ersten beiden Spalten Werte befinden und die anderen Spalten leer sind, ist diese Annahme zu riskant. Was würde passieren, wenn eines der Tabellenblätter in den Zellen C3 und C4 neue Informationen enthält?

   Sie können die aktuelle Herausforderung angehen, indem Sie von einer neuen Annahme ausgehen: Nachdem Sie leere Zeilen entfernt haben, befindet sich der Wert der übergeordneten Kategorie in jedem Tabellenblatt immer in der Zelle am Schnittpunkt der zweiten Zeile und der ersten Spalte. (In Übung 5.6 lernen Sie eine andere Methode zum Extrahieren der übergeordneten Kategorie kennen.)

   Um den Wert der übergeordneten Kategorie zu identifizieren, müssen Sie zunächst die zweite Zeile jedes Tabellenblatts markieren (nachdem die leeren Zeilen entfernt wurden). Dazu nutzen Sie die Indexspalte und wenden sie auf jede Tabelle der Spalte *Data* an.
6. Wählen Sie auf der Registerkarte *Spalte hinzufügen* den Befehl *Indexspalte* und achten Sie darauf, dass Sie die Standardoption auswählen und einen nullbasierten Index erstellen. Kopieren Sie dann diese Formel aus der Bearbeitungsleiste:

   ```
   Table.AddIndexColumn(#"Andere entfernte Spalten", "Index", 0, 1, Int64.Type)
   ```

   Nachdem Sie die Formel kopiert haben, können Sie diesen Schritt aus dem Bereich *Angewendete Schritte* löschen. Sie benötigen als Vorbereitung für die nächsten Schritte lediglich die Formel.

7. Wählen Sie auf der Registerkarte *Spalte hinzufügen* den Befehl *Benutzerdefinierte Spalte* aus. Das Dialogfeld *Benutzerdefinierte Spalte* wird geöffnet.
8. Fügen Sie, wie in Abbildung 5.9 gezeigt, die in Schritt 6 kopierte Formel in das Feld *Benutzerdefinierte Spaltenformel* ein (und ändern Sie sie wie folgt ab:
   a. Entfernen Sie das Gleichheitszeichen. Standardmäßig wird im Feld *Benutzerdefinierte Spaltenformel* ein Gleichheitszeichen hinzugefügt.
   b. Ersetzen Sie #"*Andere entfernte Spalten*" durch *[Data]*. Sie können dies tun, indem Sie den Text #"*Andere entfernte Spalten*" markieren und dann in der Liste *Verfügbare Spalten* den Eintrag *Data* auswählen.

   Dies ist die geänderte Formel:

```
Table.AddIndexColumn([Data], "Index", 0, 1, Int64.Type)
```

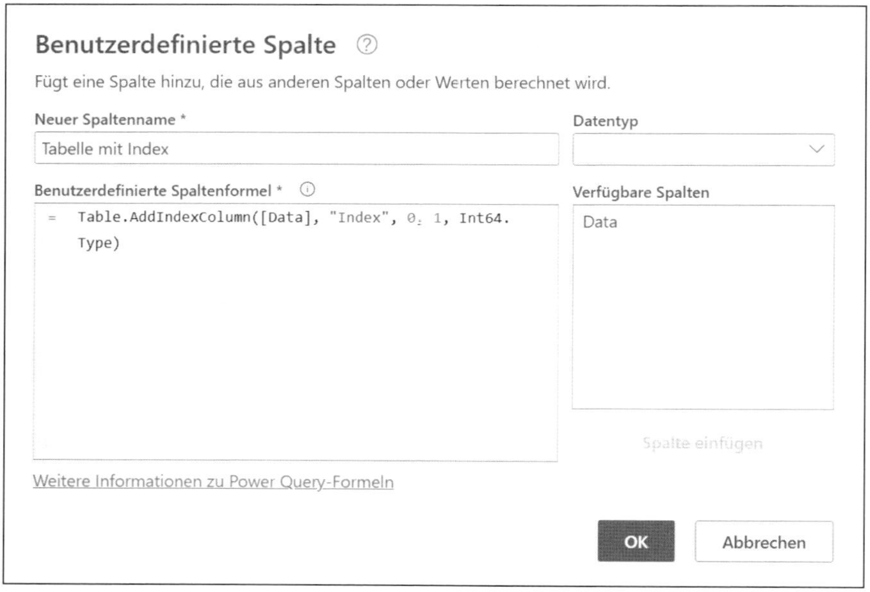

Abbildung 5.9 Wenn Sie jedem Tabellenobjekt eine Indexspalte hinzufügen, sorgen Sie dafür, dass Sie den richtigen Hinweis zum Beibehalten der übergeordneten Kategorien erhalten.

Wenn Sie im Dialogfeld *Benutzerdefinierte Spalte* auf eine der Spalten im Feld *Verfügbare Spalten* klicken, wird der M-Code generiert, um auf den Wert dieser Spalte in jeder Zeile zuzugreifen und ihn in den Ergebnissen der neuen benutzerdefinierten Spalte zu verwenden. In diesem Fall erzeugt das Klicken auf *Data* im Formelfeld den Code `[Data]`.

---

9. Geben Sie im Dialogfeld *Benutzerdefinierte Spalte* in das Feld *Neuer Spaltenname* **Tabelle mit Index** ein und wählen Sie *OK*. Im Vorschaubereich befinden sich nun zwei Spalten: die Spalte *Data* mit den ursprünglichen Tabellenobjekten für jedes importierte Tabellenblatt

und die Spalte *Tabelle mit Index* mit denselben Tabellenobjekten und die neu hinzugefügte Indexspalte.

10. Entfernen Sie die Spalte *Data*. Sie können anschließend mit der Spalte *Tabelle mit Index* weiterarbeiten.
11. Erweitern Sie die Spalte *Tabelle mit Index*, indem Sie auf das Symbol *Erweitern* an der rechten Seite der Überschrift klicken. Achten Sie darauf, dass das Kontrollkästchen *Ursprünglichen Spaltennamen als Präfix verwenden* nicht aktiviert ist, und wählen Sie *OK*.

    Sie können nun sehen, dass sich die übergeordnete Kategorie immer in den Zeilen befindet, in denen die Indexspalte den Wert 1 hat. Die Kontextheader *Übergeordnete Kategorie* und *Berichtsdatum* befinden sich immer in Zeilen, in denen die Indexspalte den Wert 0 hat. Von hier aus sind die Datenvorbereitungsschritte einfach.
12. Um die Zeilen mit den Werten der übergeordneten Kategorie zu markieren, wählen Sie auf der Registerkarte *Spalte hinzufügen* den Befehl *Bedingte Spalte*. Nehmen Sie im Dialogfeld *Bedingte Spalte hinzufügen*, das geöffnet wird, die folgenden Änderungen vor:
    a. Geben Sie in das Feld *Neuer Spaltenname* **Übergeordnete Kategorie** ein.
    b. Wählen Sie *Index* als ersten Spaltennamen aus.
    c. Wählen Sie *ist gleich* als **Operator** aus.
    d. Geben Sie in das Feld *Wert* **1** ein.
    e. Öffnen Sie das Dropdown-Menü unter *Ausgabe* und wählen Sie *Werte in einer Spalte verwenden*.
    f. Wählen Sie im Listenfeld *Ausgabe* die Option *Column1*.
    g. Geben Sie in das Feld *Sonst* **null** ein und wählen Sie *OK*, um das Dialogfeld *Bedingte Spalte hinzufügen* zu schließen.
13. Klicken Sie die Spalte *Übergeordnete Kategorie* mit der rechten Maustaste an und wählen Sie *Ausfüllen | Nach unten*.
14. Filtern Sie die Zeilen heraus, bei denen die Spalte *Index* die Werte 0, 1 oder 2 enthält.

    Nachdem Sie den Kontext der übergeordneten Kategorie erhalten und den irrelevanten Kontext in Zeilen mit Index 1 ignoriert haben, können Sie die Spalte *Index* entfernen.
15. Führen Sie die drei folgenden, mittlerweile bekannten Schritte durch:
    a. Wählen Sie auf der Registerkarte *Transformieren* den Befehl *Erste Zeile als Überschriften verwenden*.
    b. Benennen Sie die Spalte *Fahrräder* in **Übergeordnete Kategorie** um.
    c. Filtern Sie die eingebetteten Spaltennamen aus den Produkttabellen heraus, indem Sie Zeilen herausfiltern, die in der Spalte *Name* den Wert *Name* enthalten.

Wie bereits in Übung 5.4 (Schritt 15.b.) erläutert, können Sie die Robustheit beim Umbenennen in Schritt 15.b. dieser Übung verbessern, indem Sie in der Bearbeitungsleiste den Code `"Fahrräder"` **durch** `List.Last(Table.ColumnNames(#"Geänderter Spaltentyp"))` **ersetzen, wobei *Geänderter Spaltentyp* der zuvor angewendete Schritt ist.**

Sie können nun die Abfrage in Ihren Bericht laden. Der Kontext der übergeordneten Kategorie wurde in den angefügten Ergebnissen dank des Hinweises beibehalten, den Sie vor dem Anfügeschritt in die Daten eingefügt haben – in diesem Fall befand sich der Hinweis in der Indexspalte jedes Tabellenblatts.

Sie finden die Lösung zu dieser Übung im Power BI-Bericht *K05U05 – Lösung.pbix* und in der Arbeitsmappe *K05U05 – Lösung.xlsx* in den Begleitdateien zu diesem Buch.

Übung 5.6: Identifizieren des Kontexts anhand der Nachbarschaft zu einer Zelle

In Übung 5.5 gingen Sie davon aus, dass sich der Wert der übergeordneten Kategorie immer in der zweiten Zeile und der ersten Spalte jedes Blatts befindet (nachdem leere Zeilen entfernt wurden). Nun ändern Sie Ihre Annahme und gehen davon aus, dass sich die Zeilennummer des Werts mit der übergeordneten Kategorie ändern und daher nicht mehr verwendet werden kann, um den Kontext zu erkennen, den Sie extrahieren müssen.

Im Rahmen dieser Übung können Sie davon ausgehen, dass sich der Wert der übergeordneten Kategorie (wie in Abbildung 5.10 in Zelle A6) immer in Spalte 1 unterhalb der Zelle mit dem Text *Übergeordnete Kategorie* befindet (siehe Abbildung 5.10 in Zelle A5). Sie können die Position der Zelle mit dem hart codierten Text *Übergeordnete Kategorie* als »Anker« oder als Hinweis für die Position des Werts der übergeordneten Kategorie verwenden. Den Kontext an bestimmte feststehende Elemente zu koppeln, kann dabei helfen, robuste Annahmen zu machen, und Sie können robuste Abfragen erstellen, die Änderungen, die im Laufe der Zeit an den Daten vorgenommen werden, besser überleben.

	A	B	C	D	E	F	G	H	I
1	Nicht relevante Daten	Wir können diese ignorieren.							
2	Nicht relevante Daten								
3	Nicht relevante Daten	Wir wissen nicht, wie viele Zeilen mit nicht relevanten Daten die Arbeitsblätter enthalten.							
4									
5	Übergeordnete Kategorie	Berichtsdatum							
6	Fahrräder	01.01.2025							
7									
8	Name	Produktnummer	Farbe	Standardk	Listenpreis	Größe			
9	Touring-2000 Blue, 60	BK-T44U-60	Blue	755,15	1214,85	60			
10	Touring-1000 Yellow, 46	BK-T79Y-46	Yellow	1481,94	2384,07	46			
11	Touring-1000 Yellow, 50	BK-T79Y-50	Yellow	1481,94	2384,07	50			
12	Touring-1000 Yellow, 54	BK-T79Y-54	Yellow	1481,94	2384,07	54			
13	Touring-1000 Yellow, 60	BK-T79Y-60	Yellow	1481,94	2384,07	60			
14	Touring-3000 Blue, 54	BK-T18U-54	Blue	461,44	742,35	54			
15	Touring-3000 Blue, 58	BK-T18U-58	Blue	461,44	742,35	58			
16	Touring-3000 Blue, 62	BK-T18U-62	Blue	461,44	742,35	62			

Abbildung 5.10 Ihre Herausforderung besteht darin, die übergeordnete Kategorie aus der oberen Tabelle zu extrahieren und sie als neue Spalte in den angefügten unteren Tabellen zu erhalten, während alle irrelevanten Daten ignoriert werden.

Um die Herausforderung interessanter zu machen, finden Sie in dieser Übung oberhalb des Textes *Übergeordnete Kategorie* eine unterschiedliche Anzahl von Zeilen mit beliebigen Werten. Daher können Sie nicht mehr davon ausgehen, dass sich die übergeordnete Kategorie in einer bestimmten Zeile befindet. Darüber hinaus können Sie nicht mehr davon ausgehen, dass sich die Produkttabelle immer in einer bestimmten Zeile befindet. Abbildung 5.10 veranschaulicht diese Herausforderung.

In dieser Übung lernen Sie eine neue Technik zur dynamischen Suche der Zeilenindizes der Überschriften in der Kontext- und der Produkttabelle kennen. Hiermit ist es möglich, nicht relevanten Kontext in den Tabellenblättern zu ignorieren, nur die übergeordnete Kategorie zu extrahieren und alle Produkttabellen zu kombinieren. Die Technik erfordert die Verwendung der M-Funktion `List.PositionOf`. Diese Funktion erhält eine Liste als Eingabe und einen Wert, der die Position angibt, die gefunden werden soll; sie gibt den Index (beginnend bei null) der Position des Wertes in der Liste zurück.

1. Verwenden Sie die Datei *K05U06 – Produkte.xlsx* aus den Begleitdateien und speichern Sie die Arbeitsmappe im Ordner *C:\Daten\K05*.
2. Wiederholen Sie entweder die Schritte 2 bis 9 in Übung 5.5 oder beginnen Sie mit der Arbeitsmappe *K05U06 – Schnellstart.xlsx* oder dem Bericht *K05U06 – Schnellstart.pbix*, die Sie beide in den Begleitdateien zu diesem Buch finden. Falls Sie die Schnellstartdateien verwenden wollen, kopieren Sie diese ebenfalls in den Ordner *C:\Daten\K05*.

   Wenn Sie fertig sind, sollten sich im Vorschaubereich zwei Spalten befinden: die Spalte *Data* mit den ursprünglichen Tabellenobjekten für jedes importierte Tabellenblatt und die Spalte *Tabelle mit Index* mit denselben Tabellenobjekten und der zusätzlichen Indexspalte.
3. Wählen Sie im Power Query-Editor auf der Registerkarte *Spalte hinzufügen* den Befehl *Benutzerdefinierte Spalte*. Wenn das Dialogfeld *Benutzerdefinierte Spalte* geöffnet wird, führen Sie die folgenden Schritte durch:
   a. Geben Sie in das Feld *Neuer Spaltenname* **Zeilenindex der übergeordneten Kategorie** ein.
   b. Kopieren Sie die folgende Formel in das Feld *Benutzerdefinierte Spaltenformel* und wählen Sie *OK*, um das Dialogfeld *Benutzerdefinierte Spalte* zu schließen:

      ```
      List.PositionOf([Data][Column1], "Übergeordnete Kategorie")
      ```

   Diese Formel wendet `List.PositionOf` auf *Column1* an, die als Liste dargestellt und als erstes Argument verwendet wird: `[Data][Column1]`. Das zweite Argument, `"Übergeordnete Kategorie"`, ist der Wert, den Sie in der Liste suchen möchten, um dessen Position in der Liste zu erhalten. Diese Position entspricht der Zeilennummer der Zeile, in der sich der Text "*Übergeordnete Kategorie*" befindet.

   Sie werden feststellen, dass die neue Spalte *Zeilenindex der übergeordneten Kategorie* unterschiedliche Zahlen enthält. Jede Zahl stellt die Position der Zelle *Übergeordnete Kategorie* für einen nullbasierten Index dar.

   Sie erstellen nun eine neue benutzerdefinierte Spalte. Diesmal führen Sie einen Drilldown für jedes Tabellenobjekt in der Spalte *Data* durch, indem Sie den im vorherigen Schritt gefundenen Index verwenden, um die tatsächlichen Werte der übergeordneten Kategorie abzurufen. Beachten Sie, dass sich der Wert der übergeordneten Kategorie unterhalb des Textes *Übergeordnete Kategorie* befindet. Sie können den Index in der Spalte *Zeilenindex der übergeordneten Kategorie* verwenden und den Wert um eins erhöhen, um so den Namen der übergeordneten Kategorie abzurufen.

4. Wählen Sie auf der Registerkarte *Spalte hinzufügen* den Befehl *Benutzerdefinierte Spalte*. Wenn das Dialogfeld *Benutzerdefinierte Spalte* geöffnet wird, nehmen Sie die folgenden Einstellungen vor:
   a. Geben Sie in das Feld *Neuer Spaltenname* **Übergeordnete Kategorie** ein.
   b. Kopieren Sie die folgende Formel in das Feld *Benutzerdefinierte Spaltenformel* und wählen Sie *OK*, um das Dialogfeld *Benutzerdefinierte Spalte* zu schließen:

      ```
      [Data]{[#"Zeilenindex der übergeordneten Kategorie "] + 1}[Column1]
      ```

   Weiter oben in diesem Kapitel haben Sie im Abschnitt »Drilldown auf einer Tabellenzelle in M erklärt« bereits eine einfachere Version dieser Formel kennengelernt:

   ```
   Quelle{0}[Column1]
   ```

   Die Syntax hier ist die gleiche. Sie können auf eine einzelne Zelle in einer Tabelle mit dieser Syntax verweisen:

   ```
   Tabelle{Zeilenindex}[Spaltenname]
   ```

   Denken Sie daran, dass geschweifte Klammern verwendet werden, um über einen nullbasierten Index auf die Zeile in der Tabelle zuzugreifen. Die eckigen Klammern werden verwendet, um auf den Spaltennamen zuzugreifen. In der Formel in Schritt 4.b. greifen Sie zunächst auf das Tabellenobjekt in jeder Zeile der Spalte *Data* durch den Aufruf von `[Data]` zu. Anschließend greifen Sie auf den Zeilenindex anhand des Wertes zu, der in der Spalte *Zeilenindex der übergeordneten Kategorie* verfügbar ist, nachdem Sie den Index um 1 erhöht haben. Schließlich greifen Sie in der angegebenen Zeile auf die Zelle in *Column1* zu.

   Sie haben dafür gesorgt, dass die übergeordnete Kategorie in der Spalte *Übergeordnete Kategorie* erhalten bleibt. Es ist an der Zeit, den Zeilenindex der Überschriften in den einzelnen Haupttabellen zu ermitteln – den Tabellen mit den AdventureWorks-Produkten. Der nächste Schritt ähnelt Schritt 3, nur dass Sie dieses Mal nach "*Name*" suchen anstatt nach "*Übergeordnete Kategorie*".
5. Wählen Sie auf der Registerkarte *Spalte hinzufügen* den Befehl *Benutzerdefinierte Spalte*. Wenn das Dialogfeld *Benutzerdefinierte Spalte* geöffnet wird, führen Sie die folgenden Schritte aus:
   a. Geben Sie in das Feld *Neuer Spaltenname* **Zeilenindex von Name** ein.
   b. Kopieren Sie die folgende Formel in das Feld *Benutzerdefinierte Spaltenformel* und wählen Sie *OK*, um das Dialogfeld *Benutzerdefinierte Spalte* zu schließen:

      ```
      List.PositionOf([Data][Column1], "Name")
      ```
6. Sie können nun die Spalten *Zeilenindex der übergeordneten Kategorie* und *Data* entfernen. Im nächsten Schritt arbeiten Sie mit der Spalte *Tabelle mit Index*, die Sie in Übung 5.5 erstellt haben.
7. Erweitern Sie die Spalte *Tabelle mit Index*, indem Sie an der rechten Seite der Überschrift auf *Erweitern* klicken. Achten Sie darauf, dass die Option *Ursprüngliche Spaltennamen als Präfix verwenden* nicht aktiviert ist, und wählen Sie *OK*.

In dieser Phase haben Sie die übergeordnete Kategorie in den angefügten Ergebnissen beibehalten. Ihre nächste Herausforderung besteht darin, die beiden Hinweise zu verwenden, die in den Spalten *Index* und *Zeilenindex von Name* vorliegen. Alle Zeilen, deren Index kleiner ist als *Zeilenindex von Name*, sollten herausgefiltert werden, da sie nicht zur Produkttabelle gehören. Sie können dies in zwei Schritten tun: Sie erstellen zuerst eine bedingte Spalte und filtern dann die Tabelle nach den Ergebnissen in der neuen Spalte.

8. Klicken Sie auf der Registerkarte *Spalte hinzufügen* auf *Bedingte Spalte*. Wenn das Dialogfeld *Bedingte Spalte hinzufügen* geöffnet wird, konfigurieren Sie es so, wie es Abbildung 5.11 zeigt, durch die folgenden Schritte:
    a. Wählen Sie *Index* als ersten Spaltennamen aus.
    b. Wählen Sie *ist größer oder gleich* als *Operator* aus.
    c. Öffnen Sie das Dropdown-Menü unter *Wert* und wählen Sie *Werte in einer Spalte verwenden*.
    d. Wählen Sie im Listenfeld *Wert* die Option *Zeilenindex von Name* aus.
    e. Geben Sie in das Feld *Ausgabe* eine **1** ein.
    f. Geben Sie in das Feld *Sonst* eine **0** ein und wählen Sie *OK*, um das Dialogfeld *Bedingte Spalte hinzufügen* zu schließen.

Abbildung 5.11 Um die Zeilen vor der Produkttabelle herauszufiltern, führen Sie Schritt 8 aus und stellen sicher, dass das Dialogfeld *Bedingte Spalte hinzufügen* so aussieht wie in dieser Abbildung.

9. Filtern Sie die Zeilen mit dem Wert 0 in der Spalte *Benutzerdefiniert* heraus, damit nur die Zeilen mit dem Wert 1 übrig bleiben, und entfernen Sie die Spalten *Index, Zeilenindex von Namen* und *Benutzerdefiniert*.
10. Führen Sie die drei folgenden, mittlerweile bekannten Schritte durch:
    a. Wählen Sie auf der Registerkarte *Transformieren* den Befehl *Erste Zeile als Überschriften verwenden*.
    b. Benennen Sie die Spalte *Fahrräder* in **Übergeordnete Kategorie** um.
    c. Filtern Sie die eingebetteten Spaltennamen aus den Produkttabellen heraus, indem Sie Zeilen herausfiltern, die in der Spalte *Name* den Wert *Name* enthalten.

Wie in den Übungen 5.4 und 5.5 können Sie auch hier die Robustheit der Umbenennung in Schritt 10.b. verbessern, indem Sie in der Bearbeitungsleiste den Code `"Fahrräder"` **durch** `List.Last(Table.ColumnNames(#"Geänderter Typ"))` **ersetzen.**

Sie finden die Lösung zu dieser Übung im Power BI-Bericht *K05U06 – Lösung.pbix* und in der Arbeitsmappe *K05U06 – Lösung.xlsx* in den Begleitdateien zu diesem Buch.

Zusammenfassung

In diesem Kapitel haben Sie gelernt, wie Sie wichtige Kontextinformationen beibehalten, die sich in der Regel außerhalb von Tabellen befinden. Sie haben eine Vielzahl von Kontexterhaltungsszenarien gelernt, wobei der Schwerpunkt auf der Möglichkeit liegt, den Kontext und Tabellen aus mehreren Quellen zu kombinieren.

Zuerst haben Sie die grundlegende Methode *Abfragen anfügen* bei Dateinamen oder Tabellenblattnamen verwendet, die wichtige kontextbezogene Informationen zu den Daten enthielten. Sie haben für jede Abfrage eine benutzerdefinierte Spalte erstellt, um den Kontext zu erhalten.

Eine weitere Technik besteht darin, bereits vor dem Anfügen Titel in Tabellenblättern dynamisch zu erkennen, zu extrahieren und sie beim Kombinieren von Dateien aus einem Ordner in den angehängten Ergebnissen zu kombinieren. Mit dem Drilldown-Schritt konnten Sie die Namen der übergeordneten Kategorien aus AdventureWorks-Produkttabellen beibehalten. Außerdem haben Sie die M-Syntax für den Zugriff auf bestimmte Zellen in einer Tabelle kennengelernt.

Um den Kontext von mehreren Tabellenblättern im selben Ordner zu erhalten, haben Sie die Technik kennengelernt, mit der Sie nach dem Kombinieren von mehreren Tabellen den Kontext erkennen und weiterverwenden. Sie haben hierfür bedingte Spalten sowie die Transformation *Nach unten ausfüllen* verwendet, um die übergeordneten AdventureWorks-Produktkategorien aus den Titeln mehrerer Arbeitsblätter beizubehalten. (Dieser Ansatz ist besonders nützlich, wenn das Extrahieren des Kontexts vor dem Anfügen nicht möglich ist.)

Sie haben gelernt, wie Kontexthinweise in Datenquellen verwendet werden, um sowohl wichtige als auch nicht relevante Kontextinformationen zu erkennen und um Ergebnisse zu kombinieren, ohne dass der Kontext verloren geht. In einer Übung haben Sie M verwendet, um vor dem Anfügen eine Indexspalte hinzuzufügen und so die Namen der übergeordneten Kategorien von AdventureWorks zu identifizieren und beizubehalten. Außerdem haben Sie gelernt, wie Sie bedingte Spalten auf eine Indexspalte anwenden, um den Kontext in eine neue Spalte zu kopieren, und wie Sie *Nach unten ausfüllen* anwenden, um den Kontext beizubehalten.

Am Ende dieses Kapitels haben Sie in der Phase vor dem Anfügen Hinweise verwendet, um den Kontext anhand seiner Nachbarschaft zu »Ankerzellen« zu identifizieren. Wertvolle Daten an festen Elementen in Ihren Daten zu verankern kann die Robustheit Ihrer Abfragen verbessern.

Sie haben gelernt, wie Sie die M-Funktion `List.PositionOf` verwenden, um relevante Anker zu finden, und wie Sie in M, basierend auf dem gefundenen Positionsindex, einen Drilldown ausführen.

In Kapitel 6, »Tabellen entpivotieren«, lernen Sie einige typische Szenarien kennen, in denen der Kontext in Tabellen gut erhalten, aber falsch dargestellt und schlecht strukturiert ist, was zu einem Hemmschuh wird, der Sie daran hindert, das volle Potenzial Ihrer Daten zu nutzen.

Obwohl der Kontext der Schlüssel zum Verständnis ist, bleiben Ihnen viele Einsichten verborgen, wenn Sie ihn schlecht nutzen.

KAPITEL 6

Tabellen entpivotieren

In diesem Kapitel:

- erfahren Sie, woran Sie schlecht strukturierten Kontext in Tabellen erkennen
- lernen Sie die Grundlagen der Transformation *Entpivotieren* kennen, einschließlich *Spalten entpivotieren*, *Andere Spalten entpivotieren* und *Nur ausgewählte Spalten entpivotieren*
- wenden Sie einfache Entpivotieren-Transformationen zur Verbesserung des Tabellenkontexts an
- erfahren Sie, warum es wichtig ist, Summen zu entfernen, wenn Sie eine Quelltabelle importieren, und wie Sie dies effizient tun können
- erfahren Sie, wie Sie zusammenfassende Tabellen mit 2×2 Hierarchieebenen in Zeilen und Spalten *entpivotieren*
- erfahren Sie, wie Sie aus zusammenfassenden Tabellen Zwischensummen herausfiltern

Bisher haben Sie in diesem Buch gelernt, wie Sie eine Vielzahl von Herausforderungen angehen können, um unvorbereitete Daten zu analysieren. Sie haben die Grundlagen der Datenbereinigung für einzelne Spalten und die Kunst der Kombination mehrerer Tabellen kennengelernt. In Kapitel 5, »Den Kontext erhalten«, haben Sie mehr über die Bedeutung des Kontexts erfahren und gesehen, wie Sie ihn erhalten und nutzen können. Nun, da Sie verstehen, wie Sie Ihre Daten gut formatieren, sie aus mehreren Datenquellen aggregieren und deren Kontext vollständig beibehalten können, ist es an der Zeit, zu lernen, wie Sie eine subtilere Herausforderung meistern.

Ihre Tabellen sind Manifestationen des Kontexts, den sie darstellen. Die Beibehaltung des Kontexts ist ein genau definiertes Problem, aber zu entscheiden, wie dieser Kontext am besten dargestellt werden kann, ist eine ganz andere Herausforderung. In diesem Kapitel erfahren Sie, wie Sie die Tabellenstruktur in Ihren Berichten verbessern können, um den Inhalt der Daten besser darzustellen und die Möglichkeiten zur Analyse dieser Daten zu verbessern. Die Transformation *Entpivotieren* ist ein Grundbaustein, um schlecht strukturierten Tabellen zu begegnen, und daher für Ihren Erfolg als Datenaufbereiter entscheidend.

Schlecht gestaltete Tabellen erkennen

Im Rahmen der Linguistik unterscheiden die Wissenschaftler zwischen Syntax, Semantik und Pragmatik. Während sich *Syntax* auf die Beziehungen zwischen Wörtern konzentriert und sich *Semantik* mit der Bedeutung der Sätze auseinandersetzt, konzentriert sich die *Pragmatik* auf die

Art und Weise, wie verschiedene Kontexte die Interpretation einer Nachricht beeinflussen können. Wir können Syntax, Semantik und Pragmatik als Metaphern für die Datenvorbereitung und -transformation verwenden.

In den bisherigen Kapiteln haben Sie gelernt, wie Sie die »Syntax« Ihrer Daten verbessern können, indem Sie schlecht formatierte Daten bereinigen. Sie haben die »Semantik« Ihrer Daten bereichert, indem Sie getrennte Datasets kombiniert und deren Kontext beibehalten haben. In diesem Kapitel konzentrieren Sie sich auf eine subtilere Herausforderung und lernen die »Pragmatik« der Datenvorbereitung kennen. Die Art und Weise, wie Sie Ihre Tabellen entwerfen, wirkt sich erheblich auf die Art und Weise aus, wie Ihre Daten interpretiert werden. Wie bei der Pragmatik, bei der unterschiedliche soziale Zusammenhänge oder der Tonfall die Art und Weise beeinflussen können, wie eine kommunizierte Nachricht interpretiert wird, hat im Rahmen der Datenanalyse die Art und Weise, wie Sie Ihre Tabellen strukturieren, einen erheblichen Einfluss darauf, wie Ihre Daten analysiert und interpretiert werden.

Wenn Ihre Tabellen gut strukturiert sind, können Sie sie effektiv in PivotTables und PivotCharts in Excel oder in Power BI-Visualisierungen verwenden. Schlechtes Tabellendesign führt zu einer übermäßig komplexen Implementierung der notwendigen Analyseberechnungen.

In diesem Kapitel erfahren Sie, wie Sie schlecht gestaltete Tabellen neu strukturieren, um die Darstellung Ihrer Daten zu verbessern, sodass Sie mithilfe von PivotTables in Excel und Visuals in Power BI weitere Einblicke gewinnen können. Eine schlecht gestaltete Tabelle ist in diesem Kontext eine Tabelle, die die realen Entitäten, deren Daten nachverfolgt und in Ihren Berichten dargestellt werden, nicht gut repräsentiert. Es ist nicht immer einfach, schlecht gestaltete Tabellen zu identifizieren. Eine Möglichkeit, ein erstes Gefühl dafür zu bekommen, ob eine Tabelle gut strukturiert ist, besteht darin, zu sehen, ob jede Zeile in der Tabelle intuitiv den realen Gegenstand repräsentiert.

Daten, die in einer Tabelle oder in einem Satz verknüpfter Tabellen strukturiert sind, sind immer eine Darstellung von realen Entitäten. Hierbei kann es sich um Verkaufstransaktionen in Ihrem Unternehmen, Messungen Ihrer wissenschaftlichen Experimente, Prüfungsergebnisse in der Schule oder um Spielstatistiken für Ihre Lieblings-Basketballmannschaft handeln.

Alle diese Entitäten und die Fakten, die Sie über sie gesammelt haben, werden in einer Sammlung von Textwerten und numerischen Werten in Tabellen dargestellt. Sie wissen, dass eine Tabelle gut gestaltet ist, wenn jede Zeile eine eindeutige Entität darstellt.

Um die Schwierigkeiten bei der Identifizierung schlecht strukturierter Tabellen zu erkennen, betrachten wir vier Tabellen, die unterschiedlich entworfen wurden, um das gleiche Thema zu beschreiben: den Gesamtumsatz der fiktiven Firma AdventureWorks. Wie in Abbildung 6.1 dargestellt, verfügt jede der vier Tabellen über ein anderes Schema, in dem der Gesamtumsatz nach Kundenkonto und der übergeordneten Produktkategorie des Produkts angezeigt wird.

Tabelle 1 in Abbildung 6.1 ist als typische Excel-PivotTable strukturiert. Das Konto wird als Zeilenfeld festgelegt, die übergeordnete Kategorie ist ein Spaltenfeld, und der Umsatzerlös wird als Wert der PivotTable festgelegt. Während Tabelle 1 als gute Visualisierung für einen Abschlussbericht angesehen werden kann, ist ihr Aufbau nicht sehr effizient, wenn Sie diese Struktur als Quelle von PivotTables in Excel oder Visuals in Power BI verwenden.

Auch Tabelle 2 in Abbildung 6.1 ist als PivotTable strukturiert. Sowohl das Konto als auch die übergeordnete Kategorie werden als Spaltenfelder festgelegt, und der Umsatz wird als Wert verwendet. Wenn Sie mit PivotTables vertraut sind, wissen Sie, dass sowohl Tabelle 1 als auch Tabelle 2 Manifestationen derselben Quelltabelle sein können.

Tabelle 1: Pivot mit Konto in den Zeilen und übergeordneter Kategorie in den Spalten

Konto	Zubehör	Fahrräder	Kleidung	Komponenten
Action Bicycle Specialists	1.299,89	76.613,65	2.461,66	9.494,08
Aerobic Exercise Company				1.732,89
Bulk Discount Store	730,46	70.597,28	851,56	1.980,92

Tabelle 2: Pivot mit Konto und übergeordneter Kategorie in den Spalten

Action Bicycle Specialists				Aerobic Exercise Company	Bulk Discount Store			
Zubehör	Fahrräder	Kleidung	Komponenten	Komponenten	Zubehör	Fahrräder	Kleidung	Komponenten
1.299,89	76.613,65	2.461,66	9.494,08	1.732,89	730,46	70.597,28	851,56	1.980,92

Tabelle 3: Konten als mehrzeilige Datensätze

Attribut	Wert
Konto	**Action Bicycle Specialists**
Zubehör	1.299,89
Fahrräder	76.613,65
Kleidung	2.461,66
Komponenten	9.494,08
Konto	**Aerobic Exercise Company**
Komponenten	1.732,89
Konto	**Bulk Discount Store**
Zubehör	730,46
Fahrräder	70.597,28
Kleidung	851,56
Komponenten	1.980,92

Tabelle 4: Faktentabelle

Konto	Kategorie	Umsatz
Action Bicycle Specialists	Zubehör	1.299,89
Action Bicycle Specialists	Fahrräder	76.613,65
Action Bicycle Specialists	Kleidung	2.461,66
Action Bicycle Specialists	Komponenten	9.494,08
Aerobic Exercise Company	Komponenten	1.732,89
Bulk Discount Store	Zubehör	730,46
Bulk Discount Store	Fahrräder	70.597,28
Bulk Discount Store	Kleidung	851,56
Bulk Discount Store	Komponenten	1.980,92

Abbildung 6.1 Wenn Sie sich diese vier Variationen der AdventureWorks-Umsätze nach Kundenkonto und übergeordneter Kategorie anschauen, können Sie vermuten, welche Tabellen schlecht gestaltet sind?

Tabelle 3 in Abbildung 6.1 zeigt einen Extremfall, in dem die Tabellenstruktur zu einem generischen Container von Attribut/Wert-Paaren wird. Obwohl diese Tabelle möglicherweise klar genug ist, um den Kontext einzelner Werte zu lesen und zu identifizieren, ist dieser Tabellenaufbau von PivotTables in Excel oder Visuals in Power BI nicht lesbar.

Tabelle 4 ist in Abbildung 6.1 die am besten gestaltete Tabelle. Das Format stellt die Umsätze von AdventureWorks nach Konto und übergeordneter Kategorie in einer Art und Weise dar, die von PivotTables in Excel und Visuals in Power BI verwendet werden kann. Wenn Sie Tabelle 4 in Excel als Quelle für eine PivotTable verwenden, können Sie Tabelle 1 und Tabelle 2 einfach erstellen, indem Sie die Felder *Konto*, *Kategorie* und *Umsatz* in die Bereiche *Zeilen*, *Spalten* und *Werte* der PivotTable ziehen und dort ablegen. Tabellen, die wie Tabelle 4 strukturiert sind, werden manchmal *Faktentabellen* genannt. Sie stellen die Fakten der beteiligten Entitäten dar. In diesem Fall sind die Entitäten die Gesamteinnahmen, die nach Konto und übergeordneter Kategorie zusammengefasst werden.

Faktentabellen werden häufig zusammen mit Nachschlagetabellen/Dimensionstabellen und dem Sternschema erläutert. In Kapitel 2, »Grundlegende Herausforderungen bei der Datenvorbereitung«, wird beschrieben, wie Sie eine Faktentabelle und eine Nachschlagetabelle erstellen, indem Sie Verweise anwenden und Duplika-

te entfernen. Weitere Informationen zu Faktentabellen im Kontext der Modellierung in Power BI und Power Pivot finden Sie im Buch »Datenanalyse mit Microsoft Power BI und Power Pivot für Excel« von Alberto Ferrari und Marco Russo (dpunkt.verlag).

Die Tabellen 2 und 3 können leicht als wenig intuitive und daher schlecht gestaltete Darstellungen der AdventureWorks-Umsätze identifiziert werden. Möglicherweise ist es weniger leicht zu erkennen, dass auch Tabellen wie Tabelle 1 schlecht strukturiert sind. Im Gegensatz zu den Tabellen 2 und 3, die nicht in eine Excel PivotTable oder eine Power BI-Visualisierung passen, können Tabellen wie Tabelle 1 entsprechend angepasst werden. Was ist also falsch an der Gestaltung von Tabelle 1? Sie enthält vier Spalten des gleichen Typs – es handelt sich bei allen um Umsätze der verschiedenen übergeordneten Produktkategorien.

Wenn Sie feststellen, dass die Quelltabellen mehrere numerische Spalten mit unterschiedlichem Kontext für dasselbe Attribut enthalten, könnten Sie vermuten, dass es eine bessere Möglichkeit gibt, die Tabellen darzustellen. Ein häufig anzutreffendes schlechtes Design für eine Tabelle besteht zum Beispiel darin, für mehrere Jahre jeweils separate Spalten zu verwenden, wobei jede Spalte den gleichen numerischen Werttyp besitzt. In Tabelle 1 werden die Einnahmen von vier übergeordneten Produktkategorien in separaten Spalten dargestellt. Um den Gesamtumsatz für ein Konto zu ermitteln, müssen Sie die vier Spalten jeder Zeile addieren – und dies führt nicht zu einer praktischen Lösung für Excel-PivotTables oder in Power BI Visuals.

Daher ist von den Optionen in Abbildung 6.1 Tabelle 4 die beste Option, um die AdventureWorks-Umsätze darzustellen. Aber was können Sie tun, wenn die Quelldaten bereits wie die Daten in Tabelle 1, Tabelle 2 oder Tabelle 3 formatiert sind? Können Sie eine dieser anderen Tabellen in eine Tabelle wie Tabelle 4 umwandeln, um die Daten dann besser analysieren zu können? In freier Wildbahn finden Sie viele Beispiele für schlecht gestaltete Tabellen, die den ersten drei Tabellen in Abbildung 6.1 ähneln – und, ja, Sie können sie transformieren. In diesem Kapitel erfahren Sie, wie Sie sie in Faktentabellen umwandeln, die in Excel für PivotTables und in Power BI von Visualisierungen besser genutzt werden können.

Im nächsten Abschnitt wird die Transformation *Entpivotieren* vorgestellt und erläutert, wie sie auf zusammenfassende Tabellen wie Tabelle 1 in Abbildung 6.1 angewendet wird.

Entpivotieren – eine Einführung

Die drei Entpivotieren-Transformationen sind auf der Registerkarte *Transformieren* des Power Query-Editors oder im Kontextmenü verfügbar, wenn Sie mit der rechten Maustaste auf die Überschrift einer oder mehrerer ausgewählter Spalten klicken. Dies sind die drei Entpivotieren-Befehle, die zur Verfügung stehen:

- *Spalten entpivotieren*
- *Andere Spalten entpivotieren*
- *Nur ausgewählte Spalten entpivotieren*

Diese drei Optionen führen für eine Tabelle zum gleichen Ergebnis, jedoch können sie sich anders verhalten, wenn der Tabelle in Zukunft neue Spalten hinzugefügt werden. Im nächsten Abschnitt erfahren Sie mehr über die Unterschiede zwischen den drei Befehlen.

Wenn Sie Entpivotieren auf ausgewählte Spalten anwenden, strukturiert Power Query die Tabelle neu, indem für jede Zelle in den Spalten, die entpivotiert werden, eine separate Zeile erstellt wird. Die Zeile jeder solchen Zelle enthält die Spalten, die nicht entpivotiert wurden, sowie zwei weitere Spalten: *Attribut* und *Wert*. Die Spalte *Attribut* enthält den ursprünglichen Spaltennamen der Zelle, und die Spalte *Wert* enthält den ursprünglichen Wert in dieser Zelle. Abbildung 6.2 zeigt, wie jede Zelle in den entpivotierten Spalten nach der Transformation *Entpivotieren* positioniert wird.

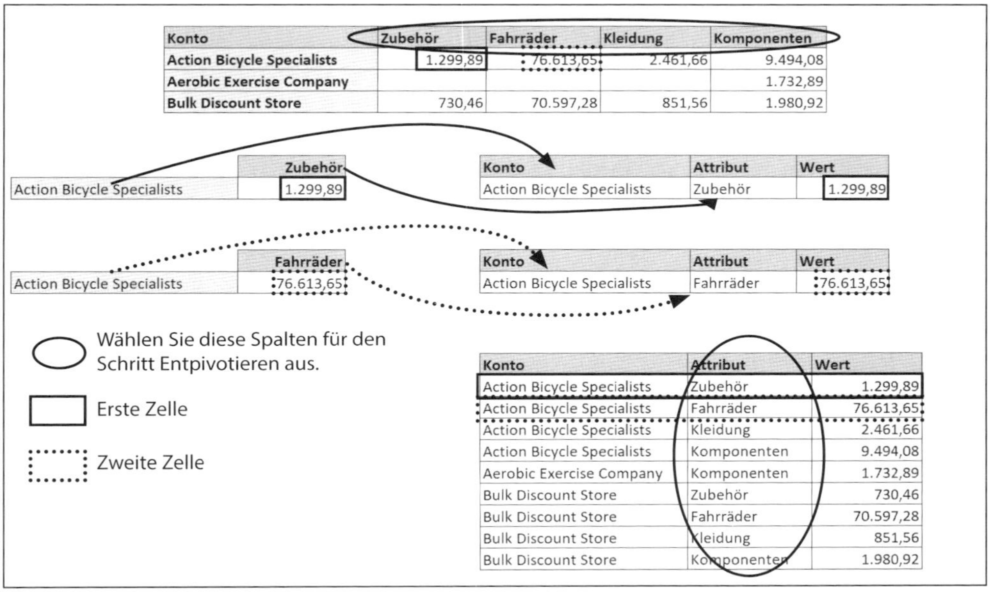

Abbildung 6.2 In diesem Diagramm werden die Positionen bestimmter Werte in der ursprünglichen Tabelle und in der entpivotierten Tabelle dargestellt.

Die Transformation *Entpivotieren* kann etwas verwirrend sein, wenn Sie ihr zum ersten Mal begegnen. Wenn Sie Entpivotieren anwenden, teilen Sie im Prinzip die Tabelle in zwei Typen von Spalten auf:

- **Ankerspalten** Die Ankerspalten sind Spalten, die nicht entpivotiert sind. Sie stellen Attribute dar, die Sie für Ihre Entitäten beibehalten möchten. In Abbildung 6.2 ist die einzige Ankerspalte die Spalte *Konto*. Weiter hinten in diesem Kapitel werden Sie Beispiele mit mehreren Ankerspalten sehen.
- **Entpivotierte Spalten** Die entpivotierten Spalten sind Spalten, die verschiedene Manifestationen des gleichen Attributs aufweisen. Beispielsweise handelt es sich bei *Zubehör*, *Fahrräder*, *Komponenten* und *Kleidung* jeweils um Umsätze. Während jede dieser Spalten eine andere Manifestation einer übergeordneten AdventureWorks-Produktkategorie darstellt, besitzen alle Werte das gleiche Attribut: die Umsätze.

Beim Entpivotieren werden alle Zellen der entpivotierten Spalten genommen und in einer Zeile dargestellt, die die Ankerspalten und zwei neue Spalten enthält: Attribut und Wert für den entsprechenden ursprünglichen Spaltennamen beziehungsweise den ursprünglichen Wert der Zelle.

Übung 6.1: Spalten entpivotieren und Andere Spalten entpivotieren verwenden

In dieser Übung üben Sie die Verwendung der beiden wichtigsten Entpivotieren-Transformationen: *Spalten entpivotieren* und *Andere Spalten entpivotieren*. Im Rahmen dieser Übung verwenden Sie eine AdventureWorks-Beispielarbeitsmappe, die die gleiche Struktur aufweist wie Tabelle 1 in Abbildung 6.1.

1. Verwenden Sie die Datei *K06U01.xlsx* aus den Begleitdateien und speichern Sie die Arbeitsmappe im Ordner *C:\Daten\K06*.
2. Erstellen Sie einen neuen Power BI-Bericht oder eine neue leere Excel-Arbeitsmappe und rufen Sie Daten aus einer Excel-Arbeitsmappe ab.
3. Wählen Sie die Datei *K06U01.xlsx* aus und wählen Sie *Importieren*.
4. Schalten Sie im Dialogfeld *Navigator* das Kontrollkästchen *Umsätze* ein und klicken Sie auf *Daten transformieren*.
5. Beachten Sie im geöffneten Power Query-Editor, dass der Vorschaubereich die Umsätze für AdventureWorks nach Konto, Zubehör, Fahrrädern, Kleidung und Komponenten enthält. Wählen Sie die letzten vier Spalten aus, indem Sie entweder die `Strg`-Taste drücken, während Sie die vier Spaltenüberschriften auswählen, oder indem Sie die Spalte *Überschrift* markieren und dann mit `Umschalt`+`→` nach und nach die weiteren Spalten markieren oder mit `Umschalt`+`Ende` alle weiteren Spalten markieren.
6. Wählen Sie auf der Registerkarte *Transformieren* den Befehl *Spalten entpivotieren* aus. Alternativ können Sie mit der rechten Maustaste auf eine der ausgewählten Spalten klicken und dann *Spalten entpivotieren* auswählen. Die Tabelle ist nun entpivotiert, wie Tabelle 4 in Abbildung 6.2. Beachten Sie in der Bearbeitungsleiste, dass die M-Formel die Funktion `Table.UnpivotOtherColumns` verwendet:

   ```
   Table.UnpivotOtherColumns(#"Geänderter Spaltentyp", {"Konto"}, "Attribut", "Wert")
   ```

7. Sie können nun den Schritt *Entpivotierte Spalten* aus *Angewendete Schritte* löschen.
8. Wählen Sie nun die erste Spalte, *Konto*, aus. Wählen Sie auf der Registerkarte *Transformieren* den Befehl *Spalten entpivotieren | Andere Spalten entpivotieren*. Alternativ können Sie mit der rechten Maustaste auf die Überschrift der Spalte *Konto* klicken und im Kontextmenü *Andere Spalten entpivotieren* auswählen. Sie werden feststellen, dass die Ergebnisse im Vorschaubereich mit den Ergebnissen von Schritt 6 identisch sind. Wenn Sie sich die Formel in der Bearbeitungsleiste ansehen, stellen Sie fest, dass dort ebenfalls die Funktion `Table.UnpivotOtherColumns` verwendet wird. Der einzige nachhaltige Unterschied besteht darin, dass der Transformationsschritt in *Angewendete Schritte* jetzt mit *Entpivotierte andere Spalten* anstatt mit *Entpivotierte Spalten* beschriftet ist.

Was ist also der faktische Unterschied zwischen *Spalten entpivotieren* und *Andere Spalten entpivotieren*, wenn die zugrunde liegende M-Funktion identisch ist? Es gibt keinen Unterschied. Es ist nur eine Frage der Benutzerfreundlichkeit. Wenn es mehr Ankerspalten gibt als Spalten, die entpivotiert werden sollen, können Sie die Spalten auswählen, die Sie entpivotieren wollen, und dann *Spalten entpivotieren* verwenden. Wenn es mehr Spalten gibt, die entpivotiert werden sollen, als Ankerspalten, können Sie die Ankerspalten auswählen und dann *Andere Spalten entpivotieren*.

Sie fragen sich vielleicht, warum sich *Spalten entpivotieren* in der zugrunde liegenden Formel wie *Andere Spalten entpivotieren* verhält. Die beiden Benutzeroberflächenbefehle lösen aufgrund einer Annahme dieselbe Transformation aus: Es kommt häufiger vor, dass Ihre Ankerspalten unverändert bleiben und sich Ihre entpivotierten Spalten im Laufe der Zeit ändern. Die Quelltabelle in Übung 6.1 enthält zum Beispiel vier übergeordnete Produktkategorien. Wenn AdventureWorks in Zukunft neue Märkte erschließt oder ein anderes Unternehmen erwirbt, das neue Produkte vertreibt, enthält die Quelltabelle neue Umsatzspalten mit neuen übergeordneten Kategorien. Mithilfe von `Table.UnpivotOtherColumns` lässt sich die Abfrage im Laufe der Zeit skalieren; es können neuen Spalten entpivotiert werden, ohne hierzu die Abfrage ändern zu müssen.

Da sowohl für *Spalten entpivotieren* als auch für *Andere Spalten entpivotieren* auf der Formelebene die gleiche Funktion ausgeführt wird, sollten Sie darauf achten, dass sich die Ankerspalten beim Anwenden dieser Transformationen nicht ändern.

Wenn Sie sowohl *Spalten entpivotieren* als auch für *Andere Spalten entpivotieren* anwenden, wird in der M-Formel explizit auf die Namen der Ankerspalten verwiesen. In der vorherigen Formel ist beispielsweise die Spalte *Konto* die Ankerspalte. Wenn eine Ankerspalte in der Datenquelle umbenannt wird, führt dies zu einem Fehler bei der nächsten Aktualisierung. Schlimmer noch: Wenn der Datenquelle eine neue Ankerspalte hinzugefügt wird, wird die neue Spalte gemeinsam mit den anderen Spalten entpivotiert, wodurch die Tabelle auf unerwartete Weise unbrauchbar wird.

Abbildung 6.3 zeigt, wie das Entpivotieren in Übung 6.1 fehlschlägt, wenn in die Quelltabelle für die Kundenadresse eine neue Spalte hinzugefügt wird. Power Query geht beim Entpivotieren davon aus, dass die Adressspalte zusammen mit den Spalten *Zubehör, Fahrräder, Kleidung* und *Komponenten* entpivotiert werden soll. Da *Adresse* keine übergeordnete Produktkategorie ist und die Adresswerte keine Umsätze darstellen, werden Fehler angezeigt, wenn Sie versuchen, den Typ der Spalte *Wert* in Dezimalzahl zu ändern.

Ein noch größeres Problem entsteht, wenn die neu hinzugefügte Ankerspalte Zahlen enthält. Stellen Sie sich vor, dass in der Quelltabelle der AdventureWorks-Umsätze in Übung 6.1 eine neue Spalte mit der Gesamtzahl der Verkäufe je Kunde hinzugefügt wird. Während der nächsten Aktualisierung wird die neue Spalte nun gemeinsam mit der übergeordneten Produktkategorie entpivotiert, und die Verkaufszahlen werden als Umsatzerlöse behandelt. Die Folgen können irreführend und sogar verheerend für Ihre Abschlussberichte sein.

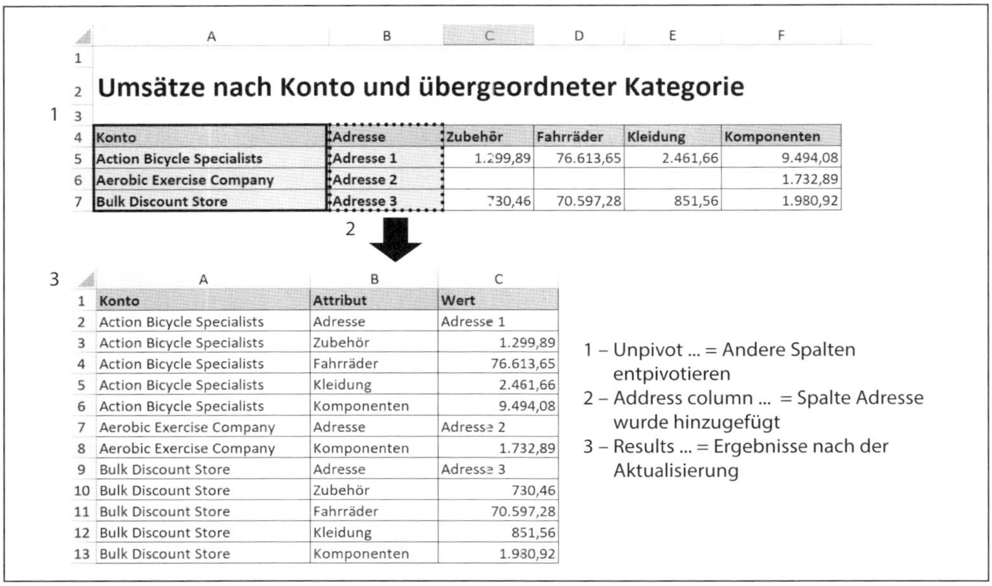

	A	B	C	D	E	F
1						
2	**Umsätze nach Konto und übergeordneter Kategorie**					
3						
4	**Konto**	**Adresse**	**Zubehör**	**Fahrräder**	**Kleidung**	**Komponenten**
5	**Action Bicycle Specialists**	**Adresse 1**	1.299,89	76.613,65	2.461,66	9.494,08
6	**Aerobic Exercise Company**	**Adresse 2**				1.732,89
7	**Bulk Discount Store**	**Adresse 3**	730,46	70.597,28	851,56	1.980,92

	A	B	C
1	**Konto**	**Attribut**	**Wert**
2	Action Bicycle Specialists	Adresse	Adresse 1
3	Action Bicycle Specialists	Zubehör	1.299,89
4	Action Bicycle Specialists	Fahrräder	76.613,65
5	Action Bicycle Specialists	Kleidung	2.461,66
6	Action Bicycle Specialists	Komponenten	9.494,08
7	Aerobic Exercise Company	Adresse	Adresse 2
8	Aerobic Exercise Company	Komponenten	1.732,89
9	Bulk Discount Store	Adresse	Adresse 3
10	Bulk Discount Store	Zubehör	730,46
11	Bulk Discount Store	Fahrräder	70.597,28
12	Bulk Discount Store	Kleidung	851,56
13	Bulk Discount Store	Komponenten	1.980,92

Abbildung 6.3 Durch das Hinzufügen einer weiteren Ankerspalte wird die entpivotierte Tabelle unbrauchbar, wenn die Befehle *Andere Spalten entpivotieren* oder *Spalten entpivotieren* verwendet werden.

Was sollten Sie also tun, wenn Sie erwarten, dass der Quelltabelle neue Ankerspalten hinzugefügt werden? Die Antwort finden Sie im nächsten Abschnitt.

Übung 6.2: Nur ausgewählte Spalten entpivotieren

Wie im vorherigen Abschnitt erläutert, schlägt nach dem Ändern von Ankerspalten der Befehl *Andere Spalten entpivotieren* fehl. Es reicht in solchen Fällen nicht aus, in der Benutzeroberfläche *Spalten entpivotieren* anzuwenden, da dieser Schritt in der Bearbeitungsleiste in *Andere Spalten entpivotieren* (`Table.UnpivotOtherColumns`) übersetzt wird. Stattdessen sollten Sie im Power Query-Editor die dritte Option für das Entpivotieren verwenden: *Nur ausgewählte Spalten entpivotieren*. In dieser Übung probieren Sie diese Option für eine andere Quelltabelle aus. Dieses Mal verwenden Sie ein Datenbeispiel des fiktiven Unternehmens Wide World Importers und entpivotieren die Gesamtumsätze der Jahre 2022, 2023, 2024 und 2025 mit verschiedenen Lieferanten.

1. Verwenden Sie die Datei *K06U02.xlsx* aus den Begleitdateien und speichern Sie die Arbeitsmappe im Ordner *C:\Daten\K06*.
2. Erstellen Sie einen neuen Power BI-Bericht oder eine neue leere Excel-Arbeitsmappe und rufen Sie Daten aus einer Excel-Arbeitsmappe ab.
3. Wählen Sie die Datei *K06U02.xlsx* aus und wählen Sie *Importieren*.
4. Schalten Sie im Dialogfeld *Navigator* das Kontrollkästchen *Umsätze* an und wählen Sie *Daten transformieren*.

5. Im Fenster des Power Query-Editors sehen Sie im Vorschaubereich die Umsätze von Wide World Importers nach Lieferanten, und zwar für die Jahre 2022 bis 2025. Markieren Sie die letzten vier Spalten.
6. 6. Wählen Sie auf der Registerkarte *Transformieren* den Befehl *Spalten entpivotieren | Nur ausgewählte Spalten entpivotieren*. Alternativ können Sie mit der rechten Maustaste auf eine der ausgewählten Spalten klicken und im Kontextmenü den Befehl *Nur ausgewählte Spalten entpivotieren* wählen. Sie können nun sehen, dass die Tabelle wie erwartet entpivotiert wurde.

Bitte beachten Sie, dass die M-Formel in der Bearbeitungsleiste jetzt die Funktion `Table.Unpivot` verwendet:

```
Table.Unpivot(#"Geänderter Spaltentyp", {"2022", "2023", "2024", "2025"}, "Attribut",
"Wert")
```

Beachten Sie außerdem, dass die Jahre nun in der M-Formel hart codiert wurden. Wenn Sie im nächsten Jahr den Bericht in einer Quelltabelle aktualisieren, die eine neue Spalte für die Umsätze für 2026 enthält, behandelt Ihr Bericht die Spalte 2026 als Ankerspalte, wie in Abbildung 6.4 dargestellt.

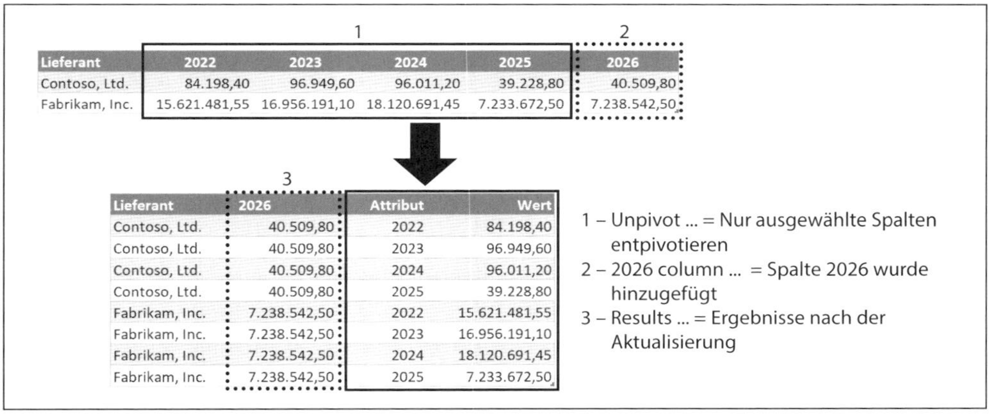

Lieferant	2022	2023	2024	2025	2026
Contoso, Ltd.	84.198,40	96.949,60	96.011,20	39.228,80	40.509,80
Fabrikam, Inc.	15.621.481,55	16.956.191,10	18.120.691,45	7.233.672,50	7.238.542,50

Lieferant	2026	Attribut	Wert
Contoso, Ltd.	40.509,80	2022	84.198,40
Contoso, Ltd.	40.509,80	2023	96.949,60
Contoso, Ltd.	40.509,80	2024	96.011,20
Contoso, Ltd.	40.509,80	2025	39.228,80
Fabrikam, Inc.	7.238.542,50	2022	15.621.481,55
Fabrikam, Inc.	7.238.542,50	2023	16.956.191,10
Fabrikam, Inc.	7.238.542,50	2024	18.120.691,45
Fabrikam, Inc.	7.238.542,50	2025	7.233.672,50

Abbildung 6.4 Wenn Sie für ein weiteres Jahr eine neue Spalte ergänzen, stimmt die entpivotierte Tabelle nicht mehr, falls Sie für die vergangenen Jahre den Befehl *Nur ausgewählte Spalten entpivotieren* verwendet haben.

Um zu vermeiden, dass die Spalte *2026* als Ankerspalte behandelt wird, ist es in solch einem Szenario empfehlenswert, den Befehl *Andere Spalte entpivotieren* zu verwenden. Angesichts der Einschränkungen von *Nur ausgewählte Spalten entpivotieren* sollten Sie diesen Befehl nur dann verwenden, wenn Sie davon ausgehen, dass sich die entpivotierten Spalten nicht ändern und die zu erwartenden Änderungen lediglich Ihre Ankerspalten betreffen.

Umgang mit Gesamtergebnissen

Wenn Sie Tabellen entpivotieren, die Zusammenfassungen darstellen, enthalten diese häufig Spalten und/oder Zeilen mit Gesamtergebnissen, wie beispielsweise Summen. Obwohl Sie versucht sein können, diese Elemente in eine Abfrage zu importieren, wird empfohlen, dies nicht zu tun, sondern diese Elemente während des Importvorgangs zu entfernen. Wenn sich in Ihren Daten Summen befinden, wirkt sich dies negativ darauf aus, einfache und wiederverwendbare Berichte zu erstellen. Übung 6.3 veranschaulicht dieses Szenario.

Was für Gesamtergebnisse gilt, gilt auch für Teilergebnisse. In beiden Fällen ist es nicht empfehlenswert, dass sich diese in den entpivotierten Daten befinden. Der Umgang mit Teilergebnissen wie beispielsweise Zwischensummen wird weiter hinten in diesem Kapitel erläutert.

Übung 6.3: Gesamtergebnisse entpivotieren

Diese Übung zeigt, wie sich die Einbeziehung von Gesamtergebnissen auswirkt, wenn Sie die Quelltabelle entpivotieren. Außerdem wird gezeigt, wie die Spalte und die Zeile mit den Gesamtergebnissen am besten mit Power Query entfernt werden können.

1. Verwenden Sie die Datei *K06U03.xlsx* aus den Begleitdateien und speichern Sie die Arbeitsmappe im Ordner *C:\Daten\K06*.
2. Erstellen Sie einen neuen Power BI-Bericht oder eine neue leere Excel-Arbeitsmappe und rufen Sie Daten aus einer Excel-Arbeitsmappe ab.
3. Wählen Sie die Datei *K06U03.xlsx* aus und klicken Sie auf *Importieren*.
4. Schalten Sie im Dialogfeld *Navigator* das Kontrollkästchen *Umsätze* an und wählen Sie *Daten transformieren*.

   Beachten Sie im geöffneten Power Query-Editor, dass der Vorschaubereich die Umsätze von AdventureWorks nach Kunde und den übergeordneten Kategorien *Zubehör*, *Fahrräder*, *Kleidung* und *Komponenten* enthält. Die letzte Zeile und die letzte Spalte enthalten als Gesamtergebnis die Summen, wie in Abbildung 6.5 dargestellt.

Kunde	Zubehör	Fahrräder	Kleidung	Komponenten	Gesamtergebnis
Action Bicycle Specialists	1.299,89	76.613,65	2.461,66	9.494,08	89.869,28
Aerobic Exercise Company				1.732,89	1.732,89
Bulk Discount Store	730,46	70.597,28	851,56	1.980,92	74.160,23
Central Bicycle Specialists				31,58	31,58
Channel Outlet	216,00		308,66		524,66
...					
Vigorous Sports Store				858,90	858,90
West Side Mart				63,90	63,90
Gesamtergebnis	6.915,14	574.611,56	16.087,72	111.075,73	708.690,15

Abbildung 6.5 Das Entpivotieren von Zeilen und Spalten mit Gesamtergebnissen kann zu unerwünschten Effekten in den entpivotierten Daten führen. Suchen Sie nach solchen Zeilen und Spalten und entfernen Sie sie in der Abfrage.

5. Markieren Sie die Spalte *Kunde* und wählen Sie auf der Registerkarte *Transformieren* den Befehl *Spalten entpivotieren | Andere Spalten entpivotieren*. Alternativ können Sie mit der rechten Maustaste auf die Spalte *Kunde* klicken und im Kontextmenü *Andere Spalten entpivotieren* auswählen.

   Die Tabelle ist entpivotiert. Beachten Sie, dass sich für jede Kundenentität eine Zeile mit Gesamtergebnis in der Spalte *Attribut* befindet. Wenn Sie in der Tabelle nach unten scrollen, sehen Sie außerdem, dass die letzten fünf Zeilen *Gesamtergebnis* in der Spalte *Kunde* enthalten.

Wenn Sie die Zeile und Spalte *Gesamtergebnis* in Ihre Arbeitsmappe oder Ihren Power BI-Bericht importieren und für die gesamte entpivotierte Spalte *Wert* die Summe berechnen, vervierfachen Sie am Ende die tatsächlichen Umsätze, da jeder Umsatz für ein bestimmtes Kundenkonto und übergeordnete vier Mal berücksichtigt wird. Um zu verstehen, warum, können Sie zählen, wie oft derselbe Umsatz in der ursprünglichen Quelltabelle vor dem Entpivotieren berücksichtigt wird. Der Umsatz eines bestimmten Kontos/einer bestimmten übergeordneten Kategorie wird an vier Positionen der Tabelle zusammengefasst: einmal in der spezifischen inneren Zelle, einmal in der Zeile des jeweiligen Kundenkontos in der Spalte *Gesamtergebnis*, einmal in der Zeile und Spalte *Gesamtergebnis* der spezifischen übergeordneten Kategorie und schließlich in der rechten unteren Ecke der Zelle *Gesamtergebnis*.

Die Spalte oder Zeile mit dem Gesamtergebnis in die entpivotierten Ergebnisse aufzunehmen, macht Ihre Berechnungen und Visuals übermäßig kompliziert. Außerdem wird Ihr Bericht hierdurch anfällig für Fehler. Sie müssen das Gesamtergebnis aus der Spalte *Konto* und den Spalten mit der übergeordneten Kategorie in Ihren visuellen Filtern herausfiltern oder ein kompliziertes DAX-Measure erstellen, das sie herausfiltert.

Sehen wir uns ein DAX-Measure an, das Sie in diesem Fall verwenden können. (Sie finden dieses Beispiel in den Begleitdateien; öffnen Sie dazu den Power BI-Bericht *K06U03 – Falsche Lösung.pbix*.)

Um alle Umsätze zusammenzufassen, können Sie die folgende DAX-Formel verwenden (vorausgesetzt, dass der Name der Tabelle *Umsätze* lautet und dass sich der Umsatzbetrag in der Spalte *Umsatz* befindet):

```
Gesamtumsatz = SUM ( 'Umsätze'[Umsatz] )
```

Leider werden die Werte vierfach berücksichtigt, und daher müssen Sie die folgende DAX-Formel anwenden:

```
Gesamtumsatz = CALCULATE (
  SUM ( 'Umsätze'[Umsatz] );
  FILTER (
      'Umsätze';
      'Umsätze'[Kunde] <> "Gesamtergebnis" && 'Umsätze'[Übergeordnete Kategorie] <> 
"Gesamtergebnis"
  )
)
```

Dieses Measure kann Ihnen zwar helfen, wenn Sie gezwungen sind, mit Daten zu arbeiten, die Gesamtergebnisse enthalten, dennoch ist es im Prinzip besser, in erster Linie sicherzustellen, dass die Gesamtergebnisse auf der Ebene der Abfrage herausgefiltert werden.

Gesamtergebnisse entfernen

Obwohl Sie die vorherige Übung fortsetzen und die Gesamtergebnisse unmittelbar nach dem Entpivotieren herausfiltern können, ist dieser Ansatz im Hinblick auf Leistung und Ladezeit nicht sehr effizient. Sie können die Zeit reduzieren, die zum Ausführen der Entpivotieren-Vorgänge benötigt wird, indem Sie die nicht benötigte Spalte und Zeile mit den Gesamtergebnissen vor dem Entpivotieren entfernen. Um die Gesamtergebnisse ordnungsgemäß zu entfernen, fahren Sie mit den folgenden Schritten fort:

6. Löschen Sie in *Angewendete Schritte* den Schritt *Andere Spalten entpivotieren.*
7. Markieren Sie die Spalte *Gesamtergebnis* und drücken Sie `Entf`.

   In dieser Übung ist *Gesamtergebnis* ein Spaltenname, der über die Benutzeroberfläche sicher entfernt werden kann. In der nächsten Übung wird ein Fall gezeigt, in dem die Spalte mit den Summen *Column10* heißt. Das Entfernen einer solchen allgemein benannten Spalte kann zu unerwarteten Ergebnissen führen, wenn die Tabelle erweitert und hierdurch die Spalte mit dem Gesamtergebnis nach rechts verschoben wird. Übung 6.4 zeigt, wie Sie mit M die Spalte mit den Summen entfernen können, wenn es sich hierbei um die letzte Spalte handelt.
8. Wählen Sie auf der Registerkarte *Start* den Befehl *Zeilen entfernen | Untere Zeilen entfernen.*
9. Wenn das Dialogfeld *Untere Zeilen entfernen* geöffnet wird, geben Sie in das Feld *Anzahl von Zeilen* **1** ein und wählen Sie *OK*, um das Dialogfeld zu schließen.

   Während die Verwendung des Dialogfelds *Untere Zeilen entfernen* die einfachste Möglichkeit ist, die Summenzeile zu entfernen, müssen Sie häufig, wenn Sie es mit unbereinigten Daten zu tun haben und insbesondere dann, wenn Ihre Quelldateien aus einem Tabellenkalkulationsprogramm stammen, weitere Zeilen vom unteren Rand der Tabelle entfernen. Um die Abfrage zu skalieren, damit die Gesamtsummen zusammen mit zusätzlichen Zeilen am unteren Rand entfernt werden, können Sie eine M-Formel anwenden, die die Position der Gesamtsumme dynamisch erkennt und zusammen mit den anderen irrelevanten Zeilen entfernt.

   In den Beispieldaten wurde die folgende Formel verwendet, um das Entfernen der untersten Zeile durchzuführen:

   ```
   Table.RemoveLastN(#"Entfernte Spalten",1)
   ```

   Sie können stattdessen die folgende Formel verwenden:

   ```
   Table.FirstN(#"Entfernte Spalten", List.PositionOf(#"Entfernte Spalten"[Kunde],
   "Gesamtergebnis"))
   ```

   Drücken Sie die `Eingabe`-Taste, und Sie erhalten die gleiche Transformation: Die Summenzeile wird entfernt. Jetzt ignoriert Ihre Abfrage jedoch alle nachfolgenden Zeilen in Ihren Daten.

Sehen wir uns die Formel, die Sie gerade verwendet haben, genauer an. `Table.FirstN` behält die ersten N Zeilen in einer Tabelle bei. Sie erhält zwei Argumente: die Tabelle und die Anzahl der beizubehaltenden Zeilen. `#"Entfernte Spalten"` ist der von Anführungszeichen eingeschlossene Bezeichner der Tabelle. Das zweite Argument soll die Anzahl der Zeilen enthalten, die Sie beibehalten möchten. Sie haben die Funktion `List.PositionOf` bereits in Kapitel 5 verwendet. In diesem Fall greifen Sie als Liste auf die Spalte *Kunde* zu und suchen nach dem Schlüsselwort `"Gesamtergebnis"`. Das Ergebnis ist ein nullbasierter Index der Zeile *Gesamtergebnis*, und es ist genau die Anzahl der Zeilen, die Sie beibehalten möchten.

Nachdem die Summenzeile entfernt ist, können Sie mit dem Schritt *Entpivotieren* fortfahren.

10. Markieren Sie die Spalte *Kunde* und wählen Sie auf der Registerkarte *Transformieren* den Befehl *Spalten entpivotieren | Andere Spalten entpivotieren*. Alternativ können Sie mit der rechten Maustaste auf die Überschrift der Spalte *Kunde* klicken und dann im Kontextmenü *Andere Spalten entpivotieren* verwenden. Sie können nun die Spalte *Attribut* in **Übergeordnete Kategorie** und die Spalte *Wert* in **Umsatz** umbenennen.

Wie in dieser Übung gezeigt, ist es wichtig, Gesamtsummen zu entfernen, wenn Sie die Transformation *Entpivotieren* anwenden. Das Entfernen der Gesamtergebnisse ist einfach, und Sie können in M intelligente Logik anwenden, um die Gesamtergebnisse aus der untersten Zeile zu entfernen, zusammen mit allen nicht relevanten Daten, die sich auf Ihrem Tabellenblatt dahinter befinden.

Sie finden die fertigen Lösungen in den Begleitdateien dieses Buches im Power BI-Bericht *K06U03 – Lösung.pbix* und in der Arbeitsmappe *K06U03 – Lösung.xlsx*.

2×2 Hierarchieebenen entpivotieren

Im vorherigen Abschnitt haben Sie gesehen, wie Sie die Transformation *Entpivotieren* bei einfachen Tabellen verwenden. In vielen anderen Fällen werden Sie auf Quelltabellen stoßen, die als einfache, zusammenfassende Tabellen formatiert sind und bei denen die Power Query-Transformation *Entpivotieren* eines Ihrer nützlichsten Tools ist. Dies gilt insbesondere dann, wenn Sie als Quelle Tabellenblätter verwenden, bei denen die Daten häufig nicht so gut vorbereitet sind wie die Daten im Data Warehouse Ihres Unternehmens.

Da sich die meisten Excel-Benutzer nicht gut mit PivotTables auskennen, verwenden sie in der Regel statische zusammengefasste Berichte anstelle von Faktentabellen. Wenn Sie diese bereits zusammengefassten Daten in Ihren eigenen Berichten verwenden müssen, können Sie Entpivotieren nutzen, um diese zusammenfassenden Tabellen aufzuschlüsseln und die Daten in ein Format zu transformieren, das von Excel PivotTables und Power BI Visuals verwendet werden kann. Im wirklichen Leben sind Sie jedoch mit viel komplizierteren Tabellen konfrontiert, die mehrere Ebenen von Aggregationen in Spalten und Zeilen enthalten.

Die nächsten beiden Übungen führen Sie einen Schritt weiter und zeigen, wie Sie häufig anzutreffende verschachtelte Tabellen entpivotieren. Wenn Sie die in diesem Abschnitt beschriebenen Techniken beherrschen, sind Sie in der Lage, viele strukturierte Tabellen zu entpivotieren und sie in Faktentabellen umzuwandeln, die für Excel PivotTables und PivotCharts und Power BI-Visualisierungen verwendet werden können.

Übung 6.4: 2×2 Hierarchieebenen mit Datumswerten entpivotieren

Lassen Sie uns, bevor wir uns praktisch an das Entpivotieren komplexer Tabellen machen, ein Beispiel betrachten: Das fiktive Unternehmen Wide World Importers plant, zu expandieren und nach neuen Geldgebern zu suchen. Als Chefanalytiker einer Investmentgesellschaft wurden Sie gebeten, die Performance von Wide World Importers zu bewerten. Sie haben einen Bericht mit zusammengefassten Umsätzen nach Jahr, Monat, Lieferantenkategorien und Lieferanten erhalten, wie oben in Abbildung 6.6 dargestellt.

Sie erkennen sofort die Möglichkeit, die Daten zu entpivotieren und die zusammenfassende Tabelle in eine Faktentabelle umzuwandeln, wie unten in Abbildung 6.6 dargestellt.

		Lieferanten für Novitäten		
Jahr	Monat	Contoso, Ltd.	Graphic Design Institute	The Phone Company
2025	Jan	6.403	91.225	155.013
	Feb	5.943	62.297	96.529
	Mrz	8.722	84.243	159.858

Lieferantenkategorie	Lieferant	Datum	Umsatz
Lieferanten für Novitäten	Contoso, Ltd.	Jan 2025	6.403
Lieferanten für Novitäten	Contoso, Ltd.	Feb 2025	5.943
Lieferanten für Novitäten	Contoso, Ltd.	Mrz 2025	8.722
Lieferanten für Novitäten	Graphic Design Institute	Jan 2025	91.225
Lieferanten für Novitäten	Graphic Design Institute	Feb 2025	62.297
Lieferanten für Novitäten	Graphic Design Institute	Mrz 2025	84.243
Lieferanten für Novitäten	The Phone Company	Jan 2025	155.013
Lieferanten für Novitäten	The Phone Company	Feb 2025	96.529
Lieferanten für Novitäten	The Phone Company	Mrz 2025	159.858

Abbildung 6.6 Sie können Power Query verwenden, um komplexe Tabellen wie diese Übersichtstabelle mit den Wide World Importers-Umsätzen zu entpivotieren. Die untere entpivotierte Tabelle eignet sich besser für weitere Analysen.

Bevor wir die erforderlichen Schritte zum Entpivotieren dieser Tabelle durchführen, konzentrieren wir uns auf die wichtigsten Herausforderungen. Sie können als Jahr und Monat die Ankerspalten identifizieren, jedoch enthält die Spalte *Jahr* im Power Query-Editor Nullwerte. Darüber hinaus werden Nullwerte in der Zeile *Lieferantenkategorie* angezeigt. Der Versuch, die Spalten mit den Umsätzen zu entpivotieren, schlägt fehl, da Sie das Paar *Lieferantenkategorie* und *Lieferant* als Attribute benötigen. Wenn Sie Entpivotieren auf alle Spalten nach *Jahr* und *Monat* anwenden, werden jedoch die Lieferanten in der Spalte *Wert* und nicht in der Spalte *Attribut* angezeigt.

Damit Sie das Entpivotieren erfolgreich durchführen können, sind eine Reihe von Transformationen notwendig, die nicht trivial erscheinen: Ausfüllen der Spalte *Jahr*, Zusammenführen anhand der Spalten *Jahr* und *Monat*, Transponieren der Tabelle, Ausfüllen der Lieferantenkategorie, erste Zeile als Überschrift verwenden und dann schließlich das Entpivotieren. In dieser Übung werden die einzelnen Schritte ausführlicher beschrieben:

1. Verwenden Sie die Datei *K06U04.xlsx* aus den Begleitdateien und speichern Sie die Arbeitsmappe im Ordner *C:\Daten\K06*.

2. Erstellen Sie einen neuen Power BI-Bericht oder eine neue leere Excel-Arbeitsmappe und rufen Sie Daten aus einer Excel-Arbeitsmappe ab.
3. Wählen Sie die Datei *K06U04.xlsx* aus und wählen Sie *Importieren*.
4. Schalten Sie im Dialogfeld *Navigator* das Kontrollkästchen *Umsätze* ein und wählen Sie *Daten transformieren*.
5. Beachten Sie im geöffneten Power Query-Editor, dass der Vorschaubereich die Umsätze von Wide World Importers nach Jahr, Monat, Lieferantenkategorie und Lieferant enthält, wie in der oberen Tabelle von Abbildung 6.6 dargestellt. Falls in *Angewendete Schritte* die Schritte *Höher gestufte Header* und *Geänderter Spaltentyp* angezeigt werden, löschen Sie beide Schritte.

Wenn Sie in den Power Query-Einstellungen in den *Abfrageoptionen* von *Aktuelle Arbeitsmappe | Daten laden* das Kontrollkästchen *Spaltentypen und -überschriften bei unstrukturierten Quellen automatisch erkennen* eingeschaltet haben, versucht Power Query, diese Aktionen durchzuführen, und es werden die Schritte *Höher gestufte Header* und *Geänderter Spaltentyp* hinzugefügt. Bei der sehr unstrukturierten Tabelle, die Sie in dieser Übung verwenden, sind diese beiden Schritte eher hinderlich als nützlich.

---

6. Entfernen Sie die Summen, wie Sie es in Übung 6.3 gelernt haben. Sie können einfach die Spalte *Gesamtsumme* löschen und dann die letzte Zeile *Gesamtsumme* entfernen.

   Um die unterste Zeile zu löschen, wählen Sie auf der Registerkarte *Start* den Befehl *Zeilen entfernen | Untere Zeilen entfernen*. Geben Sie im Dialogfeld *Untere Zeilen entfernen* in das Feld *Anzahl von Zeilen* **1** ein und klicken Sie auf *OK*, um das Dialogfeld zu schließen.

Beachten Sie, dass die importierte Tabelle die Standardspaltennamen *Column1, Column2* und so weiter verwendet. Durch das Entfernen der Spalte mit der Gesamtsumme (*Column10*) in der Benutzeroberfläche wird die folgende M-Formel generiert:

```
Table.RemoveColumns(Umsätze_DefinedName,{"Column10"})
```

In Kapitel 10, »Von Stolperfallen zu robusten Abfragen«, erfahren Sie mehr über die Risiken, wenn Sie Spalten anhand ihrer Namen entfernen; dennoch möchte ich dies in unserem aktuellen Kontext erwähnen. Wenn Sie in diesem Fall die Spalte *Gesamtsumme* löschen, stellt *Column10* nicht mehr die Gesamtsumme dar, nachdem in die Quelltabelle neue Lieferanten hinzugefügt wurden. Eine bessere Alternative zum Entfernen der Spalte *Gesamtsumme* besteht darin, die letzte Spalte mithilfe von M zu entfernen. Hier ist der Code, den Sie dafür brauchen:

```
Table.RemoveColumns(Umsätze_DefinedName,
List.Last(Table.ColumnNames(Umsätze_DefinedName)))
```

In dieser Formel verwenden Sie `Table.ColumnNames`, um die Liste der Spaltennamen aus der Tabelle abzufragen, deren Bezeichner *Umsätze_DefinedName* ist. Anschließend ermitteln Sie den Namen der letzten Spalte, indem Sie auf die Liste der Spaltennamen die Funktion `List.Last` anwenden.

---

7. Markieren Sie *Column1* und wählen Sie auf der Registerkarte *Transformieren* den Befehl *Ausfüllen | Nach unten*. Dieser Schritt füllt die Spalte mit den Jahren aus und ersetzt Nullwerte in jeder Zeile durch die richtigen Jahre. In Kapitel 5 haben Sie gesehen, wie nützlich das Ausfüllen für die Beibehaltung des Kontexts ist. In diesem Fall verwenden Sie es, um den richtigen Jahreswert in jeder Zeile beizubehalten.

   Als Nächstes müssen Sie die Spalten *Jahr* und *Monat* in einer Datumsspalte konsolidieren, um die Jahres-/Monatshierarchie in eine einzelne Zelle zu reduzieren. (Sie werden sofort sehen, wie nützlich dieser Schritt ist.)
8. Markieren Sie *Column1* und *Column2* und wählen Sie auf der Registerkarte *Transformieren* den Befehl *Spalten zusammenführen*. Wählen Sie im Dialogfeld *Spalten zusammenführen* bei *Trennzeichen* das *Leerzeichen* aus und klicken Sie dann auf *OK*, um das Dialogfeld zu schließen.

   Wenn Sie sich die Werte der Lieferantenkategorie in der ersten Zeile ansehen, wünschen Sie sich vermutlich, dass es eine Transformation *Ausfüllen | Nach rechts* gäbe, um die Nullwerte in der Zeile *Lieferantenkategorie* auszufüllen. Diese Funktionalität gibt es aber nicht. Sie können jedoch die Tabelle transponieren und dann auf die Spalte mit den Lieferantenkategorien *Ausfüllen | Nach unten* anwenden. In Kapitel 4, »Tabellen mit unterschiedlichen Datenstrukturen kombinieren«, haben Sie mit dem Befehl *Vertauschen* eine Tabelle transponiert, damit sich jede Zelle in Zeile *x* und Spalte *y* nach dem Vertauschen in Zeile *y* und Spalte *x* befindet.
9. Klicken Sie auf der Registerkarte *Transformieren* auf *Vertauschen*.
10. Jetzt können Sie die Lieferantenkategorien ausfüllen und hierdurch die Nullwerte entfernen. Markieren Sie die erste Spalte und wählen Sie auf der Registerkarte *Transformieren* den Befehl *Ausfüllen | Nach unten*.
11. Wählen Sie auf der Registerkarte *Transformieren* den Befehl *Erste Zeile als Überschriften verwenden*. Wenn hierbei automatisch ein Schritt *Geänderter Spaltentyp* eingefügt wird, müssen Sie diesen löschen. In Kapitel 10 erfahren Sie mehr über das Warum.
12. Markieren Sie die beiden ersten Spalten (bei denen es sich in diesem Beispiel um die Ankerspalten handelt, die die Lieferantenkategorie und den Firmennamen des Lieferanten enthalten). Wählen Sie auf der Registerkarte *Transformieren* den Befehl *Spalten entpivotieren | Andere Spalten entpivotieren*. Alternativ können Sie mit der rechten Maustaste auf eine der ausgewählten Spalten klicken und im Kontextmenü *Andere Spalten entpivotieren* auswählen.
13. Benennen Sie die Spalten wie folgt um:
    - erste Spalte: **Lieferantenkategorie**
    - zweite Spalte: **Lieferant**
    - dritte Spalte: **Datum**
    - vierte Spalte: **Umsatz**

14. Ändern Sie den Typ der Spalte *Datum* in *Datum* ab. Stellen Sie sicher, dass die Spalte *Umsatz* den Typ *Währung* besitzt.

Sie können nun die entpivotierten Daten in Ihren Power BI-Bericht oder Ihre Arbeitsmappe laden.

Um sich die fertigen Lösungen anzusehen, öffnen Sie den Power BI-Bericht *K06U04 – Lösung.pbix* oder die Arbeitsmappe *K06U04 – Lösung.xlsx*, die Sie in den Begleitdateien zu diesem Buch finden.

Übung 6.5: 2×2 Hierarchieebenen entpivotieren

Wir können die Schritte beim Entpivotieren, die erforderlich sind, um zusammengefasste Tabellen mit zwei mal zwei Hierarchieebenen in eine Faktentabelle zu transformieren, verallgemeinern. In Übung 6.4 bilden die Spalten *Jahr* und *Monat* die zweistufige Hierarchie in jeder Zeile. Sie haben die Spalten *Jahr* und *Monat* einfach zu einer einzigen Datumsspalte zusammengeführt und konnten den enthaltenen Kontext bewahren. Sehen wir uns nun an, wie Fälle behandelt werden, in denen eine zweistufige Zeilenhierarchie nicht zusammengeführt werden kann.

Abbildung 6.7 zeigt eine Tabelle mit einer Zusammenfassung der AdventureWorks-Umsätze mit den Spalten *Verkäufer, Kunde, Übergeordnete Produktkategorie* und *Kategorie*. Zunächst müssen Sie die erforderlichen Schritte ausführen, um die Voraussetzungen für das Entpivotieren zu schaffen. Diese Schritte werden Ihnen vertraut vorkommen, da es sich dabei um eine Verallgemeinerung der Schritte aus Übung 6.4 handelt.

1. Verwenden Sie die Datei *K06U05.xlsx* aus den Begleitdateien und speichern Sie die Arbeitsmappe im Ordner *C:\Daten\K06*.
2. Erstellen Sie einen neuen Power BI-Bericht oder eine neue leere Excel-Arbeitsmappe und rufen Sie Daten aus einer Excel-Arbeitsmappe ab.
3. Wählen Sie die Datei *K06U05.xlsx* aus und wählen Sie *Importieren*.
4. Schalten Sie im Dialogfeld *Navigator* das Kontrollkästchen *Umsätze* ein und klicken Sie auf *Daten transformieren*. Der Power Query-Editor wird gestartet. Falls in *Angewendete Schritte* die Schritte *Höher gestufte Header* und *Geänderter Spaltentyp* angezeigt werden, löschen Sie beide Schritte.

   Im Vorschaubereich des Power Query-Editors sehen Sie die AdventureWorks-Umsätze, wie sie in der oberen Tabelle in Abbildung 6.7 dargestellt sind.
5. Entfernen Sie die Spalte und Zeile mit den Gesamtergebnissen, wie in Übung 6.4 gezeigt.
6. Wählen Sie die Spalte *Column1* aus und wählen Sie auf der Registerkarte *Transformieren* den Befehl *Ausfüllen | Nach unten*. Dieser Schritt füllt die Spalte *Verkäufer* aus und ersetzt in jeder Zeile die Nullwerte durch die richtigen Werte.
7. Markieren Sie die Spalten *Column1* und *Column2* und wählen Sie auf der Registerkarte *Transformieren* den Befehl *Spalten zusammenführen*. Wählen Sie im Dialogfeld *Spalten zusammenführen*, das geöffnet wird, den *Doppelpunkt* als *Trennzeichen* aus und wählen Sie *OK*, um das Dialogfeld zu schließen.

		Zubehör			Fahrräder		
Verkäufer	**Kunde**	**Bike Racks**	**Bottles and Cages**	**Cleaners**	**Mountain Bikes**	**Road Bikes**	**Touring Bikes**
jae0	Action Bicycle Specialists	432	31,19	38			76613,65
	Bulk Discount Store	216	23,95	29		70597,28	
	Central Bicycle Specialists						
linda3	Aerobic Exercise Company						
	Eastside Department Store	144	29,94	38,16		51096,05	
	Extreme Riding Supplies						41337,94

Übergeordnete Kategorie	Kategorie	Verkäufer	Kunde	Umsatz
Zubehör	Bike Racks	jae0	Action Bicycle Specialists	432,00
Zubehör	Bike Racks	jae0	Bulk Discount Store	216,00
Zubehör	Bike Racks	linda3	Eastside Department Store	144,00
Zubehör	Bottles and Cages	jae0	Action Bicycle Specialists	31,20
Zubehör	Bottles and Cages	jae0	Bulk Discount Store	23,95
Zubehör	Bottles and Cages	linda3	Eastside Department Store	29,94
Zubehör	Cleaners	jae0	Action Bicycle Specialists	38,16
Zubehör	Cleaners	jae0	Bulk Discount Store	28,62
Zubehör	Cleaners	linda3	Eastside Department Store	38,16
Fahrräder	Road Bikes	jae0	Bulk Discount Store	70597,28
Fahrräder	Road Bikes	linda3	Eastside Department Store	51096,05
Fahrräder	Touring Bikes	jae0	Action Bicycle Specialists	76613,65
Fahrräder	Touring Bikes	linda3	Extreme Riding Supplies	41337,94

Abbildung 6.7 Sie können Power Query verwenden, um komplexe Tabellen wie diese Zusammenfassung von AdventureWorks-Umsätzen zu entpivotieren. Die untere entpivotierte Tabelle ist sicherlich besser für die Analyse geeignet.

In Übung 6.4 haben Sie die Spalten zusammengeführt, und dies war ein intuitiver Schritt, da Sie Jahr und Monat in Datumsangaben konvertiert haben. In dieser Übung kann das Zusammenführen von Verkäufer und Kunde zunächst störend erscheinen, da Sie mit den Werten der ersten beiden Spalten etwas Durcheinander produzieren. Dennoch ist dieser Schritt für das Entpivotieren von entscheidender Bedeutung. In Schritt 13 beheben Sie das temporäre Durcheinander und teilen die Spalten wieder auf.

Warum habe ich beim Zusammenführen einen Doppelpunkt verwendet? Ich gehe davon aus, dass die Werte in den Spalten *Verkäufer* und *Kunde* niemals einen Doppelpunkt enthalten. Daher bin ich in der Lage, die zusammengeführten Spalten später wieder korrekt aufzuteilen. Wenn Sie diese Technik auf Ihre eigenen Daten anwenden, wählen Sie ein Trennzeichen, das in den Daten nicht vorhanden ist. Sie können sogar in Schritt 7 eine seltene Kombination von Zeichen als Trennzeichen auswählen.

8. Klicken Sie auf der Registerkarte *Transformieren* auf *Vertauschen*.
9. Markieren Sie die Spalte *Column1* und wählen Sie auf der Registerkarte *Transformieren* den Befehl *Ausfüllen | Nach unten*.
10. Wählen Sie auf der Registerkarte *Transformieren* den Befehl *Erste Zeile als Überschriften verwenden*. Falls hierdurch automatisch der Schritt *Geänderter Spaltentyp* eingefügt wird, löschen Sie ihn. In Kapitel 10 erfahren Sie mehr über das Warum.

11. Markieren Sie die ersten beiden Spalten (bei denen es sich in diesem Beispiel um die Ankerspalten handelt, die die übergeordnete Produktkategorie und die Kategorie enthalten).
12. Wählen Sie auf der Registerkarte *Transformieren* den Befehl *Spalten entpivotieren | Andere Spalten entpivotieren*. Alternativ können Sie mit der rechten Maustaste auf eine der ausgewählten Spalten klicken und im Kontextmenü *Andere Spalten entpivotieren* auswählen.

    Als Nächstes müssen Sie diese Spalte *Attribut* bearbeiten, die aus den zusammengeführten Spalten *Verkäufer* und *Kunde* besteht.
13. Markieren Sie die Spalte *Attribut* und wählen Sie auf der Registerkarte *Transformieren* den Befehl *Spalte teilen | Nach Trennzeichen* aus. Wählen Sie im Dialogfeld *Spalte nach Trennzeichen teilen* im Listenfeld *Trennzeichen eingeben oder auswählen* den Eintrag *Doppelpunkt* aus und wählen Sie dann *OK*, um das Dialogfeld zu schließen.
14. Benennen Sie die Spalten wie folgt um:
    - erste Spalte: **Übergeordnete Kategorie**
    - zweite Spalte: **Kategorie**
    - dritte Spalte: **Verkäufer**
    - vierte Spalte: **Kunde**
    - fünfte Spalte: **Umsatz**
15. Ändern Sie den Typ der letzten Spalte in *Währung* ab.

Sie können nun die entpivotierten Daten in Ihren Bericht laden.

Wenn Sie sich die fertigen Lösungen ansehen wollen, öffnen Sie den Power BI-Bericht *K06U05 – Lösung.pbix* oder die Arbeitsmappe *K06U05 – Lösung.xlsx*, die Sie in den Begleitdateien zu diesem Buch finden.

Umgang mit Teilergebnissen in entpivotierten Daten

Weiter vorne in diesem Kapitel haben Sie gesehen, warum Summen, die in Ihren Daten enthalten sind, eine Ursache dafür sein können, dass die Dinge unnötig kompliziert werden. Dies gilt in gleichem Maße auch für Teilergebnisse beziehungsweise Zwischensummen. Bei Summenberechnungen in PivotTables oder Power BI-Visualisierungen müssen Sie explizit eine Filterlogik anwenden, um die Zwischensummen zu ignorieren und sicherzustellen, dass jede Zelle in den zusammengefassten Daten im Bericht nur einmal addiert wird. Aus diesem Grund ist es wichtig, die Zwischensummen auf Abfrageebene herauszufiltern.

Übung 6.3 hat gezeigt, dass das Entfernen der Summen ein relativ einfacher Schritt ist, den Sie vor dem Entpivotieren durchführen sollten. Es ist jedoch eine ziemliche Herausforderung, die Zwischensummenspalten und -zeilen aus einer Quelltabelle zu entfernen. Um diese Herausforderung zu veranschaulichen, arbeiten wir mit der Quelltabelle aus Übung 6.5, die zusätzlich in Zeilen und Spalten Teilergebnisse enthält, wie in Abbildung 6.8 dargestellt.

	A	B	C	D	E	F	G	H	I	J	K
1			Zubehör			Summe von Zubehör	Fahrräder			Summe von Fahrräder	Gesamtsumme
2	Verkäufer	Kunde	Bike Racks	Bottles and C	Cleaners		Mountain Bikes	Road Bikes	Touring Bikes		
3	jae0	Action Bicycle Specialists	432,00	31,20	38,16	501,36			76613,65	76613,65	77115,01
4		Bulk Discount Store	216,00	23,95	28,62	268,57		70597,28		70597,28	70865,86
5		Central Bicycle Specialists								0,00	0,00
6	Summe von jae0		648,00	55,15	66,78	769,93	0,00	70597,28	76613,65	147210,94	147980,87
7	shu0	Coalition Bike Company					529,49			529,49	529,49
8		Discount Tours	72,00			72,00		2041,19		2041,19	2113,19
9		Engineered Bike Systems							2604,76	2604,76	2604,762
10	Summe von shu0		72,00	0,00	0,00	845,69	529,49	2041,19	2604,76	5175,44	5247,4428
11	Gesamtsumme		720,00	55,15	66,78	1615,63	529,49	72638,47	79218,41	152386,38	153228,31
12											

Abbildung 6.8 Diese AdventureWorks-Quelltabelle fasst die Umsätze zusammen, einschließlich der Zwischensummen für Vertriebsmitarbeiter und übergeordnete Kategorie.

Übung 6.6: Umgang mit Teilergebnissen

In dieser Übung erfahren Sie, wie Sie aus den Daten nach dem Entpivotieren die Zwischensummen herausfiltern. Es ist sinnvoll, die Zwischensummen nach dem Entpivotieren zu entfernen, da sich die Positionen der Zwischensummenspalten in der Quelltabelle ändern können. Wenn Sie Zwischensummen vor dem Entpivotieren entfernen, treten Probleme auf, falls sich in Zukunft die Positionen der Zwischensummen ändern. Dies kann dann beispielsweise dazu führen, dass Sie anstatt einer Spalte mit Teilergebnissen eine Produktspalte entfernen. Um Zwischensummen korrekt zu ignorieren, wird empfohlen, zuerst Entpivotieren anzuwenden und dann die Zwischensummen mithilfe eines Filters auszuschließen. Diese Übung zeigt den Prozess:

1. Verwenden Sie die Datei *K06U06.xlsx* aus den Begleitdateien und speichern Sie die Arbeitsmappe im Ordner *C:\Daten\K06*.
2. Erstellen Sie einen neuen Power BI-Bericht oder eine neue leere Excel-Arbeitsmappe und importieren Sie die Datei *K06U06.xlsx*.
3. Schalten Sie im Dialogfeld *Navigator* das Kontrollkästchen *Umsätze* ein und wählen Sie *Daten transformieren*. Falls im Power Query-Editor in *Angewendete Schritte* die Schritte *Höher gestufte Header* und *Geänderter Spaltentyp* angezeigt werden, löschen Sie beide Schritte.
4. Führen Sie die Schritte 6 bis 15 aus Übung 6.5 durch, um die Tabelle zu entpivotieren. (Alternativ können Sie die Lösungsarbeitsmappe oder den Power BI-Bericht aus Übung 6.5 öffnen und in *Angewendete Schritte* den Schritt *Quelle* bearbeiten und die Quelldatei *K06U05.xlsx* durch *K06U06.xlsx* ersetzen. Entfernen Sie außerdem die Schritte, in denen Sie die Spalte und Zeile mit den Gesamtsummen gelöscht haben – Sie werden sie in dieser Übung entfernen, nachdem Sie Entpivotieren angewendet haben.)
5. Beachten Sie im Power Query-Editor, dass die Spalte *Übergeordnete Kategorie* jetzt die Zwischensummen mit den Beschriftungen *Summe von Zubehör Total, Summe von Fahrräder, Summe von Kleidung* sowie *Summe von Komponenten* enthält (siehe Abbildung 6.9). Außerdem befinden sich dort die Gesamtergebnisse, die mit *Gesamtsumme* beschriftet sind. Sie müssen diese herausfiltern. Wählen Sie das Filtersteuerelement im Header der Spalte *Übergeordnete Kategorie* aus.

   Sie könnten versucht sein, den Filterbereich zu verwenden und die Auswahl der Summen aufzuheben, die in Abbildung 6.9 hervorgehoben sind. Wenn Sie dies tun, filtert Ihre Abfrage jedoch nur die aktuellen Beschriftungen heraus; neue Beschriftungen, die durch neue übergeordnete Kategorien in der Quelltabelle entstehen, bleiben dann unberücksichtigt.

Abbildung 6.9 Die Spaltenbeschriftungen der übergeordneten Kategorie sollten nach dem Entpivotieren herausgefiltert werden. Versuchen Sie nicht, diese herauszufiltern, indem Sie die Kontrollkästchen der betreffenden Werte deaktivieren. Verwenden Sie stattdessen einen Textfilter.

6. Um das Filtern korrekt und zukunftssicher durchzuführen, wählen Sie *Textfilter* und dann die Option *Beginnt nicht mit*.
7. Geben Sie im Dialogfeld *Zeilen filtern*, das geöffnet wird, im Wertefeld **Summe von** ein. Hiermit werden die Zwischensummen der übergeordneten Kategorien herausgefiltert. Achten Sie darauf, dass das Optionsfeld *Und* aktiviert ist, öffnen Sie das Listenfeld unterhalb von *Und*, wählen Sie dort die Option *endet nicht mit* aus und geben Sie in das Wertefeld **summe** ein. Durch die zweite Filterbedingung werden auch die Gesamtsummen gefiltert. Klicken Sie abschließend auf *OK*, um das Dialogfeld zu schließen. Sie können den Filterschritt testen, indem Sie erneut auf das Filtersteuerelement in der Überschrift der Spalte *Übergeordnete Kategorie* klicken und prüfen, ob alle in Abbildung 6.9 hervorgehobenen Summen, einschließlich Gesamtsumme, verschwunden sind.

   Durch das Anwenden dieses Filters können Sie die Zwischensummen der übergeordneten Kategorien entfernen. In den Daten befinden sich jedoch immer noch die Zwischensummen der einzelnen Vertriebsmitarbeiter (in Abbildung 6.8 können Sie die Summen in den Zeilen und Spalten sehen).
8. Klicken Sie das Filtersteuerelement im Header der Spalte *Verkäufer* an. Sehen Sie dort die Summenwerte? Um diese zu entfernen, wählen Sie *Textfilter* und dann die Option *Beginnt nicht mit*.
9. Geben Sie im Dialogfeld *Zeilen filtern* in das Wertefeld **Summe von** ein. Hiermit werden die Zwischensummen der übergeordneten Kategorien herausgefiltert. Achten Sie darauf, dass das Optionsfeld *Und* aktiviert ist, öffnen Sie das Listenfeld unterhalb von *Und*, wählen Sie

dort die Option *endet nicht mit* aus und geben Sie in das Wertefeld **summe** ein. Klicken Sie abschließend auf *OK*, um das Dialogfeld zu schließen. Sie können den Filterschritt testen, indem Sie erneut auf das Filtersteuerelement in der Überschrift der Spalte *Verkäufer* klicken und prüfen, ob alle Summen, einschließlich der Gesamtsumme, verschwunden sind.

10. Laden Sie die entpivotierten Daten in Ihren Bericht. Sowohl die Gesamtsummen als auch die Zwischensummen wurden herausgefiltert.

Wenn Sie sich die fertigen Lösungen ansehen wollen, öffnen Sie den Power BI-Bericht *K06U06 – Lösung.pbix* oder die Arbeitsmappe *K06U06 – Lösung.xlsx*, die Sie in den Begleitdateien zu diesem Buch finden.

Zusammenfassung

Um noch einmal die Analogie zur Linguistik vom Anfang dieses Kapitels zu verwenden, haben Sie sich jetzt von den Bereichen Syntax (oder Datenbereinigung) und Semantik (oder Kontexterhaltung) der Pragmatik zugewendet, bei der Unterschiede im Kontext zu einer anderen Deutung der Inhalte führen. Sie haben gelernt, dass Ihre Daten selbst dann, wenn sie bereinigt und vollständig intakt sind, möglicherweise schlecht in PivotTables oder Power BI-Visualisierungen passen.

In diesem Kapitel haben Sie gelernt, woran Sie schlecht strukturierte Tabellen erkennen und wie Sie die drei Optionen für das Entpivotieren verwenden: *Spalten entpivotieren*, *Andere Spalten entpivotieren* und *Nur ausgewählte Spalten entpivotieren*.

Sie haben einfache Tabellen entpivotiert und gelernt, wie Sie mit Zeilen und Spalten der Quelltabelle umgehen, in denen sich Gesamtergebnisse befinden. Außerdem haben Sie die Transformation *Entpivotieren* auf zusammengefasste Tabellen mit zwei mal zwei Hierarchieebenen angewendet. In einem einfachen Szenario lagen Jahres- und Monatsspalten vor, die leicht zu einer einzigen Spalte zusammengeführt werden können, um die Vorbereitungen für das Entpivotieren zu vereinfachen. Anschließend haben Sie sich einer allgemeineren Lösung zugewandt, bei der Sie die Transformation *Spalten zusammenführen* als Zwischenschritt vor dem Entpivotieren verwenden mussten.

In diesen Übungen zum Entpivotieren haben Sie ähnliche Schritte ausgeführt: Sie haben die Ankerspalten ausgefüllt, sie in eine einzelne Spalte zusammengeführt, die Tabelle transponiert, die neuen Ankerspalten ausgefüllt, die erste Zeile als Überschriften verwendet, die Daten entpivotiert und die zusammengeführte Attributspalte wieder aufgeteilt.

Abschließend haben Sie in diesem Kapitel eine einfache Technik kennengelernt, um Zwischensummen nach dem Entpivotieren herauszufiltern. Sie können so das explizite und riskante Entfernen von Spalten und Zeilen mit Zwischensummen vermeiden, da sich die Position dieser Spalten und Zeilen aufgrund von Bearbeitungen in den Quelldaten ändern kann.

In Kapitel 7, »Fortgeschrittenes Entpivotieren und Pivotieren von Tabellen«, setzen Sie Ihre Expedition in die Welt der Transformation *Entpivotieren* fort und verallgemeinern eine Lösung, die Ihnen hilft, beliebige zusammenfassende Tabelle zu entpivotieren, unabhängig davon, wie viele Hierarchieebenen sich in den Zeilen und Spalten befinden. Außerdem lernen Sie Fälle kennen, in denen Entpivotieren zu häufig verwendet wird und in denen Sie mit dem Pivotieren, der inversen Transformation von Entpivotieren, besser ans Ziel kommen.

KAPITEL 7

Fortgeschrittenes Entpivotieren und Pivotieren von Tabellen

In diesem Kapitel:

- erfahren Sie, wie Sie zusammengefasste Tabellen mit 3×3 Hierarchieebenen entpivotieren und die Transformationsschritte verallgemeinern, um beliebige zusammengefasste Tabellen zu entpivotieren
- erfahren Sie, wie Sie die Schritte für das Entpivotieren in eine Funktion konvertieren und sie auf mehrere Dateien aus einem Ordner und mehrere Tabellenblätter anwenden, die entpivotiert werden müssen
- lernen Sie, wie Sie Pivotieren anwenden, um das Entpivotieren umzukehren, und wie Sie Pivotieren verwenden, um mehrzeilige Datensätze in Faktentabellen umzuwandeln

In diesem Kapitel steigen Sie tiefer in die Möglichkeiten ein, die Ihnen mit der Transformation *Entpivotieren* zur Verfügung stehen. Sie werden eine Lösung verallgemeinern, die Ihnen dabei hilft, beliebige zusammenfassende Tabellen zu entpivotieren, unabhängig davon, wie viele Hierarchieebenen sich in den Zeilen und Spalten verbergen. Außerdem erfahren Sie, wie Sie mit Szenarien umgehen, in denen das Entpivotieren übermäßig verwendet wurde, und wie Sie dieses Problem mithilfe von *Pivotieren*, der inversen Transformation von Entpivotieren, beheben. Sie werden sehen, wie Sie mit der Transformation *Pivotieren* mehrzeilige Datensätze in eine Tabelle umwandeln.

Für einige Bereiche in diesem Kapitel sind Änderungen in M, der Power Query-Formelsprache, erforderlich. Da ich M in Kapitel 1, »Einführung in Power Query«, nur kurz vorgestellt und in anderen Kapiteln nur gestreift habe, empfehle ich, nach dem Lesen der ausführlichen Informationen über M in Kapitel 9, »Einführung in die Power Query-Formelsprache M«, erneut zu diesem Kapitel zurückzukehren.

Die Techniken, die Sie in diesem Kapitel lernen, ermöglichen es Ihnen, eine Vielzahl von Transformationen durchzuführen und überstrukturierte Datasets in eine leistungsstarke und agile Analyseplattform umzuwandeln. Viele Analytiker wissen, wie man Erkenntnisse in statische, zusammenfassende Tabellen umwandelt, aber Sie werden zu den wenigen gehören, die beliebige statische Tabellen in Erkenntnisse umwandeln können.

Tabellen mit mehreren Hierarchieebenen entpivotieren

In Kapitel 6, »Tabellen entpivotieren«, haben Sie gelernt, wie wichtig es ist, zusammenfassende Tabellen zu entpivotieren und deren Tabellenstruktur so umzugestalten, dass sie von PivotTables in Excel und Visuals in Power BI verwendet werden können. Sie haben die Reise begonnen, indem Sie einfache Tabellen entpivotiert haben, und sind dann zu komplexeren Tabellen mit zwei Hierarchieebenen übergegangen.

Sie setzen nun die Reise fort und entpivotieren in diesem Abschnitt eine komplexere, zusammenfassende Tabelle, die in Zeilen und Spalten drei Hierarchieebenen enthält. In diesem Kapitel lernen Sie, die Schritte so anzuwenden, dass Sie schließlich eine generalisierbare Vorgehensweise entwickeln, die Sie auf jede zusammenfassende Tabelle mit mehreren Hierarchieebenen anwenden können.

Die virtuelle PivotTable, Zeilenfelder und Spaltenfelder

Um die Transformationsschritte zu verallgemeinern, die für das Entpivotieren von beliebigen zusammenfassenden Tabellen erforderlich sind, müssen Sie die Begriffe *Zeilenfelder* und *Spaltenfelder* verstehen und lernen, sich eine zusammenfassende Tabelle als virtuelle PivotTable vorzustellen.

Wenn Sie eine zusammenfassende Tabelle als Quelle verwenden, können Sie sich die Tabelle so vorstellen, als ob sie in Excel als PivotTable erstellt wurde. Obwohl es sich nicht um eine echte PivotTable handelt und ihre Felder »hart codiert« sind, hilft Ihnen die Visualisierung der Quelltabelle als PivotTable und das Identifizieren der Felder, die in der PivotTable dargestellt werden, beim Entpivotieren. Abbildung 7.1 zeigt, wie solch eine Quelltabelle als PivotTable aussehen würde und welche Felder in die Abschnitte Zeilen, Spalten und Werte gezogen und dort abgelegt wurden.

Die Quelltabelle in Abbildung 7.1 fasst die Einnahmen von AdventureWorks-Produkten nach Land, Staat/Region, Stadt, Farbe, übergeordneter Kategorie und Kategorie zusammen. Indem Sie sie als PivotTable darstellen, können Sie im Aufgabenbereich *PivotTable-Felder* ermitteln, welche Felder als Zeilen- und Spaltenfelder festgelegt sind. (Die Daten für Abbildung 7.1 enthalten nur einen Teil der Daten, die Sie in der Excel-Arbeitsmappe *K07U01.xlsx* finden.)

Sie finden die Quelltabelle *K07U01.xlsx* in den Begleitdateien zu diesem Buch. Wie in Abbildung 7.1 dargestellt, ähnelt die Quelltabelle einer PivotTable mit den Feldern *Land, Staat/Region* und *Stadt*, die als Zeilenfelder festgelegt sind, sowie den Feldern *Farbe, Übergeordnete Kategorie* und *Kategorie*, die als Spaltenfelder verwendet werden. Das Feld *Umsatz* wird als Wertefeld verwendet.

Sie verstehen vielleicht noch nicht, warum es in dieser Phase hilfreich sein kann, sich die Quelltabelle als PivotTable vorzustellen. Im Moment möchte ich lediglich die Begriffe verdeutlichen, die Sie im nächsten Abschnitt sehen werden. Wenn Sie daher eine zusammenfassende Tabelle entpivotieren wollen, können Sie sich vorstellen, wie sie als PivotTable aussehen würde, und darüber nachdenken, wie Sie die Spalten der entpivotierten Tabelle als Felder in die Abschnitte *Zeilen* und *Spalten* des Aufgabenbereichs *PivotTable-Felder* ziehen und dort ablegen würden. Wir verwenden den Begriff *Zeilenfelder*, um die Spalten in der entpivotierten Tabelle anzugeben, die im Abschnitt *Zeilen* unseres imaginären Aufgabenbereichs *PivotTable-Felder* abgelegt werden. Nach derselben Logik verwenden wir den Begriff *Spaltenfelder*, um die Spalten der entpivotierten Tabelle anzugeben, die sich im Abschnitt *Spalten* des Aufgabenbereichs *PivotTable-Felder* befinden würden.

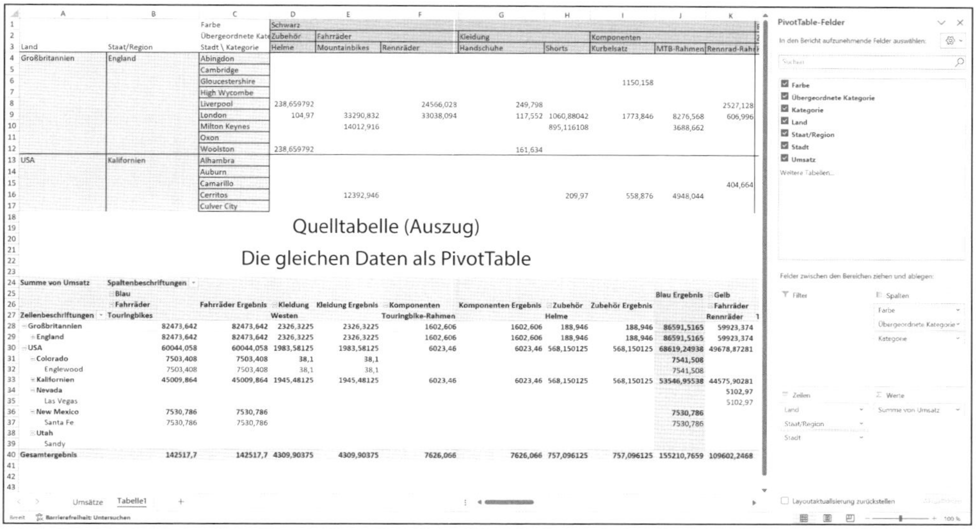

Abbildung 7.1 Sie können sich jede zusammenfassende Tabelle als virtuelle PivotTable vorstellen. Die zusammenfassende Tabelle in dieser Abbildung wird mit einer tatsächlichen PivotTable verglichen, die die gleichen Ergebnisse anzeigen könnte.

Sie können nun mit der ersten Übung loslegen, bei der Sie eine zusammenfassende AdventureWorks-Tabelle mit 3×3 Hierarchieebenen entpivotieren. Um die hier gezeigten Schritte zu verallgemeinern, bezeichne ich diese Tabelle als *N*×*M-Tabelle* und nicht als 3×3-Tabelle. Diese Verallgemeinerung wird uns weiter hinten in diesem Kapitel helfen.

Übung 7.1: In den AdventureWorks-Daten *N*×*M* Hierarchieebenen entpivotieren

Sie führen nun die Transformationsschritte durch, um die Quelltabelle in Abbildung 7.1 zu entpivotieren. Bevor Sie fortfahren, gibt es zwei wichtige Dinge, die Sie wissen sollten. Wenn Sie die Übungen in Kapitel 6 nachvollzogen haben, dann ähnelt die im Folgenden beschriebene Technik der, die Sie bereits auf 2×2-Tabellen angewendet haben. Dieses Mal verwende ich jedoch allgemeine Begriffe, damit Sie diese Anweisungen für mehrere Hierarchieebenen in *N* Zeilen und *M* Spalten verwenden können.

Die allgemeinen Schritte für das Entpivotieren einer zusammenfassenden Tabelle sind in Abbildung 7.2 dargestellt, die die gesamte Abfolge von Transformationen auf intuitive Weise zusammenfasst. Vermutlich kommt Ihnen diese Schrittfolge bereits aus Übung 6.5 bekannt vor.

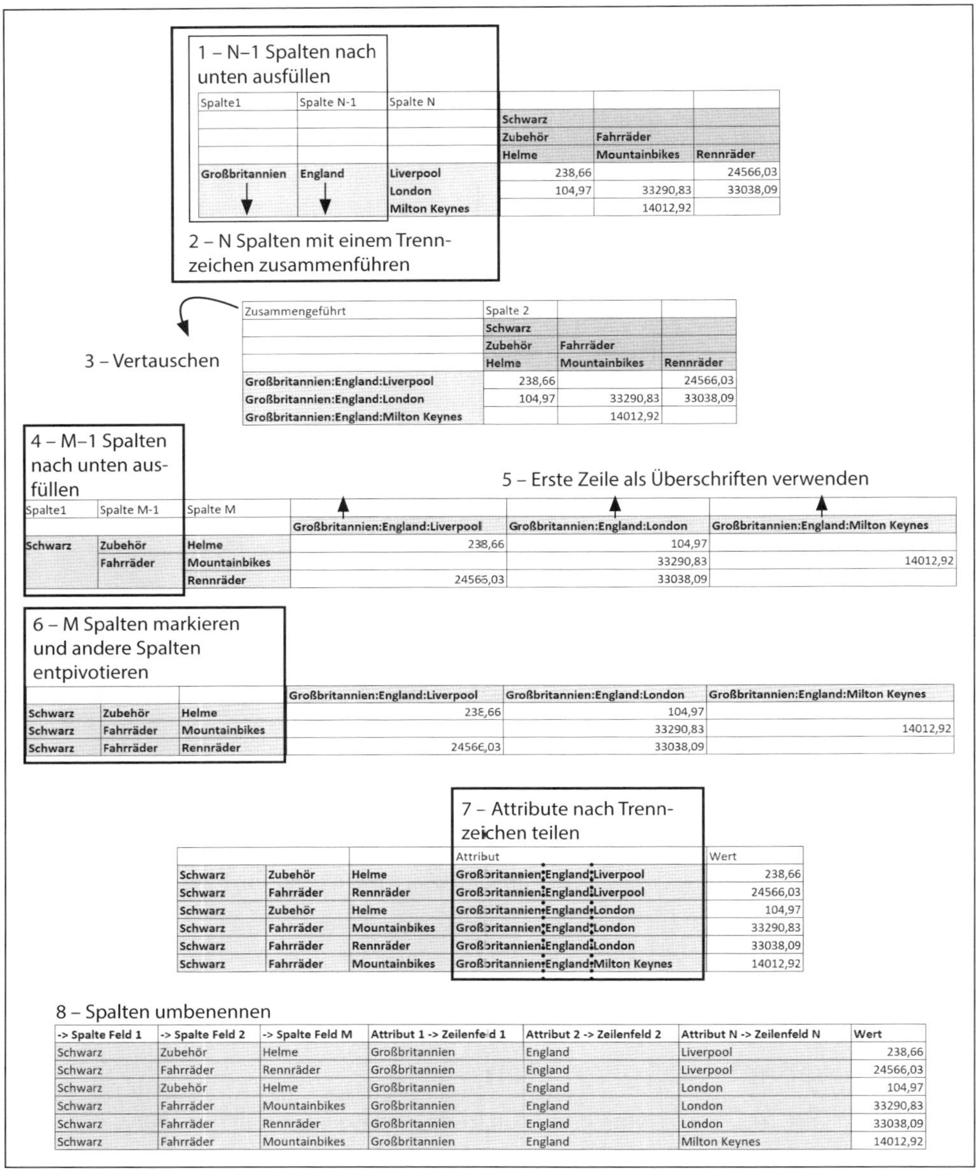

Abbildung 7.2 Wenn Sie diese Abfolge von Transformationen verwenden, können Sie eine beliebige zusammenfassende Tabelle mit $N \times M$ Hierarchieebenen entpivotieren.

1. Verwenden Sie die Datei *K07U01.xlsx* aus den Begleitdateien und speichern Sie die Arbeitsmappe im Ordner *C:\Daten\K07*.
2. Erstellen Sie einen neuen Power BI-Bericht oder eine neue leere Excel-Arbeitsmappe und rufen Sie Daten aus einer Excel-Arbeitsmappe ab.
3. Wählen Sie die Datei *K07U01.xlsx* aus und klicken Sie auf *Importieren*.

4. Schalten Sie im Dialogfeld *Navigator* das Kontrollkästchen *Umsätze* ein und klicken Sie auf *Daten transformieren*. Löschen Sie im Power Query-Editor in *Angewendete Schritte* die Schritte *Höher gestufte Header* und *Geänderter Typ*, falls diese angezeigt werden.
5. Wenn der Power Query-Editor geöffnet wird, können Sie in Gedanken die Zeilen- und Spaltenfelder der virtuellen PivotTable visualisieren: Die Zeilenfelder sind *Land, Staat/Region* und *Stadt*. Die Spaltenfelder sind *Farbe, Übergeordnete Kategorie* und *Kategorie*. Für die Anzahl der Zeilenfelder verwende ich nachfolgend *N*; in diesem Fall also *N*=3. Den Buchstaben *M* verwende ich für die Anzahl der Spaltenfelder; in diesem Fall also *M*=3.
6. Beachten Sie, dass die ersten beiden Spalten (*N*–1) im Vorschaubereich Nullwerte enthalten (aufgrund der hierarchischen Natur der Zeilenfelder). Markieren Sie die ersten *N*–1 Spalten und wählen Sie auf der Registerkarte *Transformieren* den Befehl *Ausfüllen | Nach unten*.

   Als Nächstes konsolidieren Sie alle Zeilenfelder und führen sie zusammen. In Übung 6.5 haben Sie die Transformation *Spalten zusammenführen* auf zwei Spalten angewendet. Dieses Mal werden Sie dies für drei Spalten oder, allgemeiner formuliert, auf *N* Spalten tun.
7. Markieren Sie die ersten *N* Spalten und wählen Sie auf der Registerkarte *Transformieren* den Befehl *Spalten zusammenführen*. Das Dialogfeld *Spalten zusammenführen* wird geöffnet. Wählen Sie *Doppelpunkt* als *Trennzeichen* aus und schließen Sie dann das Dialogfeld.

Achten Sie darauf, ein Trennzeichen auszuwählen, das in den Daten nicht vorhanden ist. Sie können sogar eine seltene Kombination von Zeichen als Trennzeichen anstelle eines Doppelpunkts verwenden. Merken Sie sich das Trennzeichen, das Sie ausgewählt haben, da Sie es in Schritt 13 benötigen.

8. Wählen Sie auf der Registerkarte *Transformieren* den Befehl *Vertauschen*.
9. Um die Spaltenfelder auszufüllen und die Nullwerte aus den oberen Hierarchieebenen zu entfernen, markieren Sie die ersten *M*–1 Spalten und wählen Sie auf der Registerkarte *Transformieren* den Befehl *Ausfüllen | Nach unten*.
10. Wählen Sie auf der Registerkarte *Transformieren* den Befehl *Erste Zeile als Überschriften verwenden*. Falls der automatisch erstellte Schritt *Geänderter Spaltentyp* eingefügt wird, löschen Sie ihn. In Kapitel 10 wird erklärt, warum Sie dies tun sollten.
11. Markieren Sie die ersten *M* Spalten.
12. Wählen Sie auf der Registerkarte *Transformieren* den Befehl *Spalten entpivotieren | Andere Spalten entpivotieren* aus. Alternativ können Sie mit der rechten Maustaste auf eine der ausgewählten Spaltenüberschriften klicken und im Kontextmenü *Andere Spalten entpivotieren* auswählen.

    Die Spalte *Attribut* enthält nun die zusammengeführten Kombinationen der Werte der Zeilenfelder (zum Beispiel *Großbritannien:England:Liverpool)*, die in Schritt 6 zusammengeführt wurden.
13. Markieren Sie die Spalte *Attribut* und wählen Sie auf der Registerkarte *Transformieren* den Befehl *Spalte teilen | Nach Trennzeichen*. Wählen Sie im Dialogfeld *Spalte nach Trennzeichen teilen*, das geöffnet wird, im Listenfeld *Trennzeichen eingeben oder auswählen* die Option *Doppelpunkt* aus und schließen Sie das Dialogfeld. Falls auch hier der automatisch erstellte

Schritt *Geänderter Spaltentyp* eingefügt wird, löschen Sie ihn. In Kapitel 10 wird erklärt, warum Sie dies tun sollten.

Wenn Ihre Daten bereits das Zeichen Doppelpunkt enthalten, und Sie, wie in Schritt 6 schon erwähnt, ein anderes Zeichen oder eine Zeichenkombination verwendet haben, geben Sie in Schritt 12 dieses Zeichen beziehungsweise diese Zeichenkombination ein.

14. Benennen Sie die ersten *M* Spalten als Spaltenfelder um: **Farbe**, **Übergeordnete Kategorie** und **Kategorie**. Benennen Sie die nächsten *N* Spalten als Zeilenfelder um: **Land**, **Staat/Region**, **Stadt**.
15. Benennen Sie die Spalte *Wert* so um, dass der Name in die Semantik der Daten passt (in diesem Fall **Umsatz**), und ändern Sie den Spaltentyp explizit in *Währung* ab.
16. Laden Sie die entpivotierten Daten in Ihren Power BI-Bericht oder in Ihre Arbeitsmappe.

Wenn Sie sich die fertigen Lösungen ansehen wollen, öffnen Sie den Power BI-Bericht *K07U01 – Lösung.pbix* oder die Arbeitsmappe *K07U01 – Lösung.xlsx*, die Sie in den Begleitdateien zu diesem Buch finden.

Die Sequenz für das Entpivotieren verallgemeinern

Im vorherigen Abschnitt haben Sie eine zusammenfassende Tabelle mit 3×3 Hierarchieebenen entpivotiert. In diesem Abschnitt erfahren Sie, wie Sie die Formeln anpassen und die Abfrage in eine Funktion konvertieren, die für verschiedene zusammenfassende Tabellen verwendet werden kann. Die Gründe für die Verwendung einer solchen Funktion liegen auf der Hand: Wenn Sie an Dutzenden unterschiedlicher Berichte arbeiten, die jeweils eine andere zusammenfassende Tabelle als Quelldaten verwenden, können Sie diese Funktion für alle Tabellen einsetzen.

Mit einer solchen Funktion müssen Sie die weiter oben beschriebene Sequenz nicht für jeden Typ einer zusammenfassenden Tabelle manuell durchlaufen, sondern können alle Schritte zu einem einzigen Transformationsschritt aggregieren, der auf jede zusammengefasste Tabelle angewendet werden kann. In diesem Abschnitt verbessern Sie die Abfrage, die Sie in Übung 7.1 erstellt haben, und verallgemeinern die Sequenz für das Entpivotieren, damit sie für jeden Typ von zusammenfassender Tabelle mit beliebigen Hierarchieebenen in den Zeilen und Spalten funktioniert.

Übung 7.2: Am Ende beginnen

Bevor Sie lernen, wie Sie die Schritte für das Entpivotieren verallgemeinern, zeigt Ihnen diese kurze Übung, wie Sie die generalisierte Funktion aufrufen und wie einfach es ist, mit der Funktion eine andere Tabelle zu entpivotieren. Sie importieren eine andere zusammenfassende AdventureWorks-Tabelle mit 2×2 Hierarchieebenen (wie im oberen Vorschaubereich in Abbildung 7.3 dargestellt) und rufen eine Funktion auf, die die Schritte für Entpivotieren anwendet, die Sie in Übung 7.1 manuell eingegeben haben (siehe unten im Vorschaubereich in Abbildung 7.3).

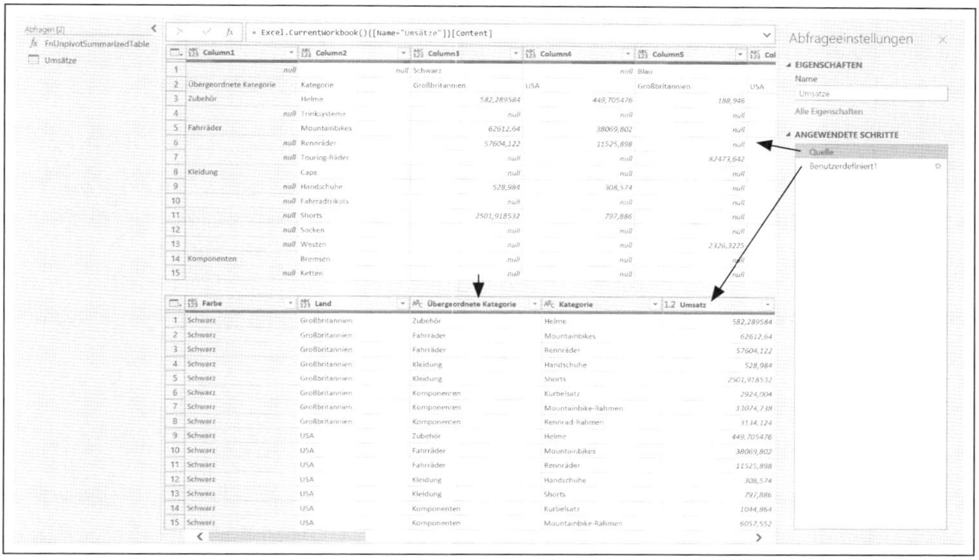

Abbildung 7.3 In dieser Übung rufen Sie eine Funktion auf, die die gesamte Sequenz für das Entpivotieren auf eine neue zusammenfassende Tabelle anwendet.

1. Verwenden Sie die Arbeitsmappe *K07U02.xlsx* oder den Power BI-Bericht *K07U02.pbix* aus den Begleitdateien und speichern Sie die Datei im Ordner *C:\Daten\K07*.
2. Öffnen Sie die Arbeitsmappe in Excel oder den Power BI-Bericht in Power BI Desktop und starten Sie den Power Query-Editor.
3. Markieren Sie im Power Query-Editor, der geöffnet wird, im Bereich *Abfragen* die Abfrage *Umsätze*. Beachten Sie im Vorschaubereich, dass Sie eine andere zusammenfassende AdventureWorks-Tabelle mit 2×2 Hierarchieebenen importiert haben (wie in der oberen Tabelle in Abbildung 7.3 zu sehen). Diesmal wären die Zeilenfelder in einer virtuellen PivotTable *Übergeordnete Kategorie* und *Kategorie*, und die Spaltenfelder wären *Farbe* und *Land*.

   Sie können sehen, dass es im Bereich *Abfragen* ein weiteres Element gibt: *FnUnpivotSummarizedTable*, das mit dem *fx*-Symbol gekennzeichnet ist. Diese Funktion wurde aus der Abfrage erstellt, die Sie in Übung 7.1 erstellt haben. Im nächsten Abschnitt erfahren Sie, wie Sie die Funktion erstellen. Im Moment lernen Sie lediglich, wie Sie die Funktion aufrufen, um die Abfrage *Umsätze* zu entpivotieren. Anstatt die gesamte Schrittfolge aus Übung 7.1 zu durchlaufen, können Sie die Tabelle *Umsätze* mit zwei einfachen Schritten entpivotieren.
4. Achten Sie darauf, dass die Abfrage *Umsätze* ausgewählt ist, und klicken Sie in der Bearbeitungsleiste auf die *fx*-Schaltfläche. Ein neuer Schritt mit der folgenden Formel wird erstellt:

   ```
   Quelle
   ```
5. Ändern Sie die Formel wie folgt ab und drücken Sie die [Eingabe]-Taste:

   ```
   FnUnpivotSummarizedTable(Quelle, {"Übergeordnete Kategorie", "Kategorie"},
   {"Farbe", "Land"}, "Umsatz")
   ```

Die zusammenfassende Tabelle wird in eine Faktentabelle umgewandelt (wie in der unteren Tabelle in Abbildung 7.3 dargestellt). Ist das nicht magisch? Stellen Sie sich vor, Sie haben 50 Berichte, die Sie aus unterschiedlichen Arten zusammenfassender Tabellen erstellen müssen. Diese Funktion wäre in einem solchen Szenario wirklich sehr nützlich.

Lassen Sie uns einen Moment innehalten und die Argumente untersuchen, die an die Funktion *FnUnpivotSummarizedTable* übergeben werden. Das erste Argument ist die Quelltabelle – in diesem Fall *Quelle*. Das zweite Argument ist eine Liste von Zeilenfeldern – *Übergeordnete Kategorie* und *Kategorie*. Die geschweiften Klammern definieren die Liste und fassen die durch Kommata getrennten Elemente ein. Das dritte Argument ist die Liste der Spaltenfelder – *Farbe* und *Land*. Schließlich ist das vierte Argument der Name, den Sie für die Spalte *Wert* verwenden wollen – *Umsatz*.

Sie können die Funktion *FnUnpivotSummarizedTable* für jede zusammenfassende Tabelle verwenden. Um sie in Ihren eigenen Excel-Arbeitsmappen oder Power BI-Berichten anzuwenden, müssen Sie sie kopieren. Es reicht nicht aus, in Ihren Formeln in einer anderen Arbeitsmappe oder einem anderen Bericht *FnUnpivotSummarizedTable* aufzurufen, ohne die eigentliche Funktion zu kopieren. Um die Funktion zu kopieren, klicken Sie im Bereich *Abfragen* mit der rechten Maustaste auf den Funktionsnamen und wählen *Kopieren*. Klicken Sie dann in Ihrer Zielarbeitsmappe oder Ihrem Power BI-Bericht mit der rechten Maustaste auf den freien Bereich im Bereich *Abfragen* und wählen Sie *Einfügen*. Sie können auch im Power Query-Editor von *K07U02.xslx* oder *K07U02.pbix* den erweiterten Editor öffnen und dort den Quellcode kopieren. Erstellen Sie dann im Zielbericht eine leere Abfrage, wählen Sie *Erweiterter Editor* und fügen Sie den kopierten Quellcode ein.

Übung 7.3 zeigt Schritt für Schritt, wie Sie die Funktion *FnUnpivotSummarizedTable* erstellen.

Übung 7.3: *FnUnpivotSummarizedTable* erstellen

Sie werden nun lernen, wie Sie die Schrittfolge, die Sie in Übung 7.1 für das Entpivotieren verwendet haben, verallgemeinern und in eine Funktion umwandeln. Die Techniken, die Sie hier anwenden, sind nicht nur bei der Verallgemeinerung der Schritte für das Entpivotieren einer Vielzahl von zusammenfassenden Tabellen hilfreich. Sie sehen gleichzeitig, welche mächtigen Möglichkeiten die Optimierung von M-Formeln bietet, um die Aktionen bei der Datenvorbereitung zu verallgemeinern und die Robustheit Ihrer Abfragen zu verbessern.

Teil 1: *ZeilenFelder, SpaltenFelder* und *WerteFeld* erstellen

Sie beginnen diese Übung mit den Ergebnissen aus Übung 7.1. Alternativ können Sie die Arbeitsmappe *K07U01 – Lösung.xlsx* oder den Power BI-Bericht *K07U01 – Lösung.pbix* verwenden, die Sie in den Begleitdateien für dieses Buch finden.

1. Öffnen Sie den Power BI-Bericht *K07U01 – Lösung.pbix* oder die Excel-Arbeitsmappe *K07U01 – Lösung.xlsx* und starten Sie den Power Query-Editor.

2. Erstellen Sie im Power Query-Editor eine neue leere Abfrage, indem Sie mit der rechten Maustaste auf den Bereich *Abfragen* klicken und *Neue Abfrage | Leere Abfrage* wählen. In Excel klicken Sie mit der rechten Maustaste auf den Bereich *Abfragen* und wählen *Neue Abfrage | Andere Quellen | Leere Abfrage*.
3. Benennen Sie die neue Abfrage in **ZeilenFelder** um und kopieren Sie den folgenden Code in die Bearbeitungsleiste, um die Liste der Zeilenfelder zu erstellen:

```
{"Land", "Staat/Region", "Stadt"}
```

4. Erstellen Sie eine neue leere Abfrage. Benennen Sie die neue Abfrage in **SpaltenFelder** um und kopieren Sie den folgenden Code in die Bearbeitungsleiste, um die Liste der Spaltenfelder zu erstellen:

```
{"Farbe", "Übergeordnete Kategorie", "Kategorie"}
```

Es ist wichtig, dass Sie die neuen Abfragen in *ZeilenFelder* beziehungsweise *SpaltenFelder* umbenennen. Sie werden diese Abfragen bald im Code als Parameter verwenden, um die Schritte in Übung 7.1 zu verallgemeinern. Beachten Sie, dass in Übung 7.1 der Buchstabe *N* die Länge (Anzahl der Elemente) von *ZeilenFelder* und der Buchstabe *M* die Länge von *SpaltenFelder* darstellt.

5. Erstellen Sie eine neue leere Abfrage. Benennen Sie sie in **WerteFeld** um und kopieren Sie den folgenden Code in die Bearbeitungsleiste:

```
"Umsatz"
```

Teil 2: Den Schritt *Geänderter Spaltentyp* löschen

In diesem Teil der Übung löschen Sie den Schritt *Geänderter Spaltentyp*, der zu spezifisch für die aktuelle Datenquelle ist und Ihnen nicht hilft, diese Abfrage so zu verallgemeinern, dass Sie damit beliebige zusammenfassende Tabellen verarbeiten können.

6. Wählen Sie im Bereich *Abfragen* die Abfrage *Umsätze* aus. Markieren Sie im Bereich *Angewendete Schritte* den Schritt *Geänderter Spaltentyp*. Hier ist ein Auszug der Formel, die in der Bearbeitungsleiste angezeigt wird:

```
Table.TransformColumnTypes(#"Höher gestufte Header",{{"::Farbe", type text},
{"::Übergeordnete Kategorie", type text}, {"Land:Staat/Region:Stadt \ Kategorie", type
text}, {"Großbritannien:England:Abingdon", type number},
{"Großbritannien:England:Cambridge", type number},
{"Großbritannien:England:Gloucestershire", type number}, {"Großbritannien:England:High
Wycombe", type number}, {"Großbritannien:England:Liverpool", type number}, ...
```

Dieser Schritt wurde automatisch generiert, als Sie in Übung 7.1 die erste Zeile für die Überschrift verwendeten. Diese Formel ist nutzlos und kann nicht aktualisiert werden, wenn Sie versuchen, sie auf völlig unterschiedliche Tabellen anzuwenden. Daher sollten Sie diesen Schritt entfernen. Klicken Sie daher neben *Geänderter Spaltentyp* auf das Symbol *Löschen* und dann im Dialogfeld *Schritt löschen* auf *Löschen*.

In Kapitel 10, »Von Stolperfallen zu robusten Abfragen«, erfahren Sie mehr über den Sinn und Zweck der Typänderung und warum es besser ist, den automatisch erstellten Schritt zu löschen und die Typen bei Bedarf explizit zu ändern (und zwar so spät wie möglich).

7. Markieren Sie im Bereich *Angewendete Schritte* den Schritt *Geänderter Spaltentyp1*. In der Bearbeitungsleiste wird die folgende Formel angezeigt:

   ```
   Table.TransformColumnTypes(#"Spalte nach Trennzeichen teilen",{{"Attribut.1", type
   text},
   {"Attribut.2", type text}, {"Attribut.3", type text}})
   ```

   Dieser Schritt wurde generiert, als Sie die Spalte *Attribut* in drei Spalten aufgeteilt haben. Auch diesen Schritt können Sie löschen, da er in einigen Situationen nicht angewendet werden kann. Wenn Sie zum Beispiel bei zwei Hierarchieebenen in Zeilen die Transformation *Entpivotieren* anwenden würden, wäre es nicht sinnvoll, Code zu haben, der den Typ von drei Spalten ändert. Klicken Sie daher neben *Geänderter Spaltentyp1* auf das Symbol *Löschen* und dann im Dialogfeld *Schritt löschen* auf *Löschen*.

Teil 3: *Table.ColumnNames, List.FirstN* und *List.Count*

In diesem Teil der Übung ändern Sie die Formeln, die explizit auf Spaltennamen verweisen, und verallgemeinern sie so, dass sie auf dynamische Weise auf die Spalten verweisen. Hierbei wird die Anzahl der Elemente der Listen *ZeilenFelder* und *SpaltenFelder* verwendet, die in Teil 1 erstellt wurden. Um diese Verallgemeinerung zu erreichen, werden Sie drei nützliche Funktionen verwenden: `Table.ColumnNames`, `List.FirstN` und `List.Count`.

8. Markieren Sie in der Liste *Angewendete Schritte* den Schritt *Nach unten gefüllt*. In der Bearbeitungsleiste sollte die folgende Codezeile angezeigt werden:

   ```
   Table.FillDown(Umsätze_DefinedName, {"Column1", "Column2"})
   ```

   Dieser Code wurde in Schritt 5 aus Übung 7.1 generiert, der die ersten *N*–1 Spalten (also alle Zeilenfelder mit Ausnahme des letzten) gefüllt hat. Sie müssen den Code ändern und die hart codierte Liste `{"Column1", "Column2"}` in eine dynamische Liste der ersten *N*–1 Spaltennamen in der aktuellen Tabelle ändern.

   Bevor Sie dies tun, sehen wir uns kurz an, warum in dieser Formel `Umsätze_DefinedName` anstelle von *Navigation* verwendet wird. Wenn Sie sich den Bereich *Angewendete Schritte* anschauen, sehen Sie, dass sich der Schritt *Nach unten gefüllt* unter dem Schritt *Navigation* befindet. Normalerweise wird in der Bearbeitungsleiste ein Verweis auf einen Tabellennamen angezeigt, der mit dem Namen des vorherigen Schritts in *Angewendete Schritte* übereinstimmt. In diesem Fall können Sie jedoch sehen, dass in der Formel anstelle von *Navigation* `Umsätze_DefinedName` verwendet wird.

   Um zu verstehen, warum das so ist, klicken Sie auf der Registerkarte *Start* auf *Erweiterter Editor*. Sie sehen dort unter anderem die folgende Zeile:

   ```
   Umsätze_DefinedName = Quelle{[Item="Umsätze", Kind="DefinedName"]}[Data],
   ```

Beachten Sie, dass zum Anwenden der Transformation *Ausfüllen* der richtige Bezeichner `Umsätze_DefinedName` lautet (der Bezeichner, der vor dem ersten Gleichheitszeichen verwendet wird). Nachdem Sie nun wissen, wie Sie auf den vorherigen Schritt verweisen, schauen wir uns an, wie Sie den Schritt *Nach unten gefüllt* ändern, um generisch N–1 Spalten auszufüllen.

Hier ist noch einmal die ursprüngliche Ausfüllen-Formel, die in der Bearbeitungsleiste angezeigt wird:

```
Table.FillDown(Umsätze_DefinedName, {"Column1", "Column2"})
```

Ändern Sie diese Formel wie folgt ab:

```
Table.FillDown(Umsätze_DefinedName,
        List.FirstN(
            Table.ColumnNames(Umsätze_DefinedName),
            List.Count(ZeilenFelder) - 1))
```

Lassen Sie uns diese Änderung untersuchen. `Table.FillDown` wurde ursprünglich als zweites Argument eine statische Liste übergeben. Um sie in eine dynamische Liste umzuwandeln, müssen Sie zunächst eine Liste aller Spaltennamen der Tabelle abrufen. Dazu verwenden Sie die Funktion `Table.ColumnNames` und übergeben ihr das Ergebnis des vorherigen Schritts `Umsätze_DefinedName`:

```
Table.ColumnNames(Umsätze_DefinedName)
```

Die obige Formel verwendet `Umsätze_DefinedName`, um auf die Tabelle zu verweisen, die im Schritt *Navigation* bereitgestellt wird.

Sie haben `Table.ColumnNames` bereits in mehreren Beispielen in vorigen Kapiteln gesehen. In diesem Beispiel werden alle Spaltennamen für die aktuelle Tabelle zurückgegeben: *Column1, Column2, Column3* und so weiter. Um nur die ersten *N*–1 Spalten zurückzugeben, müssen Sie zuerst *N*–1 berechnen. In diesem Fall entspricht *N* der Anzahl der Elemente in der Liste *ZeilenFelder*:

```
List.Count(ZeilenFelder)
```

Daher lässt sich *N*–1 einfach wie folgt berechnen:

```
List.Count(ZeilenFelder) - 1
```

Da Sie nun wissen, wie Sie *N*–1 berechnen, können Sie die ersten *N*–1 Spaltennamen abrufen, indem Sie `List.FirstN` anwenden, die eine Liste mit den ersten Elementen aus der ursprünglichen Liste zurückgibt. `List.FirstN` hat zwei Argumente: die Eingabeliste und die Anzahl der ersten abzurufenden Elemente. Sie können die Liste `{"Column1", "Column2"}` mit dem folgenden Code erstellen:

```
List.FirstN(Table.ColumnNames(Umsätze_DefinedName), List.Count(ZeilenFelder) - 1)
```

Und diese Formel wird nun als zweites Argument in der geänderten `Table.FillDown`-Formel verwendet:

```
Table.FillDown(Umsätze_DefinedName,
        List.FirstN(
            Table.ColumnNames(Umsätze_DefinedName),
            List.Count(ZeilenFelder) - 1))
```

9. Markieren Sie im Bereich *Angewendete Schritte* den Schritt *Zusammengeführte Spalte*. Dieser Schritt wurde erzeugt, als Sie die ersten *N* Spalten zusammengeführt haben. In der Bearbeitungsleiste sehen Sie den folgenden hart codierten Verweis auf die Liste `{"Column1", "Column2", "Column3"}`.

```
Table.CombineColumns(
   #"Nach unten gefüllt",
   {"Column1", "Column2", "Column3"},
   Combiner.CombineTextByDelimiter(":", QuoteStyle.None),
   "Zusammengeführt"
)
```

In der Bearbeitungsleiste wird eine einzeilige Version dieser Formel angezeigt. Um die Lesbarkeit zu verbessern, wird die Formel hier im Buch in mehreren Zeilen abgedruckt.

Um dynamisch auf die *N* Spaltennamen der Quelltabelle zu verweisen, können Sie denselben Code verwenden wie in Schritt 9, diesmal jedoch mit *N* als zweitem Argument von `List.FirstN` anstelle von *N*–1. Hier ist die geänderte Formel für den Schritt *Zusammengeführte Spalten* (hier in mehreren Zeilen dargestellt):

```
Table.CombineColumns(
    #"Nach unten gefüllt",
    List.FirstN(
       Table.ColumnNames(#"Nach unten gefüllt"),
       List.Count(ZeilenFelder)
    ),
    Combiner.CombineTextByDelimiter(":', QuoteStyle.None),
   " Zusammengeführt"
)
```

10. Machen Sie mit dem nächsten Schritt weiter, der in *Angewendete Schritte* geändert werden muss: *Nach unten gefüllt1*. Dieser Schritt wurde für das zweite Ausfüllen generiert (siehe Übung 7.1, Schritt 8). Hier ist der Code, der in der Bearbeitungsleiste angezeigt wird:

```
Table.FillDown(#"Transponierte Tabelle", {"Column1", "Column2"})
```

Auch hier müssen Sie die hart codierten Spaltennamen in eine dynamische Version ändern. Aber dieses Mal müssen Sie, da Sie die Tabelle transponiert und die Spaltenfelder bearbeitet haben, die ersten *M*–1 Spalten von *SpaltenFelder* ausfüllen. Hier ist der geänderte Code:

```
Table.FillDown(
   #"Transponierte Tabelle",
   List.FirstN(
      Table.ColumnNames(#"Transponierte Tabelle"),
      List.Count(SpaltenFelder) -1
   )
)
```

Im Unterschied zum geänderten Aufruf von `Table.FillDown` in Schritt 8, in dem `List.Count` für *ZeilenFelder* verwendet wurde, verwenden Sie in diesem Schritt `List.Count` für *SpaltenFelder*, um den Wert von *M*–1 zu ermitteln.

11. Um die Transformation *Entpivotieren* zu bearbeiten, wählen Sie unter *Angewendete Schritte* den Eintrag *Andere Spalten entpivotieren* aus. Die folgenden hart codierten Spalten werden in der Bearbeitungsleiste angezeigt:

```
Table.UnpivotOtherColumns(#"Höher gestufte Header", {"::Farbe", "::Übergeordnete
Kategorie", "Land:Staat/Region:Stadt \ Kategorie"}, "Attribut", "Wert")
```

In Übung 7.1 haben Sie *Andere Spalten entpivotieren* angewendet, indem Sie die ersten *M* Spalten ausgewählt haben. Um die ersten *M* Spalten dynamisch abzurufen, können Sie den folgenden geänderten Code anwenden:

```
Table.UnpivotOtherColumns(
    #"Höher gestufte Header",
    List.FirstN(
        Table.ColumnNames(#"Höher gestufte Header"),
        List.Count(SpaltenFelder)
    ),
    "Attribut",
    WerteFeld
)
```

Sie wenden hier die gleiche Technik an, außer dass Sie *M* anstelle von *M*–1 verwenden und dass Sie `Table.ColumnNames` auf die Tabelle `#"Höher gestufte Header"` anwenden, die den vorherigen Transformationsschritt repräsentiert.

Außerdem verwenden Sie die Abfrage `WerteFeld` anstelle von "*Wert*" als neuen Namen für die Spalte *Wert*. Mit dieser Änderung wird die Spalte in *Umsatz* umbenannt. Sie könnten dies stattdessen später im Schritt *Umbenennen* tun.

12. Markieren Sie im Bereich *Angewendete Schritte* den Schritt *Spalte nach Trennzeichen teilen*. In der Bearbeitungsleiste finden Sie den folgenden Code, der die Spalte *Attribut* in die *N*-Spalten *Attribut.1, Attribut.2* usw. aufteilt. Hier ist der Code, auf mehrere Zeilen verteilt:

```
Table.SplitColumn(
    #"Entpivotierte andere Spalten",
    "Attribut",
    Splitter.SplitTextByDelimiter(":", QuoteStyle.Csv),
    {"Attribut.1", "Attribut.2", "Attribut.3"}
)
```

Das vierte Argument von `Table.SplitColumn` definiert zwei wichtige Elemente: die Anzahl der aufgeteilten Spalten und deren Namen. Anstelle der standardmäßigen Namen *Attribut.X* können Sie die Zeilenfelder (Land, Staat/Region, Stadt) verwenden, die bereits in der Abfrage *ZeilenFelder* definiert sind. Hier ist der geänderte Code:

```
Table.SplitColumn(
   #"Entpivotierte andere Spalten",
   "Attribut",
   Splitter.SplitTextByDelimiter(":", QuoteStyle.Csv),
   ZeilenFelder
)
```

Teil 4: Spalten umbenennen und *List.Zip*

Jetzt können Sie den kompliziertesten Schritt in *Angewendete Schritte* verfeinern: *Umbenannte Spalten*.

13. Markieren Sie in der Liste *Angewendete Schritte* den Schritt *Umbenannte Spalten*. Wenn Sie sich die Bearbeitungsleiste ansehen, finden Sie dort den folgenden Code:

    ```
    Table.RenameColumns(#"Spalte nach Trennzeichen teilen",{{"::Farbe", "Farbe"},
    {"::Übergeordnete Kategorie", "Übergeordnete Kategorie"}, {"Land:Staat/Region:Stadt \
    Kategorie", "Kategorie"}, {"Attribut.1", "Land"}, {"Attribut.2", "Staat/Region"},
    {"Attribut.3", "Stadt"}, {"Wert", "Umsatz"}})
    ```

    Dieser Code benennt die Spalten um, indem an `Table.RenameColumns` als zweites Argument eine Liste von Listen übergeben wird. Jede innere Liste ist ein Paar von Textwerten: Der erste Textwert ist der vorhandene Spaltenname und der zweite Textwert der neue Spaltenname.

14. Schauen Sie sich den Vorschaubereich an und beachten Sie, dass Sie die Zeilenfelder und die Spalte *Wert* bereits in Schritt 12 korrekt umbenannt haben. Sie müssen nur die ersten *M* Spalten umbenennen. Um die Liste der ersten *M* Spaltennamen zu erhalten, führen Sie den folgenden Code aus:

    ```
    List.FirstN(
       Table.ColumnNames(#"Spalte nach Trennzeichen teilen "),
       List.Count(SpaltenFelder)
    )
    ```

    Um die neuen Namen zu erhalten, greifen Sie einfach auf die Abfrage *SpaltenFelder* zu.

    Wie können Sie aber eine Liste von Listen erstellen, bei der jedes Element der ersten *M* Spaltennamen mit den Spaltenfeldern ein Paar bildet? Für diesen Zweck verwenden Sie die M-Funktion `List.Zip`. Diese Funktion erhält als Eingabe zwei Listen und gibt eine einzelne Liste von Listen mit den Paaren aus beiden Listen zurück. So gibt beispielsweise der Funktionsaufruf:

    ```
    List.Zip({"A","B","C"}, {"1", "2", "3"})
    ```

    die folgende Liste zurück:

    ```
    {{"A","1"}, {"B", "2"}, {"C", "3"}}
    ```

    Wenn Sie `List.Zip` folgendermaßen auf die ersten *M* Spaltennamen der Tabelle und auf die Spaltenfelder anwenden:

```
List.Zip(
   {
      List.FirstN(
         Table.ColumnNames(#"Spalte nach Trennzeichen teilen "),
         List.Count(SpaltenFelder
      ),
   }
)
```

dann erhalten Sie die gewünschte Liste der Listen, die auch in der ursprünglichen Formel verwendet wurde:

```
{{"::Farbe", "Farbe"}, {"::Übergeordnete Kategorie", "Übergeordnete Kategorie"},
{"Land:Staat/Region:Stadt \ Kategorie", "Kategorie"}}
```

Hier ist der komplette überarbeitete Code für den Schritt *Umbenannte Spalten*:

```
Table.RenameColumns(
   #"Spalte nach Trennzeichen teilen",
   List.Zip(
      {
         List.FirstN(
            Table.ColumnNames(#"Spalte nach Trennzeichen teilen"),
            List.Count(SpaltenFelder)
         ),
         SpaltenFelder
      }
   )
)
```

15. Weiter vorne in dieser Übung haben Sie die Schritte *Geänderter Spaltentyp* entfernt. Es ist an der Zeit, den Typ der Spalte *Umsatz* explizit in den Typ *Währung* zu ändern. Wenn Sie dies über die Benutzeroberfläche tun, sieht der Code in der Bearbeitungsleiste wie folgt aus:

    ```
    Table.TransformColumnTypes (#"Umbenannte Spalten",{{"Umsatz", type number}})
    ```

    Ändern Sie die hart codierte Zeichenfolge *Umsatz* in *WerteFeld* ab:

    ```
    Table.TransformColumnTypes(#"Umbenannte Spalten",{{WerteFeld, Currency.Type}})
    ```

    Jetzt müssen Sie Ihre generalisierte Entpivotieren-Sequenz von den Quelldaten lösen. Die ersten beiden Schritte sind von einer bestimmten Arbeitsmappe und einem bestimmten Tabellenblatt abhängig. Sie können auch diese Schritte verallgemeinern und die Entpivotieren-Sequenz von einer beliebigen Eingabequelle aus starten.

16. Klicken Sie in *Angewendete Schritte* mit der rechten Maustaste auf den Schritt *Nach unten gefüllt* und wählen Sie *Vorherige extrahieren*. Legen Sie im Dialogfeld *Schritte extrahieren* als Name der neuen Abfrage *Quelltabelle* fest und schließen Sie dann das Dialogfeld. Eine neue Abfrage wird erstellt, die die Quelltabelle aus der Excel-Datei lädt. Die generalisierte Abfrage beginnt mit einem Verweis auf die neue Abfrage.

Teil 5: Die Abfrage in eine Funktion konvertieren

Sie haben die Schlussphase erreicht, in der Sie die Abfrage in eine Funktion konvertieren. In Kapitel 4, »Tabellen mit unterschiedlichen Datenstrukturen kombinieren«, wurden Funktionen bereits kurz erwähnt. In Power Query können Sie Parameter erstellen, auf diese in der Bearbeitungsleiste verweisen und dann die Abfrage mithilfe des Befehls *Funktion erstellen* im Bereich *Abfragen* in eine Funktion konvertieren.

Später im Buch lernen Sie weitere Fälle zum Erstellen von Funktionen aus Abfragen praktisch kennen und werden dabei *Funktion erstellen* in der Benutzeroberfläche verwenden. In diesem Beispiel erfahren Sie, wie Sie eine Funktion mit dem erweiterten Editor erstellen, da das Dialogfeld *Funktion erstellen* mit Listen nicht gut funktioniert.

17. Klicken Sie im Bereich *Abfragen* mit der rechten Maustaste auf die Abfrage *Umsätze* und wählen Sie den Befehl *Erweiterter Editor*. Der Code enthält bereits die verfeinerte und verallgemeinerte Version der Entpivotieren-Sequenz, die Sie bisher bearbeitet haben.
18. Um die Entpivotieren-Sequenz in eine Funktion zu konvertieren, fügen Sie die folgende Zeile als erste Zeile im erweiterten Editor (oberhalb der Zeile `let`) ein:

```
(Quelltabelle, ZeilenFelder, SpaltenFelder, WerteFeld)=>
```

19. Klicken Sie auf *Fertig*, um das Dialogfeld *Erweiterter Editor* zu schließen, und benennen Sie die Abfrage *Umsätze* in **FnUnpivotSummarizedTable** um.

Beachten Sie im Bereich *Abfragen* in Abbildung 7.4, dass das Element *FnUnpivotSummarizedTable* mit einem *fx*-Symbol gekennzeichnet ist. Wenn Sie es auswählen, wird keine Vorschau der Daten mehr angezeigt. Stattdessen zeigt der Vorschaubereich den Bereich *Parameter eingeben* an, der zum Aufrufen der Funktion verwendet werden kann. In diesem Fall funktioniert dies jedoch nicht gut, da Sie der Funktion keine Listen übergeben können. Beachten Sie in *Angewendete Schritte*, dass der gesamte Satz der Schritte auf einen einzigen Schritt reduziert wurde und Sie die Funktion nicht mehr in der Benutzeroberfläche bearbeiten können.

Im Unterschied zu Funktionen, die mit *Funktion erstellen* in der Benutzeroberfläche erstellt werden und die eine bearbeitbare Beispielabfrage enthalten, kann eine Funktion, die direkt im erweiterten Editor erstellt wurde (wie in den Schritten 17 bis 19 gezeigt), nicht mehr außerhalb des erweiterten Editors bearbeitet werden – zumindest nicht mehr direkt. Sie können die Funktion jedoch duplizieren, und in der duplizierten Abfrage können Sie die erste Zeile entfernen oder auskommentieren, indem Sie am Anfang der Zeile // eingeben. Auf diese Weise konvertieren Sie die duplizierte Funktion in eine bearbeitbare Abfrage. Anschließend können Sie die Schritte in der Liste *Angewendete Schritte* anzeigen und Änderungen über die Benutzeroberfläche vornehmen. Nachdem Sie die Änderungen an der neuen Abfrage vorgenommen haben, können Sie den Code aus dem erweiterten Editor in die ursprüngliche Funktion kopieren und somit die Änderungen, die Sie an der neuen Abfrage in der Benutzeroberfläche vorgenommen haben, in die Funktion überführen.

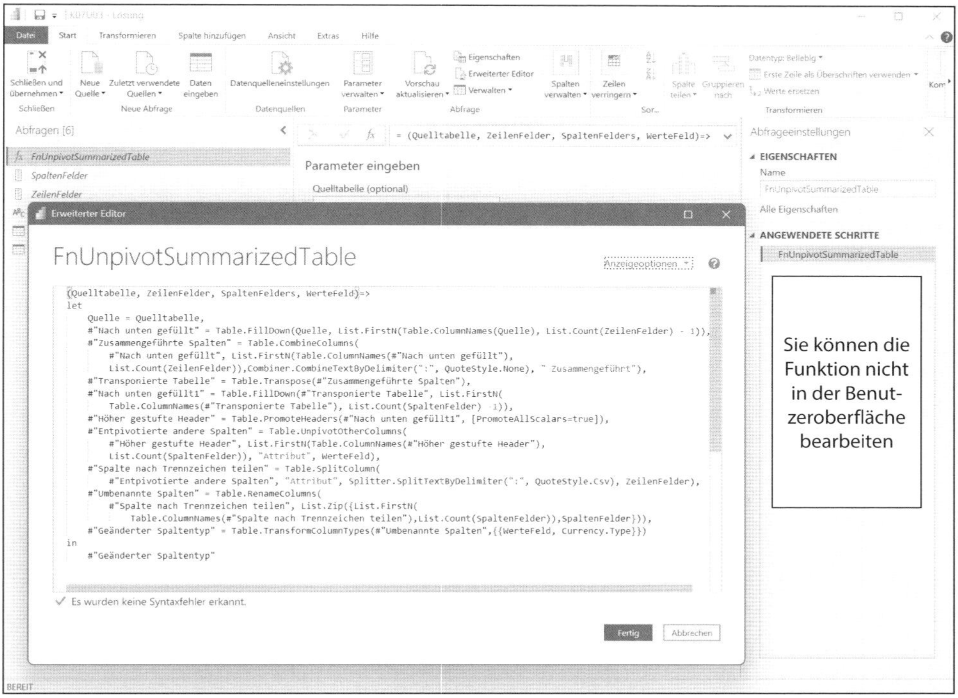

Abbildung 7.4 Wenn eine Funktion mit dem erweiterten Editor und nicht über die Benutzeroberfläche mit *Funktion erstellen* erstellt wird, können Sie sie nicht außerhalb des erweiterten Editors bearbeiten. Nachdem Sie die Abfrage in eine Funktion konvertiert haben, wird in *Angewendete Schritte* nur ein einziger, nicht bearbeitbarer Schritt angezeigt.

Lassen Sie uns einen Moment innehalten und untersuchen, was Sie getan haben. In Schritt 18 haben Sie eine Zeile hinzugefügt, die eine Abfrage in eine Funktion konvertiert.

Eine Funktion kann als eigenständige Abfrage geschrieben werden, wie Sie es in diesem Fall getan haben, oder als inneres Element innerhalb einer Abfrage. Wenn eine Funktion mit Argumenten aufgerufen wird, wird ein neuer Wert erzeugt. Sie können die Funktion aufrufen, indem Sie die Parameter der Funktion nach dem Funktionsnamen in runden Klammern angeben und die einzelnen Parameter durch Kommata trennen.

Dies sind die Argumente, die Sie in der Funktion deklariert haben:

- `Quelltabelle` Die Quelltabelle, die Sie als Eingabe verwenden
- `ZeilenFelder` Eine Liste der Zeilenfelder, in diesem Beispiel `{"Land", "Staat/Region", "Stadt"}`
- `SpaltenFelder` Eine Liste der Spaltenfelder, in diesem Beispiel `{"Farbe", "Übergeordnete Kategorie", "Kategorie"}`
- `WerteFeld` Der Spaltenname, der für die entpivotierte Wertespalte verwendet werden soll, in diesem Beispiel `"Umsatz"`

Das Symbol »geht an« => trennt die Schnittstellendeklaration der Funktion von der Implementierung der Funktion. Sie haben den Implementierungsteil der Funktion bereits abgeschlossen, als Sie die betreffenden Schritte mit den Parametern `Quelltabelle`, `ZeilenFelder`, `SpaltenFelder` und `WerteFeld` verallgemeinert haben.

Beachten Sie, dass der Funktionsheader auch explizit die Typangaben der Eingabeparameter enthalten kann sowie den Datentyp des Rückgabewerts der Funktion. Hierzu verwenden Sie das Schlüsselwort `as` gefolgt vom erforderlichen Datentyp. Hier ist der stark typisierte Header der Funktion:

```
(Quelltabelle as table, ZeilenFelder as list, SpaltenFelder as list, WerteFeld as text) as
table =>
```

Sie können diese Zeile anstelle der Zeile in Schritt 18 verwenden. Wenn die Typen deklariert sind, wird sichergestellt, dass beim Aufruf der Funktion mit falschen Typen ein Fehler erzeugt wird. Wenn Sie zum Beispiel für das Argument *ZeilenFelder* fälschlicherweise den Text `"Land, Staat/Region, Stadt"` anstelle einer Liste übergeben, wird der folgende Fehler ausgelöst:

```
Expression.Error: Der Wert "Land, Staat/Region, Stadt" kann nicht in den Typ List konvertiert
werden.
Details:
    Value= Land, Staat/Region, Stadt
    Type=[Type]
```

Teil 6: Die Funktion testen

Sie können nun die Funktion verwenden, um beliebige zusammenfassende Tabellen zu entpivotieren, ähnlich wie Sie es in Übung 7.2 gemacht haben. Führen Sie die folgenden Schritte aus, um die Funktion mit der Quelltabelle aus Übung 7.1 zu testen:

20. Klicken Sie mit der rechten Maustaste auf die Abfrage *Quelle* (die in Schritt 16 erzeugt wurde) und wählen Sie *Verweis*. Benennen Sie die neue Abfrage in **Ergebnisse** um.
21. Ändern Sie diesen Code in der Bearbeitungsleiste:

    ```
    Quelltabelle
    ```

    folgendermaßen ab:

    ```
    FnUnpivotSummarizedTable(Quelltabelle, ZeilenFelder, SpaltenFelder, WerteFeld)
    ```

    Zu diesem Zeitpunkt können Sie, wenn Sie möchten, auch die Abfragen *ZeilenFelder, SpaltenFelder* und *WerteFeld* löschen und das Entpivotieren wie folgt durchführen:

    ```
    FnUnpivotSummarizedTable(Quelltabelle, {"Land", "Staat/Region", "Stadt"},
    {"Farbe", "Übergeordnete Kategorie", "Kategorie"}, "Umsatz")
    ```

    Interessanterweise kann die Funktion sogar für eine 1×1 zusammenfassende Tabelle verwendet werden, auch wenn dies nicht sehr nützlich ist. (Jedoch ist es immer gut, Ihre Funktionen und Abfragen auch mit Grenzfällen zu testen.) Sie können beispielsweise die AdventureWorks-Umsatzquelltabelle laden, die in Übung 6.1 (Dateiname *K06U01.xlsx* in den Begleitdateien) verwendet wurde, und den folgenden Code auf den letzten Schritt anwenden (in diesem Fall auf `#"Geänderter Spaltentyp"`):

    ```
    FnUnpivotSummarizedTable(#"Geänderter Spaltentyp", {"Konto"}, {"Übergeordnete
    Kategorie"}, "Umsatz")
    ```

Wie funktioniert das? Wenn die Zeilenfelder und die Spaltenfelder ein einzelnes Element enthalten, schlägt *Ausfüllen nach unten* bei einer leeren Liste von Spalten nicht fehl, sondern gibt lediglich die Eingabetabelle zurück. Darüber hinaus ist *Spalten zusammenführen* auch resilient gegenüber Grenzfällen und kann auf eine einzelne Spalte angewendet werden, wodurch die Eingabetabelle zurückgegeben wird. Obwohl es wenig Sinn macht, die Funktion `FnUnpivotSummarizedTable` auf eine zusammenfassende Tabelle mit 1×1 Hierarchieebenen anzuwenden, da hier ein einfaches Entpivotieren ausreicht, ist es gut zu wissen, dass diese Funktion robust genug ist, um auch solche Grenzfälle behandeln zu können.

Wenn Sie sich die fertigen Lösungen ansehen wollen, öffnen Sie den Power BI-Bericht *K07U03 – Lösung.pbix* oder die Arbeitsmappe *K07U03 – Lösung.xlsx*; beide Dateien finden Sie in den Begleitdateien zu diesem Buch.

Schlussfolgerungen

In diesem Abschnitt haben Sie gelernt, wie Sie die Sequenz für das Entpivotieren verallgemeinern, um komplexe zusammenfassende Tabellen mit einer beliebigen Anzahl von Hierarchieebenen in Zeilen und Spalten zu behandeln. Sie haben außerdem gelernt, wie Sie Funktionen mit dem erweiterten Editor erstellen. Als Sie die verschiedenen Schritte der Abfrage mit `Table.ColumnNames`, `List.FirstN` oder `List.Zip` verfeinert haben, haben Sie gesehen, wie Sie Ihre Abfragen so verbessern, dass Sie damit Ihre Berichte skalieren und in Zukunft automatisch eine Vielzahl von Quelltabellen transformieren können. In Kapitel 9 erfahren Sie mehr über benutzerdefinierte Funktionen und in Kapitel 10 mehr über weitere Szenarien, in denen eine einfache Bearbeitung von M-Formeln Ihren Abfragen helfen kann, extremen Änderungen im Datenformat standzuhalten.

Die Transformation Spalte pivotieren verwenden

Bisher haben Sie in diesem und im vorherigen Kapitel verschiedene Szenarien für das Entpivotieren untersucht und dabei erfahren, wie Sie Übersichtstabellen in Faktentabellen umwandeln. Manchmal ist eine Quelltabelle jedoch in einem Format strukturiert, das zu flach ist, so, als ob jemand Entpivotieren überbeansprucht und eine Quelltabelle mit mehreren Zeilen erstellt hat, die eigentlich zu derselben Entität gehören sollten. Dieser Abschnitt behandelt solche Szenarien und zeigt, wie Sie die Umkehrung des Entpivotierens anwenden: die Transformation *Spalte pivotieren*.

Übung 7.4: Eine falsch entpivotierte Tabelle wiederherstellen

In dieser Übung wird veranschaulicht, wie eine einzelne Entpivotieren-Transformation Ihre Daten beschädigen kann, und sie zeigt, wie Sie diesen Vorgang im Power Query-Editor umkehren können (davon ausgehend, dass Sie keine Änderung auf Ebene der Datenquelle anfordern können).

1. Verwenden Sie die Datei *K07U04.xlsx* aus den Begleitdateien und speichern Sie die Arbeitsmappe im Ordner *C:\Daten\K07*.

2. Erstellen Sie einen neuen Power BI-Bericht oder eine neue leere Excel-Arbeitsmappe und rufen Sie Daten aus einer Excel-Arbeitsmappe ab.
3. Wählen Sie die Datei *K07U04.xlsx* aus und klicken Sie auf *Importieren*.
4. Schalten Sie im Dialogfeld *Navigator* das Kontrollkästchen *Umsätze* ein und klicken Sie auf *Daten transformieren*.
5. Sehen Sie sich im Vorschaubereich des Power Query-Editors die Tabelle an (siehe obere Tabelle in Abbildung 7.5), die Verkaufstransaktionen des fiktiven Unternehmens AdventureWorks enthält.

   Die letzten vier Spalten enthalten vier numerische Attribute für jede Verkaufstransaktion: Die Spalte *Zwischensumme* repräsentiert den Nettowarenwert der Bestellung vor Steuern und Versandkosten; in *Steuer* befindet sich der Steueranteil, und *Versand* enthält die Versandkosten. Die Spalte *Gesamt* enthält den Gesamtbetrag (Gesamt = Zwischensumme + Steuer + Versand).

   Die Umsatztabelle im oberen Bereich von Abbildung 7.5 ist gut gestaltet. Jede Verkaufstransaktion befindet sich in einer separaten Zeile, und dies ermöglicht es Ihnen, einfache Berechnungen auf Zeilenebene durchzuführen, zum Beispiel Steuerprozentsatz.

   In den folgenden Schritten zerstören Sie den Entwurf dieser Tabelle, um die Auswirkungen einer falsch durchgeführten Entpivotieren-Transformation zu verdeutlichen.

Land	AuftragsID	Bestelldatum	Zwischensumme	Steuer	Versand	Gesamt
USA	71899	01.04.2025	2415,67	193,25	60,39	2669,32
USA	71915	01.04.2025	2137,23	170,98	53,43	2361,64
USA	71895	01.04.2025	246,74	19,74	6,17	272,65
Großbritannien	71831	01.04.2025	2016,34	161,31	50,41	2228,06

Spalten entpivotieren
(nicht korrekt durchgeführt)

Land	AuftragsID	Bestelldatum	Attribut	Wert
USA	71899	01.04.2025	Zwischensumme	2415,67
USA	71899	01.04.2025	Steuer	193,25
USA	71899	01.04.2025	Versand	60,39
USA	71899	01.04.2025	Gesamt	2669,32
USA	71915	01.04.2025	Zwischensumme	2137,23
USA	71915	01.04.2025	Steuer	170,98
USA	71915	01.04.2025	Versand	53,43
USA	71915	01.04.2025	Gesamt	2361,64
USA	71895	01.04.2025	Zwischensumme	246,74
USA	71895	01.04.2025	Steuer	19,74
USA	71895	01.04.2025	Versand	6,17
USA	71895	01.04.2025	Gesamt	272,65
Großbritannien	71831	01.04.2025	Zwischensumme	2016,34
Großbritannien	71831	01.04.2025	Steuer	161,31
Großbritannien	71831	01.04.2025	Versand	50,41
Großbritannien	71831	01.04.2025	Gesamt	2228,06

Abbildung 7.5 In dieser Übung erfahren Sie, wie Sie ein Problem in Ihren Daten beheben, das durch ein inkorrekt durchgeführtes Entpivotieren entstanden ist. In diesem Beispiel führt das Entpivotieren von vier numerischen Spalten zu einer neuen Tabelle, die für jeden Auftrag vier Zeilen enthält.

6. Markieren Sie die letzten vier Spalten und wählen Sie dann auf der Registerkarte *Transformieren* den Befehl *Spalten entpivotieren*. Wie unten in Abbildung 7.5 dargestellt, ist es kom-

plizierter, die entpivotierte Tabelle zu analysieren als die Tabelle oben in der Abbildung, da der Zeilenkontext jetzt nur eines der vier numerischen Attribute enthält.

Stellen Sie sich vor, dass diese Tabelle Ihre Quelldaten enthält und Sie die Transformation rückgängig machen wollen. Die nächsten Schritte zeigen, wie Sie dazu vorgehen müssen.

7. Markieren Sie die Spalte *Attribut* und klicken Sie auf der Registerkarte *Transformieren* auf *Spalte pivotieren*.
8. Nehmen Sie im Dialogfeld *Spalte pivotieren* die folgenden Änderungen vor:
    a. Stellen Sie sicher, dass im Dialogfeld *Spalte pivotieren* die folgende Meldung angezeigt wird: *»Verwenden Sie die Namen in Spalte "Attribut" zum Erstellen neuer Spalten«*. Sie können die Auswahl der Spalte in diesem Dialogfeld nicht ändern. Wenn also im Text eine andere Spalte erwähnt wird, bedeutet dies, dass Sie in Schritt 7 nicht die richtige Spalte ausgewählt haben: Sie müssen dann das Dialogfeld *Spalte pivotieren* schließen und die richtige Spalte auswählen, bevor Sie erneut *Spalte pivotieren* auswählen.
    b. Wählen Sie bei *Wertespalte* die Spalte *Wert* aus.
    c. Öffnen Sie die erweiterten Optionen und legen Sie die *Aggregatwertfunktion* auf *Nicht aggregieren* fest, wie in Abbildung 7.6 dargestellt.
    d. Klicken Sie auf *OK*, um das Dialogfeld zu schließen.

Sie können nun sehen, dass Sie die frühere Tabellenstruktur wiederhergestellt haben.

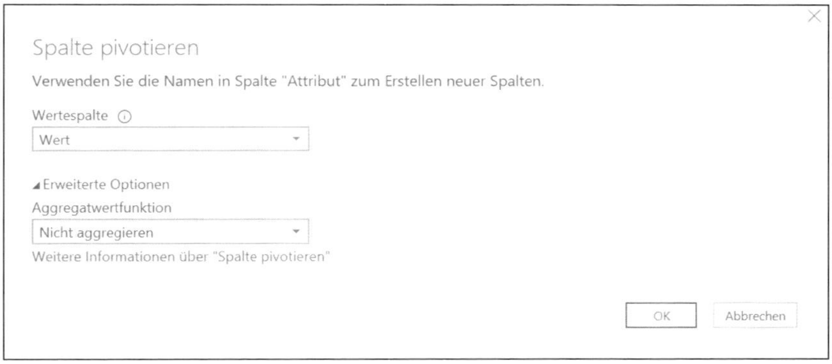

Abbildung 7.6 Das Dialogfeld *Spalte pivotieren* mit der Option *Nicht aggregieren* ermöglicht die Transformation entpivotierter Tabellen.

Um sich die fertigen Lösungen anzusehen, öffnen Sie den Power BI-Bericht *K07U04 – Lösung.pbix* oder die Arbeitsmappe *K07U04 – Lösung.xlsx*; beide Dateien finden Sie in den Begleitdateien zu diesem Buch.

Übung 7.5: Tabellen mit mehrzeiligen Datensätzen pivotieren

In Übung 7.4 haben Sie Entpivotieren auf die numerischen Spalten angewendet. Die Ankerspalten (wie sie in Kapitel 6 genannt werden) haben Ihnen geholfen, den Kontext jeder Transaktion beizubehalten, als Sie den Schritt *Spalten pivotieren* angewendet haben. In dieser Übung sehen Sie, was passiert, wenn die gesamte Tabelle entpivotiert ist, und wie Sie dies lösen können. Führen Sie zuerst das Entpivotieren durch, damit wir dies in der Übung reparieren können.

1. Wiederholen Sie die Schritte 1 bis 4 aus Übung 7.4 in einer leeren Arbeitsmappe oder einem neuen Power BI-Bericht.
2. Markieren Sie die erste Spalte und drücken Sie dann [Strg]+[A], um alle Spalten auszuwählen.
3. Wählen Sie auf der Registerkarte *Transformieren* den Befehl *Spalten entpivotieren*.

   Im Vorschaubereich können Sie sehen, dass die entpivotierte Tabelle nur die beiden Spalten *Attribut* und *Werte* enthält. Zum jetzigen Zeitpunkt *Spalten pivotieren* anzuwenden funktioniert einfach nicht, da Sie Ihre Ankerspalten verloren haben.

   Speichern Sie Ihre Abfrage. Sie werden die Arbeit daran in Kürze wieder aufnehmen.

Bevor Sie lernen, wie Attribut/Wert-Paare behandelt werden, lassen Sie uns kurz innehalten, um die Bedeutung des Umgangs mit dem Format Attribut-Wert zu erörtern. Dieses Format ist sehr häufig anzutreffen, insbesondere bei Protokolldateien und unstrukturierten Daten, die nicht als JSON oder XML formatiert sind.

Warum ist dieses Format so geläufig? Stellen Sie sich vor, Sie müssen Daten aus einem System importieren, in dem ein großes Dataset mit Entitäten Hunderte verschiedener Attribute enthalten kann, die von den Benutzern dieses Systems angepasst werden können. Nur wenige dieser Attribute sind obligatorisch, andere sind optional.

Das Exportieren eines solchen Datasets in Textdateien in einem regulären tabellarischen Format wäre nicht effizient. Hierbei würde eine spärlich ausgefüllte Tabelle mit Hunderten von Spalten und leeren Zellen erstellt, da die meisten Attribute optional und leer sind. Um zu vermeiden, dass dürftige Tabellen exportiert werden müssen, die die Datei mit Dutzenden oder Hunderten von Trennzeichen für leere Werte aufblähen, können die Designer des entsprechenden Systems den Export als eine Folge von mehrzeiligen Datensätzen von Attribut/Wert-Paaren implementieren. Daher können Sie ziemlich häufig auf dieses Format stoßen, vor allem, wenn Sie Protokolle oder exportierte Textdateien importieren möchten.

Im nächsten Teil der Übung erfahren Sie, wie Sie die mehrzeiligen Datensätze von Attribut/Wert-Paaren behandeln. Sie beginnen mit einer einfachen Lösung, bei der Sie davon ausgehen können, dass jeder mehrzeilige Datensatz über eine feste Anzahl von Zeilen verfügt. Anschließend wenden Sie einen generischen Ansatz an, bei dem davon ausgegangen wird, dass jeder Datensatz immer mit demselben Attribut beginnt.

Teil 1: Feste Anzahl von Attributen und Ganzzahldivision verwenden

In Schritt 3 dieser Übung haben Sie alle Spalten entpivotiert. Die entpivotierte Tabelle enthält eine Sequenz von Gruppen, und jede Gruppe bestand aus sieben Zeilen mit Attribut/Wert-Paaren. Um die Tabelle zurückzupivotieren, müssen Sie den Kontext jeder Gruppe zurückholen und eine Möglichkeit finden, vor dem Pivotieren für jede Gruppe eindeutige Zahlen zu verwenden.

4. Klicken Sie im Bereich *Abfragen* mit der rechten Maustaste auf die Abfrage *Umsätze* und wählen Sie *Verweis*. Benennen Sie die neue Abfrage in **Umsätze – feste Anzahl von Attributen** um.
5. Klicken Sie auf der Registerkarte *Spalte hinzufügen* auf *Indexspalte*. Die neue Spalte enthält eine fortlaufende Zahl, beginnend bei 0 für die erste Zeile.

Im nächsten Schritt wenden Sie auf die laufende Indexnummer eine Ganzzahldivision durch 7 an. Die Ganzzahldivision ist eine Division, in der der Divisionsrest verworfen wird. Mit diesem Schritt können Sie den laufenden Index aus einem einzelnen Index für eine Zeile in einen Gruppenindex konvertieren, da jede Gruppe aus sieben Zeilen besteht.

6. Markieren Sie die Spalte *Index*. Wählen Sie auf der Registerkarte *Transformieren* in der Gruppe *Zahlenspalte* den Befehl *Standard | Ganzzahldivision*. Geben Sie im Dialogfeld *Ganzzahldivision*, das geöffnet wird, in das Feld *Wert* **7** ein und klicken Sie auf *OK*, um das Dialogfeld zu schließen. Sie können nun sehen, dass die Spalte *Index* den Wert 0 für die erste Gruppe von sieben Zeilen, 1 für die nächste Gruppe von sieben Zeilen, 2 für die dritte Gruppe von Zeilen usw. enthält. Sie können nun das Pivotieren durchführen.

Fügen Sie in Schritt 6 mit Ganzzahldivision keine neue Spalte hinzu. Achten Sie darauf, dass Sie Ganzzahldivision auf die vorhandene Spalte *Index* anwenden, indem Sie diesen Befehl auf der Registerkarte *Transformieren* wählen und nicht auf der Registerkarte *Spalte hinzufügen*.

7. Markieren Sie die Spalte *Attribut* und wählen Sie auf der Registerkarte *Transformieren* den Befehl *Spalte pivotieren*.
8. Nehmen Sie im Dialogfeld *Spalte pivotieren* die folgenden Änderungen vor:
   a. Setzen Sie die *Wertespalte* auf *Wert*.
   b. Lassen Sie die *Erweiterten Optionen* anzeigen.
   c. Legen Sie die *Aggregatwertfunktion* auf *Nicht aggregieren* fest.
   d. Klicken Sie auf *OK*, um das Dialogfeld zu schließen.
9. Entfernen Sie die Spalte *Index*. Die Tabelle wurde nun erfolgreich pivotiert. Speichern Sie den Bericht, damit Sie mit einer allgemeineren Technik für Pivotieren von mehrzeiligen Datensätzen weitermachen können.

Um sich die fertige Lösung anzusehen, öffnen Sie den Power BI-Bericht *K07U05 – Lösung.pbix* oder die Arbeitsmappe *K07U05 – Lösung.xlsx*; beide Dateien finden Sie in den Begleitdateien zu diesem Buch. (Die Lösung für diese Übung befindet sich im Power Query-Editor in der Abfrage *Umsätze – feste Anzahl von Attributen*.)

Teil 2: Mit bedingter Spalte und *nach unten ausfüllen* eine variable Anzahl von Attributen behandeln

Gelegentlich müssen Sie mit mehrzeiligen Datensätzen arbeiten, die optionale Attribute enthalten. In solchen Situationen können Sie anders als in Teil 1 nicht davon ausgehen, dass Sie für jeden Datensatz eine feste Anzahl von Zeilen vorliegen haben. In diesem Teil der Übung wird eine allgemeinere Technik beschrieben, mit der Sie die Tabelle pivotieren können. In diesem Fall müssen Sie von folgenden Annahmen ausgehen: Jeder Datensatz beginnt immer mit demselben Attributnamen, und während die restlichen Attribute optional sein können, ist das erste Attribut obligatorisch. Abbildung 7.7 zeigt die Transformationsschritte, die erforderlich sind, um die mehrzeiligen Datensätze in eine Faktentabelle zu pivotieren.

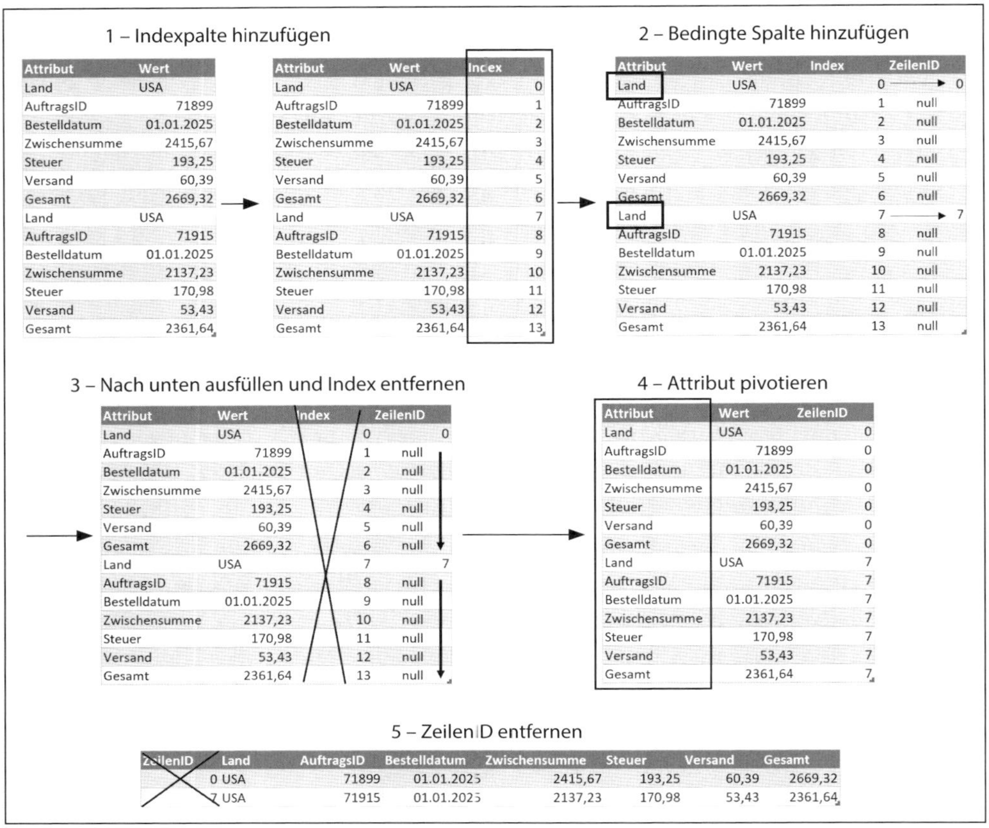

Attribut	Wert
Land	USA
AuftragsID	71899
Bestelldatum	01.01.2025
Zwischensumme	2415,67
Steuer	193,25
Versand	60,39
Gesamt	2669,32
Land	USA
AuftragsID	71915
Bestelldatum	01.01.2025
Zwischensumme	2137,23
Steuer	170,98
Versand	53,43
Gesamt	2361,64

Attribut	Wert	Index
Land	USA	0
AuftragsID	71899	1
Bestelldatum	01.01.2025	2
Zwischensumme	2415,67	3
Steuer	193,25	4
Versand	60,39	5
Gesamt	2669,32	6
Land	USA	7
AuftragsID	71915	8
Bestelldatum	01.01.2025	9
Zwischensumme	2137,23	10
Steuer	170,98	11
Versand	53,43	12
Gesamt	2361,64	13

Attribut	Wert	Index	ZeilenID
Land	USA	0	0
AuftragsID	71899	1	null
Bestelldatum	01.01.2025	2	null
Zwischensumme	2415,67	3	null
Steuer	193,25	4	null
Versand	60,39	5	null
Gesamt	2669,32	6	null
Land	USA	7	7
AuftragsID	71915	8	null
Bestelldatum	01.01.2025	9	null
Zwischensumme	2137,23	10	null
Steuer	170,98	11	null
Versand	53,43	12	null
Gesamt	2361,64	13	null

Attribut	Wert	Index	ZeilenID
Land	USA	0	0
AuftragsID	71899	1	null
Bestelldatum	01.01.2025	2	null
Zwischensumme	2415,67	3	null
Steuer	193,25	4	null
Versand	60,39	5	null
Gesamt	2669,32	6	null
Land	USA	7	7
AuftragsID	71915	8	null
Bestelldatum	01.01.2025	9	null
Zwischensumme	2137,23	10	null
Steuer	170,98	11	null
Versand	53,43	12	null
Gesamt	2361,64	13	null

Attribut	Wert	ZeilenID
Land	USA	0
AuftragsID	71899	0
Bestelldatum	01.01.2025	0
Zwischensumme	2415,67	0
Steuer	193,25	0
Versand	60,39	0
Gesamt	2669,32	0
Land	USA	7
AuftragsID	71915	7
Bestelldatum	01.01.2025	7
Zwischensumme	2137,23	7
Steuer	170,98	7
Versand	53,43	7
Gesamt	2361,64	7

ZeilenID	Land	AuftragsID	Bestelldatum	Zwischensumme	Steuer	Versand	Gesamt
0	USA	71899	01.01.2025	2415,67	193,25	60,39	2669,32
7	USA	71915	01.01.2025	2137,23	170,98	53,43	2361,64

Abbildung 7.7 Wenn jeder mehrzeilige Datensatz mit dem gleichen Attributnamen beginnt (in diesem Fall *Land*), können Sie diese Schrittfolge für das Pivotieren verwenden, um diese Tabelle in eine wohlgeformte Faktentabelle zu transformieren.

Beginnen Sie diesen Teil der Übung mit der gespeicherten Datei aus Teil 1, nachdem Sie den Power Query-Editor geöffnet haben.

10. Klicken Sie im Bereich *Abfragen* mit der rechten Maustaste auf die Abfrage *Umsätze* und wählen Sie *Verweis*. Benennen Sie die neue Abfrage in **Umsätze – erstes Attribut liegt fest** um. Diese neue Abfrage wird verwendet, um die Daten unter der Annahme zu pivotieren, dass jeder neue mehrzeilige Datensatz mit dem Attribut *Land* beginnt.
11. Klicken Sie auf der Registerkarte *Spalte hinzufügen* auf *Indexspalte*.

    Sie verwenden den fortlaufenden Index, um die einzelnen Zeilen darzustellen. Doch nun kommt eine größere Herausforderung: Sie müssen den Index der Zeilen mit Land in der Spalte *Attribut* identifizieren. Zu diesem Zweck können Sie bedingte Spalten und die Transformation *nach unten ausfüllen* verwenden, die beide sehr hilfreich für die Kontexterhaltung sind. Sie haben sie in Kapitel 5, »Den Kontext erhalten«, ausführlich verwendet, als Sie den Kontext aus Tabellentiteln bewahren mussten.

12. Wählen Sie auf der Registerkarte *Spalte hinzufügen* den Befehl *Bedingte Spalte*. Nehmen Sie im Dialogfeld *Bedingte Spalte hinzufügen*, das geöffnet wird, die folgenden Änderungen vor:
    a. Geben Sie in das Feld *Neuer Spaltenname* **Zeilen-ID** ein.
    b. Legen Sie *Spaltenname* auf *Attribut* fest.
    c. Verwenden Sie *ist gleich* als Operator.
    d. Geben Sie in das Feld *Wert* **Land** ein.
    e. Legen Sie bei *Ausgabe* die Option *Werte in einer Spalte verwenden* fest und wählen Sie dann die Spalte *Index* aus.
    f. Geben Sie in das Feld *Sonst* **null** ein. (Sie benötigen den Nullwert für die Zeilen, bei denen das Attribut nicht *Land* lautet, um so die Vorbereitungen für den nächsten Schritt zu treffen: *nach unten ausfüllen*.)
    g. Klicken Sie auf *OK*, um das Dialogfeld zu schließen.
13. Markieren Sie die Spalte *ZeilenID* und wählen Sie auf der Registerkarte *Transformieren* den Befehl *Ausfüllen | Nach unten*. Sie können nun die Spalte *Index* entfernen.

    ZeilenID enthält nun die Zahl 0 für die erste Gruppe, die Zahl 7 für die zweite Gruppe usw. Wenn Sie diese Technik auf mehrzeilige Datensätze mit optionalen Attributen anwenden, sind die Zahlen in *ZeilenID* nicht das Vielfache von 7 oder einer anderen bestimmten Zahl. Es spielt keine Rolle, welche Werte sich in *ZeilenID* befinden. Das einzig Wichtige ist, dass diese Spalte dank *ausfüllen nach unten* für jeden Datensatz oder jede Gruppe aus Zeilen einen eindeutigen Wert enthält. Nachdem nun der Kontext für jeden Datensatz rekonstruiert ist, sind Sie bereit für das Finale.
14. Markieren Sie die Spalte *Attribut* und wählen Sie auf der Registerkarte *Transformieren* den Befehl *Spalte pivotieren*.
15. Nehmen Sie im Dialogfeld *Spalte pivotieren* folgende Einstellungen vor:
    a. Setzen Sie die *Wertespalte* auf *Wert*.
    b. Lassen Sie die *Erweiterten Optionen* anzeigen.
    c. Legen Sie die *Aggregatwertfunktion* auf *Nicht aggregieren* fest.
    d. Klicken Sie auf *OK*, um das Dialogfeld zu schließen.
16. Entfernen Sie die Spalte *ZeilenID*.

Um sich die fertigen Lösungen anzusehen, öffnen Sie den Power BI-Bericht *K07U05 – Lösung.pbix* oder die Arbeitsmappe *K07U05 – Lösung.xlsx*; beide Dateien finden Sie in den Begleitdateien zu diesem Buch. (Die Lösung für diese Übung befindet sich im Power Query-Editor in der Abfrage *Umsätze – erstes Attribut liegt fest*.)

Zusammenfassung

In diesem Kapitel haben Sie die Erkundung des Entpivotierens zusammenfassender Tabellen abgeschlossen. Sie haben gelernt, wie Sie komplexe Tabellen mit 3×3 Hierarchieebenen entpivotieren und die Schritte verallgemeinern, indem Sie hart codierte Spaltennamen in den M-Formeln durch Aufrufe von `Table.ColumnNames` und `List`-Funktionen ersetzen. Sie haben auch gelernt, wie Sie eine generalisierte Abfrage in eine Funktion konvertieren, und die Funktion `FnUnpivotSummarizedTable` erstellt, die Sie erfolgreich an mehreren Übersichtstabellen getestet haben.

Im zweiten Teil des Kapitels haben Sie gelernt, wie Sie das Entpivotieren umkehren und den Befehl *Spalten pivotieren* anwenden, um die Tabellenstruktur zu verbessern. Sie haben außerdem die Folgen des Entpivotierens aller Spalten kennengelernt und erfahren, warum mehrzeilige Datensätze aus Attribut/Wert-Paaren ein häufig anzutreffendes Datenformat darstellen und Sie daher wissen sollten, wie Sie diese Daten pivotieren. Durch die Verwendung von *Index*, *Bedingte Spalte* und *Ausfüllen nach* haben Sie die erforderlichen vorbereitenden Schritte kennengelernt, mit denen auch in solchen Fällen das Pivotieren funktioniert. Mit dieser neuen Technik können Sie jetzt viele Szenarien mit mehrzeiligen Datensätzen erfolgreich bearbeiten.

KAPITEL 8

Herausforderungen bei der Zusammenarbeit meistern

In diesem Kapitel:

- lernen Sie, wie Sie in Power Query Parameter für Pfade zu lokalen Datenquellen nutzen
- verwenden Sie Power BI-Vorlagen in Kombination mit Parametern, damit mehrere Co-Autoren Daten aus lokalen Dateien importieren können
- erfahren Sie mehr über die Einschränkungen von Parametern in Excel und wie Sie Tabellen oder benannte Bereiche als Parameter verwenden
- lernen Sie, wie Sie Firewall-Fehler beheben und Abfragen konsolidieren
- erfahren Sie, wie Sie eine Verbindung zu freigegebenen Dateien auf OneDrive for Business und SharePoint herstellen
- lernen Sie, wie Sie eine Verbindung zu bestimmten Unterordnern in SharePoint herstellen und Abfragen ändern, die Verknüpfungen zu lokalen Ordnern enthalten, damit Sie Daten aus SharePoint importieren können
- erfahren Sie mehr über die Sicherheitsaspekte bei der Freigabe von Arbeitsmappen und Power BI-Berichten für Kollegen

Auf Ihrem Weg zum immer kompetenteren Berichtsautor stehen Sie ständig vor neuen Herausforderungen, wenn Sie mit der gemeinsamen Erstellung von Berichten beginnen und Ihre Berichte mit Kollegen teilen. Da die gleichzeitige Bearbeitung von Abfragen nicht unterstützt wird und es nicht möglich ist, Unterschiede zwischen Revisionen von Berichten zu vergleichen, gibt es viele grundlegende Herausforderungen zu meistern, die auftauchen, wenn Sie mit der Freigabe des »Quellcodes« Ihrer Berichte beginnen.

Als Berichtsautor arbeiten Sie möglicherweise bereits in einem Team von Spezialisten, die gemeinsam Schreibzugriff auf dieselben Excel-Arbeitsmappen oder Power BI-Berichtsdateien haben. Vermutlich werden Sie die Berichte häufig ändern, um Fehler zu beheben oder Verbesserungen bereitzustellen. In bestimmten Fällen möchten Sie Berichte vielleicht auf eine sehr traditionelle und grundlegende Weise freigeben – als Datei. Das Ziel dieses Kapitels ist es, Ihnen einige der grundlegenden Herausforderungen bei der Zusammenarbeit und deren Lösungen vorzustellen. Dieses Kapitel wird Ihnen dabei helfen, besser mit anderen Co-Autoren zusammenzuarbeiten und dumme Fehler zu vermeiden. Außerdem können Sie besser wiederverwendbare Abfragen schreiben und verstehen, wie Sie Ihre Berichte in einem neuen Kontext angehen.

In diesem Kapitel geht es nicht darum, Erfahrungen mit Ihnen zu teilen, die auf die Nutzung Ihrer Berichte abzielen. Dieses Thema entwickelt sich rasant weiter, und es gibt hier große Unterschiede zwischen Excel und Power BI. Während Excel in Bezug auf die Onlinefreigabe und geplante Aktualisierung mit Power Query, der jüngeren Schwester von Excel, etwas eingeschränkt ist, können Sie mit Power BI Ihre PBIX-Dateien im Power BI-Dienst veröffentlichen, eine geplante Aktualisierung ausführen und sogar Gateways zu lokalen Daten verwenden, damit Ihre lokalen Datenquellen sicher mit dem Dienst verbunden sind. Ihre Anwender erhalten so immer aktuelle Berichte. Der Power BI-Dienst umfasst eine Vielzahl von Freigabemöglichkeiten (siehe *learn.microsoft.com/power-bi/collaborate-share/service-share-dashboard*) sowie Arbeitsbereiche zur Zusammenarbeit (siehe *learn.microsoft.com/power-bi/collaborate-share/service-new-workspaces*).

Lokale Dateien, Parameter und Vorlagen

Eine der häufigsten Herausforderungen beim gemeinsamen Erstellen eines Berichts in Excel oder Power BI liegt dann vor, wenn es sich bei den Datenquellen um lokale Excel- oder Textdateien handelt. Wir können diese Herausforderung mit einer sehr typischen Geschichte über zwei Autoren eines Berichts veranschaulichen. Lernen Sie Alice und Bob kennen.

Alice und Bob, die beiden fiktiven Helden in diesem Kapitel, sind versierte Power Query-Anwender. Bis vor Kurzem arbeiteten sie in separaten Teams und waren dort die einzigen Power Query-Experten, weswegen sie ihre Abfragen nie mit anderen teilen mussten. Letzte Woche haben sie sich zusammengetan, um einen sehr komplexen Bericht zu erstellen, den Alice begonnen hat.

Zugriff auf lokale Dateien – auf die verkehrte Weise

Sie finden den Power BI-Bericht, *K08U01 – Alice.pbix* und die Excel-Arbeitsmappe von Alice, *K08U01 – Alice.xlsx* in den Begleitdateien zu diesem Buch. Die Arbeitsmappe mit den Quelldaten, *K08U01.xlsx*, auf denen die Abfragen basieren, befindet sich ebenfalls in den Begleitdateien.

Als Bob den Bericht von Alice zum ersten Mal öffnet, erhält er beim Versuch, ihn zu aktualisieren, den folgenden Fehler:

```
DataSource.Error: Ein Teil des Pfades "C:\Users\Alice\Documents\K08\K08U01.xlsx"
konnte nicht gefunden werden.
Details:
    C:\Users\Alice\Documents\K08\KOUE01.xlsx
```

Bob führt die folgenden Schritte aus, um das Problem zu beheben, nachdem er Alice' Dataset *K08U01.xlsx* unter dem gleichen Namen in seinem lokalen Ordner *C:\Users\Bob\Documents\K08* gespeichert hat:

1. Er öffnet die Arbeitsmappe oder den Power BI-Bericht und startet den Power Query-Editor.
2. Für jede der drei Abfragen *Umsätze, Kategorien* und *Farben* führt Bob die folgenden Schritte durch:
   a. Er wählt in *Angewendete Schritte* den Schritt *Quelle* (den ersten Schritt) aus.
   b. Er ersetzt in der Bearbeitungsleiste den Pfad in dieser Anweisung

      ```
      Excel.Workbook(File.Contents("C:\Users\Alice\Documents\K08\K08U01.xlsx"),
      null, true)
      ```

      durch diesen Pfad:

      ```
      Excel.Workbook(File.Contents("C:\Users\Bob\Documents\K08\K08U01.xlsx"), null,
      true)
      ```

   Die geänderte Zeile enthält den Pfad, den Bob zum Speichern der lokalen Datei *K08U01.xlsx* verwendet hat.

Durch Anwenden von Schritt 2 auf die drei Abfragen wird der Aktualisierungsfehler behoben. Bob kann mit der Arbeit am Bericht beginnen. Ein paar Stunden später schickt Bob den Bericht an Alice zurück, die sich darüber ärgert, dass sich der Bericht nicht aktualisieren lässt. Sie befolgt Bobs Anweisungen in einer E-Mail und ändert den Pfad der drei Abfragen ab.

Während Alice und Bob den Bericht immer wieder austauschen, fügen sie im Laufe der Zeit schrittweise weitere Abfragen hinzu, die Daten aus lokalen Dateien importieren. Jedes Mal, wenn sie an den Abfragen arbeiten und die Arbeitsmappe oder den Bericht austauschen müssen, ändern sie den Pfadnamen in Dutzenden von Abfragen, um so den jeweils richtigen, lokalen Pfad zu verwenden. Die Dinge werden noch viel zeitaufwendiger, da ihr Team wächst und zwei weitere Entwickler dem Team beitreten. Eines Tages entdecken sie, dass es einen besseren Weg gibt, um ihr Problem zu bewältigen: die Verwendung eines Parameters.

Übung 8.1: Parameter für einen Pfadnamen verwenden

Mit Power Query können Sie Parameter erstellen und in vorhandene M-Formeln integrieren. Damit können Sie mehrere Abfragen auf denselben Parameter verweisen lassen. Sie können den Wert des Parameters auch von einer einzigen Stelle aus steuern und so alle Abfragen beeinflussen. In unserer Geschichte können Bob und Alice einen Parameter für den Pfadnamen verwenden; sie sind dadurch von allen Problemen erlöst, die sie bis zu diesem Punkt hatten.

In dieser Übung erfahren Sie, wie Sie einen Parameter für den Pfad in Excel und Power BI verwenden, um das Problem von Alice und Bob zu beheben.

1. Verwenden Sie die Datenquelle *K08U01.xlsx* sowie Alice' Power BI-Bericht, *K08U01-Alice.pbix* oder Alice' Arbeitsmappe, *K08U01 – Alice.xlsx*, oder, die Sie in den Begleitdateien zu diesem Buch finden, und speichern Sie sie im Ordner *C:\Daten\K08*.
2. Starten Sie den Power Query-Editor: In Power BI Desktop öffnen Sie den Bericht *K08U01 – Alice.pbix*. Klicken Sie auf der Registerkarte *Start* auf *Daten transformieren.* In Excel öffnen

Sie Alice' Arbeitsmappe, *K08U01 – Alice.xlsx*. Wählen Sie auf der Registerkarte *Daten* den Befehl *Daten abrufen | Power Query-Editor starten* aus.

3. Wählen Sie im Power Query-Editor auf der Registerkarte *Start* den Befehl *Parameter verwalten | Neuer Parameter*. Führen Sie im geöffneten Dialogfeld *Parameter verwalten* die folgenden Schritte durch (siehe Abbildung 8.1):
   a. Geben Sie in das Feld *Name* **Pfad** ein.
   b. Wählen Sie als *Typ* die Option *Text*.
   c. Geben Sie in das Feld *Aktueller Wert* **C:\Daten\K08** ein.
   d. Wählen Sie *OK*, um das Dialogfeld zu schließen.

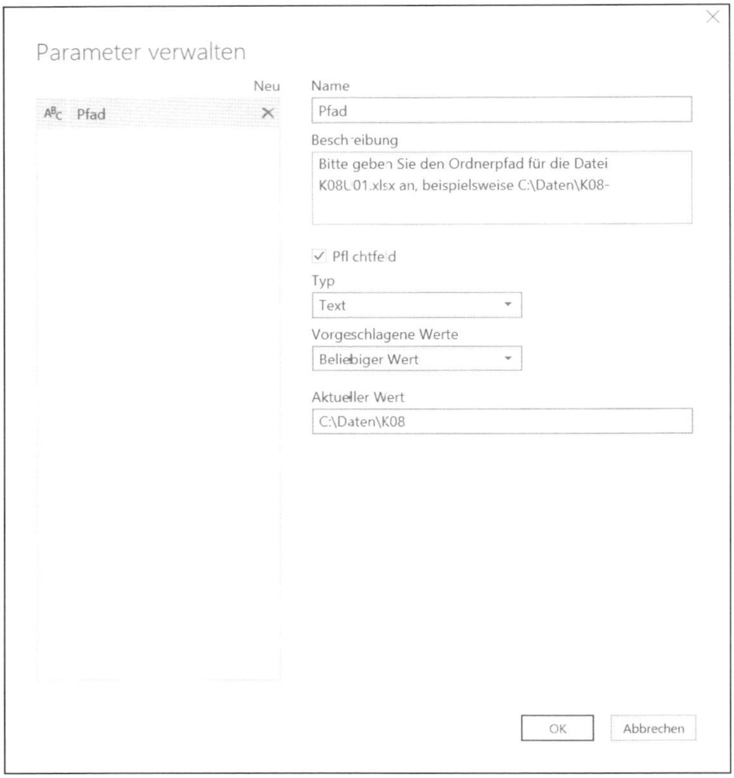

Abbildung 8.1 Im Dialogfeld *Parameter verwalten* können Sie neue Parameter erstellen und vorhandene Parameter bearbeiten. Parameter werden häufig verwendet, um den Pfad zu den Datenquellendateien zu definieren.

In Übung 8.2 werden Sie den Parameter verfeinern, um die Benutzerfreundlichkeit für Alice und Bob zu verbessern und ihnen den Wechsel zwischen verschiedenen vordefinierten Werten für den Pfad zu ermöglichen. Diese Übung hält die Dinge einfach und verwendet einen einfachen Parameter, der jeden Wert akzeptieren kann.

---

4. Markieren Sie im Bereich *Abfragen* nacheinander die Abfragen *Umsätze, Farben* und *Kategorien* und führen Sie für jede Abfrage die folgenden Schritte aus:
   a. Wählen Sie unter *Angewendete Schritte* den Schritt *Quelle* (den ersten Schritt) aus.
   b. Suchen Sie in der Bearbeitungsleiste nach dieser Zeile:

      ```
      Excel.Workbook(File.Contents("C:\Users\Alice\Documents\K08\K08U01.xlsx"), null,
      true)
      ```

      Ändern Sie mithilfe des Parameters *Pfad* und des Operators `&` die Zeile so ab, dass sie `Pfad & "\K08U01.xlsx"` anstelle von `"C:\Users\Alice\Documents\K08\K08U01.xlsx"` enthält.
      Hier ist die geänderte Zeile:

      ```
      Excel.Workbook(File.Contents(Pfad & "\K08U01.xlsx"), null, true)
      ```

5. Um zu prüfen, ob Ihre drei geänderten Abfragen wie erwartet funktionieren, wählen Sie jede Abfrage erneut aus und stellen Sie sicher, dass im Vorschaubereich keine Fehler mehr angezeigt werden.
   Von nun an können Alice, Bob und ihr Team eine einzige Änderung vornehmen, um den Parameterwert *Pfad* zu ändern, und sie können danach ihre Berichte aktualisieren.

Parameter sind in vielen Szenarien hilfreich. Sie können Parameter in jedem Kontext verwenden, der unterschiedliche Eingaben vom Berichtsautor erfordert. Eines der häufigsten Szenarien besteht darin, zwischen Entwicklungs-, Test- und Produktionsdatenquellen hin- und herwechseln zu können. In Übung 8.1 kann derselbe Benutzer den Wert des Parameters *Pfad* so ändern, dass entweder auf einen Entwicklungsordner oder auf einen Produktionsordner zugegriffen wird. Die Vorteile der Verwendung eines Parameters beschränken sich also nicht auf die gemeinsame Erstellung von Abfragen, sondern können außerdem dabei helfen, den Lebenszyklus Ihrer Berichte zu steuern und zu verwalten.

Wenn Sie sich die fertigen Lösungen ansehen wollen, öffnen Sie den Power BI-Bericht *K08U01 – Lösung.pbix* oder die Arbeitsmappe *K08U01 – Lösung.xlsx*, die Sie in den Begleitdateien zu diesem Buch finden.

Übung 8.2: In Power BI eine Vorlage erstellen

Power Query-Parameter bieten in Power BI Desktop spezifische Vorteile. In dieser Übung erfahren Sie mehr über Power BI-Vorlagen und wie Sie sie in Verbindung mit Parametern verwenden können, um für eine bessere Benutzererfahrung bei der Zusammenarbeit an Berichten bzw. bei ihrer Wiederverwendung zu sorgen.

Eine Power BI-Vorlage ist ein spezielles Dateiformat eines Power BI-Berichts. Sie können aus jedem vorhandenen Bericht eine Power BI-Vorlage exportieren. Die exportierte Datei wird als Datei mit der Erweiterung *.pbit* (Power BI Template) gespeichert und enthält nicht mehr die Daten aus dem ursprünglichen Bericht. Sie können die *.pbit*-Datei anderen Co-Autoren oder

Kunden zur Verfügung stellen. Wenn diese die Vorlage öffnen und der ursprüngliche Bericht Parameter enthält, werden sie aufgefordert, die Werte der Parameter einzugeben. Sobald die Parameter festgelegt sind, wird der Bericht geladen, der dann die Werte nutzt, die beim Laden angegeben wurden.

In dieser Übung erstellen Sie aus dem Power BI-Bericht, den Sie in Übung 8.1 erstellt haben, eine Vorlage. Sie können die Datei *K08U01 – Lösung.pbix* aus den Begleitdateien verwenden, falls Sie Übung 8.1 nicht mit Power BI Desktop durchgearbeitet haben.

1. Öffnen Sie den Power BI-Bericht *K08U01 – Lösung.pbix*.
2. Wählen Sie auf der Registerkarte *Datei* den Befehl *Exportieren | Power BI-Vorlage*.
3. Geben Sie im Dialogfeld *Vorlage exportieren*, das geöffnet wird, eine Beschreibung für die Vorlage ein. Dieser Text wird jedem Benutzer angezeigt, der die Vorlage öffnet. Hier ist eine mögliche Beschreibung:

   ```
   Geben Sie den Ordnerpfad zur Datei K08U01.xlsx an, beispielsweise C:\Daten\K08.
   ```

4. Klicken Sie auf *OK*, um das Dialogfeld zu schließen.
5. Legen Sie im Dialogfeld *Speichern unter* den Speicherort fest, in dem die neue Vorlagendatei gespeichert werden soll. Geben Sie als Dateinamen *K08U02 – Lösung.pbit* ein und klicken Sie auf *Speichern*.
6. Da Sie in Power BI Desktop noch immer den *.pbix*-Bericht und nicht die Vorlagendatei geöffnet haben, starten Sie den Datei-Explorer und suchen Sie die neue Datei *K08U02 – Lösung.pbit* in dem Speicherort, den Sie in Schritt 5 festgelegt haben. Sie können diese Vorlage für andere Co-Autoren freigeben, und diese müssen den Pfad nicht mehr wie bei der ursprünglichen Lösung aus Übung 8.1 im Power Query-Editor bearbeiten.

   Wie in Abbildung 8.2 dargestellt, wird das Dialogfeld *K08U02 – Lösung* angezeigt, wenn ein Co-Autor die Vorlage öffnet. Nachdem der Benutzer den Pfad eingegeben und auf *Laden* geklickt hat, wird der Bericht geladen, und die Abfragen importieren die Daten aus dem lokalen Ordner.

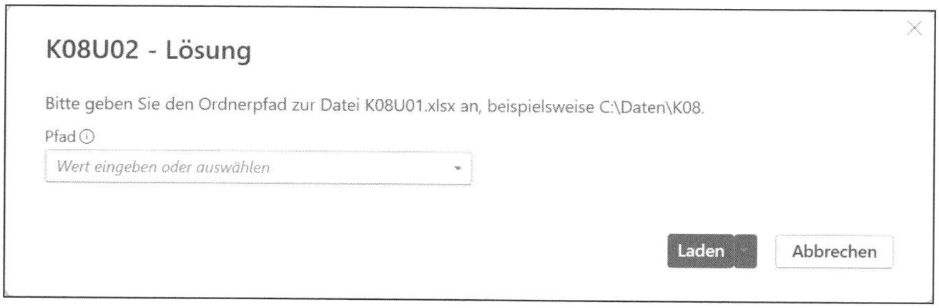

Abbildung 8.2 Wenn eine Power BI-Vorlagendatei (*.pbit*) geöffnet wird, kann der Benutzer für alle verwendeten Parameter Eingaben vornehmen.

Um die Benutzererfahrung für Alice und Bob weiter zu verbessern, können Sie, da Sie bereits wissen, welche Pfade von ihnen verwendet werden, diese Übung mit den nächsten Schritten fortsetzen.

7. Während *K08U01 – Lösung.pbix* geöffnet ist, wählen Sie auf der Registerkarte *Start* den Befehl *Abfragen bearbeiten* aus, um zum Power Query-Editor zurückzukehren.
8. Wählen Sie auf der Registerkarte *Start* den Befehl *Parameter verwalten* aus. Wählen Sie im Dialogfeld *Parameter verwalten*, das geöffnet wird, in der Dropdown-Liste *Vorgeschlagene Werte* die Option *Liste der Werte* aus.
9. Geben Sie in die Tabelle unterhalb von *Liste der Werte* die folgenden Pfadangaben ein:
   - C:\Daten\K08
   - C:\Users\Alice\Documents\K08
   - C:\Users\Bob\Documents\K08
10. Wählen Sie in der Dropdown-Liste *Standardwert* die Option *C:\Users\Alice\Documents\K08* aus, damit dieser Pfad als Standardpfad dient. (Da Alice die erste Person war, die an diesem Bericht arbeitete, erweisen Sie ihr die Ehre, dass ihr Pfad als Standardpfad verwendet wird.) Sie können jedoch einen beliebigen der drei Pfadwerte auswählen, die Sie in Schritt 9 eingegeben haben.
11. Wählen Sie in der Dropdown-Liste *Aktueller Wert* die Option *C:\Daten\K08* aus, da dies der Ort ist, an dem sich Ihre lokale Datenquelle befindet.
12. Um dem Parameter eine Beschreibung hinzuzufügen, geben Sie den folgenden Text in das Feld *Beschreibung* ein: *Der Pfad für die Datei K08U02.xlsx*. Wenn Sie eine Beschreibung angeben, wird beim Öffnen der Vorlage auf der rechten Seite neben der Beschriftung *Pfad* ein Informationssymbol angezeigt. Wenn die Benutzer mit der Maus auf das Symbol zeigen, erscheint eine QuickInfo mit der Beschreibung, die Sie hier angegeben haben.
13. Bevor Sie das Dialogfeld *Parameter verwalten* schließen, stellen Sie sicher, dass es wie in Abbildung 8.3 dargestellt konfiguriert ist.
14. Wiederholen Sie die Schritte 2 bis 5, um eine neue Power BI-Vorlage zu erstellen, und nennen Sie diese Datei *K08U02 – Lösung 2.pbit*.

    Sie können diese Vorlage nun Alice und Bob zur Verfügung stellen. Wenn einer der beiden die Vorlage öffnet, kann sie beziehungsweise er den entsprechenden Pfad aus der Dropdown-Liste auswählen.

Wenn Sie sich die fertigen Lösungen ansehen wollen, öffnen Sie den Power BI-Bericht *K08U02 – Lösung.pbit* oder *K08U02 – Lösung 2.pbit;* beide Vorlagen finden Sie in den Begleitdateien zu diesem Buch.

Das Erstellen einer Power BI-Vorlage ist eine effektive Möglichkeit, einen Bericht für verschiedene Datasets wiederzuverwenden, die das gleiche Schema nutzen. Ein Beispiel für die Wiederverwendung von Vorlagen finden Sie auch unter *datachant.com/2016/04/29/power-bi-templates*.

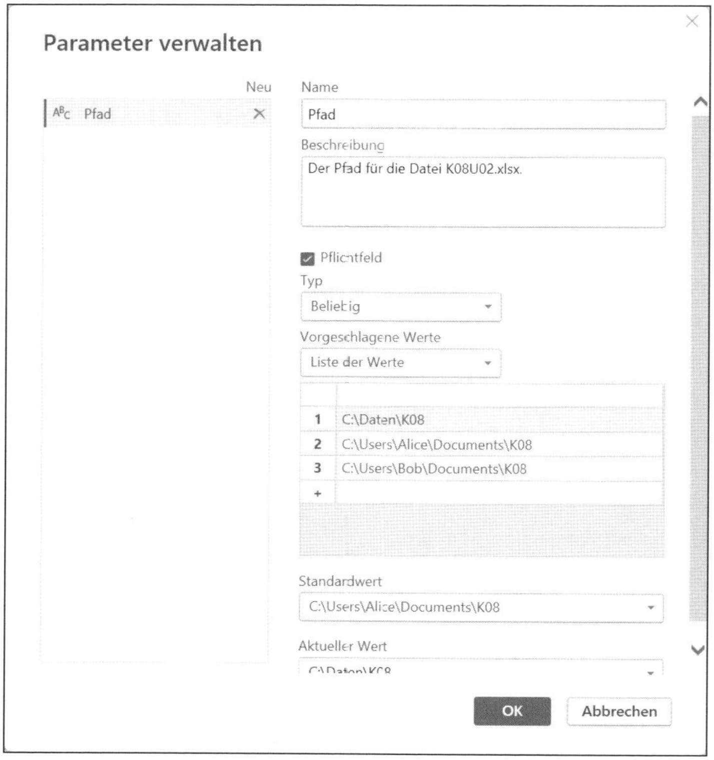

Abbildung 8.3 Sie können den Parameter *Pfad* so konfigurieren, dass er eine Liste mit vorgeschlagenen Werten enthält.

Übung 8.3, Teil 1: Parameter in Excel verwenden

Anders als in Power BI Desktop können Sie in Excel kein Dialogfeld erstellen, in dem Co-Autoren aufgefordert werden, Parameterwerte einzugeben. Excel-Vorlagen (*.xltx*) funktionieren anders und unterstützen beim Laden keine Benutzereingaben. Wenn Sie daher eine Excel-Arbeitsmappe freigeben möchten, für die ein Co-Autor den Pfad bearbeiten muss, muss der Benutzer den Power Query-Editor starten und den Parameter bearbeiten.

Um eine bessere Benutzererfahrung zu ermöglichen, lernen Sie in dieser Übung, wie Zellen auf einem Tabellenblatt in Kombination mit benannten Bereichen oder Tabellen verwendet werden, damit Benutzer die Parameterwerte eingeben können, ohne dazu den Power Query-Editor starten zu müssen. Wie Sie jedoch sehen werden, weist dieser Ansatz erhebliche Einschränkungen auf. Dennoch können Sie mit dieser Technik eine Tabelle mit Parametern aus einer externen Quelle, zum Beispiel einer Kalkulationstabelle oder einer Konfigurationsdatei, laden, um eine externe zentrale Quelle für Ihre Abfrageparameter zu verwenden. Solche Parameter können bestimmte Schwellenwerte für Ihre Datentransformationsschritte definieren, zwischen mehreren vordefinierten Datenquellen (zum Beispiel Test- und Produktionsdatenbanken) wechseln oder die Anzahl der Zeilen oder den Datumsbereich begrenzen, die aus einer Datenbank abgerufen werden sollen.

In dieser Übung beginnen Sie mit der Excel-Lösung, die Sie in Übung 8.1 erstellt haben. Sie können auch die Arbeitsmappe *K08U01 – Lösung.xlsx* aus den Begleitdateien als Startpunkt verwenden.

1. Öffnen Sie die Arbeitsmappe *K08U01 – Lösung.xlsx*.
2. Klicken Sie auf *Neues Blatt* und benennen Sie das Blatt in **Hier beginnen** um.
3. Geben Sie in Zelle A1 **Pfad** ein.
4. Geben Sie in Zelle A2 **C:\Daten\K08** ein.
5. Wählen Sie die Zellen A1 und A2 aus und klicken Sie auf der Registerkarte *Einfügen* auf *Tabelle*. Wenn das Dialogfeld *Tabelle erstellen* geöffnet wird, aktivieren Sie das Kontrollkästchen *Tabelle hat Überschriften* und klicken Sie auf *OK*, um das Dialogfeld zu schließen.
6. Markieren Sie Zelle A1 oder Zelle A2 und geben Sie dann auf der Registerkarte *Tabellentools/Entwurf* in das Feld *Tabellenname* **Parameter** ein.

Alternativ zu den Schritten 5 und 6 können Sie stattdessen die Zellen A1 und A2 auswählen und einen benannten Bereich erstellen, indem Sie in das Namensfeld links neben der Bearbeitungsleiste Parameter eingeben.

Wie in Abbildung 8.4 dargestellt, befindet sich der Pfad jetzt in der ersten Zelle einer neuen Tabelle und kann von den Co-Autoren dieser Arbeitsmappe leicht geändert werden, ohne dass der Power Query-Editor gestartet und der entsprechende Parameter im Bereich *Abfragen* gefunden werden muss. Wenn Sie eine solche Arbeitsmappe gemeinsam mit Co-Autoren oder Kollegen nutzen, die die Arbeitsmappe aktualisieren müssen, wird die Aktualisierung für sie so vereinfacht. Darüber hinaus sind die Anweisungen, die Sie möglicherweise Ihren Kollegen geben müssen, damit sie den Pfad ändern können, viel einfacher.

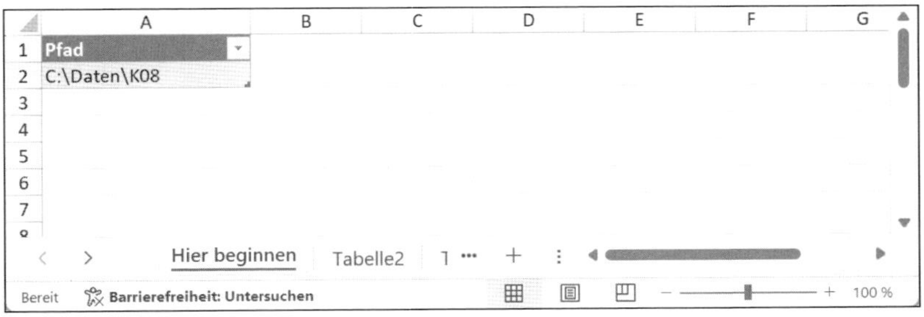

Abbildung 8.4 Sie können in Excel eine Tabelle für den Parameter *Pfad* verwenden.

Wenn Sie mehrere Parameter übergeben müssen, können Sie weitere Spalten hinzufügen; tragen Sie den entsprechenden Parameternamen in Zeile 1 und den Wert in Zeile 2 ein. Anschließend können Sie mithilfe der Drilldown-Transformation, die in Schritt 10 beschrieben wird, im Power Query-Editor auf die Werte der Parameter zugreifen.

7. Nachdem Sie die Tabelle *Parameter* erstellt haben und wenn Sie den Wert *Pfad* in Ihre Abfragen einspeisen wollen, wählen Sie in der Tabelle eine beliebige Zelle aus (in diesem Fall A1 oder A2) und klicken Sie auf der Registerkarte *Daten* in der Gruppe *Daten abrufen und transformieren* auf *Aus anderen Quellen | Aus Tabelle/Bereich*.
8. Wenn der Power Query-Editor geöffnet wird, erweitern Sie den Bereich *Abfragen* und Sie sehen dort die neue Abfrage *Parameter*. Im Vorschaubereich wird die Tabelle mit der Spalte *Pfad* angezeigt. Wenn Sie zusätzliche Parameter benötigen, können Sie diese in Zukunft als neue Spalten der Tabelle *Parameter* auf dem Excel-Tabellenblatt hinzufügen. Aus diesem Grund können Sie Parameter als eigenständige Abfrage beibehalten und eine neue Verweisabfrage für den Pfad erstellen.
9. Klicken Sie im Bereich *Abfragen* mit der rechten Maustaste auf *Parameter* und wählen Sie *Verweis* aus. Benennen Sie die neue Abfrage in **Pfad2** um. (Sie haben immer noch den alten Parameter *Pfad* aus Übung 8.1, den Sie jedoch bald entfernen werden.)
10. Achten Sie darauf, dass im Bereich *Abfragen* die Abfrage *Pfad2* ausgewählt ist, klicken Sie mit der rechten Maustaste auf die Zelle *C:\Daten\K08* und wählen Sie *Drilldown ausführen*. Die Tabelle wird in Text umgewandelt, die den Pfadwert enthält.

In Kapitel 5, »Den Kontext erhalten«, haben Sie die Drilldown-Transformation verwendet, um aus bestimmten Zellen den Kontext zu extrahieren und in kombinierten Tabellen beizubehalten. In dieser Übung verwenden Sie die gleiche Technik, um Parameter zu lesen.

Von nun an können Sie auf *Pfad2* verweisen, um überall in Ihren Abfragen den Pfadwert abzurufen. Die generierte M-Funktion ist simpel und einfach zu bedienen, wenn Sie mit M vertraut sind:

```
Quelle{0}[Pfad]
```

Da der Bezeichner *Quelle* mit *Parameter* identisch ist, können Sie die Schritte 9 und 10 mit folgendem Code vermeiden, wenn Sie auf den Wert *Pfad* zugreifen wollen:

```
Parameter{0}[Pfad]
```

Wenn Sie in Zukunft über weitere Parameter verfügen, können Sie den Wert eines neuen Parameters lesen, indem Sie den Spaltennamen anstelle von *Pfad* referenzieren. Wenn Sie beispielsweise in einer neuen Spalte der Tabelle den Dateinamen festlegen, können Sie mit der folgenden Zeile auf einen neuen Parameter mit dem Namen *Dateiname* zugreifen:

```
Parameter{0}[Dateiname]
```

In der obigen Formel haben Sie zuerst die erste Zeile und dann die Spalte anhand ihres Namens ausgewählt. Sie können auch die folgende Zeile verwenden, um dasselbe Ergebnis zu erhalten, indem Sie die Spalte anhand ihres Namens auswählen und dann die erste Zelle auswählen (indem Sie den Index 0 verwenden):

```
Parameter[Dateiname]{0}
```

Es ist an der Zeit, alle Abfragen so zu ändern, dass der Pfad aus *Pfad2* geladen wird, anstatt ihn aus dem systemeigenen Abfrageparameter *Pfad* zu lesen, den Sie in Übung 8.1 erstellt haben. Während der Parameter *Pfad* beim Exportieren des Berichts in eine Power BI-Vorlage eine benutzerfreundliche Erfahrung in Power BI Desktop bietet, ist *Pfad2*, der die Daten aus dem Tabellenblatt lädt, in Excel nützlicher.

11. Ändern Sie bei den Abfragen *Umsätze*, *Farben* und *Kategorien* in der Formel im Schritt *Quelle* Pfad in **Pfad2** ab. Hier ist die geänderte Formel:

```
= Excel.Workbook(File.Contents(Pfad2 & "\K08U01.xlsx"), null, true)
```

Leider wird hierdurch im Vorschaubereich für die Abfragen *Umsätze, Farben* und *Kategorien* möglicherweise der folgende Fehler angezeigt:

```
Formula.Firewall: Abfrage 'Farben' (Schritt 'Quelle') verweist auf andere
Abfragen oder Schritte und kann daher nicht direkt auf eine Datenquelle
zugreifen. Erstellen Sie diese Datenkombination neu.
```

12. Um diesen Fehler zu beheben, ändern Sie die Datenschutzeinstellungen dieser Arbeitsmappe durch die folgenden Schritte:
    a. Wählen Sie im Power Query-Editor den Befehl *Datei | Optionen und Einstellungen | Abfrageoptionen.*
    b. Klicken Sie im Dialogfeld *Abfrageoptionen*, das geöffnet wird, im Abschnitt *Aktuelle Arbeitsmappe* auf *Datenschutz.*
    c. Schalten Sie das Optionsfeld *Sicherheitsstufen ignorieren und potenziell die Leistung verbessern* ein und klicken Sie auf *OK*, um das Dialogfeld zu schließen.

Die Sicherheitsstufen sollten nur mit Vorsicht ignoriert werden. Wenn Sie dem Besitzer der Arbeitsmappe nicht vertrauen oder wenn Sie feststellen, dass die Abfragen mit unbekannten externen Quellen verbunden sind, wird nicht empfohlen, die Einstellungen in Schritt 12 anzuwenden. Es gibt jedoch einige Fälle, in denen Power Query nicht in der Lage ist, die verschiedenen Datenquellen zu isolieren und daher den `Formula.Firewall`-Fehler ausgibt. In Teil 2 dieser Übung lernen Sie eine fortgeschrittene Technik zum Beheben des Fehlers kennen, bei der Sie die Sicherheitsstufen nicht ignorieren müssen.

---

13. Entfernen Sie den Parameter *Pfad* und benennen Sie *Pfad2* in **Pfad** um. Durch das Umbenennen von *Pfad2* werden automatisch alle Verweise in den Abfragen *Umsätze, Farben* und *Kategorien* auf den neuen Abfragenamen geändert, sodass Sie Schritt 11 nicht wiederholen und *Pfad2* in *Pfad* ändern müssen.
14. Wählen Sie auf der Registerkarte *Start* den Befehl *Schließen & laden in.*
15. Wenn in Excel das Dialogfeld *Daten importieren* geöffnet wird, wählen Sie *Nur Verbindung erstellen* aus, damit die Abfrage *Pfad* nicht als neue Tabelle geladen wird.

Ab diesem Zeitpunkt kann der Parameter *Pfad* in der Arbeitsmappe geändert werden. Anschließend führen Sie zum Laden der Daten eine Aktualisierung der Arbeitsmappe durch und müssen den Power Query-Editor nicht starten, um den Parameter zu ändern. Wenn Sie jedoch die Arbeitsmappe für Kollegen freigeben und diese versuchen, die Arbeitsmappe zu aktualisieren, tritt derselbe `Formula.Firewall`-Fehler auf, den Sie nach Schritt 11 gesehen haben. Daher müssen Sie Ihren Kollegen nun erklären, wie sie die Sicherheitsstufen in der Arbeitsmappe deaktivieren können (so wie Sie es in Schritt 12 getan haben). Während das Ignorieren der Sicherheitsstufen auch von Excel aus erfolgen kann, ohne den Power Query-Editor zu öffnen (durch Auswählen des Befehls *Daten abrufen | Abfrageoptionen* auf der Registerkarte *Daten*), könnten Sie es dennoch vorziehen, die Lösungsarbeitsmappe aus Übung 8.1 freizugeben und Ihre Kollegen darüber zu informieren, wie sie den Parameter im Power Query-Editor ändern, ohne auf das sensible Thema Sicherheit einzugehen. Um den Parameter *Pfad* in der Kalkulationstabelle besser zu nutzen und die Sicherheitsdiskussionen mit Ihren Kollegen zu vermeiden, wird Teil 2 dieser Übung zeigen, wie Sie den `Formula.Firewall`-Fehler vermeiden können.

Sie können die Lösungsarbeitsmappe *K08U03 – Lösung – Teil 1.xlsx* aus den Begleitdateien dieses Buches verwenden. Wenn Sie die Arbeitsmappe öffnen, wird der `Formula.Firewall`-Fehler angezeigt (es sei denn, Sie legen fest, dass die Sicherheitsstufen für alle Arbeitsmappen ignoriert werden sollen). Um den Fehler zu beheben, wählen Sie auf der Registerkarte *Daten* den Befehl *Daten abrufen* und dann *Abfrageoptionen* aus, um die Schritte 12.b und 12.c auszuführen.

Übung 8.3, Teil 2: Die Datenkombination neu erstellen

Sie können den `Formula.Firewall`-Fehler ganz vermeiden, indem Sie die Abfragen so neu erstellen, dass alle Verweise auf externe Quellen in einer einzigen Abfrage ausgeführt werden. Wenn Sie auf einen Fehler stoßen, der mit `Formula.Firewall` beginnt und mit der Meldung *Erstellen Sie diese Datenkombination neu* endet, können Sie entweder die Sicherheitsstufen deaktivieren, wie in Schritt 12 von Teil 1 dieser Übung erläutert, oder alle Abfragen, die auf Abfragen mit externen Quellen verweisen, in einer einzigen Abfrage zusammenfassen. Die Ansicht *Abfrageabhängigkeiten* ist ein guter Ausgangspunkt, um die Herausforderung, die auf Sie zukommt, zu verstehen.

Sie können die Arbeitsmappe *K08U03 – Lösung – Teil1.xlsx* öffnen, den Power Query-Editor starten und dann auf der Registerkarte *Ansicht* den Befehl *Abfrageabhängigkeiten* wählen. Wenn Sie sich die Abhängigkeiten ansehen (siehe Abbildung 8.5), sehen Sie sofort, dass jede Abfrage im unteren Bereich sowohl von *Aktuelle Arbeitsmappe* als auch von *C:\Daten\K08\K08U01.xslx* abhängt. Während jedoch auf die letztgenannte Arbeitsmappe direkt von *Umsätze, Farben* und *Kategorien* aus verwiesen wird, wird die aktuelle Arbeitsmappe nicht direkt von diesen Abfragen referenziert, sondern über *Pfad* und *Parameter*.

Durch Konsolidieren der Verweise auf die abhängigen externen Quellen in einer einzigen Abfrage können Sie den Fehler vermeiden. In diesem Beispiel erfolgt die Konsolidierung, wenn jede der Abfragen *Umsätze, Farben* und *Kategorien* sowohl direkt auf die aktuelle Arbeitsmappe als auch auf die Datenquelle *C:\Daten\K08\K08U01.xslx* verweist. Wählen Sie dazu nacheinander die Abfragen *Umsätze*, *Farben* und *Kategorien* aus und fügen Sie im erweiterten Editor die folgende Codezeile hinter *let* hinzu:

```
Path = Excel.CurrentWorkbook(){[Name="Parameter"]}[Content]{0}[Path],
```

Die obige Zeile konsolidiert alle Transformationsschritte der Abfrage *Parameter* in einer einzigen Zeile. Sie können nun die Abfrage *Parameter* entfernen, da in keiner der Abfragen mehr darauf verwiesen wird.

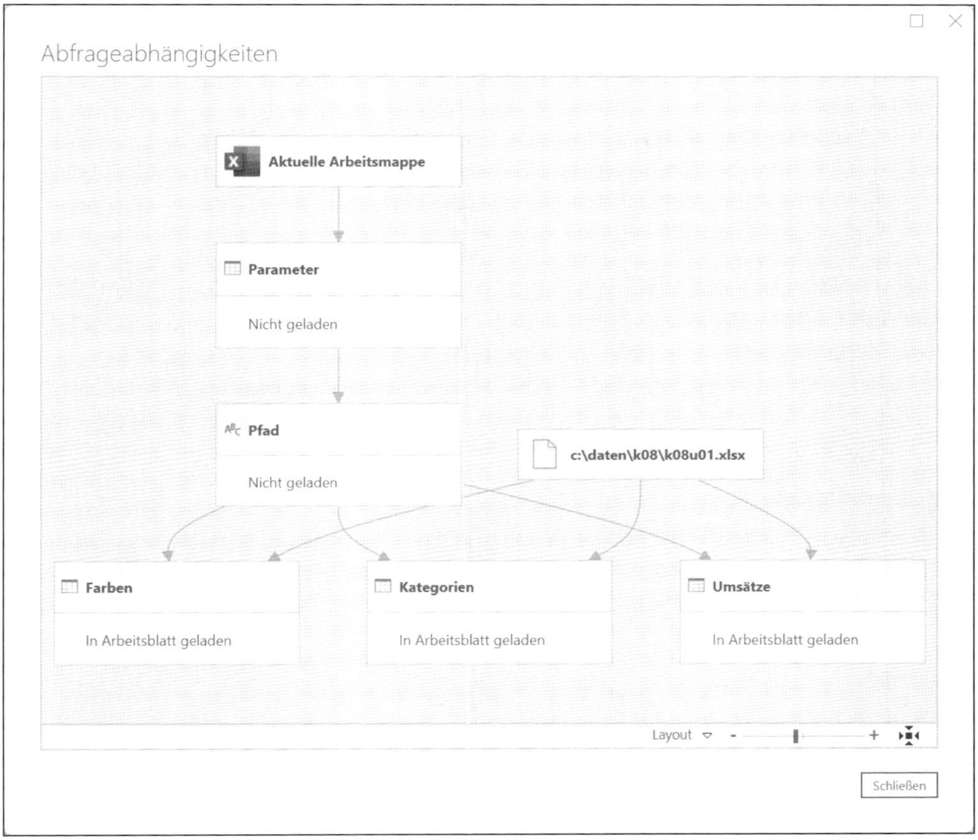

Abbildung 8.5 Das Dialogfeld *Abfrageabhängigkeiten* zeigt, dass mehrere Abfragen auf die externen Datenquellen zugreifen.

Ein noch saubererer Ansatz besteht darin, eine neue Abfrage zu erstellen, die die Arbeitsmappe binär zurückgibt, und die Abfragen *Umsätze, Farben* und *Kategorien* auf die Abfrage *Arbeitsmappe* verweisen zu lassen. Anschließend können Sie in der Abfrage *Arbeitsmappe* die Verweise auf die externe Excel-Datei und die aktuelle Arbeitsmappe verwenden.

Hier sind die dafür notwendigen Schritte:

1. Öffnen Sie *K08U03 – Lösung.xlsx* und wählen Sie auf der Registerkarte *Daten* den Befehl *Daten abrufen | Power Query-Editor starten.*
2. Stellen Sie sicher, dass die Datenschutzebenen in den *Abfrageoptionen* unter *Aktuelle Arbeitsmappe* auf *Daten entsprechend den Sicherheitseinstellungen für jede Quelle kombinieren* festgelegt sind.

3. Klicken Sie im Bereich *Abfragen* mit der rechten Maustaste auf die Abfrage *Farben* und wählen Sie *Duplizieren*.
4. Benennen Sie die neue Abfrage in **Arbeitsmappe** um und löschen Sie in *Angewendete Schritte* alle Schritte bis auf den ersten Schritt, *Quelle*.
5. Wählen Sie auf der Registerkarte *Start* den Befehl *Erweiterter Editor* und fügen Sie die folgende fett formatierte Zeile im M-Ausdruck hinzu, wie hier gezeigt:

```
let
  Pfad = Excel.CurrentWorkbook(){[Name="Parameter"]}[Content]{0}[Pfad],
  Quelle = Excel.Workbook(File.Contents(Pfad & "\K08U01.xlsx"), null, true)
in
  Quelle
```

6. Klicken Sie auf *Fertig*, um den erweiterten Editor zu schließen. Sie sehen nun, dass die Abfrage *Arbeitsmappe* denselben Tabelleninhalt der Arbeitsmappe *K08U01.xlsx* zurückgibt, der vor Schritt 4 vorlag.
7. Markieren Sie im Bereich *Abfragen* nacheinander die Abfragen *Umsätze, Farben* und *Kategorien,* wählen Sie für jede Abfrage in *Angewendete Schritte* den Schritt *Quelle* aus und ändern Sie die Zeile in der Bearbeitungsleiste wie folgt ab:

```
Arbeitsmappe
```

8. Entfernen Sie im Bereich *Abfragen* die Abfrage *Pfad* und dann die Abfrage *Parameter*.
9. Wählen Sie auf der Registerkarte *Start* den Befehl *Schließen & laden in*.
10. Wählen Sie im Dialogfeld *Daten importieren*, das in Excel geöffnet wird, die Option *Nur Verbindung erstellen* aus, damit die neue Abfrage *Arbeitsmappe* nicht als neue Tabelle geladen wird.

Mit diesen Schritten haben Sie alle Verweise auf die externen Quellen in der Abfrage *Arbeitsmappe* konsolidiert und den `Formula.Firewall`-Fehler vermieden. Sie können nun das Dialogfeld *Abfrageabhängigkeiten* verwenden, das in Abbildung 8.6 dargestellt ist, um sich davon zu vergewissern, dass *Arbeitsmappe* die einzige Abfrage ist, die auf die beiden externen Datenquellen zugreift (im Gegensatz zu den ursprünglichen komplexeren Abhängigkeiten in Abbildung 8.5).

Die fertige Lösung finden Sie in den Beispieldateien in der Arbeitsmappe *K08U03 – Lösung – Teil 2.xlsx*. Dank der Überarbeitung, die Sie gerade vorgenommen haben, müssen Ihre Kollegen ihre Datenschutzebenen weder ändern noch deaktivieren.

Das Neuerstellen Ihrer Abfragen zur Vermeidung von Firewall-Fehlern ist nicht immer einfach. Wenn Sie mehrere Abfragen in einer einzigen Abfrage konsolidieren, verlieren Sie eine gewisse Flexibilität in Bezug auf die Wartung und Wiederverwendung Ihrer Abfragen. Sie sollten die Vor- und Nachteile gegeneinander abwägen, bevor Sie sich auf Konsolidierungsbemühungen einlassen. Wie Sie im nächsten Abschnitt sehen werden, gibt es manchmal bessere Lösungen, um die Verwendung von zwei Datenquellen ganz zu vermeiden.

Obwohl es Vorbehalte hinsichtlich der Verwendung lokaler Excel-Tabellen als externe Datenquellen für Power Query gibt, können Sie Power BI-Berichte im Power BI-Dienst veröffentlichen und die geplante Aktualisierung Ihrer Berichte nutzen, selbst wenn diese eine Verbindung mit lokalen Datenquellen herstellen. Der Power BI-Dienst kann mithilfe lokaler Datengateways eine Verbindung mit den lokalen Dateien (oder einer anderen lokalen Datenquelle) herstellen. Weitere Informationen hierzu finden Sie unter *learn.microsoft.com/power-bi/connect-data/service-gateway-onprem.*

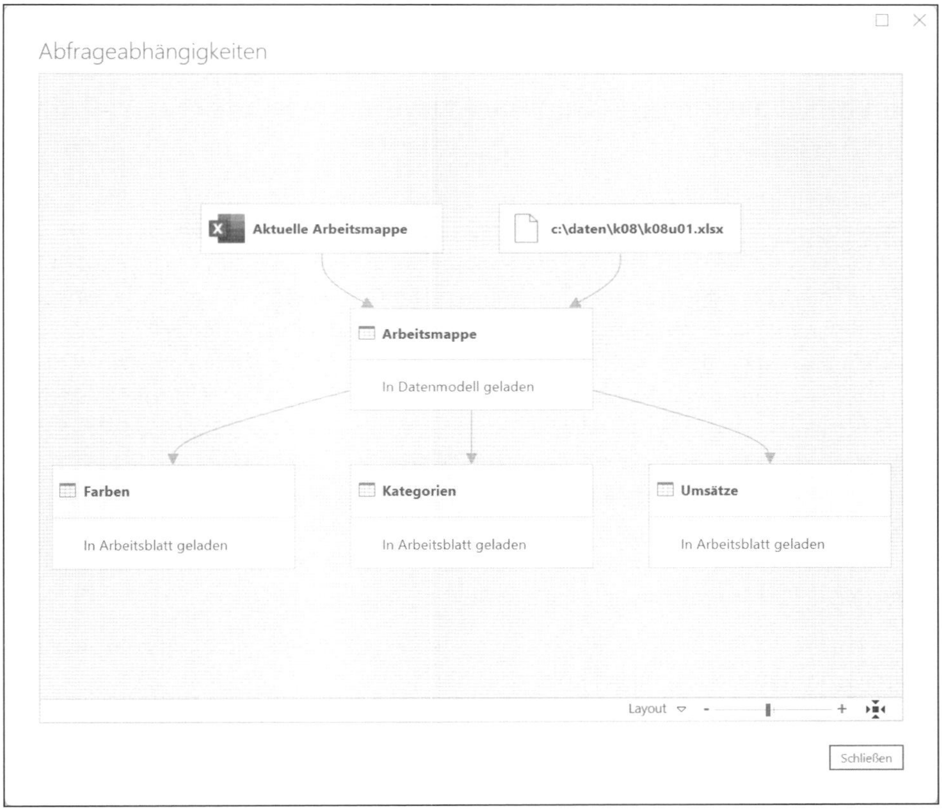

Abbildung 8.6 Das Dialogfeld *Abfrageabhängigkeiten* sieht nach den Konsolidierungsmaßnahmen, die den `Formula.Firewall`-Fehler beheben, so aus.

Mit freigegebenen Dateien und Ordnern arbeiten

In den Übungen 8.1, 8.2 und 8.3 haben Sie eine Vielzahl von Techniken verwendet, um beim Arbeiten mit lokalen Dateien die gemeinsame Berichterstellung zu vereinfachen. Alice und Bob, unsere fiktiven Akteure, können jetzt einfach ihren Pfad konfigurieren und die Daten aus einer lokalen Excel-Arbeitsmappe in den gemeinsam benutzten Bericht laden.

Mittlerweile kam sicher der Gedanke bei Ihnen auf, dass es bessere Möglichkeiten für die Zusammenarbeit an Berichten geben muss. Können Alice und Bob keine freigegebene Datei verwenden, die auf OneDrive for Business oder einer SharePoint-Website gehostet wird? Sie haben recht. In den Übungen 8.1, 8.2 und 8.3 wurden wichtige Techniken zur Verwendung von Parametern, Power BI-Vorlagen, Tabellenblattparametern und der Konsolidierung von Abfragen vorgestellt, um Aktualisierungsfehler in häufigen Szenarien zu vermeiden, wenn lokale Dateien als Datenquelle verwendet werden. Durch die Verwendung freigegebener Dateien können viele Hindernisse für die Teamzusammenarbeit beseitigt werden.

In diesem Abschnitt lernen Sie Tipps und Tricks zur Verwendung freigegebener Dateien auf OneDrive for Business und SharePoint kennen. Um die Übungen in diesem Teil selbst durchzuführen, benötigen Sie ein OneDrive for Business-Konto und eine SharePoint-Website in Microsoft 365, auf der Sie Zugriff auf gespeicherte Dateien haben.

Daten aus Dateien auf OneDrive for Business oder SharePoint importieren

Das Importieren von Daten aus Quelldateien auf OneDrive for Business oder SharePoint mithilfe von Power Query kann für Anfänger eine Herausforderung darstellen. Power Query ermöglicht es Ihnen nicht, mithilfe des Datei-Explorers wie bei lokalen Dateien zu OneDrive for Business oder einer SharePoint-Website zu navigieren. Wenn Sie OneDrive for Business oder eine SharePoint-Website als lokalen Ordner zugeordnet haben, können Sie die Daten wie bei jeder anderen lokalen Datei importieren, jedoch kann die Quelldatei nicht gemeinsam genutzt werden, da es sich um einen lokalen Pfad handelt, der spezifisch für Ihren Computer ist. Um diese Einschränkung zu umgehen, können Sie die richtige Datei-URL auf OneDrive for Business oder SharePoint ermitteln und den Web-Konnektor zum Importieren der Arbeitsmappe verwenden.

Es gibt zwar mehrere verschiedene Möglichkeiten, um die URL zu erhalten, mit der Sie auf die Datei zugreifen können, jedoch erhalten Sie bei den meisten dieser Methoden eine URL, die von Power Query nicht verwendet werden kann. Gehen Sie wie folgt vor, um die richtige URL abzurufen und die Excel-Arbeitsmappe auf OneDrive zu importieren:

1. Melden Sie sich bei OneDrive for Business oder SharePoint an und navigieren Sie zu dem Ordner, in dem sich Ihre Arbeitsmappe befindet.
2. Klicken Sie auf die Arbeitsmappe und öffnen Sie sie in Excel Online.
3. Klicken Sie auf *Bearbeiten* und wählen Sie *In der Desktopversion öffnen*.
4. Wenn die Arbeitsmappe in der Desktop-App geöffnet ist, wählen Sie *Datei | Informationen | Pfad kopieren* (siehe Abbildung 8.7).

Es gibt viele Möglichkeiten, eine URL zum Öffnen der Arbeitsmappe im Browser abzurufen. Die meisten der Techniken funktionieren nicht, wenn Sie versuchen, sie in Power Query zum Importieren der Arbeitsmappe zu verwenden. Die Schaltfläche *Pfad kopieren*, die den Pfad in die Zwischenablage kopiert, stellt sicher, dass Sie die richtige URL erhalten, damit Power Query die Arbeitsmappe importieren kann.

Abbildung 8.7 Mit der Schaltfläche *Pfad kopieren* lässt sich die URL Ihrer Arbeitsmappe ermitteln und anschließend in Power Query zum Laden des Dokuments nutzen.

Hier ist ein Beispiel für eine URL zu einer Datei auf OneDrive for Business:

`https://`**`contoso`**`-my.sharepoint.com/personal/`**`alice_contoso_com`**`/Documents/`**`Buch/Ressourcen/Übungen/08/`**`K08U01.xlsx`

Dieses fiktive Beispiel wurde von Alice auf ihrem OneDrive for Business generiert. Die fett gedruckten Elemente in der URL wurden aufgrund der folgenden Fakten erzeugt: Alice' Firma ist *contoso.com* und ihre E-Mail-Adresse lautet *alice@contoso.com* (deshalb sehen Sie *alice_contoso_com* im Pfad). Die Datenquelle *K08U01.xlsx* wurde im Ordner *Buch* im Unterordner *Ressourcen/Übungen/08* gespeichert.

Hier ist ein Beispiel für eine URL zu einer Datei auf SharePoint Online:

`https://`**`contoso`**`.sharepoint.com/sites/`**`Buch`**`/Freigegebene%20Dokumente/`**`Ressourcen/Übungen/08`**`/K08U01.xlsx`

In diesem Beispiel wurden die fett formatierten Elemente in der URL aufgrund der folgenden Fakten generiert: Alice' Unternehmen ist *contoso.com* (daher ist die Unterdomäne in der URL *contoso*). Die Datenquelle *K08U01.xlsx* wurde in einer SharePoint-Website namens *Buch* im Ordner *Dokumente* und dort in den Unterordnern *Ressourcen/Übungen/08* gespeichert.

5. Um die Arbeitsmappe in Power Query zu importieren, führen Sie die folgenden Schritte durch:

   In Power BI Desktop erstellen Sie einen leeren Bericht. Klicken Sie auf der Registerkarte *Start* auf den Pfeil der Schaltfläche *Daten abrufen* und dann auf *Web*.

   In Excel erstellen Sie eine leere Arbeitsmappe. Klicken Sie dann auf der Registerkarte *Daten* in der Gruppe *Daten abrufen und transformieren* auf *Aus dem Web* (beachten Sie, dass dies nicht der Befehl *Neue Webabfrage* ist, der in älteren Versionen von Excel verfügbar war).
6. Wenn das Dialogfeld *Aus dem Web* geöffnet wird, fügen Sie die URL aus der Zwischenablage (die in Schritt 4 kopiert wurde) in das Feld *URL* ein. Entfernen Sie dann das Suffix *?web=1* und wählen Sie *OK*, um das Dialogfeld zu schließen. (Das Suffix sollte entfernt werden, da Sie die Arbeitsmappe nicht in Excel Online importieren möchten.)
7. Wenn Sie zum ersten Mal über Power Query auf OneDrive for Business oder SharePoint zugreifen, wird das Dialogfeld *Auf Webinhalt zugreifen* geöffnet. Klicken Sie im linken Bereich auf *Organisationskonto* und dann auf die Schaltfläche *Anmelden*. Wenn Sie die Anmeldung abgeschlossen haben, können Sie auf *Verbinden* klicken.

8. Wenn das Dialogfeld *Navigator* geöffnet wird, führen Sie die bekannten Schritte durch, um die zu importierenden Arbeitsblätter auszuwählen, und klicken Sie dann auf *Daten transformieren*, um Ihre Daten vorzubereiten.

Wenn Sie Power Query zum Importieren einer Textdatei aus OneDrive for Business oder einer SharePoint-Website verwenden möchten, können Sie eine temporäre Excel-Arbeitsmappe im selben Ordner erstellen und die Schritte 1 bis 4 ausführen, um den Pfad zu erhalten. Fahren Sie dann mit den Schritten 5 bis 7 fort, um die Textdatei zu importieren.

Übung 8.4: Ihre Abfragen migrieren, um eine Verbindung mit OneDrive for Business oder SharePoint herzustellen

In dieser Übung ändern Sie die Abfragen von Alice so ab, dass anstelle einer Verbindung mit ihrem lokalen Computer eine Verbindung mit Ihrem OneDrive for Business-Ordner oder Ihrer SharePoint Online-Website verwendet wird. (Sie benötigen hierfür ein One Drive for Business-Konto oder Zugriff auf eine SharePoint-Website Ihrer Organisation.)

1. Laden Sie die Datenquelle *K08U01.xlsx* aus den Begleitdateien dieses Buches auf OneDrive for Business oder SharePoint Online hoch.
2. Verwenden Sie Alice' Arbeitsmappe *K08U01 – Alice.xlsx* oder den Power BI-Bericht *K08U01 – Alice.pbix*, die Sie ebenfalls in den Begleitdateien zum Buch finden, und speichern Sie die Datei auf Ihrem Computer.
3. Öffnen Sie die Arbeitsmappe *K08U01 – Alice.xlsx* oder den Power BI-Bericht *K08U01 – Alice.pbix*.
4. Führen Sie die im vorigen Abschnitt beschriebenen Schritte durch, um die URL der Excel-Arbeitsmappe *K08U01.xlsx* zu ermitteln, die Sie in Schritt 1 auf OneDrive for Business oder SharePoint Online gespeichert haben.
5. Führen Sie die Schritte im vorherigen Abschnitt durch, um die Excel-Arbeitsmappe *K08U01.xlsx* mithilfe des Dialogfelds *Aus dem Web* zu importieren. Wenn das Dialogfeld *Navigator* geöffnet wird, wählen Sie die Tabelle *Farben* aus und klicken Sie dann auf *Daten transformieren*.
6. Benennen Sie die neue Abfrage in **Arbeitsmappe** um und löschen Sie die letzten beiden Schritte in *Angewendete Schritte*, während im Bereich *Abfragen* die Abfrage *Arbeitsmappe* ausgewählt ist; es bleibt nur noch der Schritt *Quelle* übrig.
7. Ändern Sie ähnlich wie in Übung 8.3 die Abfragen so ab, dass diese die Abfrage *Arbeitsmappe* referenzieren und nicht die lokale Datei. Führen Sie hierzu die folgenden Schritte für jede der Abfragen *Umsätze, Farben und Kategorien* durch:
   a. Wählen Sie unter *Angewendete Schritte* den Schritt *Quelle* aus.

b. Ändern Sie in der Bearbeitungsleiste diese Zeile:

```
Excel.Workbook(File.Contents("C:\Users\Alice\Documents\K08\K08U01.xlsx"),
null, true)
```

wie folgt ab:

```
Arbeitsmappe
```

8. Führen Sie die folgenden Schritte aus, damit die neue Abfrage *Arbeitsmappe* nicht geladen wird:

   In Power BI Desktop klicken Sie im Bereich *Abfragen* des Power Query-Editors mit der rechten Maustaste auf die Abfrage *Arbeitsmappe* und deaktivieren Sie im Kontextmenü *Laden aktivieren*.

   In Excel wählen Sie auf der Registerkarte *Start* des Power Query-Editors *Schließen & laden in*. Wenn das Dialogfeld *Daten importieren* geöffnet wird, wählen Sie *Nur Verbindung erstellen* aus, damit die neue Abfrage *Arbeitsmappe* nicht als neue Tabelle geladen wird.

9. Um sicherzustellen, dass Sie die Schritte korrekt ausgeführt haben, starten Sie den Power Query-Editor und wählen Sie auf der Registerkarte *Ansicht* den Befehl *Abfrageabhängigkeiten*. Stellen Sie sicher, dass das Layout Ihrer Abfragen so aussieht, wie es Abbildung 8.8 zeigt.

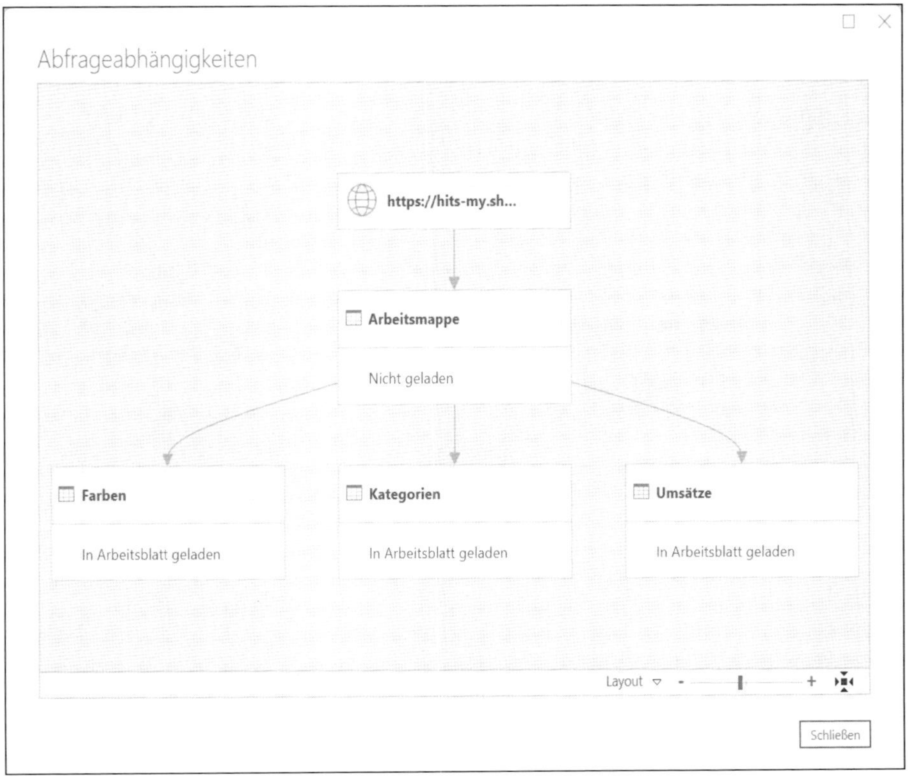

Abbildung 8.8 Das Dialogfeld *Abfrageabhängigkeiten* zeigt, dass alle Abfragen die Arbeitsmappe aus OneDrive for Business importieren.

Wenn Sie sich die fertigen Lösungen ansehen wollen, öffnen Sie den Power BI-Bericht *K08U04 – Lösung.pbix* oder die Arbeitsmappe *K08U04 – Lösung.xlsx*, die Sie in den Begleitdateien zu diesem Buch finden.

Die Unterschiede zwischen OneDrive for Business und SharePoint Online

Auch wenn es mit OneDrive for Business einfach möglich ist, schnell eine lokale in eine freigegebene Datei zu verwandeln, wird empfohlen, die freigegebene Datenquelle auf einer SharePoint-Website zu speichern, wenn Sie gemeinsam mit anderen Personen in einem Team einen Bericht erstellen. OneDrive for Business ist ein persönl cher Ordner; wenn der Besitzer des Ordners das Unternehmen verlässt, besteht keine Möglichkeit mehr, eine Verbindung mit dieser Datenquelle herzustellen.

Wenn Sie eine Verbindung zu mehreren Excel-Arbeitsmappen oder Textdateien in einem Ordner herstellen müssen, können Sie die Dateien auf einer SharePoint-Website speichern und den SharePoint-Ordner-Connector verwenden. In Übung 8.5 erfahren Sie, wie Sie eine Verbindung zu einem SharePoint-Ordner herstellen und Ihre Abfragen aus einem lokalen Ordner in einen SharePoint-Ordner migrieren.

Übung 8.5: Von lokalen Ordnern zu SharePoint-Ordnern migrieren

In dieser Übung beginnen Sie mit einem vorhandenen Excel- oder Power BI-Bericht, der eine Verbindung mit lokalen Datenquellen in einem Ordner herstellt. Anschließend laden Sie die Datenquellen auf Ihre SharePoint-Website hoch und ändern die Abfragen, um die Datenquellen aus SharePoint zu importieren. Die Verschiebung des Ordners nach SharePoint, wie in Abbildung 8.9 dargestellt, ist einfach. Aber wie Sie feststellen werden, ist die Änderung der Abfragen nicht trivial.

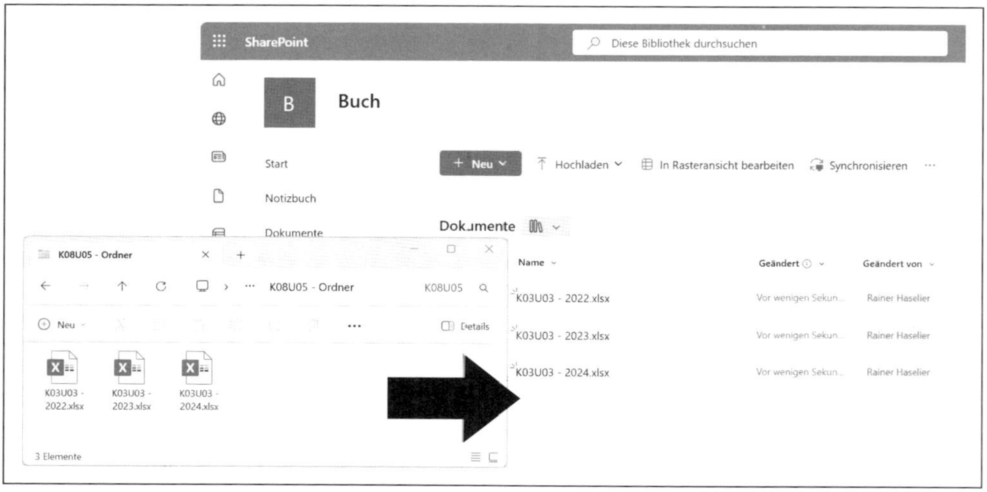

Abbildung 8.9 Das Verschieben eines lokalen Ordners mit Datenquellen nach SharePoint kann die Zusammenarbeit zwischen Berichtsautoren verbessern.

Bevor Sie mit der Übung beginnen, stellen Sie sicher, dass Sie die folgenden Dateien besitzen, die sich in den Begleitdateien zu diesem Buch befinden:

- K08U05.xlsx
- K08U05.pbix
- K08U05 – Ordner.zip

1. Entkomprimieren Sie die Datei *K08U05 – Ordner.zip* in Ihrem lokalen Ordner *C:\Daten\K08*. Nachdem Sie die Datei extrahiert haben, sollte sich im Zielordner ein Unterordner mit dem Namen *K08U05 – Ordner* befinden, in dem drei Excel-Arbeitsmappen sind, die Adventure-Works-Produkte für verschiedene Veröffentlichungsjahre enthalten. Sie können sich den Inhalt der Excel-Arbeitsmappen im Ordner ansehen. Jede Arbeitsmappe enthält ein anderes Veröffentlichungsjahr für die AdventureWorks-Produkte.
2. Kopieren Sie den Ordner *K08U05 – Ordner* in einen Unterordner unterhalb des Ordners *Dokumente* einer SharePoint-Website.
3. Öffnen Sie in Power BI Desktop den Bericht *K08E05.pbix* oder in Excel die Arbeitsmappe *K08U05.xlsx* und starten Sie den Power Query-Editor. In Power Bi Desktop wählen Sie auf der Registerkarte *Start* den Befehl *Daten transformieren*. In Excel wählen Sie auf der Registerkarte *Daten* den Befehl *Daten abrufen | Power Query-Editor starten*.
4. Wählen Sie im Bereich *Abfragen* die Abfrage *K08U05 – Ordner* aus. Im Vorschaubereich werden die angehängten AdventureWorks-Produkte angezeigt. Vermutlich kommen Ihnen diese Abfragen vertraut vor. In Übung 3.3 in Kapitel 3, »Daten aus mehreren Quellen kombinieren«, haben Sie den Ordner-Konnektor verwendet, um diese Arbeitsmappen aus einem Ordner anzufügen.
5. Stellen Sie eine Verbindung mit dem SharePoint-Ordner her, um die Unterschiede zwischen den lokalen Ordnern und SharePoint-Ordnern kennenzulernen. Wählen Sie dazu im Power Query-Editor auf der Registerkarte *Start* den Befehl *Neue Quelle | SharePoint-Ordner* aus und klicken Sie auf *Verbinden*.
6. Wenn das Dialogfeld *SharePoint-Ordner* geöffnet wird, geben Sie im Feld *Website-URL* die Stamm-URL Ihrer SharePoint-Website ohne Unterordner ein. Hier ist ein Beispiel für eine solche URL, wenn der Name der Unterdomäne des Unternehmens *contoso* und der Name der SharePoint-Website *Buch* lautet:

   ```
   https://contoso.sharepoint.com/sites/Buch
   ```

Ein wichtiger Punkt bei der Arbeit mit SharePoint-Ordnern ist, dass Sie keine direkte Verbindung mit einem bestimmten Unterordner herstellen können, sondern nur mit dem Stammordner der Website. Um einen Drilldown zu einem bestimmten Ordner durchzuführen, müssen Sie Filter für den relativen Pfad und Dateinamen verwenden, um die Dateien auf die Dateien einzugrenzen, die Sie anfügen möchten.

7. Wenn Sie zum ersten Mal über Power Query auf SharePoint zugreifen, wird das Dialogfeld *Auf Webinhalt zugreifen* geöffnet. Klicken Sie im linken Bereich auf *Organisationskonto* und dann auf die Schaltfläche *Anmelden*. Wenn Sie die Anmeldung abgeschlossen haben, können Sie auf *Verbinden* klicken.
8. Wenn eine Vorschau des Ordnerinhalts geöffnet wird, wählen Sie *Daten transformieren*.
9. Da Sie eine Verbindung mit dem Stammordner der SharePoint-Website hergestellt haben, sehen Sie wahrscheinlich im Vorschaubereich viele irrelevante Zeilen für alle Dateien, die sich im Stammordner befinden. Um die Zeilen zu filtern und nur die Dateien aus *K08U05 – Ordner* zu behalten, wählen Sie das Filtersteuerelement in der Spaltenüberschrift *Folder Path* aus.
10. Wenn der Bereich *Filter* geöffnet wird, wählen Sie *Textfilter* und dann *Enthält* aus.
11. Wenn das Dialogfeld *Zeilen filtern* geöffnet wird, geben Sie im Textfeld rechts neben dem Dropdown-Menü *Enthält* den Text **/K08U05 – Ordner/** ein und wählen Sie dann *OK*, um das Dialogfeld zu schließen. Im Vorschaubereich werden jetzt nur noch drei Excel-Dateien angezeigt.
12. Benennen Sie die Abfrage in **SharePoint-Ordner** um. Es ist nun an der Zeit, sie in den vorhandenen Abfragen zu verwenden; wählen Sie im Bereich *Abfragen* die Abfrage *Beispieldatei transformieren* aus.
13. Wählen Sie unter *Angewendete Schritte* den Schritt *Quelle* aus. In der Bearbeitungsleiste sehen Sie diese Formel, die den lokalen Ordner zurückgibt:

    ```
    Folder.Files("C:\Daten\K08\K08U05 – Ordner')
    ```

    Ersetzen Sie diese Formel durch die folgende:

    ```
    #"SharePoint-Ordner"
    ```

14. Wiederholen Sie Schritt 13, nachdem Sie im Bereich *Abfragen* die Abfrage *K08U05 – Ordner* ausgewählt haben. Auch diese Abfrage sollte so geändert werden, dass statt mit dem lokalen Ordner eine Verbindung mit dem SharePoint-Ordner hergestellt wird.
15. Führen Sie die folgenden Schritte aus, damit die neue Abfrage *SharePoint-Ordner* nicht in den Bericht geladen wird:

    Klicken Sie in Power BI Desktop im Bereich *Abfragen* die Abfrage *SharePoint-Ordner* mit der rechten Maustaste an und deaktivieren Sie im Kontextmenü die Option *Laden aktivieren*.

    In Excel wählen Sie auf der Registerkarte *Start* den Befehl *Schließen & laden in*. Wählen Sie im Dialogfeld *Daten importieren*, das geöffnet wird, die Option *Nur Verbindung erstellen* aus, damit die neue Abfrage *SharePoint-Ordner* nicht als neue Tabelle geladen wird.

Ihre Abfragen laden jetzt die Arbeitsmappen aus SharePoint und nicht mehr aus lokalen Dateien. Alice und Bob werden glücklich sein.

Sie finden die Lösungsdateien *K08U05 – Lösung.pbix* und *K08U05 – Lösung.xlsx* in den Begleitdateien für dieses Buch.

Sicherheitsaspekte

Power Query wurde mit dem Fokus auf Sicherheit entwickelt. Wenn Sie in Power Query einen Bericht erstellen, der eine Verbindung zu einer Datenbank Ihres Unternehmens oder einem anderen Dataset herstellt, das eine Authentifizierung erfordert, werden Ihre Informationen zur Benutzeranmeldung auf Ihrem Computer gespeichert, damit Sie den Bericht bei Bedarf aktualisieren können, ohne bei jeder Aktualisierung die Anmeldeinformationen erneut eingeben zu müssen.

Wenn Sie die Datei mit dem Bericht mit anderen teilen, verbleiben die Anmeldeinformationen auf Ihrem Computer. Ihre Co-Autoren müssen ihre eigenen Anmeldeinformationen angeben, um eine Verbindung mit der betreffenden Datenquelle herzustellen. Dieser Entwurf schützt Ihre Anmeldeinformationen und stellt sicher, dass kein anderer Berichtsautor auf Ihre Anmeldeinformationen zugreifen kann.

Es gibt einige Fälle, in denen Sie die Abfragen, das Modell und die Visualisierungen freigeben und gleichzeitig möchten, dass die Daten aus dem Bericht entfernt werden, bevor Sie ihn für andere freigeben. Sie können dies mithilfe von Excel-Vorlagen oder Power BI-Vorlagen tun. In Übung 8.2 haben Sie eine Power BI-Vorlage erstellt, die es dem Benutzer ermöglichte, einen Parameterwert einzugeben, bevor die Daten geladen wurden. Power BI-Vorlagen können auch ohne Parameter erstellt werden. Auch dann werden die Daten nicht in die Vorlage geladen, und Sie können sie für andere Co-Autoren freigeben, ohne Ihre Daten offenzulegen. Dies ist in der Regel praktisch, wenn jeder Co-Autor des Berichts nur auf eine Teilmenge von Zeilen aus denselben Tabellen in den Datenquellen zugreifen kann.

Excel funktioniert ähnlich. Um eine Excel-Arbeitsmappe als Vorlage zu speichern und die Daten aus dem Modell oder den Tabellen zu entfernen, klicken Sie auf *Datei* und dann auf *Speichern unter*. Stellen Sie vor dem Speichern der Datei sicher, dass der Dateityp in Excel-Vorlage (*.xltx*) geändert wird. Vor dem Speichern der Datei wird die folgende Eingabeaufforderung angezeigt:

```
Die Arbeitsmappe enthält externe Daten. Soll Microsoft Excel die Daten löschen, bevor die
Vorlage gespeichert wird, und die Daten dann automatisch aktualisieren, sobald die Vorlage
geöffnet wird?
```

Klicken Sie auf *Ja*, um Ihre Daten zu entfernen. Wenn Ihr Kollege den Bericht öffnet, startet Power Query die Aktualisierung und fordert ihn auf, bei Bedarf seine Anmeldeinformationen bereitzustellen. Ihre Daten werden nicht im Bericht gespeichert.

Alle Abfragen mithilfe des Dokumentinspektors in Excel entfernen

In bestimmten Fällen möchten Sie möglicherweise transformierte Daten oder statische Diagramme in Arbeitsblättern freigeben, aber die Abfragen und das Modell aus der Arbeitsmappe entfernen. Sie können hierzu jede Abfrage manuell löschen und die Tabellen intakt halten, jedoch gibt es eine schnellere Möglichkeit. Sie können den Dokumentinspektor verwenden, um alle Abfragen in Ihrer Arbeitsmappe sofort zu entfernen. Führen Sie die folgenden Schritte aus, um alle Abfragen mithilfe des Dokumentinspektors zu entfernen:

1. Klicken Sie in Excel auf die Registerkarte *Datei* und wählen Sie *Informationen | Auf Probleme prüfen | Dokument prüfen*.
2. Wenn das Dialogfeld *Dokumentprüfung* geöffnet wird, wählen Sie *Prüfen*.
3. Führen Sie einen Bildlauf nach unten durch, bis die Option *Benutzerdefinierte XML-Daten* angezeigt wird, wie in Abbildung 8.10 zu sehen.

Power Query speichert die Abfragen in einen speziellen Bereich in der Arbeitsmappe, der *Benutzerdefinierte XML-Daten* genannt wird. Dieser Bereich in der Datei wird auch von Add-Ins von Drittanbietern verwendet. Daher sollten Sie zur Sicherheit die Dokumentprüfung auf einer Kopie der Arbeitsmappe ausführen, falls die Datei zusätzliche Daten für Add-Ins speichert, die vom Dokumentinspektor zusammen mit den Abfragen entfernt werden.

---

4. Klicken Sie auf *Alle entfernen* und dann auf *Schließen*.
5. Klicken Sie auf der Registerkarte *Daten* auf *Abfragen und Verbindungen*. Sie können nun im betreffenden Aufgabenbereich sehen, dass alle Abfragen entfernt wurden. Wenn Sie die Abfragen in das Datenmodell geladen haben, wird dies ebenfalls entfernt.

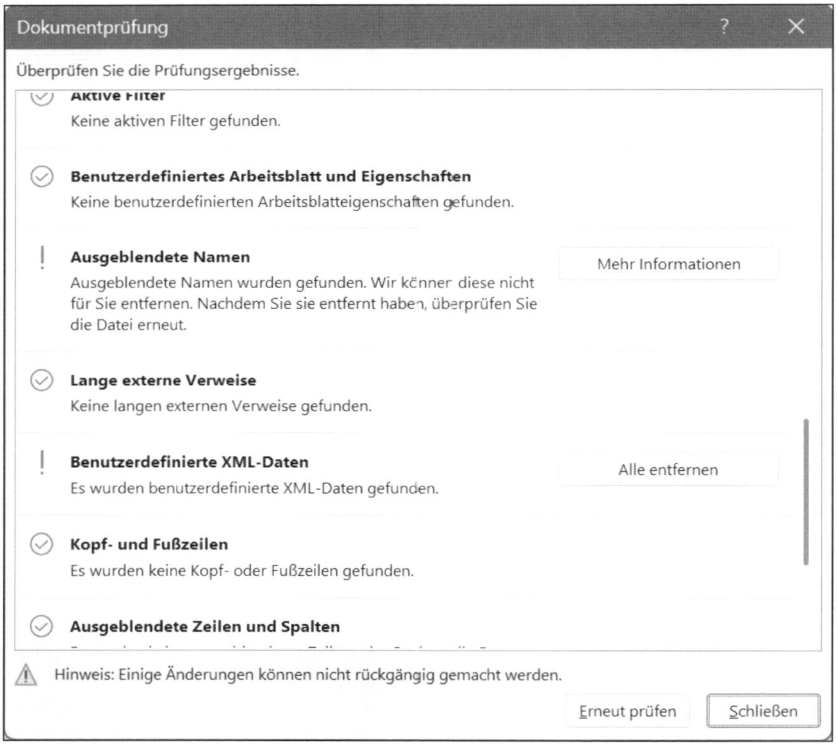

Abbildung 8.10 Sie können in der Dokumentprüfung alle benutzerdefinierten XML-Daten entfernen, um alle Abfragen zu löschen.

Zusammenfassung

In diesem Kapitel sind Sie neuen Herausforderungen begegnet, die häufig auftreten, wenn Sie mit dem gemeinsamen Erstellen von Berichten beginnen, Berichtsdateien für Kollegen freigeben und in Teamumgebungen arbeiten.

In den Übungen 8.1 und 8.2 haben Sie gelernt, wie Sie Parameter und Vorlagen verwenden, um Ihre Abfragen zu verbessern, wenn Sie gemeinsam mit anderen Autoren an Berichten arbeiten und wenn Sie Daten aus lokalen Dateien importieren. In Übung 8.3 haben Sie gelernt, wie Sie eine Parametertabelle in einem Tabellenblatt erstellen und diese als Parameterabfrage laden. Anschließend haben Sie ein Drilldown ausgeführt, um einen einzelnen Parameterwert zu laden, und `Formula.Firewall`-Fehler durch das Konsolidieren bestimmter Abfragen behoben.

In den Übungen 8.4 und 8.5 haben Sie gelernt, wie Sie eine Verbindung zu OneDrive for Business und SharePoint herstellen, um Daten mithilfe von Power Query zu importieren. Außerdem haben Sie vorhandene Abfragen so umgestaltet, dass die Daten aus freigegebenen Arbeitsmappen oder Ordnern und nicht aus einer lokalen Quelle in Ihrem Dateisystem geladen werden.

Abschließend haben Sie in diesem Kapitel einige Sicherheitsaspekte und damit in Zusammenhang stehende Techniken kennengelernt, mit denen Sie in der Lage sind, Ihre Arbeitsmappen und Power BI-Desktopdateien freizugeben, die Daten aus den Berichten zu löschen und mit der Dokumentprüfung alle Spuren von Power Query aus der Arbeitsmappe zu entfernen. Da Sie sich mittlerweile gut mit Power Query vertraut gemacht haben, ist es an der Zeit, die Welt von M zu betreten und Ihre Fähigkeiten bei der Datenaufbereitung zu erweitern.

KAPITEL 9

Einführung in die Power Query-Formelsprache M

In diesem Kapitel:

- ergründen Sie die Lernstufen beim Erlernen von M
- erfahren Sie mehr über Online- und Offline-Ressourcen, um M zu erlernen
- erkunden Sie die wichtigsten Bausteine der Sprache M, einschließlich des `let`-Ausdrucks
- lernen Sie die wichtigsten Operatoren und integrierten Funktionen für die Datentypen in M kennen, einschließlich `Ganzzahl`, `Zeit`, `Datum`, `Dauer`, `Text`, `null` und der logischen Typen
- erfahren Sie, wie Sie Bedingungen und `if`-Ausdrücke erstellen
- lernen Sie, wie Sie benutzerdefinierte Funktionen definieren und aufrufen
- erfahren Sie, wie Sie programmgesteuert Fehler behandeln
- erfahren Sie, wie Sie eine Schleife durchlaufen, um komplexe Transformationen durchzuführen, und wie Sie Rekursionen und fortgeschrittene `List`-Funktionen für Listen verwenden

M ist die Formelsprache, die von Power Query generiert wird, wenn Sie in der Benutzeroberfläche des Power Query-Editors Transformationsschritte hinzufügen. Jeder Transformationsschritt wird in eine einzelne Zeile M-Code (oder manchmal sogar ein paar Codezeilen) übersetzt, die in der Bearbeitungsleiste des Power Query-Editors angezeigt und bearbeitet werden können. Zusammen bilden diese Schritte den M-Ausdruck, einen Codeblock, der die Transformationsschritte in der Abfrage definiert und der im erweiterten Editor bearbeitet werden kann.

Obwohl Sie vollständige M-Ausdrücke schreiben können, um Abfragen von Grund auf im erweiterten Editor zu definieren, können die meisten Datenprobleme über die Benutzeroberfläche gelöst werden, ohne dass M-Ausdrücke geschrieben und auch ohne dass der Power Query-Editor gestartet werden muss, um die Ausdrücke zu bearbeiten. Ein tieferes Verständnis von M ermöglicht es Ihnen jedoch, selbst sehr komplexe Datenherausforderungen zu bewältigen und die Einsatzmöglichkeiten Ihrer Abfragen so zu erweitern, dass auch sehr chaotische Datasets erfolgreich transformiert werden können.

Falls Sie zögern, eine neue Programmiersprache zu lernen, werden Sie dieses Kapitel dennoch sehr nützlich finden. Anders als bei anderen Programmiersprachen kann man mit M auch dann sehr viel erreichen, wenn man nur sehr wenig weiß.

M erlernen

Nachdem Sie die Übungen in den vorherigen Kapiteln durchgearbeitet haben, ist es nun an der Zeit, dass Sie in diesem Kapitel mehr über M erfahren, und zwar indem Sie einen direkten Ansatz verwenden. Die folgenden Abschnitte tauchen tief in die Syntax von M ein. In diesem Abschnitt ist das Erlernen von M das Thema: Was ist dazu nötig?

Bisher haben Sie die Sprache M eher beiläufig bei der Verwendung dieser drei Elemente der Benutzeroberfläche des Power Query-Editors kennengelernt:

- **Die Bearbeitungsleiste:** Sie haben gesehen, wie Sie eine M-Funktion in der Bearbeitungsleiste ändern, um einen Transformationsschritt an Ihre Bedürfnisse anzupassen. Bisher haben Sie dies in diesem Buch in der Regel dann getan, wenn der Benutzeroberfläche eine bestimmte Funktion fehlte (zum Beispiel, um eine erweiterte logische Bedingung anzuwenden, wenn Sie eine Spalte filtern).
- **Das Dialogfeld »Benutzerdefinierte Spalte«:** Sie können dieses Dialogfeld verwenden, um verschiedene Berechnungen auf Zeilenebene durchzuführen und die Ergebnisse in der neuen Spalte zu speichern.
- **Der erweiterte Editor:** Sie können mehrere Schritte in einer Abfrage ändern, indem Sie den erweiterten Editor verwenden, ein Codefragment aus einer anderen Abfrage integrieren oder eine benutzerdefinierte Funktion erstellen, um ein bestimmtes Problem zu lösen.

Auch wenn Sie die Syntax oder die volle Bedeutung des Codes nicht verstehen, hat die Tatsache, dass er mithilfe der Benutzeroberfläche erzeugt wird, Ihnen geholfen, ihn bis zu einem gewissen Grad zu durchschauen – und dies ist ein wichtiges Element, das Sie sich merken sollten. Der beste Weg, um M zu lernen, besteht darin, Transformationsschritte in der Benutzeroberfläche anzuwenden und dann nach und nach zu versuchen, den zugrunde liegenden Code zu verstehen.

Die Lernstufen

Wenn Sie sich auf den Weg machen, M zu erlernen, werden Sie wahrscheinlich sechs Lernstufen durchlaufen, die in Abbildung 9.1 dargestellt sind. Jede Stufe oder Phase ermöglicht es Ihnen, neue Arten von Datenproblemen zu lösen, gleichzeitig bleiben Sie jedoch in einer bestimmten Komfortzone. Sind Sie bereit, erhebliche Anstrengungen zu investieren, um die nächste Stufe zu erklimmen?

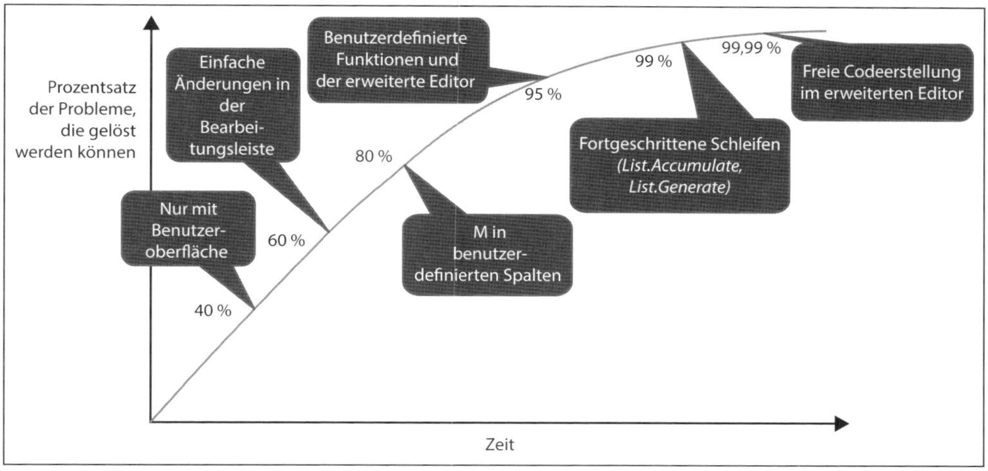

Abbildung 9.1 Wenn Sie beim Erlernen von M die verschiedenen Lernstufen durchlaufen, können Sie nach und nach mehr Probleme lösen; jedoch können die meisten der Herausforderungen bereits gemeistert werden, wenn Sie die zweite Stufe erreicht haben.

Stufe 1: Nur Benutzeroberfläche

Wenn Sie in diesem Buch zum ersten Mal Bekanntschaft mit M gemacht und die bisherigen Übungen durchgearbeitet haben, dann haben Sie die Ausgangsstufe beim Erlernen von M erreicht, und Sie sind bereits ein geschickter Power Query-Benutzer. Sie wissen, dass M als zugrunde liegende Sprache existiert, aber Sie könnten noch zögern, M zu lernen, weil Sie nicht wissen, ob sich der Aufwand lohnt. Möglicherweise haben Sie auch Angst, eine Programmiersprache zu lernen, oder sie favorisieren andere Sprachen als M. Es gibt viele unterschiedliche Programmiersprachen – einschließlich Excel-Formeln, VBA, DAX, Python und R –, und Sie kennen vielleicht bereits einige davon. Warum sollten Sie dann noch M erlernen, das sich so sehr von all dem unterscheidet, mit dem Sie bereits arbeiten?

Der Impuls und die Motivation, um zur nächsten Stufe zu wechseln, können dann entstehen, wenn Sie erkennen, dass die Benutzeroberfläche Ihnen nur beim Lösen von etwa 40 % der Probleme helfen kann, mit denen Sie konfrontiert sind. Wenn Sie motiviert sind, weitere Datenherausforderungen mit Power Query anzugehen, werden Sie feststellen, dass viele Probleme mit leichten Optimierungen des Codes überwunden werden können. Da diese Optimierung kein tiefes Verständnis der Syntax erfordert, können Sie diese Stufe einfach erreichen, auch wenn Sie sich nicht gut mit Excel-Formeln auskennen und wenn Sie nichts über Softwareprogrammierung wissen.

Stufe 2: Einfache Formeländerungen in der Bearbeitungsleiste

In der zweiten Stufe nehmen Sie in der Bearbeitungsleiste kleine Änderungen am M-Code vor. Sie verstehen möglicherweise noch keine vollständigen Formeln, aber Sie können einige der Formelelemente den Aktionen zuordnen, die Sie in der Benutzeroberfläche ausgeführt haben. Außerdem können Sie die Formeln anpassen und erweitern, damit sie Ihre Anforderungen erfüllen. Auf dieser Stufe sind Sie in der Lage, rund 60 % der Datenprobleme zu lösen, denen Sie gegenüberstehen, und Sie können mit Ihren Daten-Wrangling-Fähigkeiten große Wirkung erzielen.

Der Wunsch, die nächste Stufe zu erklimmen, kommt auf, wenn Sie in Ihren Berichten immer komplexere Berechnungen durchführen müssen und wenn Sie sich in anderen Bereichen, zum Beispiel DAX in Power BI oder Power Pivot in Excel, auskennen. Dies ist der Fall, wenn Sie die Leistungsfähigkeit berechneter Spalten in DAX erkennen und Sie vielleicht vermuten, dass es einfacher wäre, mithilfe einer benutzerdefinierten Spalte in M eine Lösung zu implementieren.

Stufe 3: M in benutzerdefinierten Spalten

In der dritten Stufe meistern Sie die Verwendung benutzerdefinierter Spalten und können in das Feld *Benutzerdefinierte Spaltenformel* des Dialogfelds *Benutzerdefinierte Spalte* einfache, aber hocheffektive M-Formeln eingeben. Sie beherrschen logische Bedingungen in Ihren Formeln, indem Sie `if/then/else`-Anweisungen verwenden, die mit den booleschen Operatoren `and`, `or` und `not` kombiniert werden. Sie verwenden lieber das Dialogfeld *Benutzerdefinierte Spalte* anstelle des alternativen Dialogfelds *Bedingte Spalte* und können 80 % der Datenprobleme lösen, denen Sie begegnen.

Während einige Praktiker auf dieser Stufe verbleiben, erkennen viele die Mächtigkeit von M und fühlen sich sicher genug, die Sprache zu verwenden, um weitere Herausforderungen anzugehen. Dies ist der Fall, wenn sie die Grenzen der Bearbeitungsleiste verlassen und die M-Ausdrücke im erweiterten Editor untersuchen, um ihr Wissen in M anzuwenden und ihre Abfragen zu erweitern, um weitere Probleme zu lösen.

Stufe 4: Benutzerdefinierte Funktionen und der erweiterte Editor

In der vierten Phase meistern Sie die Erstellung benutzerdefinierter Funktionen, um Ihre Transformationsschritte wiederzuverwenden. Obwohl Sie das Feature *Funktion erstellen* im Power Query-Editor zu schätzen wissen, fühlen Sie sich gut dabei, mit dem erweiterten Editor Abfragen in benutzerdefinierte Funktionen zu konvertieren. Sie können den erweiterten Editor verwenden, um umfangreiche Änderungen am Code durchzuführen.

In dieser Phase können Sie 95 % der Datenherausforderungen meistern, denen Sie gegenüberstehen. Ihr Ruf als Data-Wrangler erweitert sich über die Grenzen Ihres Teams hinaus und Sie werden wahrscheinlich von vielen Kollegen um Hilfe bei der Lösung ihrer Datenprobleme gebeten.

Der Katalysator, um in die nächste Phase überzugehen, wird nicht mehr von kritischen Geschäftsanforderungen angetrieben. Schließlich können Sie praktisch jede Datenherausforderung bewältigen. Die wichtigsten Gründe, um sich auf die nächste Ebene zu bewegen, sind Ihre Neugier und Motivation, M zu beherrschen. In dieser Phase können Sie damit beginnen, eine Bibliothek mit hilfreichen benutzerdefinierten Funktionen zu erstellen, und nach neuen Möglichkeiten suchen, um Probleme effizient zu beheben und Ihre Abfragen auch in den schwierigsten Szenarien wiederzuverwenden.

Stufe 5: Fortgeschrittene Schleifen (*List.Accumulate* und *List.Generate*)

Auf der fünften Stufe können Sie komplexe Szenarien angehen und komplexen M-Code schreiben, um diese zu realisieren. Während Sie weiterhin den Power Query-Editor zum Generieren von Code verwenden, erstellen Sie im erweiterten Editor eigene wichtige und komplexe Codeausdrücke. Sie können ganz einfach verschachtelte Ausdrücke von `let`/`in`-Blöcken erstellen sowie den automatisch generierten Code verallgemeinern, um zusätzliche Aufgaben zu lösen.

In dieser Phase entdecken Sie die Leistungsfähigkeit von `List.Accumulate` und `List.Generate` als nützliche Tools zum Erstellen von Schleifen von Transformationen. Sie können diese Funktionen verwenden, um kleine Teile von M-Code zu erstellen, die als Argumente in anderen M-Funktionen verwendet werden. Auch wenn es nur sehr wenige Anwendungsfälle gibt, in denen Sie dies wirklich brauchen, ist die Tatsache, dass Sie fortgeschrittene M-Formeln mit `List.Accumulate` und `List.Generate` schreiben können, ein Beweis für Ihre Fertigkeiten. Wenn Sie wissen, wie Sie diese Funktionen verwenden, befinden Sie sich auf Stufe 5. In einigen Organisationen haben Sie sich vielleicht den Ruf eines legendären Daten-Wranglers erworben.

In dieser Phase können Sie 99 % der Datenherausforderungen meistern, mit denen Sie konfrontiert sind. Die restlichen 1 % der ungelösten Probleme können mit anderen Programmiersprachen als M angegangen werden. Daher ist Ihr Antrieb, auf die nächste Stufe zu wechseln, rein intellektueller Natur oder Ihrer Erfahrung im Bereich Softwareentwicklung geschuldet. Wenn Sie von Haus aus kein Softwareentwickler ist, hat es keinerlei besonderen Wert, die letzte Stufe zu erklimmen.

Stufe 6: Freie Codeerstellung im Erweiterten Editor

In der sechsten und letzten Reifephase können Sie komplette M-Ausdrücke von Grund auf neu schreiben, ohne die Power Query-Editor-Benutzeroberfläche zu verwenden. Das freie Schreiben von Code ist für Sie eine Selbstverständlichkeit. Sie müssen sich viele Funktionsnamen und deren Argumente merken, damit Sie diese Stufe erreichen können.

Umfassende Erfahrungen mit M als Programmiersprache helfen Ihnen, diese Stufe zu erreichen, und wenn Sie hier angekommen sind, können Sie neue Wege suchen, um etwas zu bewirken. Dies ist der Zeitpunkt, an dem Sie erwägen können, M-Code für größere Zielgruppen zu schreiben, Ihre M-Funktionen mit Ihren Kollegen und sogar der Community zu teilen oder als nächsten Schritt in Visual Studio benutzerdefinierte Datenkonnektoren zu entwickeln.

Wenn Sie ein M-Entwickler der Stufe 6 sind, können Sie benutzerdefinierte Datenkonnektoren für Power BI erstellen, die es anderen Business-Anwendern ermöglichen, Verbindungen zu Diensten und Anwendungen herzustellen, für die Power BI standardmäßig keine Konnektoren bereitstellt, um von dort Daten abzurufen. Benutzerdefinierte Datenkonnektoren werden in diesem Buch nicht behandelt. Informationen zum Entwickeln solcher Konnektoren finden Sie unter *github.com/Microsoft/DataConnectors*.

Onlineressourcen

Um zur nächsten Lernphase zu wechseln oder um eine neue M-Funktion zu verstehen, ist die offizielle Power Query M-Referenz die Quelle, an der Sie beginnen sollten. Diese umfassende Onlineressource ist (derzeit leider nur englischsprachig) in Microsoft Learn unter *learn.microsoft.com/en-us/powerquery-m* verfügbar.

Häufig fehlen auf der offiziellen Referenz-Website die konkreten Beispiele, die Ihnen dabei helfen könnten, die Verwendung einer Funktion besser zu verstehen. Daher ist es eine gute Idee, im Internet nach relevanten Blogartikeln zu diesem Thema zu suchen. Dies sind einige der führenden Power Query-Blogs:

- Power Query How: *powerquery.how*
- Chris Webbs BI-Blog: *blog.crossjoin.co.uk/category/power-query*
- Ben Gribaudos Blog: *bengribaudo.com/blog/tag/power-query-m*
- Der Excelguru-Blog von Ken Puls: *www.excelguru.ca/blog*
- Imke Feldmanns Blog The BIccountant: *www.thebiccountant.com*
- DataChant-Blog: *datachant.com*

Offlineressourcen

Stellen Sie sich vor, Sie sitzen im Flugzeug und reisen an einen weit entfernten Ort. Sie haben keine Internetverbindung, aber das dringende Bedürfnis, besser zu verstehen, wie eine bestimmte M-Funktion funktioniert. Die gute Nachricht ist, dass der Power Query-Editor für alle seine Funktionen Offline-Referenzseiten enthält. Manchmal enthalten diese Offlineseiten mehr Informationen oder andere Beispiele als die Onlineversion auf Microsoft Learn, und daher sollten Sie sich dieses Feature einmal ansehen.

Um sich die Offlinedokumentation einer Funktion anzuschauen, geben Sie in die Bearbeitungsleiste des Power Query-Editors einfach einen Funktionsnamen ein. Geben Sie weder runde Klammern noch irgendwelche Argumente ein. Nachdem Sie die `Eingabe`-Taste gedrückt haben, wird die Offlinedokumentation im Vorschaubereich angezeigt. Wenn Sie beispielsweise die Funktion `Table.ColumnNames(Quelle)` verwenden, um die Liste der Spaltennamen der Tabelle *Quelle* zu erhalten, können Sie wie in Abbildung 9.2 gezeigt einfach die runden Klammern und *Quelle* entfernen, um die Offlinedokumentation von `Table.ColumnNames` zu erhalten.

```
Table.ColumnNames
```

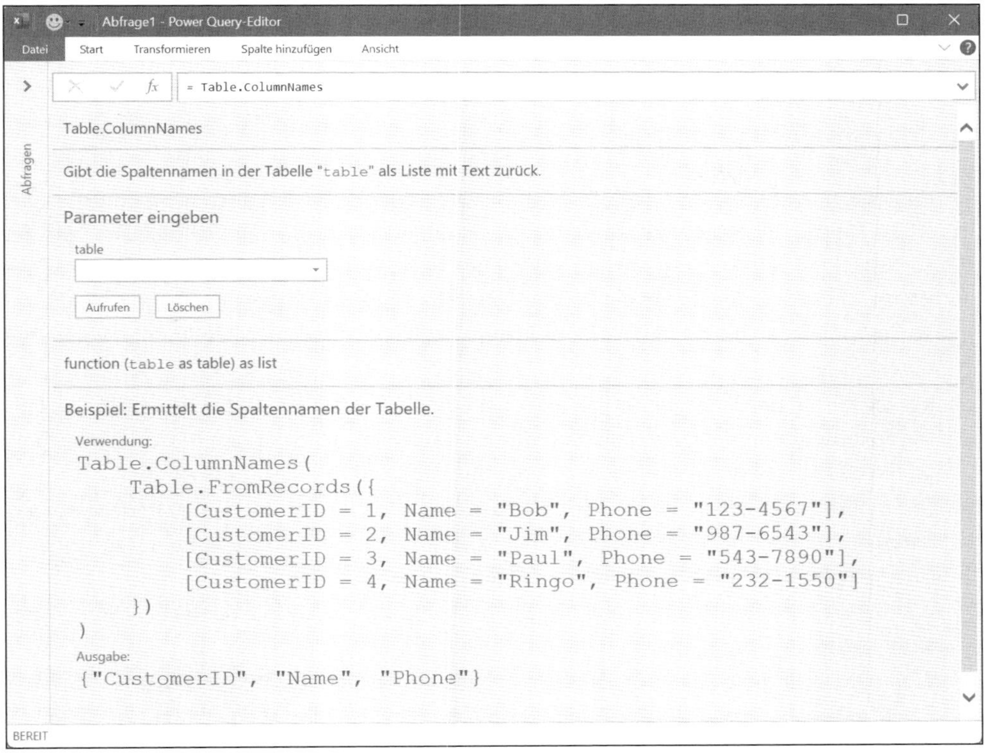

Abbildung 9.2 Geben Sie in die Bearbeitungsleiste lediglich den Namen einer Funktion ein, um im Power Query-Editor die Offlinedokumentation von M-Funktionen zu lesen.

Übung 9.1: Mit *#shared* die integrierten Funktionen erkunden

Um neue Funktionen zu finden und deren Offlinedokumentation zu lesen, können Sie den Power Query-Editor starten und dann in der Bearbeitungsleiste die folgende Zeile eingeben:

```
#shared
```

Diese Variable gibt ein Dataset aller in Power Query unterstützten Funktionen zurück, einschließlich Ihrer Abfragen. Sehen wir uns an, wie Sie *#shared* verwenden können, um alle Funktionen zu erkunden, und dann einen Drilldown zu einer bestimmten Funktion durchführen.

1. Erstellen Sie eine leere Abfrage:

   In Power BI Desktop: Öffnen Sie auf der Registerkarte *Start* die Dropdown-Liste *Daten abrufen* und klicken Sie dann auf *Leere Abfrage*.

   In Excel: Wählen Sie auf der Registerkarte *Daten* den Befehl *Daten abrufen | Aus anderen Quellen | Leere Abfrage*.

2. Wenn der Power Query-Editor geöffnet wird, wählen Sie auf der Registerkarte *Start* den Befehl *Erweiterter Editor*.

3. Aktualisieren Sie die Abfrage wie folgt und wählen Sie *OK* oder *Fertig*.

   ```
   let
       Quelle = #shared
   in
       Quelle
   ```

   Im Vorschaubereich wird eine Tabelle angezeigt. Es handelt sich jedoch nicht um eine klassische Tabelle, sondern um einen Datensatz. In der ersten Spalte befindet sich eine Liste der Schlüssel des Datensatzes (auch als *Feldnamen* bezeichnet). In der zweiten Spalte sind alle Werte. Mit Ausnahme der ersten Zeile, in der der Schlüssel *Abfrage1* angezeigt wird (die aktuelle Abfrage, an der Sie arbeiten), besitzen fast alle anderen Werte das Format von Funktionen.
4. Klicken Sie auf den freien Bereich in einer der Funktionszellen, um unten im Fenster die Offlinedokumentation für diese Funktion anzuzeigen. Klicken Sie auf den Hyperlink *Function*, um einen Drilldown zur eigentlichen Funktion durchzuführen.
5. Um mithilfe der Power Query-Benutzeroberfläche alle `List`-Funktionen zu finden, konvertieren Sie den Ausgabedatensatz `#shared` in eine Tabelle, indem Sie auf der Registerkarte *Datensatztools/Konvertieren* auf *Konvertieren | In Tabelle* klicken.
6. Wählen Sie das Filtersteuerelement der Spalte *Name* aus. Klicken Sie dann auf *Textfilter | Beginnt mit.*
7. Wenn das Dialogfeld *Zeilen filtern* geöffnet wird, geben Sie in das Textfeld rechts neben der Dropdown-Liste *Beginnt mit* **List** ein und klicken Sie auf *OK*, um das Dialogfeld zu schließen.

   Sie sehen nun alle `List`-Funktionen und können, wie in Schritt 4 beschrieben, deren Offlinedokumentation untersuchen.

Sie finden die Lösungsdateien *K09U01 – Lösung.pbix* sowie *K09U01 – Lösung.xlsx* in den Begleitdateien zu diesem Buch.

Die Bausteine von M

Der zentrale Baustein in M ist der Ausdruck. Ein Ausdruck ist ein Codeblock, der vom M-Modul ausgewertet wird und dessen Ergebnis ein einzelner Wert ist. Jeder Transformationsschritt, den Sie im Power Query-Editor erstellen, generiert einen M-Ausdruck. Im Vorschaubereich wird immer der Wert angezeigt, der sich aus der Auswertung des Ausdrucks ergibt.

In M ist jeder Transformationsschritt ein Paar, das aus einem Bezeichner und seinem Ausdruck besteht. In der Bearbeitungsleiste wird das Ausdruckselement des ausgewählten Schritts angezeigt; in der Liste *Angewendete Schritte* sehen Sie den Bezeichner. Wenn Sie das Dialogfeld *Erweiterter Editor* öffnen, wird der gesamte M-Ausdruck der Abfrage angezeigt. Obwohl der Code im erweiterten Editor wesentlich komplexer ist als ein einstufiger M-Ausdruck in der Bearbeitungsleiste, handelt es sich hierbei immer noch um einen Ausdruck, der einen einzelnen Wert zurückgibt. Die folgende Übung veranschaulicht dieses Konzept an einem einfachen Abfrageausdruck, der den Text *Hello World* zurückgibt.

Übung 9.2: *Hello World*

In dieser Übung erfahren Sie, wie Sie Benutzeroberflächen in Power Query den Ausdrücken und Werten in M zuordnen.

1. Starten Sie den Power Query-Editor für eine leere Abfrage. (Sie wissen nicht, wie? Führen Sie Schritt 1 aus Übung 9.1 durch.)
2. Klicken Sie auf der Registerkarte *Start* auf *Erweiterter Editor* und fügen Sie den folgenden Code ein:

```
let
   Quelle = "Hello",
   Schritt2 = Quelle & " ",
   Schritt3 = Schritt2 & "World"
in
   Schritt3
```

3. Wählen Sie *Fertig*, um den erweiterten Editor zu schließen. Im Vorschaubereich wird die Ausgabe *Hello World* angezeigt.

Gratulation, Sie haben Ihr erstes »Hello World«-Programm in M geschrieben. Lassen Sie mich den Code in der M-Terminologie erklären und dabei zeigen, wie er mit den Elementen der Benutzeroberfläche verknüpft ist. Abbildung 9.3 gibt einen Überblick über die wichtigsten Zuordnungen zwischen den UI-Elementen – dem erweiterten Editor, der Bearbeitungsleiste sowie der Liste *Angewendete Schritte* – und den entsprechenden M-Bausteinen.

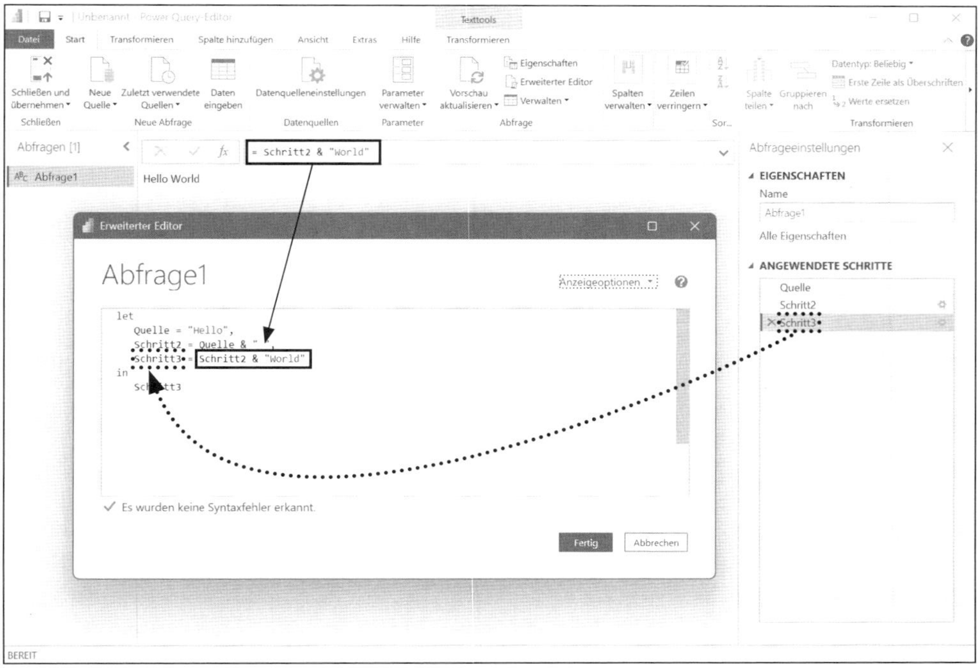

Abbildung 9.3 Die Power Query-Benutzeroberfläche besteht aus mehreren M-Bausteinen: dem erweiterten Editor, der Bearbeitungsleiste und dem Bereich *Angewendete Schritte*.

Im Vorschaubereich wird der Wert *Hello World* angezeigt. Normalerweise zeigt der Vorschaubereich Tabellen an, jetzt sehen Sie hier jedoch einen Wert des Typs *Text*. Der Ausdruck, den Sie im erweiterten Editor eingefügt haben, hat den einzelnen Wert *Hello World* zurückgegeben. In der Bearbeitungsleiste sehen Sie die folgende Zeile:

```
Schritt2 & "World"
```

Dieser Code ist der Ausdruck, der im erweiterten Editor dem Bezeichner `Schritt3` zugewiesen wird. Er verkettet den Wert von `Schritt2` mit dem Text *World*. Der Ausdruck wird in der Bearbeitungsleiste angezeigt und den Bezeichner `Schritt3` finden Sie im Bereich *Angewendete Schritte*.

Wenn Sie in der Liste *Angewendete Schritte* den Schritt `Schritt2` auswählen, wird der folgende Code in der Bearbeitungsleiste angezeigt:

```
Quelle & " "
```

Im erweiterten Editor wird dieser Ausdruck mit dem zugehörigen Bezeichner `Schritt2` wie folgt dargestellt:

```
Schritt2 = Quelle & " ",
```

Das nachstehende Komma in diesem Ausdruck wird nicht in der Bearbeitungsleiste angezeigt, wird aber benötigt, um die Bezeichner-/Ausdruckspaare zu trennen, die Teil des *let*-Ausdrucks sind.

Während die meisten Abfragen in eine »lineare« Sequenz von M-Schritten übersetzt werden, zum Beispiel `Quelle`, `Schritt2` und `Schritt3` (wie in Übung 9.2 gezeigt), können Sie in M komplexe Abläufe programmieren und Bedingungen verwenden, die zu unterschiedlichen Ausführungsflüssen führen. Sie werden dies weiter unten in diesem Kapitel im Abschnitt »Ein if-Ausdruck innerhalb eines let-Ausdrucks« sehen. Aber bevor Sie in solche fortgeschrittenen Szenarien eintauchen, ist es an der Zeit, den *let*-Ausdruck genauer zu untersuchen. Schließlich ist *let* höchstwahrscheinlich der erste M-Term, dem Sie beim ersten Öffnen des Power Query-Editors begegnet sind.

Der *let*-Ausdruck

Jedes Mal, wenn Sie mit dem Power Query-Editor neue Abfragen erstellen und nach einigen Datenvorbereitungen ein Dataset in Ihren Bericht importieren, wird ein zugrunde liegender `let`-Ausdruck erzeugt. Wenn Sie den erweiterten Editor öffnen, wird ein M-Ausdruck angezeigt, der mit `let` beginnt und normalerweise mit `in` endet, gefolgt von dem Bezeichner des letzten Schritts.

Mit den `let`-Ausdrücken können Sie Teilmengen kleinerer Ausdrücke erstellen, die zu einem Wert kombiniert werden. Nehmen wir das einfache Beispiel in Übung 9.2. In diesem Fall besteht der `let`-Ausdruck aus drei Schritten. `Schritt1` (mit dem Bezeichner *Quelle*) gibt den Wert *Hello* zurück. `Schritt2` gibt den Wert aus `Schritt1` und ein nachgestelltes Leerzeichen zurück, und `Schritt3` gibt den Wert in `Schritt2` und den nachfolgenden Wert *World* zurück. Das `in` definiert die zweite Phase der Berechnungen, die der `let`-Ausdruck zurückgeben wird. In diesem einfachen Beispiel wird nach *in* nur `Schritt3` angegeben. Daher ist der zurückgegebene Wert derselbe Wert wie in `Schritt3`: *Hello World*.

Mit einem `let`-Ausdruck können Sie Ausdrücke schreiben, die nach dem Schlüsselwort *in* ausgewertet werden. Hier ist ein Beispiel für den Code, der den Text *Hello World!!!* zurückgibt:

```
let
   Quelle = "Hello",
   Schritt2 = Quelle & " ",
   Schritt3 = Schritt2 & "World"
in
   Schritt3 & "!!!"
```

In diesem Ausdruck geben Sie nicht den Wert in `Schritt3` zurück, sondern Sie verwenden einen neuen Ausdruck nach dem Schlüsselwort `in`, der `Schritt3` und *!!!* verkettet. Hier ist ein ähnliches Beispiel, in dem Sie den Bezeichner `Ausrufezeichen` innerhalb des `let`-Abschnitts definieren und ihn dann im `in`-Ausdruck auswerten.

```
let
   Quelle = "Hello",
   Schritt2 = Quelle & " ",
   Schritt3 = Schritt2 & "World",
   Ausrufezeichen = "!!!"
in
   Schritt3 & Ausrufezeichen
```

Ein `let`-Ausdruck kann als zusammengesetzter Ausdruck aus verschachtelten `let`-Ausdrücken bestehen. Hier ist ein Beispiel, das ebenfalls *Hello World!!!* zurückgibt:

```
let
   ErstesWort =
   let
      Quelle = "Hello"
   in
      Quelle,

   ZweitesWort =
   let
      Quelle = "World"
   in
      Quelle
in
   ErstesWort & " " & ZweitesWort & "!!!"
```

Obwohl dieser Ausdruck völlig gültig ist, ist es ziemlich schwierig, ihn im Power Query-Editor zu verwalten. Aufgrund der Verschachtelung und der Berechnungen, die in dem endgültigen Ausdruck erforderlich sind, bewertet Power Query die Ausgabe als nicht trivial und schlägt vor, sie zu vereinfachen. In älteren Power Query-Engines wird der gesamte M-Ausdruck in der Bearbeitungsleiste angezeigt; die einzelnen Schritte können Sie nicht in der Liste *Angewendete Schritte* anzeigen lassen. Um dieses Problem zu beheben und im Bereich *Angewendete Schritte* auch die einzelnen Schritte zu sehen, wie in Abbildung 9.4 dargestellt, können Sie den M-Code umschreiben, indem Sie den Bezeichner *Ergebnis* hinzufügen und den Ausdruck vor das letzte `in` verschieben, wie hier gezeigt:

```
let
   ErstesWort =
   let
      Quelle = "Hello"
   in
      Quelle,

   ZweitesWort =
   let
      Quelle = "World"
   in
      Quelle,
   Ergebnis = ErstesWort & " " & ZweitesWort & "!!!"
in
   Ergebnis
```

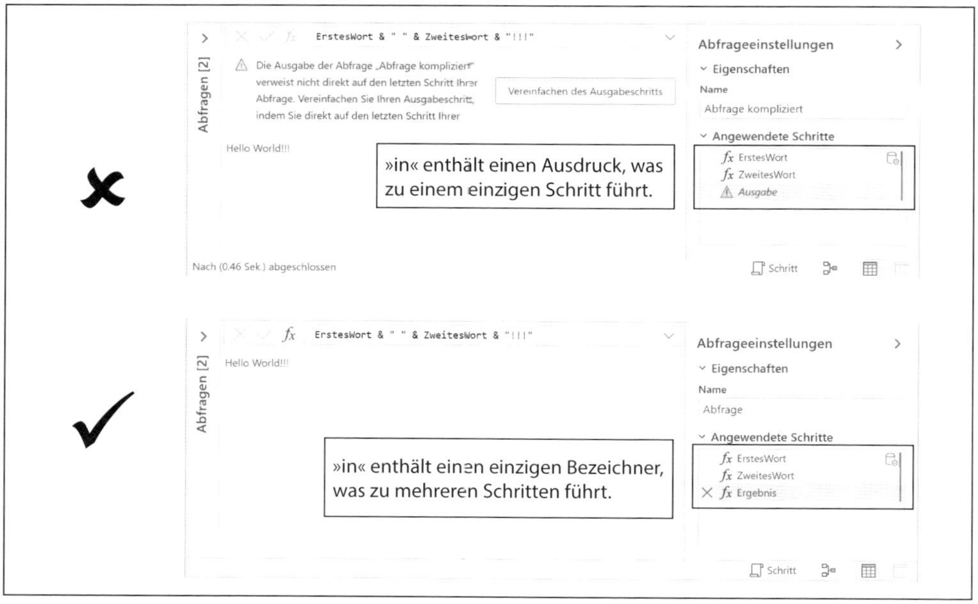

Abbildung 9.4 Wenn sich im erweiterten Editor im Abschnitt *in* ein Ausdruck und kein Bezeichner befindet, erhalten Sie in *Angewendete Schritte* nur einen einzelnen Schritt. Die vorherige M-Anweisung zeigt, wie Sie dies lösen können.

Möglicherweise haben Sie bemerkt, dass der Bezeichner `Quelle` in den beiden vorhergehenden Ausdrücken zweimal verwendet wird. Wenn Sie denselben Bezeichner zweimal in einem `let`-Ausdruck verwenden, wird normalerweise der folgende Fehler angezeigt:

```
Die Variable mit der Bezeichnung "Quelle" ist in diesem Bereich bereits definiert.
```

In den beiden vorhergehenden Ausdrücken werden jedoch zwei verschiedene `let`-Ausdrücke verwendet, die innerhalb des äußeren `let`-Ausdrucks verschachtelt sind. Alle Bezeichner, die innerhalb eines `let`-Ausdrucks definiert sind, sind lokal, und es ist nicht möglich, hierauf vom äußeren `let`-Ausdruck aus zuzugreifen. Wenn `Quelle` als Wert von `ZweitesWort` ausgewertet wird, kann auf `Quelle` in `ErstesWort` nicht zugegriffen werden, da sich die beiden Instanzen von `Quelle` in unterschiedlichen Bereichen befinden.

Zugriffsbereiche beim Zusammenführen von Ausdrücken aus mehreren Abfragen

Das Verständnis hinsichtlich der Zugriffsbereiche in M und des Schreibens von *let*-Ausdrücken ist eine sehr nützliche Fertigkeit. Häufig möchten Sie einige Transformationsschritte aus einer Abfrage wiederverwenden und auf eine zweite Abfrage anwenden. Um ganze Zeilen von Ausdrücken korrekt aus einer Abfrage zu kopieren und in eine andere einzufügen, müssen Sie in der Regel im zusammengeführten Ausdruck vier korrigierende Schritte durchführen. Sehen wir uns dies am Beispiel von zwei Abfragen an.

Angenommen, Sie haben eine Abfrage mit drei Transformationsschritten, wie in diesem Pseudocode dargestellt:

```
let
   Schritt1 = …,
   Schritt2 = …,
   Schritt3 = …
in
   Schritt3
```

In einer zweiten Abfrage haben Sie in `Schritt2` einen sehr nützlichen Filter angewendet, den Sie in der ersten Abfrage wiederverwenden möchten:

```
let
   Schritt1 = …,
   Schritt2 = Table.SelectRows(Schritt1, …)
in
   Schritt2
```

Daher kopieren Sie `Schritt2` aus der zweiten Abfrage in die erste Abfrage, wie im folgenden Beispiel gezeigt:

```
let
   Schritt1 = …,
   Schritt2 = …,
   Schritt3 = …
   Schritt2 = Table.SelectRows(Schritt1, …)
in
   Schritt3
```

Natürlich ist dieser Code falsch. Ein einfaches Kopieren und Einfügen der Zeile reicht nicht aus. Hier sind die vier Fehler, die Sie normalerweise beheben müssen:

1. `Schritt2` ist bereits im ursprünglichen Ausdruck definiert, und es wird der folgende Fehler angezeigt:

   ```
   Die Variable mit der Bezeichnung "Schritt2" ist in diesem Bereich bereits definiert.
   ```

2. Das erste Argument von `Table.SelectRows` war ursprünglich `Schritt1`, aber Sie sollten diese Transformation jetzt auf *Schritt3* anwenden.
3. Nach dem Schlüsselwort `in` haben Sie ursprünglich *Schritt3* als Wert dieses Ausdrucks zurückgegeben, aber Sie sollten nun den Wert im letzten Bezeichner zurückgeben.
4. Am Ende von `Schritt3` fehlt das Komma: das Komma muss ergänzt werden, da `Schritt3` jetzt nicht mehr der letzte Schritt ist.

Hier ist der korrigierte Ausdruck:

```
let
   Schritt1 = …,
   Schritt2 = …,
   Schritt3 = …,
   Schritt4 = Table.SelectRows(Schritt3, …)
in
   Schritt4
```

Die Änderungen, die zur Anpassung des Ausdrucks erforderlich sind, sind fett formatiert. Zuerst müssen Sie am Ende der Zeile `Schritt3` das Komma ergänzen. Danach müssen Sie den zweiten Bezeichner `Schritt2` in `Schritt4` umbenennen. Anschließend müssen Sie das Argument in `Table.SelectRows` ändern, damit der letzte Schritt vor `Table.SelectRows` als Argument verwendet wird; in diesem Fall ist dies `Schritt3`. Schließlich müssen Sie den Bezeichner nach dem Schlüsselwort `in` aktualisieren, damit dort der richtige letzte Schritt verwendet wird, hier also `Schritt4`.

Wenn Sie Codezeilen aus einer Abfrage in eine andere kopieren, müssen Sie den Code anpassen und die neuen Transformationsschritte richtig »verdrahten«.

In bestimmten Fällen möchten Sie möglicherweise mehrere Codezeilen aus einer Abfrage in eine andere kopieren. In solchen Fällen kann es schwierig sein, alle Zeilen in einem Durchgang zu ändern, insbesondere, wenn sich im kombinierten Ausdruck viele doppelte Bezeichner befinden. Um diese Situation zu beheben, können Sie einen verschachtelten *let*-Ausdruck verwenden. Das nachfolgende Beispiel gibt den gleichen Wert zurück wie das vorhergehende:

```
let
   Schritt1 = …,
   Schritt2 = …,
   Schritt3 = …,
   Schritt4 =
   let
      Schritt2 = Table.SelectRows(Schritt3, …)
   in
      Schritt2
in
   Schritt4
```

Beachten Sie, dass der Bereich im geschachtelten let-Ausdruck alle Bezeichner des externen Bereichs mit Ausnahme von Schritt2 enthält, der im Bereich des geschachtelten let-Ausdrucks lokal neu definiert ist und nicht als doppelter Bezeichner wahrgenommen wird. Wenn M Schritt4 auswertet, wird der äußere Schritt2 nicht durch den Wert überschrieben, der vom inneren Schritt2 zurückgegeben wurde. Wie bereits erläutert, haben die beiden Bezeichner Schritt2 unterschiedliche Gültigkeitsbereiche.

Abschließend ist hier noch ein Beispiel, in dem ein externer Bezeichner in einem geschachtelten let-Ausdruck verwendet und dann in dessen innerem Bereich neu definiert wird.

```
let
   A = 1,
   B =
      let
         A = A + 1
      in
         A
in
   B
```

Dieser Ausdruck gibt die Zahl 2 zurück. Der Bezeichner A wird zweimal definiert. Zuerst wird A im Kontext des oberen let-Ausdrucks definiert; dort wird A der Wert 1 zugewiesen. Dann wird innerhalb des geschachtelten let der Bezeichner A erneut mit einem Ausdruck definiert, der den externen Bezeichner A verwendet und dessen Wert um 1 inkrementiert.

Der innere Bezeichner A unterscheidet sich jedoch vom externen Bezeichner A, und es kann im externen let-Ausdruck nicht auf das innere A zugegriffen werden. Sehen Sie sich an, was passiert, wenn derselbe Ausdruck verwendet wird, aber dieses Mal geben Sie den Bezeichner A im letzten in-Ausdruck zurück:

```
let
   A = 1,
   B =
      let
         A = A + 1
      in
         A
in
   A
```

Dieser Code gibt die Zahl 1 anstelle von 2 zurück, obwohl A im inneren let-Ausdruck inkrementiert wurde. Im äußeren Bereich ist A immer noch 1. Schauen Sie sich den Ausdruck erneut an; diesmal mit Angabe der Zugriffsbereiche, wie sie vom M-Modul bei der Auswertung der Ausdrücke berücksichtigt werden:

```
let
   A_externer_Bereich = 1,
   B =
```

```
        let
            A_interner_Bereich = A_externer_Bereich + 1
        in
            A_interner_Bereich
in
    A_externer_Bereich
```

Der Thema Gültigkeits- und Zugriffsbereiche kann ein wenig verwirrend sein. Unter dem Strich können Sie unerwartete Ergebnisse vermeiden, indem Sie immer eindeutige Bezeichner verwenden.

Da Sie nun die `let`-Ausdrücke besser verstehen, ist es an der Zeit, sich den verschiedenen Typen von M zuzuwenden.

Typen, Operatoren und integrierte Funktionen in M

In M handelt es sich bei einem Wert um Daten, die durch Auswerten eines Ausdrucks erzeugt werden. In diesem Abschnitt erfahren Sie mehr über die wichtigsten Datentypen für die Werte in der Sprache M. Jeder Wertdatentyp ist verknüpft mit einer bestimmten Syntax, einem Satz von Werten dieses Typs, einer Gruppe von Operatoren und Funktionen, die Sie für diesen Typ von Werten ausführen können, und einer inhärenten Typdefinition.

Sehen wir uns die verschiedenen typspezifischen Sprachelemente an, indem wir numerische Werte in M untersuchen. Zahlen können als Literale wie 0, 100, -12.5 oder 2.5e-7 dargestellt werden. (Bitte beachten Sie, dass als Dezimaltrennzeichen der Punkt und nicht das Komma verwendet werden muss.) Diese Werte können mit einer Familie integrierter M-Funktionen, die mit dem Präfix `Number`, gefolgt von einem Punkt, beginnen und denen dann der Funktionsname folgt, bearbeitet werden. `Number.Abs` ist beispielsweise eine integrierte Funktion, die eine Zahl als Argument akzeptiert und deren absoluten Wert zurückgibt. Zahlen in M haben integrierte Operatoren, wie zum Beispiel =, <, >, <=, >=,+ und -. Weitere Details lernen Sie in diesem Abschnitt kennen.

M ermöglicht es, in Argumenten oder in den Rückgabewerten benutzerdefinierter Funktionen Typen zu deklarieren und zu testen, ob ein bestimmter Wert einen bestimmten Typ besitzt. Wenn Sie beispielsweise den folgenden Ausdruck in die Bearbeitungsleiste eingeben, gibt er `TRUE` zurück, wie in Abbildung 9.5 dargestellt.

```
1000 is number
```

In M wird die Groß-/Kleinschreibung berücksichtigt. Die booleschen Werte *TRUE* und *FALSE* werden, wie in Abbildung 9.5 dargestellt, nur für Anzeigezwecke großgeschrieben. In M-Ausdrücken sollten Sie die Kleinschreibung (`true` oder `false`) verwenden. Andernfalls erhalten Sie eine Fehlermeldung. Wenn Sie `TRUE` in einer M-Formel verwenden, wird dieser Fehler angezeigt:

```
Expression.Error: Der Name "TRUE" wurde nicht erkannt. Ist er richtig geschrieben
```

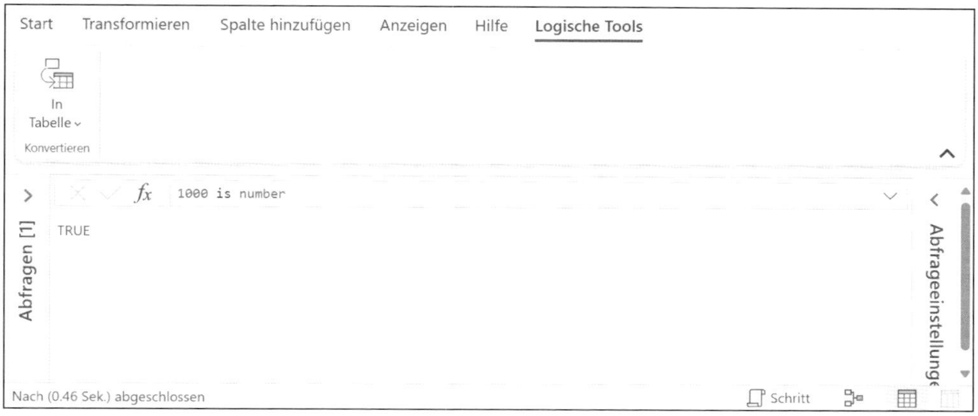

Abbildung 9.5 Der Ausdruck *1000 is number* in der Bearbeitungsleiste gibt den Wert TRUE zurück.

Typen werden auch in integrierten Funktionen verwendet. Beispielsweise ist die Funktion `Number.Abs` wie folgt deklariert:

```
Number.Abs(number as nullable number) as nullable number
```

Diese Zeile, die als Funktionsdeklaration bezeichnet wird, besagt, dass `Number.Abs` ein einzelnes Argument akzeptiert, das entweder eine Zahl oder `null` sein kann. Der Rückgabewert dieser Funktion ist eine Zahl oder `null`. Wenn Sie diese Syntax kennen, wissen Sie, dass Sie `Number.Abs` auf eine Zahl anwenden können, wie hier gezeigt:

```
= Number.Abs(-1000)
```

Diese Anweisung gibt eine Zahl zurück:

```
1000
```

Sie können der Funktion auch den Wert `null` übergeben:

```
Number.Abs(null)
```

Diese Anweisung gibt den Wert `null` zurück:

Übergeben Sie der Funktion jedoch einen anderen Typ, wird eine Fehlermeldung erzeugt. Wenn Sie die Funktion beispielsweise auf den Textwert `"Hallo"` anwenden wie hier:

```
Number.Abs("Hallo")
```

erhalten Sie eine Fehlermeldung:

```
Expression.Error: Der Wert ""Hallo"" kann nicht in den Typ "Number" konvertiert werden.
```

Der Einfachheit halber beziehen wir uns in diesem Kapitel auf die integrierten Funktionen eines bestimmten Typs im Format `Typ.X`. Beispielsweise gibt es, wie Sie im nächsten Abschnitt sehen werden, viele `Number.X`-Funktionen, zum Beispiel `Number.Abs`. Nachdem Sie nun die entscheidenden Einsatzzwecke von Typen in M besser verstehen, werden in den folgenden Abschnitten die wichtigsten, ihre Operatoren, und integrierten Funktionen behandelt.

Grundlegende M-Typen

Das Verständnis über die Typen in M sowie über die Art und Weise, wie Sie mit den Werten arbeiten können, ist sehr nützlich, wenn Sie eine Spalte transformieren, eine benutzerdefinierte Spalte hinzufügen oder einen Filter mit komplexen logischen Ausdrücken anwenden möchten. Während die Benutzeroberfläche des Power Query-Editors es Ihnen ermöglicht, viele Transformationen durchzuführen, hilft Ihnen das Wissen über M-Typen, deren Operatoren und integrierte Funktionen dabei, weitere Data-Wrangling-Möglichkeiten für Spalten zu nutzen.

In diesem Abschnitt finden Sie Beispiele für einfache Formeln, die außerhalb des Kontexts der Datenvorbereitung verwendet werden. Wenn Sie verstehen, wie Sie diese Typen einsetzen können, können Sie ihre Operatoren oder integrierten Funktionen einfach innerhalb der Bearbeitungsleiste anwenden, um spaltenbasierte Transformationen zu verfeinern.

Angenommen, Sie wollen eine `Number.X`-Funktion verwenden, die Sie in der Benutzeroberfläche nicht finden, zum Beispiel `Number.Sqrt`, mit der Sie die Zahlen in *Spalte1* in ihre Quadratwurzelwerte transformieren wollen. Sie können die numerische Spalte im Power Query-Editor auswählen und eine der numerischen Transformationen anwenden. Hier ist die Formel, nachdem Sie auf der Registerkarte *Transformieren* den Befehl *Wissenschaftlich | Absoluter Wert* ausgewählt haben:

```
Table.TransformColumns(Quelle,{{"Spalte1", Number.Abs, type number}})
```

Sie können nun `Number.Abs` in die gewünschte `Number.X`-Funktion (in unserem Beispiel `Number.Sqrt`) ändern, um die numerischen Werte in jeder Zelle von *Spalte1* zu transformieren:

```
Table.TransformColumns(Quelle,{{"Spalte1", Number.Sqrt, type number}})
```

Wenn der `Number.X`-Funktion mehr als ein Argument übergeben werden muss, können Sie *each* gefolgt von dem Funktionsnamen und dem Unterstrich (_) verwenden, der den numerischen Wert repräsentiert, und dann die anderen Argumente hinzufügen. Hier potenzieren Sie beispielsweise die Zahlen in *Spalte1* mit 3:

```
Table.TransformColumns(Quelle,{{"Spalte1", each Number.Power(_,3), type number}})
```

In den folgenden Abschnitten werden die wichtigsten grundlegenden Typen in M beschrieben: `Number` (Zahl), `Time` (Uhrzeit), `Date` (Datum), `Duration` (Dauer), `Text`, `null` und logisch.

Der Datentyp »Zahl« (Number)

In M werden Werte des Typs Zahl für numerische und arithmetische Operationen verwendet. Nachfolgend einige Beispiele für Zahlen: 1, –3.14 und 2.0e5. Sie können sogar das hexadezimale Format verwenden. Beispiel: `0xff` gibt die Zahl 255 zurück.

In M werden Zahlen mit einer Genauigkeit von mindestens einer 64-Bit-Zahl dargestellt; der Wertebereich reicht ungefähr von 5,0 x 10^324 bis 1,7 x 10^308 mit einer Genauigkeit von 15 oder 16 Stellen.

Die folgenden Sonderwerte gelten ebenfalls als Zahlenwerte:

- positiv unendlich: `+#infinity`
- negativ unendlich: `–#infinity`

  Unendliche Werte ergeben sich durch Operationen wie beispielsweise die Division einer Zahl ungleich null durch null. Zum Beispiel ergibt 1,0 / 0,0 positiv unendlich und –1,0 / 0,0 ergibt negativ unendlich.

- Not a Number (keine Zahl), oft mit NaN abgekürzt: `#nan`

  Ein NaN-Wert kann durch ungültige Gleitkommaoperationen erzeugt werden, zum Beispiel durch die Division von Null durch Null.

Sie können zwei Zahlen vergleichen, indem Sie die logischen Operatoren >, >=, <, <=, = und <> verwenden. Grundlegende arithmetische Operationen können mit +, -, * und / durchgeführt werden.

M stellt einen umfangreichen Satz integrierter `Number.X`-Funktionen zur Verfügung. Konstante Funktionen, zum Beispiel `Number.PI`, die den Wert von Pi zurückgibt, ermöglichen es Ihnen, spezielle Zahlen in Ihren Transformationen zu verwenden. Informationsfunktionen, wie zum Beispiel `Number.IsEven`, geben `true` oder `false` zurück, wenn die Zahl bestimmten Kriterien entspricht. Konvertierungsfunktionen, zum Beispiel `Number.From`, können Werte in Zahlen konvertieren. Die folgende Funktion konvertiert beispielsweise den Text "6" in die Zahl 6:

```
Number.From("6")
```

Viele der Operationen und trigonometrischen `Number.X`-Funktionen, wie `Number.Power` und `Number.Sin`, stehen auch im Power Query-Editor auf den Registerkarten *Transformieren* und *Spalte hinzufügen* zur Verfügung. Um sich einen Überblick über die wichtigsten `Number.X`-Funktionen zu verschaffen, gehen Sie zu `learn.microsoft.com/powerquery-m/number-functions`.

Der Datentyp »Zeit« (Time)

In M wird ein Zeitwert als die Anzahl von 100-Nanosekunden-Ticks seit Mitternacht dargestellt. Die maximale Anzahl von Ticks seit Mitternacht entspricht 23:59:59.9999999 Stunden. Zeitwerte können mithilfe des `#time`-Ausdrucks erstellt werden, dessen Syntax `#time (Stunde, Minute, Sekunde)` lautet. Beispielsweise kann 14:53 Uhr wie folgt in die Bearbeitungsleiste eingegeben werden:

```
#time(14, 53, 0)
```

Sie erhalten dann die folgende Ausgabe:

```
14:53:00
```

Der Typ *Time* unterstützt die logischen Operatoren =, <>, >=, >, < und <= und er kann als linker oder rechter Operand der Operatoren +, – und & mit Werten des Typs *Time* und *Duration* (Dauer) verwendet werden. Um beispielsweise die Zeitspanne von 7 Minuten zur Uhrzeit 14:53 Uhr zu addieren, können Sie den folgenden Ausdruck verwenden:

```
#time(14,53,00) + #duration(0,0,7,0)
```

Sie erhalten dann die folgende Ausgabe:

```
15:00:00
```

Mit den `Time.X`-Funktionen können Sie die Zeitelemente aus einem Zeitwert extrahieren oder den Anfang oder das Ende einer Stunde berechnen. Wenn Sie beispielsweise `Time.Hour` auf einen Zeitwert anwenden, wie hier gezeigt:

```
Time.Hour(#time(14, 53, 0))
```

wird die Stunde als Zahl zurückgegeben:

```
14
```

Weitere Informationen zu den Zeitfunktionen finden Sie im Power Query-Editor auf den Registerkarten *Transformieren* und *Spalte hinzufügen*. Die Referenz für die Zeitfunktionen finden Sie unter *learn.microsoft.com/powerquery-m/time-functions*.

Der Datentyp »Datum« (Date)

Ein Datumswert wird als Anzahl der Tage seit unserer Zeitrechnung dargestellt (also dem 1. Januar 0001 im gregorianischen Kalender). Die maximale Anzahl von Tagen seit Beginn unserer Zeitrechnung ist 3.652.058, was dem 31. Dezember 9999 entspricht. Datumswerte können mit dem Ausdruck `#date` unter Verwendung dieser Syntax erstellt werden: `#date(Jahr, Monat, Tag)`. Beispielsweise kann der 30. Juli 2025 wie folgt in die Bearbeitungsleiste eingegeben werden:

```
#date(2025, 7, 30)
```

Sie erhalten dann (vorausgesetzt, dass in den Windows-Einstellungen zu Land und Region *Deutschland* ausgewählt ist), diese Ausgabe:

```
30.07.25
```

Der Typ *Date* unterstützt die logischen Operatoren =, <>, >=, >, < und <= und er kann als linker oder rechter Operand der Operatoren +, – und & mit Werten des Typs *Duration* (Dauer) verwendet werden.

In Kapitel 2, »Grundlegende Herausforderungen bei der Datenvorbereitung«, haben Sie gelernt, wie im Power Query-Editor Datumswerte extrahiert und datumsbezogene Berechnungen angewendet werden. Für jeden Transformationsschritt gibt es eine entsprechende `Date.X`-Funktion. Es gibt viele `Date.X`-Funktionen in M. So erhält beispielsweise die Funktion `Date.AddDays` als erstes Argument ein Datum und als zweites Argument die Anzahl der Tage, die addiert werden sollen. Mit dem folgenden Ausdruck addieren Sie fünf Tage zum Datum 2. April 2025 hinzu:

```
Date.AddDays(#date(2025, 4, 2), 5)
```

Sie erhalten die folgende Ausgabe:

```
07.04.25
```

Eine vollständige Liste der integrierten `Date.X`-Funktionen finden Sie unter *learn.microsoft.com/powerquery-m/date-functions*. Neben Datums- und Uhrzeitwerten unterstützt M auch die Datentypen Datum/Uhrzeit (*DateTime*) sowie Datum/Uhrzeit/Zeitzone (*DateTimeZone*). Diese

Typen können im Power Query-Editor automatisch generiert werden, wenn Sie auf den Registerkarten *Transformieren* oder *Spalte hinzufügen* die betreffenden Transformationen anwenden. Es gibt zahlreiche `DateTime.X`- und `DateTimeZone.X`-Funktionen, einschließlich `DateTime.LocalNow`, mit denen Sie die aktuelle Uhrzeit und das aktuelle Datum ermitteln, die zwischen Transaktionen vergangene Zeit berechnen oder relative Zeitfilter anwenden können.

Der Datentyp »Dauer« (Duration)

In einem Wert des Typs Dauer wird der Abstand zwischen zwei Punkten auf einer Zeitachse gespeichert, gemessen in 100-Nanosekunden-Ticks. Diese Zeitspanne kann entweder ein positiver oder ein negativer Wert sein. Die minimalen und maximalen Werte, die im Typ Dauer gespeichert werden können, sind 10.675.199 Tage, 2 Stunden, 48 Minuten und 5,4775808 Sekunden rückwärts oder vorwärts in der Zeit.

Werte des Typs Dauer werden mithilfe des Ausdrucks `#duration` erstellt. Eine Dauer von 5 Tagen und 10 Minuten kann beispielsweise wie folgt dargestellt werden:

```
#duration(5, 0, 10, 0)
```

Dieser Ausdruck erzeugt folgende Ausgabe:

```
5.00:10:00
```

Die häufigste Verwendung von Werten des Typs Dauer besteht darin, sie auf binäre Operatoren wie + und – in Verbindung mit Werten des Typs Datum, Uhrzeit, Datum/Uhrzeit und Datum/Uhrzeit/Zeitzone anzuwenden. Sie können beispielsweise zum 2. April 2025 die Dauer von 5 Tagen hinzuaddieren:

```
#date(2025, 4, 2) + #duration(5, 0, 0, 0)
```

Sie erhalten dann die Ausgabe, die dem 7. April 2025 entspricht:

```
07.04.2025
```

Wenn Sie zwei Datumswerte oder zwei Zeitwerte voneinander subtrahieren, erhalten Sie einen Wert des Typs Dauer. Das Ergebnis dieses Ausdrucks:

```
#date(2025, 08, 28) – #date(2025, 01, 01)
```

ist diese Dauer:

```
239.00:00:00
```

Sie können integrierte `Duration.X`-Funktionen auf Werte des Typs Dauer anwenden, um die Tage, Stunden, Minuten oder Sekunden aus einer Dauer zu extrahieren, oder Sie können `Duration.TotalX`-Funktionen verwenden, zum Beispiel `Duration.TotalSeconds`, um zu berechnen, wie viele Sekunden in einer bestimmten Dauer vergangen sind. Der folgende Ausdruck berechnet beispielsweise die Gesamtzahl der Sekunden in 5 Tagen:

```
Duration.TotalSeconds(#duration(5, 0, 0, 0))
```

und erzeugt die folgende Ausgabe:

```
432000
```

Eine vollständige Liste der integrierten `Duration.X`-Funktionen finden Sie unter *learn.microsoft.com/powerquery-m/duration-functions*.

Der Datentyp »Text«

Textwerte können beliebige Unicode-Zeichen enthalten. Sie können zwei Textwerte mit dem Operator &verketten, wie in Übung 9.1 gezeigt.

M stellt eine Vielzahl von `Text.X`-Funktionen zur Verfügung, die auf Textwerte angewendet werden können. Sie können zum Beispiel eine Zahl mit der Funktion `Text.From` in Text konvertieren. Im folgenden Beispiel werden eine Zeichenfolge und eine Zahl verkettet, indem zuerst die Zahl in Text konvertiert wird:

```
"Test, Test " & Text.From(123)
```

Dieser Ausdruck erzeugt die folgende Ausgabe:

```
Test, Test 123
```

Anders als bei den komplexen Datentypen in M können Sie nicht einen Operator wie [] oder {} verwenden, um auf ein bestimmtes Zeichen im Text zuzugreifen. Um auf das erste Zeichen zuzugreifen, verwenden Sie die Funktion `Text.At`; geben Sie als erstes Argument den Text an und als zweites Argument den nullbasierten Index des Zeichens, auf das Sie zugreifen wollen. So erzeugt beispielsweise die folgende Funktion:

```
Text.At("ABCD", 0)
```

diese Ausgabe:

```
A
```

Und diese Funktion:

```
Text.At("ABCD", 1)
```

liefert die folgende Ausgabe:

```
B
```

Eine vollständige Liste der Textfunktionen finden Sie unter *learn.microsoft.com/powerquery-m/text-functions*.

Der Datentyp »null«

Ein Wert `null` wird verwendet, um das Fehlen eines Wertes darzustellen. Sie können logische oder arithmetische Operationen auf `null` anwenden, und das Ergebnis, das Sie erhalten, ist dann ebenfalls `null`. Wenn beispielsweise in den folgenden Ausdrücken `A` gleich `null` ist, dann ist das Ergebnis `null`:

```
A < 5
A >= 5
A + 1
A * 5
```

Ein Sonderfall für `null` ist, wenn Sie die Operatoren gleich (=) und ungleich (<>) auf einen Nullwert anwenden. In den folgenden Ausdrücken ist das Ergebnis entweder `true` oder `false`, wenn A `null` ist:

```
A = null
```

erzeugt im Vorschaubereich die folgende Ausgabe:

```
TRUE
```

```
A <> 5
```

erzeugt im Vorschaubereich die folgende Ausgabe:

```
FALSE
```

```
= A <> null
```

erzeugt im Vorschaubereich die folgende Ausgabe:

```
FALSE
```

```
= A is null
```

erzeugt im Vorschaubereich die folgende Ausgabe:

```
TRUE
```

Beachten Sie, dass `null` sowohl ein Typ als auch ein Wert ist. Sie können also entweder den Operator `is` oder das Gleichheitszeichen verwenden, um zu testen, ob ein bestimmter Wert ein Nullwert ist.

Der Datentyp »logisch«

Ein logischer Wert wird für boolesche Vorgänge verwendet und hat den Wert *true* oder *false*. Die folgenden Operatoren sind für logische Werte definiert:

- `A > B` (*A* größer als *B)*
- `A >= B` (*A* größer oder gleich *B)*
- `A < B` (*A* kleiner als *B)*
- `A <= B` (*A* kleiner oder gleich *B)*
- `A = B` (*A* gleich *B)*
- `A <> B` (*A* ungleich *B)*
- `A or B` (*A* oder *B)*
- `A and B` (*A* und *B)*
- `not A` (nicht *A)*

Sie können mit `is logical` überprüfen, ob es sich bei einem bestimmten Wert um einen booleschen Wert handelt. Wenn `A` zum Beispiel den Wert `false` enthält, gibt der folgende Ausdruck `true` zurück:

```
A is logical
```

Im Vorschaufenster wird das Ergebnis `TRUE` angezeigt.

Die logischen Operatoren werden häufig in `if`-Ausdrücken verwendet, die weiter hinten in diesem Kapitel beschrieben werden.

Komplexe Typen

Es ist an der Zeit, Ihnen die komplexen Typen in M und ihre Beziehungen untereinander offiziell vorzustellen: Listen, Records und Tabellen. Während die Basistypen einen einzelnen oder atomaren Wert definieren, besitzen die komplexen Typen ein strukturiertes Format, wodurch es möglich ist, dass sie mehrere Basistypen oder sogar andere komplexe Typen enthalten.

Wenn Sie in Power Query Daten importieren, arbeiten Sie in der Regel mit Tabellen. Eine Tabelle kann jedoch verschachtelte Records, Listen und Tabellen enthalten (wenn Sie mit unstrukturierten Daten wie JSON- oder XML-Dateien arbeiten). Eine Tabelle kann in eine Liste konvertiert werden (wenn Sie einen Drilldown zu einer Spalte durchführen) und sogar in eine Liste von Records umgewandelt werden. Beginnen wir mit dem einfachsten der drei Typen, dem Typ `List`.

Der Datentyp »Liste« (List)

Ein Wert des Typs `List` enthält eine Sequenz von Werten, die enumeriert werden können. Eine Liste kann alle Arten von Werten enthalten, einschließlich Listen, Records, Tabellen oder einer beliebigen Kombination verschiedener Typen. Listen können in einem M-Ausdruck mithilfe einer Initialisierungssyntax erstellt werden, bei der durch Kommata getrennte Werte in geschweifte Klammern eingegeben werden. Hier ist zum Beispiel eine Liste, die Zahlen, logische Elemente und Text enthält:

```
{1, 3, true, false, "Hello World"}
```

Der folgende Ausdruck, den Sie auch in Abbildung 9.6 sehen, ist ein Beispiel für die Initialisierung einer Liste mit den Zahlen 1, 2 und 3:

```
{1, 2, 3}
```

Sie können die obige Liste auch mit dem folgenden Ausdruck initialisieren:

```
{1..3}
```

Wenn Sie eine Liste mit den ansteigenden Zahlen von 1 bis 100 erstellen möchten, können Sie den folgenden Initialisierungsausdruck anwenden:

```
{1..100}
```

Die Verwendung eines solchen Ausdrucks ist ein sehr nützliches Verfahren zum Erstellen von Iterationen in Power Query, was weiter hinten in diesem Kapitel erläutert wird.

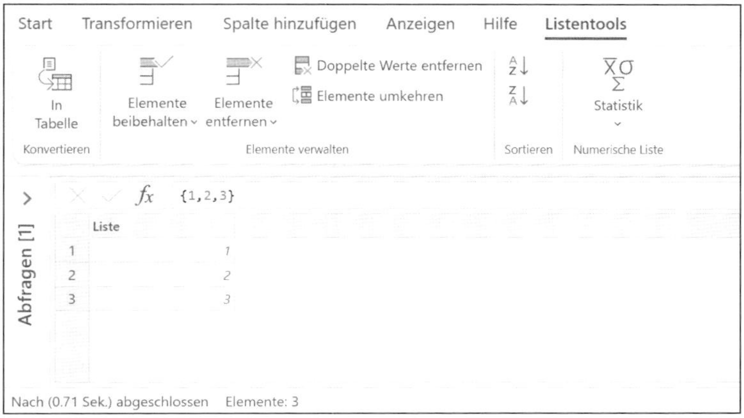

Abbildung 9.6 Sie können in der Bearbeitungsleiste mithilfe von { } eine Liste initialisieren.

Um eine Liste mit inkrementellen Zahlen zwischen 1 und *N* zu erstellen, wobei *N* von einer anderen Abfrage bereitgestellt wird (zum Beispiel basierend auf einer anderen Datenquelle), können Sie den folgenden Ausdruck verwenden:

```
{1..N}
```

Das gleiche Ergebnis erhalten Sie, wenn Sie die Funktion `List.Numbers` einsetzen:

```
List.Numbers(1, N)
```

Sie können den Operator aus zwei Punkten (..) verwenden, um einen numerischen Bereich in einer Liste zu definieren. Der folgende Ausdruck gibt beispielsweise eine Liste der Zahlen *1, 4, 5, 6, 7, 8, 9, 10, 15* zurück:

```
{ 1, 4..10, 15 }
```

Die Anzahl der Elemente in einer Liste kann mit der Funktion `List.Count` ermittelt werden:

```
List.Count( { 1..10} )
```

gibt beispielsweise diesen Wert zurück:

```
10
```

Sie können in M auch eine leere Liste definieren, indem Sie die geschweiften Klammern verwenden und in den Klammern keine Elemente angeben. Wenn Sie `List.Count` auf eine leere Liste anwenden:

```
List.Count( {} )
```

wird 0 zurückgegeben.

Operatoren für Listen

Um zwei Listen zu verketten, verwenden Sie den Verkettungsoperator (`&`). Hier ist ein Beispiel, das die Liste `{1, 2, 3, 4, 5}` zurückgibt:

```
{1, 2} & {3, 4, 5}
```

Um zu prüfen, ob zwei Listen gleich sind, können Sie die Operatoren gleich (=) und ungleich (<>) verwenden. Der folgende Ausdruck, der in der Bearbeitungsleiste eingegeben wird, gibt im Vorschaubereich `TRUE` zurück:

```
{1, 2} = {1, 2}
```

Wenn Sie den folgenden Ausdruck in der Bearbeitungsleiste eingeben, wird im Vorschaubereich `TRUE` angezeigt:

```
{2, 1} <> {1, 2}
```

Zwei Listen, die zwar die gleichen Elemente, aber in einer anderen Reihenfolge enthalten, sind nicht gleich.

Um anhand der Position auf ein Element in einer Liste zuzugreifen, geben Sie in geschweiften Klammern einen nullbasierten Index an. So gibt beispielsweise dieser Ausdruck:

```
{"A", "B", "C"}{0}
```

das folgende Element zurück:

```
A
```

```
{"A", "B", "C"}{2}
```

gibt das folgende Element zurück:

```
C
```

Wenn Sie versuchen, auf ein Element außerhalb der Grenzen der Liste zuzugreifen, wird ein Ausdrucksfehler angezeigt. Hier ist zum Beispiel der Versuch, auf das vierte Element (Index 3) in einer Liste mit drei Elementen A, B und C zuzugreifen:

```
{"A", "B", "C"}{3}
```

Sie erhalten die folgende Fehlermeldung:

```
Expression.Error: Der Vorgang konnte nicht abgeschlossen werden, da die Enumeration nicht
genügend Elemente enthielt.
```

Sie können auf das erste und auf das letzte Element einer Liste mit den eingebauten Funktionen `List.First` und `List.Last` zugreifen:

```
List.First({"A", "B", "C"})
```

gibt Folgendes zurück:

```
A
```

```
List.Last({"A", "B", "C"})
```

gibt Folgendes zurück:

```
C
```

List.X-Funktionen

Kenntnisse über die gängigen integrierten M-Funktionen für Listen können sehr nützlich sein, wenn Sie bestimmte Vorgänge basierend auf dem Inhalt einer Spalte anwenden möchten. Sie können zum Beispiel den Durchschnittswert in einer numerischen Spalte ermitteln und dann anhand dieses Wertes einen Filter anwenden. Um mit der Arbeit an den Werten in einer Spalte in M zu beginnen, können Sie mit der rechten Maustaste auf die Überschrift der Spalte klicken und dann *Drilldown ausführen* wählen; Sie erhalten als Ergebnis eine Liste. Von hier aus können Sie eine der integrierten Funktionen anwenden. In Abbildung 9.6 sehen Sie die Transformationsschritte, die auf der Registerkarte *Transformieren* der Listentools verfügbar sind. Sie werden feststellen, dass M viel mehr Funktionen bietet als die, die Sie im Menüband sehen.

M enthält eine umfangreiche Bibliothek mit integrierten Funktionen für Listen. Nachfolgend sind einige der am häufigsten verwendeten Funktionen und deren Kategorien aufgeführt:

- **Informationsfunktionen:** `List.Count`, das bereits beschrieben wurde, fällt unter diese Kategorie, ebenso wie `List.IsEmpty`, das `true` zurückgibt, wenn die Liste leer ist, und andernfalls `false`.
- **Auswahlfunktionen:** Diese Funktionen geben ein ausgewähltes Element in einer Liste oder eine Unterliste zurück. `List.Select` kann beispielsweise verwendet werden, um Elemente in der Liste anhand von bestimmten Kriterien zu filtern. `List.FirstN` und `List.LastN` geben eine Unterliste der ersten oder letzten *N* Elemente der ursprünglichen Liste zurück.
- **Transformationsfunktionen:** Diese Funktionen manipulieren eine Liste. Einige der am häufigsten verwendeten Funktionen sind `List.Transform`, das die Elemente mittels einer bestimmten Funktion bearbeitet, und `List.Combine`, das wie der Verkettungsoperator (`&`) arbeitet. `List.Accumulate`, das in Stufe 5 der Lernphasen von M erwähnt wurde, gehört ebenfalls zu dieser Funktionskategorie und wird weiter hinten in diesem Kapitel erläutert.
- **Mitgliedschaftsfunktionen:** Diese Funktionen wenden logische Operationen auf die Elemente in der Liste an und geben `true` oder `false` zurück, wenn bestimmte Bedingungen erfüllt sind. `List.Contains` gibt beispielsweise `true` zurück, wenn in der Liste ein bestimmter Wert gefunden wurde.
- **Set-Vorgänge:** Diese Funktionen wenden Set-Operationen auf zwei oder mehr Listen an. Sie können die übereinstimmenden Elemente in zwei Listen mit `List.Intersect` suchen oder Sie können mit `List.Union` Listen verbinden und Duplikate entfernen. Eine sehr nützliche Funktion, die in Kapitel 10, »Von Stolperfallen zu robusten Abfragen«, verwendet wird, ist `List.Difference`, das alle Elemente in der Liste zurückgibt, die in der zweiten Liste nicht verfügbar sind. Sie wenden die Funktion auf Spaltennamen an, um auf andere Spaltennamen als die, die genannt werden, verweisen zu können.
- **Sortieren und Position:** Zusätzlich zu `List.Sort`, die auf Zahlen oder jeden Typ angewendet wird, für den Sie eine Sortierfunktion definieren können, können Sie Elemente auch nach ihrer intrinsischen Wertreihenfolge extrahieren und nicht nur anhand ihrer Position in der Liste. Beispielsweise rufen `List.Min` und `List.Max` die niedrigsten oder höchsten Werte ab, und `List.MinN` und `List.MaxN` rufen den n-ten niedrigsten oder höchsten Wert ab.

- **Arithmetische Funktionen:** In diese Kategorie fallen Funktionen, die den Mittelwert berechnen und Additionen und andere numerische Operationen ausführen können. Beispielsweise können `List.Average` und `List.StandardDeviation` in Listen desselben Typs mit Zahlen, Datums- und Dauerelementen arbeiten. `List.Sum` kann für numerische Werte und Dauerwerte verwendet werden, um die Gesamtsumme der Werte in der Liste zurückzugeben.
- **Generieren von Listen:** In diese Kategorie fallen Funktionen, die Listen generieren. Diese Kategorie enthält einige sehr einfache Funktionen, zum Beispiel `List.Numbers`, das weiter oben in diesem Abschnitt beschrieben wird, und `List.Dates`, das eine Liste mit einer bestimmten Anzahl fortlaufender Datumsangaben ab dem Startdatum zurückgibt; zu jedem neuen Wert wird eine bestimmte Dauer hinzuaddiert. In dieser Kategorie finden Sie auch die erweiterte Funktion `List.Generate`, das eine Liste aus einem Anfangszustand erstellen kann und das im letzten Abschnitt dieses Kapitels beschrieben wird.

Weitere Informationen zu den Listenfunktionen finden Sie unter *learn.microsoft.com/power-query-m/list-functions*.

Der Typ »Datensatz« (Record)

In Power Query arbeiten Sie in zwei typischen Szenarien mit Datensatzwerten: beim Laden unstrukturierter Daten, zum Beispiel JSON-Dateien, und beim Bearbeiten von Daten in Tabellenzeilen. Ein Record ist ein Satz von Schlüssel/Wert-Paaren. Die *Schlüssel* (auch als *Feldnamen* bezeichnet) sind eindeutige Textwerte, und die *Werte* (auch als *Feldwerte* bezeichnet) können beliebige (einfache oder komplexe) Werttypen sein.

Um einen neuen Record zu initialisieren, geben Sie eine öffnende und schließende eckige Klammer ein; in die eckigen Klammern geben Sie mit der Syntax *Schlüssel=Wert* durch Kommata getrennte Schlüssel/Wert-Paare ein. Die folgende Formel erstellt beispielsweise ein Record mit diesen Paaren aus Feldnamen und Werten: `ID=123`, `Name="Alice"` und `Stadt="Wunderland"`:

```
[ID=123, Name="Alice", Stadt="Wunderland"]
```

Sie können sich einen Datensatz im Power Query-Editor anzeigen lassen, wie in Abbildung 9.7 dargestellt. (Der Befehl *Aufzeichnungstools* in der Menüleiste heißt im englischen Original *Record tools* und muss im Kontext des Power Query-Editors mit *Datensatztools* übersetzt werden.)

Wenn Sie mit Tabellen arbeiten, können Sie einen Drilldown zu einer Datensatzansicht durchführen, indem Sie mithilfe der geschweiften Klammern eine bestimmte Zeile auswählen oder suchen. Stellen Sie sich vor, Sie haben eine Tabelle mit Mitarbeitern (definiert durch den Bezeichner `Mitarbeiter`). Die vierte Zeile in der Tabelle *Mitarbeiter* enthält die Informationen über Alice, deren ID 123 lautet und die in der Stadt Wunderland wohnt. Um auf die vierte Zeile zuzugreifen, können Sie 3 als nullbasierten Index im folgenden Ausdruck verwenden:

```
Mitarbeiter{3}
```

Wenn Sie nicht sicher sind, in welcher Zeile sich der Datensatz zu Alice befindet, können Sie nach der Zeile suchen, deren Mitarbeitername Alice oder deren ID 123 lautet. Hier sind die relevanten Ausdrücke, die beide denselben Datensatz zurückgeben (wie im Vorschaubereich in Abbildung 9.7 dargestellt):

```
Mitarbeiter{[Name="Alice"]}
Mitarbeiter {[ID=123]}
```

Abbildung 9.7 Sie können in der Bearbeitungsleiste des Power Query-Editors einen Datensatz mit [] initialisieren.

Das Abrufen einer bestimmten Zeile als Datensatz aus einer Tabelle, wie in den vorherigen Ausdrücken gezeigt, schlägt fehl, wenn die abgefragte Spalte mehrere identische Werte enthält. Wenn Sie beispielsweise zwei Mitarbeiter mit dem Namen Alice oder zwei Zeilen mit der ID 123 haben, wird der folgende Fehler angezeigt:

```
Expression.Error: Der Schlüssel entsprach mehreren Zeilen in der Tabelle.
```

Nachdem Sie nun wissen, wie Sie einen bestimmten Datensatz erstellen, darauf zugreifen oder ihn suchen, wollen Sie wahrscheinlich auf ein bestimmtes Feld in diesem Datensatz zugreifen. Dazu können Sie den Feldnamen in eckige Klammern setzen. Im vorherigen Datensatz können Sie beispielsweise auf *Alice* zugreifen, indem Sie die folgende Formel anwenden:

```
[ID=123, Name="Alice", Stadt="Wunderland"][Name]
```

Hier ist ein Beispiel für einen typischen M-Ausdruck, der automatisch von Power Query generiert wird, wenn Sie auf eine bestimmte Spalte einen Filter anwenden. Genauer ausgedrückt filtern Sie im Wunderland-Beispiel die Zeilen in der Tabelle *Mitarbeiter* heraus, um Alice zu finden. Beachten Sie, dass der Ausdruck auf den Spaltennamen mit eckigen Klammern verweist:

```
Table.SelectRows(Mitarbeiter, each ([Name] = "Alice"))
```

Dieser Code verweist nicht direkt auf eine Spalte in einer Tabelle, sondern auf ein Feld in einem Datensatz. Jede Zeile in der Tabelle *Mitarbeiter* wird als Datensatz behandelt, wenn `Table.SelectRows` aufgerufen wird. Der Ausdruck `each` ist eine Abkürzung für eine Funktion, mit der Sie klarere Funktionen schreiben können. In diesem Fall erhält die Funktion als Argument einen Datensatz und gibt `true` zurück, wenn der Name des Mitarbeiters Alice ist. Weitere Informationen zum Ausdruck `each` finden Sie weiter hinten in diesem Kapitel.

Operatoren für Datensätze

Um zwei Datensätze zusammenzuführen oder einen Datensatz mit einem aktualisierten Wert im Feld eines Datensatzes zurückzugeben, können Sie den Operator `&` verwenden. Hier ist ein Beispiel für das Zusammenführen, das den Datensatz `[ID=123, Name="Alice", Stadt="Wunderland"]` zurückgibt:

```
[ID=123, Name="Alice"] & [Stadt="Wunderland"]
```

Das Zurückgeben eines neuen Datensatzes, bei dem ein Wert für ein vorhandenes Feld geändert wird, ist eine der Operationen, die Sie häufig benötigen. Sie können dafür den &-Operator verwenden. Der folgende Ausdruck ändert Alice' ID von 123 in 456 ab:

```
[ID=123, Name="Alice"] & [ID=456]
```

Das Ändern eines Datensatzes, der aus dem Drilldown einer Tabellenzeile resultiert, wirkt sich nicht auf die eigentliche Zeile aus, sondern auf eine neue Kopie dieser Zeile. Um Werte in einer Tabelle zu ändern, müssen Sie eine der im nächsten Abschnitt beschriebenen `Table.X`-Funktionen verwenden. Beachten Sie, dass M es Ihnen nicht erlaubt, einen vorhandenen Wert zu verändern – und zwar unabhängig davon, um welchen Datentyp es sich handelt. Sobald ein Wert ausgewertet wurde, können Sie nur seine Kopie in einem neuen Ausdruck abändern. Schauen Sie sich den folgenden Ausdruck an. Sie vermuten vielleicht, dass Sie so die ID von Alice von 123 in 456 abändern können, jedoch gibt der Ausdruck einen Fehler zurück, wie in Abbildung 9.8 dargestellt:

```
let
    Quelle = [ID=123, Name="Alice", Stadt="Wunderland"],
    Quelle[ID]=456
in
    Benutzerdefiniert1
```

Um die ID von Alice in 456 zu ändern, können Sie den folgenden Ausdruck verwenden:

```
let
    Quelle = [ID=123, Name="Alice", Stadt="Wunderland"],
    Ergebnis = Quelle & [ID=456]
in
    Ergebnis
```

Um zu überprüfen, ob zwei Datensätze gleich sind, können Sie die Operatoren gleich (=) und ungleich (<>) verwenden. Der folgende Ausdruck, der in der Bearbeitungsleiste eingegeben wird, gibt im Vorschaubereich `TRUE` zurück:

```
[ID=123, Name="Alice"] = [Name="Alice", ID=123]
```

Die Reihenfolge der Felder im Datensatz ist nicht wichtig.

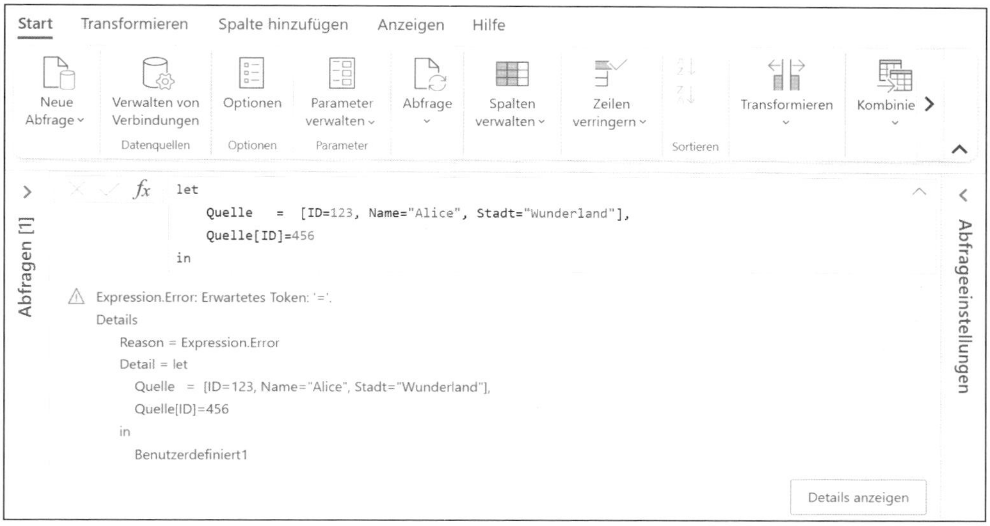

Abbildung 9.8 Sie können einen Datensatz nicht verändern, indem Sie auf die einzelnen Felder zugreifen.

Record.X-Funktionen

Vielleicht ist Ihnen in Abbildung 9.7 aufgefallen, dass der Power Query-Editor im Menüband nur einen einzigen Transformationsbefehl für Datensätze zur Verfügung stellt – den Befehl *Konvertieren | In Tabelle*, der der Funktion `Record.ToTable` entspricht. Während das Menüband keine weiteren Befehle anbietet, finden Sie in M weitere nützliche integrierte `Record.X`-Funktionen.

`Record.FieldCount` gibt die Anzahl der Felder im Datensatz zurück. `Record.HasFields` gibt `true` zurück, wenn Felder vorhanden sind, und `false`, wenn der Datensatz leer ist. Beachten Sie, dass ein leerer Datensatz durch die öffnende eckige Klammer gefolgt von einer schließenden eckigen Klammer dargestellt werden kann:

```
[]
```

Sie können ein Schlüssel/Wert-Paar mit `Record.AddField` hinzufügen und den Wert eines Felds in einem Datensatz aktualisieren, indem Sie einen neuen Datensatz zurückgeben, der wie folgt zwei Datensätze mit `Record.Combine` kombiniert:

```
Record.Combine( { [ID=123, Name="Alice"], [ID=456] } )
```

Weitere Informationen zu den `Record.X`-Funktionen finden Sie unter *learn.microsoft.com/powerquery-m/record-functions*.

Der Typ »Tabelle« (Table)

Werte des Typs Tabelle sind wahrscheinlich die Datentypen, die Sie in Power Query am häufigsten sehen und einsetzen. Wenn Sie mit Power Query eine Verbindung zu einer Datenquelle herstellen, erhalten Sie in der Regel im Power Query-Editor eine Tabelle. Die meisten Transformationen, die Sie mit den Befehlen des Menübands erstellen, werden in die integrierten `Table.X`-Funktionen übersetzt. Tabellen werden in Power Query intensiv genutzt; ein gutes Verständnis der integrierten Funktionen für Tabellen ermöglicht es Ihnen, neue Herausforderungen bei der Datenvorbereitung zu bewältigen.

Wie in den vorherigen Abschnitten beschrieben, können Sie auf eine Spalte in einer Tabelle zugreifen, indem Sie den Spaltennamen verwenden und diesen in eckige Klammern einschließen. So gibt beispielsweise der folgende Ausdruck *Spalte1* (als Liste) der Tabelle *MeineTabelle* zurück:

```
MeineTabelle[Spalte1]
```

Sie können auf die erste Zeile von *MeineTabelle* über folgenden Ausdruck zugreifen:

```
MeineTabelle{0}
```

Sie können auf den Wert in der Zeile *X* und in *SpalteY* von *MeineTabelle* zugreifen, indem Sie einen der folgenden Ausdrücke verwenden:

```
= MeineTabelle{X-1}[SpalteY]
= MeineTabelle[SpalteY]{X-1}
```

Der erste Ausdruck greift auf den *X*-ten Datensatz zu (zum Beispiel den vierten Datensatz, der sich in Zeile 3 befindet, da der Index nullbasiert ist) und ruft dann dort den Feldwert von *SpalteY* ab. Der zweite Ausdruck greift auf die Liste aller Werte in der Spalte *SpalteY* zu und ruft dann das *X*-te Element dieser Liste ab.

Um eine Tabelle zu initialisieren, verwenden Sie den Ausdruck `#table`, wie in Abbildung 9.9 und in diesem Beispiel gezeigt:

```
#table({"ID", "Name", "Stadt"}, {{123, "Alice", "Wunderland"}, {234, "Bob", "Wunderland"}})
```

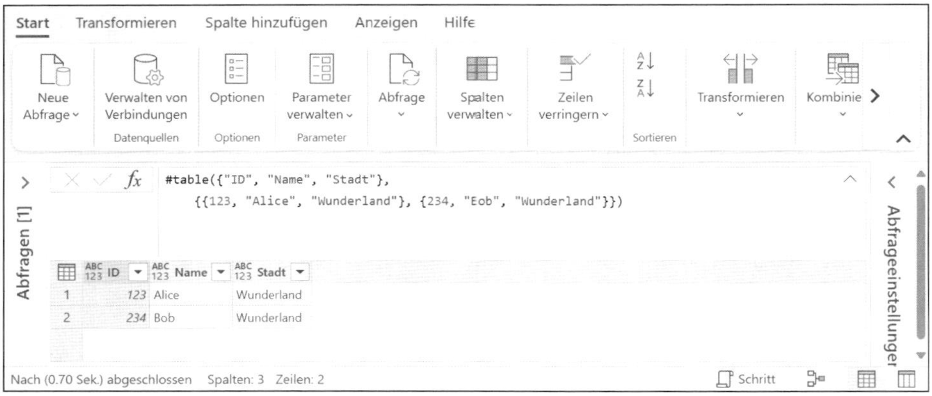

Abbildung 9.9 Sie können eine Tabelle in M mit dem Ausdruck *#table* initialisieren. Dies ist eine nützliche Syntax, um kleine Tabellen zu erstellen, die keine externen Datasets benötigen.

Es gibt viele integrierte Tabellenfunktionen in M. Die am häufigsten verwendeten lassen sich einfach über das Power Query-Menüband aufrufen. Mehr Informationen finden Sie unter *learn.microsoft.com/powerquery-m/table-functions*.

Hier folgt ein kleiner Überblick zu den Tabellenfunktionen und den Szenarien, in denen Sie sie normalerweise verwenden würden:

- `Table.RowCount`, `Table.ColumnCount` und `Table.IsEmpty` sind nützliche Funktionen zum Überprüfen der Größe und Breite einer Tabelle oder zur Behandlung von Randbedingungen bei leeren Tabellen. Diese Funktionen sind in Verbindung mit `if`-Ausdrücken, die im nächsten Abschnitt beschrieben werden, sehr nützlich.
- `Table.FirstValue` gibt den Wert in der Zelle der ersten Spalte und der ersten Zeile zurück.
- `Table.Profile` ist ein verborgenes Juwel. Es handelt sich um eine Funktion zur Datenerforschung, die eine neue Tabelle mit den statistischen Attributen der numerischen Spalten (Min, Max, Mittelwert, Standardabweichung, Anzahl, Anzahl der Nullwerte und die Anzahl der eindeutigen Werte) zurückgibt.
- `Table.ColumnNames` gibt die Spaltennamen der Tabelle als Liste zurück. Dies ist eine sehr nützliche Funktion, die in Kapitel 10 verwendet wird, um dynamisch auf Spalten zu verweisen und Aktualisierungsfehler zu vermeiden, wenn sich die Namen der Spalten ändern.
- `Table.FromColumns`, `Table.FromList`, `Table.FromRecords` und `Table.FromRows` sind erweiterte Funktionen, die Sie verwenden, um neue Tabellen aus komplexen Datenstrukturen zu erstellen, zum Beispiel aus einer Liste verschachtelter Listen oder aus einer Liste verschachtelter Datensätze.
- `Table.ToColumns`, `Table.ToList`, `Table.ToRecords` und `Table.ToRows` konvertieren Tabellen in komplexe Datenstrukturen.

Bedingungen und *if*-Ausdrücke

Sie müssen wissen, wie Sie in M Bedingungen und `if`-Ausdrücke verwenden, um komplexe Herausforderungen bei der Datenvorbereitung zu meistern. Sie begegnen vermutlich zum ersten Mal der Verwendung von Bedingungen, wenn Sie auf bestimmte Spalten im Power Query-Editor Filter anwenden. Wenn Sie denken, dass die Benutzeroberfläche nicht flexibel genug ist, um Ihre Filterlogik zu erfüllen, dann ist der Zeitpunkt gekommen, Ihr Glück mit der Änderung von Bedingungen in der Bearbeitungsleiste zu versuchen.

Im vorherigen Abschnitt dieses Kapitels über die grundlegenden Datentypen haben Sie die logischen Operatoren kennengelernt: `=`, `<>`, `<`, `<=`, `>=`, `>`, `and`, `or` und `not`. Sie können logische Ausdrücke erstellen, indem Sie diese logischen Operatoren auf unterstützte Wertetypen anwenden und sie in Klammern einfassen, um komplexere Ausdrücke zu erstellen.

Hier sehen Sie zum Beispiel eine einfache Bedingung, die im Power Query-Editor erstellt wurde, um Zeilen zu filtern, bei denen in der Spalte *Name* der Text *Alice* steht:

```
Table.SelectRows(Mitarbeiter, each ([Name] = "Alice"))
```

Und hier sehen Sie eine einfache Bedingung zum Filtern von Zeilen, bei denen sich der Text *Bob* nicht in der Spalte *Name* befindet:

```
Table.SelectRows(Mitarbeiter, each ([Name] <> "Bob"))
Table.SelectRows(Mitarbeiter, each not ([Name] = "Bob"))
```

Der zweite Ausdruck veranschaulicht die Verwendung des Operators `not` anstelle von ungleich (<>), um die gleichen Ergebnisse zu erzielen.

In diesem Ausdruck ist der logische Ausdruck, der `true` oder `false` zurückgibt, fett hervorgehoben. Es ist relativ einfach, den logischen Ausdruck zu bearbeiten, um komplexe Bedingungen zu erstellen. So können Sie zum Beispiel die Zeilen filtern, wenn Alice in der Spalte *Name* gefunden wird und ihre ID entweder 123 oder 456 lautet:

```
Table.SelectRows(Mitarbeiter, each ([Name] = "Alice" and ([ID]=123 or [ID]=456)))
```

Beachten Sie, dass in diesem Ausdruck ein neues Paar runder Klammern verwendet wird, um die Bedingung `[ID]=123 or [ID]=456` einzufassen. Ohne die inneren Klammern, wie im nächsten Ausdruck gezeigt, erhalten Sie in den Ergebnissen auch andere Mitarbeiter mit der ID 456.

```
Table.SelectRows(Mitarbeiter, each ([Name] = "Alice" and [ID]=123 or [ID]=456))
```

In dieser Hinsicht unterscheidet sich das Schreiben logischer Bedingungen in M nicht von der Vorgehensweise in anderen Programmiersprachen.

Ein weiteres Szenario, das Sie dazu bringen könnte, M-Ausdrücke zu ändern und logische Ausdrücke zu verbessern, ist die Verwendung von bedingten Spalten. In Übung 5.4 in Kapitel 5, »Den Kontext erhalten«, haben Sie beispielsweise bedingte Spalten benutzt, um zusätzlichen Kontext bereitzustellen, wenn bestimmte Werte in anderen Spalten vorhanden sind. Wenn Sie feststellen, dass das Dialogfeld *Bedingte Spalte hinzufügen* für die erweiterte Logik nicht flexibel genug ist, werden Sie vermutlich die Logik in der Bearbeitungsleiste ändern, damit Ihre Anforderungen erfüllt werden.

Wenn Sie beginnen, bedingte Spalten zu verwenden, werden Sie bald auf die `if`-Ausdrücke stoßen, die von Power Query beim Hinzufügen bedingter Spalten erstellt werden. Sobald Sie sich an die Syntax gewöhnt haben, werden Sie die komplexere Logik problemlos direkt in das Formelfeld des Dialogfelds *Benutzerdefinierte Spalte* eingeben können.

if-then-else

Die Syntax des `if`-Ausdrucks lautet wie folgt:

```
if (Bedingung) then A else B
```

Um den Code besser lesbar zu machen, können Sie den Ausdruck in separate Zeilen aufteilen und wie folgt schreiben:

```
if (Bedingung) then
   A
else
   B
```

Sie können mehrere `if`-Anweisungen verschachteln, wie im folgenden Ausdruck gezeigt:

```
if (Bedingung_1) then
   A
else if (Bedingung_2) then
   B
else
   C
```

Wenn Sie ein Excel-Power-Anwender sind, werden Sie feststellen, dass sich die M-Syntax sehr von Excel unterscheidet. Hier sind also die vorhergehenden Ausdrücke, diesmal als Excel-Formeln geschrieben:

```
IF(Bedingung, A, B)
IF(Bedingung_1, A, IF(Bedingung _2, B, C))
```

Ein *if*-Ausdruck innerhalb eines *let*-Ausdrucks

Ein typischer Fehler bei der Verwendung von `if`-Ausdrücken besteht darin, diese so zu schreiben wie Bedingungen in anderen Programmiersprachen. Im folgenden Szenario, das Randbedingungen behandelt, haben Sie beispielsweise eine Tabelle in *Abfrage1* und Sie möchten `null` zurückgeben, wenn *Abfrage1* leer ist. Andernfalls möchten Sie die erste Zeile von *Abfrage1* (als Datensatz) zurückgeben. In diesem Code gibt es einen typischen Fehler, den auch Sie eventuell machen könnten:

```
let
  if (Table.IsEmpty(Abfrage1) then
     Ergebnis = null
  else
     Ergebnis = Abfrage1{0}
in
  Ergebnis
```

Dieser Ausdruck funktioniert nicht. Innerhalb eines `let`-Ausdrucks geben Sie immer einen Bezeichner gefolgt vom Gleichheitszeichen an und schreiben erst dann den Ausdruck. Hier ist der richtige Code:

```
let
  Ergebnis =
    if (Table.IsEmpty(Abfrage1) then
      null
    else
      Abfrage1{0}
in
  Ergebnis
```

Im erweiterten Editor können Sie innerhalb von `let`-Ausdrücken keine Zeile mit einem `if`-Ausdruck beginnen. In diesen Fällen müssen `if`-Ausdrücke Bezeichner besitzen und sollten nach dem Gleichheitszeichen stehen.

Sie können `if`-Ausdrücke innerhalb von Funktionen verwenden (über die Sie im nächsten Abschnitt mehr erfahren), wie im folgenden Ausdruck gezeigt:

```
(mitarbeiterName) =>
   if mitarbeiterName = "Alice" then
      "Wunderland"
   else
      "Das wahre Leben"
```

Wenn Sie Transformationen auf Spalten anwenden, können Sie `if`-Ausdrücke in M-Ausdrücken verwenden, indem Sie den Code in der Bearbeitungsleiste ändern. Betrachten wir dies anhand eines typischen Beispiels. Angenommen, Sie importieren eine Datenquelle, die eine Länderspalte mit unterschiedlichen Groß-/Kleinschreibungen enthält (einige Länder sind in Kleinbuchstaben, andere in Großbuchstaben). Sie entscheiden sich, im Power Query-Editor den Transformationsschritt *Ersten Buchstaben im Wort großschreiben* anzuwenden. Hier ist der entsprechende M-Ausdruck:

```
Table.TransformColumns(Quelle,{{"Land", Text.Proper, type text}})
```

Nun stellen Sie fest, dass die Groß-/Kleinschreibung einiger Länder fälschlicherweise geändert wurde (zum Beispiel wurden *USA* und *GB* in Usa und *Gb* umgewandelt). Um dieses Problem zu beheben, können Sie den obigen Ausdruck mithilfe einer *if*-Anweisung ändern:

```
Table.TransformColumns(Quelle,{{"Land", each if _ = "USA" or _ = "GB" then _ else
Text.Proper(_), type text}})
```

Unerfahrenere Power Query-Anwender werden wahrscheinlich unnötige Schritte ausführen, um das Problem mit der Groß-/Kleinschreibung der Länder zu lösen. Beispielsweise können Sie die Abfrage duplizieren. Anschließend können Sie Zeilen mit USA und GB in der ersten Abfrage beibehalten und aus der zweiten Abfrage entfernen. Als Nächstes können Sie die Groß-/Kleinschreibung der Länder in der zweiten Abfrage ändern und dann die beiden Abfragen anfügen, wie Sie es in Kapitel 3, »Daten aus mehreren Quellen kombinieren«, gelernt haben.

Eine weitere Variante, dieses Problem umständlich zu lösen, besteht darin, die Spalte *Land* zu duplizieren. Dann können Sie in der ursprünglichen Spalte jedes Land mit einem Großbuchstaben beginnen lassen. Erstellen Sie dann eine bedingte Spalte mit den Land-Werten aus der ursprünglichen Spalte, es sei denn, die duplizierte Spalte enthält den Wert USA oder GB. In diesem Fall kopieren Sie die Werte aus der duplizierten Spalte, um USA und GB in der neuen Spalte beizubehalten. Schließlich würden Sie die ursprüngliche und die duplizierte Spalte löschen und die bedingte Spal-

te in *Land* umbenennen. Jetzt wird deutlich, dass, wie im vorherigen Ausdruck gezeigt, einfache Anpassungen in M Ihnen viel Zeit und unnötige Schritte sparen und dadurch sogar die Performance Ihrer Abfragen verbessern.

Im vorherigen Beispiel haben Sie eine benutzerdefinierte Funktion erstellt, in der der Ausdruck `each` verwendet wurde, um den Transformationsschritt zu verbessern und die Änderung der Großschreibung bestimmter Ländernamen zu vermeiden. Im nächsten Abschnitt werden Sie diese Syntax besser verstehen und mehr über benutzerdefinierte Funktionen erfahren.

Benutzerdefinierte Funktionen

Während Sie in den Lernstufen von M vorankommen, ist ein entscheidender Meilenstein, der es Ihnen ermöglicht, die Herausforderungen im Bereich der komplexen Daten zu lösen, die Beherrschung benutzerdefinierter Funktionen. Sie können komplexe benutzerdefinierte Funktionen in der Power Query-Benutzeroberfläche erstellen, indem Sie eine vorhandene Abfrage mithilfe des Kontextmenübefehls *Funktion erstellen* im Bereich *Abfragen* in eine Funktion konvertieren, aber es ist nützlich, benutzerdefinierte Funktionen in M mit dem erweiterten Editor zu erstellen. In Kapitel 7 haben Sie beispielsweise eine benutzerdefinierte Funktion erstellt, die eine Sequenz von Transformationen zum Entpivotieren zusammengefasster Tabellen ausführt. Sie hätten eine solche Funktion ohne freie Codeänderungen nicht im erweiterten Editor erstellen können.

Neben dem Befehl *Funktion erstellen* in der Benutzeroberfläche können Sie in M eine benutzerdefinierte Funktion erstellen, indem Sie eine leere Abfrage verwenden oder eine benutzerdefinierte Funktion im erweiterten Editor in einen vorhandenen M-Ausdruck einbetten. Hier ist ein Beispiel für eine einfache Funktion, die eine Zahl um 1 inkrementiert:

```
(X) => X + 1
```

Das Ergebnis X+1 ist eine *Kopie* der Zahl, da in M alle Werte unveränderlich sind.

Sie können innerhalb einer Funktion durch einen `let`-Ausdruck mehrere Schritte ausführen. Wenn Sie in diesem künstlichen Beispiel diese Funktion mit X aufrufen, erhalten Sie X+2 zurück, da innerhalb der Funktion in zwei Schritten der Wert von X jeweils um 1 erhöht wird:

```
(X) =>
let
  Schritt1 = X + 1,
  Schritt2 = Schritt1 + 1
in
  Schritt2
```

Wenn Sie solche Ausdrücke im erweiterten Editor schreiben, werden Sie häufig feststellen, dass Power Query den Ausdruck geändert und den Code in einen `let`- oder `in`-Ausdruck eingefasst hat. Der folgende Ausdruck, der durch Power Query geändert wird, entspricht dem vorherigen:

```
let
  Quelle =
  (X) =>
  let
    Schritt1 = X + 1,
    Schritt2 = Schritt1 + 1
  in
    Schritt2
in
  Quelle
```

Sie können Funktionen erstellen, die mehrere Argumente erhalten. Hier ist ein Beispiel für eine Funktion, die zwei Zahlen addiert:

```
(X, Y) => X + Y
```

Wenn Sie eine benutzerdefinierte Funktion erstellen, können Sie explizit die Datentypen der Argumente und des Rückgabewerts definieren. In diesem Beispiel deklariert zum Beispiel `as number`, dass `number` (also eine Zahl) der Datentyp des Rückgabewerts und der Parameter der Funktion ist.

```
(X as number, Y as number) as number => X + Y
```

Selbstverständlich akzeptieren benutzerdefinierte Funktionen verschiedene Arten von Argumenten. In diesem Beispiel werden Text und eine Zahl als Argumente übergeben; das Ergebnis, das zurückgegeben wird, ist verketteter Text:

```
(X as text, Y as number) as text => X & Text.From(Y)
```

Funktionen können mit optionalen Argumenten definiert werden. Im folgenden Ausdruck deklarieren Sie *Y* als optionales Argument. Wenn die Funktion ohne das optionale Argument aufgerufen wird, erhält *Y* einen Nullwert:

```
(X, optional Y) => if (Y = null) then X else X + Y
```

Beachten Sie, dass die folgende Implementierung null anstelle von *X* zurückgibt, wenn für *Y* kein Wert übergeben wird, da das Ergebnis von *X + null* ein Nullwert ist:

```
(X, optional Y) => X + Y
```

Schließlich können Sie eine Funktion auch so deklarieren, dass sie keine Argumente erhält. Solche Funktionen können in fortgeschrittenen Szenarien verwendet werden, beispielsweise bei `List.Generate`, was im letzten Abschnitt dieses Kapitels erläutert wird. Hier ist zum Beispiel eine Funktion, die kein Argument akzeptiert und 0 zurückgibt:

```
() => 0
```

Funktionen aufrufen

Funktionen können innerhalb des Bereichs eines `let`-Ausdrucks oder als separate Abfrage definiert werden. Sie können sie als integrierte Funktionen aufrufen, indem Sie den Funktionsnamen angeben, gefolgt von einer öffnenden Klammer, den Argumenten und der schließenden Klammer. In diesem Beispiel wird in der dritten Zeile die benutzerdefinierte Funktion `func` aufgerufen, die in der ersten Zeile innerhalb des `let`-Ausdrucks definiert ist:

```
let
   func = (X) => X+1,
   Zahl1 = 1000,
   Ergebnis = func(Zahl1)
in
   Ergebnis
```

Funktionen können als Argumente anderer Funktionen übergeben werden. Wenn eine benutzerdefinierte Funktion mit einem Argument als Argument einer anderen Funktion übergeben wird, können Sie sie als Argument aufrufen, indem Sie den Funktionsnamen ohne Klammern und Argument aufrufen. Im nächsten Beispiel können Sie sehen, wie das funktioniert.

Im folgenden Ausdruck sehen Sie eine Abfrage, die eine Preistabelle aus der Abfrage *PreiseTabelle* lädt und die Spalte *Preis* mit 0,98 (2 % Rabatt) multipliziert, wenn der Preis größer als 10 ist:

```
let
  FnHolePreisNachRabatt =
    (preis) =>
      if preis > 10 then
         preis * 0.98
     else
         preis,
  Quelle = PreiseTabelle,
  RabattiertePreise = Table.TransformColumns(
     Quelle,
     {{"Preis", FnHolePreisNachRabatt, type number}}
  )
in
  RabattiertePreise
```

In diesem Ausdruck wird die benutzerdefinierte Funktion `FnHolePreisNachRabatt` in `Table.TransformColumns` aufgerufen. Da die benutzerdefinierte Funktion ein einzelnes Zahlenargument erfordert, können Sie sie in `Table.TransformColumns` aufrufen, ohne Klammern verwenden zu müssen oder explizit auf die Zahl als Argument zu verweisen. So ist beispielsweise die folgende Funktion:

```
Table.TransformColumns(Quelle,{{"Preis", FnHolePreisNachRabatt, type number}})
```

mit der folgenden Syntax identisch:

```
Table.TransformColumns(Quelle,{{"Preis",each FnHolePreisNachRabatt(_), type number}})
```

Der Ausdruck *each*

Der Ausdruck `each` in Power Query wurde entwickelt, um einfache Funktionen auf benutzerfreundliche Art und Weise definieren zu können.

Der folgende Ausdruck erhält beispielsweise eine Zahl und erhöht sie um eins:

```
(X) => X + 1
```

Die gleiche Funktion kann auch wie folgt geschrieben werden:

```
(_) => _ + 1
```

Dieser Ausdruck verwendet den Unterstrich als Argumentnamen. Um den Code zu vereinfachen, können Sie auch diese Kurzschreibweise verwenden:

```
each _ + 1
```

Es gibt auch Fälle, in denen Sie in `each`-Ausdrücken sogar auf den Unterstrich verzichten können, wenn Ihr Argument Felder enthält (zum Beispiel eine Tabelle oder einen Datensatz). Sehen Sie sich diesen häufig vorkommenden Ausdruck an, der beim Filtern von Werten in der Spalte verwendet wird:

```
Table.SelectRows( Quelle, each [Preis] > 5 )
```

Die längere Syntax der Funktion ist wie folgt:

```
Table.SelectRows( Quelle, (_)=> _[ Preis] > 5 )
```

Die erste Vereinfachung des vorhergehenden Ausdrucks kann mit *each* wie folgt geschrieben werden:

```
Table.SelectRows( Quelle, each _[ Preis] > 5 )
```

Da Sie jedoch mit den eckigen Klammern auf ein Feld verweisen, können Sie auf die Verwendung des Unterstrichs verzichten. Daher wird in der Bearbeitungsleiste der folgende Ausdruck angezeigt:

```
Table.SelectRows( Quelle, each [Preis] > 5 )
```

Dieser Ausdruck ist besser lesbar als die anderen. Denken Sie daran, dass dies nur die Kurzschreibweise einer regulären Funktion ist. In Zukunft werden Sie also in der Lage sein, diese Ausdrücke zu ändern und zu erweitern, um so Ihre Datenherausforderungen anzugehen.

Fortgeschrittene Themen

Um M vollständig als Programmiersprache zu verstehen, kann nicht ein einzelnes Kapitel – noch nicht mal ein ganzes Buch – die Sprache im Detail erklären. Es gibt viele fortgeschrittene Elemente in dieser Sprache, die in diesem Buch nicht behandelt werden. Im letzten Abschnitt dieses Kapitels erhalten Sie einen kurzen Überblick über diese fortgeschrittenen Themen, die für Sie insbesondere dann nützlich sein können, wenn Sie sich entscheiden, in Zukunft M als Programmierer zu meistern.

Fehlerbehandlung

Power Query bietet integrierte Features, mit denen Sie Fehler über die Benutzeroberfläche überprüfen und beheben können. Außerdem können Sie Fehlerwerte ersetzen oder ganz entfernen. Außer über die Benutzeroberflächen können Sie in M Fehlerfälle auch vom Code aus als Teil Ihrer Transformationslogik behandeln.

In M weist ein Fehler darauf hin, dass die Auswertung eines Ausdrucks keinen Wert erzeugen konnte. Wenn ein Ausdruck zu einem Fehler führt, gibt die Abfrage einen `Expression.Error`-Datensatz zurück. Wenn Sie keine expliziten Fehlerhandler anwenden, werden Ihre Abfragen normalerweise abgebrochen, wodurch Fehlermeldungen angezeigt werden. Um die Fehler abzufangen, ohne dass eine Abfrage fehlschlägt, können Sie einen `try/otherwise`-Ausdruck einsetzen. Hier ist ein Beispiel:

```
let
   Ergebnis = try Quelle[Spalte1] otherwise null
in
   Ergebnis
```

In diesem Ausdruck wird `try/otherwise` verwendet, um einen Drilldown zu *Spalte1* in der Tabelle *Quelle* auszuführen. Wenn jedoch *Spalte1* in der Tabelle *Quelle* nicht vorhanden ist, können Sie `null` zurückgeben, anstatt die Abfrage mit einem Fehler abzubrechen. Sie können denselben Ausdruck auch ohne den `otherwise`-Teil schreiben:

```
let
   Ergebnis = try Quelle[Spalte1]
in
   Ergebnis
```

Dieser Ausdruck gibt einen Fehlerdatensatz zurück, wenn *Spalte1* fehlt. Der zurückgegebene Fehlerdatensatz, der in Abbildung 9.10 dargestellt ist, kann wie jeder andere Transformationsschritt im Power Query-Editor bearbeitet werden.

Wenn der `try`-Ausdruck erfolgreich ist, enthält das Ergebnis einen Datensatz, in dem `HasError` `false` ist und das Feld `Value` das Ergebnis des erfolgreichen Ausdrucks enthält. Die folgende Formel veranschaulicht, wie Fehler programmgesteuert ohne Verwendung des Schlüsselworts `otherwise` behandelt werden können:

```
let
  Versuch = try Quelle[Spalte1],
  Ergebnis =
    if Versuch [HasError] then
      null
    else
      Versuch [Value]
in
  Ergebnis
```

Abbildung 9.10 Sie können einen *try*-Ausdruck verwenden, um einen Fehlerdatensatz zurückzugeben, wenn der Ausdruck fehlschlägt.

Dieser Ausdruck gibt `null` zurück, wenn *Spalte1* in der Tabelle *Quelle* nicht vorhanden ist; er entspricht dem folgenden `try`/`otherwise`-Ausdruck:

```
let
   Ergebnis = try Quelle[Spalte1] otherwise null
in
   Ergebnis
```

M ermöglicht es Ihnen, statt des integrierten Fehlers einen benutzerdefinierten Fehler auszulösen. Das folgende Beispiel zeigt, wie der Wert *Message* des Fehlerdatensatzes überschrieben wird:

```
= try Quelle[Spalte1] otherwise error "Spalte1 ist in der Datenbank AdventureWorks nicht
vorhanden"
```

Weitere Informationen zur Fehlerbehandlung finden Sie unter *learn.microsoft.com/powerquery-m/errors*.

Faule und eifrige Auswertung

Innerhalb eines `let`-Ausdrucks wertet M die Ausdrücke nicht in sequenzieller Reihenfolge aus, sondern verfolgt einen »faulen Ansatz«, der als »Lazy Evaluation« bezeichnet wird. Jeder Bezeichner wird nur bei Bedarf ausgewertet. Im folgenden Ausdruck wird zum Beispiel *Schritt2* nicht ausgewertet, da das Ergebnis von *Schritt2* nirgendwo verwendet wird:

```
let
   Schritt1 = 1,
   Schritt2 = 10000000,
   Schritt3 = Schritt1 + 1
in
   Schritt3
```

Außer den `let`-Ausdrücken werden auch Listen- und Datensatzausdrücke mit der faulen Evaluierung ausgewertet. Alle anderen Ausdrücke werden »eifrig« ausgewertet (Eager Evaluation), das heißt, sie werden sofort ausgewertet, wenn sie beim Auswertungsprozess angetroffen werden.

Schleifen

Wenn Sie Kenntnisse in der Softwareprogrammierung besitzen, haben Sie sich vielleicht gefragt, warum es in M keine integrierten Schleifen gibt. Die Antwort ist nicht einfach. M wurde entwickelt, um Sequenzen von Transformationen durchzuführen, und die Iteration ist bereits in die Datenstruktur integriert. Um beispielsweise einen Wert in einer Spalte zu ersetzen, müssen Sie keinen Code schreiben, der über alle Zeilen in der Tabelle iteriert. M führt die Iteration für Sie aus, wenn Sie eine der integrierten Tabellenfunktionen anwenden.

Dennoch gibt es einige Sonderfälle, in denen Sie möglicherweise explizite Logik erstellen und über eine Sequenz iterieren müssen, um Daten zu aggregieren. Eines der häufigsten Szenarien ist der Datenimport von Websites, bei dem Sie eine Seitenzahl oder einen Offset verwenden müssen, um einen kleinen Teil der Daten zu importieren. Um das gesamte Dataset seitenweise zu importieren, müssen Sie einen Bereich von Zahlen in einer Schleife durchlaufen.

Um die seitenweise Verarbeitung durchzuführen, können Sie mit einer benutzerdefinierten Funktion beginnen, die eine bestimmte Seite anhand ihrer Seitenzahl importiert. Angenommen, eine benutzerdefinierte Funktion `FnLoadPageByNumber`, die Sie erstellt haben, kann von einer Website seitenweise Suchergebnisse abrufen. Dann können Sie eine Liste von Zahlen erstellen, wie in diesem Beispiel:

```
{1..10}
```

Als Nächstes können Sie die Liste in eine Tabelle konvertieren, wie in Abbildung 9.6 dargestellt, indem Sie in der Registerkarte *Listentools/Transformieren* den Befehl *Zu Tabelle* auswählen. Nachdem Sie *Spalte1* in *SeitenZahl* umbenannt und den Typ der Spalte *SeitenZahl* in Text konvertiert haben, können Sie auf der Registerkarte *Spalte hinzufügen* den Befehl *Benutzerdefinierte Funktion aufrufen* auswählen und die Funktion `FnLoadPageByNumber` für die Spalte *SeitenZahl* aufrufen. Abschließend können Sie die neue Spalte erweitern, und alle Tabellenobjekte der Seiten werden zusammengeführt.

Rekursion

Eine andere Möglichkeit, eine Folge von Transformationsschritten zu wiederholen, ist die Verwendung der *Rekursion*. Rekursion in Programmiersprachen ermöglicht es Ihnen, komplexe Rechenaufgaben mithilfe eines Teile-und-herrsche-Verfahrens zu lösen. Ein klassisches Beispiel sind Fibonacci-Zahlen.

Eine Fibonacci-Folge zeichnet sich dadurch aus, dass jede Zahl, außer 0 und 1, die Summe der beiden vorhergehenden Zahlen in der Folge ist. Da also 0+1=1 ist, ist 1 die nächste Zahl, dann, weil 1+1=2 ergibt, ist 2 die nächste Zahl. dann folgt 3 (1+2=3), dann 5 (2+3=5), dann 8 (3+5=8), dann 13 (5+8=13) und so weiter.

In M können Sie eine Rekursion durch das Zeichen `@` implementieren, um die Hauptfunktion innerhalb der Funktion erneut aufzurufen und die Einschränkungen des inneren Bereichs zu vermeiden. Hier ist die Umsetzung der Fibonacci-Rekursion in M:

```
let
  Fibonacci =
    (n)=>
      if (n = 0) then
        0
      else if (n = 1) then
        1
      else
        @Fibonacci(n-1) + @Fibonacci(n-2)
in
  Fibonacci
```

Jedoch wird die Verwendung der Rekursion in M nicht empfohlen. Die Ausführung der Rekursion führt zu hoher Last und beansprucht in jeder Programmiersprache viel Speicher, da der Stapelspeicher des Betriebssystems alle inneren Status der Rekursion aufnehmen muss. Wenn Sie die Rekursion für große Datasets oder bei einer großen Zahl zur Berechnung der Fibonacci-Zahl ausführen, führt dies daher schnell zu einem Stapelüberlauf.

List.Generate

`List.Generate` ermöglicht es Ihnen, beliebige Arten von Iterationen zu implementieren, einschließlich verschachtelter Schleifen. Diese Funktion erzeugt aus einem Anfangszustand und einer Reihe von Funktionen eine Liste von Werten. Hier ist die Funktionsdeklaration von `List.Generate`:

```
List.Generate(initial as function, condition as function, next as function, optional
selector as nullable function) as list
```

Lassen Sie uns die inneren Abläufe dieser Funktion untersuchen, indem wir uns ein einfaches Beispiel ansehen, das die Fibonacci-Folge unter 100 zurückgibt (das heißt 1, 2, 3, 5, 8, 13, 21, 34, 55, 89), wenn sie in der Bearbeitungsleiste verwendet wird:

```
List.Generate(
  ()=>[Previous = 0, Current = 1],
  each [Previous] + [Current] < 100,
  each [
    Current = [Previous] + [Current],
```

```
      Previous = [Current]
    ],
    each [Previous] + [Current]
)
```

In diesem Beispiel beginnt `List.Generate` mit einer Initialisierungsfunktion, die keine Parameter erhält und die einen Datensatz mit den Werten von `Previous` und `Current` zurückgibt. `Previous` wird auf den Wert 0 und `Current` auf 1 gesetzt. Hiermit sind die Startwerte der Schleife festgelegt. Das zweite Argument von `List.Generate` ist die Funktion mit der Bedingung `each [Previous] + [Current] < 100`; diese Bedingung stellt sicher, dass die Liste so lange erzeugt wird, wie diese Bedingung `true` ergibt. Wenn die Summe aus `Previous` und `Current` größer oder gleich 100 ist, wird das Erstellen der Liste beendet.

Das dritte Argument ist die `next`-Funktion, die den nächsten Status definiert und die Werte in den Feldern `Current` und `Previous` des Datensatzes ändert. Im Ausgangszustand hatte `Previous` den Wert 0 und `Current` den Wert 1. Im nächsten Schritt wird `Current` in `[Previous] + [Current]` geändert, also in 1 (0+1=1), und `Previous` wird `Current` zugewiesen, also 1. Im nächsten Schritt wird `Current` 2 (1+1=2) und `Previous` 1 zugewiesen. Anschließend wird `Current` 3 (2+1=3) und `Previous` 2 zugewiesen usw.

Das vierte Argument weist während jeder Iteration das Element der Ausgabeliste zu, was zu der Fibonacci-Folge führt, wenn die Schleife endet.

`List.Generate` ermöglicht es Ihnen, anspruchsvollere Herausforderungen zu meistern und das Fehlen von Schleifenkonstrukten zu umgehen. Dennoch sollten Sie immer zuerst versuchen, die integrierten Tabellenfunktionen zu verwenden, um Iterationslogik zu implementieren, da `List.Generate` aufgrund der »faulen Auswertung« langsamer sein und mehr Arbeitsspeicher verbrauchen kann. Bei kleinen Datensätzen stellt die Verwendung von `List.Generate` weniger ein Problem dar. Weitere Beispiele für die Verwendung von `List.Generate`, wie verschachtelte Schleifen, cursorbasierte Paginierung und Matrixmultiplikation, finden Sie unter *datachant.com/tag/list-generate*.

List.Accumulate

Die Funktion `List.Accumulate` berechnet aus einer Eingabeliste ein Ergebnis. Ausgehend von dem Startwart *seed* wendet diese Funktion eine Akkumulatorfunktion an und gibt das endgültige aggregierte Ergebnis zurück. Sie können diese Funktion verwenden, um über die Elemente einer Liste zu iterieren und die Ergebnisse schrittweise in der gewünschten Ausgabe zusammenzufassen.

Hier ist die Deklaration der Funktion:

```
List.Accumulate(list as list, seed as any, accumulator as function) as any
```

Sehen wir uns die verschiedenen Argumente der Funktion in einem einfachen Ausdruck an, der eine Liste aufeinanderfolgender Zahlen abarbeitet und sie mithilfe von `List.Accumulate` addiert:

```
List.Accumulate({1, 2, 3, 4}, 0, (state, current) => state + current)
```

Das Ergebnis dieses Ausdrucks ist 10. Schauen wir uns das Schritt für Schritt an. Die Funktion beginnt mit der Eingabeliste {1, 2, 3, 4} und 0 als Startwert (das Argument *seed*). Im ersten Schritt empfängt die Akkumulatorfunktion den Wert 0, der als zweites Argument von `List.Accumulate` definiert wurde, als anfänglichen Status (in `state`) und den Wert 1 als `current` (da das erste Element in der Liste 1 ist) und addiert sie. Das Ergebnis, der Wert 1, wird dem neuen `state` zugewiesen.

Im zweiten Durchlauf erhält die Akkumulatorfunktion den Wert 1 als `state` und den Wert 2 als `current` (da das zweite Element in der Liste 2 ist) und addiert sie. Der Wert 3 (1+2=3) wird dem neuen `state` zugewiesen.

Im dritten Schritt erhält die Akkumulatorfunktion den Wert 3 als `state` und den Wert 3 als `current` (da das dritte Element in der Liste 3 ist) und addiert sie. Der Wert 6 (3+3=6) wird dem neuen `state` zugewiesen.

Im vierten und letzten Schritt erhält die Akkumulatorfunktion den Wert 6 als `state` und den Wert 4 als `current` (da das letzte Element in der Liste 4 ist) und addiert sie. Der Wert 10 (4+6=10) wird der endgültigen Ausgabe zugewiesen. Die Schleife endet, nachdem die Akkumulatorfunktion für das letzte Element der Liste ausgeführt wurde. Das letzte Ergebnis der Akkumulatorfunktion ist immer die Ausgabe von `List.Accumulate`.

Nachfolgend finden Sie eine `List.Accumulate`-Implementierung der Fibonacci-Folge, die die Fibonacci-Zahl 89 zurückgibt. Anders als bei `List.Generate` können Sie mit `List.Accumulate` keine dynamische Unterbrechungsbedingung definieren. Die Funktion iteriert über alle Elemente in der Liste. Sie initialisieren die Liste auf Zahlen von 0 bis 9, jedoch werden die tatsächlichen Werte der Liste nicht verwendet:

```
let
  Fibonacci =
    List.Accumulate(
      {0..9},
      [PreviousNum = 0, CurrentNum = 1],
      (state, current) =>
        [
          PreviousNum = state[CurrentNum],
          CurrentNum = state[CurrentNum] + state[PreviousNum]
        ]
    ),
  Result = Fibonacci[CurrentNum]
in
  Result
```

In diesem Beispiel wird das Argument *seed* als Datensatz mit zwei numerischen Feldern definiert, `PreviousNum` und `CurrentNum`. Der Akkumulator gibt eine aktualisierte Version dieses Datensatzes zurück, indem er den Wert `CurrentNum` an `PreviousNum` zuweist und die Summe aus `CurrentNum` und `PreviousNum` als neuen Wert von `CurrentNum` verwendet.

In Kapitel 12, »Einfache Textanalyse«, wenden Sie die `List.Accumulate`-Funktion an, um iterative Textersetzungen in derselben Spalte durchzuführen. Informationen zu weiteren Implementierungen von `List.Accumulate` finden Sie unter *datachant.com/2016/06/02/power-query-list-accumulate-unleashed*.

Zusammenfassung

Das Erlernen von M ist Ihr Schlüssel, um ein Meister des Data-Wrangling zu werden, jedoch ist es dank der revolutionären Benutzeroberfläche des Power Query-Editors nicht zwingend erforderlich, alle Feinheiten von M zu kennen, um viele der realen Datenherausforderungen zu bewältigen, denen Sie sich stellen müssen. In diesem Kapitel haben Sie die Grundprinzipien der Sprache M gelernt. Mit dem neuen Wissen sollte es für Sie jetzt, falls erforderlich, viel einfacher sein, die Ausdrücke in der Bearbeitungsleiste und im erweiterten Editor zu manipulieren.

Sie haben in diesem Kapitel die sechs Lernstufen von M kennengelernt. Wenn Sie wissen, wo Sie sich gerade befinden, können Sie Ihre nächsten Ziele auf dieser Reise definieren und Sie erkennen, auf welche Bereiche Sie sich konzentrieren sollten, um die nächste Stufe zu erreichen. Sie haben die verschiedenen Bausteine der Sprache M untersucht, einschließlich des `let`-Ausdrucks und der unterschiedlichen Typen, Operatoren und integrierten Funktionen, einschließlich Zahlen, Zeit, Datum, Dauer, Text, Logisch, Liste, Datensatz und Tabelle.

Das Anwenden von Bedingungen und das Erstellen von `if`-Ausdrücken in der Bearbeitungsleiste, im Dialogfeld *Benutzerdefinierte Spalte* und im erweiterten Editor können Ihnen dabei helfen, die Logik Ihrer Abfragen über die in der integrierten Benutzeroberfläche zur Verfügung stehenden Möglichkeiten hinaus zu erweitern. Sie haben gelernt, wie Sie eine Sequenz logischer Ausdrücke schreiben, indem Sie die Operatoren `and`, `or` und `not` sowie Klammern verwenden. Sie haben außerdem gelernt, wie und wo Sie in Ihrem Code `if`-, `then`- und `else`-Ausdrücke erstellen können.

Sie haben erfahren, wie Sie integrierte Funktionen aufrufen und ihre Einsatzmöglichkeiten mit benutzerdefinierten Funktionen erweitern. Schließlich haben Sie in diesem Kapitel die Fehlerbehandlung, Rekursion und erweiterte Listenfunktionen kennengelernt, mit denen Sie Schleifen implementieren und über Daten iterieren können, um komplexe Szenarien zu bearbeiten.

Kehren Sie einfach zu diesem Kapitel zurück, wenn sich Ihre M-Kenntnisse vergrößert haben und Sie vor neuen, schwierigeren Herausforderungen stehen. In Kapitel 10 erfahren Sie, wie bereits einfache Modifikationen des M-Ausdrucks beim Erstellen von robusten und skalierbaren Abfragen sehr nützlich sein können.

KAPITEL 10

Von Stolperfallen zu robusten Abfragen

In diesem Kapitel:

- lernen Sie die wichtigsten Faktoren kennen, die zu schwachen Abfragen führen
- erfahren Sie mehr über typische Stolperfallen bei der Erstellung von Abfragen, die zu Aktualisierungsfehlern und falschen Daten führen
- erkennen Sie, wie ein verschärftes Bewusstsein, verschiedene bewährte Vorgehensweisen und Änderungen am M-Code helfen, diese Stolperfallen zu vermeiden
- lernen Sie, wie Sie Aktualisierungsfehler mittels automatischer Erkennung und Änderung von Spaltentypen umgehen
- erfahren Sie, wie Sie gefährliche Filter vermeiden, die zu Teildaten in Ihren Berichten führen können
- sehen Sie, wann die Neuanordnung der Position von Spalten nützlich ist und wie eine Teilmenge der Spalten neu angeordnet wird
- erfahren Sie, wie Sie Spalten entfernen und auswählen sowie zukünftige Aktualisierungsfehler vermeiden
- benennen Sie Spalten nach ihrer Position in der Tabelle oder nach bestimmten Werten um
- erfahren Sie mehr über die Gefahren bei der Aufteilung einer Spalte in Spalten statt in Zeilen
- verbessern Sie die M-Formel, wenn Sie mehrere Spalten zusammenführen

Die Benutzererfahrung mit dem Power Query-Editor in Excel und Power BI ist sehr angenehm, da Sie damit Ihre alltäglichen, aber entscheidenden Datenvorbereitungsaufgaben in einen automatisierten Aktualisierungsfluss verwandeln können. Leider treten auf dem Weg zum Beherrschen des Data-Wranglings typische Fehler auf, die Sie möglicherweise im Power Query-Editor machen, was zur Erstellung anfälliger Abfragen führt, die nicht aktualisiert werden können, oder die zu falschen Ergebnissen führen, wenn sich die Daten ändern. Schlimmer noch, diese Fehler können zu falschen Daten in Ihren Berichten führen. In diesem Kapitel lernen Sie die häufigsten Fehler oder Fallstricke kennen und Sie erfahren, wie Sie robuste Abfragen erstellen und dabei diese Stolperfallen vermeiden.

Die Techniken in diesem Kapitel helfen Ihnen dabei, robuste Abfragen zu erstellen und im endlosen Kampf bei der Wartung eines Berichtssystems, das länger als die Daten hält, einen Schritt vorauszudenken.

Gil erörtert die zehn Stolperfallen in seinem Blog unter *datachant.com/tag/pitfalls*. Sie können alle Stolperfallen in seinem Blog genauer erkunden, jedoch fasst dieses Kapitel die wichtigsten Punkte zusammen. Außerdem enthält es neue Beispiele, Übungen und Lösungsbeispieldateien. Die zehnte Stolperfalle, die sich mit dem Entfernen von Duplikaten beschäftigt, wurde bereits in Kapitel 2, »Grundlegende Herausforderungen bei der Datenvorbereitung«, erörtert.

Ursachen und Auswirkungen der Stolperfallen

Der Power Query-Editor basiert auf zwei Grundprinzipien:

- Er bietet eine benutzerfreundliche Bedienoberfläche, die Ihre Schritte in programmgesteuerte Anweisungen für die Transformationen übersetzt.
- Er lädt ein Snapshot beziehungsweise eine Vorschau der Daten, damit Sie die Transformationslogik erstellen können.

Während diese Prinzipien entscheidend für Ihren Erfolg bei der Lösung vieler Probleme bei der Datenvorbereitung sind, sind sie gleichzeitig auch die Verursacher entscheidender Fehler, die Sie unbeabsichtigt machen können, was zu Aktualisierungsfehlern oder unerwarteten Situationen fehlender oder falscher Daten führen kann, wie in Abbildung 10.1 gezeigt.

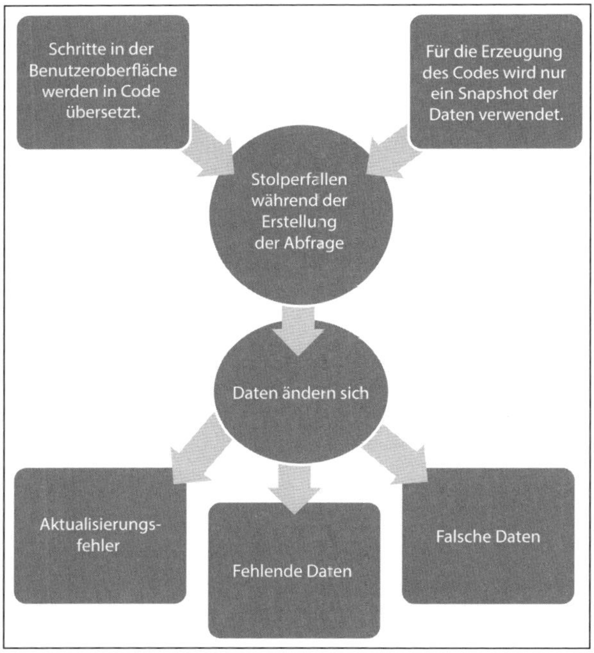

Abbildung 10.1 Beim Erstellen von Abfragen führen verschiedene Faktoren zu Aktualisierungsfehlern und Dateninkonsistenzen, wenn sich die Daten ändern.

Jeder Schritt, den Sie in der Benutzeroberfläche des Power Query-Editors ausführen, wird in der Liste *Angewendete Schritte* in Form einer automatisch generierten Formelzeile hinzugefügt, die bei der Reihenfolge der Transformationsschritte eine Rolle spielt. Während Sie die Transformationsschritte im Power Query-Editor erstellen, muss Power Query unmittelbar »Entscheidungen« darüber treffen, wie Ihre Auswahl in der Benutzeroberfläche in Code übersetzt werden soll. Beispielsweise wird der in Kapitel 6, »Tabellen entpivotieren«, beschriebene Schritt *Spalten entpivotieren* in einen M-Ausdruck übersetzt, der auf die nicht ausgewählten Spalten in der Tabelle anstatt auf die ausgewählten Spalten verweist. Ein weiteres Beispiel für eine Übersetzungsentscheidung: Wenn Sie ein Tabellenblatt in eine Excel-Datei importieren, »entscheidet« Power Query im M-Ausdruck, dass auf das Tabellenblatt anhand seines Namens und nicht aufgrund seiner Position in der Arbeitsmappe verwiesen wird.

Damit Sie mich nicht falsch verstehen: Die Übersetzungsentscheidungen, die der Power Query-Editor trifft, sind nicht zufällig. Sie wurden vom Power Query-Team entwickelt, um Ihnen zu helfen, die für das Erreichen Ihrer Ziele erforderlichen Abfragen zu erstellen. Aber während diese Übersetzungen bei der Erstellung einer Abfrage sinnvoll sein können, können sie in der Zukunft zu Fehlern führen und nicht mehr funktionieren. Wenn Sie eine Abfrage erstellen, basieren einige der Entscheidungen, die der Power Query-Editor zum Generieren des Codes trifft, auf der Vorschau Ihrer Daten. Wenn sich die Daten in einer zukünftigen Aktualisierung ändern, sind einige Abfragen möglicherweise nicht mehr robust genug, um die Änderungen der Daten zu überstehen.

In einem typischen Fall können Sie, wenn sich Ihre Daten ändern und ein Aktualisierungsfehler auftritt, recht einfach das Problem beheben, indem Sie die Abfrage ändern. Aber oft kehren Aktualisierungsfehler immer wieder zurück, da sich Ihre Daten zwischen mehreren Formaten im Zickzackkurs ändern. Wenn Sie die Abfrage korrigieren, um heute auf bestimmte Änderungen in Ihren Daten zu reagieren, können Sie morgen möglicherweise keine anderen Änderungen verarbeiten.

Der häufigste Grund für Aktualisierungsfehler ist die Änderung der Spaltennamen in den Quelltabellen. Die meisten Fallstricke in diesem Kapitel beziehen sich auf die falsche Handhabung von Spaltennamen, die dann zu Aktualisierungsfehlern führt. Sie denken vielleicht, dass dies keine große Sache ist: Das Ändern Ihrer Abfragen, um auf die neuen Spaltennamen zu verweisen, ist eine leichte Aufgabe, die nur wenige Minuten Ihrer Zeit beansprucht. Sie haben recht. Es ist einfach, eine Abfrage zu bearbeiten und diese an die geänderten Spaltennamen anzupassen.

Aber inzwischen kennen Sie sich mit dem Power Query-Editor sehr gut aus, und daher können Ihre Abfragen mittlerweile recht komplex sein. Wenn Ihre Abfragen also aufgrund nicht mehr vorhandener Spaltennamen fehlschlagen, verbringen Sie möglicherweise wertvolle Zeit damit, mehrere Schritte zu korrigieren, in denen auf diese Spaltennamen verwiesen wird. Halten Sie es für sinnvoll, permanent damit beschäftigt zu sein, Probleme in Ihren Abfragen zu beheben, deren Ursache ein fehlender Spaltenname in Ihrer Datenquelle ist? Inzwischen sind Ihre Berichte möglicherweise so wichtig, dass Hunderte Mitarbeiter in Ihrer Organisation von ihnen abhängig sein könnten. Fehler bei der Aktualisierung Ihrer Berichte können zu einem ungeeigneten Zeitpunkt auftreten.

Schließlich führen einige der Stolperfallen möglicherweise nicht zu Aktualisierungsfehlern, wenn sich die Daten ändern. Stattdessen ignorieren Abfragen eventuell nur einen Teil der Daten, was zu falschen Berechnungen, verzerrten Diagrammen und falschen KPIs in Ihrem Bericht führt. Diese Fehler nachträglich zu erkennen, ist nicht einfach. Sie zu vermeiden, ist einfacher, und wie Sie dies tun, steht im Mittelpunkt dieses Kapitels.

Bevor Sie sich die Stolperfallen genauer ansehen und erkennen, wie Sie sie vermeiden können, sollten wir einige allgemeine Prinzipien untersuchen, die Sie zuerst beachten sollten. Diese Prinzipien helfen, die Stolperfallen zu minimieren, und sind in drei Themen unterteilt: Bewusstsein, Best Practices und Modifikationen der M-Ausdrücke.

Bewusstsein

Um Ihr Bewusstsein zu schärfen und die Wahrscheinlichkeit von Aktualisierungsfehlern oder falschen Ergebnissen in Ihren Berichten zu verringern, befolgen Sie nach jedem Transformationsschritt, den Sie im Power Query-Editor ausführen, diese Empfehlungen:

- Überprüfen Sie die transformierten Ergebnisse im Vorschaubereich. Stellen Sie sicher, dass die Daten richtig aussehen. Scrollen Sie nach unten, um weitere Zeilen zu überprüfen. Scrollen Sie nach rechts, um alle Spalten zu überprüfen. Wenn Sie etwas Seltsames finden, überprüfen Sie, ob Ihr Schritt richtig erstellt wurde oder ob es an der Zeit ist, einen alternativen Transformationsschritt in Betracht zu ziehen.
- Lassen Sie die Bearbeitungsleiste immer eingeblendet und bitten Sie Ihre Kollegen, dies ebenfalls zu tun. (Standardmäßig ist die Bearbeitungsleiste ausgeblendet.) Führen Sie je nach Power Query-Umgebung folgende Schritte durch, um die Bearbeitungsleiste zu aktivieren: Öffnen Sie die Registerkarte *Anzeigen* und wählen Sie *Skript* | *Schrittskript* (siehe Abbildung 10.2) oder öffnen Sie die Registerkarte *Ansicht* und schalten Sie das Kontrollkästchen *Bearbeitungsleiste* ein. Das Aktivieren der Bearbeitungsleiste ist von grundlegender Bedeutung, um die Stolperfallen zu umgehen.
- Überprüfen Sie den Code in der Bearbeitungsleiste. Sie müssen M nicht verstehen, um den Code effektiv zu überprüfen. Achten Sie genau auf die hart codierten Elemente in einer Formel, zum Beispiel Spaltennamen und -werte, insbesondere wenn Sie diese hart codierten Elemente im entsprechenden Schritt in einem Dialogfeld oder durch eine Auswahl eines Steuerelements in der Benutzeroberfläche bereitgestellt haben. Wenn Sie beispielsweise in Ihrer Abfrage *Spalte1* löschen, wird in der Bearbeitungsleiste möglicherweise angezeigt, dass die Spalte tatsächlich *Spalte1* mit einem nachgestellten Leerzeichen heißt. Es ist sehr wahrscheinlich, dass dieser falsche Spaltenname in Zukunft vom Besitzer der Datenquelle korrigiert wird und Ihr Schritt hierdurch fehlschlägt. Häufige Inspektion der Bearbeitungsleiste wird Ihr Bewusstsein für solche Situationen verbessern und ermöglicht es Ihnen, zukünftigen Problemen vorzubeugen.

Best Practices

Die in diesem Kapitel beschriebenen Stolperfallen lassen sich häufig vermeiden, indem verschiedene Best Practices eingehalten werden:

- Schließen Sie einen Datenvertrag mit den Kollegen, die Eigentümer der externen Datenquelle sind. Kommunizieren Sie häufig und teilen Sie Vermutungen und Annahmen über die Daten. Arbeiten Sie zusammen, um eine Änderungskontrolle zu implementieren, damit Sie so auf geplante Änderungen vorbereitet sind. Stellen Sie sicher, dass die Kollegen Ihre Berichte kennen, und arbeiten Sie mit ihnen zusammen, damit sie das Gefühl haben, Teil Ihres Berichtsprojekts zu sein und am Erfolg des Projekts teilzuhaben.
- Bewahren Sie nicht aktualisierte Revisionen Ihres Berichts auf, damit Sie Änderungen, die zu Problemen führen, nachverfolgen können. Möglicherweise schlägt die Aktualisierung Ihres Berichts heute fehl oder zeigt unerwartete Ergebnisse an. Wenn Sie alte Revisionen des Berichts aufbewahren, können Sie die Berichte vergleichen, um die Ursachen für Fehler zu identifizieren.
- Wie Sie in diesem Kapitel erfahren werden, können einige Fallstricke vollständig umgangen werden, indem die richtigen Entscheidungen getroffen (zum Beispiel Löschen von Spalten) oder indem einige unnötige Transformationen vermieden werden (zum Beispiel geänderter Spaltentyp, Neuanordnung der Spalten).

Modifikationen der M-Ausdrücke

Es gibt eine Reihe von Änderungen, die Sie auf Formelebene durchführen können, um robuste Abfragen zu erstellen. Um jede einzelne Stolperfalle zu umgehen, braucht es jeweils eine eigene spezielle M-Modifikation; doch die gängigste Änderung, auf die Sie bauen werden, ist die Funktion `Table.ColumnNames`. Mit dieser Funktion können Sie einen Verweis auf einen hart codierten Spaltennamen in einen dynamischen Verweis ändern, der nicht fehlschlägt. Sie kennen solch ein Szenario bereits aus Übung 3.4 in Kapitel 3, »Daten aus mehreren Quellen kombinieren«. In dem dortigen Beispiel haben Sie mehrere Arbeitsblätter in eine einzelne Tabelle angehängt und die Kontextjahresdaten 2022 als Spaltennamen für die erste Spalte heraufgestuft. Anschließend haben Sie die Spalte *2022* in *Veröffentlichungsjahr* umbenannt. Mit der Funktion `Table.ColumnNames` können Sie die erste Spalte umbenennen, anstatt die Spalte mit dem Namen *2022* umzubenennen, wodurch die Abfrage robuster wurde. Dies hat geholfen, zukünftige Aktualisierungsfehler zu vermeiden.

In diesem Kapitel werden Sie verschiedene M-Änderungen kennenlernen, die die Funktion `Table.ColumnNames` verwenden, um Stolperfallen zu vermeiden. Sie lernen viele andere M-Änderungen, die Ihnen helfen, robuste Abfragen zu erstellen und die Fehler minimieren, wenn sich die Daten ändern.

Stolperfalle 1: Die Bearbeitungsleiste ignorieren

Im bisherigen Verlauf des Buches mussten Sie sich, als Sie die Übungen durchführten, oft auf Informationen in der Bearbeitungsleiste verlassen, um die jeweilige Transformation besser zu verstehen oder die Formel leicht zu ändern, um Ihre Ziele zu erreichen. In Kapitel 9, »Einführung in die Power Query-Formelsprache M«, haben Sie die Grundkonzepte der Sprache kennengelernt, und inzwischen haben Sie sich eine klare Meinung darüber gebildet, ob und wie Sie M einsetzen möchten. Während viele Power-User M sehr gerne für ihre Ziele nutzen, sehen andere in M eine etwas merkwürdige Programmiersprache, die nicht leicht zu verstehen ist.

Falls Sie zur ersten Benutzergruppe gehören, lässt sich die erste Stolperfalle leicht vermeiden. Wenn Sie aber der zweiten Gruppe angehören und Ihnen M fremd bleibt und nur schwer zu beherrschen scheint, wird Sie die folgende Information beruhigen: Um 90 % der Datenprobleme, denen Sie gegenüberstehen, lösen zu können, müssen Sie M nicht erlernen. Kleine Änderungen an der M-Formel reichen aus, um die meisten, wenn nicht sogar alle Ihrer Ziele zu erreichen. Wenn Sie jedoch den Power Query-Editor verwenden, um Berichte zu erstellen, die für Ihre Organisation wichtig sind, dann ist die Bearbeitungsleiste eine strategische Verbündete für Ihren Erfolg.

Stellen Sie sicher, dass die Bearbeitungsleiste sichtbar ist. Werfen Sie oft einen Blick auf die Formeln, die in der Bearbeitungsleiste angezeigt werden. Lernen Sie, wie Sie die statischen Elemente identifizieren können, wie zum Beispiel Spaltennamen und -werte. Diese statischen Werte werden von Klammern oder Anführungszeichen eingefasst. Prüfen Sie, ob diese Werte sinnvoll sind, und halten Sie sich an die bewährten Verfahren, die weiter vorne in diesem Kapitel aufgeführt sind, um die meisten Stolpersteine zu vermeiden.

Falls Sie direkt zu diesem Kapitel gesprungen sind und alle vorherigen Kapitel verpasst haben, erfahren Sie hier, wie Sie die Bearbeitungsleiste aktivieren. Führen Sie je nach Power Query-Umgebung folgende Schritte durch: Öffnen Sie die Registerkarte *Anzeigen* und wählen Sie *Skript* | *Schrittskript* (siehe Abbildung 10.2) oder öffnen Sie die Registerkarte *Ansicht* und schalten Sie das Kontrollkästchen *Bearbeitungsleiste* ein.

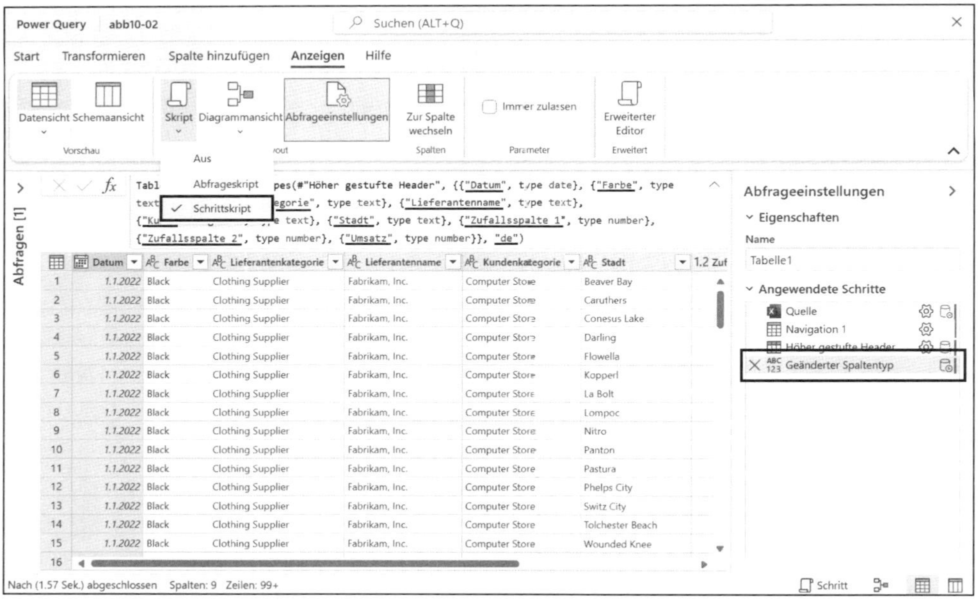

Abbildung 10.2 Durch einen Blick auf die Bearbeitungsleiste können Sie sehen, wie Schritte, wie hier *Geänderter Spaltentyp*, auf Spaltennamen verweisen.

Übung 10.1: Verwenden der Bearbeitungsleiste, um statische Verweise auf Spaltennamen zu entdecken

In dieser schnellen Übung wird veranschaulicht, wie statische Spaltennamen in der Bearbeitungsleiste erkannt werden; gleichzeitig ist dies die Vorbereitung für den Umgang mit der zweiten Stolperfalle. Sie verwenden die Beispielarbeitsmappe *K10U01.xlsx*, die Sie von der Website zum Buch herunterladen können (siehe Einleitung). In diesem Beispiel sind die Einnahmen aus Aufträgen der fiktiven Firma Wide World Importers zusammengefasst.

1. Verwenden Sie die Arbeitsmappe *K10U01.xslx* und speichern Sie sie im Ordner *C:\Daten\K10*.
2. Erstellen Sie einen neuen Power BI-Bericht oder eine neue Excel-Arbeitsmappe und rufen Sie Daten aus einer Excel-Arbeitsmappe ab.
3. Wählen Sie die Datei *K10U01.xlsx* aus und klicken Sie auf *Importieren*.
4. Klicken Sie im Dialogfeld *Navigator* auf *Tabelle1* und dann auf *Daten transformieren*.
5. Wenn die Bearbeitungsleiste nicht sichtbar ist, führen Sie je nach Power Query-Umgebung folgende Schritte durch: Öffnen Sie die Registerkarte *Anzeigen* und wählen Sie *Skript | Schrittskript* oder öffnen Sie die Registerkarte *Ansicht* und aktivieren Sie das Kontrollkästchen *Bearbeitungsleiste*.
6. Beachten Sie, dass der letzte Schritt in *Angewendete Schritte Geänderter Spaltentyp* ist und in der Bearbeitungsleiste die folgende Formel angezeigt wird (siehe Abbildung 10.2):

   ```
   Table.TransformColumnTypes(#"Höher gestufte Header",{{"Datum", type date}, {"Farbe",
   type text}, {"Lieferantenkategorie", type text}, {"Lieferantenname", type text},
   {"Kundenkategorie", type text}, {"Stadt", type text}, {"Zufallsspalte 1", type number},
   {"Zufallsspalte 2", type number}, {"Umsatz", type number}})
   ```

   Ohne sich auf die tatsächliche Bedeutung des Schritts zu konzentrieren, können Sie sehen, dass es hier viele Werte in doppelten Anführungszeichen gibt. Diese Werte sind die Art von Dingen, nach denen Sie in der Bearbeitungsleiste suchen sollten, wenn Sie Ihre eigenen Abfragen erstellen und dabei viele der Fallstricke vermeiden wollen. In vielen Fällen handelt es sich bei diesen von Anführungszeichen eingeschlossenen Werten um Spaltennamen oder um Werte, die Sie in Dialogfeldern eingegeben haben.

   In unserem Beispiel können Sie sehen, dass es zwei Spalten mit dem Namen *Zufallsspalte 1* und *Zufallsspalte 2* gibt. Lassen Sie uns im Rahmen dieser Übung davon ausgehen, dass diese Spalten bedeutungslose Zufallszahlen enthalten, die in Ihrem Bericht nicht benötigt werden. In echten Szenarien werden Sie auf Spaltennamen stoßen, die einen beliebigen oder temporären Kontext enthalten können. Auch wenn Sie sie entweder in Ihrem Bericht beibehalten oder auch entfernen können, sehen Sie im Schritt *Geänderter Spaltentyp*, dass Ihr Code bereits hart codierte Verweise auf diese Spalten enthält. Wenn diese Spalten nicht wichtig sind, ist es sehr gut möglich, dass Sie sie in Zukunft nicht mehr in der Quelltabelle vorfinden, da der Besitzer der externen Datenquelle diese eventuell entfernt.

   Die folgenden Schritte veranschaulichen den Aktualisierungsfehler in dieser Phase.
7. Schließen Sie den Power Query-Editor und laden Sie Ihre Abfrage in Ihr Excel-Arbeitsblatt oder Ihren Power BI-Bericht.

8. In diesem Schritt tun wir so, als wären Sie jetzt ein anderer Benutzer und der Besitzer der Datenquelle. Öffnen Sie die Arbeitsmappe *K10U01.xlsx* und entfernen Sie *Zufallsspalte 1* und *Zufallsspalte 2* aus dem Tabellenblatt. Speichern Sie die Arbeitsmappe. Sie können zu Ihrer vorherigen Rolle zurückkehren, um die Auswirkungen dieses Schritts zu untersuchen.
9. Kehren Sie zu Ihrem Bericht zurück und aktualisieren Sie ihn. Es wird dieser naheliegende Aktualisierungsfehler angezeigt:

   ```
   Expression.Error: Die Spalte "Zufallsspalte 1" der Tabelle wurde nicht gefunden.
   ```

   Bitte beachten Sie, dass Sie die Zufallsspalten in Ihrem Bericht nicht explizit angegeben haben. Stattdessen hat der Power Query-Editor »entschieden«, auf diese Spalten zu verweisen. Sie werden mehr darüber in Stolperfalle 2 erfahren, aber für den Moment schauen wir uns nur an, wie Sie dieses Szenario durch die drei oben genannten Hauptprinzipien angehen können: Bewusstsein, Best Practices und Modifikation der M-Formeln.

   Nachdem Sie die Bearbeitungsleiste eingeblendet und in Schritt 6 nach Werten in doppelten Anführungszeichen gesucht haben, haben Sie das Risiko entdeckt, dass Ihre Formel unwichtige hart codierte Spaltennamen enthält. Sie können sich nun an die Besitzer der Daten wenden und darauf hinweisen, dass solche Spalten existieren. Sie können dann einen Datenvertrag definieren, der festlegt, dass Sie benachrichtigt werden, wenn diese Spalten in Zukunft entfernt oder umbenannt werden. Falls diese Spalten einen verborgenen Geschäftswert aufweisen, können Sie sie in Ihre Berichte aufnehmen.
10. Schließlich können Sie durch Ändern der M-Formel die Verweise auf die Zufallsspalten entfernen, indem Sie den folgenden Teil aus der Formel löschen:

    ```
    {"Zufallsspalte 1", type number}, {"Zufallsspalte 2", type number},
    ```

    Hier ist die robuste Revision der Formel, die die Zufallsspalten ignoriert:

    ```
    Table.TransformColumnTypes(#"Höher gestufte Header",{{"Datum", type date}, {"Farbe",
    type text}, {"Lieferantenkategorie", type text}, {"Lieferantenname", type text},
    {"Kundenkategorie", type text}, {"Stadt", type text}, {"Umsatz", type number}})
    ```

    Diese Formel enthält immer noch viele Spalten, die in Zukunft entfernt oder umbenannt werden können. Müssen Sie in dieser Codezeile wirklich auf alle Spaltennamen verweisen? Das ist das Thema der zweiten Stolperfalle.

Stolperfalle 2: Geänderte Spaltentypen

In Übung 10.1 sind Sie auf die häufigsten Stolperfallen im Power Query-Editor und den wichtigsten Grund für Aktualisierungsfehler aufgrund von Änderungen der Spaltennamen gestoßen: den Schritt *Geänderter Spaltentyp*. Im Bereich *Angewendete Schritte* in Abbildung 10.2 wurde der letzte Schritt, *Geänderter Spaltentyp*, automatisch hinzugefügt, als Sie das Tabellenblatt in den Power Query-Editor geladen haben.

Um den zweiten Fallstrick zu vermeiden, überprüfen Sie den Bereich *Angewendete Schritte* darauf, ob sich dort *Geänderter Spaltentyp*-Schritte befinden, die Sie nicht explizit erstellt haben. Das wichtigste Szenario, in dem die Typänderung zu Aktualisierungsfehlern führt, ist, wenn Sie Textdateien und Tabellenkalkulationen in den Power Query-Editor laden oder wenn Sie die erste

Zeile als Überschrift heraufstufen. Auch geringfügige Änderungen an Spaltennamen oder das Entfernen von Spalten in der Datenquelle führen zu Aktualisierungsfehlern.

Die einfachste und häufigste Lösung, um diese Fallstricke zu vermeiden, besteht darin, den Schritt *Geänderter Spaltentyp* in *Angewendete Schritte* zu löschen, wie in Abbildung 10.3 dargestellt.

Abbildung 10.3 Löschen Sie den Schritt *Geänderter Spaltentyp*, um die zweite Stolperfalle zu vermeiden.

Zur Verdeutlichung sei erwähnt, dass Sie für einige Spalten in den Tabellen die Spaltentypen korrigieren müssen. Ohne für bestimmte Spalten die Typen zu definieren, können Sie keine arithmetischen Operationen wie *Summe* und *Mittelwert* ausführen oder in Excel PivotTables oder Power BI-Visualisierungen auf diese Spalten Funktionen aus dem Bereich *Zeitintelligenz* anwenden. Aus diesem Grund wurde der Power Query-Editor so entwickelt, dass er die Typen aller Spalten in der Tabelle implizit erkennt und für Sie ändert. Wenn Sie vergessen, den Typ explizit zu ändern, können Sie ohne diesen automatischen Schritt nicht die Summe einer numerischen Spalte berechnen, wenn sie im Bereich *Werte* von PivotTables oder Power BI-Visualisierungen verwendet wird.

Anstatt für die Typänderung den automatisch erzeugten Schritt *Geänderter Spaltentyp* zu verwenden, löschen Sie ihn und ändern Sie die Typen manuell – und machen Sie dies so spät wie möglich. Hier sind die Gründe dafür.

»Je später, desto besser« ist ein nützliches Motto für die Änderung der Datentypen in Power Query. Es ist ein bewährtes Verfahren, die Spaltentypen im Power Query-Editor zu ändern, anstatt sich auf den automatisch generierten Schritt *Geänderter Spaltentyp* zu verlassen – und je später Sie die Typen explizit ändern, desto besser.

Wenn Sie die Typänderungen als letzten erforderlichen Schritt durchführen, profitieren Sie von den folgenden Vorteilen:

- **Performance/Aktualisierungsdauer:** Typänderungen (zum Beispiel das Transformieren von Text in Datum-/Zeitwerte) erfordern einen gewissen Rechenaufwand des M-Moduls. Wenn Sie beabsichtigen, im Verlauf der Transformationssequenz die Anzahl der Zeilen durch Filter deutlich zu reduzieren, können Sie die Aktualisierungszeit der Abfrage verringern, indem Sie die Typänderung erst nach dem letzten Filterschritt manuell durchführen.
- **Fehlerbehandlung:** Das Ändern der Spaltentypen kann zu zellbasierten Fehlern für Werte führen, die nicht in den neuen Typ konvertiert werden können. Wenn diese Fehler zu früh in der Kette der Transformationsschritte angezeigt werden, ist es manchmal schwieriger, das Problem zu beheben.

Ein Beispiel für einen Fehler, der aufgrund eines frühen Schritts *Geänderter Spaltentyp* schwer zu erkennen ist, finden Sie im Blogbeitrag unter *datachant.com/2017/01/11/10-common-mistakes-powerbi-powerquery-pitfall-2*.

- **Persistenz:** Früh durchgeführte Typänderungen sind in einigen Szenarien möglicherweise nicht persistent. Wenn Sie zum Beispiel mehrere Arbeitsmappen aus einem Ordner anhängen, werden die auf der Ebene der Beispielabfrage vorgenommenen Typänderungen nicht an die angefügten Ergebnisse weitergegeben.

Mittlerweile fragen Sie sich vielleicht, ob es möglich ist, den Power Query-Editor so zu konfigurieren, dass die automatische Erkennung und Änderung von Typen beendet wird, damit Sie das manuelle Löschen dieser Schritte, wie in Abbildung 10.3 dargestellt, vermeiden können. Die Antwort ist ja. Sie müssen dies jedoch für jede Arbeitsmappe oder Power BI-Datei konfigurieren, und Sie können dies nicht für alle Berichte festlegen, die Sie später erstellen.

Um den Power Query-Editor so zu konfigurieren, dass die automatische Erkennung und Änderung von Typen beendet wird, öffnen Sie das Dialogfeld *Abfrageoptionen* in Excel (auf der Registerkarte *Daten* mit dem Befehl *Daten abrufen | Abfrageoptionen*) oder das Dialogfeld *Optionen* in Power BI Desktop (auf der Registerkarte *Datei* mit dem Befehl *Optionen und Einstellungen | Optionen).* Wenn Sie das Standardverhalten festlegen möchten, gehen Sie zu *Global | Daten laden* und wählen Sie unter Typerkennung die Option *Spaltentypen und -überschriften für unstrukturierte Quellen niemals erkennen*, wie in Abbildung 10.4 gezeigt.

Nachdem Sie den Standardschritt *Geänderter Spaltentyp* gelöscht oder verhindert haben, sollten Sie die Typen für die numerischen Spalten und die Datum-/Uhrzeit-Spalten, die für ihre Analyse benötigt werden, explizit ändern oder den ursprünglichen Schritt *Geänderter Spaltentyp* bearbeiten und anpassen, wie in Schritt 10 in Übung 10.1 erläutert. Beachten Sie, dass in der Formel, die in Übung 10.1, Schritt 10, beschrieben wurde, mehrere Textspalten enthalten sind, die am besten aus dem Schritt *Geänderter Spaltentyp* entfernt werden, um zukünftige Aktualisierungsfehler zu verhindern, wenn diese Spalten umbenannt werden. Diese Spalten sind in der nächsten Formel fett formatiert:

```
Table.TransformColumnTypes(#"Höher gestufte Header",{{"Datum", type date}, {"Farbe", type
text},
{"Lieferantenkategorie", type text}, {"Lieferantenname", type text}, {"Kundenkategorie",
type text}, {"Stadt", type text}, {"Umsatz", type number}})
```

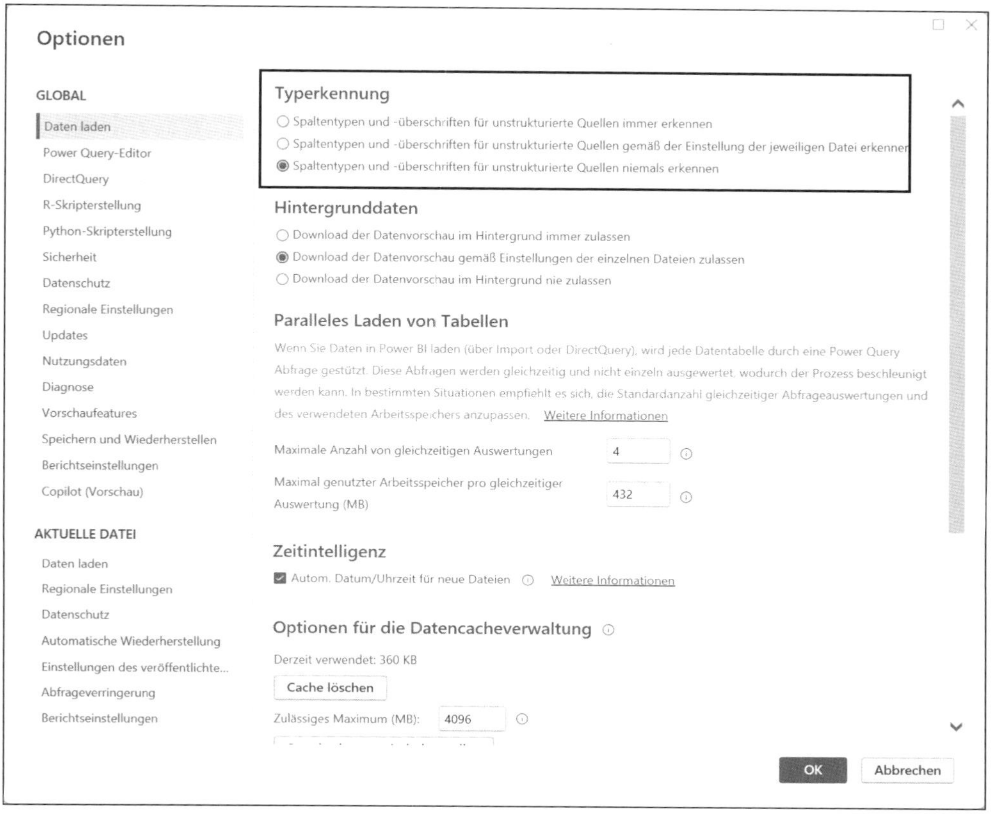

Abbildung 10.4 Deaktivieren der automatischen Erkennung und Änderung von Typen

Um Ihre Abfrage zu verbessern, können Sie entweder den Schritt *Geänderter Spaltentyp* in *Angewendete Schritte* löschen und die Typen der Spalten *Datum* und *Umsatz* manuell ändern oder die vorhandene M-Formel wie folgt abändern:

```
Table.TransformColumnTypes(#"Höher gestufte Header",{{"Datum", type date}, {"Umsatz",
Currency.Type}})
```

Wenn Sie mit Tabellen arbeiten, die zu viele Spalten enthalten, um eine explizite Typkonvertierung durchzuführen, und Sie nach einer automatischen Möglichkeit suchen, Spaltentypen zu erkennen, ohne auf alle Spaltennamen zu verweisen, ist der M-Ausdruck im folgenden Artikel sehr nützlich: *datachant.com/2018/05/14/automatic-detection-of-column-types-in-powerquery*.

Stolperfalle 3: Gefährliches Filtern

Die dritte Stolperfalle ist eine der gefährlichsten. Sie ist fast unsichtbar; Sie können sie leicht übersehen, wenn Sie die Abfrage erstellen, und es kann passieren, dass Sie ihre Auswirkungen ignorieren, wenn die Abfrage aktualisiert wird. Die dritte Stolperfalle kann zu falschen Informationen in Ihren Berichten führen – und wenn Sie sie erkennen, kann es bereits zu spät sein: Ihr fehlerhafter Bericht kann zu Geschäftsentscheidungen führen, die auf falschen Daten basieren. Alles beginnt mit dem Filtersteuerelement im Power Query-Editor und dem daraus abgeleiteten Filterschritt. Es ist ein so trivialer und üblicher Schritt, dass er in den meisten Abfragen vorkommt.

Übung 10.2, Teil 1: Schwarze Produkte filtern

Bevor wir das Risiko des dritten Fallstricks genauer untersuchen, sehen wir uns ein einfaches Szenario an, das den Filterfehler veranschaulicht und zeigt, wie man ihn vermeidet. Sie verwenden dieselben Beispieldaten wie in Übung 10.1. Als Chefanalyst von Wide World Importers wurden Sie gebeten, die Auswirkungen auf das Geschäft zu analysieren, wenn Sie den Import von Produkten einstellen, deren Farbe Schwarz ist. Sie entscheiden sich, alle schwarzen Produkte in Ihren Abfragen zu filtern.

1. Erstellen Sie einen neuen Power BI-Bericht oder eine neue Excel-Arbeitsmappe und rufen Sie Daten aus einer Excel-Arbeitsmappe ab.
2. Wählen Sie die Datei *K10U01.xlsx* aus und klicken Sie auf *Importieren*.
3. Klicken Sie im Dialogfeld *Navigator* auf *Tabelle1* und dann auf *Daten transformieren*.
4. Löschen Sie in *Angewendete Schritte* den Schritt *Geänderter Spaltentyp*, falls er vorhanden ist.
5. Achten Sie darauf, dass die Bearbeitungsleiste sichtbar ist.
6. Ändern Sie den Typ der Spalte *Datum* in *Datum* und den Typ der Spalte *Umsatz* in *Dezimalzahl*.

   (An diesem Punkt, also nach den Schritten 4 bis 6, sind Sie den Stolperfallen 1 und 2 erfolgreich ausgewichen.)
7. Da die Daten viel mehr Farben als nur *Black* und *Blue* enthalten, filtern Sie alle schwarzen Produkte heraus, indem Sie auf das Filtersteuerelement der Spalte *Farbe* klicken und die Auswahl von *Black* aufheben, wie in Abbildung 10.5 dargestellt.

   Nach diesem Filterschritt können Sie erwarten, als Ausgabe alle Produkte mit allen Farben außer *Black* zu erhalten.
8. Prüfen Sie den Code, der in der Bearbeitungsleiste sichtbar ist, und achten Sie insbesondere auf den folgenden Code:

   ```
   Table.SelectRows(#"Höher gestufte Header", each ([Farbe] = "Blue"))
   ```

   Weil Sie sich der ersten Stolperfalle bewusst sind, untersuchen Sie jetzt glücklicherweise häufiger die Bearbeitungsleiste, und Sie haben gelernt, genau auf Werte in doppelten Anführungszeichen zu achten. Das Problem liegt also auf der Hand, und Sie können es in dieser Phase leicht erkennen. Durch das Deaktivieren von *Black* ist der Power Query-Editor fälschlicherweise davon ausgegangen, dass Sie *Blue* ausgewählt haben. Dadurch werden nur die blauen Produkte gefiltert und angezeigt. Wenn Sie die Ausgabe dieser Abfrage verwenden, ohne die Bearbeitungsleiste zu überprüfen, haben Sie möglicherweise nur blaue Produkte in der Analyse, anstatt alle nicht schwarzen Produkte zu verwenden.

Die Formel in diesem Stadium zu berichtigen ist einfach. Sie müssen das Gleichheitszeichen vor Blue (= `"Blue"`) in den Operator ungleich vor Black (<> `"Black"`) ändern, wie hier gezeigt:

```
Table.SelectRows(#"Höher gestufte Header", each ([Farbe] <> "Black"))
```

Sie können die falsche Bedingung auch beheben, indem Sie, statt die M-Formel zu ändern, die Schritte 9 und 10 ausführen.

Abbildung 10.5 Wenn Sie nur die Farbe *Black* deaktivieren, kann dies zu gefährlichen Ergebnissen führen.

9. Löschen Sie in *Angewendete Schritte* den Schritt *Gefilterte Zeilen* und wählen Sie das Filtersteuerelement der Spalte *Farbe* aus. Sie werden den Filter erneut anwenden, aber diesmal auf bessere Art und Weise.
10. Wählen Sie im Bereich *Filter* den Befehl *Textfilter* und dann die Option *Nicht gleich*. Wenn das Dialogfeld *Zeilen filtern* geöffnet wird, geben Sie neben *entspricht nicht* **Black** ein und klicken Sie auf *OK*, um das Dialogfeld zu schließen.

Wenn Sie mit der M-Bedingung nicht vertraut sind, die in Schritt 8 verwendet wird, können Sie das Dialogfeld *Zeilen filtern* verwenden, um die Filterbedingung zu definieren, wie in den Schritten 9 und 10 erläutert, um die dritte Stolperfalle komplett zu vermeiden. Es ist immer besser, Textfilter zu verwenden, als die Werte im Filterbereich auszuwählen.

Sie finden die Lösungsdateien *K10U02 – Lösung.pbix* und *K10U02 – Lösung.xlsx* in den Begleitdateien, die Sie von der Website zu diesem Buch herunterladen können.

Die Logik hinter der Filterbedingung

Nun haben Sie vielleicht das Vertrauen in die Filterlogik des Power Query-Editors verloren, und der Verdacht keimt in Ihnen auf, dass Sie bei vielen bisherigen Abfragen unbeabsichtigt in die dritte Stolperfalle getreten sind. Wie oft haben Sie das Filtersteuerelement verwendet, wie im vorherigen Beispiel gezeigt? Glücklicherweise wird in den meisten Fällen, wenn Sie bestimmte Werte im Filterbereich deaktivieren, die Bedingung so erstellt, wie Sie es erwarten, und Sie machen nicht den in Übung 10.2 gezeigten Fehler.

Hier sind die beiden Regeln, die der Power Query-Editor befolgt, um automatisch die Filterbedingung zu generieren, wenn Sie Werte im Filterbereich auswählen:

- Wenn Sie versuchen, im Filterbereich Werte zu filtern, und die Anzahl der nicht ausgewählten Werte im Filterbereich gleich der Anzahl der ausgewählten Werte ist, generiert der Power Query-Editor eine positive Bedingung, indem das Gleichheitszeichen für die ausgewählten Werte verwendet wird.
- Wenn die Anzahl der ausgewählten Werte im Filterbereich größer ist als die Anzahl der nicht ausgewählten Werte, bevorzugt der Power Query-Editor immer die negative Bedingung, indem er für die Elemente, die nicht ausgewählt sind, den Operator <> (nicht gleich) verwendet.

Sehen wir uns diese Regeln an einer einfachen Spalte mit den Werten 1 bis 6 an:

1. Erstellen Sie eine neue Excel-Datei oder einen neuen Power BI-Bericht und starten Sie den Power Query-Editor mit einer leeren Abfrage.
2. Geben Sie in der Bearbeitungsleiste die folgende Zeile ein:

   ```
   {1..6}
   ```

3. Klicken Sie auf der Registerkarte *Listentools/Transformieren* auf *Zu Tabelle* und wählen Sie dann *OK*, um das Dialogfeld *Zu Tabelle* zu schließen.
4. Wählen Sie das Filtersteuerelement von *Column1* aus. Der Filterbereich wird geöffnet.
5. Deaktivieren Sie den Wert 1 und schließen Sie den Filterbereich. Beachten Sie, dass 1 korrekt aus der Tabelle herausgefiltert wurde. Beachten Sie außerdem, dass die Bearbeitungsleiste die folgende Zeile enthält.

   ```
   Table.SelectRows(#"In Tabelle konvertiert", each ([Column1] <> 1))
   ```

6. Klicken Sie erneut auf den Filterbereich und deaktivieren Sie dieses Mal die beiden Werte 1 und 2. Die Ergebnisse sind wie erwartet. Beachten Sie die folgende Zeile in der Bearbeitungsleiste:

   ```
   Table.SelectRows(#"In Tabelle konvertiert", each ([Column1] <> 1 and [Column1] <> 2))
   ```

7. Klicken Sie erneut auf den Filterbereich. Deaktivieren Sie dieses Mal die Werte 1, 2 und 3. Die Ergebnisse sehen gut aus. Im Vorschaubereich werden nur die Werte 4, 5 und 6 angezeigt. Die Formelleiste enthält jedoch die positive Bedingung (in diesem Kontext ist eine Bedingung positiv, die das Gleichheitszeichen für die Werte verwendet, die Sie im Filterbereich nicht abgewählt haben):

   ```
   Table.SelectRows(#"In Tabelle konvertiert", each ([Column1] = 4 or [Column1] = 5 or
   [Column1] = 6))
   ```

Die richtige Bedingung ist jedoch die negative Bedingung (in diesem Kontext ist eine Bedingung negativ, die den Operator *ungleich* für die Werte verwendet, die Sie im Filterbereich deaktiviert haben), die wie folgt aussehen sollte:

```
Table.SelectRows(#"In Tabelle konvertiert", each ([Column1] <> 1 and [Column1] <> 2 and
[Column1] <> 3))
```

Warum ist die positive Bedingung gefährlich, wenn Sie die Werte 1, 2 und 3 deaktiviert haben? Stellen Sie sich vor, dass sich in Zukunft auch die Werte 7, 8, 9 und 10 in Ihren Daten befinden und nicht nur die Werte von 1 bis 6. In Schritt 7 wollten Sie die Werte 1, 2 und 3 herausfiltern und den Rest beibehalten. Wenn Sie den Bericht in Zukunft aktualisieren, werden die Werte 7, 8, 9 und 10 aus dem Bericht herausgefiltert, wenn Sie die positive Bedingung verwenden.

Dieses Beispiel ist einfach, aber es gibt Ihnen einen Eindruck davon, was passieren kann, wenn Sie mit großen Datasets arbeiten und auf die dritte Stolperfalle stoßen: Nur eine Teilmenge der Werte wird in den Vorschaubereich geladen. In Übung 10.2 befanden sich beispielsweise im Dataset mehr als zwei Farben, jedoch wurden im Filterbereich nur die Farben *Black* und *Blue* geladen. Das Deaktivieren von Black führte zu einer gleichen Anzahl ausgewählter und nicht ausgewählter Werte, was dann zu der positiven Bedingung führte.

Einer der gefährlichsten und häufigsten Faktoren, die Sie zur dritten Stolperfalle führen, ist die Verwendung des Suchfelds im Filterbereich. Normalerweise verwenden Sie das Suchfeld, wenn sich im Filterbereich eine lange Liste von Werten befindet und Sie in die gewünschten Werte hineinzoomen möchten, anstatt zu den Ergebnissen zu scrollen. Das Deaktivieren von Werten aus den gefundenen Werten führt *immer* zu einer positiven Bedingung, und genau das kann Sie in Schwierigkeiten bringen.

Übung 10.2, Teil 2: Werte im Filterbereich suchen

In dieser Übung verwenden Sie die Beispielarbeitsmappe *K10U01.xlsx*, die Sie bereits in Übung 10.1 und 10-2, Teil 1 verwendet haben. Diese Arbeitsmappe befindet sich in den Beispieldateien für dieses Buch, die Sie von der Website zum Buch herunterladen können.

1. Wenn Sie die bisherigen Übungen in diesem Kapitel übersprungen haben, speichern Sie die Arbeitsmappe *K10U01.xlsx* aus den Beispieldateien im Ordner *C:\Daten\K10*.
2. Erstellen Sie einen neuen Power BI-Bericht oder eine neue Excel-Arbeitsmappe und rufen Sie Daten aus einer Excel-Arbeitsmappe ab.
3. Wählen Sie die Datei *K10U01.xlsx* aus und klicken Sie auf *Importieren*.
4. Klicken Sie im Dialogfeld *Navigator* auf *Tabelle1* und dann auf *Daten transformieren*.
5. Um die zweite Stolperfalle zu umgehen, löschen Sie in *Angewendete Schritte* den Schritt *Geänderter Spaltentyp* und ändern Sie den Typ der Spalte *Datum* in **Datum** ab und den Typ der Spalte *Umsatz* in **Währung**.

   Stellen Sie sich vor, Sie möchten alle Zeilen herausfiltern, deren Stadt Baldwin City ist.
6. Wählen Sie das Filtersteuerelement der Spalte *Stadt* aus. Der Filterbereich wird geöffnet. Da die Liste der Städte, die mit dem Buchstaben A beginnen, lang ist und Sie nach unten scrollen müssen, um die Städte zu finden, die mit dem Buchstaben B beginnen, bevorzugen Sie

es, das Suchfeld im Filterbereich zu verwenden. Zoomen wir in alle Städte, die mit *Ba* beginnen, um den Wert Baldwin City zu finden.

Geben Sie das Präfix **Ba** in das Suchfeld ein. Die Ergebnisse enthalten mehrere Städte im Bereich, und zum Glück ist *Baldwin City* das erste Ergebnis, sodass Sie es leicht deaktivieren können. Wenn Sie sich die Bearbeitungsleiste ansehen, stellen Sie leider fest, dass der resultierende Ausdruck eine falsch positive Bedingung enthält:

```
Table.SelectRows(#"Geänderter Spaltentyp", each ([Stadt] = "Baraboo" or [Stadt] =
"Bayou Cane" or [Stadt] = "Bazemore" or [Stadt] = "Beaver Bay" or [Stadt] =
"Bombay Beach" or [Stadt] = "Greenback" or [Stadt] = "Wilkes-Barre"))
```

Damit fallen Sie der dritten Stolperfalle zum Opfer, da Ihr Bericht alle Städte enthält, die die Teilzeichenfolge *Ba* mit Ausnahme von *Baldwin City* enthalten, und alle anderen Städte (und es gibt viele, die nicht mit Ba beginnen) werden herausgefiltert.

7. Um dieses Problem zu beheben, müssen Sie die Formel korrigieren:

```
Table.SelectRows(#"Geänderter Spaltentyp", each ([Stadt] <> "Baldwin City"))
```

Wie Sie sehen, sind die Schritte, die Sie in dieser Übung gemacht haben, üblich, sodass Sie oft auf die dritte Stolperfalle treffen werden. Die beste Verteidigung besteht darin, das Dialogfeld *Textfilter* anstelle des Suchfelds im Bereich *Filter* zu verwenden. Wenn Sie jedoch darauf bestehen, das Suchfeld zu verwenden, überprüfen Sie weiterhin den Inhalt der Bearbeitungsleiste und korrigieren Sie die Formeln bei Bedarf.

Stolperfalle 4: Spalten neu anordnen

Der vierte Fallstrick macht sich bemerkbar, wenn Sie im Power Query-Editor die Reihenfolge von Spalten ändern. In vielen Fällen ist Ihnen die genaue Reihenfolge Ihrer Spalten nicht wirklich wichtig, Sie möchten aber für eine kleine Teilmenge der Spalten eine bestimmte Reihenfolge verwenden. Beispielsweise möchten Sie zwei Spalten vertauschen oder eine neu hinzugefügte benutzerdefinierte Spalte vom rechten Ende der Tabelle an eine bestimmte Position verschieben.

Wenn Sie den Schritt zum Neuanordnen ausführen, wird eine `Table.ReorderColumns`-Funktion mit einem Verweis auf alle Spaltennamen in der Tabelle generiert. Wenn Sie auf alle Spalten verweisen, schwächen Sie die Abfrage und erhöhen die Wahrscheinlichkeit von Aktualisierungsfehlern in der Zukunft, wenn Spalten umbenannt oder aus den Quelldaten entfernt werden.

In vielen Fällen kann der Schritt, der die Reihenfolge ändert, komplett aus den angewendeten Schritten entfernt werden. Wenn Sie beispielsweise eine benutzerdefinierte Spalte erstellen, die einige Berechnungen auf eine andere Spalte in der Tabelle anwendet, sollten Sie die neue Spalte neben die Quellspalte platzieren, um die Richtigkeit des Codes zu überprüfen. In solchen Fällen wird empfohlen, den Schritt, der die Reihenfolge ändert, zu löschen, nachdem Sie die Korrektheit überprüft haben, um die Wahrscheinlichkeit von Aktualisierungsfehlern zu verringern.

In anderen Fällen ist es jedoch wichtig, die Tabelle neu anzuordnen. Wenn Sie die Reihenfolge der Felder steuern möchten, die in einer PivotTable in Excel angezeigt werden, oder wenn Sie eine Abfrage in ein Tabellenblatt laden müssen, können Sie die Reihenfolge der Spalten steuern. Es gibt auch einige erweiterte Szenarien, die eine bestimmte Reihenfolge der Spalten in

Ihrer Abfrage erfordern. In Übung 4.4 in Kapitel 4, »Tabellen mit unterschiedlichen Datenstrukturen kombinieren«, haben Sie beispielsweise den Schritt, der die Reihenfolge ändert, benötigt, um eine berechnete Spalte an den Anfang der Tabelle zu verschieben, um sie zu transponieren und dann als Überschriften zu verwenden.

Wenn der Schritt, der die Reihenfolge ändert, entscheidend ist, versuchen Sie, ihn dann anzuwenden, wenn Sie nur die Spalten vorliegen haben, die in Ihrem Bericht wirklich benötigt werden. (Sie erfahren mehr über die Auswahl der Spalten, wenn wir zur fünften Stolperfalle kommen.) Es wäre nicht sinnvoll, eine Tabelle mit Hunderten von Spalten zu laden, diese neu anzuordnen und dann nur noch die benötigten Spalten beizubehalten. Wenn Sie zuerst dafür sorgen, dass nur noch die Spalten vorhanden sind, die Sie wirklich benötigen, und sie erst dann neu anordnen, sorgen Sie dafür, dass Sie eine wesentlich robustere Abfrage erstellen. In Übung 10.3 erfahren Sie, wie Sie eine Teilmenge von Spalten neu anordnen, ohne auf die vollständigen Spaltennamen zu verweisen, wodurch die Robustheit Ihrer Abfrage weiter verbessert wird.

Übung 10.3, Teil 1: Eine Teilmenge der Spalten neu anordnen

Sie beginnen diese Übung mit dem Umsatz-Dataset von Wide World Importers aus Übung 10.1 und führen eine einfache Neuanordnung der Spalten *Stadt* und *Umsatz* durch.

1. Erstellen Sie einen neuen Power BI-Bericht oder eine neue Excel-Arbeitsmappe und rufen Sie Daten aus einer Excel-Arbeitsmappe ab.
2. Wählen Sie die Datei *K10U01.xlsx* aus und klicken Sie auf *Importieren*.
3. Klicken Sie im Dialogfeld *Navigator* auf *Tabelle1* und dann auf *Daten transformieren*.
4. Löschen Sie in *Angewendete Schritte* den Schritt *Geänderter Spaltentyp*.
5. Verschieben Sie die Spalte *Stadt*, damit sie die zweite Spalte wird, und verschieben Sie die Spalte *Umsatz*, damit sie zur dritten Spalte wird (siehe Abbildung 10.6).

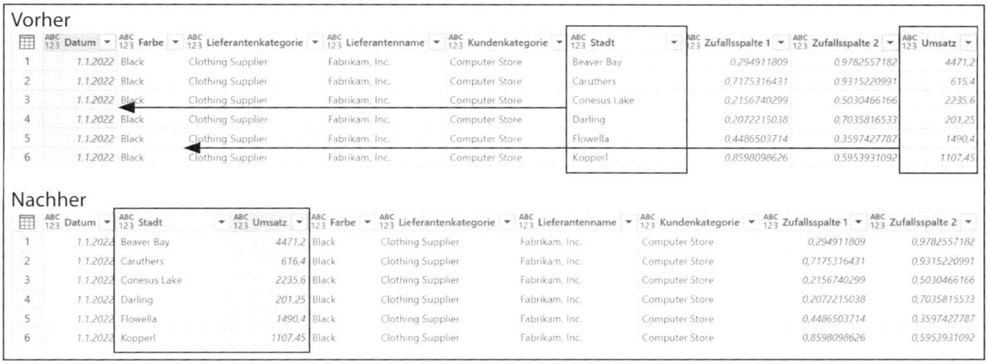

Vorher

	Datum	Farbe	Lieferantenkategorie	Lieferantenname	Kundenkategorie	Stadt	Zufallsspalte 1	Zufallsspalte 2	Umsatz
1	1.1.2022	Black	Clothing Supplier	Fabrikam, Inc.	Computer Store	Beaver Bay	0,294911809	0,9782557182	4471,2
2	1.1.2022	Black	Clothing Supplier	Fabrikam, Inc.	Computer Store	Caruthers	0,7175316431	0,9315220991	616,4
3	1.1.2022	Black	Clothing Supplier	Fabrikam, Inc.	Computer Store	Conesus Lake	0,2156740299	0,5030466166	2235,6
4	1.1.2022	Black	Clothing Supplier	Fabrikam, Inc.	Computer Store	Darling	0,2072215038	0,7035816533	201,25
5	1.1.2022	Black	Clothing Supplier	Fabrikam, Inc.	Computer Store	Flowella	0,4486503714	0,3597427787	1490,4
6	1.1.2022	Black	Clothing Supplier	Fabrikam, Inc.	Computer Store	Kopperl	0,8598098626	0,5953931092	1107,45

Nachher

	Datum	Stadt	Umsatz	Farbe	Lieferantenkategorie	Lieferantenname	Kundenkategorie	Zufallsspalte 1	Zufallsspalte 2
1	1.1.202	Beaver Bay	4471,2	Black	Clothing Supplier	Fabrikam, Inc.	Computer Store	0,294911809	0,9782557182
2	1.1.202	Caruthers	616,4	Black	Clothing Supplier	Fabrikam, Inc.	Computer Store	0,7175316431	0,9315220991
3	1.1.202	Conesus Lake	2235,6	Black	Clothing Supplier	Fabrikam, Inc.	Computer Store	0,2156740299	0,5030466166
4	1.1.202	Darling	201,25	Black	Clothing Supplier	Fabrikam, Inc.	Computer Store	0,2072215038	0,7035815533
5	1.1.202	Flowella	1490,4	Black	Clothing Supplier	Fabrikam, Inc.	Computer Store	0,4486503714	0,3597427787
6	1.1.202	Kopperl	1107,45	Black	Clothing Supplier	Fabrikam, Inc.	Computer Store	0,8598098626	0,5953931092

Abbildung 10.6 Die Position der Spalten *Stadt* und *Umsatz* im Power Query-Editor ändern

6. Sehen Sie sich die Bearbeitungsleiste an, die die folgende Zeile enthält:

```
Table.ReorderColumns(#"Höher gestufte Header",{"Datum", "Stadt", "Umsatz",
"Farbe", "Lieferantenkategorie", "Lieferantenname", "Kundenkategorie",
"Zufallsspalte 1", "Zufallsspalte 2"})
```

Es ist offensichtlich, dass diese Funktion nicht aktualisiert werden kann, wenn sich in der Quelltabelle Spaltennamen wie *Zufallsspalte 1* und *Zufallsspalte 2* ändern. Können Sie diese Formel umschreiben, um für die Neuanordnung auf die Liste der obigen Spaltennamen zu verweisen, aber im Code irgendwie nur `"Stadt"` und `"Umsatz"` erwähnen? Ja, das können Sie.

7. Entfernen Sie diesen Teil aus der vorhergehenden Formel:

```
{"Datum", "Stadt", "Umsatz", "Farbe", "Lieferantenkategorie", "Lieferantenname",
"Kundenkategorie", "Zufallsspalte 1", "Zufallsspalte 2"}
```

   Ersetzen Sie ihn durch den folgenden Code, der die gleiche Liste mit den Spaltennamen zurückgibt:

```
List.InsertRange(List.Difference(Table.ColumnNames(#"Höher gestufte Header"),
{"Stadt", "Umsatz"}), 1, {"Stadt", "Umsatz"})
```

   Die fertige Formel sieht wie folgt aus:

```
Table.ReorderColumns(#"Höher gestufte Header", List.InsertRange(List.Difference(
Table.ColumnNames(#"Höher gestufte Header"), {"Stadt", "Umsatz"}), 1, {"Stadt",
"Umsatz"}))
```

Schauen wir uns an, wie Sie mit einer Kombination aus `List.InsertRange`, `List.Difference` und `Table.ColumnNames` Ihr Ziel erreicht und dieselbe Liste von Spaltennamen generiert haben, indem Sie nur auf *Stadt* und *Umsatz* verweisen.

`List.InsertRange` erhält eine Liste als Eingabe und fügt eine andere Liste an einem bestimmten, nullbasierten Offset ein. Wenn Sie also über eine Liste A verfügen und *Stadt* und *Umsatz* als zweites und drittes Element in Liste A hinzufügen wollen, können Sie die folgende Formel schreiben:

```
List.InsertRange(A, 1, {"Stadt", "Umsatz"})
```

Wie Sie in der vorherigen Formel mit `Table.ReorderColumns` sehen, wird `List.InsertRange` wie oben erläutert verwendet. Wenn Liste A nun alle Spaltennamen außer *Stadt* und *Umsatz* enthalten kann, können Sie `List.InsertRange` auf A anwenden und die gewünschte Reihenfolge abrufen. Hierbei spielt `List.Difference` eine Rolle. Diese Funktion akzeptiert eine Liste als erstes Argument und eine andere Liste als ihr zweites und sie gibt eine neue Liste mit allen Elementen in der ersten Liste zurück, die nicht in der zweiten Liste stehen (der linke Anti-Join der beiden Listen). Wenn Sie also `List.Difference` auf eine Liste anwenden und eine Teilmenge der Liste als zweites Argument verwenden, erhalten Sie als Ergebnis eine neue Liste, die alle Elemente aus der ursprünglichen Liste mit Ausnahme aller Elemente in der Teilmenge enthält.

Wenn also B die Liste der Spaltennamen ist, gibt die folgende Funktion alle Spaltennamen außer *Stadt* und *Umsatz* zurück:

```
A = List.Difference(B, {"Stadt", "Umsatz"})
```

Wenn Sie nun in der folgenden Formel `Table.ColumnNames` anstelle von B verwenden, können Sie alle Teile für den vollständigen Ausdruck erstellen:

```
B = Table.ColumnNames(#"Höher gestufte Header")
```

Wenn Sie schließlich alle Elemente miteinander kombinieren, erhalten Sie die endgültige Formel (hier für bessere Lesbarkeit in mehreren Zeilen dargestellt):

```
Table.ReorderColumns(
   #"Höher gestufte Header",
   List.InsertRange(
      List.Difference(
         Table.ColumnNames(#"Höher gestufte Header"),
         {"Stadt", "Umsatz"}
      ),
      1,
      {"Stadt", "Umsatz"}
   )
)
```

Übung 10.3, Teil 2: Die benutzerdefinierte Funktion *FnReorderSubsetOfColumns*

Die Technik, die Sie in Teil 1 untersucht haben, wäre in vielen Berichten nützlich, und wahrscheinlich wollen Sie sie wiederverwenden. Sie können es sich einfacher machen, indem Sie eine benutzerdefinierte Funktion verwenden, die die Logik implementiert, die Sie in Schritt 7 verwendet haben. Um zu sehen, wie das geht, machen Sie mit den folgenden Schritten weiter:

8. Erstellen Sie eine leere Abfrage und fügen Sie diesen Code in den erweiterten Editor ein:

```
(tbl as table, neuangeordneteSpalten as list, offset as number) as table =>
   Table.ReorderColumns(
      tbl,
      List.InsertRange(
         List.Difference(
            Table.ColumnNames(tbl),
            neuangeordneteSpalten
         ),
         offset,
         neuangeordneteSpalten
      )
   )
```

9. Benennen Sie die benutzerdefinierte Funktion in **FnReorderSubsetOfColumns** um.
10. Entfernen Sie den Schritt *Neu angeordnete Spalten* aus *Angewendete Schritte* und klicken Sie in der Bearbeitungsleiste auf die Schaltfläche *fx*, um einen neuen Schritt zu erstellen. Geben Sie dann die folgende Formel in der Bearbeitungsleiste ein:

```
FnReorderSubsetOfColumns(#"Höher gestufte Header", {"Stadt", "Umsatz"}, 1)
```

Die Ergebnisse sind die gleichen, die Sie nach Schritt 5 erhalten haben. Sie können sehen, dass der Aufruf der Funktion `FnReorderSubsetOfColumns` einfach ist. Die Funktion erhält die Tabelle, die Teilmenge der neu geordneten Spaltennamen als Liste und den nullbasierten Index. Anschließend führt sie die Neuanordnung auf robuste Weise durch, ohne auf andere Spaltennamen zu verweisen.

Es gibt weitere Möglichkeiten, `Table.ReorderColumns` zu implementieren und Aktualisierungsfehler zu vermeiden. Sie können ein drittes Argument verwenden, um fehlende Felder zu ignorieren oder Nullwerte für fehlende Felder hinzuzufügen. Diese Techniken verhindern zwar Aktualisierungsfehler, können jedoch zu unerwarteten Ergebnissen führen. Weitere Details finden Sie unter *datachant.com/2017/01/18/power-bi-pitfall-4*.

Sie finden die Lösungsdateien *K10U03 – Lösung.pbix* und *K10U03 – Lösung.xlsx* in den Begleitdateien, die Sie von der Website zu diesem Buch herunterladen können.

Stolperfalle 5: Spalten entfernen und auswählen

Die fünfte Stolperfalle bezieht sich auf einen sehr häufigen Vorgang im Power Query-Editor: das Entfernen von Spalten. Während das Entfernen unnötiger Spalten ein wichtiger Schritt beim Erstellen effizienter Berichte ist (weniger Spalten bedeuten einen geringeren Speicherbedarf und eine kleinere Dateigröße), schwächen Sie Ihre Abfrage jedes Mal, wenn Sie eine Spalte löschen, und vergrößern das Risiko zukünftiger Aktualisierungsfehler.

Immer dann, wenn Sie im Power Query-Editor eine Spalte entfernen, gehen Sie das Risiko ein, dass eine zukünftige Aktualisierung fehlschlägt, wenn die entfernte Spalte in der externen Datenquelle fehlt. Haben Sie einen guten Datenvertrag mit dem Besitzer der Quelltabelle? Beachten Sie, dass aus den gleichen Gründen, aus denen Sie bestimmte Spalten entfernen möchten, dies auch der Besitzer der Datenquelle tun kann, wenn er feststellt, dass diese Spalten unwichtig sind.

Um das Risiko von Aktualisierungsfehlern zu reduzieren, können Sie eine einfache bewährte Methode befolgen: Fokussieren Sie sich auf die Spalten, die Sie beibehalten möchten, und nicht auf die Spalten, die Sie entfernen müssen. Mit dem Power Query-Editor können Sie Spalten entfernen oder beibehalten. Es ist zwar in der Benutzeroberfläche einfacher, für die ausgewählten Spalten, die Sie entfernen möchten, auf die Schaltfläche *Löschen* zu klicken, jedoch ist es in den meisten Fällen besser, die Spalten auszuwählen, die Sie beibehalten möchten. Übung 10.4 veranschaulicht diesen Prozess an den Spalten *Zufallsspalte 1* und *Zufallsspalte 2* im Wide World Importers-Dataset aus Übung 10.1.

Übung 10.4: Umgang mit den Zufallsspalten in der Wide World Importers-Tabelle

1. Erstellen Sie einen neuen Power BI-Bericht oder eine neue Excel-Arbeitsmappe und rufen Sie Daten aus einer Excel-Arbeitsmappe ab.
2. Wählen Sie die Datei *K10U01.xlsx* aus und klicken Sie auf *Importieren*.
3. Klicken Sie im Dialogfeld *Navigator* auf *Tabelle1* und dann auf *Daten transformieren*.
4. Löschen Sie in *Angewendete Schritte* den Schritt *Geänderter Spaltentyp*, falls er vorhanden ist.
5. Entfernen Sie die beiden Zufallsspalten aus Übung 10.1, indem Sie *Zufallsspalte 1* und *Zufallsspalte 2* auswählen und dann `Entf` drücken.
6. Beachten Sie, dass die Bearbeitungsleiste die folgende Zeile enthält:

   ```
   Table.RemoveColumns(#"Höher gestufte Header",{"Zufallsspalte 1", "Zufallsspalte 2"})
   ```

   Wenn die Quelltabelle in Zukunft eine dieser Spalten nicht mehr enthält, schlägt die Aktualisierung fehl. Im nächsten Schritt entfernen Sie die Spalten mit den Zufallswerten auf andere Weise und verbessern die Robustheit der Abfrage.
7. Entfernen Sie den letzten Schritt in *Angewendete Schritte* und wählen Sie dann auf der Registerkarte *Start* den Befehl *Spalten auswählen*. Deaktivieren Sie die Kontrollkästchen *Zufallsspalte 1* und *Zufallsspalte 2* und schließen Sie das Dialogfeld. In der Bearbeitungsleiste wird die folgende Zeile angezeigt:

   ```
   Table.SelectColumns(#"Höher gestufte Header",{"Datum", "Farbe", "Lieferantenkategorie",
   "Lieferantenname", "Kundenkategorie", "Stadt", "Umsatz"})
   ```

Fehlende Spalte ignorieren

In bestimmten Situationen ist die Anzahl der Spalten, die Sie beibehalten müssen, möglicherweise zu groß, und das Risiko, einige Spalten zu entfernen, ist eventuell geringer als die Probleme, die mit der Angabe einer großen Anzahl von Spalten verbunden sind.

Oft spielt es keine Rolle, ob Sie Spalten entfernen oder auswählen. Sie haben es schließlich mit externen Datenquellen zu tun, die sich wahrscheinlich ändern werden. Um Aktualisierungsfehler zu vermeiden, gibt es ein optionales Argument, das Sie in `Table.RemoveColumns` und `Table.SelectColumns` verwenden können, mit dem Sie Fehler ignorieren, wodurch es dann nicht zu Aktualisierungsfehlern kommt. Das dritte Argument ist `MissingField.Ignore` oder `MissingField.UseNull`.

`MissingField.Ignore` ignoriert die fehlende Spalte, während `MissingField.UseNull` den Spaltennamen bei Fehlern belässt, die Spalte jedoch mit Nullwerten füllt. `MissingField.UseNull` ist in Verbindung mit `Table.SelectColumns` praktischer als `MissingField.Ignore`, da Sie sicherstellen können, dass die ausgewählten Spaltennamen in die Endergebnisse einbezogen werden. Beide Optionen können jedoch zu Fehlern führen, die nur schwer ausfindig zu machen sind. Daher kann ein Aktualisierungsfehler den unerwarteten Ergebnissen, die mit diesen Argumenten auftreten können, vorzuziehen sein.

Spalten basierend auf ihrer Position auswählen oder entfernen

In vielen Szenarien ist das Entfernen oder Auswählen von Spalten basierend auf ihrer Position sicherer als die Verwendung der Spaltennamen. Indem Sie mit der Funktion `Table.ColumnNames` eine Liste aller Spaltennamen abrufen und mit `List.Range` eine Teilmenge der Spalten abrufen, können Sie eine beliebige Teilmenge von Spalten basierend auf deren Position erhalten.

Die beiden folgenden Formeln entfernen jeweils die erste Spalte in einer Tabelle:

```
Table.RemoveColumns(Quelle, List.First (Table.ColumnNames(Quelle)))
```

```
Table.RemoveColumns(Quelle, Table.ColumnNames(Quelle){0})
```

In dieser Formel werden mit `List.FirstN` die ersten beiden Spalten der Tabelle abgerufen und anschließend entfernt:

```
Table.RemoveColumns(Quelle, List.FirstN(Table.ColumnNames(Quelle), 2))
```

Diese Formel entfernt die letzte Spalte in der Tabelle:

```
Table.RemoveColumns(Quelle, List.Last(Table.ColumnNames(Quelle), 1))
```

Und diese Formel wählt die zweite und die dritte Spalte der Tabelle aus und behält sie bei:

```
Table.SelectColumns(Quelle, List.Range(Table.ColumnNames(Quelle), 1, 2))
```

`List.Range` erhält als erstes Argument eine Liste, dann einen nullbasierten Offset gefolgt von der Anzahl der zurückzugebenden Elemente. Sie können den Code `List.Range(Table.ColumnNames(Quelle), 1, 2)` verwenden, um die beiden Spaltennamen in der Tabelle *Quelle* ab Offset 1 zurückzugeben, was die zweite Position in der Liste ist.

Sie können auch einzelne Spalten auswählen. Die folgende Formel entspricht der vorherigen Formel:

```
Table.SelectColumns(Quelle, {Table.ColumnNames(Quelle){0}, Table.ColumnNames(Quelle){1}})
```

Dieser Code ist praktisch, wenn Sie nicht benachbarte Spalten auswählen müssen. Im Fall der Tabelle *Wide World Importers* entfernt die folgende Formel die Spalten mit den Zufallszahlen, vorausgesetzt, dass es sich dabei immer um die siebte und achte Spalte handelt (Offset 6 und 7):

```
Table.RemoveColumns(#"Höher gestufte Header", {Table.ColumnNames(#"Höher gestufte
Header"){6}, Table.ColumnNames(#"Höher gestufte Header"){7}})
```

Spalten basierend auf ihren Namen auswählen oder entfernen

Es gibt unzählige Möglichkeiten, mit M Spalten auszuwählen oder zu entfernen. In den beiden folgenden Beispielen werden die Spalten mit den Zufallswerten auf allgemeine Weise entfernt. Die folgende Formel wendet `List.Select` auf die Spaltennamen an, um Spalten zu entfernen, die die Teilzeichenfolge `"Zufall"` enthalten:

```
Table.RemoveColumns(#"Höher gestufte Header",
List.Select(Table.ColumnNames( #"Höher gestufte Header"), each Text.Contains(_, "Zufall")))
```

Und hier sind die gleichen Ergebnisse, mit `Table.SelectColumns` und der negativen Logik (das heißt, Sie können alle Spalten auswählen, deren Namen nicht die Zeichenfolge `"Zufall"` enthalten):

```
Table.SelectColumns(#"Höher gestufte Header",
List.Select(Table.ColumnNames(#" Höher gestufte Header"), each not Text.Contains(_,
"Zufall")))
```

Sie finden die Lösungsdateien *K10U04 – Lösung.pbix* und *K10U04 – Lösung.xlsx* in den Begleitdateien, die Sie von der Website zu diesem Buch herunterladen können.

Stolperfalle 6: Spalten umbenennen

Das Umbenennen von Spalten ist ein weiterer Schritt, den Sie im Rahmen der Datenvorbereitung häufig durchführen. Die Namen der Spalten werden oft geändert, um die Benutzererfahrung zu verbessern und den Benutzern der Berichte verständliche Namen zur Verfügung zu stellen. Jedes Mal, wenn Sie im Power Query-Editor eine Spalte umbenennen, macht dies jedoch anfälliger für Aktualisierungsfehler in der Zukunft. Durch die im Abschnitt »Stolperfalle 5: Spalten entfernen und auswählen 5: Spalten entfernen und auswählen« beschriebenen Techniken können Sie die Robustheit der Abfrage erhöhen, indem Sie die Formel ändern und vermeiden, auf die tatsächlichen Spaltennamen zu verweisen.

Sehen wir uns dieses Problem am Beispiel des Wide World Importers-Dataset an und untersuchen wir die verschiedenen Möglichkeiten, um Spalten umzubenennen. Gehen Sie aus Gründen der Vereinfachung in diesem Beispiel davon aus, dass alle Spaltennamen, die mit dem Präfix *Zufallsspalte* beginnen, in Zukunft in der Quelltabelle umbenannt werden. Angenommen, Sie wurden im Rahmen Ihrer Analyse gebeten, diese Spalten in *Faktor 1, Faktor 2* usw. umzubenennen, wie in Abbildung 10.7 dargestellt.

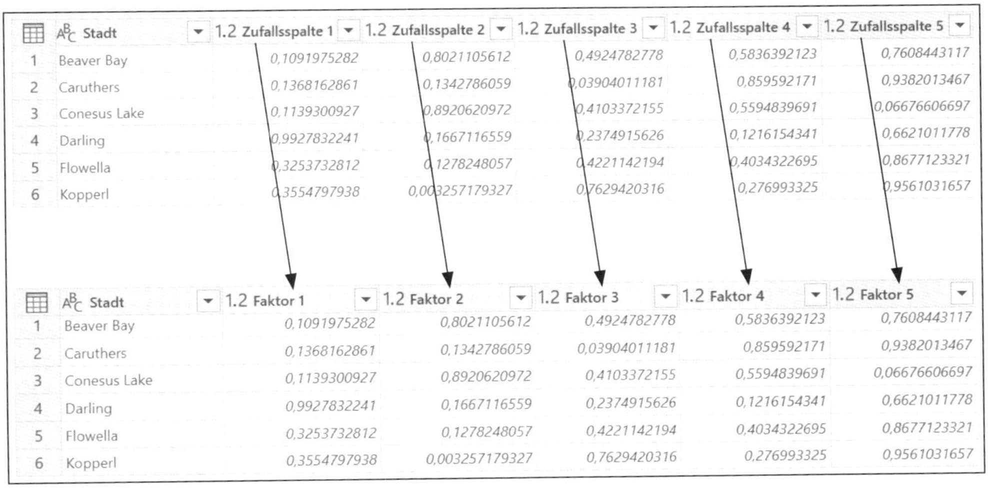

	Stadt	Zufallsspalte 1	Zufallsspalte 2	Zufallsspalte 3	Zufallsspalte 4	Zufallsspalte 5
1	Beaver Bay	0,1091975282	0,8021105612	0,4924782778	0,5836392123	0,7608443117
2	Caruthers	0,1368162861	0,1342786059	0,03904011181	0,859592171	0,9382013467
3	Conesus Lake	0,1139300927	0,8920620972	0,4103372155	0,5594839691	0,06676606697
4	Darling	0,9927832241	0,1667116559	0,2374915626	0,1216154341	0,6621011778
5	Flowella	0,3253732812	0,1278248057	0,4221142194	0,4034322695	0,8677123321
6	Kopperl	0,3554797938	0,003257179327	0,7629420316	0,276993325	0,9561031657

	Stadt	Faktor 1	Faktor 2	Faktor 3	Faktor 4	Faktor 5
1	Beaver Bay	0,1091975282	0,8021105612	0,4924782778	0,5836392123	0,7608443117
2	Caruthers	0,1368162861	0,1342786059	0,03904011181	0,859592171	0,9382013467
3	Conesus Lake	0,1139300927	0,8920620972	0,4103372155	0,5594839691	0,06676606697
4	Darling	0,9927832241	0,1667116559	0,2374915626	0,1216154341	0,6621011778
5	Flowella	0,3253732812	0,1278248057	0,4221142194	0,4034322695	0,8677123321
6	Kopperl	0,3554797938	0,003257179327	0,7629420316	0,276993325	0,9561031657

Abbildung 10.7 Eine Herausforderung für das Umbenennen von Spalten besteht darin, die Zufallsspalten umzubenennen, ohne explizit auf deren Namen zu verweisen.

Übung 10.5: Die Zufallsspalten in der Wide World Importers-Tabelle umbenennen

Für diese Übung verwenden Sie die Beispielarbeitsmappe *K10U05.xlsx*, die Sie in den Begleitdateien zu diesem Buch finden. Die Beispielarbeitsmappe fasst die fiktiven Einnahmen von Wide World Importers zusammen.

1. Speichern Sie die Arbeitsmappe *K10U05.xslx* aus den Beispieldateien im Ordner *C:\Daten\K10*.
2. Erstellen Sie einen neuen Power BI-Bericht oder eine neue Arbeitsmappe und rufen Sie Daten aus einer Excel-Arbeitsmappe ab.
3. Wählen Sie die Datei *K10U05.xlsx* aus und klicken Sie auf *Importieren*.
4. Klicken Sie im Dialogfeld *Navigator* auf *Tabelle1* und dann auf *Daten transformieren*.
5. Löschen Sie in *Angewendete Schritte* den Schritt *Geänderter Spaltentyp*. Sie können im Vorschaubereich des Power Query-Editors sehen, dass Sie jetzt über sieben zufällige Spalten verfügen. In dieser Übung lernen Sie verschiedene Arten kennen, um diese Spalten umzubenennen.

   Benennen Sie die Spalten *Zufallsspalte 1 und Zufallsspalte 2* manuell in **Faktor 1** beziehungsweise **Faktor 2** um. Die Bearbeitungsleiste enthält nun die folgende Zeile:

   ```
   Table.RenameColumns(#"Höher gestufte Header",{{"Zufallsspalte 1", "Faktor 1"},
   {"Zufallsspalte 2", "Faktor 2"}})
   ```

Wenn die Quelltabelle eine oder beide dieser Spalten nicht mehr enthält, schlägt die Aktualisierung fehl.

Stellen Sie sich vor, dass der Datenbesitzer der Quelltabelle Sie darüber informiert, dass er in Zukunft plant, diese Spalten umzubenennen, und dass er garantiert, dass die Spalten immer in der gleichen Reihenfolge in der Tabelle vorhanden sein werden. Unter dieser Annahme können Sie diese Spalten anhand ihrer Position referenzieren. Mit diesem Wissen ausgestattet lassen sich beispielsweise die ersten beiden Zufallsspalten wie folgt umbenennen:

```
Table.RenameColumns(#"Höher gestufte Header",{{Table.ColumnNames(#"Höher gestufte
Header"){6}, "Faktor 1"}, {Table.ColumnNames(#"Höher gestufte Header"){7}, "Faktor 2"}})
```

Die benutzerdefinierte Funktion *FnRenameColumnsByIndices*

Um die Spalten basierend auf ihrer Position in der Tabelle umzubenennen, können Sie eine benutzerdefinierte Funktion schreiben, mit der Sie eine große Teilmenge von Spaltennamen umbenennen, ohne jedes Paar alter und neuer Spaltennamen angeben zu müssen. In diesem Abschnitt erfahren Sie, wie Sie eine solche Funktion erstellen.

Nachdem Sie beispielsweise eine entsprechende Funktion erstellt und `FnRenameColumnsByIndices` genannt haben, können Sie sie folgendermaßen aufrufen, um die Zufallsspalten in Schritt 5 in **Faktor 1** und **Faktor 2** umzubenennen:

```
FnRenameColumnsByIndices(#"Höher gestufte Header", {"Faktor 1", "Faktor 2"}, {6, 7})
```

Der Ansatz, eine benutzerdefinierte Funktion zu erstellen, ist skalierbar, sodass Sie eine große Anzahl von Spalten gleichzeitig umbenennen und sogar die alten und neuen Spaltennamen aus einer externen Liste importieren können. Die Funktion ermöglicht es Ihnen auch, einen Bereich von Indizes zu verwenden. Um beispielsweise alle Spalten ab der vierten bis zur zehnten Spalte in *Faktor 1, Faktor 2, ... Faktor 7* umzubenennen, ohne die benutzerdefinierte Funktion zu verwenden, können Sie intelligente Transformationen anwenden.

Beginnen wir mit einer ineffektiven Methode. Sie können eine Menge Code schreiben, indem Sie wie folgt paarweise den alten und den neuen Spaltennamen angeben:

```
Table.RenameColumns(
   #" Höher gestufte Header",
      {
         {Table.ColumnNames(#"Höher gestufte Header"){6}, "Faktor 1"},
         {Table.ColumnNames(#"Höher gestufte Header"){7}, "Faktor 2"},
         {Table.ColumnNames(#"Höher gestufte Header"){8}, "Faktor 3"},
         {Table.ColumnNames(#"Höher gestufte Header"){9}, "Faktor 4"},
         {Table.ColumnNames(#"Höher gestufte Header"){10}, "Faktor 5"},
         {Table.ColumnNames(#"Höher gestufte Header"){11}, "Faktor 6"},
         {Table.ColumnNames(#"Höher gestufte Header"){12}, "Faktor 7"}
      }
   )
```

Um es weniger kompliziert und komplex zu machen, können Sie wie folgt ein intelligentes Umbenennen erstellen:

```
FnRenameColumnsByIndices(
   #"Höher gestufte Header",
   List.Transform(
      {1..7},
      each "Faktor " & Text.From(_)
   ),
   {6..12}
)
```

In dieser Formel ist das zweite Argument eine dynamische Liste, die mit `List.Transform` erstellt wird. Das erste Argument ist eine Liste der Indizes von 1 bis 7. Die Ausgabe ist eine transformierte Liste von Texten, die das Präfix *Faktor* und den entsprechenden Index verketten. Das dritte Argument von `FnRenameColumnsByIndices` ist eine Liste der Werte von 6 bis 12, die den Indizes der Spalten entsprechen, die umbenannt werden sollen.

Nun wollen wir uns der Funktion `FnRenameColumnsByIndices` zuwenden:

```
(Quelle as table, SpaltenNamenNeu as list, Indizes as list) =>
let
   SpaltenNamenAlt = List.Transform( Indizes, each Table.ColumnNames(Quelle){_} ),
   ZippedList = List.Zip( { SpaltenNamenAlt , SpaltenNamenNeu } ),
   #"Umbenannte Spalten" = Table.RenameColumns( Quelle, ZippedList )
in
   #"Umbenannte Spalten"
```

Schauen wir uns diese benutzerdefinierte Funktion Schritt für Schritt an. Die Argumente sind *Quelle* für die Tabelle, die umbenannt werden soll, `SpaltenNamenNeu` für die Liste mit den neuen Spaltennamen und `Indizes` mit der Liste der Indizes in der Quelltabelle. Die erste Zeile innerhalb des `let`-Ausdrucks erhält die Indizes und gibt die entsprechenden Spaltennamen in der Tabelle `Quelle` zurück:

```
SpaltenNamenAlt = List.Transform( Indizes, each Table.ColumnNames(Quelle){_} ),
```

Die nächste Zeile verwendet `List.Zip`, um eine Liste von verschachtelten Listen zu erstellen. Jede verschachtelte Liste enthält zwei Member – die alten und die neuen Spaltennamen aus demselben Index der verschiedenen Listen:

```
ZippedList = List.Zip( { SpaltenNamenAlt , SpaltenNamenNeu } ),
```

beispielsweise gibt die folgende Formel mit `List.Zip`

```
List.Zip({"a","b","c"}, {"A", "B", "C"})
```

diese Liste von verschachtelten Listen zurück:

```
{{"a", "A"}, {"b", "B"}, {"c", "C"}}
```

Das letztere Format ist das erforderliche Format für das zweite Argument von `Table.RenameColumns` – eine Liste von verschachtelten Listen, die Paare aus alten und neuen Spaltennamen sind und in der dritten Zeile innerhalb des `let`-Ausdrucks verwendet werden:

```
#"Umbenannte Spalten" = Table.RenameColumns( Quelle, ZippedList )
```

Die Funktion *Table.TransformColumnNames*

Es gibt noch eine weitere Möglichkeit, die Spalten umzubenennen. Erinnern Sie sich noch daran, dass Sie in Kapitel 4 die Funktion `Table.TransformColumnNames` verwendet haben, um alle Spalten umzubenennen? Sie haben die Funktion dort dafür benutzt, um Unterstriche durch Leerzeichen zu ersetzen und um die Groß-/Kleinschreibung der Überschriften zu ändern. Diese Funktion kann auch in diesem Szenario verwendet werden, um die Spaltennamen mittels einer generischen Regel zu verändern:

```
Table.TransformColumnNames(#"Höher gestufte Header", each Text.Replace(_, "Zufallsspalte",
"Faktor"))
```

Der Vorteil dieser Methode besteht darin, dass die Spalten erfolgreich umbenannt werden, auch wenn in der Quelltabelle die Position der Spalten mit dem Text *Zufallsspalte* geändert wird. Dennoch müssen Sie im Hinblick auf die Umbenennungslogik vorsichtig sein, um das Umbenennen von Spalten zu vermeiden, die Sie nicht umbenennen wollen.

In den meisten Fällen reicht ein einfaches Umbenennen aus, wie Sie es immer getan haben. Machen Sie es nicht unnötig kompliziert.

Sie finden die Lösungsdateien *K10U05 – Lösung.pbix* und *K10U05 – Lösung.xlsx* in den Begleitdateien, die Sie von der Website zu diesem Buch herunterladen können.

Stolperfalle 7: Eine Spalte in Spalten aufteilen

Die siebte Stolperfalle kann genauso gefährlich sein wie die Filterfallgrube (Stolperfalle 4), da sie zu übersehenen Daten führen kann. Dies kann passieren, wenn Sie die Transformation *Spalte nach Trennzeichen teilen* auf Spalten anwenden, die eine unterschiedliche Anzahl von Werten enthalten.

Spalte nach Trennzeichen teilen wird in der Regel verwendet, um zwei Arten von Operationen durchzuführen:

- Mit dem einfachen Teilen können Sie eine Spalte in mehrere Spalten aufteilen. Dies wird häufig verwendet, um Spalten mit Datum/Uhrzeit in jeweils separate Spalten mit Datum und Uhrzeit aufzuteilen oder um Namen von Kunden in Vor- und Nachnamen aufzuteilen. Im Dialogfeld *Spalte teilen* können Sie standardmäßig eine Spalte in Spalten aufteilen.
- Die erweiterten Optionen von *Spalte nach Trennzeichen teilen* ermöglichen es Ihnen, mehrere durch Kommata oder durch andere Trennzeichen getrennte Werte in Zeilen aufzuteilen. Dieser Vorgang ist äußerst nützlich. Sie können eine neue Tabelle erstellen, die jedem geteilten Wert die Entität zuordnet. Wie in Abbildung 10.8 dargestellt, können Sie eine Referenztabelle für eine Quelltabelle erstellen, die Paare aus Produktcodes und Farben enthält, um so herauszufinden, wie viele Produkte Sie für die verschiedenen Farben haben.

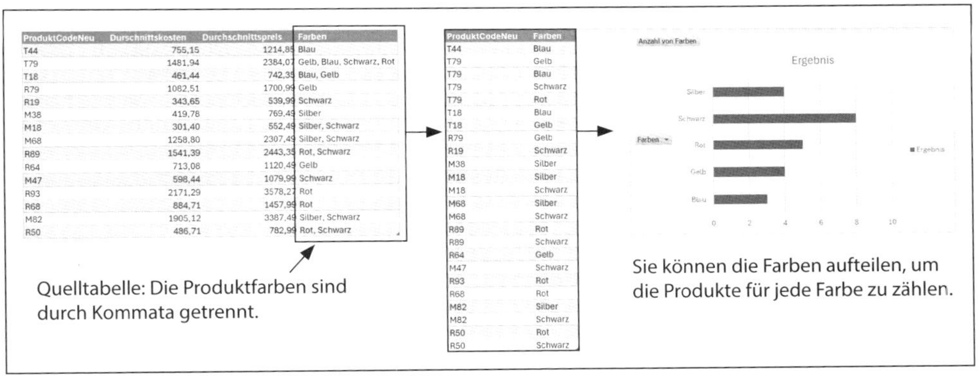

Abbildung 10.8 Teilen Sie die durch Kommata getrennte Spalte *Farben* der Produkttabelle von AdventureWorks auf, um zu ermitteln, wie viele Produkte für die verschiedenen Farben veröffentlicht wurden.

In Übung 2.8 in Kapitel 2 haben Sie die AdventureWorks-Produkttabelle verwendet und die Spalte *Farben* aufgeteilt, um die Zuordnungen zwischen Produkten und Farben zu ermitteln und um zu bestimmen, wie viele Produkte in den verschiedenen Farben veröffentlicht wurden. Rufen Sie sich in Erinnerung, dass Sie die Spalte *Farben* in Zeilen aufgeteilt haben, um diese Herausforderung zu meistern. In der nächsten Übung erfahren Sie, was passieren kann, wenn Sie eine Spalte in Spalten statt in Zeilen aufteilen.

Wie Sie in Übung 10.6 sehen werden, öffnet sich die siebte Stolperfalle, wenn Sie durch Trennzeichen getrennte Werte aufteilen und die erweiterte (und ziemlich gut versteckte) Option ignorieren, die Spalte in Zeilen aufzuteilen. Wenn Sie diese Option nicht auswählen, erhalten Sie die Standardoption zum Aufteilen der Spalte in Spalten, wodurch in Ihren Abfragen wichtige Informationen fehlen können, wenn neue Daten in den Bericht geladen werden.

Übung 10.6: Eine falsche Aufteilung durchführen

In dieser Übung wiederholen Sie Übung 2.8, aber dieses Mal werden Sie sehen, was passiert, wenn Sie die falsche Option zum Teilen verwenden, und zwar *Aufteilen nach Spalten*. Diese Übung zeigt die Risiken und zeigt Ihnen, wie einfach es ist, Opfer dieser Stolperfalle zu werden.

Sie verwenden die Beispielarbeitsmappe *K10U06.xlsx*, die Sie in den Beispieldateien zu diesem Buch finden (siehe Einleitung). Die Beispielarbeitsmappe fasst die AdventureWorks-Produktcodes (eine neue Variation von Codes) nach Durchschnittskosten, Durchschnittspreis und durch Kommata getrennten Farben zusammen. Als Leiter der Abteilung Data Science von AdventureWorks möchten Sie einen Bericht erstellen, der anzeigt, wie viele Produkte Sie für die einzelnen Farben haben (siehe Abbildung 10.8).

1. Verwenden Sie die Arbeitsmappe *K10U06.xlsx* und speichern Sie sie im Ordner *C:\Daten\K10*.
2. Erstellen Sie einen neuen Power BI-Bericht oder eine neue Excel-Arbeitsmappe und rufen Sie Daten aus einer Excel-Arbeitsmappe ab.
3. Wählen Sie die Datei *K10U06.xlsx* aus und klicken Sie auf *Importieren*.
4. Klicken Sie im Dialogfeld *Navigator* auf *Produkte* und dann auf *Daten transformieren*.
5. Löschen Sie in *Angewendete Schritte* den Schritt *Geänderter Spaltentyp,* falls er vorhanden ist.
6. Klicken Sie im Bereich *Abfragen* mit der rechten Maustaste auf *Produkte* und wählen Sie *Verweis* aus. Ihr Ziel ist es, eine neue Tabelle mit einer Zuordnung zwischen den Produktcodes und den Farben zu erstellen.
7. Benennen Sie die neue Abfrage in **Produkte und Farben** um und achten Sie darauf, dass die neue Abfrage ausgewählt ist.
8. Wählen Sie auf der Registerkarte *Start* den Befehl *Spalten auswählen* und im geöffneten Dialogfeld *ProduktCodeNeu* und *Farben* aus. Wählen Sie *OK,* um das Dialogfeld zu schließen; alle nicht ausgewählten Spalten werden aus der Abfrage *Produkte und Farben* entfernt.
9. Markieren Sie die Spalte *Farben* und wählen Sie auf der Registerkarte *Transformieren* den Befehl *Spalte teilen | Nach Trennzeichen*. Beachten Sie im Dialogfeld *Spalte teilen*, das geöffnet wird, dass standardmäßig das Komma als Trennzeichen ausgewählt ist und die Option *Bei jedem Vorkommen des Trennzeichens* markiert ist, wie in Abbildung 10.9 dargestellt. Leider wird, wenn Sie das Dialogfeld schließen, die Aufteilung standardmäßig in Spalten und nicht in Zeilen durchgeführt. Um in Zeilen aufzuteilen, müssen Sie den Abschnitt *Erweiterte Optionen* öffnen und die Option *Aufteilen in* von *Spalten* zu **Zeilen** ändern, wie Sie es in Übung 2.8 getan haben.

   Behalten Sie jedoch diesmal die Standardoption *Aufteilen in Spalten* bei, damit Sie die Auswirkungen der Standardeinstellungen erleben. Klicken Sie auf *OK,* um das Dialogfeld zu schließen.

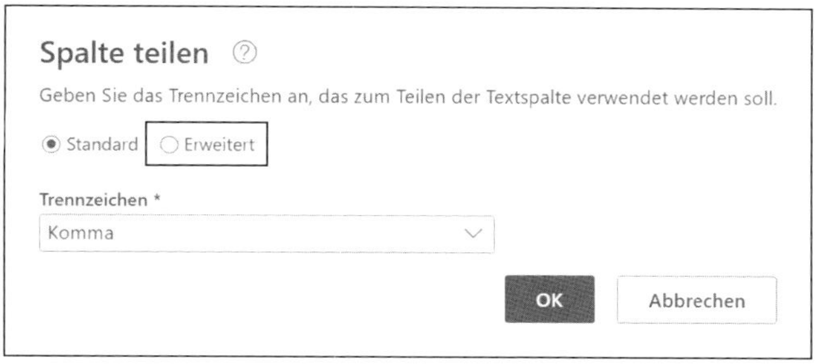

Abbildung 10.9 Das Dialogfeld *Spalte teilen* versteckt die Option *Aufteilen in Zeilen* unter den *Erweiterten Optionen*.

10. Beachten Sie im Power Query-Editor, dass die Spalte *Farben* in *Farben.1* und *Farben.2* aufgeteilt wurde. Wählen Sie in *Angewendete Schritte* den Schritt *Spalte nach Trennzeichen teilen* aus und schauen Sie sich den Code in der Bearbeitungsleiste an:

    ```
    Table.SplitColumn(#"Andere entfernte Spalten", "Farben",
    Splitter.SplitTextByDelimiter(",", QuoteStyle.Csv), {"Farben.1", "Farben.2"})
    ```

    Diese Formel weist die M-Engine an, Farben in zwei Spalten aufzuteilen – nur zwei. Sie werden dies bald auf die Probe stellen.

11. Da Ihr Ziel darin besteht, die Produktcodes auf die Farben abzubilden, müssen Sie die Transformation *Entpivotieren* verwenden, um eine Tabelle mit Code- und Farbpaaren zu erhalten; wählen Sie daher die Spalte *ProduktCodeNeu* aus.

12. Erweitern Sie auf der Registerkarte *Transformieren* die Dropdown-Liste *Spalten entpivotieren* und wählen Sie *Andere Spalten entpivotieren*. *Farben.1* und *Farben.2* werden in eine Attribut- und eine Wertspalte umgewandelt. Letztere enthält die Farben, die nun korrekt mit den entsprechenden Produktcodes verknüpft sind. Beachten Sie in dieser Phase, dass einige Farben mit einem Leerzeichen beginnen. Um dies zu beheben, können Sie den Schritt *Format | Kürzen* auf die Spalte *Wert* anwenden oder zu *Angewendete Schritte* wechseln, für *Spalte nach Trennzeichen teilen* auf das Einstellungssymbol klicken, das Trennzeichen in *Benutzerdefiniert* ändern und dann ein Komma und ein Leerzeichen (,) eingeben. Hier ist die korrigierte Formel für den Schritt *Spalte nach Trennzeichen teilen*:

    ```
    Table.SplitColumn(#"Andere entfernte Spalten", "Farben",
    Splitter.SplitTextByDelimiter(", ", QuoteStyle.Csv), {"Farben.1", "Farben.2"})
    ```

13. Entfernen Sie die Spalte *Attribut* und laden Sie die Abfragen in den Bericht, um mit der Analyse zu beginnen. Wenn Sie möchten, erstellen Sie ein Balkendiagramm, indem Sie ein PivotChart verwenden, wie in Abbildung 10.8 dargestellt.

14. Um zu testen, was passiert, wenn ein bestimmter Produktcode mehr als zwei Farben aufweist, speichern Sie Ihren Bericht und öffnen Sie *K10U06.xslx*.

15. Fügen Sie in Zelle D3 zu den beiden vorhandenen Farben zwei weitere Farben hinzu und ändern Sie den Wert *Farben* von *Gelb*, *Blau* in **Gelb**, **Blau**, **Schwarz**, **Rot**. Speichern Sie die Arbeitsmappe *K10U06.xslx* und schließen Sie sie. Kehren Sie zu Ihrem Übungsbericht zurück und aktualisieren Sie ihn. Die neuen Farben sind im Bericht nicht enthalten.

Um dieses Problem zu lösen, sollten Sie Übung 2.4 folgen und die Spalte *Farben* in Zeilen aufteilen. Wenn Sie die Spalte jedoch aus irgendeinem Grund in Spalten und nicht in Zeilen aufteilen müssen, können Sie die Lösung skalieren, indem Sie die Anzahl der Spalten erhöhen, in die aufgeteilt werden soll. Angenommen, Sie wissen im Voraus, dass die Anzahl der Farben 20 nicht überschreiten darf. Sie können diese Formel im Schritt *Spalte nach Trennzeichen teilen* verwenden:

```
Table.SplitColumn(ProduktTabelle, "Farben", Splitter.SplitTextByDelimiter(", ",
QuoteStyle.Csv), 20)
```

Wenn Sie den hart codierten Teil `{"Farben.1", "Farben.2"}` durch 20 ersetzen – also die maximale Anzahl von Spalten, die Sie erwarten –, wird Ihre Abfrage stabiler und es wird sichergestellt, dass Ihnen keine Daten entgehen.

Sie finden die Lösungsdateien *K10U06 – Lösung.pbix* sowie *K10U06 – Lösung.xlsx* in den Begleitdateien zu diesem Buch.

Achten Sie darauf, auch die Arbeitsmappe *K10U06-v2.xlsx* herunterzuladen, die die zweite Version der Arbeitsmappe *K10U06.xlsx* mit den geänderten Farbwerten enthält. Bei den Abfragen in den Lösungsdateien wird davon ausgegangen, dass sich die Arbeitsmappe *K10U06-v2.xlsx* ebenfalls im Ordner *C:\Daten\K10* befindet.

Stolperfalle 8: Spalten zusammenführen

Im vorherigen Abschnitt »Stolperfalle 7: Eine Spalte in Spalten aufteilen«, haben Sie gelernt, wie Sie die siebte Stolperfalle vermeiden können, indem Sie Spalten in Zeilen anstatt in Spalten aufteilen. Sie haben auch gesehen, dass Sie, wenn Sie eine durch Kommata getrennte Spalte in Spalten aufteilen müssen, Sie das zweite Argument ändern und die Anzahl der zu generierenden Spalten festlegen können. In diesem Abschnitt erfahren Sie, wie Sie die Abfrage verbessern, wenn Sie die umgekehrte Transformation verwenden: das Zusammenführen von Spalten.

Wenn Sie mehrere Spalten in einer einzelnen Spalte zusammenführen, transformiert die erzeugte Formel zunächst alle numerischen Spalten in Text und kombiniert dann alle Spalten miteinander. Der folgende Code wird automatisch generiert (und ist hier für eine bessere Lesbarkeit in mehreren Zeilen formatiert), wenn Sie drei Spalten der Tabelle *Quelle* zusammenführen, von denen die ersten beiden numerisch (*Numerische Spalte1* und *Numerische Spalte 2*) sind und die dritte Spalte, *Textspalte 3,* Text enthält:

```
#"Zusammengeführte Spalten" = Table.CombineColumns(
   Table.TransformColumnTypes(
      Quelle, {
         {"Numerische Spalte 1", type text},
         {"Numerische Spalte 2", type text}
      },
      "de-DE"
   ),
   {"Numerische Spalte 1", " Numerische Spalte 2", "Textspalte 3"},
```

```
      Combiner.CombineTextByDelimiter(":", QuoteStyle.None),
      "Zusammengeführt"
   )
```

In dieser Formel sehen Sie, dass `Table.TransformColumnTypes` die Typkonvertierung aller numerischen Spalten erzwingt und dann die entsprechenden Spalten zusammenführt. Durch diese Formel wird die Abfrage für unnötige Aktualisierungsfehler anfällig. Sie können den Code ändern und skalieren, um eine bestimmte Liste von Spalten zusammenzuführen, ohne auf hart codierte Spaltennamen zu verweisen.

Angenommen, die Spaltennamen, die Sie zusammenführen wollen, befinden sich in der Liste `ColumnsToMerge`. Hier ist die geänderte Formel, die Sie anstelle der vorherigen verwenden können:

```
#"Zusammengeführte Spalten" = Table.CombineColumns(
   Table.TransformColumnTypes(
      Quelle,
      List.Transform(
         ColumnsToMerge,
         each {_, type text}
      },
      "de-DE"
   ),
   ColumnsToMerge,
   Combiner.CombineTextByDelimiter(":", QuoteStyle.None),
   "Zusammengeführt"
)
```

Die wichtigste Änderung zwischen den beiden Formeln ist, dass dieser Teil des Codes:

```
{
   {"Numerische Spalte 1", type text},
   {"Numerische Spalte 2", type text}
}
```

durch die `List.Transform`-Funktion ersetzt wurde, die denselben Code generiert, aber nicht mehr explizit auf die Spaltennamen verweist:

```
List.Transform(
   ColumnsToMerge,
   each {_, type text}
}
```

Dieser Code iteriert über jeden Spaltennamen in `ColumnsToMerge` und wandelt ihn in eine Liste von Spaltennamen und den Typ *Text* um: `{_, type text}`.

Obwohl Sie eine solche Funktion nicht häufig benötigen, ist dieses Beispiel eine wichtige Demonstration für die Verwendung von Listenfunktionen zum Schreiben skalierbarer und robuster Versionen Ihrer automatisch generierten Formeln.

Weitere Stolperfallen und Techniken für robuste Abfragen

Weiter vorne habe ich erwähnt, dass Gil in seinem Blog bei DataChant zehn Stolperfallen vorstellt; Ihnen ist bestimmt aufgefallen, dass dieses Kapitel die neunte und zehnte Stolperfalle nicht behandelt. In diesem Abschnitt werden sie kurz erwähnt; weitere Informationen finden Sie, wenn Sie Gils Blog besuchen.

Bei der neunten Stolperfalle geht es um das Erweitern von Tabellenspalten. Tabellenspalten zu erweitern ist eine häufig verwendete Transformation, die Sie anwenden, wenn Sie mehrere Dateien aus einem Ordner kombinieren, zwei Tabellen zusammenführen oder mit unstrukturierten Datasets wie JSON-Dateien arbeiten.

Wenn Sie Tabellenspalten erweitern, müssen Sie die zu erweiternden Spalten auswählen. Daher generiert der Power Query-Editor automatisch eine Formel mit hart codierten Spaltennamen, und dann kann es passieren, dass neue Spaltennamen unter den Tisch fallen. Mehr zum Thema Transformation *Tabellenspalten erweitern* und wie Sie es vermeiden können, dass neue Spalten fehlen, finden Sie unter *datachant.com/2017/02/07/power-bi-pitfall-9*.

Bei der zehnten Stolperfalle geht es um das Entfernen von Duplikaten; sie wird weiter vorn in diesem Buch behandelt, und zwar in Übung 2.7 in Kapitel 2.

Zusammenfassung

In diesem Kapitel haben Sie Ihre Fähigkeiten beim Data-Wrangling erweitert, indem Sie sich auf langfristiges Denken konzentriert haben. Sie haben untersucht, wie Sie dafür sorgen, dass Ihre Abfragen länger einsetzbar sind, ohne sie immer dann bearbeiten zu müssen, wenn sich die Daten ändern. Sie haben die häufigsten Stolperfallen kennengelernt, die zu Aktualisierungsfehlern und falschen Daten führen, sowie drei wichtige Ansätze, um sie zu vermeiden: Bewusstsein, Best Practices und Änderungen am M-Code. Wenn Sie die Bearbeitungsleiste sichtbar lassen und sie regelmäßig überprüfen, hilft dies, unerwartete hart codierte Werte, die von Anführungszeichen eingeschlossen sind, sowie falsche Bedingungen zu erkennen.

Sie haben in diesem Kapitel auch einige bewährte Methoden kennengelernt, mit denen sich Fehler reduzieren lassen. Ein formeller oder informeller Datenvertrag mit Ihren Kollegen, die Eigentümer der Datenquellen sind, kann Ihnen helfen, die richtigen Annahmen für die Daten zu machen und gute Entscheidungen über die Lösung Ihrer Probleme bei der Datenvorbereitung zu treffen.

Sie haben außerdem gelernt, wie Sie einfache Änderungen an M-Formeln vornehmen, um Ihre Abfragen robuster zu machen. Zum Abschluss dieses Kapitels finden Sie in Tabelle 10.1 die wichtigsten Stolperfallen, deren Auswirkungen sowie Ansätze zu deren Vermeidung.

Nummer der Stolperfalle und zentrales Feature	Auswirkungen	Wie die Stolperfalle vermieden werden kann
Stolperfalle 1: Die Bearbeitungsleiste ignorieren	Fehlendes Bewusstsein über die potenziellen Mängel des automatisch generierten M-Codes	Blenden Sie die Bearbeitungsleiste ein und prüfen Sie regelmäßig den dort angezeigten Code. Halten Sie Ausschau nach Werten in doppelten Anführungszeichen.
Stolperfalle 2: Geänderte Spaltentypen	Große Wahrscheinlichkeit, dass in Zukunft Aktualisierungsfehler auftreten	Löschen Sie den Schritt *Geänderter Spaltentyp*. Deaktivieren Sie im Dialogfeld *Abfrageoptionen* für jede Arbeitsmappe oder jeden Power BI-Bericht die automatische Erkennung der Typen. Ändern Sie die Typen von numerischen, Datums- sowie Uhrzeit-Spalten manuell. Je später Sie die Typen ändern, desto besser.
Stolperfalle 3: Gefährliches Filtern	Große Wahrscheinlichkeit, dass die Daten inkorrekt sind	Vermeiden Sie die Verwendung der Werte im Filterbereich. Verwenden Sie stattdessen das Dialogfeld *Zeilen filtern* oder überprüfen Sie die Bearbeitungsleiste, ob Ihre Filterlogik wie erwartet erstellt wurde.
Stolperfalle 4: Spalten neu anordnen	Große Wahrscheinlichkeit, dass in Zukunft Aktualisierungsfehler auftreten	Vermeiden Sie nach Möglichkeit das Neuanordnen von Spalten. Verwenden Sie M-Funktionen, um lediglich eine Teilmenge der Spalten neu anzuordnen.
Stolperfalle 5: Spalten entfernen und auswählen	Mittlere Wahrscheinlichkeit, dass in Zukunft Aktualisierungsfehler auftreten	Wenn Sie eine kleine Anzahl von Spalten beibehalten möchten, verwenden Sie *Spalten auswählen* anstelle von *Spalten entfernen*. In den meisten Fällen bleiben die Spalten, die Sie beibehalten möchten, auch eher in den Quelldaten erhalten. Verwenden Sie M, um Spalten aufgrund ihrer Position in der Tabelle zu entfernen oder auszuwählen.
Stolperfalle 6: Spalten umbenennen	Mittlere Wahrscheinlichkeit, dass in Zukunft Aktualisierungsfehler auftreten	Verwenden Sie die Funktion `Table.TransformColumnNames` in M, um Spalten nach ihren Werten umzubenennen, oder verwenden Sie `Table.ColumnNames` mit nullbasierten Indizes, um sie basierend auf der Position umzubenennen.
Stolperfalle 7: Eine Spalte in Spalten aufteilen	Hohe Wahrscheinlichkeit, dass dabei Daten übersehen werden	Vermeiden Sie die Verwendung von Aufteilen in Spalten. Verwenden Sie stattdessen die erweiterten Optionen und teilen Sie Spalten in Zeilen auf. Wenn das Aufteilen in Spalten erforderlich ist, verwenden Sie die maximale Anzahl von Spalten als zweites Argument.

→

Nummer der Stolperfalle und zentrales Feature	Auswirkungen	Wie die Stolperfalle vermieden werden kann
Stolperfalle 8: Spalten zusammenführen	Mittlere Wahrscheinlichkeit, dass in Zukunft Aktualisierungsfehler auftreten	Auf alle Spalten wird im Code verwiesen. Ändern Sie gegebenenfalls den M-Code, um eine große Anzahl von Spalten zusammenzuführen oder wenn die Liste der Spaltennamen, die zusammengeführt werden sollen, dynamisch ist.
Stolperfalle 9: Tabellenspalten erweitern	Mittelgroßes Risiko, dass Daten fehlen	Siehe *datachant.com/2017/02/07/power-bi-pitfall-9*.
Stolperfalle 10: Duplikate zusammenführen	Große Wahrscheinlichkeit, dass in Zukunft Aktualisierungsfehler auftreten und dass das Erstellen einer Beziehung zwischen Nachschlage- und Faktentabelle fehlschlägt	Siehe Kapitel 2, Übung 2.7, im Abschnitt »Wenn eine Beziehung fehlschlägt«, und stellen Sie sicher, dass Sie die Groß-/Kleinschreibung vereinheitlichen und die Werte kürzen, bevor Sie Duplikate aus der Spalte entfernen, die in einer Beziehung zu Nachschlagetabellen verwendet wird.

Tabelle 10.1 Die wichtigsten Stolperfallen, ihre Auswirkungen und wie Sie sie vermeiden

KAPITEL 11

Data-Profiling

In diesem Kapitel:

- erfahren Sie mehr über verschiedene Möglichkeiten, Daten zu profilieren
- erfahren Sie, wie Sie die Qualität, die Verteilung und das Profil von Spalten anzeigen können
- verwenden Sie die Funktion `Table.Schema`, um das Schema einer Tabelle auszugeben
- erstellen Sie mithilfe der Funktion `Table.Profile` eine Tabelle mit einem Datenprofil

Bevor Sie eine Datenanalyse durchführen, kann es nützlich sein, sich einen Überblick über die allgemeine Form oder Struktur der Daten zu verschaffen, indem Sie ein Datenprofil erstellen. Data-Profiling bezieht sich auf die technische Analyse von Daten, um deren Inhalt und Konsistenz zu bewerten. Erstellen Sie das Datenprofil besser, bevor Sie mit der Visualisierung der Daten beginnen, denn Sie könnten in Ihren Daten einige Einschränkungen oder unerwartete Werte entdecken. Ohne Data-Profiling könnten Sie Ausreißer übersehen, die womöglich Ihre Analyse verzerren.

Sie können für das Data-Profiling verschiedene Tools verwenden, darunter Power Query, was bedeutet, dass Sie Ihre Daten profilieren können, bevor Sie sie in Ihr Datenmodell laden. Die Benutzeroberfläche kann Ihnen die Spaltenqualität, die Werteverteilung und das Profil anzeigen, und Sie können einige Funktionen der Power Query-Formelsprache verwenden, um weitere Profile zu erstellen.

Spaltenqualität anzeigen

Im Kontext der Erstellung eines Datenprofils in Power Query bezieht sich die *Spaltenqualität* auf den Anteil der gültigen, fehlerhaften und leeren Werte. Durch die Anzeige der Spaltenqualität können Sie vor dem Laden der Daten Fehlerwerte beheben und auf leere Werte prüfen, falls Sie diese in Ihren Daten nicht erwarten.

Übung 11.1, Teil 1: Fehlersuche und -behandlung

Laden Sie die Datei *K11U01.csv* von der Website zum Buch herunter (siehe Einleitung) und speichern Sie sie im Ordner *C:\Daten\K11*. Sie werden diese Datei für alle Übungen in diesem Kapitel verwenden.

In dieser Übung werden wir das Spaltenprofil in Power Query verwenden, um nach Fehlern in einer Spalte zu suchen.

1. Öffnen Sie den Power Query-Editor, rufen Sie Daten aus *K11U01.csv* ab und übernehmen Sie die Standardeinstellungen.
2. Aktivieren Sie die Ansicht *Spaltenqualität*:
   - Wählen Sie in der neuen Power Query-Benutzeroberfläche auf der Registerkarte *Anzeigen* die Befehle *Datenansicht | Spaltenprofil aktivieren* und *Datenansicht | Details zur Spaltenqualität anzeigen*.
   - In der alten Power Query-Benutzeroberfläche aktivieren Sie auf der Registerkarte *Ansicht* das Kontrollkästchen *Spaltenqualität*.
3. Beachten Sie, dass alle Spalten 100 % gültige Werte aufweisen, wie in Abbildung 11.1 dargestellt.

	1²3 Monat	ABC Gruppe	ABC Land	ABC Produktname	1²3 Größe	1.2 Gesamtpreis	1²3 Gesamtmenge	1.2 Durchschnittspreis
	Gültig 100 % Fehler 0 % Leer 0 %	Gültig 100 % Fehler 0 % Leer 0 %	Gültig 100 % Fehler 0 % Leer 0 %	Gültig 100 % Fehler 0 % Leer 0 %	Gültig 100 % Fehler 0 % Leer 0 %	Gültig 100 % Fehler 0 % Leer 0 %	Gültig 100 % Fehler 0 % Leer 0 %	Gültig 100 % Fehler 0 % Leer 0 %
1	1062022	Europe	Germany	Road-250 Black, 48	48	2443,35	1	2443,35
2	1062022	North America	United States	Road-250 Black, 48	48	2443,35	1	2443,35
3	1062022	North America	United States	Road-250 Red, 58	58	2443,35	1	2443,35
4	1062022	Pacific	Australia	Road-250 Black, 48	48	2443,35	1	2443,35
5	1062022	Pacific	Australia	Road-250 Red, 58	58	2443,35	1	2443,35

Abbildung 11.1 Der Power Query-Editor zeigt Informationen zur Spaltenqualität an.

4. Wählen Sie in der Statusleiste unten im Power Query-Editor die Option *Spaltenprofilerstellung basierend auf den ersten 1.000 Zeilen* und dann *Spaltenprofilerstellung basierend auf dem gesamten Datensatz*.
5. Beachten Sie, dass die Spalte *Größe* jetzt 32 % Fehlerwerte aufweist. Das liegt daran, dass es Fehler jenseits der ersten 1000 Zeilen gab. Lassen Sie uns die Quelle der Fehler aufspüren.
6. Markieren Sie die Spalte *Größe* und wählen Sie dann auf der Registerkarte *Start* den Befehl *Zeilen beibehalten | Fehler beibehalten*.
7. Wählen Sie eine der Zellen hinter einem `[Error]`-Wert aus. Sie sollten eine Fehlermeldung wie die folgende sehen:

   ```
   Die Konvertierung in "Number" war nicht möglich.
   ```

   Diese Fehlermeldung bedeutet, dass Power Query versucht hat, einige Textwerte in Zahlen zu konvertieren. Da Größen sowohl Zahlen (z. B. 48) als auch Textwerte (z. B. M) sein können, muss der Typ der Spalte Text sein und nicht eine ganze Zahl, wie Power Query automatisch erkannt hat.
8. Entfernen Sie den Schritt *Beibehaltene Fehler* aus der Liste der angewendeten Schritte und ändern Sie den Typ der Spalte *Größe* in Text, indem Sie mit der rechten Maustaste auf die Spaltenüberschrift *Größe* klicken und *Typ ändern | Text* wählen. Wenn Sie gefragt werden, ob Sie den aktuellen Schritt ersetzen oder einen neuen hinzufügen möchten, wählen Sie *Aktuelle ersetzen*. Es ist wichtig, dass Sie keinen neuen Schritt hinzufügen, da eine Änderung des Datentyps von Fehlern keine Fehler behebt.

An dieser Stelle können Sie sehen, dass in der Spalte *Größe* keine Fehler mehr vorkommen – aber Sie können auch sehen, dass es sowohl in der Spalte *Größe* als auch in den letzten drei Spalten einige leere Werte gibt. Im nächsten Teil der Übung werden wir die leeren Werte untersuchen.

In manchen Power Query-Umgebungen müssen Sie aufgrund eines Bugs in der Liste *Angewendete Schritte* vielleicht zu einem anderen Schritt gehen und dann erneut den Schritt *Geänderter Spaltentyp* auswählen, damit die Fehler verschwinden.

Übung 11.1, Teil 2: Leere Werte adressieren

In Teil 2 der Übung 11.1 werden Sie die leeren Werte in den letzten vier Spalten überprüfen. Manchmal bedeuten leere Werte fehlende Daten, und manchmal können leere Werte gerechtfertigt sein. Indem Sie die leeren Werte untersuchen, können Sie entscheiden, ob die Werte legitim sind oder ob Sie sich mit dem Datenproduzenten unterhalten sollten.

Beginnen Sie dort, wo Sie in Teil 1 aufgehört haben.

9. Klicken Sie auf die Filter-Schaltfläche in der Kopfzeile der Spalte *Größe* und wählen Sie *Mehr laden*, falls Sie die Meldung *Liste möglicherweise unvollständig* sehen.
10. Heben Sie die Markierung aller Werte auf, wählen Sie *(leer)* und dann *OK*.
11. Überprüfen Sie die Werte der Spalte *Produktname*, indem Sie das Steuerelement *Filter* in der Spaltenüberschrift auswählen. Wie Sie sehen können, gibt es nur einen Wert: *AWC Logo Cap*. Wählen Sie `Abbrechen`, um den Filterbereich der Spalte *Produktname* zu schließen.
12. Sie entscheiden, dass es sinnvoller ist, statt eines Leerzeichens den Text *OS* anzuzeigen, was für *One Size* steht. Klicken Sie mit der rechten Maustaste auf eine leere Zelle in der Spalte *Größe* und wählen Sie *Werte ersetzen*.
13. Geben Sie in das Feld *Ersetzen durch* **OS** ein und wählen Sie *OK*. Achten Sie darauf, dass das Feld *Zu suchender Wert* leer bleibt.
14. Entfernen Sie den Schritt *Gefilterte Zeilen* aus der Liste *Angewendete Schritte*. Wenn Sie zur Bestätigung aufgefordert werden, wählen Sie *Löschen*.
15. In diesem Stadium können Sie sehen, dass die Spalte *Größe* 100 % gültige Werte enthält, während die letzten drei Spalten noch einige leere Werte aufweisen. Wählen Sie die Filterschaltfläche in der Spaltenüberschrift *Gesamtpreis* und wählen Sie *Mehr laden*.
16. Heben Sie die Auswahl aller Werte auf, wählen Sie *(NULL)* und dann *OK*.

Beachten Sie, dass es nur eine Zeile gibt, in der *Gesamtpreis*, *Gesamtmenge* und *Durchschnittspreis* alle null sind. Als Nutzer dieses Datensatzes könnten Sie sich merken, dass Sie mit dem für die Aufbereitung der Daten zuständigen Team sprechen und fragen sollten, ob die Nullwerte erwartet werden.

Wie Sie in dieser Übung sehen konnten, führt Power Query die Spaltenprofilerstellung standardmäßig lediglich auf Basis der ersten 1000 Zeilen durch. Obwohl Sie idealerweise ein Profil für das gesamte Dataset erstellen wollen, sollten Sie dies mit Vorsicht tun, vor allem wenn es sich um sehr große Datasets handelt.

Sie finden die Lösungsdateien *K11U01 – Lösung.pbix* sowie *K11U01 – Lösung.xlsx* in den Begleitdateien zu diesem Buch.

Details zum Spaltenprofil anzeigen

Bei der Erstellung von Datenprofilen geht es um mehr als nur die Qualität der Spalten: Sie interessieren sich beispielsweise für die Werteverteilung, d. h. dafür, wie gleichmäßig oder unterschiedlich die Spaltenwerte sind, welche Art von Werten in einer Spalte enthalten sind und Ähnliches. Sie können auch an einigen grundlegenden Statistiken interessiert sein, z. B. an den Minimal- und Maximalwerten oder an der Anzahl der eindeutigen Werte.

Der Power Query-Editor bietet Ihnen einige Details zum Spaltenprofil in der Benutzeroberfläche, die Sie anzeigen können, sobald Sie sie aktivieren. Wie Sie in der nächsten Übung sehen werden, können Sie Spaltenstatistiken und eine detaillierte Werteverteilung anzeigen.

Übung 11.2, Teil 1: Anzeigen von Spaltenprofildetails

In dieser Übung lernen Sie, wie Sie Spaltenstatistiken und die relative Beliebtheit verschiedener Datenpunkte in den Spaltenprofildetails anzeigen können.

1. Öffnen Sie den Power Query-Editor und rufen Sie Daten aus der Datei *K11U01.csv* ab, die Sie für Übung 11.1 heruntergeladen haben.
2. Öffnen Sie das Dropdown-Menü *Datentyperkennung*, wählen Sie die Option *Basierend auf dem gesamten Datensatz* aus und fahren Sie dann mit der Datenumwandlung fort.
3. Benennen Sie die neu erstellte Abfrage in **Umsatz** um.
4. Aktivieren Sie die Spaltenverteilung und die Profilansichten:
   - Wählen Sie in der neuen Power Query-Benutzeroberfläche auf der Registerkarte *Anzeigen* im Menü der Schaltfläche *Datensicht* die Befehle *Spaltenprofil aktivieren*, *Werteverteilung für die Spalten anzeigen* sowie *Spaltenprofil im Detailbereich anzeigen*.
   - Schalten Sie in der alten Power Query-Benutzeroberfläche auf der Registerkarte *Ansicht* die Kontrollkästchen *Spaltenverteilung* und *Spaltenprofil* ein.
5. Deaktivieren Sie die Anzeige der Spaltenqualität:
   - Öffnen Sie in der neuen Power Query-Benutzeroberfläche auf der Registerkarte *Anzeigen* das Menü der Schaltfläche *Datensicht* und achten Sie darauf, dass das Kontrollkästchen *Details zur Spaltenqualität anzeigen* ausgeschaltet ist.
   - Schalten Sie in der alten Power Query-Benutzeroberfläche auf der Registerkarte *Ansicht* das Kontrollkästchen *Spaltenqualität* aus.
6. Vergewissern Sie sich, dass unten in der Statusleiste des Power Query-Editors die Option *Spaltenprofilerstellung basierend auf gesamtem Dataset* ausgewählt ist.
7. Nun sollten Sie unter jeder Spaltenüberschrift ein Säulendiagramm und die Anzahl der eindeutigen Werte in einer Spalte sehen. Ein eindeutiger Wert ist ein Wert, der nur einmal in einer Spalte vorkommt. Das Spaltentitel-Diagramm kann Ihnen zwar einen Eindruck von der Werteverteilung vermitteln, aber es liefert keine Details, z. B. welcher Wert in einer Spalte am häufigsten vorkommt. Wenn Sie weitere Details zu Werteverteilung und Spaltenstatistiken sehen möchten, wählen Sie eine Spaltenüberschrift aus. Sie können den Mauszeiger über eine Spalte im detaillierten Diagramm der Werteverteilung bewegen, um zu sehen, wie oft der Wert vorkommt. Abbildung 11.2 zeigt die Profildetails der Spalte *Monat*.

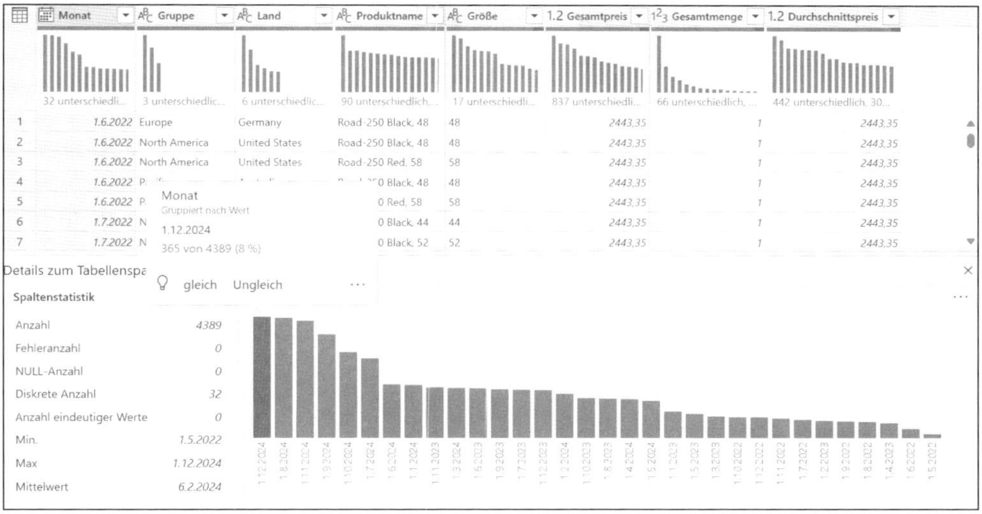

Abbildung 11.2 Die Profildetails einer Spalte zeigen Spaltenstatistiken und die Verteilung für eine ausgewählte Spalte.

8. Beachten Sie, dass Sie jetzt auch Spaltenstatistiken sehen können, z. B. die Anzahl der Nullen und eindeutigen Werte, die Mindest-, Höchst- und Durchschnittswerte und mehr. Sie können auch ein detaillierteres Diagramm der Werteverteilung sehen, in dem Sie mit dem Mauszeiger auf eine Säule im Diagramm zeigen, um zu sehen, wie oft der Wert vorkommt. Falls gewünscht, können Sie die Werte auch anders gruppieren: Für die Spalte *Monat* können Sie beispielsweise auf *Mehr* klicken (die Auslassungspunkte in der oberen rechten Ecke des Diagramms der Werteverteilung) und eine andere Art der Gruppierung der Werte wählen, z. B. nach Jahr oder nach Monat.
9. Wählen Sie im Diagramm mit der Werteverteilung die Option *Mehr | Gruppieren nach | Monat*. Sie können sehen, dass der Dezember mit 572 von 4389 Werten am häufigsten in der Spalte erscheint.

Übung 11.2, Teil 2: Verschiedene und eindeutige Werte auflisten

In Teil 2 von Übung 11.2 werden wir verschiedene und eindeutige Werte aus der Gesamtmenge auflisten. Dies gehört zu den grundlegenden Möglichkeiten, wie Sie Daten profilieren können. Es kann nützlich sein, die verschiedenen und eindeutigen Werte zu sehen, falls Sie bestimmte Werte erwarten oder nicht erwarten.

Sie werden dort beginnen, wo Sie in Teil 1 aufgehört haben.

10. Klicken Sie mit der rechten Maustaste auf die Abfrage *Umsatz* und wählen Sie *Verweis*. Benennen Sie die neue Abfrage in **Anzahl verschiedene** um.
11. Klicken Sie in der Abfrage *Anzahl verschiedene* mit der rechten Maustaste auf die Spaltenüberschrift *Gesamtmenge* und wählen Sie *Andere Spalten entfernen*.

12. Klicken Sie mit der rechten Maustaste auf die Spaltenüberschrift *Gesamtmenge* und wählen Sie *Duplikate entfernen*. Nun sollten Sie 66 Zeilen sehen, und die Verteilung der Spaltenwerte sollte »66 eindeutige, 66 eindeutige« lauten. Da Sie Duplikate entfernt haben, sind nun alle Werte eindeutig.
13. Klicken Sie mit der rechten Maustaste auf die Abfrage *Anzahl verschiedene* und wählen Sie *Duplizieren*. Benennen Sie die neue Abfrage in **Anzahl eindeutige** um.
14. Entfernen Sie in der Abfrage *Anzahl eindeutige* den letzten Schritt *Entfernte Duplikate*.
15. Wählen Sie auf der Registerkarte *Start* den Befehl *Zeilen beibehalten | Duplikate beibehalten*. Jetzt sollten Sie in der Bearbeitungsleiste den folgenden Ausdruck sehen (zur besseren Lesbarkeit leicht formatiert), wobei `#"Andere entfernte Spalten"` der Name des vorherigen Schritts ist:

```
let
  columnNames = Table.ColumnNames(#"Andere entfernte Spalten "),
  addCount = Table.Group(#Andere entfernte Spalten", columnNames,
    "Count", Table.RowCount, Typ number}),
  selectDuplicates = Table.SelectRows(addCount, each [Count] > 1),
  removeCount = Table.RemoveColumns(selectDuplicates, "Count")
in
  Table.Join(#"Andere entfernte Spalten", columnNames, removeCount, columnNames,
    JoinKind.Inner)
```

Lassen Sie uns einen Moment innehalten, um den Code zu verstehen, den Power Query für uns geschrieben hat:

- Die Variable `columnNames` speichert die Spaltennamen, die später in der Variablen `addCount` und in der Schrittausgabe nach `in` verwendet werden.
- Die Variable `addCount` gruppiert alle Werte und fügt die Zeilenzahl zu jeder Gruppe in der Spalte `Count` hinzu.
- Die Variable `selectDuplicates` behält nur die Werte, die mehr als einmal vorkommen, da dieser Code durch die Schaltfläche *Duplikate behalten* erzeugt wurde.
- Die Variable `removeCount` entfernt die Spalte *Count*, da sie nicht mehr benötigt wird.
- Nach `in` wird schließlich `Table.Join` verwendet, um aus dem vorherigen Schritt nur die Werte herauszufiltern, die mehr als einmal vorkommen, um Duplikate zu vermeiden.
- Wie in Kapitel 9, »Einführung in die Power Query-Formelsprache M«, beschrieben, ist es am besten, die letzte Variable aus dem `let`-Block zu verwenden anstatt einen Ausdruck nach `in`. Da es sich jedoch um einen verschachtelten `let`/`in`-Ausdruck handelt, spielt dies keine Rolle: Wir sehen die Zwischenschritte sowieso nicht.

Bitte beachten Sie, wie die Funktion `Table.Join` für die Filterung verwendet werden kann, ohne dass die zusätzliche Spalte entfernt werden muss, die `Table.NestedJoin` erstellen würde.

16. Eindeutige Werte sind das direkte Gegenteil von Duplikaten: Sie kommen nur einmal vor. Ändern Sie in der Bearbeitungsleiste den Vergleichsoperator in der Variablen `selectDuplicates` in Gleichheit anstelle von Ungleichheit, wie unten fett dargestellt:

```
let
  columnNames = Table.ColumnNames(#"Andere entfernte Spalten "),
  addCount = Table.Group(#Andere entfernte Spalten", columnNames,
    "Count", Table.RowCount, Typ number}),
  selectDuplicates = Table.SelectRows(addCount, each [Count] = 1),
  removeCount = Table.RemoveColumns(selectDuplicates, "Count")
in
  Table.Join(#"Andere entfernte Spalten", columnNames, removeCount, columnNames,
    JoinKind.Inner)
```

Sie sollten nun 15 Zeilen sehen. Der letzte Wert, *null*, der möglicherweise unerwartet sein könnte, ist nun leichter zu erkennen.

In dieser Übung haben wir bei der Verbindung mit der CSV-Datei die Datentypen der Spalten auf der Grundlage des gesamten Datasets ermittelt. Wie bei der Erstellung der Spaltenprofile auf Basis des gesamten Datasets sollten Sie diese Option mit Vorsicht verwenden.

Sie finden die Lösungsdateien *K11U02 – Lösung.pbix* sowie *K11U02 – Lösung.xlsx* in den Beispieldateien, die Sie von der Begleitwebsite zum Buch herunterladen können.

Die Funktionen *Table.Schema* und *Table.Profile* verwenden

Zusätzlich zu den in der Benutzeroberfläche verfügbaren Möglichkeiten für das Data-Profiling gibt es zwei Funktionen, die gelegentlich nützlich sein können: `Table.Schema` und `Table.Profile`.

`Table.Schema` beschreibt die Spalten einer bestimmten Tabelle. Es listet die Spalten auf zusammen mit ihrer Position, den Datentypen, ob die Spalten löschbar sind usw. Die meisten der Spalten, die von `Table.Schema` zurückgegeben werden, sind nur für bestimmte Datenquellen, wie beispielsweise SQL-Datenbanken, sinnvoll, obwohl die Spalten-Datentypen für alle Datenquellen verfügbar sind.

Ein Fall, in dem `Table.Schema` nützlich sein kann, ist, wenn Sie auf andere Datenquellen wechseln wollen, z. B. von Dateien zu einer Datenbank, und sicherstellen möchten, dass alte und neue Tabellen dasselbe Schema aufweisen. Sie können `Table.Schema` für beide Tabellen verwenden und dann die Ergebnisse anhand der Spaltennamen zusammenführen, um zu sehen, ob es entscheidende Unterschiede gibt.

`Table.Profile` liefert ähnliche Informationen wie die Spaltenstatistik-Ansicht für die gesamte Tabelle. Außerdem können Sie Ihre eigenen Aggregate hinzufügen, um weitere Statistiken zu erhalten, je nachdem, wie Sie die Daten profilieren möchten.

Übung 11.3: *Table.Schema* und *Table.Profile* verwenden

In dieser Übung werden wir die Funktionen `Table.Schema` und `Table.Profile` verwenden, um zusätzliche Einblicke in unsere Daten zu erhalten.

1. Öffnen Sie den Power Query-Editor und rufen Sie Daten aus der Datei *C11E01.csv* ab, die Sie bereits für Übung 11.1 heruntergeladen haben.
2. Öffnen Sie das Dropdown-Menü *Datentyperkennung*, wählen Sie die Option *Basierend auf dem gesamten Datensatz* aus und fahren Sie dann mit der Datenumwandlung fort.
3. Benennen Sie die neu erstellte Abfrage in **Umsatz** um.
4. Klicken Sie mit der rechten Maustaste auf die Abfrage *Umsatz* und wählen Sie *Verweis*. Benennen Sie die neue Abfrage in **Schema** um.
5. In der Bearbeitungsleiste sollten Sie die folgende Formel sehen:

   ```
   Umsatz
   ```

   Aktualisieren Sie die Formel so, dass sie `Table.Schema` verwendet:

   ```
   Table.Schema(Umsatz)
   ```

   Sie sollten nun das Schema der Tabelle *Umsatz* sehen, wie in Abbildung 11.3 dargestellt.

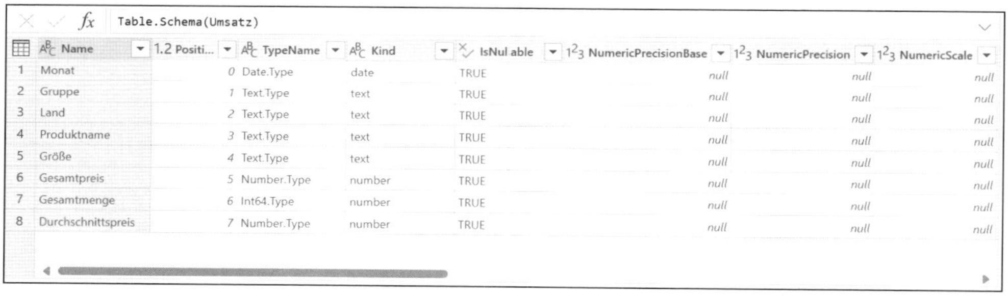

Table.Schema(Umsatz)

	Name	Position	TypeName	Kind	IsNullable	NumericPrecisionBase	NumericPrecision	NumericScale
1	Monat	0	Date.Type	date	TRUE	null	null	null
2	Gruppe	1	Text.Type	text	TRUE	null	null	null
3	Land	2	Text.Type	text	TRUE	null	null	null
4	Produktname	3	Text.Type	text	TRUE	null	null	null
5	Größe	4	Text.Type	text	TRUE	null	null	null
6	Gesamtpreis	5	Number.Type	number	TRUE	null	null	null
7	Gesamtmenge	6	Int64.Type	number	TRUE	null	null	null
8	Durchschnittspreis	7	Number.Type	number	TRUE	null	null	null

Abbildung 11.3 Die Ausgabe von `Table.Schema` zeigt Informationen zu jeder Spalte.

   Beachten Sie, dass die Spalte *IsNullable* nur einen Wert enthält: `TRUE`. Dies wird später in der Übung nützlich sein.

6. Klicken Sie mit der rechten Maustaste auf die Abfrage *Umsatz* und wählen Sie *Verweis*. Benennen Sie die neue Abfrage in **Profil** um.
7. In der Bearbeitungsleiste sollten Sie die folgende Formel sehen:

   ```
   Umsatz
   ```

   Aktualisieren Sie die Formel so, dass sie `Table.Profile` verwendet:

   ```
   Table.Profile(Umsatz)
   ```

   Sie sollten nun die verschiedenen Spaltenstatistiken der Tabelle *Umsatz* sehen, wie in Abbildung 11.4 gezeigt.

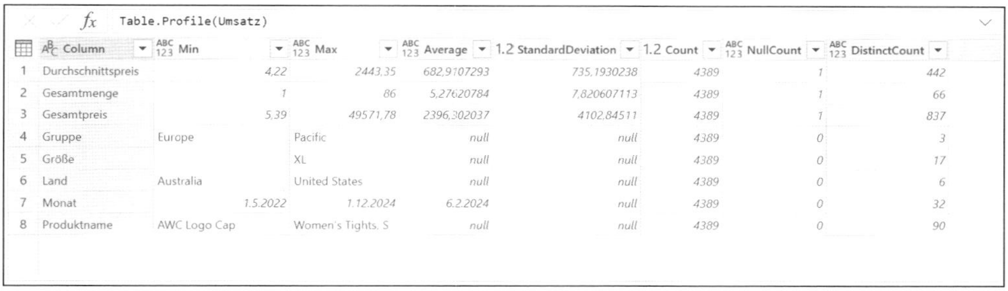
Table.Profile(Umsatz)

	Column	Min	Max	Average	StandardDeviation	Count	NullCount	DistinctCount
1	Durchschnittspreis	4,22	2443,35	682,9107293	735,1930238	4389	1	442
2	Gesamtmenge	1	86	5,27620784	7,820607113	4389	1	66
3	Gesamtpreis	5,39	49571,78	2396,302037	4102,84511	4389	1	837
4	Gruppe	Europe	Pacific	null	null	4389	0	3
5	Größe		XL	null	null	4389	0	17
6	Land	Australia	United States	null	null	4389	0	6
7	Monat	1.5.2022	1.12.2024	6.2.2024	null	4389	0	32
8	Produktname	AWC Logo Cap	Women's Tights, S	null	null	4389	0	90

Abbildung 11.4 Die Ausgabe von `Table.Profile` zeigt Statistiken für jede Spalte.

8. Im Gegensatz zu `Table.Schema` besitzt `Table.Profile` einen optionalen zweiten Parameter, der verwendet werden kann, um zusätzliche Aggregate hinzuzufügen. Der Parameter akzeptiert eine Liste von Listen, wobei jede verschachtelte Liste einen Spaltennamen, einen Spaltentyp-Selektor und eine Aggregatfunktion enthält. Wir können zum Beispiel den Median zu unserer Spaltenstatistik hinzufügen. Ändern Sie dazu die Schrittformel wie folgt ab:

   ```
   Table.Profile(Produkte, {{"Median", each true, List.Median}})
   ```

   Da der Median, wie Min und Max, auf jede beliebige Spalte angewandt werden kann, brauchen wir keine Spalten auszuwählen, sodass wir für den Spaltentyp-Selektor jeweils `true` verwenden.

9. Fügen wir nun die Anzahl der leeren Werte hinzu, die sich von der Anzahl der Nullwerte unterscheidet, da sie nur auf Text anwendbar ist. Ändern Sie die Schrittformel wie folgt ab (der Code unten ist zur besseren Lesbarkeit leicht formatiert):

   ```
   Table.Profile(
     Umsatz,
     {
       {"Median", each true, List.Median},
       {"AnzahlLeere", each Type.Is(_, type nullable text),
         each List.Count(List.Select(_, each _ = ""))}
     }
   )
   ```

   Diesmal haben wir anstelle von `each true` den Ausdruck `each Type.Is(_, type nullable text)` verwendet, um nur Spalten des Typs `text` auszuwählen. Warum verwenden wir `nullable text` und nicht nur `text`? Weil, wie in Schritt 5 dieser Übung erwähnt, alle Spalten in der Tabelle *Umsatz* `nullable` waren, sodass wir `nullable` einschließen mussten, da die neue Spalte `AnzahlLeere` sonst nur Nullen enthalten würde.

10. Beachten Sie, dass es in der Spalte *Größe* 127 leere Werte gibt, wie in Abbildung 11.5 gezeigt. In Übung 11.1, Teil 2, erfahren Sie, wie Sie mit leeren Werten umgehen können.

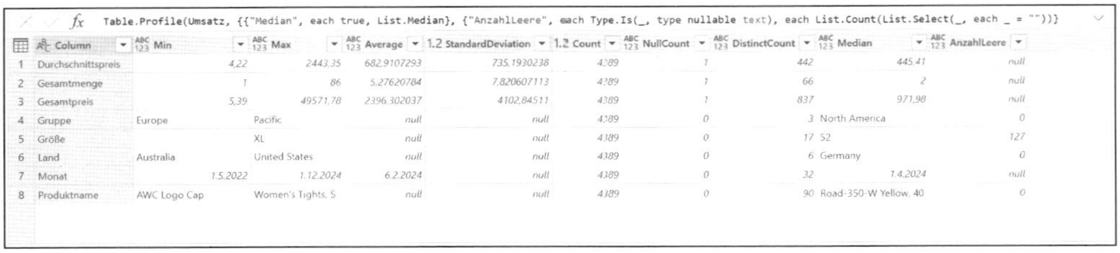

```
Table.Profile(Umsatz, {{"Median", each true, List.Median}, {"AnzahlLeere", each Type.Is(_, type nullable text), each List.Count(List.Select(_, each _ = ""))}
```

	Column	Min	Max	Average	StandardDeviation	Count	NullCount	DistinctCount	Median	AnzahlLeere
1	Durchschnittspreis	4,22	2443,35	682,9107293	735,1930238	4389	1	442	445,41	null
2	Gesamtmenge	1	86	5,27620784	7,820607113	4389	1	66	2	null
3	Gesamtpreis	5,39	49571,78	2396,302037	4102,84511	4389	1	837	971,98	null
4	Gruppe	Europe	Pacific	null	null	4389	0	3	North America	0
5	Größe		XL	null	null	4389	0	17	52	127
6	Land	Australia	United States	null	null	4389	0	6	Germany	0
7	Monat	1.5.2022	1.12.2024	6.2.2024	null	4389	0	32	1.4.2024	null
8	Produktname	AWC Logo Cap	Women's Tights, S	null	null	4389	0	90	Road-350-W Yellow, 40	0

Abbildung 11.5 Die Ausgabe von `Table.Profile` enthält jetzt zusätzliche Aggregate.

Sie finden die Lösungsdateien *K11UE03 – Lösung.pbix* und *K11UE03 – Lösung.xlsx* in den Begleitdateien zu diesem Buch.

Zusammenfassung

In diesem Kapitel haben Sie etwas über die Erstellung von Datenprofilen in Power Query gelernt und darüber, wie nützlich es sein kann, Daten zu profilieren, bevor Sie mit der Analyse und Visualisierung Ihrer Daten beginnen. Wie man so schön sagt: »Garbage in, garbage out«. Bevor Sie Ihre Analyse durchführen, sollten Sie Ihre Daten validieren und prüfen, ob es unerwartete Werte gibt und ob die Datenqualität im Allgemeinen zufriedenstellend ist.

Es gibt zwar viele Möglichkeiten, Daten zu profilieren – selbst die Auflistung unterschiedlicher Werte in einer Spalte gilt als Technik des Data-Profiling –, aber der Power Query-Editor bietet Ihnen mehrere Funktionen, die diese Aufgabe weniger mühsam machen können. Power Query kann die Spaltenqualität anzeigen, d. h. die Anzahl der gültigen, fehlerhaften und ungültigen Werte in einer Spalte, die Werteverteilung d. h. ein Diagramm der Werte mit ihrer Häufigkeit, und die Spaltenstatistiken, die für jede Spalte berechnet werden und u. a. Mindest-, Höchst- und Nullwerte enthalten.

Wenn Sie mehr Datenprofile erstellen müssen und die Benutzeroberfläche allein nicht ausreicht, können Sie zwei Funktionen nutzen: `Table.Schema` und `Table.Profile`. Die erste Funktion beschreibt die Spalten einer Tabelle, wobei der Spaltentyp besonders nützlich sein kann. Die zweite zeigt Statistiken für alle Spalten einer Tabelle an und ermöglicht es Ihnen sogar, Ihre eigenen Aggregate für jede Spalte anzugeben.

Sobald Sie mit der Qualität Ihrer Daten zufrieden sind, können Sie damit beginnen, Erkenntnisse daraus abzuleiten. In Kapitel 12, »Einfache Textanalyse«, lernen Sie verschiedene Techniken zur Analyse von Tabellen kennen, die Text enthalten.

KAPITEL 12

Einfache Textanalyse

In diesem Kapitel:

- erfahren Sie, wie Sie in Textspalten nach Schlüsselwörtern suchen und diese Technik als einfache Methode zur Themenerkennung verwenden
- erfahren Sie, wie Sie eine externe Liste von Schlüsselwörtern laden und diese dynamisch in der Suche anwenden
- verwenden Sie ein kartesisches Produkt oder eine benutzerdefinierte Funktion, um nach Schlüsselwörtern zu suchen
- setzen Sie die Funktionen `Table.Buffer` und `List.Buffer` ein, um die Performance von Berichten zu verbessern, die in Text nach bestimmten Schlüsselwörtern suchen
- lernen Sie verschiedene Methoden kennen, um Text in einzelne Wörter aufzuteilen, um bestimmte Wörter zu ignorieren und um bei Ihrer Analyse die Häufigkeit von Wörtern zu zählen
- erfahren Sie, wie Sie Ihre Textdaten vorbereiten und als Wortwolke in eine benutzerdefinierte Visualisierung in Power BI laden

Dieses Kapitel zeigt, wie Sie Power Query verwenden, um grundlegende Einblicke in Textfeeds zu erhalten. Viele Tabellen in Ihren Berichten enthalten möglicherweise bereits reichlich Textspalten, die nur spärlich gefüllt, ungenutzt und bedeutungslos sind. Als Paraphrase zu Homers Aussage, dass leere Worte am besten unerwähnt bleiben, finden Sie in Ihren Berichten vielleicht viele Wörter, die »leer wie der Wind« sind. Diese Textspalten werden in Ihrem Bericht höchstwahrscheinlich ignoriert oder nur verwendet, um einen Kontext bereitzustellen, wenn Sie einen Drilldown zu bestimmten Zeilen ausführen. Aber Sie können viel mehr aus diesen Textspalten lernen. In Kapitel 13, »Fortgeschrittene Textanalyse: Bedeutung extrahieren«, lernen Sie sehr nützliche Methoden für die Nutzung von Textspalten kennen und Sie gewinnen neue Einblicke beim Eröffnen dieser verborgenen Schatzkammern.

Die Techniken in diesem Kapitel sind äußerst nützlich bei der Analyse von Tabellen, die Text enthalten, zum Beispiel Kundenfeedback in Umfragen, operative Kommentare oder Feeds für soziale Netzwerke. Sie lernen, wie Sie allgemeine Transformationen anwenden, um die Bedeutung aus Text zu extrahieren. Sie beginnen die Reise mit grundlegenden Techniken, um Schlüsselwörter zu erkennen, und werden danach Ihre Werkzeugsammlung schrittweise erweitern, um häufige textbezogene analytische Herausforderungen zu meistern, deren Implementierungen in Power Query komplexer sind. Ihre Reise durch die Textanalyse wird in Kapitel 13 mit erweiterten Textanalysen in Azure fortgesetzt, einschließlich Textübersetzung, Stimmungsanalyse und Erkennung von Schlüsselwörtern – und das alles ohne Hilfe von Datenwissenschaftlern oder Softwareentwicklern.

In Textspalten nach Schlüsselwörtern suchen

Die erste Herausforderung in diesem Kapitel ist eine typische Aufgabe bei der Textanalyse: in Textfeeds bestimmte Schlüsselwörter finden. Obwohl diese Aufgabe trivial erscheinen mag, wird sie schwierig, wenn es viele Schlüsselwörter gibt, nach denen gesucht werden muss, oder wenn Sie die Schlüsselwörter dynamisch aus einer externen Quelle laden möchten, ohne weitere Änderungen an Ihren Abfragen vorzunehmen. In Übung 12.1 erfahren Sie, wie Sie einen kleinen Satz vordefinierter Schlüsselwörter erkennen.

Übung 12.1: Einfache Erkennung von Schlüsselwörtern

In dieser Übung suchen Sie nach Schlüsselwörtern in Nachrichten, die Microsoft Press auf seiner offiziellen Facebook-Seite veröffentlichte. Wenn Sie die Schlüsselwörter erkennen, können Sie herausfinden, welche Themen vom Social-Media-Team von Microsoft Press am meisten beworben werden.

Um die Facebook-Beiträge von Microsoft Press zu analysieren, verwenden Sie als Quelle die Arbeitsmappe *K12U01.xlsx*, die Sie in den Begleitdateien zu diesem Buch finden. Speichern Sie diese Datei im Ordner *C:\Daten\K12*.

Sie können die Datei öffnen und sich die Tabelle ansehen, die Spalten für Folgendes enthält: Facebook-Beiträge (Spalte *Beitrag*), das Datum, an dem der Beitrag veröffentlicht wurde (Spalte *Datum*), die eindeutige Kennung des Beitrags (Spalte *Post ID*) und die URL zum eigentlichen Beitrag auf Facebook (Spalte *URL*).

Stellen Sie sich vor, Sie arbeiten als Datenanalytiker im Social-Media-Team von Microsoft Press. Ihre erste Aufgabe ist es, zu schätzen, welche der folgenden Buchthemen auf Facebook am meisten beworben werden:

- Microsoft Excel
- Visual Studio
- Azure
- Windows

Können Sie diese vier Schlüsselwörter in der Spalte *Beitrag* Ihres Datasets erkennen? Diese Übung führt Sie durch die dafür notwendigen Schritte.

1. Erstellen Sie einen neuen Power BI-Bericht oder eine neue leere Excel-Arbeitsmappe und rufen Sie Daten aus einer Excel-Arbeitsmappe ab.
2. Wählen Sie die Datei *K12U01.xlsx* aus und klicken Sie auf *Importieren*.
3. Wählen Sie im Dialogfeld *Navigator* das Tabellenblatt *Tabelle1* aus und klicken Sie auf *Daten transformieren*.
4. Beachten Sie nach dem Öffnen des Power Query-Editors, dass sich die Facebook-Posts von Microsoft Press in der Spalte *Beitrag* befinden, wie in Abbildung 12.1 dargestellt.

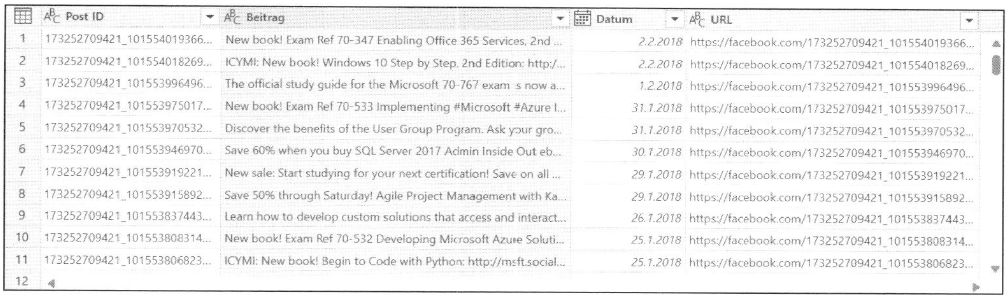

	Post ID	Beitrag	Datum	URL
1	173252709421_101554019366...	New book! Exam Ref 70-347 Enabling Office 365 Services, 2nd ...	2.2.2018	https://facebook.com/173252709421_101554019366...
2	173252709421_101554018269...	ICYMI: New book! Windows 10 Step by Step, 2nd Edition: http:/...	2.2.2018	https://facebook.com/173252709421_101554018269...
3	173252709421_101553996496...	The official study guide for the Microsoft 70-767 exam is now a...	1.2.2018	https://facebook.com/173252709421_101553996496...
4	173252709421_101553975017...	New book! Exam Ref 70-533 Implementing #Microsoft #Azure I...	31.1.2018	https://facebook.com/173252709421_101553975017...
5	173252709421_101553970532...	Discover the benefits of the User Group Program. Ask your gro...	31.1.2018	https://facebook.com/173252709421_101553970532...
6	173252709421_101553946970...	Save 60% when you buy SQL Server 2017 Admin Inside Out eb...	30.1.2018	https://facebook.com/173252709421_101553946970...
7	173252709421_101553919221...	New sale: Start studying for your next certification! Save on all ...	29.1.2018	https://facebook.com/173252709421_101553919221...
8	173252709421_101553915892...	Save 50% through Saturday! Agile Project Management with Ka...	29.1.2018	https://facebook.com/173252709421_101553915892...
9	173252709421_101553837443...	Learn how to develop custom solutions that access and interact...	26.1.2018	https://facebook.com/173252709421_101553837443...
10	173252709421_101553808314...	New book! Exam Ref 70-532 Developing Microsoft Azure Soluti...	25.1.2018	https://facebook.com/173252709421_101553808314...
11	173252709421_101553806823...	ICYMI: New book! Begin to Code with Python: http://msft.social...	25.1.2018	https://facebook.com/173252709421_101553806823...
12				

Abbildung 12.1 Die Vorschau der Facebook-Posts von Microsoft Press im Power Query-Editor zeigt die Statusaktualisierungen in der Spalte *Beitrag* an. Ihre Herausforderung in dieser Übung ist, in dieser Spalte nach Schlüsselwörtern zu suchen.

Da Power Query die Groß-/Kleinschreibung bei Suchvorgängen beachtet, duplizieren Sie in den folgenden Schritten die Spalte *Beitrag* und arbeiten Sie an der Kopie, in der nur Kleinbuchstaben verwendet werden. Sie behalten die ursprünglichen Beiträge für die Fälle bei, in denen Sie den ursprünglichen Text unverändert in den Bericht aufnehmen wollen.

5. Markieren Sie die Spalte *Beitrag*. Wählen Sie auf der Registerkarte *Spalte hinzufügen* den Befehl *Spalte duplizieren*.
6. Markieren Sie die Spalte *Beitrag – Kopie*. Wählen Sie auf der Registerkarte *Transformieren* den Befehl *Formatieren | Kleinbuchstaben*.
7. Benennen Sie die Spalte *Beitrag – Kopie* in **Kleingeschrieben** um.

   Als Nächstes erstellen Sie eine Spalte *Thema* und füllen sie mit einem der erkannten Themen auf: Microsoft Excel, Visual Studio, Azure oder Windows.
8. Wählen Sie auf der Registerkarte *Spalte hinzufügen* den Befehl *Bedingte Spalte*. Das Dialogfeld *Bedingte Spalte hinzufügen* wird geöffnet.
9. Erstellen Sie, wie in Abbildung 12.2 gezeigt, eine neue Spalte, die eines der vier Themen zurückgibt, wenn sie in der Spalte *Kleingeschrieben* gefunden werden. Führen Sie dazu die folgenden Schritte aus.
   a. Geben Sie in das Feld *Neuer Spaltenname* **Thema** ein.
   b. Wählen Sie in der Liste *Spaltenname* die Option *Kleingeschrieben* aus.
   c. Verwenden Sie *enthält* als *Operator*.
   d. Geben Sie in das Feld *Wert* **microsoft excel** ein.
   e. Geben Sie in das Feld *Ausgabe* **Microsoft Excel** ein.

In Schritt 9.d. verwenden Sie eine Kleinbuchstabenversion für das Thema (*microsoft excel*), da die Groß-/Kleinschreibung bei der Suche beachtet wird. In Schritt 9.e. verwenden Sie die großgeschriebene Version für Berichtszwecke.

10. Während Sie sich noch im Dialogfeld *Bedingte Spalte hinzufügen* befinden, klicken Sie auf *Regel hinzufügen*. Im Dialogfeld wird eine Zeile für eine weitere Bedingung hinzugefügt. Wiederholen Sie Schritt 9 mit den folgenden Ausnahmen: Geben Sie in Schritt 9.d. das

Schlüsselwort **visual studio** in das Feld *Wert* ein und geben Sie in Schritt 9.e. **Visual Studio** in das Feld *Ausgabe* ein.

11. Klicken Sie auf *Regel hinzufügen*. Wiederholen Sie Schritt 9 mit den folgenden Ausnahmen: Geben Sie in Schritt 9.d. das Schlüsselwort **azure** in das Feld *Wert* ein und geben Sie in Schritt 9.e. **Azure** in das Feld *Ausgabe* ein.
12. Klicken Sie auf *Regel hinzufügen*. Wiederholen Sie Schritt 9 mit den folgenden Ausnahmen: Geben Sie in Schritt 9.d. das Schlüsselwort **windows** in das Feld *Wert* ein und geben Sie in Schritt 9.e. **Windows** in das Feld *Ausgabe* ein.
13. Geben Sie im Feld *Sonst* **Andere** ein. Überprüfen Sie, ob Sie das Dialogfeld wie in Abbildung 12.2 dargestellt konfiguriert haben, und klicken Sie auf *OK*, um das Dialogfeld zu schließen.

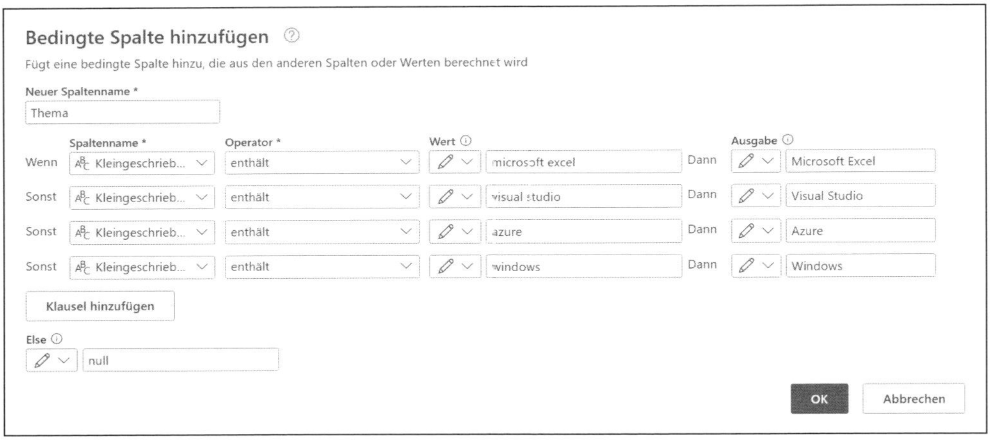

Abbildung 12.2 Das Dialogfeld *Bedingte Spalte hinzufügen* enthält Bedingungen, um die Themen Microsoft Excel, Visual Studio, Azure und Windows zu erkennen.

Der Vorschaubereich enthält die neue Spalte *Thema*. Offensichtlich ist diese Methode nicht sehr effektiv bei der Erkennung aller Buchthemen in den Microsoft Press Facebook-Posts. Viele Zeilen werden als *Andere* klassifiziert. Einige Beiträge bewerben Bücher zu anderen Themen wie Office 365 oder SQL Server. Andere Beiträge weisen auf Sonderaktionen hin, wie der folgende Beitrag: *»visit www.microsoftpressstore.com today—and discover deals, new books, and special promotions!«*

Lassen Sie uns, um die Dinge einfach zu halten, davon ausgehen, dass dieser Ansatz Ihren Zielen entspricht. Sie können nun die Zeilen mit *Andere* in der Spalte *Thema* herausfiltern.

14. Klicken Sie in der Spalte *Thema* auf das Filtersteuerelement, deaktivieren Sie im Filterbereich die Option *Andere* und klicken Sie auf *OK*.
15. Entfernen Sie abschließend die Spalte *Kleingeschrieben*, benennen Sie die Abfrage in **Microsoft Press-Posts** um und laden Sie den Bericht.

Sie finden die Lösung zu dieser Übung im Power BI-Bericht *K12U01 – Lösung.pbix* sowie in der Arbeitsmappe *K12U01 – Lösung.xlsx* in den Begleitdateien zu diesem Buch.

Nachdem Sie nun Ihr Ziel erreicht haben, lassen Sie uns die wichtigsten Mankos der Methode untersuchen, die Sie in dieser Übung verwendet haben:

- Manko Nr. 1: Die Themenerkennung ist auf eine kurze Liste von Schlüsselwörtern beschränkt.

  Wenn Sie nach einer großen Anzahl von Schlüsselwörtern suchen wollen, ist es nicht praktisch, im Dialogfeld *Bedingte Spalte hinzufügen* manuell viele Schlüsselwörter einzugeben. Sie benötigen einen alternativen Ansatz, um diese Herausforderung skalierbar anzugehen.

- Manko Nr. 2: Die Themenerkennung ist auf eine statische Liste von Schlüsselwörtern beschränkt.

  Bei dieser Methode mussten Sie die Schlüsselwörter in das Dialogfeld eingeben. Alternativ können Sie die zugrunde liegende M-Formel bearbeiten, aber das Ergebnis wäre das gleiche. Die Schlüsselwörter sind in der Formel hart codiert. Wenn Sie die Liste der Schlüsselwörter aus einer externen Quelle laden müssen und nicht im Voraus wissen, welche Schlüsselwörter erkannt werden sollen, ist diese Methode nicht sehr effizient. Sie müssen ein Verfahren finden, mit der Sie eine Liste von Schlüsselwörtern dynamisch aus einer externen Quelle laden können (und sicherstellen, dass dieser Vorgang keinen negativen Einfluss auf die Performance hat).

- Manko Nr. 3: Die Themenerkennung ist auf ein Schlüsselwort pro Beitrag begrenzt.

  Einige Facebook-Beiträge können mehrere Schlüsselwörter enthalten. Nehmen Sie beispielsweise den folgenden Beitrag:

  »New book! Programming for the Internet of Things: Using Windows 10 IoT Core and Azure IoT Suite«.

  In diesem Beitrag haben Sie das Schlüsselwort *Windows* verpasst, da die Logik das Schlüsselwort *Azure* im Dialogfeld *Bedingte Spalte hinzufügen* und in der daraus abgeleiteten M-Formel priorisiert hat. In einigen Fällen sollten Sie besser demselben Beitrag mehrere Schlüsselwörter zuweisen, damit der Beitrag für jedes Schlüsselwort gezählt wird.

- Manko Nr. 4: Wörter, die in längeren Wörtern als Teilzeichenfolgen enthalten sind, können fälschlicherweise erkannt werden.

  Da Sie den Operator *enthält* verwendet haben, können Sie Schlüsselwörter erkennen, die Teilzeichenfolgen längerer Wörter sind. Nehmen Sie beispielsweise das Schlüsselwort *Excel*. Wie würde sich dies auf diese beiden fiktiven Beiträge auswirken?

  »This SQL Server book is **excel***lent.«*

  »Read this C# book to **excel** *in software development.«*

  In beiden Beispielen verfehlen Sie das eigentliche Thema des Buches. Um eine falsche Erkennung von Themen zu vermeiden, müssen Sie die Beiträge in Wörter aufteilen und die Schlüsselwörter mit den geteilten Wörtern abgleichen. Mehr über diese Herausforderung erfahren Sie weiter hinten in diesem Kapitel.

Als Nächstes wende ich mich den ersten drei Mankos zu und stelle einen großartigen Ansatz zum Vergleichen mehrerer Datensätze vor: die Verwendung eines kartesischen Produkts (Mengenprodukts).

Schlüsselwörter mithilfe eines kartesischen Produkts erkennen

In dieser Übung lernen Sie eine effektive Methode zum Erkennen einer großen Anzahl von Schlüsselwörtern kennen. In der vorherigen Übung haben Sie eine bedingte Spalte verwendet, um vier Schlüsselwörter zu erkennen (siehe Abbildung 12.2). Würden Sie den gleichen Ansatz verwenden, um nach einem großen Satz von Schlüsselwörtern zu suchen? Das manuelle Hinzufügen einer langen Liste von Schlüsselwörtern wäre zeitaufwendig und eine ziemliche Herausforderung, wenn Sie regelmäßig verschiedene Schlüsselwörter erkennen müssen.

Um die in Übung 12.1 verwendete Lösung zu skalieren und eine große Anzahl von Themen aus einer dynamischen Liste von Schlüsselwörtern zu erkennen, können Sie ein kartesisches Produkt zwischen Microsoft Press-Beiträgen und der Liste der Schlüsselwörter anwenden. Wenn Sie das kartesische Produkt verwenden, wird eine temporäre größere Tabelle erstellt, wie in Abbildung 12.3 dargestellt. Die Tabelle besteht aus allen Kombinationen zwischen Facebook-Beiträgen und Schlüsselwörtern.

In der Mengenlehre kann ein kartesisches Produkt auf mehrere Mengen angewendet werden, um eine neue Menge aller Kombinationen von Elementen aus den verschiedenen Mengen zu erzeugen – eine aus jedem Satz. In Power Query können Sie ein kartesisches Produkt auf zwei beliebige Tabellen (und sogar auf derselben Tabelle) anwenden, indem Sie der ersten Tabelle eine benutzerdefinierte Spalte mit einem Verweis auf die zweite Tabelle hinzufügen. Wenn Sie dann die neue Spalte erweitern, können Sie auf kartesische Produkte zugreifen, wie in Abbildung 12.3 dargestellt.

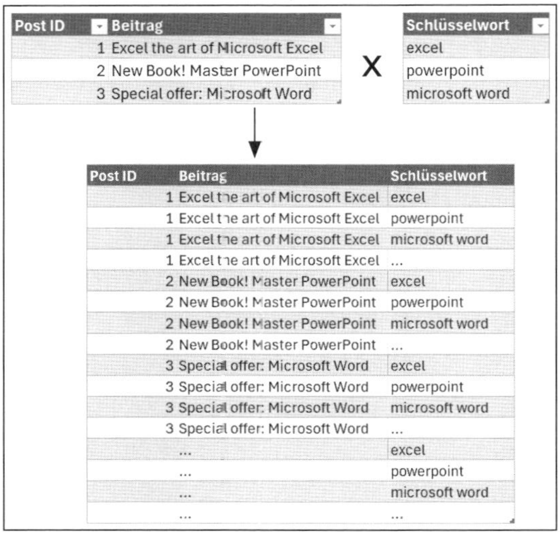

Abbildung 12.3 Hier erzeugen Sie das kartesische Produkt aus Beiträgen und Schlüsselwörtern.

In Abbildung 12.3 sehen Sie in der oberen linken Tabelle drei Beiträge. Auf der rechten Seite befindet sich eine andere Tabelle mit Schlüsselwörtern. Das kartesische Produkt erstellt eine neue

Tabelle mit allen Kombinationen von Beitrag-/Schlüsselwortpaaren, wie unten in Abbildung 12.3 dargestellt. Diese Technik kann Ihnen helfen, alle Kombinationen zu erkennen und dann auf jedes Paar weitere Berechnungen anzuwenden. In diesem Fall umfassen die Berechnungen die Suche nach dem Schlüsselwort im Beitrag und dann das Filtern der übereinstimmenden Zeilen.

Es gibt viele Anwendungen für das kartesische Produkt, die Ihnen helfen können, neue Erkenntnisse über Ihre Daten zu gewinnen. Durch Zuordnen aller Kombinationen zwischen mehreren Datasets oder Entitäten können Sie Was-wäre-wenn-Berechnungen, Warenkorbanalysen und Methodenberechnungen aus der Graphentheorie (zum Beispiel bei der Berechnung des kürzesten Pfads) anwenden.

Wenn Sie noch nicht sicher sind, wie Sie ein kartesisches Produkt anwenden können oder warum dies nützlich ist, um eine umfangreiche Schlüsselwortsuche durchzuführen, folgen Sie der nächsten Übung; dort werden Sie Antworten auf Ihre Fragen finden.

Übung 12.2: Ein kartesisches Produkt implementieren

Als Chefanalytiker des Social-Media-Teams von Microsoft Press (Sie wurden seit Übung 12.1 befördert – herzlichen Glückwunsch!) besteht Ihre nächste Herausforderung darin, Facebook-Beiträge von Microsoft Press nach Themen zu analysieren, wie in Abbildung 12.4 gezeigt. Um die Themen zu erkennen, können Sie ein kartesisches Produkt zwischen den Facebook-Beiträgen und einem großen Satz von Schlüsselwörtern anwenden, die im Datenschnitt in Abbildung 12.4 dargestellt sind.

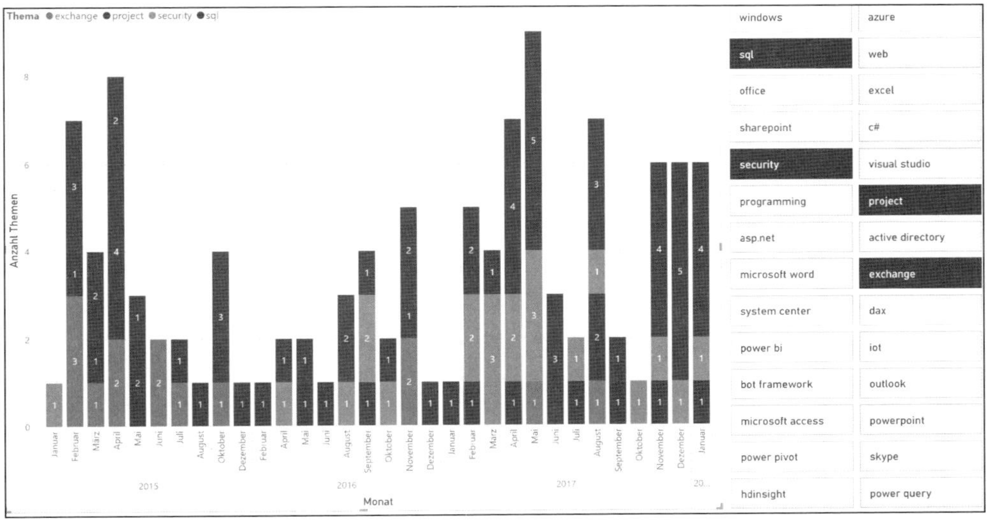

Abbildung 12.4 Der Power BI-Bericht *K12U02 – Lösung.pbix* kann verwendet werden, um Facebook-Beiträge von Microsoft Press nach Themen zu analysieren. (Diesen Power BI-Bericht finden Sie in den Begleitdateien zu diesem Buch.)

Teil 1: Erste Vorbereitungen

In dieser Übung verwenden Sie dieselbe Datenquelle wie in Übung 12.1, die Microsoft Press Facebook-Beiträge enthält. Zu Beginn der Übung werden Sie zuerst einige Vorbereitungen treffen.

1. Verwenden Sie die Arbeitsmappe *K12U01.xlsx* aus den Beispieldateien und speichern Sie diese im Ordner *C:\Daten\K12* ab.
2. Erstellen Sie eine neue leere Excel-Arbeitsmappe oder einen neuen Power BI-Bericht und rufen Sie Daten aus einer Excel-Arbeitsmappe ab.
3. Wählen Sie die Datei *K12U01.xlsx* aus und klicken Sie auf *Importieren.*
4. Wählen Sie im Dialogfeld *Navigator* das Tabellenblatt *Tabelle1* aus und klicken Sie auf *Daten transformieren.*
5. Benennen Sie die Abfrage in **Microsoft Press-Posts** um.

   Als Nächstes erstellen Sie einen Verweis auf die Abfrage Microsoft Press-Posts, um eine neue Tabelle mit Beiträgen und deren Thema zu erstellen, in der dieselbe Post ID mehrere Zeilen haben kann.
6. Klicken Sie im Bereich *Abfragen* mit der rechten Maustaste auf die Abfrage *Microsoft Press-Posts* und wählen Sie *Verweis.*
7. Benennen Sie die neue Abfrage in **Beitrag Themen** um.
8. Achten Sie darauf, dass im Bereich *Abfragen* die Abfrage *Beitrag Themen* ausgewählt ist, und wählen Sie auf der Registerkarte *Start* den Befehl *Spalten auswählen.*
9. Wählen Sie im Dialogfeld *Spalten auswählen* die Kontrollkästchen *Post ID* und *Beitrag* aus und wählen Sie *OK.*
10. Markieren Sie die Spalte *Beitrag.* Wählen Sie auf der Registerkarte *Spalte hinzufügen* den Befehl *Spalte duplizieren.*
11. Markieren Sie die Spalte *Beitrag – Kopie.* Wählen Sie auf der Registerkarte *Transformieren* den Befehl *Format | Kleinbuchstaben.*
12. Benennen Sie die Spalte *Beitrag – Kopie* in **Kleingeschrieben** um.
13. Verwenden Sie die Textdatei *Schlüsselwörter.txt* aus den Beispieldateien und speichern Sie sie in Ihrem lokalen Ordner, *C:\Daten\K12\.*
14. Um Ihre Schlüsselwörter als neue Abfrage zu laden, klicken Sie auf der Registerkarte *Start* auf *Neue Quelle* und importieren Sie *Schlüsselwörter.txt*, indem Sie *Datei | Text/CSV* auswählen.
15. Wenn das Dialogfeld *Schlüsselwörter.txt* mit einer Vorschau der Datei geöffnet wird, klicken Sie auf OK.
16. Nachdem die Abfrage *Schlüsselwörter* geladen ist, benennen Sie die Spalte in **Schlüsselwort** um.
17. Um alle Schlüsselwörter in Kleinbuchstaben zu konvertieren, wählen Sie die Spalte *Schlüsselwort* aus und dann auf der Registerkarte *Transformieren* den Befehl *Format | Kleinbuchstaben.* Dieser Schritt stellt sicher, dass Sie an einer Kleinbuchstabenversion der Schlüsselwörter arbeiten und aufgrund der Groß-/Kleinschreibung beim Filtern, das Sie im nächsten Abschnitt anwenden, nichts übersehen.

Teil 2: Das kartesische Produkt

Nachdem Sie nun in den Schritten 1 bis 17 die Vorbereitungen abgeschlossen haben, können Sie sich dem kartesischen Produkt zuwenden. Mithilfe einer benutzerdefinierten Spalte können Sie alle Kombinationen von Facebook-Beiträgen und -Themen erstellen und dann einen Filter anwenden, der Übereinstimmungen zwischen Beiträgen und Themen findet. Fahren Sie mit den folgenden Schritten fort:

18. Wählen Sie im Bereich *Abfragen* die Abfrage *Beitrag Themen* aus.
19. Klicken Sie auf der Registerkarte *Spalte hinzufügen* auf *Benutzerdefinierte Spalte*. Wenn das Dialogfeld *Benutzerdefinierte Spalte* geöffnet wird, nehmen Sie folgende Einstellungen vor:
    a. Geben Sie in das Feld *Neuer Spaltenname* **Kartesisch** ein.
    b. Geben Sie im Feld **Benutzerdefinierte Spaltenformel** die folgende Formel ein:

    ```
    Schlüsselwörter
    ```

    c. Wählen Sie *OK*, um das Dialogfeld zu schließen.
20. Die Spalte *Kartesisch* wird hinzugefügt, wobei die Tabelle *Schlüsselwörter* in jeder Zeile angezeigt wird. In dieser Phase wird jede *Schlüsselwörter*-Tabelle als *Table*-Objekt im Power Query-Editor dargestellt. Nun erweitern wir dieses Objekt.
21. Klicken Sie neben der Überschrift *Kartesisch* auf das Symbol *Erweitern*. Behalten Sie im Bereich *Erweitern* die Spalte *Schlüsselwort* bei und deaktivieren Sie die Option *Ursprüngliche Spaltennamen als Präfix verwenden*. Wählen Sie dann *OK*.

    Sie können nun im Vorschaubereich sehen, dass das kartesische Produkt erfolgreich implementiert wurde. Es ist an der Zeit zu erfahren, warum das kartesische Produkt so hilfreich ist. Mit allen Kombinationen aus Beiträgen und Schlüsselwörtern können Sie einen Filter anwenden, um nur die übereinstimmenden Zeilen beizubehalten. Sie können den Transformationsschritt *Bedingte Spalte hinzufügen* verwenden und dann für die neue bedingte Spalte einen Filter festlegen.
22. Wählen Sie auf der Registerkarte *Spalte hinzufügen* den Befehl *Bedingte Spalte*. Das Dialogfeld *Bedingte Spalte hinzufügen* wird geöffnet. Nehmen Sie die folgenden Änderungen vor, die in Abbildung 12.5 dargestellt sind:

Abbildung 12.5 Das Dialogfeld *Bedingte Spalte hinzufügen* kann die Übereinstimmung zwischen jedem Microsoft Press Facebook-Beitrag und einem Schlüsselwortwert im kartesischen Produkt verarbeiten.

a. Geben Sie in das Feld *Neuer Spaltenname* **Thema** ein.
b. Legen Sie den Spaltennamen auf *Kleingeschrieben* fest.
c. Wählen Sie *enthält* als *Operator* aus.
d. Wählen Sie im Dropdown-Menü *Wert* die Option *Werte in einer Spalte verwenden* und dann *Schlüsselwort* aus.
e. Wählen Sie im Dropdown-Menü *Ausgabe* die Option *Werte in einer Spalte verwenden* und dann *Schlüsselwort* aus.
f. Geben Sie in das Feld *Sonst/Else* **null** ein.
g. Wählen Sie *OK*, um das Dialogfeld zu schließen.

Die Spalte *Thema* wird jetzt hinzugefügt. Sie enthält viele Nullwerte für alle Kombinationen von Beiträgen, die die angegebenen Schlüsselwörter nicht enthalten. Filtern Sie nun alle Zeilen heraus, die Nullwerte enthalten.

23. Klicken Sie das Filtersymbol in der Spalte *Thema* an und wählen Sie im Filterbereich *Leere entfernen*.
24. Entfernen Sie die Spalten *Beitrag, Kleingeschrieben* und *Schlüsselwort*.

Lassen Sie uns anschauen, was Sie bisher erreicht haben. Mithilfe eines kartesischen Produkts konnten Sie Beiträge bestimmten Themen zuordnen, die aus einer dynamischen Liste stammen. In Ihrem Bericht werden zwei Tabellen benötigt. Die erste Tabelle ist *Microsoft Press-Posts* mit vielen Spalten, einschließlich *Post ID* und *Beitrag*. Die zweite Tabelle ist *Beitrag Themen* mit den Spalten *Post ID* und *Thema*.

Teil 3: Beziehungen

In diesem Abschnitt wechseln Sie von der Datenvorbereitung zur Modellierung, sodass Sie die Analyse von Beiträgen nach Themen durchführen können. Obwohl die Datenmodellierung nicht im Mittelpunkt dieses Buches steht, werden die Schritte hier für den Fall aufgeführt, dass Sie mit Power Pivot in Excel oder der Modellierung in Power BI Desktop noch nicht vertraut sind. In den folgenden Schritten erstellen Sie die Beziehung zwischen den Beiträgen und Themen, mit der Sie eine Vielzahl von Visuals und PivotTables erstellen können, die aus den beiden Tabellen gespeist werden.

25. Wenn Sie Power BI Desktop verwenden, führen Sie die folgenden Schritte aus, um die Abfrage *Schlüsselwörter* nicht in den Bericht zu laden:

a. Klicken Sie im Bereich *Abfragen* des Power Query-Editors mit der rechten Maustaste auf die Abfrage *Schlüsselwörter* und deaktivieren Sie *Laden aktivieren*.
b. Wählen Sie auf der Registerkarte *Start* den Befehl *Schließen & übernehmen*.
c. Klicken Sie an der linken Seite des Power BI Desktop-Fensters auf *Modellansicht*.

Wenn Sie Excel verwenden, führen Sie die folgenden Schritte aus, um die Abfragen *Microsoft Press-Posts* und *Beitrag Themen* in das Datenmodell zu laden:

a. Wählen Sie auf der Registerkarte *Start* des Power Query-Editors *Schließen & laden* aus, um die Abfrage in Ihren Bericht zu laden.
b. Wenn das Dialogfeld *Daten importieren* geöffnet wird, wählen Sie *Nur Verbindung erstellen* aus, schalten Sie das Kontrollkästchen *Dem Datenmodell diese Daten hinzufügen* ein und wählen Sie abschließend *OK*.

c. Klicken Sie in Excel auf der Registerkarte *Daten* auf *Abfragen und Verbindungen*.

d. Klicken Sie im Bereich *Abfragen und Verbindungen* mit der rechten Maustaste auf die Abfrage *Schlüsselwörter* und wählen Sie *Laden in*.

e. Wenn das Dialogfeld *Daten importieren* geöffnet wird, wählen Sie *Nur Verbindung erstellen* aus, schalten Sie das Kontrollkästchen *Dem Datenmodell diese Daten hinzufügen* aus und wählen Sie abschließend *OK*.

f. Wählen Sie in Excel auf der Registerkarte *Daten* den Befehl *Datenmodell verwalten*. Wenn das Power Pivot-Fenster geöffnet wird, klicken Sie auf der Registerkarte *Start* auf *Diagrammsicht*.

26. Überprüfen Sie die Beziehungen zwischen den Tabellen *Microsoft Press-Posts* und *Beitrag Themen* und stellen Sie sicher, dass auf der Basis der *Post ID* eine Beziehung existiert. Wenn Sie die Beziehung zwischen den beiden Tabellen erstellen müssen, ziehen Sie das Feld *Post ID* aus der Tabelle *Microsoft Press-Posts* auf *Post ID* in der Tabelle *Beitrag Themen* (siehe Abbildung 12.6).

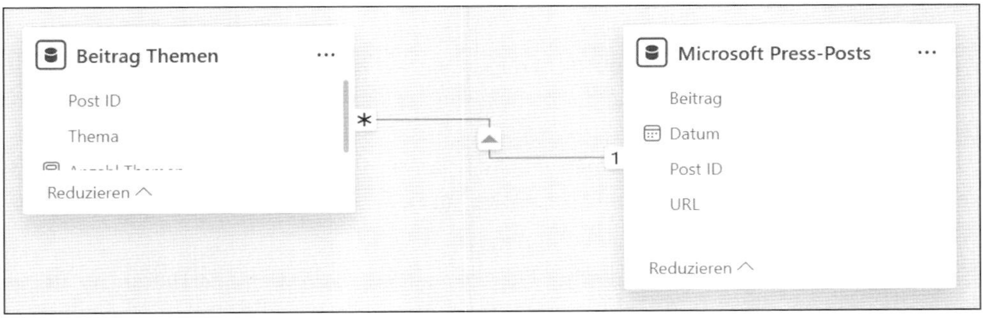

Abbildung 12.6 Erstellen Sie eine Beziehung zwischen *Post ID* in *Microsoft Press-Posts* und *Post ID* in *Beitrag Themen*.

Sie können nun mit der Analyse beginnen (siehe Abbildung 12.4). Öffnen Sie den Power BI-Bericht *K12U02 – Lösung.pbix* oder die Arbeitsmappe *K12U02 – Lösung.xlsx* aus den Begleitdateien und sehen Sie, wie diese verknüpften Tabellen im Datenmodell in einem PivotChart und einem Datenschnitt verwendet werden können, um zu ermitteln, wie viele Facebook-Posts im Laufe der Zeit für die einzelnen Themen veröffentlicht wurden.

Speichern Sie Ihren Bericht. Ein wichtiger Schritt zur Leistungsverbesserung muss bald erfolgen, aber bevor wir uns mit Performancefragen befassen, lassen Sie uns sehen, was Sie bisher erreicht haben. Die ersten drei Mankos, die am Ende von Übung 12.1 aufgeführt wurden, lassen sich mit der Methode, die das kartesische Produkt verwendet, wie folgt beseitigen:

- Sie konnten eine **größere Liste** von Schlüsselwörtern laden, ohne jedes von ihnen einzeln manuell im Dialogfeld *Bedingte Spalte hinzufügen* angeben zu müssen. Hiermit wurde Manko Nr. 1 behoben.
- Sie konnten die Liste der Schlüsselwörter **dynamisch** aus einer externen Datei laden, ohne im Voraus zu wissen, welche Schlüsselwörter verwendet werden würden. Hiermit wurde Manko Nr. 2 adressiert. Die Performance dieser Lösung kann jedoch verbessert werden; las-

sen Sie daher den Power Query-Editor geöffnet, damit ich im nächsten Abschnitt die Leistungsverbesserung vorstellen kann.

- Sie konnten **einzelnen Beiträgen mehrere Themen** zuordnen, wenn ein Beitrag zwei oder mehr Schlüsselwörter enthält. Somit wurde Manko Nr. 3 beseitigt.

Teil 4: Performancesteigerung

Betrachten Sie für einen Moment die Leistung Ihrer Lösung. Beachten Sie beim Aktualisieren des Berichts, dass die Abfrage relativ schnell geladen wird. Das kartesische Produkt in Kombination mit dem Filtern übereinstimmender Zeilen ist in einer effizienten Methode implementiert, die nicht viel Speicher erfordert. Als Sie das kartesische Produkt erstellt und alle Kombinationen zwischen Facebook-Posts und Schlüsselwörtern erweitert haben, wurde die erweiterte Tabelle nicht vollständig in den Speicher geladen. Stattdessen führte das M-Modul die Transformationen an kleinen Teilen der zwei Tabellen durch.

Dies ist ein wichtiges und leistungsstarkes Feature von Power Query: Wenn möglich, werden mehrere Transformationsschritte auf einen kleinen Teil der Daten angewendet, und Power Query iteriert über das Dataset, Stück für Stück, bis das gesamte Dataset transformiert ist. Dieser Ansatz stellt sicher, dass das M-Modul nicht das gesamte Dataset in den Arbeitsspeicher lädt, es sei denn, es ist erforderlich. Daher ist für das Erstellen des kartesischen Produkts kein signifikanter Speicherbedarf nötig.

Dennoch können Sie die Performance beim Erstellen des kartesischen Produkts erheblich verbessern, indem Sie in Ihrer Arbeitsmappe oder im Power BI-Bericht aus Übung 12.2 die folgenden Schritte ausführen:

1. Markieren Sie im Power Query-Editor die Abfrage *Beitrag Themen* und klicken Sie im Bereich *Angewendete Schritte* auf *Hinzugefügte benutzerdefinierte Spalte*. In der Bearbeitungsleiste wird die folgende Formel angezeigt:

   ```
   Table.AddColumn(#"Umbenannte Spalten", "Kartesisch", each Schlüsselwörter)
   ```

   In diesem Schritt greift die M-Engine auf die Schlüsselwörter für jede Zeile zu. Überraschenderweise führt die Art und Weise, wie M diesen Schritt zusammen mit dem folgenden Erweiterungsschritt implementiert, zu redundantem Laden der Schlüsselwörter aus der externen Textdatei.

   Um diesen Schritt zu optimieren und die M-Engine zu zwingen, dass die Tabelle *Schlüsselwörter* nur einmal aus der externen Textdatei geladen wird, können Sie auf diese Tabelle die M-Funktion `Table.Buffer` anwenden. Auf diese Weise weisen Sie das M-Modul explizit an, die gesamte Tabelle *Schlüsselwörter* im Arbeitsspeicher zu speichern, und stellen sicher, dass die M-Engine nicht mehrmals auf die Textdatei zugreift.

Obwohl `Table.Buffer` sehr hilfreich dabei ist, die Ladezeit in dieser Übung zu verbessern, sollten Sie es nicht jedes Mal anwenden, wenn Sie zwei Tabellen zusammenführen. Wenn Sie beispielsweise Tabellen mithilfe von *Abfragen zusammenführen* oder

Abfragen anfügen kombinieren, ist `Table.Buffer` nicht sinnvoll. Der Einsatz der Funktion kann jedoch nützlich sein, wenn Sie benutzerdefinierte Spalten verwenden, für deren Berechnung der Zugriff auf eine zweite Datenquelle erforderlich ist.

Warum ist `Table.Buffer` nützlich, wenn Sie externe Quellen in Formeln für benutzerdefinierte Spalten laden? Benutzerdefinierte Spalten sind für die Verarbeitung von Berechnungen auf Zeilenebene konzipiert, ohne die Effizienz zwischen den einzelnen berechneten Zellen zu berücksichtigen. Darüber hinaus ist die M-Engine standardmäßig so konzipiert, dass der Speicherbedarf reduziert wird, was zum Entladen der Tabelle *Schlüsselwörter* führt, während die benutzerdefinierte Spalte berechnet wird. `Table.Buffer` wird als Hinweis für das M-Modul verwendet, in diesem speziellen Fall nicht die Methode mit dem geringsten Speicherbedarf zu verwenden, die beim Laden der Datei mit den Schlüsselwörtern zu einer hohen Anzahl von E/A-Vorgängen führte.

2. Um *Table.Buffer* hinzuzufügen, öffnen Sie den erweiterten Editor und fügen Sie nach der Zeile *let* diese Zeile hinzu:

   ```
   KeywordsBuffer = Table.Buffer(Schlüsselwörter),
   ```

3. Ändern Sie als Nächstes diese Zeile:

   ```
   #"Hinzugefügte benutzerdefinierte Spalte" = Table.AddColumn(#"Umbenannte
   Spalten", "Kartesisch",
   each Schlüsselwörter),
   ```

   folgendermaßen um:

   ```
   #"Hinzugefügte benutzerdefinierte Spalte" = Table.AddColumn(#"Umbenannte
   Spalten", "Kartesisch",
   each KeywordsBuffer),
   ```

   Wenn Sie die Abfrage jetzt laden, bemerken Sie möglicherweise nicht die Verbesserung der Ladezeit, da der Datensatz relativ klein ist. Um die Ladezeit der Abfrage *Beitrag Themen* vor und nach der Verwendung von `Table.Buffer` zu vergleichen, können Sie die Arbeitsmappe *K12U02 – Aktualisierung Vergleich.xlsx* aus den heruntergeladenen Begleitdateien verwenden.

   Mit der Arbeitsmappe *K12U02 – Aktualisierung Vergleich.xlsx* können Sie messen, wie schnell die Abfrage mit `Table.Buffer` geladen wird. Wie in Abbildung 12.7 gezeigt, können Sie die Ladezeit der Abfrage *Beitrag Themen* (ohne `Table.Buffer`) und der Abfrage *Beitrag Themen – schneller* (mit `Table.Buffer`) vergleichen und die Verbesserung der Ladezeit in der zweiten Abfrage beobachten.

4. Um den Vergleich durchzuführen, öffnen Sie die Arbeitsmappe, wählen Sie auf der Registerkarte *Daten* den Befehl *Abfragen und Verbindungen* und wählen Sie dann *Alle aktualisieren* aus. Beachten Sie, dass *Beitrag Themen – schneller* schneller geladen wird als *Beitrag Themen*.

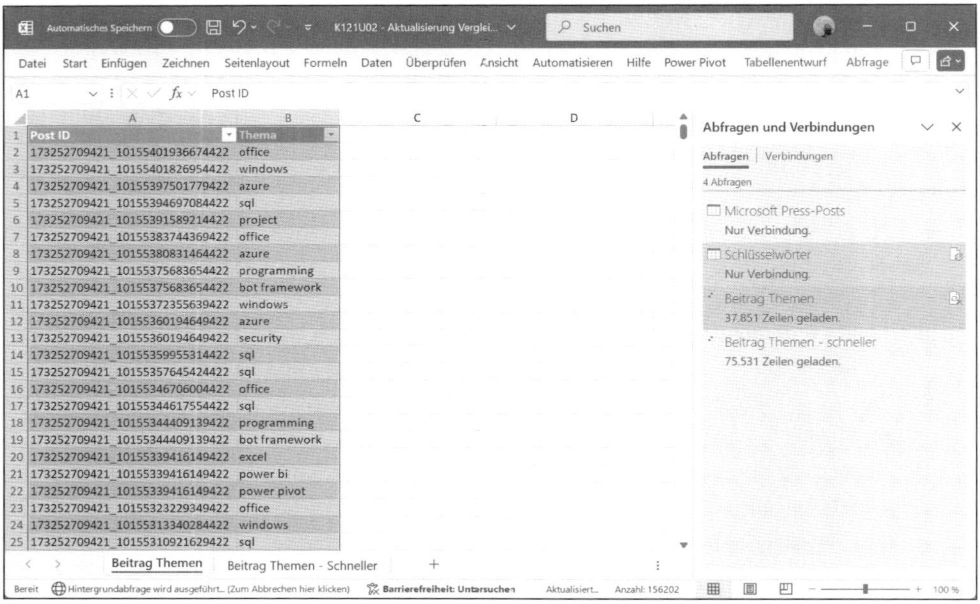

Abbildung 12.7 Die Abfrage *Beitrag Themen – schneller* wird mit `Table.Buffer` schneller geladen.

Um die Verbesserung der Aktualisierungszeit zu messen, ist es besser, die Abfrage mit größeren Datasets zu testen. Um das Dataset künstlich zu vergrößern, können Sie die Tabelle mithilfe der M-Funktion `Table.Repeat` vervielfältigen. In der Arbeitsmappe *K12U02 - Aktualisieren Vergleich.xlsx* können Sie die Abfrage *Microsoft Press-Posts* 100-mal multiplizieren, indem Sie als letzten Schritt der Abfrage die folgende Funktion ergänzen:

```
Table.Repeat (#"Geänderter Spaltentyp", 100)
```

In der nächsten Übung lernen Sie eine alternative Methode zum Erkennen von Schlüsselwörtern kennen: die Verwendung einer benutzerdefinierten Funktion.

Übung 12.3: Schlüsselwörter mithilfe einer benutzerdefinierten Funktion erkennen

Wenn Sie der Meinung sind, dass die Methode mit dem kartesischen Produkt nicht intuitiv ist und dass es wahrscheinlich einen anderen direkteren Ansatz gibt, um die Liste der Schlüsselwörter zu erkennen, haben Sie recht. Es gibt eine andere Methode. In diesem Abschnitt erfahren Sie, wie Sie eine benutzerdefinierte Funktion anstelle eines kartesischen Produkts anwenden. Obwohl diese Technik intuitiver ist, werden Sie sehen, dass die Ladezeit viel langsamer als bei der Lösung mit dem kartesischen Produkt ist. Wenn Sie jedoch außerdem noch `Table.Buffer` einsetzen, stellt sich heraus, dass diese Methode die schnellere der beiden Methoden ist.

1. Öffnen Sie die Arbeitsmappe *K12U02 – Aktualisierung Vergleich.xlsx* und starten Sie den Power Query-Editor.
2. Klicken Sie im Bereich *Abfragen* mit der rechten Maustaste auf *Beitrag Themen* und wählen Sie *Duplizieren*.
3. Benennen Sie die neue Abfrage in **Beitrag Themen mit Funktion** um und stellen Sie sicher, dass im Bereich *Abfragen* die neue Abfrage ausgewählt ist.

   Als Nächstes löschen Sie die Schritte für das kartesische Produkt und machen die Schlüsselwörter mithilfe einer benutzerdefinierten Funktion ausfindig.
4. Löschen Sie in *Angewendete Schritte* die letzten fünf Schritte.
5. Wählen Sie auf der Registerkarte *Start* den Befehl *Neue Quelle | Andere Quellen | Leere Abfrage*. Benennen Sie die neue Abfrage in **FnDetectKeywords** um und klicken Sie dann auf der Registerkarte *Start* auf *Erweiterter Editor*.
6. Löschen Sie im erweiterten Editor den M-Ausdruck und geben Sie stattdessen im erweiterten Editor die folgende Funktion ein:

   ```
   (Beitrag, Schlüsselwörter)=>
     Table.SelectRows(Schlüsselwörter, each Text.Contains(Beitrag, [Schlüsselwort]))
   ```

   Dieser Funktion werden ein Beitrag und eine Tabelle mit Schlüsselwörtern als Eingabeparameter übergeben; sie gibt eine Teilmenge der Tabelle *Schlüsselwörter* mit den Schlüsselwörtern zurück, die im Beitrag enthalten sind. Beachten Sie, dass hier davon ausgegangen wird, dass die Tabelle *Schlüsselwörter* über eine Spalte mit dem Namen *Schlüsselwort* verfügt.

   Wählen Sie *Fertig*, um den erweiterten Editor zu schließen.
7. Wählen Sie im Bereich *Abfragen* die Abfrage *Beitrag Themen mit Funktion* aus.
8. Wählen Sie auf der Registerkarte *Spalte hinzufügen* auf *Benutzerdefinierte Spalte*. Geben Sie in das Feld *Neuer Spaltenname* **Schlüsselwörter** und die folgende Formel in das Feld *Benutzerdefinierte Spaltenformel* ein:

   ```
   FnDetectKeywords([Kleingeschrieben], Schlüsselwörter)
   ```

   Die neue benutzerdefinierte Spalte erkennt die Schlüsselwörter in jeder Zelle der Spalte *Kleingeschrieben*.

Wie Sie in Übung 12.2 gesehen haben, kann das Hinzufügen einer benutzerdefinierten Spalte zeitaufwendig sein. In diesem Beispiel hat die M-Engine die Schlüsselwörter immer wieder neu aus der Datenquelle geladen. Um hierauf zu reagieren, werden Sie am Ende dieser Übung `Table.Buffer` auf *Schlüsselwörter* anwenden.

9. Wählen Sie *OK*, um das Dialogfeld *Benutzerdefinierte Spalte* zu schließen, und erweitern Sie dann die Spalte *Schlüsselwörter*. (Verwenden Sie *Schlüsselwörter* nicht als Präfix für den neuen Spaltennamen.)
10. Sie können sehen, dass die neue Spalte *Schlüsselwort* die erkannten Themen enthält. In Zeilen ohne übereinstimmende Schlüsselwörter werden Nullwerte angezeigt.

11. Klicken Sie auf das Filtersteuerelement in der Spaltenüberschrift *Schlüsselwort* und wählen Sie *Leere entfernen*.
12. Entfernen Sie die Spalten *Beitrag* und *Kleingeschrieben* und benennen Sie die Spalte *Schlüsselwort* in **Thema** um.
13. Um die Abfrage in den Bericht zu laden und die Leistung der drei Abfragen in der Arbeitsmappe zu vergleichen, wählen Sie auf der Registerkarte *Daten* den Befehl *Alle aktualisieren* aus, während der Bereich *Abfragen und Verbindungen* geöffnet ist.

    Beachten Sie, dass die neue Abfrage am langsamsten ist. Sie ist etwas langsamer als die Abfrage *Beitrag Themen*, bei der das kartesische Produkt ohne `Table.Buffer` verwendet wurde. Wir wollen uns nun der Frage zuwenden, wie die Performance dieser Abfrage mit `Table.Buffer` verbessert werden kann.
14. Öffnen Sie den Power Query-Editor und klicken Sie im Bereich *Abfragen* mit der rechten Maustaste auf *Beitrag Themen mit Funktion*. Wählen Sie *Duplizieren* und benennen Sie die neue Abfrage in **Beitrag Themen – am schnellsten** um.
15. Achten Sie darauf, dass *Beitrag Themen – am schnellsten* ausgewählt ist, und klicken Sie auf der Registerkarte *Start* auf *Erweiterter Editor*.
16. Fügen Sie im erweiterten Editor nach der Zeile `let` diese Zeile hinzu:

    ```
    KeywordsBuffer = Table.Buffer(Schlüsselwörter),
    ```
17. Ersetzen Sie in dieser Zeile:

    ```
    #"Hinzugefügte benutzerdefinierte Spalte" = Table.AddColumn(#"Umbenannte
    Spalten", "Schlüsselwörter",
    each FnDetectKeywords([Kleingeschrieben], Schlüsselwörter)),
    ```

    `Schlüsselwörter` durch `KeywordsBuffer`. Die geänderte Zeile sollte wie folgt aussehen:

    ```
    #"Hinzugefügte benutzerdefinierte Spalte" = Table.AddColumn(#"Umbenannte
    Spalten", "Schlüsselwörter",
    each FnDetectKeywords([Kleingeschrieben], KeywordsBuffer)),
    ```
18. Laden Sie die Abfrage in den Bericht und vergleichen Sie die Zeit, die zum Laden der vier Abfragen in der Arbeitsmappe benötigt wird, indem Sie auf der Registerkarte *Daten* den Befehl *Alle aktualisieren* auswählen.

Wie in Abbildung 12.8 gezeigt, ist die Abfrage *Beitrag Themen – am schnellsten* schneller als die Abfrage *Beitrag Themen – schneller*, die das kartesische Produkt verwendet und die Sie weiter vorne erstellt haben. Wenn Sie jedoch vergessen, die Verbesserung mit `Table.Buffer` anzuwenden, ist die Technik, die die Funktion verwendet, die langsamste Methode, wie für die Abfrage *Themen Beitrag mit Funktion* in Abbildung 12.8 zu erkennen ist.

Warum ist die Abfrage *Beitrag Themen – am schnellsten* schneller als die kartesische Produktmethode, wenn `Table.Buffer` angewendet wird, und langsamer ohne `Table.Buffer`? Sie können sehen, dass der Verweis auf *Schlüsselwörter* in Schritt 6 innerhalb der Funktion implementiert ist. Die M-Engine, die standardmäßig so entworfen wurde, dass der Speicherverbrauch minimiert wird, ist der Ansicht, dass die Daten *Schlüsselwörter* freigegeben werden können, nachdem die Funktion ausgeführt wurde, um so nicht mehr verwendeten Speicher freizugeben. Daher muss die Tabelle *Schlüsselwörter* für jede Berechnung der Zellen in der neuen Spalte erneut geladen werden. Bei der kartesischen Produktmethode wird im Bereich der Hauptabfrage auf die Tabelle *Schlüsselwörter* verwiesen. Daher lädt die M-Engine die Tabelle *Schlüsselwörter* nicht so oft, wie sie geladen wird, wenn die benutzerdefinierte Funktion verwendet wird.

Wenn Sie `Table.Buffer` anwenden, »versteht« die M-Engine, dass sie die Tabelle *Schlüsselwörter* im Speicher behalten muss. Die kartesische Produktmethode wird daher langsamer (auch wenn `Table.Buffer` in der kartesischen Produktabfrage verwendet wird). Die kartesische Produktmethode wird langsamer, da sie in Bezug auf Speicherverbrauch und Transformationsschritte teurer ist. Das Modul muss jede Zeile in der Tabelle *Microsoft Press-Posts* mit der Anzahl der Zeilen in der Tabelle *Schlüsselwörter* duplizieren und dann den entsprechenden Filter anwenden. Dies sind zusätzliche Schritte, die in der Abfrage *Beitrag Themen – am schnellsten* nicht erforderlich sind und die daher in der anderen Abfrage zu einer Leistungseinbuße führen.

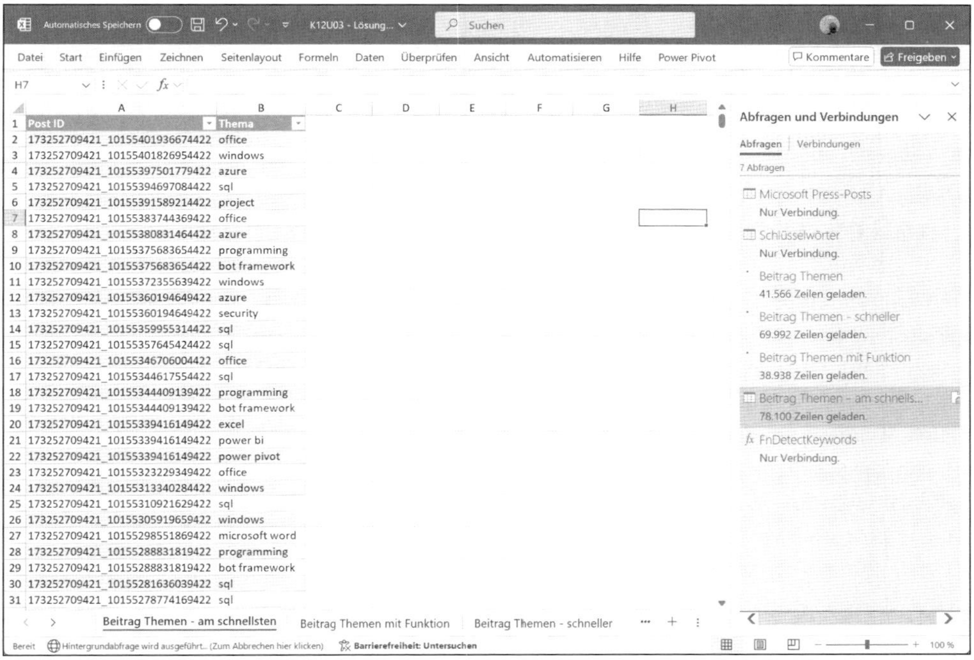

Abbildung 12.8 Die Abfrage *Beitrag Themen – am schnellsten*, die die benutzerdefinierte Funktion und *`Table.Buffer`* verwendet, wird am schnellsten geladen.

Sie finden die Lösung zu dieser Übung im Power BI-Bericht *K12U03 – Lösung.pbix* und in der Arbeitsmappe *K12U03 – Lösung.xlsx* in den Begleitdateien zu diesem Buch.

Welche Methode sollte verwendet werden: statische Suche, kartesisches Produkt oder benutzerdefinierte Funktion?

In den Übungen 12.1, 12.2 und 12.3 haben Sie drei Methoden zum Erkennen von Schlüsselwörtern kennengelernt. Die erste Methode besteht darin, eine statische kurze Liste von Schlüsselwörtern als Bedingungen im Dialogfeld *Bedingte Spalte hinzufügen* anzuwenden. Die zweite

Technik besteht darin, ein kartesisches Produkt anzuwenden, um eine lange Liste von Schlüsselwörtern dynamisch zu laden. Sie haben gesehen, dass die Verwendung von `Table.Buffer` die Ladezeit dieser Abfrage verbessern kann. Schließlich besteht die dritte Technik in der Verwendung einer benutzerdefinierten Funktion. Hier haben Sie gesehen, dass diese Technik die langsamste ist, aber sie kann die schnellste werden, wenn `Table.Buffer` angewendet wird.

Bei realen Herausforderungen verwenden Sie bei kurzen Listen am häufigsten die erste Technik. Wenn das Schreiben von benutzerdefinierten M-Funktionen nicht Ihre Lieblingstätigkeit ist, können Sie bei dynamischen oder langen Listen das kartesische Produkt verwenden. Wenn Sie sich mit M wohlfühlen, können Sie die Technik mit der benutzerdefinierten Funktion anwenden – aber vergessen Sie dabei nicht, `Table.Buffer` zu verwenden.

Die Techniken zum Erkennen von Schlüsselwörtern in Textspalten sind auch sehr effektiv, um Text anhand von Schlüsselwörtern im Text zu filtern. Rufen Sie sich in Erinnerung, dass Sie in den vorherigen Übungen die Spalte *Thema* erstellt und dann leere Werte herausgefiltert haben. Solche Techniken können für Filterzwecke nützlich sein.

Eine Textspalte in einzelne Wörter aufteilen

Erinnern Sie sich noch einmal an das vierte Manko aus Übung 12.2: Wörter, die als Teilzeichenfolgen in längeren Wörtern enthalten sind, können fälschlicherweise erkannt werden. In diesem Abschnitt erfahren Sie, wie Sie Textspalten in Wörter aufteilen, um die Erkennung von Schlüsselwörtern zu verbessern. Das Aufteilen einer Textspalte in einzelne Wörter kann Ihnen auch dabei helfen, Wortvorkommen zu zählen und Ihre Daten in Wortwolken zu visualisieren.

Um die Schlüsselworterkennung zu verbessern und neue Einblicke in Ihre Textspalten zu erhalten, erfahren Sie in diesem Abschnitt, wie Sie Textspalten in Wörter aufteilen und die Ergebnisse in Excel als PivotTables und PivotCharts sowie in Power BI-Wortwolken anzeigen.

Übung 12.4: Einfaches Aufteilen in einzelne Wörter

In dieser Übung laden Sie Microsoft Press Facebook-Beiträge und teilen die Beiträge in Wörter auf. Sie lernen dann, wie Sie bestimmte Wörter wie *der/die/das*, *und*, *in* usw. ignorieren.

Teil 1: Wörter anhand von Leerzeichen aufteilen

In diesem Abschnitt beginnen Sie mit dem naiven Ansatz für unsere Herausforderung und teilen die Wörter anhand von Leerzeichen auf; etwas weiter hinten werden Sie in den folgenden Abschnitten zu einer verbesserten Lösung übergehen.

1. Verwenden Sie die Arbeitsmappe *K12U01.xlsx* aus den Beispieldateien und speichern Sie diese im Ordner *C:\Daten\K12* ab.
2. Erstellen Sie einen neuen Power BI-Bericht oder eine neue leere Excel-Arbeitsmappe und rufen Sie Daten aus einer Excel-Arbeitsmappe ab.

3. Wählen Sie die Datei *K12U01.xlsx* aus und klicken Sie auf *Importieren*.
4. Wählen Sie im Dialogfeld *Navigator* das Tabellenblatt *Tabelle1* aus und klicken Sie auf *Daten transformieren*.
5. Benennen Sie die Abfrage in **Microsoft Press-Posts** um.
6. Um einen Verweis auf die Abfrage *Microsoft Press-Posts* zu erstellen, anhand der Sie eine neue Tabelle mit Post IDs und Wörtern erzeugen werden, klicken Sie im Bereich *Abfragen* mit der rechten Maustaste auf die Abfrage *Microsoft Press-Posts* und wählen Sie *Verweis*. Benennen Sie die Abfrage in **Alle Wörter** um.
7. Während im Bereich *Abfragen* die Abfrage *Alle Wörter* ausgewählt sind, klicken Sie auf der Registerkarte *Start* auf *Spalten auswählen*. Wenn das Dialogfeld *Spalten auswählen* geöffnet wird, wählen Sie *Post ID* und *Beitrag* aus und wählen Sie *OK*.
8. Klicken Sie mit der rechten Maustaste auf die Spalte *Beitrag* und wählen Sie *Spalte teilen | Nach Trennzeichen* aus. Alternativ können Sie auf der Registerkarte *Start* den Befehl *Spalte teilen | Nach Trennzeichen* verwenden.

   Das Dialogfeld *Spalte teilen* wird geöffnet. Wie Sie in Kapitel 10, »Von Stolperfallen zu robusten Abfragen«, gesehen haben, lässt sich das Aufteilen einer Textspalte in Spalten (was die Standardoption ist) nicht gut skalieren – insbesondere da die Spalte *Beitrag* viele Wörter enthält.
9. Führen Sie im Dialogfeld *Spalte teilen* die folgenden Schritte aus, um die Spalte *Beitrag in Zeilen* aufzuteilen:
   a. Wählen Sie *Leerzeichen* als *Trennzeichen* aus.
   b. Zeigen Sie die *Erweiterten Optionen* an.
   c. Wählen Sie das Optionsfeld *Zeilen* aus.
   d. Wählen Sie *OK*, um das Dialogfeld zu schließen.
10. Benennen Sie die neue Spalte in **Wort** um.

Ein unbedarfter Benutzer könnte denken, dass diese Transformation das Problem löst, aber viele Wörter enthalten nachfolgende Satzzeichen, was zu mehreren Variationen desselben Wortes führt. Sie können zum Beispiel viele Instanzen des Wortes »excel« mit einem nachgestellten Komma, Ausrufezeichen oder Doppelpunkt finden. Um dieses Problem effektiv zu beheben, müssen Sie die Wörter von deren Interpunktion trennen.

Teil 2: Wörter und Interpunktion teilen

In diesem Abschnitt gehen Sie zum Aufteilen von Wörtern etwas intelligenter vor und erweitern die Aufteilung auf alle Interpunktionszeichen und bestimmte andere Sonderzeichen, die in den Beiträgen erkannt werden. Fahren Sie mit den folgenden Schritten mit Übung 12.4 fort:

11. Erstellen Sie eine leere Abfrage, nennen Sie sie **Interpunktion** und geben Sie in der Bearbeitungsleiste des Power Query-Editors die folgende Formel ein.

```
{" ", "~", ",", ".", "?", "!", "(", ")", "[", "]", "{", "}", "@", "#", "$", "%", "^",
"&", "*", "-", "+", "=", ":", ";", "|", "<", ">", "/", "\", """", "#(tab)", "#(cr)",
"#(lf)"}
```

Dieser Ausdruck erstellt eine Liste von Satzzeichen sowie anderen Sonderzeichen, um unter anderem auch die Sonderzeichen für Tabulatoren, Wagenrücklauf und Zeilenvorschub zu erkennen.

12. Wählen Sie im Bereich *Abfragen* die Abfrage *Alle Wörter* aus.
13. Wählen Sie im Bereich *Angewendete Schritte* den Schritt *Spalte nach Trennzeichen teilen* aus und sehen Sie sich die Bearbeitungsleiste an. Wie in Abbildung 12.9 dargestellt, ist der M-Ausdruck recht komplex.

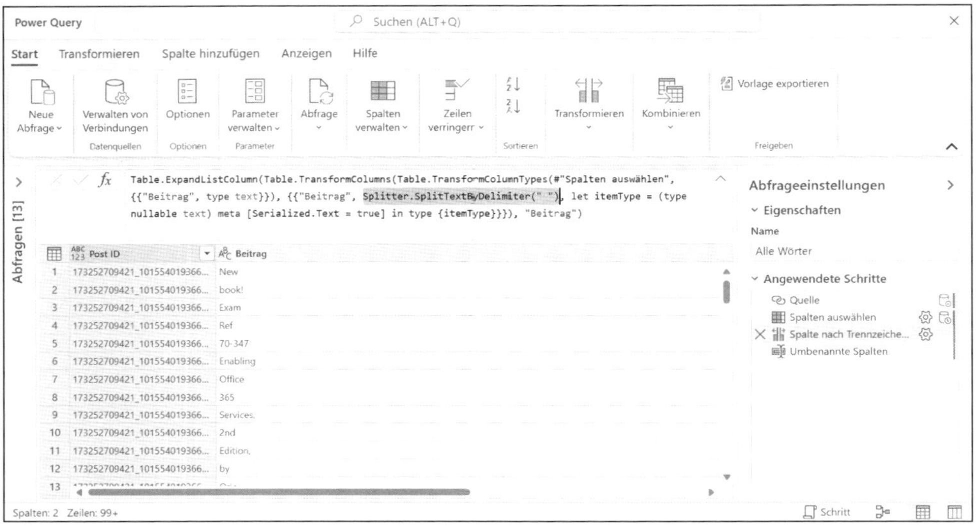

Abbildung 12.9 Der Schritt *Spalte nach Trennzeichen teilen* behandelt keine Satzzeichen. Um dieses Problem zu beheben, müssen Sie die Formel ändern.

Beachten Sie, dass die Bearbeitungsleiste eine zweistufige Formel enthält, die die Spalte *Beitrag* in Listenobjekte aufteilt und dann erweitert. Sie müssen dies nicht wirklich vollständig verstehen, sondern können sich nur auf den wichtigen Teil konzentrieren, der in Abbildung 12.9 hervorgehoben ist:

```
Splitter.SplitTextByDelimiter(" ")
```

Ändern Sie den hervorgehobenen Teil der Formel wie folgt ab:

```
Splitter.SplitTextByAnyDelimiter(Interpunktion)
```

Nach dieser Änderung werden für das Teilen alle Trennzeichen benutzt, die in der Liste *Interpunktion* definiert sind. Ist das nicht klasse?

Wenn Sie eine Spalte nach mehreren Trennzeichen aufteilen müssen, können Sie in der Benutzeroberfläche *Spalte teilen | Nach Trennzeichen* verwenden, um nach einem einzelnen Trennzeichen zu teilen, und dann die M-Formel ändern. Ändern Sie `Splitter.SplitTextByDelimiter` **in** `Splitter.SplitTextByAnyDelimiter` **ab und stellen**

Sie eine Liste von Textwerten anstelle eines einzelnen Trennzeichens bereit. Diese Technik kann verwendet werden, wenn Sie eine Spalte in Spalten oder Zeilen aufteilen.

Dank der Aufteilung anhand aller Zeichen in der Liste *Interpunktion* haben Sie jetzt viele weitere Zeilen mit leeren Werten. Diese filtern Sie als Nächstes heraus.

14. Wählen Sie in *Angewendete Schritte* den letzten Schritt aus und klicken Sie auf das Filtersteuerelement in der Überschrift der Spalte *Wort*. Klicken Sie im Bereich *Filter* auf *Leere entfernen*.
15. Schließen Sie den Power Query-Editor und laden Sie die Abfragen *Microsoft Press-Posts* und *Alle Wörter* in das Datenmodell. Stellen Sie sicher, dass die Abfrage *Interpunktion* nicht geladen wird, und erstellen Sie eine Beziehung zwischen den *Post ID*-Feldern in den beiden Tabellen. (Dies ähnelt dem, was Sie in Übung 12.2 getan haben, als Sie die Tabellen *Microsoft Press-Posts* und *Beitrag Themen* über *Post ID* verknüpft haben.)
16. Speichern Sie den Bericht. Sie benötigen ihn im nächsten Abschnitt.

Wenn Sie die Spalte *Wort* aus *Alle Wörter* als Zeilen und Werte einer PivotTable (siehe Abbildung 12.10) oder für ein Power BI-Balkendiagramm verwenden, sehen Sie, dass die Liste der am häufigsten gefundenen Wörter nicht sehr aufschlussreich ist. Die am häufigsten vorkommenden Wörter sind *http*, gefolgt von *the* und *and*.

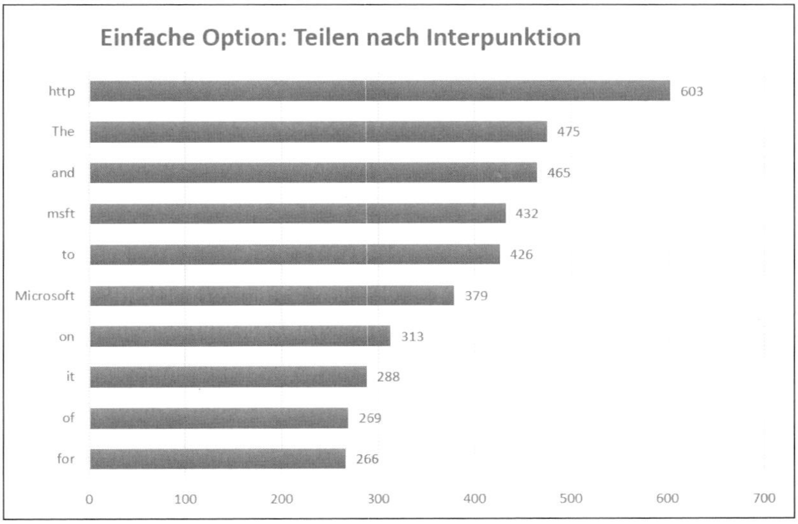

Abbildung 12.10 Die am häufigsten vorkommenden Wörter in Microsoft Press-Beiträgen sind *http*, gefolgt von *the* und *and*. Das ist nicht sehr überraschend und wenig erkenntnisreich, wenn man ein wenig darüber nachdenkt.

Warum ist http das am häufigsten vorkommende Wort? Weil die Texte in den Microsoft Press-Beiträgen auf Facebook viele URLs enthalten, die mit dem Präfix http:// beginnen. Wäre es nicht schön, wenn Sie es vermeiden könnten, solche Begriffe zu teilen, und könnten sie als einzelne Wörter behandeln?

Teil 3: Wörter nach Leerzeichen trennen und Interpunktionszeichen entfernen

In diesem Abschnitt behandeln Sie die Interpunktionen etwas anders. Anstatt den Beitrag wie im vorherigen Abschnitt anhand eines der Satzzeichen zu teilen, teilen Sie ihn nur nach Leerzeichen, Tabstoppzeichen sowie nach Wagenrücklauf und Zeilenvorschub. Wenn Sie dann am Anfang oder am Ende der Wörter eines der Interpunktionszeichen finden, schneiden Sie diese ab.

1. Wenn Sie die Arbeitsmappe oder den Bericht aus Übung 12.4 nicht gespeichert haben, führen Sie die Schritte 1 bis 16 erneut aus.
2. Starten Sie den Power Query-Editor. Klicken Sie im Bereich *Abfragen* mit der rechten Maustaste auf die Abfrage *Alle Wörter* und wählen Sie *Duplizieren*.
3. Benennen Sie die neue Abfrage in **Alle Wörter – Interpunktion entfernen** um.
4. Während die neue Abfrage ausgewählt ist, wählen Sie unter *Angewendete Schritte* den Schritt *Spalte nach Trennzeichen teilen* aus.
5. Suchen Sie in der Bearbeitungsleiste im folgenden Codefragment nach *Interpunktion*:

   ```
   Splitter.SplitTextByAnyDelimiter(Interpunktion)
   ```

   Ersetzen Sie *Interpunktion* durch diese Liste: `{" ", "#(tab)", "#(cr)", "#(lf)"}`. Das bearbeitete Codefragment sieht nun wie folgt aus;:

   ```
   Splitter.SplitTextByAnyDelimiter({" ", "#(tab)", "#(cr)", "#(lf)"})
   ```

   Die Beiträge werden nun nach Leerzeichen, Tabstopp-, Wagenrücklauf- und Zeilenvorschubzeichen geteilt, sodass Sie in den geteilten Werten nach führenden und nachgestellten Interpunktionszeichen suchen und diese abschneiden können.
6. Achten Sie darauf, dass der Schritt *Spalte nach Trennzeichen teilen* im Bereich *Angewendete Schritte* ausgewählt ist, wählen Sie im Vorschaubereich die Spalte *Beitrag* aus und wählen Sie auf der Registerkarte *Transformieren* den Befehl *Formatieren | Kürzen*.
7. Klicken Sie im Dialogfeld *Schritt einfügen* auf *Einfügen*, um den neuen Schritt hinzuzufügen. Beim Kürzen werden standardmäßig Leerzeichen vom Anfang und Ende des Textes entfernt. Sie können das Kürzen so anpassen, dass auch die Interpunktionszeichen entfernt werden.
8. In der Bearbeitungsleiste sehen Sie die folgende Formel:

   ```
   Table.TransformColumns(#"Spalte nach Trennzeichen teilen",{{"Beitrag",
   Text.Trim, type text}})
   ```

   Je nachdem, welche Power Query-Umgebung Sie verwenden, kann es sein, dass Sie stattdessen diese Formel sehen:

   ```
   Table.TransformColumns(#"Spalte nach Trennzeichen teilen", {{"Beitrag", each
   Text.Trim(_), type nullable text}})
   ```

   Ändern Sie `Text.Trim` in `each Text.Trim(_,Interpunktion)` ab, wie in der folgenden Formel zu sehen:

   ```
   Table.TransformColumns(#"Spalte nach Trennzeichen teilen",{{"Beitrag",
   each Text.Trim(_, Interpunktion), type text}})
   ```

Anstatt die Standardfunktion `Text.Trim` zu verwenden, können Sie explizit eine neue Funktion definieren, die `Text.Trim` mit anderen Argumenten aufruft. Das Schlüsselwort *each* erstellt die notwendige Funktion. Rufen Sie sich aus Kapitel 9, »Einführung in die Power Query-Formelsprache M«, in Erinnerung, dass das Schlüsselwort `each` verwendet wird, um einfache Funktionen zu erstellen. Das zweite Argument in `Text.Trim` definiert die Liste der abzuschneidenden Zeichen beziehungsweise Zeichenfolgen. In diesem Fall verwenden Sie die Liste *Interpunktion*, die in der vorherigen Übung als dieses Argument definiert wurde.

Um hier effizienter zu sein, können Sie, da Sie bereits das Leerzeichen sowie Tabstopp, Wagenrücklauf und Zeilenvorschub im Schritt *Teilen* verwendet haben, ein Duplikat der Liste *Interpunktion* erstellen und diese Zeichen aus der neuen Liste entfernen. Dann können Sie die neue Liste als zweites Argument für `Text.Trim` verwenden.

Wenn Sie nun aus *Alle Wörter – Interpunktion entfernen* eine PivotTable erstellen, stellen Sie wie in Abbildung 12.11 gezeigt fest, dass http nicht mehr erkannt wird.

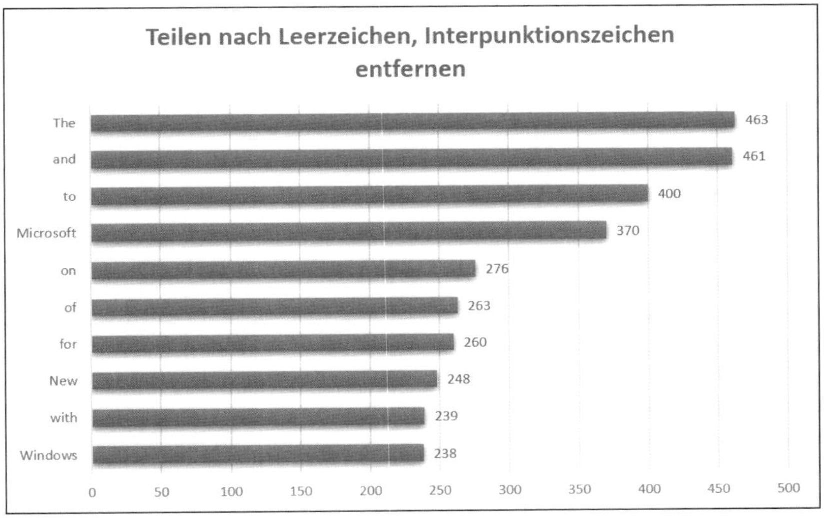

Abbildung 12.11 In der Liste der am häufigsten vorkommenden Wörter in Microsoft Press-Beiträgen ist *http* jetzt nicht mehr enthalten.

Sie können den Bericht jetzt speichern. Sie benötigen ihn in der nächsten Übung. Die Lösungsdateien *K12U04 – Lösung.pbix* oder *K12U04 – Lösung.xlsx* finden Sie in den Begleitdateien zu diesem Buch.

Übung 12.5: Stoppwörter herausfiltern

In Übung 12.4 haben Sie gelernt, wie man Nachrichten in Wörter aufteilt, aber am Ende erhielten Sie ein triviales Ergebnis. Es ist nicht verwunderlich, dass die am häufigsten vorkommenden

Wörter Konjunktionen, Präpositionen und Adjektive sind, wie in Abbildung 12.11 dargestellt. Wäre es nicht nützlich, wenn Sie diese allgemeinen Wörter herausfiltern und sich in Ihrem Bericht auf die wichtigeren Substantive, Verben und Adjektive in den Beiträgen konzentrieren könnten?

Um diese häufig verwendeten Wörter – oder wie ich sie in diesem Abschnitt nenne: Stoppwörter (ein Begriff, der häufig von Informatikern verwendet wird) – herauszufiltern, können Sie eine Liste von Wörtern in einer separaten Textdatei erstellen, sie in die Abfrage laden und herausfiltern. In dieser Übung erfahren Sie, wie Sie das geht.

Da die Microsoft Press-Beiträge in den Übungen dieses Kapitels auf Englisch vorliegen, werden Sie nachfolgend eine Liste mit englischen Stoppwörtern verwenden. Falls Sie ähnliche Techniken für deutschsprachige Texte anwenden, hilft eine Internetsuche nach »Stoppwörter deutsch«, um zahlreiche Beispiellisten mit deutschen Stoppwörtern zu finden.

---

1. Öffnen Sie Ihre Lösung aus Übung 12.4 oder aus den heruntergeladenen Dateien den Power BI-Bericht *K12U04 – Lösung.pbix* bzw. die Arbeitsmappe *K12U04 – Lösung.xlsx*, nachdem Sie diese im Ordner *C:\Daten\K12* gespeichert haben.
2. Starten Sie den Power Query-Editor und klicken Sie im Bereich *Abfragen* mit der rechten Maustaste auf die Abfrage *Alle Wörter – Interpunktion entfernen* und wählen Sie *Verweis*.
3. Nachdem die neue Abfrage erstellt wurde, benennen Sie diese in **Keine Stoppwörter** um.
4. Verwenden Sie die Datei *Stoppwörter.txt* aus den Beispieldateien für dieses Buch und speichern Sie diese im Ordner *C:\Daten\K12*.
5. Importieren Sie die Datei *Stoppwörter.txt*, indem Sie auf der Registerkarte *Start* des Power Query-Editors den Befehl *Neue Quelle | Datei | Text/CSV* verwenden.
6. Stellen Sie sicher, dass die neue Abfrage den Namen *Stoppwörter* besitzt, und benennen Sie deren Spalte in **Stoppwort** um.

   Beachten Sie im Vorschaubereich, dass alle Stoppwörter im Dataset bereits kleingeschrieben sind. Als bewährte Methode sollten Sie diese jetzt explizit in Kleinbuchstaben konvertieren und so zukünftige Fälle vermeiden, wenn Stoppwörter in Großbuchstaben importiert und dann ignoriert werden, da bei der Suche nach Groß-/Kleinschreibung unterschieden wird und die weitere Logik davon ausgeht, dass die Stoppwörter in Kleinbuchstaben vorliegen.

   Wählen Sie die Spalte *Stoppwort* aus und wählen Sie auf der Registerkarte *Transformieren* den Befehl *Formatieren | Kleinbuchstaben*.

   Als Nächstes filtern Sie die Stoppwörter heraus. In der Abfrage *Keine Stoppwörter* befinden sich in der Spalte *Wort* bereits alle kleingeschriebenen Wörter der Beiträge. Sie führen *Wort* und *Stoppwort* zusammen, indem Sie einen linken Anti-Join verwenden, der alle Wörter in *Keine Stoppwörter* herausfiltert, die in *Stoppwörter* enthalten sind.
7. Führen Sie die folgenden Schritte aus, um die Stoppwörter herauszufiltern:
   a. Wählen Sie im Bereich *Abfragen* die Abfrage *Keine Stoppwörter* aus.
   b. Wählen Sie auf der Registerkarte *Start* den Befehl *Kombinieren | Abfragen zusammenführen*.

c. Wenn das Dialogfeld *Zusammenführen* geöffnet wird, klicken Sie in der Tabelle *Keine Stoppwörter* auf die Spaltenüberschrift *Wort* und stellen Sie sicher, dass die Spalte *Wort* jetzt hervorgehoben ist.
d. Wählen Sie im Dropdown-Menü *Rechte Tabelle für die Zusammenführung* die Option *Stoppwörter* aus.
e. Klicken Sie in der Tabelle *Stoppwörter* auf die Spaltenüberschrift *Stoppwort* und stellen Sie sicher, dass sie hervorgehoben ist.
f. Legen Sie die *Art des Joins* auf *Linker Anti-Join* fest, wie in Abbildung 12.12 dargestellt, und wählen Sie *OK*, um das Dialogfeld zu schließen.

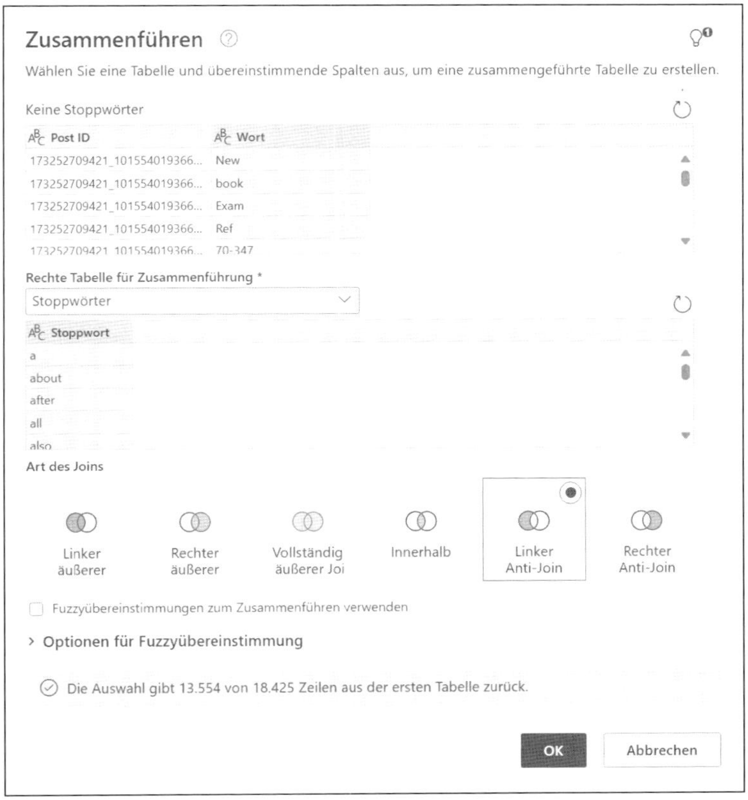

Abbildung 12.12 Ein *Linker Anti-Join* kann verwendet werden, um die Stoppwörter herauszufiltern.

Nach dem Zusammenführen wird die Spalte *Stoppwörter* hinzugefügt, in deren Zellen sich Tabellenobjekte befinden. Wenn Sie in einer der Zellen in der Spalte *Stoppwörter* auf den freien Bereich klicken (also nicht auf den Link *Table*, der ein Drilldown zu einem einzelnen Schritt ausführt), sehen Sie, dass alle Tabellen Nullwerte enthalten. Die Nullwerte werden aufgrund der Operation *Linker Anti-Join* angezeigt, die keine Zeilen aus der zweiten Tabelle der Zusammenführung zurückgibt. Aus der Abfrage *Stoppwörter* lässt sich also nichts extrahieren.

8. Entfernen Sie die Spalte *Stoppwörter* und laden Sie den Bericht. Stellen Sie sicher, dass die Abfrage *Stoppwörter* nicht geladen ist und dass *Keine Stoppwörter* in das Datenmodell geladen wird.

Wenn Sie mit den vorherigen Schritten fertig sind, können Sie die Spalte *Wort* aus der Tabelle *Keine Stoppwörter* verwenden, um eine PivotTable zu erstellen, und die Häufigkeit der Wortvorkommen zählen (siehe Abbildung 12.13). Sie können aus den Ergebnissen einige interessante Erkenntnisse herauslesen, nachdem die Stoppwörter herausgefiltert wurden.

Hier sind zwei Beispiele für solche Erkenntnisse, wenn Sie sich die Top-10-Themen ansehen:

- Eines der am häufigsten vorkommenden Wörter ist 2016, was die große Anzahl wichtiger Releases bei Microsoft im Jahr 2016 widerspiegelt (Office 2016, Excel 2016, Windows Server 2016 usw.).
- Ein anderes gebräuchliches Wort ist 50, das in vielen Beiträgen enthalten ist, die Bücher mit einem Rabatt von 50 % bewerben. Wussten Sie, dass Sie in den USA samstags 50 % Rabatt auf Microsoft Press-Bücher erhalten können? Basierend auf dem am zweithäufigsten vorkommenden Wort können Sie einen Drilldown zu den Daten durchführen und den oft vorkommenden Satz »Save 50 % through Saturday!« finden.

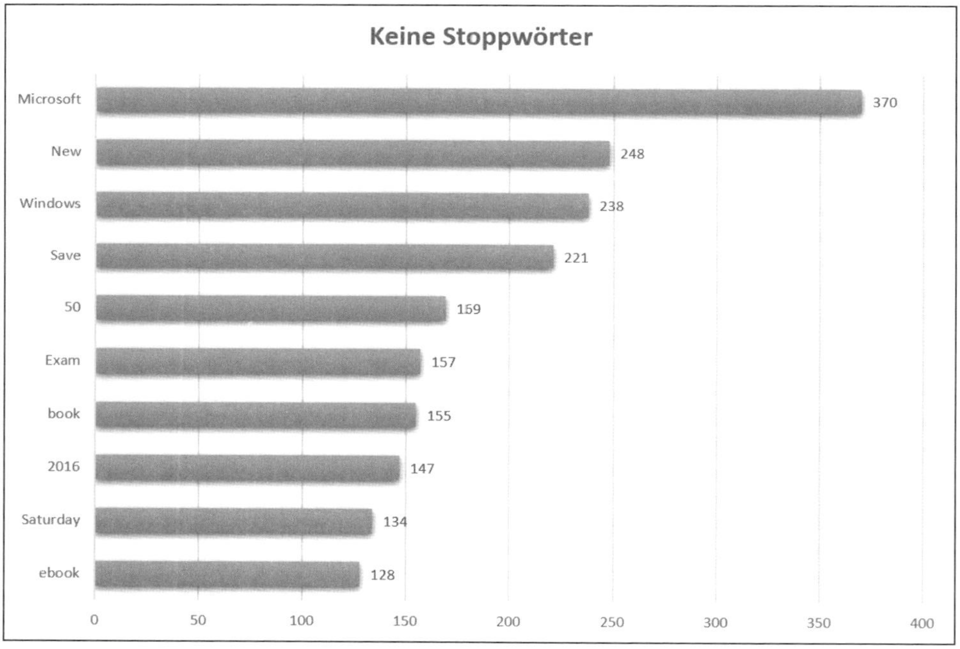

Abbildung 12.13 Dieses Diagramm zeigt die am häufigsten vorkommenden Wörter in Microsoft Press-Beiträgen ohne Berücksichtigung der Stoppwörter an.

Speichern Sie Ihren Power BI-Bericht oder Ihre Arbeitsmappe, damit Sie ihn bzw. sie in der nächsten Übung verwenden können. Um sich die Lösung dieser Übung anzuschauen, öffnen Sie den Power BI-Bericht *K12U05 – Lösung.pbix* oder die Arbeitsmappe *K12U05 – Lösung.xlsx* aus den Begleitdateien dieses Buches.

Übung 12.6: Mithilfe von »nach Wörtern teilen« nach Schlüsselwörtern suchen

In den Übungen 12.2 und 12.3 haben Sie in Microsoft Press Facebook-Posts nach Schlüsselwörtern gesucht, indem Sie den M-Operator »enthält« verwendet haben. Eines der Probleme bei der Verwendung des Operators »enthält« besteht darin, dass dies zu einer falschen Erkennung von Wörtern führen kann, wenn das Schlüsselwort eine Teilzeichenfolge eines anderen Wortes ist. Das Schlüsselwort »excel« kann zum Beispiel eine Teilzeichenfolge des Wortes »excellent« sein. In dieser Übung nutzen Sie die Technik des Aufteilens von Wörtern, die in Übung 12.5 verwendet wurde, um die Genauigkeit der Schlüsselwortsuche zu verbessern.

Teil 1: Abfragen zusammenführen mit Innerem Join verwenden, um Übereinstimmungen zwischen Spalten zu ermitteln

Sie beginnen diese Übung mit einer sehr nützlichen Technik, um eine Tabelle nach mehreren Werten zu filtern, indem Sie *Abfragen zusammenführen* verwenden.

1. Öffnen Sie Ihre Lösung aus Übung 12.5 oder aus den heruntergeladenen Dateien die Arbeitsmappe *K12U05 – Lösung.xlsx* bzw. den Power BI-Bericht *K12U05 – Lösung.pbix*, nachdem Sie diese im Ordner *C:\Daten\K12* gespeichert haben.
2. Starten Sie den Power Query-Editor. Importieren Sie die Datei *Schlüsselwörter.txt*, indem Sie auf der Registerkarte *Start* den Befehl *Neue Quelle | Datei | Text/CSV* verwenden. (Falls Sie diese Datei bereits in Übung 12.2 verwendet haben, sollte sie sich schon im Ordner *C:\Daten\K12* befinden.)
3. Wenn die Vorschau der Datei angezeigt wird, wählen Sie *OK* oder *Erstellen*, um das Dialogfeld zu schließen.
4. Nachdem die Abfrage *Schlüsselwörter* geladen ist, benennen Sie deren Spalte in **Schlüsselwort** um.
5. Um alle Schlüsselwörter in Kleinbuchstaben zu konvertieren, markieren Sie die Spalte *Schlüsselwort* und wählen Sie dann auf der Registerkarte *Transformieren* den Befehl *Formatieren | Kleinbuchstaben*.

   Als Nächstes erstellen Sie aus der Abfrage *Keine Stoppwörter*, die bereits die Post IDs und die zugehörigen Wörter enthält, eine neue Abfrage, *Beitrag Themen*.
6. Klicken Sie im Bereich *Abfragen* mit der rechten Maustaste auf die Abfrage *Keine Stoppwörter* und wählen Sie *Verweis*. Benennen Sie die neue Abfrage in **Beitrag Themen** um.
7. Gehen Sie wie folgt vor, um alle Wörter zu filtern, die in *Schlüsselwörter* enthalten sind:
   a. Wählen Sie im Bereich *Abfragen* die Abfrage *Beitrag Themen* aus.
   b. Wählen Sie auf der Registerkarte *Start* den Befehl *Kombinieren | Abfragen zusammenführen*.
   c. Wenn das Dialogfeld *Zusammenführen* geöffnet wird, klicken Sie in der Tabelle *Beitrag Themen* auf die Spaltenüberschrift *Wort* und stellen Sie sicher, dass die Spalte *Wort* jetzt hervorgehoben ist.

   d. Wählen Sie im Dropdown-Menü *Rechte Tabelle für die Zusammenführung* die Option *Schlüsselwörter* aus.
   e. Klicken Sie in der Tabelle *Schlüsselwörter* auf die Spaltenüberschrift *Schlüsselwort* und stellen Sie sicher, dass sie hervorgehoben ist.
   f. Legen Sie die *Art des Joins* auf *Innerhalb* fest und wählen Sie *OK*, um das Dialogfeld zu schließen.
8. Benennen Sie die Spalte *Wort* in **Thema** um.
9. Um Situationen zu vermeiden, in denen dasselbe Schlüsselwort mehrmals in einem Beitrag erwähnt wird, können Sie die Spalten *Post ID* und *Thema* auswählen und dann auf der Registerkarte *Start* den Befehl *Zeilen entfernen | Duplikate entfernen* verwenden. Jetzt kann jedes Thema nur einmal pro Post ID auftauchen.

An dieser Stelle könnten Sie die Übung beenden. Jedoch gibt es eine neue Herausforderung: Haben Sie bemerkt, dass einige Ihrer Schlüsselwörter in der Datei *Schlüsselwörter.txt* aus Wortpaaren bestehen, wie beispielsweise *Power Query*, *Power Bi* und *Power Pivot*? Da Sie diese Übung mit den nach Wörtern aufgeteilten Beiträgen gestartet haben, können Sie diese Wortpaare nicht erkennen. Die Posts sind bereits aufgeteilt. Im nächsten Abschnitt erfahren Sie, wie Sie diese Anforderung erfüllen können.

Speichern Sie Ihre Arbeitsmappe oder Ihren Power BI-Bericht. Sie werden die Mappe beziehungsweise den Bericht verwenden, um im nächsten Teil dieser Übung Schlüsselwörter zu erkennen, die aus mehreren Wörtern bestehen.

Teil 2: Schlüsselwörter erkennen, die aus mehreren Wörtern bestehen

Um Schlüsselwörter wie *Power Query* und *Power Bi* in den Microsoft Press-Posts dieser Übung zu erkennen, müssen Sie das Leerzeichen, das als Trennzeichen verwendet wird, vorübergehend durch ein anderes Zeichen ersetzen, zum Beispiel einen Unterstrich, jedoch nur dann, wenn Sie in der Spalte *Beitrag* das Schlüsselwortpaar erkennen. Dann können Sie die Aufteilung nach Leerzeichen anwenden, die sich dann nicht mehr auf die Schlüsselwortpaare auswirkt. Sobald die Nachrichten in Wörter aufgeteilt sind, können Sie die Wortpaare wieder in ihr ursprüngliches Format, in dem sie durch Leerzeichen getrennt sind, zurückkonvertieren.

Abbildung 12.14 fasst die Lösung auf einer allgemeinen Ebene zusammen. Sie verwenden eine Konvertierungstabelle mit Quelle- und Zielspalten, wobei sich durch Leerzeichen getrennte Wortpaare in der Spalte *Quelle* und die mit dem Unterstrich gekoppelten Wörter in der Spalte *Ziel* befinden. Nachdem die Konvertierungstabelle erstellt wurde, ersetzen Sie alle Schlüsselwörter in *Quelle* durch die Schlüsselwörter in der Spalte *Ziel* (Schritt 1 in Abbildung 12.14), teilen die Beiträge auf (Schritt 2) und ersetzen dann jeden Unterstrich durch ein Leerzeichen (Schritt 3).

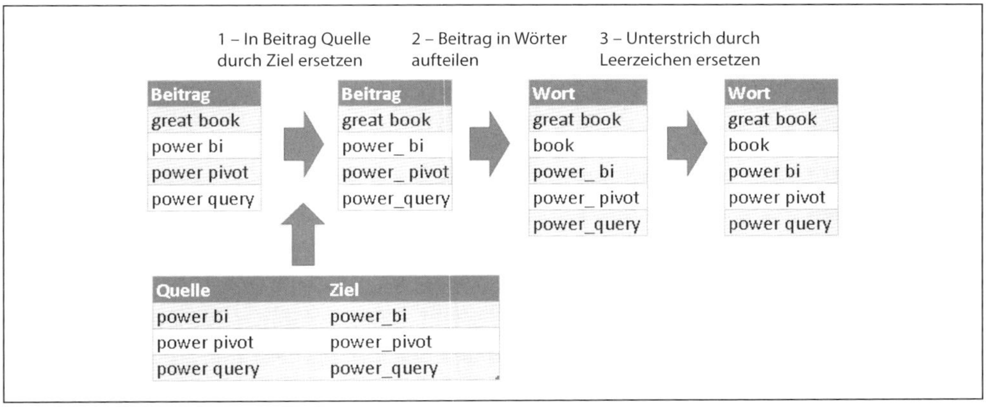

Abbildung 12.14 Sie können in geteilten Wörtern Schlüsselwörter erkennen, die aus Wortpaaren bestehen, indem Sie eine Konvertierungstabelle und diese Transformationsschritte verwenden.

Wie in Abbildung 12.14 gezeigt, starten Sie diese Lösung, indem Sie eine Konvertierungstabelle erstellen. Sie können diese Tabelle als Verweis der Abfrage *Schlüsselwörter* erstellen. Führen Sie diese Übung fort, indem Sie die folgenden Schritte ausführen:

10. Wenn der Power Query-Editor geöffnet ist, klicken Sie im Bereich *Abfragen* die Abfrage *Schlüsselwörter* mit der rechten Maustaste an und wählen Sie *Verweis*. Benennen Sie die neue Abfrage in **Konvertierungstabelle** um.
11. Um nur die Schlüsselwörter beizubehalten, die in der Konvertierungstabelle Leerzeichen enthalten, führen Sie diese Schritte durch, während die Tabelle ausgewählt ist:
    a. Wählen Sie auf der Registerkarte *Transformieren* den Befehl *Formatieren | Kürzen*. Auch wenn die Textdatei *Schlüsselwörter.txt* keine führenden oder nachfolgenden Leerzeichen enthält, ist es ein guter Ansatz, sie vor dem nächsten Schritt zu entfernen.
    b. Klicken Sie auf das Filtersteuerelement in der Spaltenüberschrift *Schlüsselwort*. Wählen Sie im Bereich *Filter* die Option *Textfilter | Enthält* aus.
    c. Wenn das Dialogfeld *Zeilen filtern* geöffnet wird, geben Sie in das Textfeld, das sich rechts neben dem Dropdown-Menü *enthält* befindet, ein Leerzeichen ein und wählen Sie *OK*, um das Dialogfeld zu schließen. Sie sollten nun im Vorschaufenster neun Zeilen mit Schlüsselwortpaaren sehen.
12. Benennen Sie die Spalte *Schlüsselwort* in **Quelle** um.
13. Um die Spalte *Quelle* in die Spalte *Ziel* zu duplizieren, die die gleichen Werte enthält, die jedoch durch einen Unterstrich und nicht durch ein Leerzeichen getrennt sind, führen Sie die folgenden Schritte durch:
    a. Markieren Sie die Spalte *Quelle*. Wählen Sie auf der Registerkarte *Spalte hinzufügen* den Befehl *Spalte duplizieren*.
    b. Benennen Sie die neue Spalte in **Ziel** um.
    c. Während die Spalte *Ziel* ausgewählt ist, wählen Sie auf der Registerkarte *Start* den Befehl *Werte ersetzen*.

d. Wenn das Dialogfeld *Werte ersetzen* geöffnet wird, geben Sie in das Feld *Zu suchender Wert* ein Leerzeichen ein und in das Feld *Ersetzen durch* einen Unterstrich (_). Klicken Sie dann auf *OK*, um das Dialogfeld zu schließen.

Die Abfrage *Konvertierungstabelle* ist fertig (siehe Abbildung 12.14), und es ist an der Zeit, zu erfahren, wie sie verwendet wird. In den nächsten Schritten müssen Sie in jedem Beitrag jeden Quellwert durch den entsprechenden Zielwert ersetzen, und zwar bevor Sie das Teilen durchführen. Das Ersetzen eines einzelnen Werts ist im Power Query-Editor einfach, aber in diesem Fall haben Sie eine Folge von Quelle-Ziel-Paaren, die Sie ersetzen müssen.

Leider verfügt der Power Query-Editor in der Benutzeroberfläche nicht über eine Schaltfläche, um mehrere Zeichenfolgen zu ersetzen. Darüber hinaus gibt es für die M-Funktion `Table.ReplaceValue` keine korrespondierende Funktion mit dem Namen `Table.ReplaceValues`. Stattdessen können Sie eine erweiterte Technik verwenden, bei der die Funktion `List.Accumulate` verwendet wird, um die mehrfache Textersetzung der Quelle- in die Zielwerte durchzuführen.

Rufen Sie sich aus Kapitel 9 in Erinnerung, dass `List.Accumulate` als Eingabeparameter eine Liste, den Startwert der Schleife, ein anfängliches Objekt und eine Akkumulatorfunktion erhält. Die Akkumulatorfunktion sollte über ein Zustandsobjekt und ein aktuelles Objekt verfügen (bei dem es sich um ein Element der Eingabeliste in der aktuellen Iteration handelt). Das Zustandsobjekt wird nach seiner Transformation zurückgegeben. Schließlich gibt `List.Accumulate` das akkumulierte Ergebnis zurück, nachdem die Akkumulatorfunktion die Liste in einer Schleife durchlaufen hat. Bevor Sie fortfahren, ist jetzt ein guter Zeitpunkt, sich noch einmal in Kapitel 9 mit `List.Accumulate` zu befassen, damit Sie die M-Ausdrücke, die Sie verwenden werden, auch wirklich verstehen. Auch wenn Sie sich mit M nicht wohlfühlen, können Sie immer noch mitlesen, da Sie die Erläuterung der Ausdrücke nicht vollständig verstehen müssen.

Bevor Sie `List.Accumulate` implementieren, sehen wir uns an, wie Sie die Abfrage *Konvertierungstabelle* in eine Liste von Quelle-Ziel-Paaren konvertieren, die als Eingabe von `List.Accumulate` verwendet werden kann. Abbildung 12.15 zeigt, wie eine solche Liste mit der Funktion `Table.ToRecords` erstellt werden kann, die entwickelt wurde, um eine Liste von Datensätzen zurückzugeben (ein Datensatz pro Zeile der ursprünglichen Tabelle).

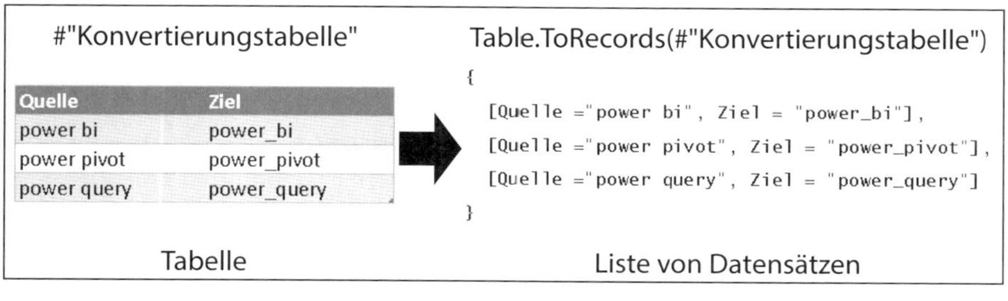

Abbildung 12.15 Die M-Funktion *`Table.ToRecords`* kann die Konvertierungstabelle in eine Liste von Datensätzen umwandeln.

Nachdem Sie nun wissen, wie Sie die Liste der Datensätze erstellen, sollen Sie erfahren, welche Funktion zur Implementierung des Akkumulationsschritts für `List.Accumulate` verwendet werden kann. Grundsätzlich sollte die Funktion den Facebook-Beitrag erhalten und den aktuellen Quelltext durch den entsprechenden Zieltext ersetzen. Beispielsweise wird *power bi* durch *power_bi* ersetzt, wodurch Sie später vermeiden, dass das Schlüsselwort *power bi* in zwei Wörter aufgeteilt wird.

Hier ist die Akkumulatorfunktion:

```
(message, conversionRecord) =>
   Text.Replace(
      message,
      conversionRecord[Quelle],
      conversionRecord[Ziel]
)
```

Die Aufgabe dieser Funktion ist es, `Text.Replace` für den Facebook-Beitrag (das erste Argument) zu verwenden und `Quelle` (das zweite Argument) durch `Ziel` (das dritte Argument) zu ersetzen.

14. Sie haben jetzt alle Elemente für die komplette `List.Accumulate`-Formel:

```
List.Accumulate(
   Table.ToRecords(#"Konvertierungstabelle"),
   [Beitrag],
   (message, conversionRecord) =>
      Text.Replace(
         message,
         conversionRecord[Quelle],
         conversionRecord[Ziel]
      )
)
```

Wenn diese Formel in einer benutzerdefinierten Spalte verwendet wird, bearbeitet sie jede Zeile und ändert den Wert in der Spalte *Beitrag*, indem alle Schlüsselwörter in *Quelle* in *Beitrag* untersucht und nacheinander durch die entsprechenden Schlüsselwörter in *Ziel* ersetzt werden.

Die `List.Accumulate`-Formel in Schritt 14 wird innerhalb der Funktion für die benutzerdefinierten Spalten verwendet. Sie wird für jede Zeile in den Microsoft Press-Beiträgen ausgeführt. Für jede Zeile wird die Liste der Quelle-Ziel-Schlüsselwortpaare in der Konvertierungstabelle in einer Schleife durchlaufen. Der Ausgangszustand (das zweite Argument von `List.Accumulate`) ist der Wert der Spalte *Beitrag*. Die Akkumulatorfunktion (das dritte Argument von `List.Accumulate`) enthält den Status und die aktuellen Argumente (`message` und `conversionRecord` genannt). Das Zustandsargument enthält den Wert in der aktuellen Zelle in der Spalte *Beitrag*. Das aktuelle Argument der Akkumulatorfunktion ist der aktuelle Datensatz des Quelle-Ziel-Paares. Die Akkumulatorfunktion ersetzt in *Beitrag* das aktuelle *Quelle*-Schlüsselwort durch das entsprechende *Ziel*-Schlüsselwort. Bei der nächsten Iteration von `List.Accumulate` wird das nächste Quelle-Ziel-Paar ausgewertet.

In den folgenden Schritten verwenden Sie den `List.Accumulate`-Ausdruck, um in den Posts für die Schlüsselwörter aus der Konvertierungstabelle die Leerzeichen durch Unterstriche zu ersetzen, und dies geschieht vor dem Aufteilen.

15. Wenn der Power Query-Editor geöffnet ist, wählen Sie im Bereich *Abfragen* die Abfrage *Alle Wörter – Interpunktion entfernen* aus. Diese Abfrage führt das Aufteilen nach Wörtern durch. Wählen Sie in *Angewendete Schritte* den Schritt *Text in Kleinbuchstaben* aus; dies ist ein Schritt vor dem Schritt *Spalte nach Trennzeichen teilen.*
16. Achten Sie darauf, dass der Schritt *Text in Kleinbuchstaben* ausgewählt ist, und klicken Sie auf der Registerkarte *Spalte hinzufügen* auf *Benutzerdefinierte Spalte*. Wenn das Dialogfeld *Schritt einfügen* geöffnet wird, klicken Sie auf *Einfügen.*
17. Nehmen Sie die folgenden Änderungen im Dialogfeld *Benutzerdefinierte Spalte* vor:
    a. Geben Sie in das Feld *Neuer Spaltenname* **Geänderter Beitrag** ein.
    b. Kopieren Sie die `List.Accumulate`-Formel aus Schritt 14 und fügen Sie diese in das Feld *Benutzerdefinierte Spaltenformel* ein. Wählen Sie *OK*, um das Dialogfeld zu schließen.

    Die neue Spalte *Geänderter Beitrag* enthält nun die Facebook-Beiträge mit den ersetzten Werten. Um zu testen, dass `List.Accumulate` funktioniert hat, können Sie einen temporären Schritt hinzufügen, der die Spalte *Beitrag* filtert, wenn sie *power query* und *power pivot* enthält. Wenn Sie dies tun, finden Sie im Vorschaubereich eine Zeile, die den folgenden Text in der Spalte *Beitrag* enthält:

    ```
    "microsoft office 2016 step by step …
      solve business intelligence problems with power pivot and power query …"
    ```

    Wenn Sie sich die Spalte *Geänderter Beitrag* anschauen, sehen Sie, dass der Text wie folgt geändert wurde:

    ```
    "microsoft office 2016 step by step …
      solve business intelligence problems with power_pivot and power_query …"
    ```

18. Falls Sie den temporären Filter hinzugefügt haben, entfernen Sie ihn jetzt, indem Sie in *Angewendete Schritte* den Schritt *Gefilterte Zeilen1* nach dem Schritt *Hinzugefügte benutzerdefinierte Spalte* löschen.
19. Markieren Sie in *Angewendete Schritte* den Schritt *Hinzugefügte benutzerdefinierte Spalte* und löschen Sie die Spalte *Beitrag*. Wenn das Dialogfeld *Schritt einfügen* geöffnet wird, klicken Sie auf *Einfügen.*
20. Benennen Sie die Spalte *Geänderter Beitrag* in **Beitrag** um. Wenn das Dialogfeld *Schritt einfügen* geöffnet wird, klicken Sie auf *Einfügen.*

    Nun enthalten alle Schlüsselwörter, die aus zwei Wörtern bestehen, den Unterstrich als Trennzeichen. Daher werden diese im nächsten Transformationsschritt, der bereits in *Angewendete Schritte* vorhanden ist, nicht mehr aufgeteilt.

21. Um mit den Transformationsschritten weiterzumachen und das Leerzeichen wiederherzustellen, wählen Sie im Bereich *Abfragen* die Abfrage *Keine Stoppwörter* und unter *Angewendete Schritte* den letzten Schritt aus. Hier sollten Sie die Wörter wiederherstellen und den Unterstrich durch das Leerzeichen ersetzen.

22. Um die Unterstriche zu entfernen, haben Sie zwei Möglichkeiten. Die erste Option ist relativ einfach: Wenn Sie davon ausgehen können, dass es keine wichtigen Wörter mit Unterstrichen gibt, können Sie *Werte ersetzen* auf die Wort-Spalte anwenden und die Unterstriche durch Leerzeichen ersetzen.

    Die zweite Option ist effektiver, wenn Ihre Daten Wörter mit Unterstrichen (nicht die Schlüsselwörter) enthalten. Führen Sie die folgenden Schritte aus, um Unterstriche nur aus den unterstrichenen Schlüsselwörtern zu entfernen:

    a. Wenn die Abfrage *Keine Stoppwörter* ausgewählt ist, wählen Sie auf der Registerkarte *Spalte hinzufügen* den Befehl *Benutzerdefinierte Spalte*.
    b. Wenn das Dialogfeld *Benutzerdefinierte Spalte* geöffnet wird, geben Sie in das Feld *Neuer Spaltenname* **Wort geändert** ein.
    c. Geben Sie den folgenden Code in das Feld *Benutzerdefinierte Spaltenformel* ein:

    ```
    List.Accumulate(
       Table.ToRecords(#"Konvertierungstabelle"),
       [Wort],
       (word, conversionRecord) =>
          if word = conversionRecord[Ziel] then
             conversionRecord[Quelle]
          else
             word
    )
    ```

       Wählen Sie *OK*, um das Dialogfeld *Benutzerdefinierte Spalte* zu schließen.

    Die obige Formel ist etwas einfacher als die `List.Accumulate`-Formel in Schritt 14. Sie wird innerhalb der benutzerdefinierten Spaltenfunktion verwendet, sodass sie für jede Zeile in den Microsoft Press-Beiträgen ausgeführt wird. Wie die `List.Accumulate`-Formel in Schritt 14 iteriert sie über die Liste der Datensätze mit den Quelle-Ziel-Schlüsselwortpaaren. Ihr Anfangszustand (das zweite Argument von `List.Accumulate`) ist der Wert in der Spalte *Wort*. Die Akkumulatorfunktion (das dritte Argument von `List.Accumulate`) enthält den Status und die aktuellen Argumente (*word* und *conversionRecord* genannt). Das Zustandsargument enthält den Wert in der aktuellen Zelle in der Spalte *Wort*. Das aktuelle Argument der Akkumulatorfunktion ist der aktuelle Datensatz des Quelle-Ziel-Paares. Die Akkumulatorfunktion vergleicht das aktuelle Wort und das Wort in der Spalte *Ziel* (das durch Unterstrich getrennte Schlüsselwort). Wenn sie übereinstimmen, wird der Wert in *Quelle* zurückgegeben, da Sie das Schlüsselwort von *Ziel* in *Quelle* zurücksetzen möchten. Wenn das aktuelle Wort nicht mit *Ziel* übereinstimmt, wird das ursprüngliche Wort beibehalten. In der nächsten Iteration von `List.Accumulate` wird das nächste Quelle-Ziel-Paar ausgewertet.

23. Um die Formel zu testen, filtern Sie die Spalte *Wort* nach *power_bi*, und Sie sehen, dass die neue Spalte *Wort* nun *power bi* enthält. Nachdem Sie geprüft haben, dass der vorherige Schritt ordnungsgemäß ausgeführt wurde, entfernen Sie den Filterschritt.
24. Entfernen Sie die Spalte *Wort* und benennen Sie die Spalte *Wort geändert* in **Wort** um.

25. Wählen Sie im Bereich *Abfragen* die Abfrage *Beitrag Themen* aus und klicken Sie als temporären Schritt auf das Filtersteuerelement der Spalte *Thema*. Sie sollten nun im Filterbereich sehen, dass alle Schlüsselwörter, die aus Wortpaaren bestehen, gefunden wurden.

    Bevor Sie die Abfrage *Beitrag Themen* in Ihren Bericht laden, können Sie abschließend noch die Ladezeit verbessern, indem Sie `Table.Buffer` oder `List.Buffer` verwenden. In den Schritten 14 und 22 haben Sie eine benutzerdefinierte Spalte hinzugefügt, die auf die Konvertierungstabelle zugreift. Sie haben in den Übungen 12.2 und 12.3 gelernt, dass die M-Engine mehrmals auf externe Quellen zugreift, wenn innerhalb einer benutzerdefinierten Spalte auf externe Abfragen verwiesen wird. In den nächsten Schritten fügen Sie `List.Buffer` ein, um die Ladezeit zu reduzieren und auch dieses Problem zu beheben.

26. Markieren Sie die Abfrage *Alle Wörter – Interpunktion entfernen* und klicken Sie dann auf der Registerkarte *Start* auf *Erweiterter Editor*.

    Fügen Sie vor der Zeile, die mit `#"Hinzugefügte benutzerdefinierte Spalte"` beginnt, die folgende Zeile ein:

    ```
    BufferedList = List.Buffer(Table.ToRecords(#"Konvertierungstabelle")),
    ```

    Ersetzen Sie im Schritt `#"Hinzugefügte benutzerdefinierte Spalte"` im ersten Argument von `List.Accumulate` `Table.ToRecords("Konvertierungstabelle")` durch `BufferedList`. Hier ist der gesamte Schritt nach dieser Änderung:

    ```
    #"Hinzugefügte benutzerdefinierte Spalte" = Table.AddColumn(#"Text in
    Kleinbuchstaben",
      "Geänderter Beitrag",
        each List.Accumulate(
          BufferedList,
          [Beitrag],
          (message, conversionRecord) =>
             Text.Replace(
                message,
                conversionRecord[Quelle],
                conversionRecord[Ziel]
          )
        )
    ),
    ```

27. Wählen Sie *Fertig* oder *OK*, um den erweiterten Editor zu schließen.

28. Markieren Sie die Abfrage *Keine Stoppwörter* und klicken Sie dann auf der Registerkarte *Start* auf *Erweiterter Editor*.

    Fügen Sie vor der Zeile, die mit `#"Hinzugefügte benutzerdefinierte Spalte"` beginnt, die folgende Zeile ein:

    ```
    BufferedList = List.Buffer(Table.ToRecords(#"Konvertierungstabelle")),
    ```

    Ersetzen Sie im Schritt `#"Hinzugefügte benutzerdefinierte Spalte"` im ersten Argument von `List.Accumulate` `Table.ToRecords("Konvertierungstabelle")` durch `BufferedList`. Hier ist der gesamte Schritt nach dieser Änderung:

```
#"Hinzugefügte benutzerdefinierte Spalte" = Table.AddColumn(#"Entfernte
Spalten", "Wort geändert",
   each List.Accumulate(
      BufferedList,
      [Wort],
      (word, conversionRecord) =>
         if word = conversionRecord[Ziel] then
            conversionRecord[Quelle]
         else
            word
   )
),
```

Wählen Sie *Fertig* oder *OK*, um den erweiterten Editor zu schließen.

Jetzt können Sie die Abfrage *Beitrag Themen* laden und neue Visualisierungen erstellen, die zeigen, welche Themen am häufigsten auf der Facebook-Seite von Microsoft Press genannt werden, wie in Abbildung 12.16 dargestellt.

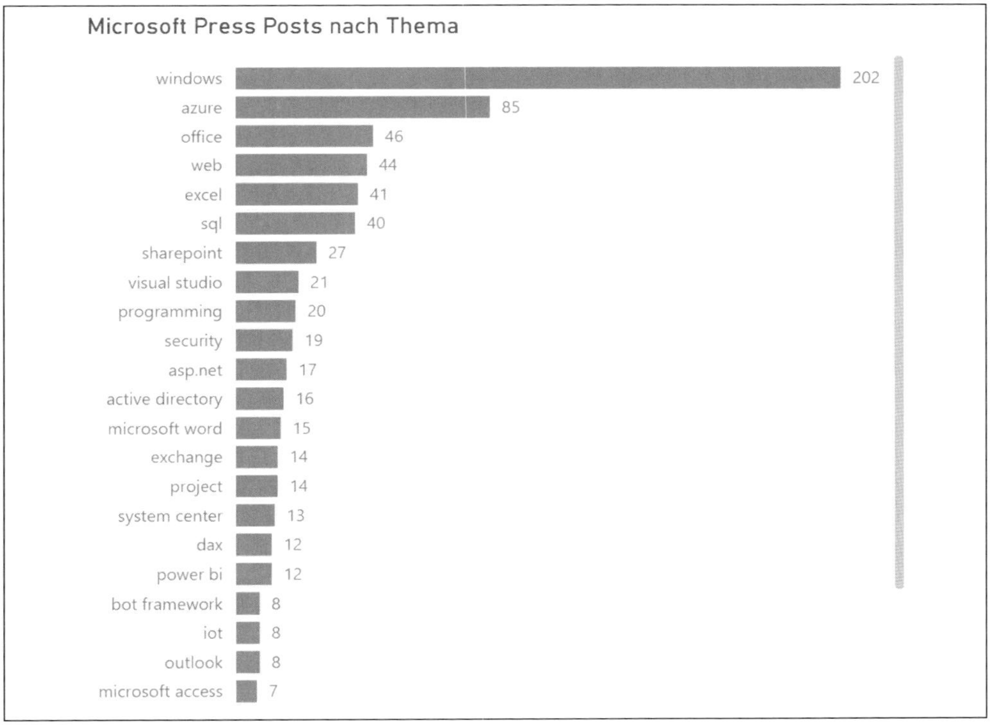

Abbildung 12.16 Die Lösungsarbeitsmappe zeigt die Anzahl der Facebook-Beiträge nach Thema an, in diesem Fall als PivotChart in Excel.

Um sich die Lösung dieser Übung anzuschauen, öffnen Sie den Power BI-Bericht *K12U06 – Lösung.pbix* oder die Arbeitsmappe *K12U06 – Lösung.xlsx* aus den Begleitdateien dieses Buches.

Übung 12.7: Wortwolken in Power BI erstellen

Zum Abschluss dieses Kapitels möchte ich Ihnen zeigen, wie Power BI Ihnen helfen kann, Textspalten in einer Wortwolke zu visualisieren. Im vorherigen Abschnitt haben Sie gelernt, wie Sie Wörter aufteilen und zählen sowie Stoppwörter in einem Bericht ignorieren. Sie werden sehen, dass Sie bei kleinen Datasets alle Beiträge in Power BI in eine Wortwolke laden können, ohne die Posts vorher in Wörter aufteilen zu müssen.

Diese Übung führt durch die Anpassung eines benutzerdefinierten visuellen Elements in Form einer Wortwolke; außerdem werden Sie sehen, wie Stoppwörter ignoriert werden, ohne Beiträge in die Wörter aufteilen zu müssen. Nachfolgend werden Sie eine Wortwolke wie die in Abbildung 12.17 erstellen.

1. Öffnen Sie Power BI Desktop.
2. Klicken Sie auf der Registerkarte *Start* in der Gruppe *Benutzerdefinierte visuelle Elemente* auf *Aus App Source*.
3. Wenn das Dialogfeld *Power BI Visuals* geöffnet wird, geben Sie **Word Cloud** in das Suchfeld ein und klicken Sie auf das Suchsymbol.

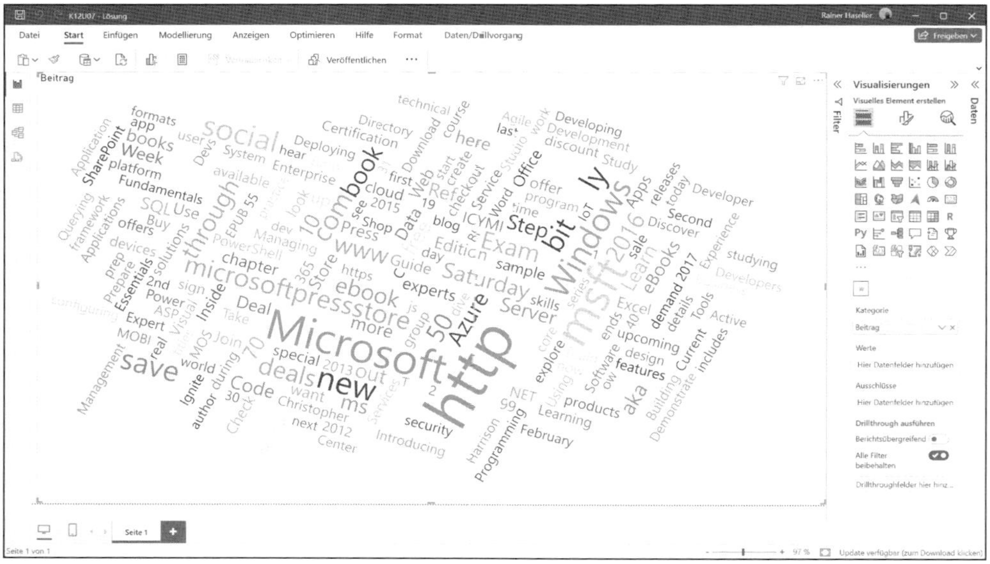

Abbildung 12.17 Sie können eine Wortwolke in Power BI verwenden, um Wörter in Beiträgen zu visualisieren. Die Optionen im Bereich *Stoppwörter* entfernen die Stoppwörter aus der Visualisierung.

4. Wählen Sie die Visualisierung *Word Cloud* von Microsoft aus, die in den Suchergebnissen angezeigt wird. Klicken Sie auf *Hinzufügen*. Wenn das visuelle Element in den Bereich *Visualisierungen* geladen wird, wählen Sie im Meldungsfeld *OK*.
5. Erstellen Sie einen neuen Power BI-Bericht und klicken Sie auf der Registerkarte *Start* auf den unteren Bereich der Schaltfläche *Daten abrufen* und dann auf *Excel-Arbeitsmappe*.
6. Wählen Sie im Ordner *C:\Daten\K12* die Datei *K12U01.xlsx* aus und wählen Sie *Öffnen*.

7. Schalten Sie im Dialogfeld *Navigator* das Kontrollkästchen *Facebook_Posts* ein und wählen Sie *Laden*.
8. Wählen Sie im Bereich *Visualisierungen* die Option *Word Cloud*. Ziehen Sie das Feld *Beitrag* auf *Kategorie* und legen Sie es dort ab. Die Visualisierung *Word Cloud* wird geladen.
9. Wählen Sie das Word Cloud-Visual auf dem Berichtsbereich aus. Klicken Sie dann im Bereich *Visualisierungen* auf das Symbol *Format*. Aktivieren Sie *Stoppwörter* und *Standardstoppwörter*. Sie sehen nun, dass Power BI die Stoppwörter ganz effektiv entfernt. Um die Liste der Stoppwörter zu erweitern, können Sie die entsprechenden Wörter in das Textfeld *Wörter* eingeben.

   Wenn Sie versuchen, eine große Anzahl von Beiträgen in das Word Cloud-Visual zu laden, kann sich die Interaktion mit dem Bericht verlangsamen. Um die Leistung des Berichts zu verbessern, können Sie den Power Query-Editor verwenden, um die Wörter aufzuteilen, wie Sie es in den Übungen 12.4 und 12.5 gelernt haben, und dann die Spalte mit den aufgeteilten Wörtern an das Word Cloud-Visual übergeben. Ein weiterer wichtiger Grund, diese Art von Teilung durchzuführen, besteht darin, die häufigsten Wörter in anderen visuellen Elementen anzuzeigen, zum Beispiel in einem Balkendiagramm. Diese visuellen Elemente enthalten keine integrierte Stoppwort-Implementierung und teilen große Beiträge nicht automatisch in einzelne Wörter auf, wie es beim Word Cloud-Visual der Fall ist.

Sie können den Power BI-Bericht *K12U07 – Lösung.pbix* aus den Begleitdateien zu diesem Buch verwenden, der einige der in diesem Kapitel erlernten Techniken kombiniert und eine Analyse der Facebook-Beiträge von Microsoft Press nach Wörtern und Themen im Zeitablauf bietet.

Dieser Bericht kombiniert die wichtigsten Lösungen, die Sie in diesem Kapitel gelernt haben. Mit der leistungsstarken Interaktion zwischen den Visuals, die in Power BI verfügbar sind, und den Techniken in diesem Kapitel können Sie nun einen besseren Überblick über die wahre Essenz von Textfeeds erhalten.

Zusammenfassung

In diesem Kapitel haben Sie mehrere Techniken kennengelernt, um Einblicke in Textfeeds zu erhalten. Während Sie direkte Textmanipulation verwenden können, um Textdaten wie Datumsangaben, Codes oder Adressen zu bereinigen, sind andere in diesem Kapitel beschriebene Techniken besser für die Textanalyse geeignet. Sie haben in diesem Kapitel ein Dataset mit Microsoft Press Facebook-Posts verwendet, um nach Schlüsselwörtern zu suchen und um anhand des Textes Themen zu erkennen.

Durch die Verwendung bedingter Spalten im Power Query-Editor haben Sie gelernt, wie Sie eine begrenzte Anzahl von Schlüsselwörtern erkennen. Das kartesische Produkt ist eine sehr effektive Methode, um eine große Anzahl von Schlüsselwörtern aus einer externen Liste dynamisch zu erkennen. Außerdem haben Sie gesehen, wie Sie eine benutzerdefinierte Funktion erstellen, um nach Schlüsselwörtern zu suchen. Um die Leistung Ihrer Berichte zu verbessern, haben Sie die Funktionen `Table.Buffer` und `List.Buffer` eingesetzt, mit denen das wiederholte Öffnen externer Datenquellen reduziert werden kann, wenn Sie benutzerdefinierte Spalten verwenden.

Dieses Kapitel hat auch gezeigt, wie Sie Text in einzelne Wörter aufteilen und dabei Stoppwörter ignorieren. Sie haben nützliche Techniken zum Filtern einer Tabelle nach Schlüsselwörtern in einer externen Quelle mithilfe von Zusammenführungsabfragen kennengelernt. Um Stoppwörter zu ignorieren, haben Sie Zusammenführungsabfragen mit einem linken Anti-Join eingesetzt. Diese Technik ist nützlich, um Zeilen aus einer externen Liste herauszufiltern. Um aufgeteilte Wörter und eine Liste von Schlüsselwörtern abzugleichen, haben Sie Zusammenführungsabfragen mit einem inneren Join angewendet, was sehr nützlich ist, um Ihre Daten aus einer externen Liste von Schlüsselwörtern zu filtern.

In diesem Kapitel haben Sie auch gelernt, wie Sie Schlüsselwörter, die aus mehreren Wörtern bestehen, durch temporäre Änderung der Beiträge mithilfe von `List.Accumulate` und einer Konvertierungstabelle erkennen. Schließlich haben Sie in diesem Kapitel auch gesehen, wie Sie Textfeeds in Word Cloud-Visualisierungen in Power BI laden.

Sie stehen erst am Anfang Ihrer Entdeckungsreise der Textanalyse. In Kapitel 13 erfahren Sie, wie Sie die Leistungsfähigkeit künstlicher Intelligenz nutzen und wie Sie erweiterte Textanalyseaufgaben in Azure ausführen, wie beispielsweise das Implementieren von Textübersetzungen, Sentimentanalysen und die Erkennung von Ausdrücken – ohne dass Sie hierbei auf die Unterstützung durch Datenwissenschaftler oder Softwareentwickler angewiesen sind.

KAPITEL 13

Fortgeschrittene Textanalyse: Bedeutung extrahieren

In diesem Kapitel:

- erfahren Sie, wie Sie Microsoft Azure KI-Dienste bereitstellen, um die Leistungsfähigkeit künstlicher Intelligenz bei der Analyse von Textfeeds zu nutzen
- lernen Sie, wie Sie in Power BI und Excel mithilfe der API zur Textübersetzung Texte übersetzen
- erkennen Sie Stimmungen in Nachrichten mithilfe der API zur Stimmungsanalyse
- erfahren Sie, wie Sie Nachrichten in Batches gruppieren, um die Anzahl der API-Aufrufe zu reduzieren
- extrahieren Sie mithilfe der Sprachdienst-API Begriffe aus Nachrichten
- verwalten Sie mehrsprachige Feeds und erweitern Sie Abfragen, die die Sprachdienste nutzen, um Sprachen zu erkennen

In Kapitel 12, »Einfache Textanalyse«, haben Sie die grundlegenden Schritte kennengelernt, um Einblicke in Textfeeds zu gewinnen. Sie haben gesehen, wie Sie Schlüsselwörter in Textspalten erkennen, und gelernt, wie Sie Texte in Wörter aufteilen und diese zählen, um aus den Daten mehr bedeutsame Informationen zu extrahieren. In diesem Kapitel gehen Sie einen wichtigen Schritt weiter und erfahren, wie Sie Text übersetzen, Stimmungsanalysen anwenden, Schlüsselsätze extrahieren und die Leistungsfähigkeit der cloudbasierten KI-Dienste von Microsoft nutzen, um diese »Zaubertricks« durchzuführen. Mit dem Power Query-Web-Konnektor und einigen M-Funktionen können Sie ohne die Hilfe von Datenwissenschaftlern oder Softwareentwicklern wirklich die Bedeutung aus Text herausfiltern.

Microsoft Azure KI-Dienste

Um computergestützte Sprachübersetzungs- oder Stimmungsanalyseaufgaben durchzuführen, ist es nicht erforderlich, dass Sie einen Studiengang in den Fachbereichen Künstliche Intelligenz sowie Informatik belegen. Es ist gar nicht so lange her, dass Sie für die Implementierung und Verwendung dieser Methoden in Ihren Berichten große Teams von Softwareentwicklern und Datenwissenschaftlern benötigten. Bis vor Kurzem hatten aufgrund der Rechen- und Implementierungskomplexität nur sehr wenige Organisationen oder Unternehmen Berichtslösungen, die die Möglichkeiten der künstlichen Intelligenz nutzen konnten, um die Bedeutung aus Textfeeds zu extrahieren.

Glücklicherweise ist künstliche Intelligenz in unserer neuen Ära zu einem Gebrauchsartikel geworden. Sie können jetzt cloudbasierte Dienste nutzen, um Sprache zu analysieren und Bedeutung zu extrahieren. Mit den Azure-basierten KI-Diensten von Microsoft können Sie künstliche Intelligenz in Ihre Geschäftsworkflows integrieren. Ihnen stehen Dienstleistungen in fünf Kategorien zur Verfügung: Bildanalyse, Sprache, Spracheingabe, Entscheidung und Suche. Mit einfachen Schnittstellen (Web-APIs) können Sie einige dieser Dienste in Ihre Berichte integrieren, um Ihre Textfeeds zu analysieren.

Azure KI-Dienste stehen unter *azure.microsoft.com/de-de/products/ai-services* zur Verfügung.

In diesem Kapitel erfahren Sie, wie Power BI- und Excel-Abfragen erstellt werden, die Textfeeds für die Sprachübersetzung, Stimmungsanalyse und Erkennung von Schlüsselausdrücken verarbeiten. Sie verwenden zwei Web-APIs, die Teil der Azure KI-Dienste sind: die Sprachdienst-API sowie die Textübersetzungs-API, wie in Abbildung 13.1 dargestellt.

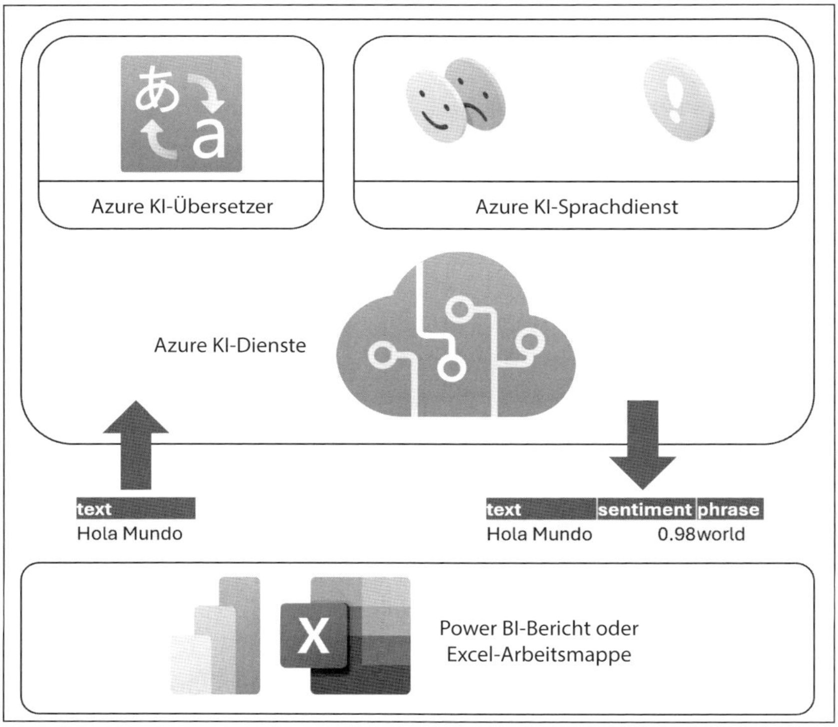

Abbildung 13.1 In diesem Diagramm der Excel/Power BI-Lösung ist keine serverseitige Entwicklung erforderlich. Die Magie wird von den Azure KI-Diensten in einer Blackbox ausgeübt.

In der Regel verfügen Sie in fortgeschrittenen Implementierungen der Textanalyse über ein komplexes Architekturdiagramm mit einer Vielzahl von Komponenten, die auf bestimmte Elemente in einem komplexen Satz von Aufgaben spezialisiert sind. Glücklicherweise hat Microsoft alle komplexen Funktionen in Azure KI-Dienste implementiert. Betrachten Sie es als eine magische Blackbox. Nachdem Sie Text an diese Blackbox übergeben haben, wird der in die gewünschte Sprache übersetzte Text, eine Stimmungsbewertung oder eine Liste extrahierter Schlüsselwörter zurückgegeben. Daher ist Ihre Architektur ganz einfach: ein Power BI-Bericht oder eine einzelne Excel-Arbeitsmappe, in dem/der die gesamte Datenvorbereitung und Datenverschiebung von der Power Query-Engine durchgeführt wird, wobei die Blackbox dann den mit Bedeutung angereicherten Text zurückgibt.

Abbildung 13.2 veranschaulicht die drei Hauptschritte dieser Lösung: Sie implementieren einen Bericht, der eine Textspalte aus einer externen Datenquelle lädt, dann den Text an die Azure KI-Dienste Textübersetzungs-API oder Sprachdienst-API übergibt und schließlich die von den Azure KI-Diensten zurückgegebenen Ergebnisse in den Bericht zurückliefert. Es ist wichtig zu beachten, dass diese drei Schritte in einem einzigen Aktualisierungsvorgang ausgeführt werden. Nachdem Sie die Abfrage erstellt haben, werden bei jeder Aktualisierung des Berichts die drei Schritte erneut ausgeführt, die dann die gewünschten Ergebnisse liefern.

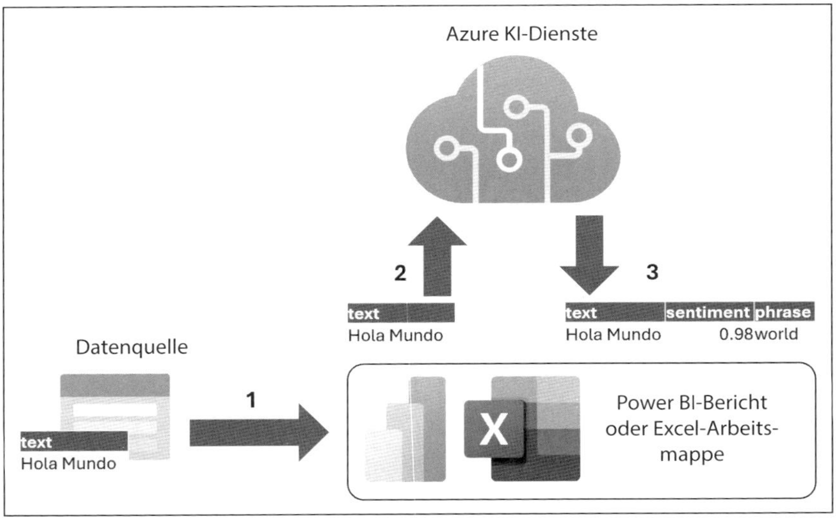

Abbildung 13.2 Eine einzelne Aktualisierung durchläuft drei Schritte, von der externen Datenquelle bis zu Ergebnissen der KI-Dienste.

Azure KI-Dienste ist ein Beispiel für *Software as a Service* (SaaS). Dies bedeutet, dass Sie keinen serverseitigen Code schreiben oder sich Gedanken über die Verfügbarkeit externer Server oder Computer machen müssen, um die Aufgabe zu erledigen. Sie müssen lediglich eine Verbindung zu Ihrem Dataset herstellen, es vorbereiten, es in die Azure KI-Dienste hochladen und die Antwort abrufen und in Ihren Bericht laden – alles in einem einzigen Schritt und mit viel Hilfe von Power Query. Die Schnittstelle zwischen dem Bericht und den KI-Diensten verwendet

HTTP-POST-Requests, um den Text in die Dienste hochzuladen. Dies geschieht alles mit einfachen M-Funktionen, die Sie im weiteren Verlauf des Kapitels kennenlernen werden.

Um die Textübersetzungs- und Textanalyse-APIs zu verwenden, müssen Sie zwei API-Schlüssel abrufen. Wie das geht, beschreibt der nächste Abschnitt.

API-Schlüssel und Ressourcenbereitstellung in Azure

Bei Azure KI-Diensten handelt es sich um cloudbasierte Dienste, die einfach über Web-APIs verwendet werden können. Um die Azure KI-Dienste zu nutzen, benötigen Sie ein Konto und ein Abonnement in Azure; daher müssen Sie eine relevante Ressource in Azure bereitstellen und API-Schlüssel abrufen, mit denen Sie den Dienst über das Web aufrufen können. In diesem Abschnitt wird erläutert, wie Sie die Dienste im Azure-Portal bereitstellen und Zugriff auf die APIs erhalten.

Azure KI-Dienste stehen kostenlos und ohne zeitliche Begrenzung zur Verfügung, wenn Sie monatlich einen Bericht für kleine Datasets ausführen müssen. Wenn Sie Azure KI-Dienste zum ersten Mal verwenden, können Sie den Dienst kostenlos ausprobieren.

Die Textübersetzungs-API bereitstellen

Führen Sie die folgenden Schritte aus, um die Microsoft Textübersetzungs-API in Azure bereitzustellen, und starten sie in einem Power BI-Bericht oder einer Excel-Arbeitsmappe.

Da Microsoft ständig neue Funktionen hinzufügt, sind die folgenden Anweisungen möglicherweise nicht mehr vollständig korrekt, während Sie diese Zeilen lesen. Wenn dies der Fall ist, befolgen Sie die Anweisungen unter *www.microsoft.com/de-de/translator/trial.aspx#get-started*.

1. Melden Sie sich bei Azure an:
   a. Wenn Sie noch nicht über ein Microsoft-Konto verfügen, registrieren Sie sich unter *azure.microsoft.com*.
   b. Wenn Sie bereits über ein Microsoft-Konto verfügen, melden Sie sich unter *portal.azure.com* an.
2. Um die Textübersetzungs-API zu abonnieren, während Sie bei Azure angemeldet sind, wechseln Sie zu *portal.azure.com/#create/Microsoft.CognitiveServicesTextTranslation*.

   Oder wechseln Sie zur Startseite des Portals und klicken Sie im Abschnitt *Azure-Dienste* auf *Azure AI Services*. Klicken Sie bei *Übersetzer* auf *Erstellen*.

3. Führen Sie die folgenden Schritte aus, um in Azure eine Ressource für die Textübersetzungs-API zu erstellen:
   a. Wählen Sie Ihr Azure-Abonnement aus.
   b. Wählen Sie eine vorhandene Ressourcengruppe aus oder erstellen Sie eine neue. Ressourcengruppen helfen dabei, mehrere Ressourcen auf Azure zu kombinieren und zu verwalten. Wenn Sie Azure zum ersten Mal verwenden, erstellen Sie eine neue Ressourcengruppe und nennen Sie sie **Uebersetzung-Res-Gruppe**.
   c. Wählen Sie eine *Region* aus. In diesem Beispiel verwenden wir *Global.* Falls Sie eine andere Region auswählen, müssen Sie später bei den API-Aufrufen den Standortcode anpassen.
   d. Geben Sie in das Feld *Name* einen verfügbaren Namen ein. In diesem Kapitel verwenden wir als Beispiel den Namen **UebersetzungsRessourceK13.**
   e. Wählen Sie den gewünschten Tarif aus. Sie können den kostenlosen Tarif für Textfeeds mit weniger als zwei Millionen Zeichen/Monat verwenden. Weitere Informationen über die Preisgestaltung finden Sie unter *azure.microsoft.com/de-de/pricing/details/cognitive-services/translator.*
   f. Wählen Sie *Überprüfen + Erstellen.*
   g. Lesen Sie die Hinweise und wählen Sie *Erstellen.*
4. Wählen Sie im Menü im linken Bereich des Azure-Portals *Alle Ressourcen* und wählen Se dann *UebersetzungsRessourceK13.* Die Seite *UebersetzungsRessourceK13* wird geöffnet. Klicken Sie im Menü an der linken Seite unterhalb von *Ressourcenverwaltung* auf *Schlüssel und Endpunkt.*
5. Wie in Abbildung 13.3 gezeigt, können Sie dort eine Kopie von *SCHLÜSSEL1* oder *SCHLÜSSEL2* (die Sie weiter hinten im Kapitel in Übung 13.1 verwenden werden) in die Zwischenablage kopieren. Außerdem sehen Sie dort den Code für *Standort/Region.* Es ist nicht erforderlich, den Schlüssel in einem Zwischenschritt außerhalb des Berichts zu speichern. Sie können sich jederzeit beim Azure-Portal anmelden und Schritt 4 wiederholen, um auf diese Seite zuzugreifen und den Schlüssel erneut zu kopieren.

Stellen Sie sicher, dass die Schlüssel nicht mit Personen außerhalb Ihres Teams geteilt werden. Weitere Informationen zu den Sicherheitsaspekten von API-Schlüsseln in Power Query finden Sie weiter hinten in diesem Kapitel.

Nachdem Sie nun wissen, wie Sie in Azure eine Textübersetzungsressource bereitstellen und Ihren API-Schlüssel abrufen, können Sie dasselbe mit der Sprache-API tun, die für die Stimmungsanalyse und die Extraktion von Schlüsselwörtern benötigt wird.

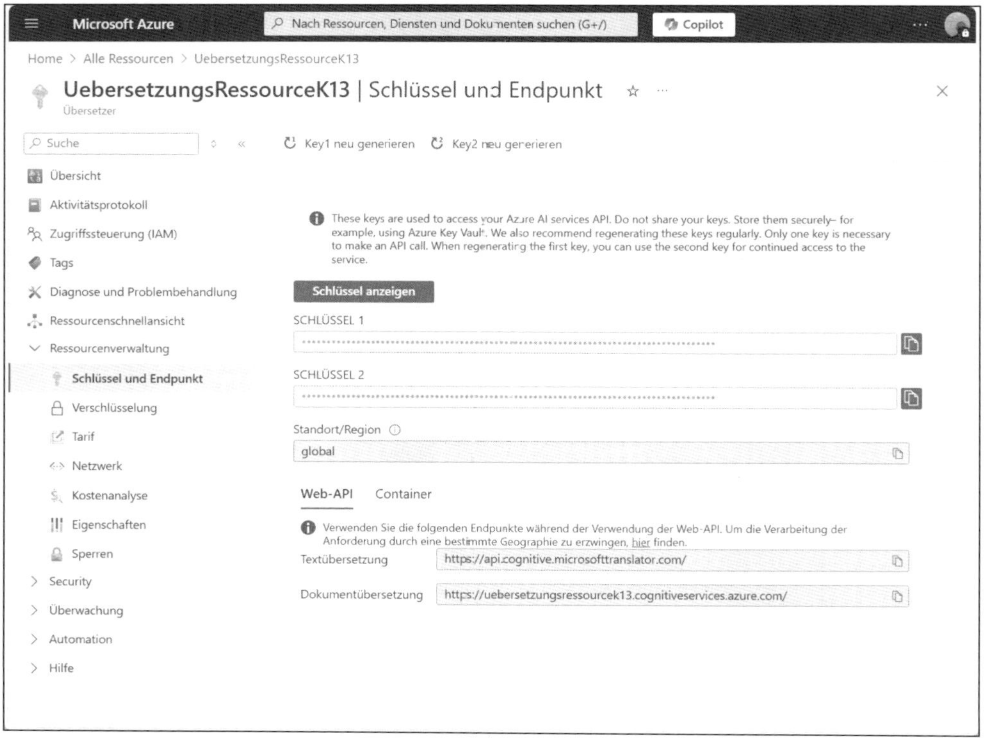

Abbildung 13.3 Sie können einen der Schlüssel in der Ansicht *Schlüssel und Endpunkt* der Textübersetzungs-Ressourcenseite hineinkopieren.

Die Sprachdienst-API bereitstellen

In diesem Abschnitt erfahren Sie, wie Sie die Textanalyseressource in Azure bereitstellen und den API-Schlüssel abrufen. Wenn Sie die folgenden Schritte ausführen, können Sie in Ihrem Power BI-Bericht oder Ihrer Excel-Arbeitsmappe die Stimmungsanalyse und die Schlüsselwortextraktion anwenden:

1. Melden Sie sich bei Azure an:
   a. Wenn Sie noch nicht über ein Konto verfügen, registrieren Sie sich unter *azure.microsoft.com*.
   b. Wenn Sie bereits über ein Konto verfügen, melden Sie sich unter *portal.azure.com* an.
2. Um die Sprachdienst-API zu abonnieren, wenn Sie bei Azure angemeldet sind, wechseln Sie zu *portal.azure.com/#create/Microsoft.CognitiveServicesTextAnalytics*. Wählen Sie dann *Fahren Sie mit dem Erstellen Ihrer Ressource fort*. Die Seite *Sprache erstellen* wird geöffnet.
3. Führen Sie die folgenden Schritte aus, um in Azure eine Ressource für den Sprachdienst zu erstellen:
   a. Wählen Sie Ihr Azure-Abonnement aus.
   b. Wählen Sie eine vorhandene Ressourcengruppe aus oder erstellen Sie eine neue. Wenn Sie Azure zum ersten Mal verwenden, erstellen Sie eine neue Ressourcengruppe und nennen Sie sie **Text-Analyse-Res-Gruppe.**

c. Wählen Sie die Region für die Ressource aus. In diesem Kapitel verwenden wir *West Europe*. Wenn Sie eine andere Region verwenden, müssen Sie im weiteren Verlauf dieses Kapitels die Formeln anpassen und die von Ihnen ausgewählte Region angeben.

d. Geben Sie in das Feld *Name* einen verfügbaren Namen ein, zum Beispiel **TextAnalyse-RessourceK13**.

e. Wählen Sie den gewünschten Tarif aus. Sie können den kostenlosen Tarif für Textfeeds mit monatlich weniger als 5000 Transaktionen mit jeweils 5c000 Zeichen verwenden. Weitere Informationen über die Preisgestaltung finden Sie unter *azure.microsoft.com/de-de/pricing/details/cognitive-services/language-service*.

f. Aktivieren Sie das Kontrollkästchen, um zu bestätigen, dass Sie die Bedingungen im Hinweis zu verantwortungsvoller KI überprüft haben und diese anerkennen.

g. Klicken Sie auf *Überprüfen + Erstellen*.

h. Wählen Sie *Erstellen*.

4. Wählen Sie im Menü auf der linken Bereich des Azure-Portals *Alle Ressourcen* und dann *TextAnalyseRessourceK13*. Die Seite *TextAnalyseRessourceK13*wird geöffnet. Klicken Sie im Menü an der linken Seite unterhalb von *Ressourcenverwaltung* auf *Schlüssel und Endpunkt*.

5. Wie in Abbildung 13.3 gezeigt, erhalten Sie eine Kopie von *SCHLÜSSEL1* oder *SCHLÜSSEL2* (die Sie weiter hinten im Kapitel in Übung 13.2 für die Stimmungsanalyse und in Übung 13.4 für das Extrahieren von Schlüsselwörtern verwenden werden).

Wie bereits weiter vorne erwähnt, sollten Sie sicherstellen, dass die Schlüssel nicht mit Personen außerhalb Ihres Teams geteilt werden. Weitere Informationen zu den Sicherheitsaspekten von API-Schlüsseln in Power Query finden Sie weiter hinten in diesem Kapitel.

Vor- und Nachteile der Verwendung der KI-Dienste in Power Query

Die Techniken, die Sie in diesem Kapitel zum Übersetzen von Text, zum Durchführen von Stimmungsanalysen und zum Erkennen von Schlüsselwörtern erlernen, sind äußerst nützlich. Bevor Sie deren Implementierungen in Erwägung ziehen, sollten Sie sich jedoch über die Vor- und Nachteile dieses Self-Service-Ansatzes im Klaren sein.

Wie Sie in diesem Kapitel erfahren, erfordert die Integration von Power BI oder Excel und der KI-Dienste moderate Kenntnisse über Power Query. Sie können jedoch den Übungen dieses Kapitels ganz einfach folgen und dann das Gelernte als Vorlage in Power BI oder Excel verwenden, um alle Textfeeds zu verarbeiten, die Sie möglicherweise analysieren möchten.

Die gesamte Lösung erfordert keine fortgeschrittenen Kenntnisse in den Bereichen Data Science, maschinelles Lernen oder Softwareentwicklung. Jeder Power Query-Anwender, der die Schritte in diesem Kapitel befolgt, kann die KI-Dienste implementieren und sofort neue Einsichten gewinnen. Dies bedeutet, dass Informationsspezialisten problemlos Textfeeds in ihren eigenen Analysetools einsetzen und so einen enormen Nutzen für ihr Unternehmen erzielen können.

Bevor Sie die Techniken in diesem Kapitel anwenden, sollten Sie sich der in den folgenden Abschnitten beschriebenen Warnungen bewusst sein.

Große Anzahl von API-Aufrufen

Azure KI-Dienste ist ein kostenpflichtiger Dienst. Es ist wichtig, dass Sie die Einschränkungen von Power Query verstehen, wenn Sie diesen Dienst verwenden, oder Sie werden am Ende eine große Anzahl von API-Aufrufen durchführen und möglicherweise von der Aufforderung überrascht, den Tarif für die Nutzung der Dienste anzupassen. Um übermäßige API-Aufrufe zu vermeiden, sollten Sie die folgenden Punkte sicherstellen:

Kleine Datasets: Wenn Sie den Power Query-Editor zum Erstellen einer Abfrage verwenden, arbeiten Sie besser mit kleinen Datasets. Sie können vorübergehend den Transformationsschritt *Erste Zeilen beibehalten* verwenden, bevor Sie die KI-Dienste aufrufen, um das Dataset temporär zu verkleinern.

Download der Datenvorschau im Hintergrund: Standardmäßig lädt Power Query Daten im Hintergrund (möglicherweise ohne dass Sie sich darüber bewusst sind), um eine nahtlose Benutzererfahrung zu ermöglichen, wenn Sie in der Liste *Angewendete Schritte* des Power Query-Editors Transformationsschritte auswählen oder zwischen Abfragen hin- und herwechseln. Dieser Ansatz sorgt dafür, dass die transformierten Daten schnell im Vorschaubereich angezeigt werden. Wenn Sie mit kostenpflichtigen oder volumenbeschränkten Web-APIs wie den Azure KI-Diensten arbeiten, erreichen Sie schnell Ihre API-Limits. Um das Auslösen unnötiger und ungeplanter API-Aufrufe zu vermeiden, können Sie den Download der Daten für die Vorschau, der im Hintergrund durchgeführt wird, je Bericht deaktivieren.

Klicken Sie im Power Query-Editor auf die Registerkarte *Datei* und wählen Sie dann *Optionen und Einstellungen | Abfrageoptionen* aus. Wählen Sie bei Excel im Abschnitt *Aktuelle Arbeitsmappe* beziehungsweise bei Power BI Desktop im Abschnitt *Aktuelle Datei* die Option *Daten laden* aus und deaktivieren Sie das Kontrollkästchen *Download der Datenvorschau im Hintergrund zulassen* (siehe Abbildung 13.4). Das Deaktivieren dieser Option ist in jeder Arbeitsmappe oder jedem Power BI-Bericht erforderlich, in die/den Sie die KI-Dienste integrieren. Wenn diese Funktion nicht deaktiviert wird, lädt Power Query weiterhin im Hintergrund die Datenvorschau, was zu unnötigen API-Aufrufen an die KI-Dienste führt.

Beachten Sie, dass jedes Mal, wenn Sie den Power Query-Editor öffnen und zu bestimmten Abfragen navigieren, eine Reihe von API-Aufrufen an die KI-Dienste ausgelöst wird, um Ihnen im Vorschaubereich die aktuellen Ergebnisse bereitzustellen – auch nachdem Sie diese Option deaktiviert haben.

Fehlende inkrementelle Aktualisierung: In Power BI können Sie eine inkrementelle Aktualisierung implementieren, die übermäßige API-Aufrufe verhindert. Excel hingegen verfügt nicht über einen solchen Mechanismus für die inkrementelle Aktualisierung. Jedes Mal, wenn ein Bericht aktualisiert wird, lädt die Abfrage das gesamte Dataset, und es werden keine Zwischenergebnisse aus der vorherigen Aktualisierung gespeichert. Wenn Sie daher häufig einen Bericht aktualisieren müssen, der in die KI-Dienste integriert ist, senden Sie immer wieder große Teile desselben Datasets – was keine effiziente Möglichkeit ist, die Anzahl der API-Aufrufe niedrig zu halten.

Um diese Einschränkung zu beheben, können Sie die Abfragen für mehrere Excel-Dateien implementieren, was weiter hinten in diesem Kapitel beschrieben wird. Jede Datei lädt nur ein Inkrement der Daten in die KI-Dienste, basierend auf einem vordefinierten Zeitraum, und speichert die Ergebnisse in einem Tabellenblatt. Wenn Sie dann den Ordner-Konnektor verwenden, wie in Kapitel 3, »Daten aus mehreren Quellen kombinieren«, beschrieben, können Sie alle Inkremente an einen einzigen Bericht anhängen, wodurch nur die erforderliche Menge an API-Aufrufen durchgeführt wird.

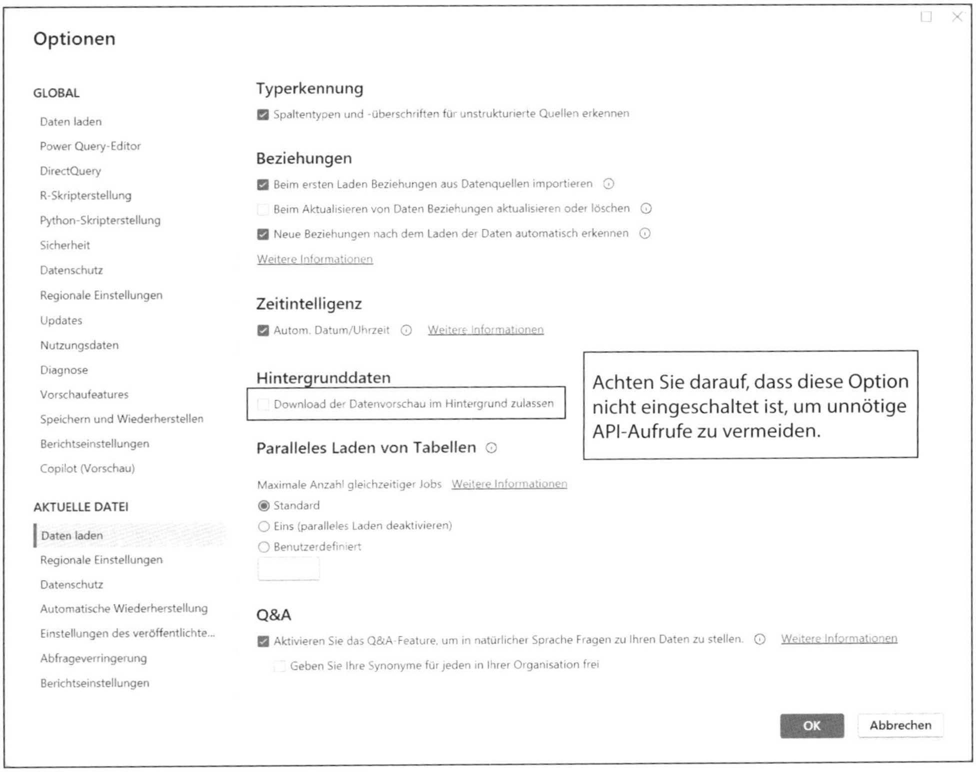

Abbildung 13.4 Deaktivieren Sie im Dialogfeld *Optionen* den Download der Datenvorschau im Hintergrund.

Datenschutz und Sicherheit

Stellen Sie sicher, dass Ihre Unternehmensrichtlinien die Verwendung der KI-Dienste erlauben. Obwohl Azure wahrscheinlich die sicherste Cloud-Plattform ist, ist es in Ihrem Unternehmen möglicherweise verboten, Azure für vertrauliche Datasets zu verwenden. Wenn Sie nicht sicher sind, ob Sie die KI-Dienste verwenden dürfen, wenden Sie sich an Ihre IT-Abteilung, um weitere Informationen zu erhalten. Wenn Sie einen Bericht für andere Berichtsautoren außerhalb Ihres Teams freigeben müssen, denken Sie daran, die API-Schlüssel zu entfernen, bevor Sie den Bericht weitersenden. Weiter hinten in diesem Kapitel erfahren Sie mehr darüber, wie Sie sicher mit Ihren API-Schlüsseln umgehen.

Nicht unterstützte geplante Aktualisierung

Die in diesem Kapitel beschriebenen Techniken können nur mit Power BI Desktop oder Excel aktualisiert werden. Wenn Sie versuchen, eine geplante Aktualisierung auf ein semantisches Modell im Power BI-Dienst anzuwenden, treten Aktualisierungsfehler auf. Sie können zwar einen benutzerdefinierten Konnektor entwickeln, der die geplante Aktualisierung über das lokale Datengateway unterstützen kann, aber dieser Ansatz erfordert fortgeschrittene Programmierkenntnisse, die in diesem Buch nicht vermittelt werden.

Angesichts der soeben beschriebenen Einschränkungen wird empfohlen, die Techniken in diesem Kapitel in Ad-hoc-Analyseszenarien, auf kleine Datasets oder als Proof of Concept für größere Implementierungen außerhalb von Power BI und Excel anzuwenden.

Textübersetzung

Das Übersetzen Ihrer Textdaten in Power BI oder Excel mithilfe von Power Query kann sehr nützlich sein, um automatisiert Erkenntnisse über mehrsprachige Daten zu erhalten. In diesem Abschnitt erfahren Sie, wie Sie Power Query verwenden, um die Übersetzung von Textspalten zu automatisieren, indem Sie mit der Textübersetzungs-API der KI-Dienste kommunizieren. Vielleicht haben Sie bisher den Text Ihrer Datasets manuell kopiert und dann in Ihren bevorzugten Webübersetzer eingefügt, um mehrsprachige Daten zu entschlüsseln. Die Technik, die Sie in diesem Abschnitt lernen, ermöglicht es Ihnen, diesen Prozess zu automatisieren, um Einblick in nicht verwendete Textfeeds zu erhalten, wie in Abbildung 13.5 dargestellt.

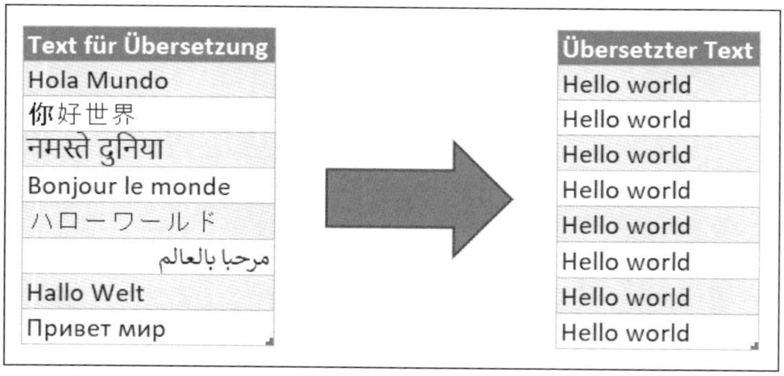

Abbildung 13.5 Sie können die Übersetzung von Textfeeds in Power BI oder Excel automatisieren.

Referenz der Textübersetzungs-API

Obwohl die Textübersetzungs-API-Referenz umfangreich ist und eine Vielzahl von Funktionen bietet, konzentriert sich dieses Kapitel auf die grundlegendste Methode zum Übersetzen einer einzelnen Nachricht. Diese Methode ist der Aufruf von `Translate` der Version 3.0 der API (derzeit die aktuelle Version). Die vollständige Liste der API-Aufrufe finden Sie unter *learn.microsoft.com/en-us/azure/ai-services/translator/reference/v3-0-reference*.

Der Aufruf von `Translate` übersetzt eine Zeichenfolge aus einer Sprache in eine andere. Der Aufruf erfolgt als Webrequest und wird an den URI `https://api.cognitive.microsofttranslator.com/translate` übergeben, gefolgt von der API-Versionsnummer als Wert des Parameters `api-version` und einem zweistelligen Sprachcode als Wert des Parameters `to`, mit dem die Zielsprache angegeben wird, in die Sie übersetzen möchten. Hier ist ein Beispiel für einen URI, der Text ins Englische übersetzt und dabei die aktuelle API-Version 3.0 verwendet:

```
https://api.cognitive.microsofttranslator.com/translate?api-version=3.0&to=en
```

Wenn Sie Text in eine andere Sprache übersetzen möchten, finden Sie unter *learn.microsoft.com/en-us/azure/ai-services/Translator/language-support* Informationen dazu, welche Sprachen unterstützt werden, und den zweistelligen Code, den Sie für den Wert des Parameters `to` angeben müssen. Der folgende URI übersetzt beispielsweise *Hola Mundo* ins Niederländische:

```
https://api.cognitive.microsofttranslator.com/translate?api-version=3.0&to=nl
```

Damit Sie das Übersetzungsergebnis erhalten, müssen Sie vom Dienst autorisiert werden, und Sie werden autorisiert, indem Sie im Aufruf den API-Schlüssel übergeben. In Übung 13.1 erfahren Sie, wie Sie den API-Schlüssel im Header `Ocp-Apim-Subscription-Key` übergeben. Sie übergeben auch den entsprechenden Text, den Sie übersetzen möchten. In Version 3.0 der API sollte der Text im JSON-Format im Hauptteil der Anforderung gesendet werden:

```
[
    {"Text":"Hola Mundo"}
]
```

Innerhalb dieses JSON-Arrays können Sie bis zu 25 Textnachrichten mit jeweils 1000 Zeichen (einschließlich Leerzeichen) bis zu einer Gesamtmenge von 5000 Zeichen (einschließlich Leerzeichen) übergeben. Um lange Nachrichten in kleine Teile zu zerlegen, die die API akzeptieren kann, können Sie den API-Aufruf `BreakSentence` verwenden, der unter *learn.microsoft.com/en-us/azure/ai-services/translator/reference/v3-0-break-sentence* erläutert wird. Ich muss in diesem Kapitel viele Techniken behandeln, sodass ich mich in Übung 13.1 darauf konzentriere, eine einzige Textnachricht zu übermitteln.

Übung 13.1: Einfache Übersetzung

In dieser Übung implementieren Sie die einfache Übersetzung einer einzelnen Textnachricht, *Hola Mundo*, mithilfe der Version 3.0 der Textübersetzungs-API.

Teil 1: Den JSON-Inhalt für den Request Body erstellen

Im ersten Teil der Übung erfahren Sie, wie Sie den JSON-Inhalt mit der Nachricht erstellen, die Sie übersetzen möchten. Der JSON-Inhalt wird im Request Body des API-Aufrufs der Funktion für die Übersetzung benötigt.

1. Erstellen Sie einen neuen Power BI-Bericht oder eine leere Excel-Arbeitsmappe und erstellen Sie dann eine leere Abfrage:

2. Geben Sie in der Bearbeitungsleiste die folgende Formel ein, um einen Datensatz für den zu übersetzenden Text zu erstellen. (Je nach Power Query-Umgebung, die Sie verwenden, müssen Sie eventuell am Anfang der Formel noch ein Gleichheitszeichen eingeben.)

   ```
   [Text = "Hola Mundo"]
   ```

   Wenn diese M-Formel in JSON übersetzt wird, wird sie in das folgende Format konvertiert:

   ```
   {"Text" = "Hola Mundo"}
   ```

   Konvertieren Sie den Datensatz in JSON, indem Sie das, was sich in der Bearbeitungsleiste befindet, als Parameter an die Funktion `Json.FromValue` übergeben:

   ```
   Json.FromValue([Text = "Hola Mundo"])
   ```

3. Im Vorschaubereich wird nun ein CSV-Symbol angezeigt. Klicken Sie das Symbol mit der rechten Maustaste an und wählen Sie *Text*. Sie sehen dann, dass die erste Zeile in der neuen Tabelle das gewünschte Format enthält:

   ```
   {"Text":"Hola Mundo"}
   ```

4. Erstellen Sie nun den gesamten JSON-Block inklusive der einschließenden eckigen Klammern. Wählen Sie unter *Angewendete Schritte* den Schritt *Quelle* aus. Ändern Sie in der Bearbeitungsleiste die Formel ab und fassen Sie den Datensatz wie folgt in geschweifte Klammern ein:

   ```
   Json.FromValue( { [Text = "Hola Mundo"] } )
   ```

   Durch Hinzufügen der geschweiften Klammern haben Sie den M-Datensatz in eine Liste eingegeben. Wählen Sie nun den letzten Schritt unter *Angewendete Schritte*, *Importierter Text*, aus, um zu sehen, wie sich die Änderung auf das JSON-Format auswirkt. Die erste Zeile in der Tabelle hat genau das Format, das Sie für den JSON-Inhalt benötigen:

   ```
   [{"Text":"Hola Mundo"}]
   ```

5. Nachdem Sie nun wissen, wie Sie den JSON-Inhalt mit dem zu übersetzenden Text erstellen, löschen Sie die Abfrage, mit der Sie bis jetzt gearbeitet haben. Sie werden schon bald den letzten Wert von `Json.FromValue` als Body des Requests eines anderen M-Ausdrucks verwenden.

M und JSON verwenden entgegengesetzte Definitionen für Datensätze und Listen. In M werden eckige Klammern verwendet, um einen Datensatz zu definieren. In JSON definieren eckige Klammern eine Liste. In M werden geschweifte Klammern verwendet, um eine Liste zu definieren, und in JSON werden sie verwendet, um einen Datensatz zu definieren. Dieses Wissen wird Ihnen helfen, die relevanten JSON-Formate in M zu erstellen, während Sie viele der Web-APIs einsetzen.

Teil 2: Den Parameter APIKey erstellen

Nun ist es an der Zeit, einen Parameter für den API-Schlüssel zu erstellen, den Sie später innerhalb des API-Aufrufs einsetzen. Fahren Sie mit den folgenden Schritten mit Übung 13.1 fort:

6. Melden Sie sich beim Azure-Portal an, dann wiederholen Sie die Schritte 4 und 5 aus dem Abschnitt »Die Textübersetzungs-API bereitstellen« und kopieren Sie einen der beiden API-Schlüssel der Textübersetzungs-API.
7. Führen Sie die folgenden Schritte aus, um einen Parameter für den Textübersetzungs-API-Schlüssel zu erstellen, den Sie in Schritt 6 kopiert haben:
   a. Wählen Sie auf der Registerkarte *Start* des Power Query-Editors den Befehl *Parameter verwalten | Neuer Parameter*.
   b. Wenn das Dialogfeld *Parameter verwalten* geöffnet wird, klicken Sie auf *Neu* und geben Sie im Feld *Name* **APIKey** ein. Wählen Sie dann im Dropdown-Menü *Typ* den Eintrag *Text* aus und geben Sie im Feld *Aktueller Wert* den API-Schlüssel aus Schritt 6 ein, wie in Abbildung 13.6 dargestellt. Wählen Sie abschließend *OK*, um das Dialogfeld zu schließen.

Abbildung 13.6 Fügen Sie den Schlüssel für die Textübersetzungs-API als Parameter hinzu.

Teil 3: Die Webanfrage erstellen

In diesem Teil der Übung erstellen Sie den Hauptaufruf für die Webanfrage und rufen aus der Antwort den übersetzten Text ab. Führen Sie die folgenden Schritte aus, um Übung 13.1 fortzusetzen:

8. Erstellen Sie eine neue leere Abfrage und benennen Sie die Abfrage in **Übersetzte Nachricht** um.

9. Achten Sie darauf, dass im Bereich *Abfragen* die Abfrage *Übersetzte Nachricht* ausgewählt ist, klicken Sie auf der Registerkarte *Start* auf *Erweiterter Editor* und geben Sie den folgenden M-Ausdruck ein:

```
let
   Quelle = Web.Contents(
      "https://api.cognitive.microsofttranslator.com/"
      & "translate?api-version=3.0&to=en",
      [
         Headers = [
            #"Ocp-Apim-Subscription-Key" = APIKey,
            #"Ocp-Apim-Subscription-Region" = "global",
            #"Content-Type" = "application/json"
         ],
         Content = Json.FromValue({[Text = "Hola Mundo"]})
      ]
   )
in
   Quelle
```

Schauen wir uns diesen Ausdruck genau an. Die Hauptfunktion, die hier verwendet wird, ist `Web.Contents`, die auch erstellt werden kann, indem Sie beim Befehl *Daten abrufen* die Option *Aus dem Web* auswählen.

Wenn Sie Daten aus dem Web importieren möchten, müssen Sie den M-Ausdruck in der Regel nicht wie in dieser Übung von Grund auf selbst schreiben. Sie können in Excel den Befehl *Daten abrufen* | *Aus dem Web* und in Power BI den Befehl *Daten abrufen* | *Web* und dann das Dialogfeld *Aus dem Web* verwenden, um die URL anzugeben. Sie können auch die HTTP-Anforderungsheader im Abschnitt *Weitere* des Dialogfelds *Aus dem Web* bereitstellen. Wenn Sie jedoch den Anforderungstext übergeben müssen, wie im Fall der Textübersetzungs-API, müssen Sie den M-Ausdruck `Web.Contents` **erstellen.**

`Web.Contents` enthält zwei Hauptelemente: die URL, die als erstes Argument übergeben wird, und das Argument `Options`, das als zweites Argument übergeben und als Container für alle anderen Elemente verwendet wird, die Sie zum Erstellen einer Webanforderung verwenden können, wie `Headers` und `Content`. Im M-Ausdruck können Sie sehen, dass `Headers` ein Datensatz von Schlüssel-Wert-Paaren ist. Jedes Paar enthält den relevanten HTTP-Header, der für den API-Aufruf erforderlich ist.

Der Datensatz `Headers` enthält den Header `Ocp-Apim-Subscription-Key` mit dem Parameter `APIKey`, den Sie in Schritt 7 erstellt haben. Da der Headername einen Bindestrich enthält, der in M ein Sonderzeichen ist, müssen Sie ihn als Bezeichner in doppelte Anführungszeichen einfassen und hierfür `#"..."` verwenden. Der Header `Ocp-Apim-Subscription-Region` enthält den Standort-/Regionalcode. Falls gewünscht, kann er wie der `APIKey` parametrisiert werden. Content-Type ist ein weiterer erforderlicher Header, den Sie als zweiten Schlüssel im Datensatz Headers sehen.

Nach dem Datensatz Headers sehen Sie das Content-Element mit dem Json.Value, den Sie in Schritt 4 erstellt haben.

Beachten Sie, dass Sie Web.Contents auch mithilfe weiterer Optionen erstellen können, einschließlich RelativePath und Query, und dass Sie weitere Elemente aus der URL in das Argument Options verschieben können. Hier ist der betreffende M-Ausdruck; die neuen Elemente sind fett formatiert. Sie können erkennen, dass die URL im neuen Ausdruck nur noch die Domänennamen enthält:

```
let
   Quelle = Json.Document(Web.Contents(
      "https://api.cognitive.microsofttranslator.com",
      [
         RelativePath="translate",
         Query= [
            #"api-version" = "3.0",
            to = "en"
         ],
         Headers=[
            #"Ocp-Apim-Subscription-Key" = APIKey,
            #"Ocp-Apim-Subscription-Region" = "global",
            #"Content-Type"="application/json"
         ],
         Content=Json.FromValue({[Text = "Hola Mundo"]})
      ]
   ),
in
   Quelle
```

Die Verwendung von RelativePath und Query in Web.Contents bietet mehrere Vorteile. Das Feld RelativePath verbessert in vielen Fällen die Wahrscheinlichkeit, dass Ihre erweiterten Abfragen die Zeitplanaktualisierung auf dem Power BI-Dienst unterstützen. Die Verwendung von Query ermöglicht es dem M-Modul, die URI-Codierung automatisch auf die Abfragewerte anzuwenden und eine unerwartete Verarbeitung des Textes durch den Dienst zu vermeiden.

10. Kopieren Sie den neuen Ausdruck, fügen Sie ihn ein und wählen Sie *OK* oder *Fertig*, um den erweiterten Editor zu schließen.
11. Wenn im Vorschaubereich eine Benachrichtigungsleiste angezeigt wird, klicken Sie auf *Anmeldeinformationen bearbeiten*. Das Dialogfeld *Auf Webinhalte zugreifen* wird geöffnet. Stellen Sie sicher, dass der anonyme Zugriff aktiviert ist, und klicken Sie auf *Verbinden*.

12. Wählen Sie in der Bearbeitungsleiste die Schaltfläche *fx*, um einen neuen Schritt einzufügen. Kapseln Sie `Quelle` in einen Aufruf von `Json.Document` ein:

    ```
    Json.Document(Quelle)
    ```

    Die JSON-Antwort enthält eine Liste mit einem einzelnen Datensatz.
13. Da Sie nur eine einzelne Nachricht übergeben haben, wählen Sie den Datensatz aus, indem Sie auf den Hyperlink klicken.

    Im Vorschaubereich sehen Sie nun einen Datensatz der erkannten Sprachen (*detectedLanguages*) und eine Liste der Übersetzungen (*translations*). Wenn Sie auf den freien Bereich der Zelle *detectedLanguages* klicken, können Sie den Ergebnisdatensatz mit *language=es* und *score=1* sehen. Dies bedeutet, dass der Dienst die Ausgangssprache als Spanisch identifiziert hat, und das mit einer Gewissheit von 100 %. Da Ihr Fokus darauf liegt, den Text ins Englische zu übersetzen, können Sie diesen Datensatz ignorieren und einen Drilldown zum übersetzten Text ausführen.
14. Wählen Sie im Feld *translations* den Hyperlink *List*.
15. Wählen Sie im Vorschaubereich, in dem nun eine Liste mit einem einzelnen Datensatz angezeigt wird, den Hyperlink *Record*. Sie sehen einen neuen Datensatz mit den Feldern *text* und *to*. Der übersetzte Text wird als Wert des Feldes *text* angezeigt.
16. Klicken Sie mit der rechten Maustaste auf die Zelle mit dem Wert *Hello World* und wählen Sie im Kontextmenü den Befehl *Drilldown ausführen*.
17. Laden Sie die Abfrage *Übersetzte Nachricht* in Ihren Power BI-Bericht oder Ihre Excel-Arbeitsmappe und speichern Sie sie.

Sie finden die Lösungsdateien *K13U01 – Lösung.pbix* und *K13U01 – Lösung.xlsx* in den Beispieldateien, die Sie von der Website zu diesem Buch herunterladen können.

Den Bericht ohne API-Schlüssel weitergeben

Wenn Sie die Arbeitsmappe oder den Power BI-Bericht aus Übung 13.1 für andere freigeben müssen, sollten Sie beachten, dass der API-Schlüssel auf nicht sichere Weise gespeichert wird. Jeder Benutzer, der diesen Bericht in Excel oder Power BI Desktop öffnen kann, kann den API-Schlüssel abrufen. Kapitel 8, »Herausforderungen bei der Zusammenarbeit meistern«, stellt verschiedene Ansätze vor, um Arbeitsmappen und Power BI-Berichte für andere freizugeben. Das Verschleiern des API-Schlüssels vor der Freigabe des Berichts ist eine minimale Änderung, die Sie vornehmen sollten, um zu vermeiden, dass der API-Schlüssel für andere sichtbar ist.

Führen Sie die folgenden Schritte aus, um den API-Schlüssel zu entfernen, bevor Sie die Arbeitsmappe oder den Bericht freigeben:

1. Öffnen Sie die Arbeitsmappe, die Sie in Übung 13.1 erstellt haben, und starten Sie den Power Query-Editor. (Wenn Sie die Arbeitsmappe nicht gespeichert haben, können Sie *K13U01 – Lösung.xlsx* oder *K13U01 – Lösung.pbix* aus den Begleitdateien verwenden.)
2. Wählen Sie im Bereich *Abfragen* den Parameter *APIKey* aus.
3. Ersetzen Sie den API-Schlüssel im Feld *Aktueller Wert* durch den folgenden Text

    ```
    "Fügen Sie hier Ihren API-Schlüssel ein."
    ```

4. Wenn Sie den Bericht weitergeben, weisen Sie Ihre Kollegen an, die Schritte 1 und 2 auszuführen und den Text »Fügen Sie hier Ihren API-Schlüssel ein.« durch deren API-Schlüssel zu ersetzen. Anschließend können sie den Bericht aktualisieren.

In Power BI Desktop können Sie noch einen Schritt weiter gehen und die Benutzerfreundlichkeit verbessern, indem Sie eine Power BI-Vorlage erstellen, wie in Kapitel 8 erläutert. Wenn Sie eine Vorlage erstellen, können Benutzer ihre eigenen Schlüssel eingeben, bevor sie den Bericht laden. Wie Sie dies implementieren, erfahren Sie nach der nächsten Übung. Zuvor werden Sie lernen, wie Sie mehrere API-Aufrufe durchführen.

Übung 13.2: Mehrere Nachrichten übersetzen

In dieser Übung konvertieren Sie die Abfrage zur Textübersetzung in eine Funktion, sodass Sie sie für mehrere Nachrichten wiederverwenden können. Beachten Sie, dass die Textübersetzungs-API es Ihnen zwar ermöglicht, 25 Nachrichten in einem einzelnen API-Aufruf zu senden, dieser Ansatz jedoch nicht ausreicht, um eine sehr große Anzahl von Nachrichten zu senden. In dieser Übung erfahren Sie, wie Sie eine große Anzahl von Nachrichten senden. Um die Implementierung einfach zu halten, senden Sie immer noch nur eine Nachricht pro API-Aufruf.

1. Öffnen Sie Ihre gespeicherte Arbeitsmappe oder den Power BI-Bericht aus Übung 13.1. Wenn Sie den Bericht nicht gespeichert haben, laden Sie eine der Lösungsdateien *K13U01 – Lösung.xlsx* oder *K13U01 – Lösung.pbix*, die Sie in den Begleitdateien zu diesem Buch finden.
2. Starten Sie den Power Query-Editor.
3. Führen Sie die folgenden Schritte aus, um Abfrageparameter zu erstellen, die später anstelle der hart codierten URL-Parameter `text` und `to` verwendet werden, die in Übung 13.1 benutzt wurden.

   Der Parameter `text` für den Request Body:

   a. Wählen Sie auf der Registerkarte *Start* den Befehl *Parameter verwalten | Neuer Parameter*.
   b. Wenn das Dialogfeld *Parameter verwalten* geöffnet wird, geben Sie in das Feld *Name* **EingabeText** ein, wählen Sie in der Dropdown-Liste *Typ* den Eintrag *Text* aus und geben Sie in das Feld *Aktueller Wert* **Hola Mundo** ein. Wählen Sie dann *OK*.

   Der Parameter `to` für den Request Body:

   c. Wiederholen Sie Schritt 3.a. und geben Sie dann im Feld *Name* **Zielsprache** ein.
   d. Geben Sie in das Feld *Aktueller Wert* **en** ein. Wählen Sie dann *OK*.
4. Wählen Sie im Bereich *Abfragen* die Abfrage *Übersetzte Nachricht* aus und klicken Sie auf der Registerkarte *Start* auf *Erweiterter Editor*.

   Als Nächstes ändern Sie die M-Formel und ersetzen die hart codierten Werte durch die neuen Parameter aus Schritt 3. Hier ist ein Teil des Ausdrucks, den Sie im erweiterten Editor finden. Die hart codierten Werte `"en"` und `"Hola Mundo"`, die ersetzt werden müssen, sind fett formatiert. (Beachten Sie, dass die Version hier anders eingerückt ist, um die Formel lesbarer zu machen.)

```
Json.Document(
    Web.Contents(
      "https://api.cognitive.microsofttranslator.com/", [
         RelativePath="translate",
         Query=[
            #"api-version" = "3.0",
            to = "en"
         ],
         Headers=[
            #"Ocp-Apim-Subscription-Key" = APIKey,
            #"Ocp-Apim-Subscription-Region" = "global"
            #"Content-Type"="application/json"
         ],
         Content=Json.FromValue({[Text = "Hola Mundo"]})
      ]
    )
)
```

5. Ersetzen Sie den Text "Hola Mundo" durch **Eingabetext** und den Text "en" durch **Zielsprache**. Hier ist die geänderte Formel:

```
Json.Document(
    Web.Contents(
      "https://api.cognitive.microsofttranslator.com/", [
         RelativePath="translate",
         Query=[
            #"api-version" = "3.0",
            to = Zielsprache
         ],
         Headers=[
            #"Ocp-Apim-Subscription-Key" = APIKey,
            #"Ocp-Apim-Subscription-Region" = "global"
            #"Content-Type"="application/json"
         ],
         Content=Json.FromValue({[Text = Eingabetext]})
      ]
    )
)
```

6. Wählen Sie den letzten Schritt in *Angewendete Schritte* aus und stellen Sie im Vorschaubereich sicher, dass Sie weiterhin den übersetzten Text *Hello world* erhalten. Auf diese Weise können Sie überprüfen, ob die von Ihnen vorgenommenen Änderungen korrekt sind.

7. Sie können nun die Abfrage *Übersetzte Nachricht* in eine benutzerdefinierte Funktion konvertieren:
   a. Klicken Sie im Bereich *Abfragen* mit der rechten Maustaste auf die Abfrage *Übersetzte Nachricht* und wählen Sie *Funktion erstellen*.
   b. Wenn das Dialogfeld *Funktion erstellen* geöffnet wird, geben Sie im Feld *Funktionsname* **FnÜbersetze** ein und wählen Sie dann *OK*, um das Dialogfeld zu schließen.
8. Laden Sie eine Tabelle mit mehreren Texten, wie in Abbildung 13.5 dargestellt, und übersetzen Sie sie ins Englische, indem Sie die folgenden Schritte ausführen:
   a. Während der Power Query-Editor noch geöffnet ist, laden Sie die Arbeitsmappe *K132U02.xlsx* aus den Beispieldateien herunter und speichern sie in *C:\Daten\K13*.
   b. Rufen Sie im Power Query-Editor Daten aus einer Excel-Arbeitsmappe ab.
   c. Wenn das Dialogfeld *Daten importieren* geöffnet wird, navigieren Sie zu *C:\Daten\K13* und wählen *K13U02.xlsx* aus.
   d. Wenn das Dialogfeld *Navigator* geöffnet wird, wählen Sie die Tabelle *TextFürÜbersetzung* aus und wählen abschließend *OK*.
9. Benennen Sie im Power Query-Editor die neue Abfrage in **Übersetzte Nachrichten** um.
10. Während die Abfrage *Übersetzte Nachrichten* im Bereich *Abfragen* ausgewählt ist, wählen Sie auf der Registerkarte *Spalte hinzufügen* den Befehl *Benutzerdefinierte Funktion aufrufen*.
11. Wenn das Dialogfeld *Benutzerdefinierte Funktion aufrufen* geöffnet wird, legen Sie *Funktionsabfrage* auf *FnÜbersetze* fest.
12. Bitte beachten Sie bei der Verwendung von alten Power Query-Umgebungen, dass die Spalte *Zu übersetzende Texte* fälschlicherweise als *APIKey* zugeordnet wurde.

    Leider können Sie in alten Power Query-Umgebungen im Dialogfeld *Benutzerdefinierte Funktion aufrufen* keine Parameter als Funktionsargumente festlegen. Behalten Sie *Zu übersetzende Texte* vorerst als *APIKey* bei; Sie werden dies in Kürze beheben. Wenn Sie die neue Power Query-Umgebung verwenden, können Sie den Parameter `APIKey` auswählen.
13. Wählen Sie bei *EingabeText* die Spalte *Zu übersetzende Texte* aus.
14. Wenn Sie die alte Power Query-Umgebung verwenden, geben Sie unten im Dialogfeld *Benutzerdefinierte Funktion aufrufen* in das Textfeld unter *Zielsprache* **en** ein. Wenn Sie die neue Power Query-Umgebung verwenden, wählen Sie den Parameter `Zielsprache` als Wert für *Zielsprache* aus. Wählen Sie *OK*, um das Dialogfeld zu schließen.
15. Benennen Sie die Spalte *FnÜbersetze* in **Übersetzter Text** um.
16. Wenn Sie die alte Power Query-Umgebung verwenden, wird in der Bearbeitungsleiste die folgende Formel angezeigt:

    ```
    Table.AddColumn(#"Geänderter Spaltentyp", "FnÜbersetze", each FnÜbersetze(
    [Zu übersetzende Texte], [Zu übersetzende Texte], "en"))
    ```

    Ändern Sie die Formel wie hier gezeigt ab, indem Sie die erste Instanz von *[Zu übersetzende Texte]* durch den Parameter *APIKey* ersetzen. Ändern Sie außerdem die hartverdrahtete Zielsprache `"en"` durch den Parameter `Zielsprache`:

    ```
    Table.AddColumn(#"Geänderter Spaltentyp", "FnÜbersetze", each FnÜbersetze(
    APIKey, [Zu übersetzende Texte], Zielsprache))
    ```

Abhängig von Ihren Datenschutzeinstellungen im Dialogfeld *Optionen* wird im Vorschaubereich des Power Query-Editors höchstwahrscheinlich die folgende Warnung angezeigt:

```
Informationen zum Datenschutz sind erforderlich.
```

17. Klicken Sie auf *Weiter*. Das Dialogfeld *Sicherheitsstufen* wird geöffnet. Hier können Sie die Sicherheitsstufen Ihrer Datenquellen festlegen. Um sicherzustellen, dass Sie keine vertraulichen Daten in nicht vertrauenswürdige Quellen hochladen, können Sie die Datenschutzstufen für die Datei *K13U02.xlsx* und die KI-Dienste festlegen, wie in Abbildung 13.7 dargestellt:
    a. Wählen Sie im ersten Dropdown-Menü *C:* aus und legen Sie die Sicherheitsstufe auf *Organisation* fest.
    b. Wählen Sie im zweiten Dropdown-Menü *https://api.cognitive.microsofttranslator.com* aus und legen Sie die Sicherheitsstufe auf *Organisation* fest.
    c. Wählen Sie *Speichern*.

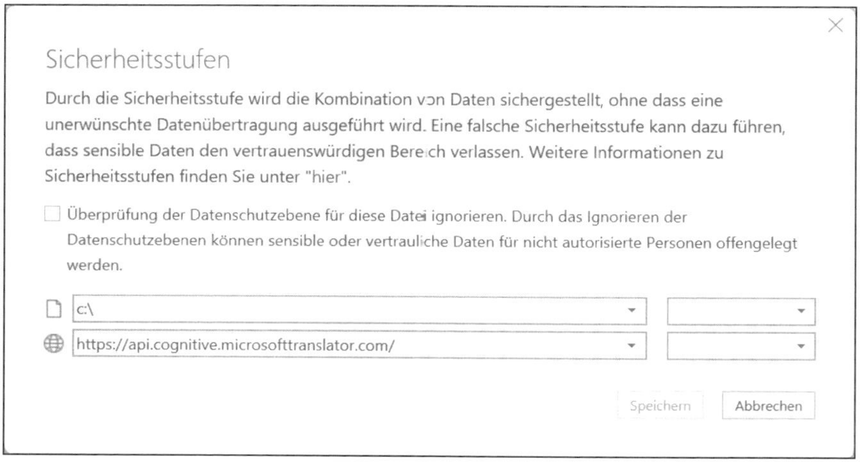

Abbildung 13.7 Legen Sie Sicherheitsstufen fest, damit Power Query die Nachrichten zur Übersetzung weitergeben kann.

Wenn Sie versehentlich die Sicherheitsstufen für Ihre Datenquellen auf verschiedene Stufen festlegen, zum Beispiel *Öffentlich* und *Organisation*, funktioniert die Abfrage nicht. In solchen Fällen können Sie, wenn Sie die Sicherheitsstufen löschen möchten, auf der Registerkarte *Start* des Power Query-Editors *Datenquelleneinstellungen* auswählen und die Berechtigungen der beiden Datenquellen löschen.

Sie können den übersetzten Text nun im Vorschaubereich des Power Query-Editors sehen. Alle Ihre Nachrichten wurden ins Englische übersetzt. Hello World! Sie können nun die Abfrage schließen und laden. Wenn Sie Power BI Desktop verwenden, speichern Sie den Bericht. Im nächsten Abschnitt erfahren Sie, wie Sie den Power BI-Bericht mit anderen teilen, ohne den API-Schlüssel offenzulegen.

Einen Bericht ohne API-Schlüssel teilen: die benutzerfreundliche Art und Weise

Wenn Sie Übung 13.2 in Power BI Desktop durchgeführt haben, erfahren Sie in diesem Abschnitt, wie Sie Ihren Bericht in eine Power BI-Vorlage exportieren, die Sie ohne API-Schlüssel mit anderen Berichtsautoren teilen können. Wenn Sie Übung 13.2 nicht durchgearbeitet haben, können Sie von der Lösungsdatei *K13U02 – Lösung.pbix* aus starten, die in den Begleitdateien dieses Buches zur Verfügung steht.

Wenn Sie nur an der Lösung in Excel interessiert sind, können Sie zum Ende dieses Abschnitts springen und die Lösungsarbeitsmappe für Excel herunterladen, die die in Kapitel 8 beschriebenen Techniken verwendet und den API-Schlüssel aus dem Tabellenblatt lädt. Anschließend können Sie andere anweisen, ihren API-Schlüssel in der entsprechenden Zelle bereitzustellen. Darüber hinaus behebt diese Lösung die in Kapitel 8 erläuterten Firewall-Fehler.

Sie können Ihre Lösung im Power BI-Bericht verbessern, indem Sie eine Vorlage erstellen, um sicherzustellen, dass Ihr API-Schlüssel nicht mit anderen geteilt wird, und um denjenigen, die den Bericht erhalten, eine benutzerfreundliche Erfahrung zu bieten. Rufen Sie sich in Erinnerung, dass Sie bereits in Kapitel 8 gelernt haben, wie Sie eine Power BI-Vorlage (*.pbit*-Datei) erstellen. Ich beschreibe dies noch einmal in diesem Abschnitt, da der aktuelle Bericht ein Sonderfall ist: Er hat zwei Parameter, `EingabeText` und `Zielsprache`, die Sie im Ladedialogfeld ausblenden möchten, lediglich `APIKey` soll als einziger Parameter beibehalten werden.

1. Öffnen Sie den Power BI-Bericht, den Sie am Ende von Übung 13.2 gespeichert haben, oder verwenden Sie die Datei *K13U02 – Lösung.pbix* aus den Begleitdateien dieses Buches und öffnen Sie den Bericht. (Wenn Sie für diese Übung die Datei aus den Begleitdateien verwenden, müssen Sie den `APIKey` aktualisieren. Wählen Sie auf der Registerkarte *Start* den Befehl *Daten transformieren | Parameter bearbeiten* und geben Sie Ihren API-Schlüssel ein.)

   Öffnen Sie den Power Query-Editor. Im Bereich *Abfragen* des Power Query-Editors werden drei Parameter angezeigt: `APIKey`, `EingabeText` und `Zielsprache`. Die beiden Letztgenannten wurden für die benutzerdefinierte Funktion in Übung 13.2 benötigt.
2. Um zu vermeiden, dass die Parameter `EingabeText` und `Zielsprache` im Ladedialogfeld angezeigt werden, wenn die Vorlage geöffnet wird, konvertieren Sie sie in Abfragen:
   a. Klicken Sie im Bereich *Abfragen* mit der rechten Maustaste auf *EingabeText* und wählen Sie *In Abfrage konvertieren*.
   b. Klicken Sie mit der rechten Maustaste auf *Zielsprache* und wählen Sie *In Abfrage konvertieren*.
3. Wählen Sie auf der Registerkarte *Start* den Befehl *Schließen und übernehmen*. Nachdem Sie zum Power BI-Hauptfenster zurückgekehrt sind, wählen Sie auf der Registerkarte *Datei* den Befehl *Exportieren | Power BI-Vorlage*.

4. Geben Sie im Dialogfeld *Vorlage exportieren* kurze Hinweise für Ihre Kollegen ein und klicken Sie auf *OK*.
5. Geben Sie einen Namen für die Vorlage ein und speichern Sie sie.

Sie finden die fertige Vorlage unter dem Namen *K13U02 – Lösung.pbit* in den Beispieldateien, die Sie von der Website zu diesem Buch herunterladen können. Eine alternative Lösung mit Excel finden Sie in der Arbeitsmappe *K13U02 – Solution.xlsx*.

Wenn Sie Ihren Bericht für andere Berichtsautoren freigeben, veranschaulicht Abbildung 13.8 die Benutzererfahrung, die sie haben werden, wenn sie die Lösungsvorlage in Power BI oder die Lösungsarbeitsmappe in Excel öffnen.

Um einen API-Schlüssel zu widerrufen, können Sie zur Schlüsselansicht Ihrer Textübersetzungsressource im Azure-Portal wechseln und *Key 1 neu generieren* oder *Key 2 neu generieren* auswählen.

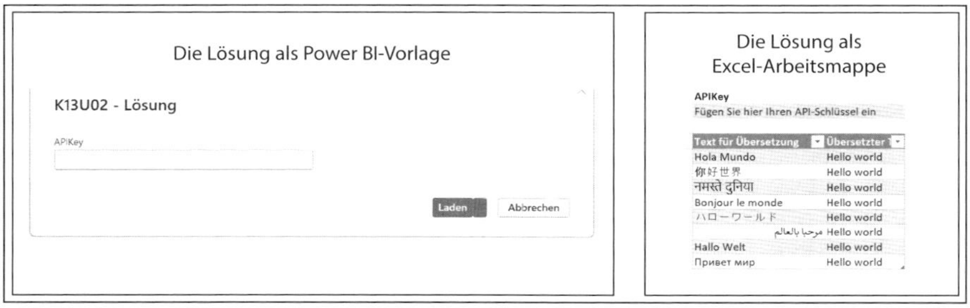

Abbildung 13.8 Sie können Ihren textübersetzenden Power BI-Bericht (mit einer Vorlage) und die Excel-Arbeitsmappe (mit einem benannten Bereich) freigeben, ohne den API-Schlüssel offenzulegen.

Stimmungsanalyse

Ein grundlegendes Element für den Erfolg eines Unternehmens oder einer Organisation ist ein sich wiederholender Prozess aus dem Sammeln von Feedback, der Analyse und der Implementierung von Verbesserungen. Möglicherweise erhalten Sie bereits Feedback von Ihren Kunden in vielen Formaten, wobei das Textformat das anspruchsvollste Format darstellt. Wie können Sie qualitative Daten wie Text-Benutzerfeedback quantifizieren? Wie können Sie die allgemeine Benutzerstimmung zu einem bestimmten Produkt oder einer bestimmten Marke ermitteln? Können Sie es im Laufe der Zeit messen? Wäre es nicht gut, wenn es ein automatisiertes Verfahren gäbe, um Stimmungsbewertungen aus Ihren Textfeeds zu extrahieren?

In diesem Abschnitt erfahren Sie, wie Sie Textfeeds verarbeiten und eine Stimmungsbewertung für jede Nachricht erhalten. Sie erfahren, wie Sie Power Query verwenden, um den Workload für die Stimmungsanalyse zu automatisieren, indem Sie die Sprachdienst-API der KI-Dienste verwenden. Wie in Abbildung 13.9 dargestellt, erhält jede Nachricht im Endergebnis eine Punktzahl zwischen 0 und 1, wobei 0 impliziert, dass eine Nachricht eine negative Stimmung enthält, und 1 eine positive Stimmung darstellt.

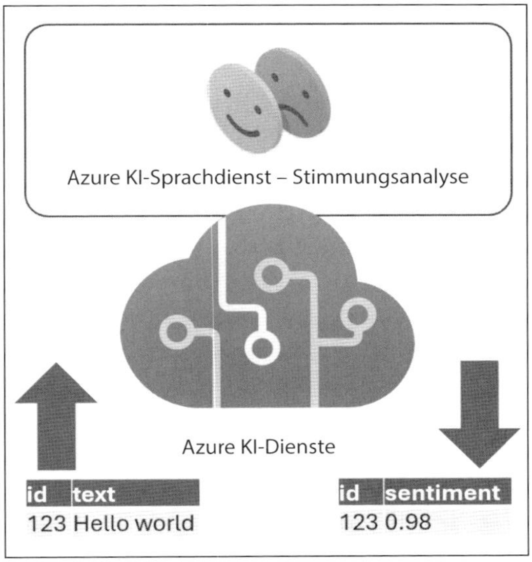

Abbildung 13.9 Sie können die Stimmungsanalyse-API verwenden, um Textnachrichten hochzuladen und einen Stimmungswert zwischen 0 (negative Stimmung) und 1 (positive Stimmung) zu erhalten.

Wie lautet der API-Aufruf für die Stimmungsanalyse?

In diesem Abschnitt wird kurz die API-Aufrufsyntax erläutert, die Ihnen hilft, die benutzerdefinierte M-Funktion, die im nächsten Abschnitt verwendet wird, besser zu verstehen. Wenn APIs nicht Ihre Lieblingssache sind, können Sie diesen Abschnitt überspringen und sofort beim nächsten Abschnitt weitermachen, der die Implementierung beschreibt.

Eine vollständige Referenz der API zur Stimmungsanalyse finden Sie unter *learn.microsoft.com/azure/ai-services/language-service/sentiment-opinion-mining/overview*.

Der Dienst kann Stimmungen in mehreren Sprachen erkennen, zum Beispiel Englisch, Deutsch, Spanisch und Französisch. Eine vollständige Liste der unterstützten Sprachen finden Sie unter *learn.microsoft.com/azure/ai-services/language-service/concepts/language-support*.

Die Anforderung wird als Web-POST-Anforderung mit dem folgenden Anforderungs-URI übergeben, der auch als Endpunkt bezeichnet wird:

```
https://[standort].api.cognitive.microsoft.com/text/analytics/v2.0/sentiment
```

Um den spezifischen Wert für *[standort]* zu ermitteln, der für Ihren Endpunkt erforderlich ist, können Sie im Azure-Portal Ihre Textanalyseressource öffnen und dann *Ressourcenverwaltung | Schlüssel und Endpunkt* wählen. Wenn Ihr Standort zum Beispiel *Europe West* ist, ist dies Ihr Endpunkt:

```
https://westeurope.api.cognitive.microsoft.com/text/analytics/v2.0/sentiment
```

Ihre Daten vorbereiten

Bevor Sie Ihren Textfeed an den Dienst für die Stimmungsanalyse senden, sollten Sie einige Empfehlungen und Einschränkungen beachten:

- Zusammen mit jeder Nachricht sollten Sie einen eindeutigen Bezeichner und die Sprache der Nachricht angeben.
- Es wird empfohlen, die Nachrichten auf ein oder zwei Sätze pro Nachricht zu beschränken, anstatt einen großen Textblock zu senden. Jede Nachricht sollte weniger als 5000 Zeichen lang sein. Der Dienst *Stimmungsanalyse* arbeitet genauer, wenn Sie kleine Textblöcke bereitstellen.
- Sie können in einem einzigen API-Aufruf bis zu 1000 separate Nachrichten senden.
- Der Dienst akzeptiert bis zu 100 Anfragen pro Minute.
- Die Gesamtgröße aller Nachrichten in einer Anfrage kann bis zu 1 MB betragen.
- Der Inhalt muss im JSON-Format vorliegen. (Machen Sie sich deswegen keine Sorgen: Power Query kann für Sie ganz einfach eine Tabelle in das JSON-Format konvertieren.)

Hier ist ein Beispiel für JSON-formatierten Inhalt, der im Body des API-Aufrufs gesendet werden kann:

```
{
   "documents": [
      {
         "language": "de",
         "id": "1",
         "text": "Wir lieben diesen Trail und machen diese Reise jedes Jahr."
      },
      {
         "language": "de",
         "id": "2",
         "text": "Schlecht markierte Trails. Ich dachte, wir wären weg. Schlimmste Wanderung
aller Zeiten."
      },
      {
         "language": "de",
         "id": "3",
         "text": "Dies ist mein Lieblings-Trail. Er hat fantastische Aussichten."
      }
   ]
}
```

Die API des Stimmungsanalysedienstes gibt die Ergebnisse im JSON-Format wie folgt zurück:

```
{
   "documents": [
```

```
        {
            "score": 0.87631344795227051,
            "id": "1"
        },
        {
            "score": 0.05087512731552124,
            "id": "2"
        },
        {
            "score": 0.97651207447052,
            "id": "3"
        }
    ],
    "errors": []
}
```

Machen Sie sich keine Gedanken wegen des Formats: Das Parsen von JSON ist in Power Query einfach und intuitiv.

Übung 13.3: *FnGetSentiment* implementieren, eine benutzerdefinierte Funktion für die Stimmungsanalyse

In dieser Übung erfahren Sie, wie Sie in Power Query eine benutzerdefinierte Funktion erstellen, um Ihre Nachrichten für den API-Anforderungsaufruf vorzubereiten und die Stimmungsbewertung in der Antwort zu verarbeiten.

Die benutzerdefinierte Funktion *FnGetSentiment*

Bevor Sie mit der Übung beginnen, werfen Sie einen Blick auf die folgende Funktion, bei der es sich um die benutzerdefinierte Funktion handelt, die Sie erstellen werden. Mit dieser benutzerdefinierten Funktion können Sie die Stimmungsanalyse für eine Eingabetabelle oder, noch besser, über ein großes Dataset von Nachrichten ausführen, indem Sie sie in Teilmengen von jeweils 1000 Nachrichten wiederverwenden:

```
(Quelle) => let
    #"Spalten auswählen" = Table.SelectColumns(Quelle, {"id", "text"}),
    #"Hinzugefügte benutzerdefinierte Spalte" =
        Table.AddColumn(#"Spalten auswählen", "language", each "en"),
    JSON = Json.FromValue([documents = #"Hinzugefügte benutzerdefinierte Spalte"]),
    #"API-Aufruf" = Web.Contents(
        "https://westeurope.api.cognitive.microsoft.com/" &
        "text/analytics/v2.0/sentiment", [
            Headers = [
                #"Ocp-Apim-Subscription-Key" = TextanalyseAPIKey
            ],
```

```
            Content = JSON
        ]
    ),
    Response = Json.Document(#"API-Aufruf"),
    Navigation = Response[documents],
    #"In Tabelle konvertiert" = Table.FromList(
        Navigation, Splitter.SplitByNothing(), null, null, ExtraValues.Error
    ),
    StimmungsScores = Table.ExpandRecordColumn(
        #"In Tabelle konvertiert", "Column1", {"id", "score"}, {"id", "score"}
    )
in
    StimmungsScores
```

Diese benutzerdefinierte Funktion wurde mit den nachfolgend beschriebenen Schritten erstellt. Es ist einfach, benutzerdefinierte Funktionen zu kopieren, die von anderen erstellt wurden, und sie dann wiederzuverwenden, aber Sie sollten wissen, dass der größte Teil der Logik vieler komplexer Funktionen Schritt für Schritt über die Benutzeroberfläche erstellt werden kann. Sie können diese Übung als Chance betrachten, das Erstellen fortgeschrittener benutzerdefinierter Transaktionen zu üben. Sie erhalten ein wenig Hilfe von der Benutzeroberfläche des Power Query-Editors, mit der Sie in der Lage sind, recht schnell einfache Bausteine in M-Code zu schreiben, die schließlich auch komplexe Szenarien verwenden können.

Teil 1: Die Daten laden

Für diese Übung verwenden Sie das Dataset mit Microsoft Press-Facebook-Beiträgen aus Kapitel 12.

Sie führen diese Übung nur für ein kleines Dataset mit zehn Beiträgen aus. Andernfalls wird Ihnen möglicherweise die Verwendung eines hohen Transaktionsvolumens durch den Textanalysedienst in Rechnung gestellt oder Sie erreichen das Limit für Ihr kostenloses Kontingent. Werfen Sie noch einmal einen Blick auf den Abschnitt »Vor- und Nachteile der Verwendung der KI-Dienste in Power Query« am Anfang dieses Kapitels.

Um die Facebook-Beiträge von Microsoft Press zu analysieren, müssen Sie die Quellarbeitsmappe *K12U01.xlsx* aus den Begleitdateien herunterladen und sie im Ordner *C:\Daten\K12* speichern.

1. Erstellen Sie einen neuen Power BI Desktop-Bericht oder eine leere Arbeitsmappe und importieren Sie die Arbeitsmappe *K12U01.xslx* aus *C:\Daten\K12* in den Power Query-Editor.

2. Wählen Sie im Dialogfeld *Navigator Tabelle1* aus und klicken Sie auf *Daten transformieren.*
3. Wenn der Power Query-Editor geöffnet wird, benennen Sie die Abfrage in **Beiträge** um.

   Beachten Sie, dass Microsoft Press Facebook-Beiträge in der Spalte *Beitrag* gespeichert sind und dass sich der eindeutige Bezeichner in der Spalte *Post ID* befindet. Die Tabelle enthält weit mehr als zehn Zeilen, und Sie sollen nur die obersten zehn Zeilen beibehalten.
4. Wählen Sie auf der Registerkarte *Start* den Befehl *Zeilen verringern | Zeilen beibehalten | Erste Zeilen beibehalten*. Wenn das Dialogfeld *Erste Zeilen beibehalten* geöffnet wird, legen Sie *Anzahl der Zeilen* auf **10** fest; klicken Sie auf *OK*. **Überspringen Sie diesen Schritt nicht.** Das ursprüngliche Dataset ist viel größer als zehn Zeilen.

Die Verwendung des Schritts *Erste Zeilen beibehalten* in Ihren Abfragen ist auch in Szenarien, die über diese Übung hinausgehen, sehr praktisch. Es kann Ihnen helfen, das Dataset zu reduzieren, das in den Vorschaubereich geladen wird, und Ihre Entwicklungszeit beschleunigen. Wenn Sie die Hauptentwicklungsbemühungen abgeschlossen haben, können Sie diesen Schritt entfernen und überprüfen, ob Ihre Abfragen funktionieren.

Teil 2: Die Beiträge vorbereiten

In der nächsten Schrittfolge erfahren Sie, wie Sie die Beiträge vorbereiten, bevor Sie sie an den Dienst für die Stimmungsanalyse senden. Gehen Sie wie folgt vor, um Übung 13.3 fortzusetzen:

5. Klicken Sie im Bereich *Abfragen* die Abfrage *Beiträge* mit der rechten Maustaste an und wählen Sie *Verweis*.
6. Benennen Sie die neue Abfrage in **BewerteStimmung** um.
7. Achten Sie darauf, dass die Abfrage *BewerteStimmung* ausgewählt ist, und benennen Sie die Spalte *Beitrag* in **text** und die Spalte *Post ID* in **id** um.
8. Führen Sie die folgenden Datenüberprüfungen durch:
   a. Stellen Sie sicher, dass Ihre Textspalte keine leeren Werte enthält. Sie können das Filtersteuerelement verwenden, um dies zu testen. Wenn Sie leere oder Nullwerte finden, sollten Sie leere Werte entfernen.
   b. Stellen Sie sicher, dass in der Spalte *id* keine doppelten Werte vorhanden sind. Wenn dies der Fall sein sollte, können Sie sie entfernen, indem Sie auf der Registerkarte *Start* den Befehl *Zeilen entfernen | Duplikate entfernen* verwenden.

   Die Schritte 7 und 8 sind sehr wichtig. Wenn Sie diese Spalten nicht in *text* und *id* umbenennen oder wenn Sie leere Werte in *text* oder doppelte Werte in *id* senden, verweigert der API-Dienst für die Stimmungsanalyse die Verarbeitung der Nachrichten.

Wenn Sie dieses Verfahren in Zukunft für Ihre eigenen Daten ausführen, können Sie, wenn Sie keine eindeutigen Bezeichner für Ihre Nachrichten haben, auf der Registerkarte *Spalten hinzufügen* eine *Indexspalte* als Ihre *id*-Spalte hinzufügen.

---

9. Wählen Sie auf der Registerkarte *Start* den Befehl *Spalten auswählen* und wählen Sie im Dialogfeld *Spalten auswählen*, das geöffnet wird, *text* und *id* aus. Wählen Sie dann *OK*.

   Es ist an der Zeit, die Spalte mit der Ausgangsprache hinzuzufügen. Dies ist keine obligatorische Anforderung, daher können Sie den nächsten Schritt überspringen, wenn Sie über Daten verfügen, die Texte in mehreren Sprachen enthalten.

   Gehen Sie in dieser Übung einfach davon aus, dass alle Nachrichten in englischer Sprache vorliegen. Sie verwenden daher den Code *en*. Im letzten Abschnitt dieses Kapitels erfahren Sie, welche Ländercodes Sie verwenden können und wie Sie den Sprachcode dynamisch anwenden, wenn Ihre Spalte *text* Texte aus mehreren Sprachen enthält.

10. Wählen Sie auf der Registerkarte *Spalte hinzufügen* den Befehl *Benutzerdefinierte Spalte*. Wenn das Dialogfeld *Benutzerdefinierte Spalte* geöffnet wird, geben Sie im Feld *Neuer Spaltenname* **language** ein. Geben Sie dann im Feld *Benutzerdefinierte Spaltenformel* **"en"** ein. Wählen Sie anschließend *OK*.

    Wie in Abbildung 13.10 dargestellt, können Sie nun im Vorschaubereich des Power Query-Editors die drei Spalten sehen, die im API-Aufruf im JSON-Format benötigt werden.

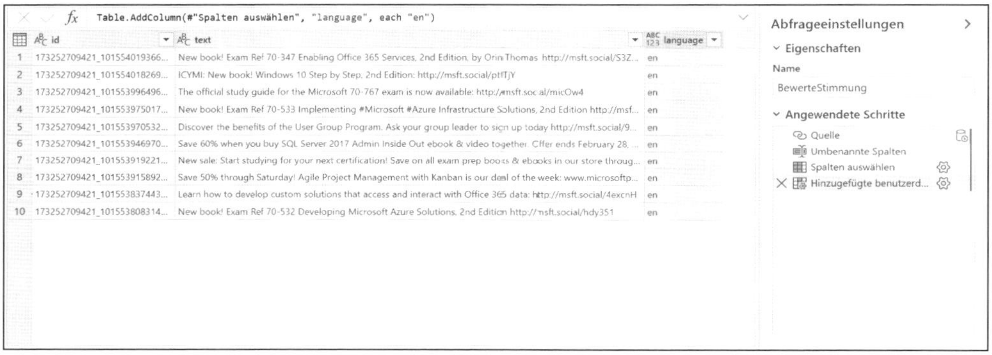

Abbildung 13.10 Um die Stimmungsanalyse auszuführen, sollten Sie über eine Tabelle mit den Spalten *id*, *text* und *language* verfügen, bevor Sie sie in JSON konvertieren und in die Azure KI-Dienste hochladen.

Teil 3: Tabelle in das JSON-Format konvertieren

In den folgenden Schritten lassen Sie Power Query Ihre Tabelle in das JSON-Format konvertieren. Gehen Sie wie folgt vor, um Übung 13.3 fortzusetzen:

11. Um die Tabelle in das JSON-Format zu konvertieren, müssen Sie die API-Anforderungen einhalten und das folgende Element in den JSON-Body aufnehmen:

    ```
    {documents = …}
    ```

    Rufen Sie sich aus Übung 13.1 in Erinnerung, dass JSON-Datensätze durch geschweifte Klammern definiert sind und in M mithilfe von `Json.FromValue` für einen M-Datensatz erstellt werden können. Um einen Datensatz für `documents` zu erstellen, können Sie `documents` mit eckigen Klammern umschließen und die Tabelle mit den Beiträgen als Wert von `documents` zuweisen. Wählen Sie dazu in der Bearbeitungsleiste das *fx*-Steuerelement aus. Ein neuer Schritt, *Benutzerdefiniert1*, wird als letzter Schritt der Abfrage im Bereich *Angewende-*

te Schritte hinzugefügt. Benennen Sie den Schritt in << um. Der Schritt besitzt die folgende Formel:

```
#"Hinzugefügte benutzerdefinierte Spalte"
```

Ändern Sie die Formel wie folgt ab:

```
[documents = #"Hinzugefügte benutzerdefinierte Spalte"]
```

12. Um den Datensatz in eine JSON-Datei zu konvertieren, ändern Sie die obige Formel in der Bearbeitungsleiste so ab, dass Sie sie mit der Funktion `Json.FromValue` umschließen. Hier ist die geänderte Formel:

```
Json.FromValue([documents = #"Hinzugefügte benutzerdefinierte Spalte"])
```

Im Vorschaubereich des Power Query-Editors wird nun das JSON-Symbol angezeigt, das den soeben erstellten binären JSON-Inhalt darstellt. Als Nächstes erfahren Sie, wie Sie den JSON-Inhalt verschicken.

Teil 4: Den API-Schlüssel einrichten

In den nächsten Schritten erstellen Sie einen Parameter für den API-Schlüssel. Gehen Sie folgendermaßen vor, um mit Übung 13.3 weiterzumachen:

13. Gehen Sie zum Azure-Portal und öffnen Sie die Textanalyseressource. Kopieren Sie in der Ansicht *Schlüssel und Endpunkt* entweder *Schlüssel 1* oder *Schlüssel 2*.
14. Wählen Sie auf der Registerkarte *Start* den Befehl *Parameter verwalten* | *Neuer Parameter*. Nehmen Sie im geöffneten Dialogfeld *Parameter verwalten* die folgenden Änderungen vor:
    a. Geben Sie im Feld *Name* **TextanalyseAPIKey** ein.
    b. Wählen Sie in der Liste *Typ* den Eintrag *Text* aus.
    c. Fügen Sie im Feld *Aktueller Wert* den API-Schlüssel ein, den Sie in Schritt 13 abgerufen haben.
    d. Wählen Sie *OK*, um das Dialogfeld *Parameter verwalten* zu schließen.

Teil 5: Webanfrage senden

Jetzt ist es an der Zeit, die Webanforderung mit den JSON-formatierten Textnachrichten an den API-Dienst zu senden. Gehen Sie folgendermaßen vor, um Übung 13.3 fortzusetzen:

15. Markieren Sie im Bereich *Abfragen* des Power Query-Editors die Abfrage *BewerteStimmung* und klicken Sie links in der Bearbeitungsleiste auf die Schaltfläche *fx*. Benennen Sie den Schritt in **API-Aufruf** um. Dieser Schritt enthält die folgende Formel:

```
JSON
```

16. Ersetzen Sie die M-Formel in der Bearbeitungsleiste durch die folgende Formel:

```
Web.Contents(
   "https://westeurope.api.cognitive.microsoft.com/" &
       "text/analytics/v2.0/sentiment", [
      Headers = [
         #"Ocp-Apim-Subscription-Key" = TextanalyseAPIKey
```

```
        ],
        Content = JSON
    ]
)
```

> **Wenn Ihre Textanalyseressource an einem anderen Standort als *Westeuropa* konfiguriert wurde, ersetzen Sie `westeurope` in der vorherigen Formel durch Ihren Standort. Sie finden den Standortnamen im Azure-Portal auf der Seite *Ressourcenverwaltung | Schlüssel und Endpunkt* in Ihrer Ressource, die Sie für die Textanalyse erstellt haben.**

Lassen Sie uns den Code untersuchen, den Sie in den Power Query-Editor eingefügt haben. Die obige Formel übergibt den Endpunkt der Stimmungsanalyse (die URL-Adresse) als erstes Argument. Das zweite Argument ist ein Datensatz mit den Feldern `Headers` und `Content`. In `Headers` haben Sie den API-Schlüssel über `Ocp-Apim-Subscription-Key` übergeben, wie Sie es auch in den vorherigen Übungen getan haben. Das `Content`-Attribut wird im Schritt *JSON* auf den JSON-Inhalt festgelegt.

17. Wenn im Vorschaubereich eine Benachrichtigungsleiste angezeigt wird, klicken Sie auf *Anmeldeinformationen bearbeiten*. Das Dialogfeld *Auf Webinhalt zugreifen* wird geöffnet. Stellen Sie sicher, dass der anonyme Zugriff ausgewählt ist, und klicken Sie auf *Verbinden*.
18. Wenn Sie die folgende Benachrichtigung sehen (die je nach Ihren Datenschutzeinstellungen angezeigt werden kann oder auch nicht):

    ```
    Informationen zum Datenschutz sind erforderlich.
    ```

    wählen Sie *Weiter*. Legen Sie dann im Dialogfeld *Sicherheitsstufen* die Sicherheitsstufe Ihrer Datenquellen auf *Organisation* fest (ähnlich wie Sie es in Schritt 17 von Übung 13.2 gemacht haben).
19. Wenn der folgende Fehler auftritt, legen Sie für die Arbeitsmappe oder den Power BI-Bericht fest, dass Datenschutzebenen ignoriert werden:

    ```
    Formula.Firewall: Abfrage 'BewerteStimmung' (Schritt 'API-Aufruf') verweist auf andere
    Abfragen oder Schritte und kann daher nicht direkt auf eine Datenquelle zugreifen.
    Erstellen Sie diese Datenkombination neu.
    ```

    Führen Sie hierzu diese Schritte durch:

    a. Wählen Sie im Power Query-Editor auf der Registerkarte *Datei* den Befehl *Optionen und Einstellungen* aus. Wählen Sie dann in Excel *Abfrageoptionen* oder in Power BI *Optionen*.
    b. Öffnen Sie in Excel im Abschnitt *Aktuelle Arbeitsmappe* beziehungsweise in Power BI im Abschnitt *Aktuelle Datei* die Kategorie *Datenschutz*.
    c. Wählen Sie die Option *Sicherheitsstufen ignorieren* aus und wählen Sie *OK*.
    d. Wählen Sie im Power Query-Editor *Vorschau aktualisieren*.

Das Ignorieren von Datenschutzstufen kann in diesem Szenario notwendig sein. Es gibt zwar einige erweiterte Möglichkeiten, eine Abfrage so neu zu erstellen, dass der obige Fehler verhindert werden kann. Es würde jedoch den Rahmen dieses Buches sprengen, diese Techniken zu beschreiben, und der Aufwand, der zum Ausführen dieser Änderungen erforderlich ist, ist möglicherweise nicht gerechtfertigt.

Teil 6: Die Antwort verarbeiten

Sie sollten nun im Vorschaubereich ein Symbol mit einer Beschriftung wie beispielsweise *[standort].cognitive.microsoft.com* sehen (wobei *[standort]* den Standort Ihrer Textanalyseressource angibt, wie beispielsweise *westeurope*). Dieses Symbol repräsentiert den Inhalt, der von der API zurückgegeben wurde. Die Antwort liegt im JSON-Format vor, aber wie Sie in den nächsten Schritten sehen werden, ist es im Power Query-Editor einfach, das JSON-Format zu verarbeiten. Gehen Sie folgendermaßen vor, um Übung 13.3 fortzusetzen:

20. Erstellen Sie einen neuen Schritt und benennen Sie ihn in **Response** um. Dieser Schritt enthält die folgende Formel:

    ```
    #"API-Aufruf"
    ```

    Ersetzen Sie die vorhandene Formel durch die folgende Formel:

    ```
    Json.Document(#"API-Aufruf")
    ```

    Im Vorschaubereich wird ein Datensatz mit den Feldern *documents* und *errors* angezeigt, deren Werte `List`-Objekte sind. Dies ist der Punkt, an dem Sie nachverfolgen können, ob bestimmte Fehler von der Stimmungsanalyse-API zurückgegeben wurden. Sie können einen Drilldown zu Fehlern ausführen, indem Sie auf den Hyperlink der Liste *errors* klicken. Gehen Sie für diese Übung davon aus, dass keine Fehler vorliegen. Später in dieser Übung erfahren Sie, wie Sie typische Fehler vermeiden können.
21. Wählen Sie das Objekt *List* des Feldes *documents* aus. Der Datensatz wird in eine Liste von zehn Datensatzobjekten konvertiert.
22. Wählen Sie auf der Registerkarte *Transformieren* unter *Listentools* den Befehl *In Tabelle*. Wenn das Dialogfeld *Zu Tabelle* geöffnet wird, behalten Sie die Standardeinstellungen bei und wählen Sie *OK*.
23. Erweitern Sie *Column1*, wie in Abbildung 13.11 dargestellt. Stellen Sie im Bereich *Erweitern* sicher, dass *id* und *score* ausgewählt sind, und deaktivieren Sie die Option *Ursprünglichen Spaltennamen als Präfix* verwenden. Wählen Sie dann *OK*.

    Sie sehen nun die Stimmungsbewertungen und die zugehörigen IDs der Beiträge.

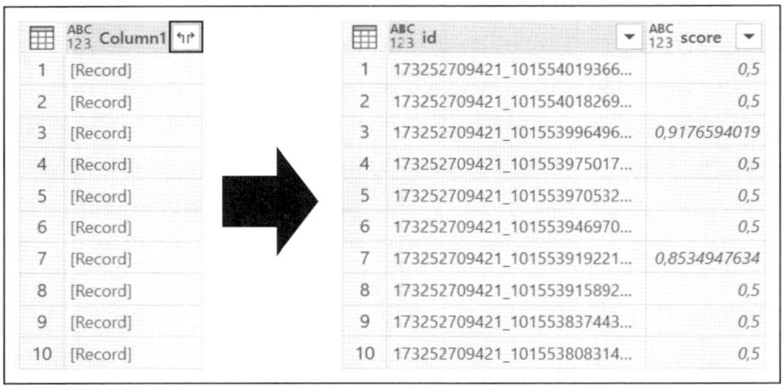

Abbildung 13.11 Die Konvertierung von JSON in eine Tabelle ist im Power Query-Editor sehr intuitiv. Die Datensätze mit den Ergebnissen der Stimmungsanalyse werden in eine Tabelle mit den Scores und der zugehörigen ID umgewandelt.

Teil 7: Eine benutzerdefinierte Funktion erstellen

In diesem Abschnitt erstellen Sie aus der Abfrage *BewerteStimmung* eine benutzerdefinierte Funktion. Gehen Sie folgendermaßen vor, um Übung 13.3 fortzusetzen:

24. Klicken Sie im Bereich *Abfragen* mit der rechten Maustaste auf *BewerteStimmung* und wählen Sie *Duplizieren* aus. Eine neue Abfrage wird erstellt. Benennen Sie sie in **FnGetSentiment** um.
25. Wählen Sie im Bereich Abfragen *FnGetSentiment* aus. Klicken Sie auf der Registerkarte *Start* auf *Erweiterter Editor*.
26. Im erweiterten Editor für *FnGetSentiment* sehen Sie folgenden Ausdruck (der nachstehende Ausdruck wurde leicht an das Format des Buches angepasst, aber der Ausdruck gibt dasselbe Ergebnis zurück):

```
let
   Quelle = Beiträge,
   #"Umbenannte Spalten" = Table.RenameColumns(
      Quelle,{{"Beitrag", "text"}, {"Post ID", "id"}}),
   #"Entfernte Duplikate" = Table.Distinct(#"Umbenannte Spalten", {"id"}),
   #"Gefilterte Zeilen" = Table.SelectRows(
      #"Entfernte Duplikate", each [text] <> null and [text] <> ""),
   #"Spalten auswählen" = Table.SelectColumns(#"Gefilterte Zeilen",{"id", "text"}),
   #"Hinzugefügte benutzerdefinierte Spalte" = Table.AddColumn(
      #"Spalten auswählen", "language", each "en"),
   JSON = Json.FromValue([documents = #"Hinzugefügte benutzerdefinierte Spalte"]),
   #"API-Aufruf" = Web.Contents(
      "https://westeurope.api.cognitive.microsoft.com" &
         "/text/analytics/v2.0/sentiment", [
         Headers=[
            #"Ocp-Apim-Subscription-Key"=TextanalyseAPIKey
         ],
         Content= JSON
```

```
    ]
  ),
  Response = Json.Document(#"API-Aufruf"),
  Navigation = Response[documents],
  #"In Tabelle konvertiert" = Table.FromList(
    Navigation, Splitter.SplitByNothing(), null, null, ExtraValues.Error),
  #"Erweiterte Column1" = Table.ExpandRecordColumn(
    #"In Tabelle konvertiert", "Column1", {"id", "score"}, {"id", "score"})
in
    #"Erweiterte Column1"
```

27. Um den Code in eine benutzerdefinierte Funktion zu konvertieren, entfernen Sie die ersten beiden Zeilen nach `let`. Diese Zeilen sind spezifisch für das aktuelle Dataset und helfen Ihnen in einer Funktion nicht weiter. Die benutzerdefinierte Funktion sollte für jede Tabelle mit einem Textfeed und eindeutigen Bezeichnern gut funktionieren. Sie können daher den Verweis auf *Beiträge* und das Umbenennen der Spalten entfernen. Das Umbenennen erfolgt außerhalb der Funktion, wenn Sie die Funktion für andere Datasets verwenden.
28. Entfernen Sie auch die nächsten beiden Zeilen. `Table.Distinct` und `Table.SelectRows` wurden zu Überprüfungszwecken verwendet, damit die Daten keine doppelten Bezeichner oder leeren Textwerte enthalten, was zu Fehlern führt.

    Nachdem Sie nun die vier Anweisungen entfernt haben, sollte die erste Codezeile nach *let* wie folgt lauten:

```
#"Spalten auswählen" = Table.SelectColumns(#"Gefilterte Zeilen",{"id", "text"}),
```

29. Ersetzen Sie `#"Gefilterte Zeilen"` durch `Quelle` und fügen Sie vor `let` den Funktionsheader `(Quelle)=>` hinzu. Aus kosmetischen Gründen können Sie auch die beiden Instanzen von `#"Erweiterte Column1"` (oberhalb und unterhalb der Zeile *in*) durch `StimmungsScores` ersetzen. Hier ist die fertige Funktion (mit kleinen Umbruchsänderungen, um sie an das Format des Buches anzupassen):

```
(Quelle) => let
  #"Spalten auswählen" = Table.SelectColumns(#"Quelle",{"id", "text"}),
  #"Hinzugefügte benutzerdefinierte Spalte" = Table.AddColumn(
    #"Spalten auswählen", "language", each "en"),
  JSON = Json.FromValue([documents = #"Hinzugefügte benutzerdefinierte Spalte"]),
  #"API-Aufruf" = Web.Contents(
    "https://westeurope.api.cognitive.microsoft.com" &
      "/text/analytics/v2.0/sentiment", [
      Headers=[
        #"Ocp-Apim-Subscription-Key"=TextanalyseAPIKey
      ],
      Content= JSON
    ]
  ),
```

```
      Response = Json.Document(#"API-Aufruf"),
      Navigation = Response[documents],
      #"In Tabelle konvertiert" = Table.FromList(
         Navigation, Splitter.SplitByNothing(), null, null, ExtraValues.Error),
      StimmungsScores = Table.ExpandRecordColumn(
         #"In Tabelle konvertiert", "Column1", {"id", "score"}, {"id", "score"})
   in
      StimmungsScores
```

Sind Sie bereit, die Funktion zu verwenden?

Teil 8: *FnGetSentiment*

In der nächsten Schrittfolge erfahren Sie, wie Sie die benutzerdefinierte Funktion aufrufen und die Stimmungsscores extrahieren. Gehen Sie folgendermaßen vor, um Übung 13.3 fortzusetzen:

30. Um die benutzerdefinierte Funktion aufzurufen, erstellen Sie eine neue Verweisabfrage aus der Abfrage *Beiträge* und benennen Sie sie in **StimmungsScores** um.
31. Benennen Sie in der neuen Abfrage die Spalte *Beitrag* in **text** und die Spalte *Post ID* in **id** um. Rufen Sie als Nächstes die benutzerdefinierte Funktion auf, indem Sie einen benutzerdefinierten Schritt erstellen (was Sie tun, indem Sie die Schaltfläche *fx* links neben der Bearbeitungsleiste anklicken) und diese Formel einfügen:

    ```
    FnGetSentiment(#"Umbenannte Spalten")
    ```

32. Bevor Sie die Abfrage *StimmungsScores* in Ihren Bericht laden, stellen Sie sicher, dass Sie den Typ der Spalte *score* in **Dezimalzahl** ändern. Benennen Sie die Spalte *score* in **Stimmungsscore** und die Spalte *id* in **Post ID** um.
33. Markieren Sie im Bereich *Abfragen* die Abfrage *StimmungsScores* und wählen Sie auf der Registerkarte *Start* den Befehl **Kombinieren | Abfragen zusammenführen**. Führen Sie dann die folgenden Schritte aus, um die Stimmungsbewertungen und die Beiträge zusammenzuführen, wie in Abbildung 13.12 dargestellt:
    a. Das Dialogfeld *Zusammenführen* wird geöffnet. Wählen Sie die Spalte *Post ID* in der Tabelle *StimmungsScores* aus.
    b. Wählen Sie *Beiträge* als zweite Abfrage aus.
    c. Markieren Sie in der Tabelle *Beiträge* die Spalte *Post ID*.
    d. Wählen Sie als *Art des Joins* die Option *Rechter äußerer* aus und wählen Sie *OK*.

    Durch einen rechten äußeren Join stellen Sie sicher, dass Sie keine Beiträge in Ihren Daten verlieren, wenn in der Antwort des Analysedienstes bestimmte fehlerhafte Textnachrichten nicht enthalten sind. (Weitere Details zu solchen potenziellen Fehlern werden im nächsten Abschnitt beschrieben.)
34. Erweitern Sie nach dem Zusammenführen die neue Spalte *Beiträge*. Wählen Sie im Bereich *Erweitern* alle Spalten aus der Tabelle *Beiträge* mit Ausnahme von *Post ID* aus, da diese bereits in der zusammengeführten Tabelle enthalten ist. Sie können nun die Stimmungsbewertungen in Ihren Bericht laden und die Tabelle *Beiträge* entladen. Speichern Sie den Bericht. Sie benötigen ihn in der nächsten Übung.

Sie finden die fertigen Lösungsdateien *K13U03 – Lösung.pbix* und *K13U03 – Lösung.xlsx* in den Begleitdateien zu diesem Buch.

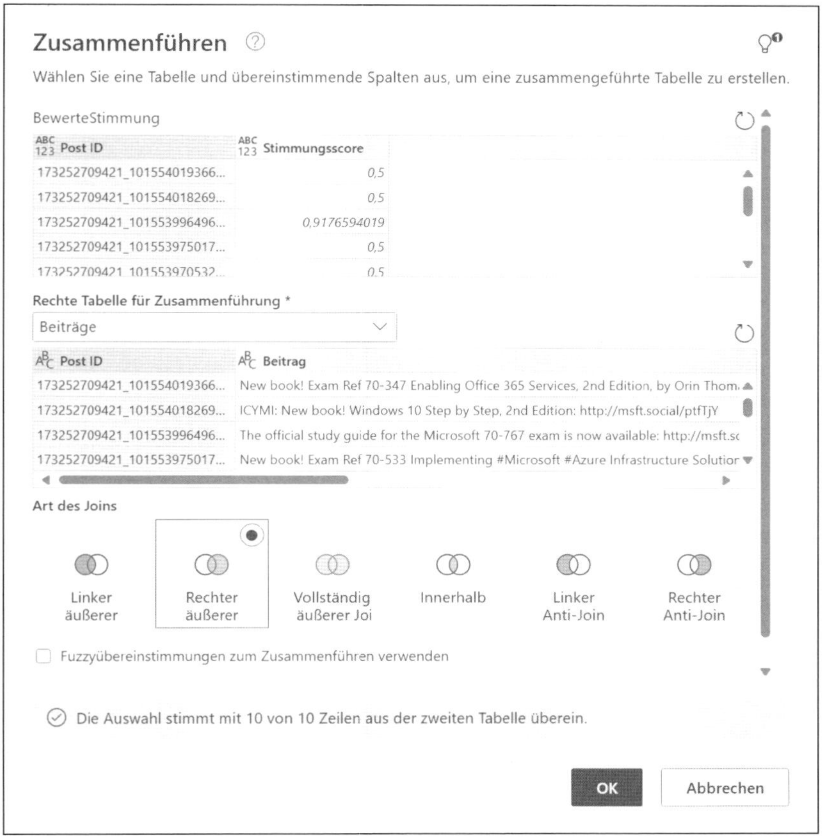

Abbildung 13.12 Führen Sie die Beiträge und die Stimmungsbewertungen zusammen.

Fehler vermeiden

Um zu vermeiden, dass die Aufrufe an die API der Stimmungsbewertungsfunktion der Textanalyse zu Fehlern führt, führen Sie die folgenden Schritte aus, bevor Sie *FnGetSentiment* für Ihre Datasets ausführen:

1. Stellen Sie sicher, dass Ihre Spalte mit den eindeutigen Bezeichnern den Namen *id* besitzt.
2. Stellen Sie sicher, dass die Spalte mit dem zu analysierenden Text den Namen *text* besitzt.
3. Entfernen Sie aus der Textspalte leere Werte und Nullwerte. Es macht keinen Sinn, leere Werte zu senden. Wenn Sie leere Werte zusammen mit nicht leeren senden, entfernt der Dienst die leeren Nachrichten aus der Liste *documents* der Ergebnisse (die Sie in Schritt 23 von Übung 13.3 Teil 6 erweitert haben) und die Fehlerliste enthält einen Fehler. Das Senden leerer Werte ist eine Vergeudung eines Transaktionsaufrufs.

4. Entfernen Sie aus der Spalte *id* die Duplikate, wie in Schritt 8 von Übung 13.3, Teil 8, gezeigt. Wenn Sie doppelte Bezeichner beibehalten, führt dies zu einem allgemeinen Fehler des gesamten API-Aufrufs. Es wird dann keine einzige Nachricht verarbeitet. Dies ist die Fehlermeldung, die Sie erhalten, wenn die Spalte *id* Duplikate enthält:

```
DataSource.Error: Fehler beim Abrufen von Inhalten von "https://
westeurope.api.cognitive.microsoft.com/
text/analytics/v2.0/sentiment" (400) durch "Web.Contents": Bad Request
```

5. Stellen Sie sicher, dass Ihre Nachrichten nicht länger als 5000 Zeichen sind. Längere Texte führen zu folgendem Fehler in der Liste *errors* (die in Schritt 20 von Übung 13.3 Teil 6 erweitert werden kann):

```
A document within the request was too large to be processed. Limit document size to: 5120
characters.
```

   Führen Sie die folgenden Schritte aus, um lange Texte auf 5000 Zeichen zu kürzen:

   a. Markieren Sie die Textspalte.
   b. Wählen Sie auf der Registerkarte *Transformieren* den Befehl Option *Extrahieren | Erste Zeichen*.
   c. Geben Sie in das Dialogfeld *Erste Zeichen extrahieren* als *Anzahl* **5000** ein und wählen Sie *OK*.

6. Übergeben Sie pro API-Aufruf nicht mehr als 1000 Nachrichtenzeilen. Wenn Sie mehr als 1000 Nachrichten übergeben, erhalten Sie für den gesamten Aufruf den Fehler *Bad Request*. Während Sie die Transformation *Erste Zeilen beibehalten* problemlos anwenden können, um die Anzahl der Nachrichten zu begrenzen, erfahren Sie im nächsten Abschnitt, wie Sie große Datasets in Gruppen mit jeweils 1000 Zeilen aufteilen und die Stimmungsanalyse für diese Gruppen ausführen.

Übung 13.4: Stimmungsanalyse für große Datasets ausführen

Da die Stimmungsanalyse-API pro Transaktion maximal nur 1000 Nachrichten verarbeiten kann, erfahren Sie in dieser Übung, wie Sie die benutzerdefinierte Funktion *FnGetSentiment* für mehrere Teilmengen Ihrer Daten ausführen. Die Technik ist in vielen anderen Szenarien praktisch, in denen Sie große Datasets in Gruppen kleinerer Datasets aufteilen und eine benutzerdefinierte Funktion auf die Teilmengen anwenden müssen.

Sie können diese Übung an der Stelle starten, an der Sie in Übung 13.3 aufgehört haben, oder Sie können den Power BI-Bericht *K13U04.pbix* bzw. die Excel-Arbeitsmappe *K13U04.xlsx* öffnen, die Sie in den Begleitdateien für dieses Buch finden.

Um die Anzahl der API-Aufrufe zu minimieren, werden Sie in dieser Übung ein kleines Dataset mit 100 Nachrichten verwenden und dies in zehn Blöcke mit zehn Nachrichten gruppieren. Wenn Sie diese Lösung für Ihre eigenen Daten implementieren, wenden Sie sie auf große Datasets an und gruppieren die Daten in Blöcke mit 1000 Nachrichten.

1. Wenn Sie Ihre Arbeit nach Abschluss von Übung 13.3 nicht gespeichert haben, können Sie eine Abkürzung nehmen und den Power BI-Bericht *K13U04.pbix* oder die Excel-Arbeitsmappe *K13U04.xlsx* öffnen und den Power Query-Editor starten.
2. Wählen Sie im Bereich *Abfragen* den Parameter *TextanalyseAPIKey* aus. Fügen Sie dann im Vorschaubereich Ihren eigenen API-Schlüssel für die Stimmungsanalyse in das Feld *Aktueller Wert* ein.
3. Wählen Sie die Abfrage *Beiträge* aus und klicken Sie in *Angewendete Schritte* auf das Einstellungssymbol neben dem Schritt *Beibehaltene obere Zeilen*. Wenn das Dialogfeld *Obere Zeilen beibehalten* geöffnet wird, ändern Sie die *Anzahl der Zeilen* von 10 in **100** ab und wählen Sie *OK*.
4. Klicken Sie im Bereich *Abfragen* mit der rechten Maustaste auf die Abfrage *Beiträge* und wählen Sie *Verweis*. Benennen Sie die neue Abfrage in **Bewertete Beiträge** um.
5. Benennen Sie die Spalte *Post ID* in **id** um und die Spalte *Beitrag* in **text**.
6. Entfernen Sie leere Werte aus der Spalte *text* und entfernen Sie doppelte Werte aus der Spalte *id*.
7. Wählen Sie auf der Registerkarte *Spalte hinzufügen* den Befehl *Indexspalte*.
8. Wählen Sie die Spalte *Index* aus. Wählen Sie auf der Registerkarte *Transformieren* den Befehl *Standard | Dividieren (Ganzzahl)*. Wenn das Dialogfeld *Ganzzahldivision* geöffnet wird, legen Sie *Wert* auf **10** fest und wählen dann *OK*.

   Sie können nun sehen, dass die ersten zehn Zeilen den Index 0 besitzen. Die zweiten zehn Nachrichten haben den Index 1 usw.

Wenn Sie in Zukunft an großen Datasets mit mehr als 1000 Nachrichten arbeiten, sollten Sie in Schritt 8 *Wert* auf 1000 statt auf *10* setzen, der hier nur für diese Übung verwendet wird.

---

9. Achten Sie darauf, dass die Spalte *Index* ausgewählt ist, und wählen Sie auf der Registerkarte *Transformieren* den Befehl *Gruppieren nach*. Das Dialogfeld *Gruppieren nach* wird geöffnet. Führen Sie die folgenden Schritte aus, um es so zu konfigurieren, wie in Abbildung 13.13 dargestellt:
   a. Geben Sie im Feld *Neuer Spaltenname* **Teilmenge** ein.
   b. Wählen Sie in der Dropdown-Liste *Vorgang* die Option *Alle Zeilen* aus.
   c. Wählen Sie *OK*, um das Dialogfeld *Gruppieren nach* zu schließen.

Abbildung 13.13 Mit *Gruppieren nach* können Sie das Limit von 1000 Nachrichten für die Stimmungsanalyse teilen und beherrschen.

10. Sie sehen jetzt im Vorschaufenster eine neue Tabelle mit den Spalten *Index* und *Teilmenge*. Insgesamt zehn Zeilen enthalten die Teilmengen in Tabellenobjekten.
11. Wählen Sie auf der Registerkarte *Spalte hinzufügen* den Befehl *Benutzerdefinierte Funktion aufrufen*.
12. Wenn das Dialogfeld *Benutzerdefinierte Funktion aufrufen* geöffnet wird, wählen Sie *FnGetSentiment* als *Funktionsabfrage* aus.
13. Achten Sie darauf, dass in der Dropdown-Liste *Quelle* die Option *Teilmenge* ausgewählt ist, und wählen Sie *OK*. (Eventuell müssen Sie vorher noch die Option *Werte in einer Spalte verwenden a*uswählen.)
14. Führen Sie bei Bedarf die Schritte 17 bis 19 aus Übung 13.3, Teil 5, aus, um die Anmeldeinformationen zu bearbeiten und die Datenschutzebenen festzulegen.
15. Löschen Sie die Spalten *Index* und *Teilmenge*.
16. Erweitern Sie die Spalte *FnGetSentiment*. Stellen Sie im Bereich *Erweitern* sicher, dass *score* und *id* ausgewählt sind, und deaktivieren Sie das Kontrollkästchen *Ursprüngliche Spaltenname als Präfix verwenden*. Wählen Sie dann *OK*.
17. Führen Sie die Schritte 32 bis 34 aus Übung 13.3 durch, um die Spalten umzubenennen und um sie mit der Abfrage *Beiträge* zusammenzuführen.

Wenn Sie Power BI Desktop verwenden, können Sie die Abfrage *Bewertete Beiträge* mit den Spalten *Stimmungsscore* und *Post ID* ohne die Zusammenführung verwenden. Wenn Sie sie in den Bericht laden, wird automatisch eine 1:1-Beziehung zwischen Beiträgen und Stimmungsscore erstellt, und Sie können die Zuordnung dazwischen sehen.

Sie können nun die Abfrage *Bewertete Beiträge* in Ihren Bericht laden und mit der Analyse von Beiträgen basierend auf deren Stimmungswerten beginnen.

Die Lösungen für Übung 13.4 können Sie sich in den Dateien *K13U04 – Lösung.pbix* und *K13U04 – Lösung.xlsx* ansehen, die Sie in den Begleitdateien zu diesem Buch finden.

Speichern Sie Ihren Bericht. Als Nächstes erfahren Sie, wie Sie Schlüsselwörter aus Ihren Textnachrichten extrahieren.

Schlüsselbegriffe extrahieren

Mit der Azure KI-Sprachdienst-API können Sie die Techniken aus den Übungen 13.3 und 13.4 wiederverwenden, um Ihre Nachrichten zu analysieren, und sich wichtige Schlüsselbegriffe anstelle von Stimmungsbewertungen zurückgeben lassen. Die API-Syntax ist ähnlich, und ich kann daher die einführenden Schritte in diesem Abschnitt überspringen.

Weitere Informationen zur API für die Extrahierung von Schlüsselwörtern finden Sie unter *learn.microsoft.com/azure/ai-services/language-service/key-phrase-extraction/overview*.

In diesem Abschnitt erfahren Sie, wie Sie die Abfragefunktion *FnGetSentiment* ändern, um Schlüsselwörter zu extrahieren.

In Kapitel 12 haben Sie gelernt, wie Sie Wörter aufteilen und die Anzahl der Wortvorkommen oder Themen analysieren. Die einfache Möglichkeit, künstliche Intelligenz anzuwenden, um auf magische Weise Schlüsselbegriffe aus Textfeeds zu extrahieren, bringt Sie einen Schritt weiter dahin, die wesentliche Information aus Ihren Textdaten herauszufiltern.

Übung 13.5: Die Logik der Stimmungsanalyse zum Extrahieren von Schlüsselbegriffen verwenden

Um diese Übung durchzuarbeiten, können Sie mit Ihrer Lösung aus Übung 13.4 beginnen oder eine Abkürzung verwenden und den Power BI-Bericht *K13U04 – Lösung.pbix* oder die Excel-Arbeitsmappe *K13U04 – Lösung.xlsx* nutzen, die Sie in den Begleitdateien zum Buch finden.

1. Öffnen Sie *K13U04 – Lösung.pbix* oder *K13U04 – Lösung.xlsx* und starten Sie den Power Query-Editor.
2. Klicken Sie im Bereich *Abfragen* mit der rechten Maustaste auf die Funktion *FnGetSentiment* und wählen Sie *Duplizieren*.
3. Benennen Sie die neue Abfrage in **FnGetKeyPhrases** um und wählen Sie *Erweiterter Editor*.
4. Ersetzen Sie im erweiterten Editor `sentiment` in der folgenden URL:

   ```
   https://...api.cognitive.microsoft.com/text/analytics/v2.0/sentiment
   ```

   durch **KeyPhrases**, wie hier gezeigt:

   ```
   https://westeurope.api.cognitive.microsoft.com/text/analytics/v2.0/KeyPhrases
   ```

5. Ersetzen Sie score in der folgenden Zeile:

```
StimmungsScores = Table.ExpandRecordColumn(#"In Tabelle konvertiert", "Column1",
{"id", "score"}, {"id", "score"})
```

zweimal durch **keyPhrases**, damit die Zeile wie folgt aussieht:

```
StimmungsScores = Table.ExpandRecordColumn(#"In Tabelle konvertiert", "Column1",
{"id", "keyPhrases"}, {"id", "keyPhrases"})
```

Die M-Engine unterscheidet zwischen Groß- und Kleinschreibung. Achten Sie daher darauf, dass *keyPhrases* mit dem Kleinbuchstaben *k* beginnt.

6. Ersetzen Sie in der Zeile in Schritt 5 und in der letzten Zeile der Funktion den Bezeichner StimmungsScores durch **Schlüsselbegriffe**.

   Nachfolgend finden Sie die geänderte benutzerdefinierte Funktion FnGetKeyPhrases. Öffnen Sie den erweiterten Editor und prüfen Sie, ob Sie den gleichen Ausdruck sehen wie hier abgedruckt:

```
(Quelle) => let
   #"Spalten auswählen" = Table.SelectColumns(#"Quelle",{"id", "text"}),
   #"Hinzugefügte benutzerdefinierte Spalte" = Table.AddColumn(
      #"Spalten auswählen", "language", each "en"),
   JSON = Json.FromValue([documents = #"Hinzugefügte benutzerdefinierte Spalte"]),
   #"API-Aufruf" = Web.Contents(
      "https://westeurope.api.cognitive.microsoft.com" &
         "/text/analytics/v2.0/KeyPhrases", [
         Headers = [
            #"Ocp-Apim-Subscription-Key" = TextanalyseAPIKey
         ],
         Content= JSON
      ]
   ),
   Response = Json.Document(#"API-Aufruf"),
   Navigation = Response[documents],
   #"In Tabelle konvertiert" = Table.FromList(
      Navigation, Splitter.SplitByNothing(), null, null, ExtraValues.Error),
   Schlüsselbegriffe = Table.ExpandRecordColumn(
      #"In Tabelle konvertiert", "Column1", {"id", "keyPhrases"}, {"id", "keyPhrases"})
in
   Schlüsselbegriffe
```

7. Klicken Sie im Bereich *Abfragen* mit der rechten Maustaste auf *Bewertete Beiträge* und wählen Sie *Duplizieren*.

8. Benennen Sie die duplizierte Abfrage in **Schlüsselbegriffe** um. Achten Sie darauf, dass die Abfrage *Schlüsselwörter* ausgewählt ist, und löschen Sie in *Angewendete Schritte* alle Schritte nach *Gruppierte Zeilen*. Sie können nun mit den folgenden Schritten die neue benutzerdefinierte Funktion auf die gruppierte Tabelle anwenden.
9. Wählen Sie auf der Registerkarte *Spalte hinzufügen* den Befehl *Benutzerdefinierte Funktion aufrufen*.
10. Wenn das Dialogfeld *Benutzerdefinierte Funktion aufrufen* geöffnet wird, legen Sie *Funktionsabfrage* auf *FnGetKeyPhrases* fest.
11. Wählen Sie in der Liste *Quelle* die Option *Teilmenge* aus und klicken Sie auf *OK*.
12. Stellen Sie sicher, dass Ihre Anmeldeinformationen und Datenschutzstufen korrekt sind (wie Sie es in den Schritten 17 bis 19 in Übung 13.3, Teil 5, getan haben).
13. Entfernen Sie die Spalten *Index* und *Teilmenge*.
14. Erweitern Sie die Spalte *FnGetKeyPhrases*. Stellen Sie im Bereich *Erweitern* sicher, dass *keyPhrases* und *id* ausgewählt sind, und deaktivieren Sie das Kontrollkästchen *Ursprünglichen Spaltennamen als Präfix verwenden*. Klicken Sie dann auf *OK*.
15. Überprüfen Sie im Vorschaubereich, dass Sie jetzt die Spalte *keyPhrases* mit *List*-Objekten und die Spalte *id* haben. Erweitern Sie die Spalte *keyPhrases* auf neue Zeilen, um die Schlüsselwörter aus den *List*-Objekten zu extrahieren. Jede Zeile enthält eine Kombination aus einem Schlüsselbegriff und einem Bezeichner (in der Spalte *id)*.
16. Wenn Sie Power BI Desktop verwenden, laden Sie die Tabelle *Schlüsselbegriffe* in eine Wortwolke, wie in Abbildung 13.14 dargestellt. (Eine Auffrischung zum Laden einer benutzerdefinierten Wortwolke finden Sie in Übung 12.7 in Kapitel 12.)

Um in der Wortwolke Schlüsselbegriffe anzuzeigen, die aus mehreren Wörtern bestehen, können Sie im Abschnitt *Allgemein* in der Formatansicht die *Wortisolierung* und die Option *Stoppwörter* deaktivieren. Erstellen Sie außerdem das folgende Measure und verwenden Sie es als Werte in Ihrer Visualisierung:

```
Beiträge = DISTINCTCOUNT('Schlüsselbegriffe'[id])
```

Die Lösungsdatei *K13U05 – Lösung.pbix* finden Sie in den Beispieldateien, die Sie von der Website zum Buch herunterladen können. Stellen Sie sicher, dass dieser Bericht so eingestellt ist, dass Datenschutzebenen ignoriert werden, wie in Übung 13.4 erläutert, damit er aktualisiert wird, nachdem Sie Ihren API-Schlüssel angegeben haben.

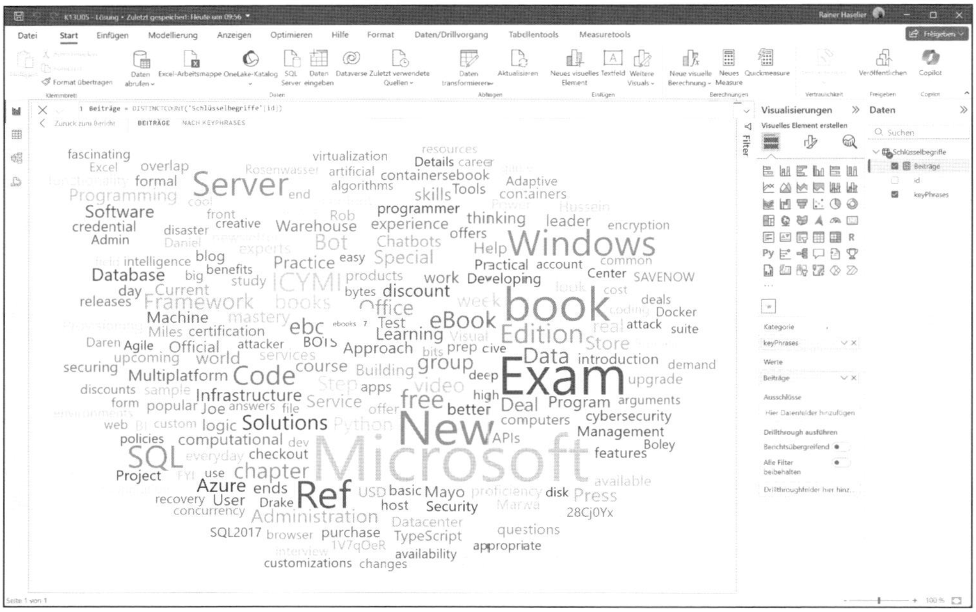

Abbildung 13.14 Verwenden Sie die Word Cloud-Visualisierung in Power BI, um die extrahierten Schlüsselbegriffe nach der Anzahl der Wiederholungen anzuzeigen.

Unterstützung für mehrere Sprachen

Sowohl die Stimmungsanalyse-API als auch die API zur Extrahierung von Schlüsselbegriffen unterstützen zahlreiche Sprachen. Die vollständige Liste der unterstützten Sprachen finden Sie unter *learn.microsoft.com/azure/ai-services/language-service/language-detection/overview*.

Wenn die von Ihnen benötigte Sprache nicht unterstützt wird, können Sie die im ersten Teil dieses Kapitels verwendete Textübersetzungs-API verwenden und Ihre Nachrichten in eine der unterstützten Sprachen übersetzen.

Den Code für die Sprache ersetzen

Wenn das gesamte Dataset aus Nachrichten einer einzigen unterstützten Sprache besteht, können Sie den Code durch den unterstützten Sprachcode ersetzen, indem Sie die folgenden Schritte ausführen:

1. Suchen Sie auf der Seite *learn.microsoft.com/azure/ai-services/language-service/language-detection/overview* nach Ihrem Sprachcode.
2. Öffnen Sie den erweiterten Editor, um Ihre benutzerdefinierten Funktionen `FnGetSentiment` und `FnGetKeyPhrases` zu bearbeiten.
3. Ersetzen Sie in der folgenden Zeile *en* durch Ihren Sprachcode:

```
#"Hinzugefügte benutzerdefinierte Spalte" = Table.AddColumn(
   #"Spalten auswählen", "language", each "en"),
```

4. Wenn Sie mit Datasets arbeiten, die Texte in mehreren Sprachen enthalten, führt das Hinzufügen der benutzerdefinierten Spalte *language* mit einem einzelnen Wert dazu, dass die Stimmung falsch bewertet wird und Schlüsselwörter nicht erkannt werden. Um dieses Problem zu lösen, können Sie die Zeile `#"Hinzugefügte benutzerdefinierte Spalte"` aus Ihrem Code entfernen.

   Schauen Sie sich hierzu die folgenden drei Schritte an:

```
#"Spalten auswählen" = Table.SelectColumns(#"Quelle",{"id", "text"}),
#"Hinzugefügte benutzerdefinierte Spalte" = Table.AddColumn(#"Spalten auswählen",
   "language", each "en"),
JSON = Json.FromValue([documents = #"Hinzugefügte benutzerdefinierte Spalte"]),
```

   Entfernen Sie den Schritt `#"Hinzugefügte benutzerdefinierte Spalte"` und vergessen Sie nicht, die nachfolgende Zeile neu mit der vorhergehenden »zu verdrahten«. Ersetzen Sie `#"Hinzugefügte benutzerdefinierte Spalte"` durch `#"Spalten auswählen"`, wie in den folgenden beiden Zeilen fett dargestellt:

```
#"Spalten auswählen " = Table.SelectColumns(Quelle,{"id", "text"}),
JSON = Json.FromValue([documents = #"Spalten auswählen "]),
```

Dynamische Erkennung von Sprachen

Wenn Ihre Textfeeds verschiedene Sprachen enthalten und daher die Technik in Schritt 4 des vorherigen Abschnitts nicht gut funktioniert, können Sie die API zur Sprachenerkennung der Azure KI-Sprachdienste verwenden, um die Sprachen einzelner Nachrichten dynamisch zu erkennen, die Nachrichten zu filtern, die in unterstützten Sprachen vorliegen, und diese an den API-Dienst zur Stimmungsanalyse und zur Extrahierung von Schlüsselbegriffen senden.

Die API zur Sprachenerkennung ist unter *learn.microsoft.com/en-us/azure/ai-services/language-service/language-detection/overview* beschrieben.

Übung 13.6: Die Logik der Stimmungsanalyse zur Erkennung der Sprache verwenden

Die API zur Sprachenerkennung verwendet eine ähnliche Syntax wie die API-Aufrufe für die Stimmungsanalyse und die Extrahierung von Schlüsselbegriffen. Sie können die gleichen Schritte wie in Übung 13.5 ausführen, um aus der ursprünglichen Funktion `FnGetSentiment` die neue benutzerdefinierte Funktion `FnDetectLanguages` zu erstellen, wie hier gezeigt:

```
(Quelle) => let
   #"Spalten auswählen" = Table.SelectColumns(#"Quelle",{"id", "text"}),
   JSON = Json.FromValue([documents = #"Spalten auswählen "]),
   #"API-Aufruf" = Web.Contents(
      "https://westeurope.api.cognitive.microsoft.com/" &
         "text/analytics/v2.0/languages", [
         Headers=[
```

```
            #"Ocp-Apim-Subscription-Key" = TextanalyseAPIKey
        ],
        Content= JSON
    ]
  ),
  Response = Json.Document(#"API-Aufruf"),
  Navigation = Response[documents],
  #"In Tabelle konvertiert" = Table.FromList(
    Navigation, Splitter.SplitByNothing(), null, null, ExtraValues.Error),
  ErkannteSprachen = Table.ExpandRecordColumn(
    #"In Tabelle konvertiert", "Column1",
    {"id", "detectedLanguages"}, {"id", "detectedLanguages"})
in
  ErkannteSprachen
```

Da die drei Textanalyse-APIs einander sehr ähneln, gehe ich in dieser Übung nicht auf die Details für die Sprachenerkennung ein. Stattdessen können Sie direkt die Lösungsdateien *K13U06 – Lösung.pbix* und *K13U06 – Lösung.xlsx* verwenden, die Sie in den Begleitdateien für dieses Buch finden. Diese Dateien wenden die Sprachenerkennung auf die mehrsprachigen Hello-World-Texte aus Übung 13.1 an und geben die erkannten Sprachen zurück.

Herzlichen Glückwunsch! Sie können die folgenden Schritte ausführen, um alle in diesem Kapitel gelernten Tools zu kombinieren, um fortgeschrittene Textanalysen der Stimmungsanalyse und der Erkennung von Schlüsselwörtern in mehrsprachigen Textfeeds durchzuführen.

1. Erkennen Sie die Sprache der einzelnen Nachrichten mithilfe der Sprachenerkennungs-API (die auf Blöcke mit jeweils 1000 Nachrichten angewendet werden kann).
2. Erstellen Sie eine Liste der unterstützten Sprachen.
3. Verwenden Sie die in Kapitel 12 beschriebenen Techniken, um Ihre Nachrichten in Zwischenabfragen aufzuteilen:
   a. Erstellen Sie zuerst eine Abfrage mit allen Nachrichten der unterstützten Sprachen, einschließlich der erkannten Sprachen.
   b. Erstellen Sie eine zweite Abfrage mit allen nicht unterstützten Sprachen.
4. Übersetzen Sie die Texte der zweiten Abfrage ins Englische (oder in eine andere unterstützte Sprache) und fügen Sie die Ergebnisse an die erste Abfrage an.
5. Führen Sie an den angehängten Ergebnissen die Stimmungsbewertung und die Extrahierung von Schlüsselwörtern durch.

Zusammenfassung

In diesem Kapitel haben Sie gelernt, wie Sie Text übersetzen, Stimmungsbewertungen ermitteln, Schlüsselwörter extrahieren und Sprachen in Power BI und Excel erkennen, mit ein wenig Hilfe der Azure KI-Dienste. Wenn Sie diese Techniken in die Praxis umsetzen, werden Sie in der Lage sein, die Möglichkeiten der künstlichen Intelligenz zu nutzen, um aus Ihren Textfeeds neue Erkenntnisse zu gewinnen.

Bevor Sie diese Techniken auf reale Datasets anwenden, lesen Sie den Abschnitt »Vor- und Nachteile der Verwendung der KI-Dienste in Power Query« am Anfang dieses Kapitels und folgen Sie den Tipps, um die Anzahl übermäßiger API-Aufrufe zu reduzieren. Stellen Sie sicher, dass Ihr API-Schlüssel nicht für andere sichtbar ist, und denken Sie daran, dass manche der Lösungen höchstwahrscheinlich nicht über die geplanten Updates des Power BI-Dienstes aktualisiert werden. Sie können den Bericht weiterhin mit Power BI Desktop und Excel aktualisieren.

Die Möglichkeiten und der Nutzen der Stimmungsanalyse und der Erkennung von Schlüsselbegriffen lassen sich vervielfachen, wenn Sie sie mit Ihren aktuellen Datasets kombinieren und mit Ihren vorhandenen numerischen Attributen und Measures verbinden. Auf diese Weise erhalten Sie neue Einblicke in menschliche Verhaltensweisen und Meinungen und erfahren mehr darüber, wie sich diese auf die Performance Ihres Unternehmens auswirken.

KAPITEL 14

Abfragediagnose

In diesem Kapitel:

- erfahren Sie, wie Sie die Abfragediagnose aktivieren
- erfahren Sie mehr über die verschiedenen Arten der Diagnosen
- erfahren Sie, was Query Folding (Abfragefaltung) ist und wie es Ihre Abfragen unterstützen kann
- verwenden Sie die Abfragediagnose, um zu prüfen, ob die Abfrage gefaltet wird

Wenn Sie Power Query verwenden, sind Sie in den meisten Fällen vermutlich mit der Leistung Ihrer Abfragen zufrieden und müssen keine Leistungsoptimierung vornehmen. In den Fällen, in denen Sie Ihre Abfragen diagnostizieren müssen – sei es, um die Ressourcennutzung zu verfolgen, um zu prüfen, wie verschiedene Vertraulichkeitsstufen interagieren, oder um Daten optimal aus einer Datenquelle abzurufen –, können Sie von der Verwendung des Power Query-Werkzeugs Abfragediagnose profitieren.

In diesem Kapitel erfahren Sie, wie Sie die Abfragediagnose aktivieren und wie Sie das Tool verwenden. Außerdem erfahren Sie etwas über die Abfragefaltung (Query Folding) und wie Sie das Beste aus Ihren Datenquellen herausholen können.

In diesem Kapitel konzentrieren wir uns auf die Abfragediagnose in Power BI Desktop. Obwohl auch in Excel die Ablaufverfolgung existiert, ist sie im Vergleich zur Abfragediagnose in Power BI Desktop viel schwieriger zu handhaben.

Abfragediagnose aktivieren

Bevor Sie die Abfragediagnose nutzen können, müssen Sie möglicherweise Einstellungen in Power BI Desktop anpassen. Um zu den Abfragediagnoseeinstellungen zu gelangen, wählen Sie im Power Query-Editor auf der Registerkarte *Extras* die Option *Diagnoseoptionen*. Die relevanten Einstellungen befinden sich unter dem Abschnitt *Abfragediagnose*, wie in Abbildung 14.1 dargestellt.

Sie können die Abfragediagnose im Berichts- und im Abfrage-Editor oder nur im Abfrage-Editor aktivieren. Im ersten Fall müssen Sie möglicherweise als Administrator angemeldet sein, im zweiten Fall nicht. Wenn Sie auf Ihrem Computer keine Administratorrechte haben, sollten Sie die Abfragediagnose nur im Abfrage-Editor aktivieren.

Abbildung 14.1 Sie können die Abfragediagnose im Berichts- und Abfrage-Editor oder nur im Abfrage-Editor aktivieren und auswählen, welche Diagnosen Sie wünschen.

Außerdem können Sie festlegen, welche Arten von Diagnosedaten abgerufen werden sollen:

- **Aggregierte Primärdiagnosen:** Diagnosedaten werden aggregiert, um sie leichter lesbar zu machen.
- **Detaillierte Primärdiagnosen:** rohe, nicht aggregierte Diagnosedaten mit maximalem Detailgrad.
- **Leistungsindikatoren:** erfassen Leistungsdaten für jede Abfrage. CPU-, Speicher- und E/A-Daten werden alle 500 ms erfasst. Leistungsindikatoren können nützlich sein, wenn Sie den relativen Ressourcenverbrauch von Abfragen verstehen und nach einer zu optimierenden Abfrage suchen möchten.
- **Datenschutzpartitionen:** zeigt logische Partitionen an, die zur Isolierung von Schritten für den Datenschutz verwendet werden. Diese Art der Diagnose kann bei der Arbeit mit Datenquellen nützlich sein, die unterschiedliche Datenschutzeinstellungen verwenden.

Eine ausführliche Erläuterung der Bedeutung der einzelnen Spalten in den einzelnen Diagnoseschemata würde den Rahmen dieses Buches sprengen. Wenn Sie an weiteren Details interessiert sind, besuchen Sie *learn.microsoft.com/power-query/query-diagnostics*.

Abfragediagnose verwenden

Die Verwendung von Abfragediagnosen außerhalb des Power Query-Editors (beispielsweise in der Berichtsansicht von Power BI Desktop) kann für die Analyse von Berichtsaktualisierungen nützlich sein. Beachten Sie, dass Sie Ihre Abfragen laden müssen, um die Abfragediagnose in der Berichtsansicht verwenden zu können; andernfalls erhalten Sie keine Diagnosedaten. Hier erfahren Sie, wie Sie die Abfragediagnose in der Berichtsansicht verwenden können:

1. Öffnen Sie den Power Query-Editor.
2. Wählen Sie auf der Registerkarte *Extras* den Befehl *Diagnose starten*.
3. Wechseln Sie in die Berichtsansicht und lassen Sie den Power Query-Editor geöffnet. Wenn Sie ihn schließen, wird die Diagnosesitzung für die Abfrage abgebrochen.
4. Wählen Sie in der Berichtsansicht auf der Registerkarte *Start* den Befehl *Aktualisieren*, um alle Abfragen zu aktualisieren. Alternativ können Sie auch nur bestimmte Tabellen aktualisieren, indem Sie sie in der Modellansicht auswählen, mit der rechten Maustaste auf eine Tabelle klicken und *Daten aktualisieren* wählen.

   Wenn Sie Ihre Abfragen noch nicht geladen haben, müssen Sie *Änderungen übernehmen* wählen, um die erste Aktualisierung anzustoßen.
5. Warten Sie, bis die Aktualisierung abgeschlossen ist, und kehren Sie zum Power Query-Editor zurück.
6. Wählen Sie auf der Registerkarte *Extras* den Befehl *Diagnose beenden*.

   Die Diagnoseabfragen werden nun in der neuen Abfragegruppe *Diagnose* erstellt.

Wie bereits erwähnt, kann es für die Verwendung der Abfragediagnose in der Berichtsansicht erforderlich sein, dass Sie dies als Administrator tun. Sie können die Abfragediagnose im Power Query-Editor verwenden, um einen Abfrageschritt, eine vollständige Abfrage oder alle Abfragen zu diagnostizieren.

Um einen einzelnen Schritt zu diagnostizieren, klicken Sie mit der rechten Maustaste auf den Schritt und wählen Sie *Diagnostizieren* oder wählen Sie *Schrittdiagnose* auf der Registerkarte *Extras*. Um eine oder mehrere Abfragen statt eines einzelnen Schritts zu diagnostizieren, gehen Sie wie folgt vor:

1. Wählen Sie im Power Query-Editor auf der Registerkarte *Extras* den Befehl *Diagnose starten*.
2. Wählen Sie auf der Registerkarte Start den Befehl *Vorschau aktualisieren* oder *Vorschau aktualisieren | Alle aktualisieren*. Der erste Befehl aktualisiert nur die ausgewählte Abfrage, während die zweite Option alle Abfragen aktualisiert, auch diejenigen, die nicht geladen werden.
3. Wählen Sie auf der Registerkarte *Extras* den Befehl *Diagnose beenden*.

Auch hier wird im Bereich Abfragen eine neue Abfragegruppe *Diagnose* erstellt, die Abfragen mit Diagnosedaten enthält. Abbildung 14.2 zeigt die Abfragegruppe *Diagnose*, die automatisch von der Abfragediagnose erstellt wird.

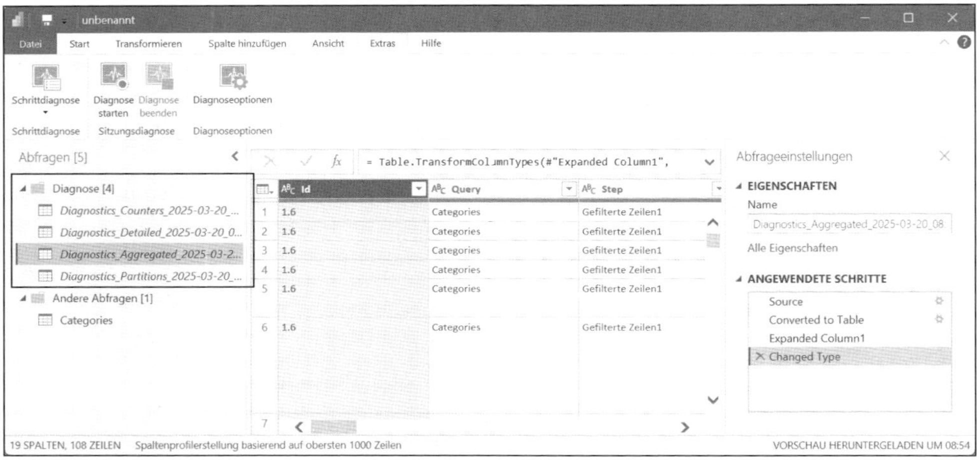

Abbildung 14.2 Durch die Verwendung der Abfragediagnose wird eine neue Abfragegruppe *Diagnose* erstellt.

Query Folding verstehen

Die *Abfragefaltung*, auch *Query Folding* genannt, die es nicht nur in Power BI Desktop gibt, bezieht sich darauf, dass Power Query seine Transformationen in die native Sprache der Datenquelle übersetzt und die Transformationen dann direkt auf der Datenquelle ausgeführt werden und nicht mehr lokal in Power Query. Wenn Sie beispielsweise in einer Tabelle aus einer SQL-Datenbank Spalten auswählen und Zeilen filtern, könnte Power Query die SELECT- und WHERE-Klauseln in SQL verwenden, anstatt die gesamte Tabelle zu importieren und dann lokal die Spalten und Zeilen zu reduzieren. Wenn das Query Folding eingesetzt wird, profitieren Sie häufig von einer geringeren Ressourcennutzung, einer geringeren Datenübertragung im Netzwerk und einer besseren Abfrageleistung.

Die neue Power Query-Erfahrung (die zu dem Zeitpunkt, an dem dieses Kapitel geschrieben wird, in Power Query Online zur Verfügung steht) zeigt neben den Schritten Indikatoren für das Query Folding an. Wenn Sie den Mauszeiger auf einen Query Folding-Indikator bewegen, wird eine Beschreibung des Query Folding-Indikators angezeigt. Die meisten der Indikatoren sind grün (der Schritt wird von der Datenquelle ausgewertet) und rot (der Schritt wird außerhalb der Datenquelle ausgewertet). Deutlich weniger Indikatoren sind grau (nicht schlüssig oder unbekannt, ob die Abfrage von der Datenquelle ausgewertet wird) und gelb (der Schritt kann je nach dynamischem Abfrageplan entweder gefaltet werden oder nicht).

Ein Beispiel ist in Abbildung 14.3 zu sehen, in der der zweite Schritt einen roten Query Folding-Indikator anzeigt (wird außerhalb der Datenquelle ausgewertet) und alle anderen Schritte gefaltet, d. h. direkt von der Datenquelle ausgewertet werden.

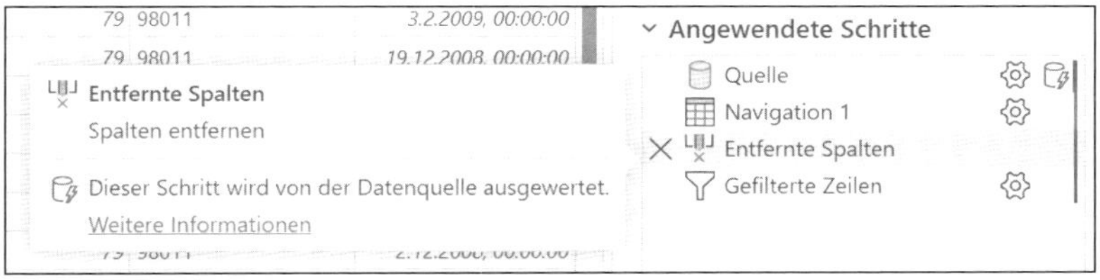

Abbildung 14.3 Schritte mit grünen Query Folding-Indikator werden von der Datenquelle ausgewertet. Diejenigen mit roten Indikatoren werden nicht auf der Datenquelle ausgewertet, sondern lokal. Ein grauer Indikator signalisiert, dass der Status des Schrittes unbekannt ist.

Wenn eine Abfrage gefaltet wird, können Sie oftmals mit der rechten Maustaste auf einen Schritt in der Liste *Angewendete Schritte* klicken und den Befehl *Datenquellenabfrage anzeigen* (oder in älteren Power Query-Umgebungen *Systemeigene Abfrage anzeigen*) wählen, wie in Abbildung 14.4 gezeigt.

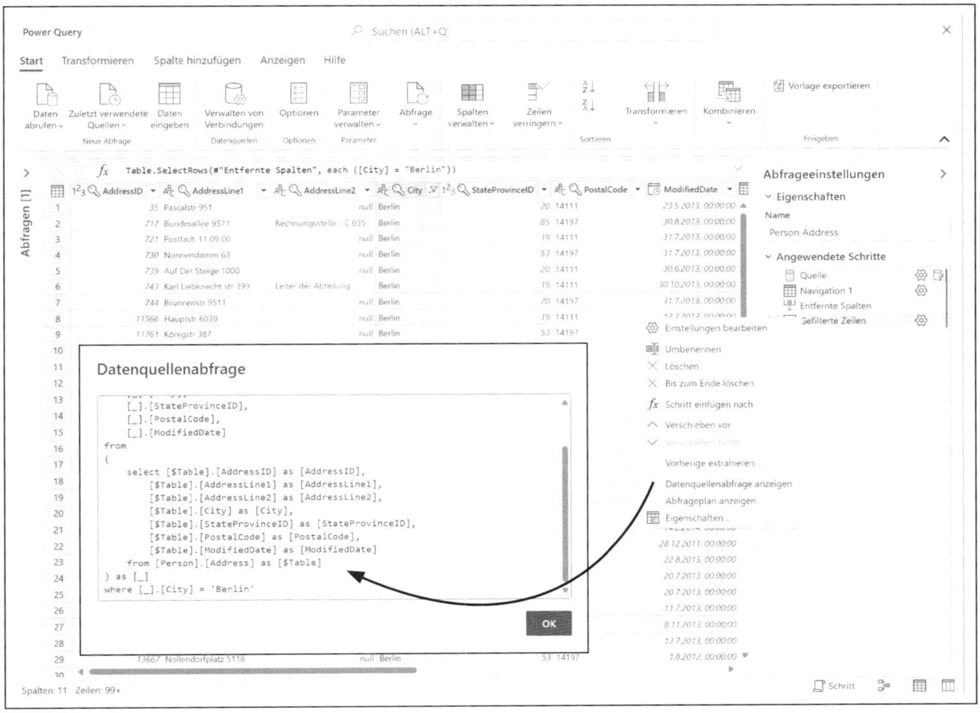

Abbildung 14.4 Klicken Sie einen Schritt mit der rechten Maustaste an und wählen Sie dann *Datenquellenabfrage anzeigen*, um weitere Details anzuzeigen.

Nicht alle Power Query-Transformationen können in die native Abfrage der Datenquelle übersetzt werden. Es ist wichtig zu beachten, dass das Query Folding, wenn es einmal beendet ist, in den nachfolgenden Schritten wahrscheinlich nicht wieder aufgenommen wird; dies hängt von der jeweiligen Abfrage ab. Es ist am besten, so viele faltbare Transformationen wie möglich im Voraus durchzuführen.

Datenquellen und Konnektoren entwickeln sich mit der Zeit weiter. Einige Transformationen, die heute das Query Folding noch nicht unterstützen, können in der Zukunft funktionieren.

Wenn Sie die Option *Datenquellenabfrage anzeigen* nicht sehen, nachdem Sie mit der rechten Maustaste auf einen Schritt klicken, bedeutet das nicht, dass das Query Folding nicht stattfindet. Stattdessen können Sie die Abfragediagnose verwenden, um festzustellen, ob das Query Folding angewendet wurde, wie Sie es in Übung 14.1 tun werden.

Datenquellen, die in der Regel die Abfragefaltung unterstützen, sind strukturierte Datenquellen wie relationale Datenbanken. Azure SQL unterstützt zum Beispiel das Query Folding, während CSV-Dateien dies nicht tun. Weitere technische Details zum Query Folding finden Sie unter *learn.microsoft.com/power-query/query-folding-basics*.

Wenn Sie daran interessiert sind, Ihre Fähigkeiten im Query Folding zu verbessern, können Sie an der 30-Tage-Challenge zum Query Folding von Alex Powers teilnehmen: *aka.ms/30dquery*.

Übung 14.1: Abfragediagnose zur Überprüfung der Abfragefaltung verwenden

Wie bereits erwähnt, bedeutet die Unfähigkeit, eine native Abfrage im Power Query-Editor anzuzeigen, nicht, dass die Abfragefaltung nicht stattfindet. In dieser Übung werden Sie die Abfragediagnose verwenden, um zu untersuchen, ob die Abfragefaltung stattfindet.

1. Rufen Sie in Power BI Desktop Daten aus dem folgenden OData-Feed ab: *services.odata.org/V3/OData/Odata.svc*.
2. Verwenden Sie die Option *Anonym*, wenn Sie aufgefordert werden, Ihre Anmeldedaten anzugeben.
3. Wenn die Sammlung der verfügbaren Entitäten angezeigt wird, wählen Sie *Categories* und dann *Daten transformieren* oder *OK*, wenn Sie sich bereits im Power Query-Editor befinden.
4. Erweitern Sie die Spalte *Products*:
   a. Wählen Sie den Doppelpfeil in der Spaltenüberschrift.
   b. Heben Sie die Markierung aller Spalten auf und markieren Sie *Name*.
   c. Achten Sie darauf, dass die Option *Ursprünglichen Spaltennamen als Präfix verwenden* eingeschaltet ist.
   d. Wählen Sie *OK*.
5. Benennen Sie die Spalte *Name* in **Category** und *Products.Name* in **Product** um.
6. Klicken Sie mit der rechten Maustaste auf die Abfrage *Categories* und wählen Sie Verweis. Benennen Sie die neue Abfrage in **Filtere Produkt dann Kategorie** um.
7. Klicken Sie in der Abfrage *Filtere Produkt dann Kategorie* mit der rechten Maustaste auf den Wert *Milk* in der Spalte *Product* und wählen Sie *Textfilter | nicht gleich*, um Zeilen zu entfernen, in denen *Product* gleich *Milk* ist. Benennen Sie in der Liste *Angewendete Schritte* den neuen Schritt in **Gefiltertes Produkt** um.

8. Klicken Sie in der Abfrage *Filtere Produkt dann Kategorie* mit der rechten Maustaste auf den Wert *Electronics* in der Spalte *Category* und wählen Sie *Textfilter | nicht gleich*, um Zeilen zu entfernen, in denen Category Electronics ist. Benennen Sie den neuen Schritt in *Gefilterte Kategorie* um.
9. Nach diesen Schritten sollte die Abfrage *Filtere Produkt dann Kategorie* acht Zeilen enthalten. Beachten Sie, dass Sie die ursprüngliche Abfrage nicht anzeigen lassen können, wenn Sie mit der rechten Maustaste auf den letzten Schritt, *Gefilterte Kategorie*, klicken.
10. Wählen Sie auf der Registerkarte *Extras* den Befehl *Schrittdiagnose*. Es wird eine neue Abfragegruppe mit dem Namen *Diagnose* erstellt. Benennen Sie sie in **Diagnose Filtere Produkt dann Kategorie** um.
11. Untersuchen Sie in der Abfragegruppe **Diagnose Filtere Produkt dann Kategorie** die Abfrage, deren Name die Zeichenfolge *Aggregated* enthält. Beachten Sie, dass die Spalte *Data Source Query* verschiedene Anfrage- und Antwortdaten enthält.
12. Abfragediagnosen können sich für verschiedene Datenquellen erheblich unterscheiden, und Sie sollten einige Zeit damit verbringen, sich mit den Diagnosedaten der einzelnen Abfragen vertraut zu machen. In dieser Übung können wir uns den letzten nicht leeren Wert der Datenquellenabfrage ansehen, um die Anfrage zu verstehen, die Power Query gestellt hat, um Daten zu erhalten.
    a. Wählen Sie das Filtersteuerelement in der Überschrift der Spalte *Data Source Query* und wählen Sie *Leere entfernen*.
    b. Klicken Sie mit der rechten Maustaste auf die Überschrift der Spalte *Data Source Query* und wählen Sie *Drilldown ausführen*, um die Spalte *Data Source Query* als Liste zu extrahieren.
    c. Wählen Sie in der Bearbeitungsleiste die Schaltfläche *fx*, um einen benutzerdefinierten Schritt hinzuzufügen. Sie sollten die folgende Formel sehen:

       ```
       #"Data Source Query"
       ```

    d. Verwenden Sie die Funktion `List.Last`, um die letzte Abfrage wie folgt zu ändern:

       ```
       List.Last(#"Data Source Query")
       ```

13. Überprüfen Sie die Abfrage der Datenquelle. Sie sollte folgendermaßen lauten:

    ```
    Request:
    GET https://services.odata.org/V3/OData/OData.svc/Categories?$expand=Products HTTP/1.1

    Response:
    https://services.odata.org/V3/OData/OData.svc/Categories?$expand=Products
    ```

    Da die Filter nicht in der Adresse der GET-Anfrage enthalten sind, können wir aus dieser Datenquellenabfrage ableiten, dass die Filterung nach Produkt und Kategorie nicht gefaltet ist. Wie bereits erwähnt, unterscheiden sich die Abfragen von Datenquelle zu Datenquelle. Bei der Überprüfung von SQL-Abfragen können Sie zum Beispiel auch einige zusätzliche Konstrukte sehen, wie `select top 4096`, um eine begrenzte Anzahl von Zeilen für den Vorschaubereich des Power Query-Editors auszuwählen.

14. Klicken Sie mit der rechten Maustaste auf die Abfrage *Filtere Produkt dann Kategorie* und wählen Sie *Duplizieren*. Benennen Sie die neue Abfrage in **Filtere Kategorie dann Produkt** um.
15. Klicken Sie mit der rechten Maustaste auf den letzten Schritt in der Abfrage *Filtere Kategorie dann Produkt*, *Gefilterte Kategorie* und wählen Sie *Verschieben vor*.
16. Wählen Sie den Schritt *Gefiltertes Produkt*, der nun der letzte Schritt in der Abfrage *Filtere Kategorie dann Produkt* sein sollte. Beachten Sie erneut, dass Sie die ursprüngliche Abfrage nicht anzeigen können, wenn Sie mit der rechten Maustaste auf den letzten Schritt klicken.
17. Wählen Sie auf der Registerkarte *Extras* den Befehl *Schrittdiagnose*. Sie werden sehen, dass eine neue Abfragegruppe mit dem Namen *Diagnose* erstellt wurde, und zwar weil Sie die ursprüngliche Abfragegruppe *Diagnose* in Schritt 9 umbenannt haben. Wenn Sie die ursprüngliche Abfragegruppe nicht umbenannt hätten, würden die neuen Diagnoseabfragen in derselben Abfragegruppe erscheinen.
18. Benennen Sie die neue Abfragegruppe in **Diagnose Filtere Kategorie dann Produkt** um.
19. Gehen Sie in der Abfragegruppe *Diagnose Filtere Kategorie dann Produkt* zu der Abfrage, deren Name *Aggregated* enthält, und suchen Sie die Spalte *Data Source Query*.
20. Holen Sie den letzten Abfragewert aus der Spalte *Data Source Query*:
    a. Wählen Sie das Filtersteuerelement in der Überschrift der Spalte *Data Source Query* und wählen Sie *Leere entfernen*.
    b. Klicken Sie mit der rechten Maustaste auf die Überschrift der Spalte *Data Source Query* und wählen Sie *Drilldown ausführen*, um die Spalte *Data Source Query* als Liste zu extrahieren.
    c. Wählen Sie in der Bearbeitungsleiste die Schaltfläche *fx*, um einen benutzerdefinierten Schritt hinzuzufügen. Sie sollten die folgende Formel sehen:

    ```
    #"Data Source Query"
    ```

    d. Verwenden Sie die Funktion `List.Last`, um die letzte Abfrage wie folgt zu erhalten:

    ```
    List.Last(#"Data Source Query")
    ```

21. Überprüfen Sie die Abfrage der Datenquelle. Sie sollte nun wie folgt aussehen, wobei der Unterschied zur vorherigen Antwort fett gedruckt ist:

    ```
    Request:
    GET https://services.odata.org/V3/OData/OData.svc/Categories?$filter=Name ne
    'Electronics'&$expand=Products HTTP/1.1

    Response:
    https://services.odata.org/V3/OData/OData.svc/Categories?$filter=Name ne
    'Electronics'&$expand=Products
    HTTP/1.1 200 OK
    ```

Wie Sie sehen können, enthält die Adresse der GET-Anfrage jetzt `$filter`, was bedeutet, dass an den OData-Webdienst ein Filter übergeben wurde. Im Allgemeinen sind einige Kenntnisse der zugrunde liegenden Datenquellensprache erforderlich, um native Datenquellenabfragen zu interpretieren und zu verstehen, welche Abfragefaltung stattgefunden hat.

Nachdem wir die Reihenfolge der angewendeten Schritte geändert hatten, wurden einige Abfragen gefaltet. Anstatt alle Daten abzurufen und sie in Power Query zu filtern, forderte Power Query gefilterte Daten an. Beachten Sie, dass nur der Filter Kategorie gefaltet wurde (unter Verwendung des ursprünglichen Spaltennamens *Name*), der Filter *Produkt* nicht.

Beachten Sie außerdem, dass beim Filtern nach Produkt und dann nach Kategorie das Filtern nach Produkt das Query Folding unterbrochen hat und beim Filtern nach Kategorie, obwohl dies die Datenquelle unterstützt, kein Query Folding erfolgte. Erst als wir dazu übergingen, zuerst nach Kategorie und dann nach Produkt zu filtern, wurde der Kategorienfilter gefaltet.

Die Lösungsdateien *K14U01 – Lösung.pbix* und *K14U01 – Diagnose.zip* finden Sie in den Beispieldateien auf der Website des Buches. Wenn Sie die PBIX-Datei mit der Lösung anzeigen möchten, sollten Sie den Inhalt der ZIP-Datei in einen neuen Ordner extrahieren: *C:\Daten\K14\K14U01 – Diagnose*. Der Ordner sollte dann acht Diagnosedateien enthalten (sechs JSON- und zwei CSV-Dateien).

Wenn Sie Abfragediagnosen verwenden, erstellt Power Query lokale Dateien, die Diagnosedaten enthalten, sowie die entsprechenden Abfragen zum Lesen der Dateien. Daher sind die Diagnoseabfragen nicht automatisch auf andere Rechnern als dem, auf dem sie erstellt wurden, portierbar.

Einige dieser automatischen Abfragen sind so geschrieben, dass es schwierig ist, den Dateipfad zu ändern. Daher wurde die Lösungsdatei so überarbeitet, dass sie den Parameter *Ordner mit Diagnosedaten* als Ordnerpfad für die Diagnosedateien verwendet. Wenn Sie es nicht schaffen, den Inhalt der ZIP-Datei in den *Ordner C:\Daten\K14\K14U01 - Diagnose* zu extrahieren, dann extrahieren Sie ihn in einen anderen Ordner und aktualisieren Sie den Parameter *Ordner mit Diagnosedaten.*

Zusammenfassung

In diesem Kapitel haben Sie die Abfragediagnosen kennengelernt, die im Power Query-Editor möglich sind. Es existieren mehrere Arten von Abfragediagnosen, die für verschiedene Zwecke verwendet werden können, z. B. zur Ermittlung des CPU- und Speicherverbrauchs einer Abfrage.

Sie haben gelernt, dass Sie die Abfragediagnose innerhalb des Power Query-Editors verwenden können, um einen Schritt, eine Abfrage oder alle Abfragen zu diagnostizieren, sowie außerhalb des Editors während der Datenaktualisierung, um alle in einer Berichtsaktualisierung enthaltenen Abfragen zu diagnostizieren. Sie haben außerdem gesehen, dass die Übersetzung einiger Power Query-Transformationen in eine native Datenquellenabfrage als Query Folding bezeichnet wird und dass es einige Möglichkeiten gibt, zu überprüfen, ob Query Folding stattfindet. In Übung 14.1 haben Sie die Abfragediagnose verwendet, um zu verifizieren, dass eine Abfragefaltung stattgefunden hat, auch wenn in der Benutzeroberfläche keine Anzeichen davon zu sehen sind.

Bislang haben wir in diesem Buch hauptsächlich lokal gearbeitet, mit Power Query for Desktop. Im nächsten Kapitel erfahren Sie mehr über Power Query Online und wie Sie Power Query in großem Maßstab nutzen können.

KAPITEL 15

Power Query Online

In diesem Kapitel:

- erfahren Sie, wo Sie Power Query Online finden können
- erfahren Sie, wie sich Power Query Online von Power Query für Desktop unterscheidet
- erfahren Sie, wann Sie Dataflows verwenden sollten
- erstellen Sie eine benutzerdefinierte Funktion zum Abrufen von Daten aus Dataflows auf der Grundlage von Arbeitsbereich, Dataflow und Tabellennamen

In diesem Buch haben wir uns bisher mit Power Query in Power BI Desktop sowie in Excel beschäftigt – mit anderen Worten: mit Power Query für Desktop. In manchen Szenarien möchten Sie Power Query nur lokal verwenden, in anderen Fällen entscheiden Sie sich vielleicht dafür, Ihren Bericht im Power BI-Dienst zu veröffentlichen und eine geplante Aktualisierung zu konfigurieren, bei der Ihre Power Query-Transformationen online durchgeführt werden. Dennoch können Ihre Abfragen aus Desktopanwendungen stammen und in einem einzigen Modell verwendet werden.

Power Query ist nicht auf Desktopanwendungen beschränkt; Power Query ist auch in mehreren anderen, reinen Cloud-Produkten enthalten; die Cloud-Erfahrung von Power Query ist unter dem Namen Power Query Online bekannt. Während einige Herausforderungen sowohl von Power Query for Desktop als auch von Power Query Online bewältigt werden können, gibt es mehrere Szenarien, in denen Power Query Online glänzt.

Mit Power Query im Internet arbeiten

Wie in Kapitel 1, »Einführung in Power Query«, erwähnt, finden Sie Power Query nicht nur in Power BI Desktop und Excel, sondern auch in Azure Data Factory, Dataflows (Microsoft Fabric und Power Platform), Power BI Report Builder und SQL Server Data Tools (SSDT). Die zugrunde liegende Mashup-Engine ist in den verschiedenen Produkten weitgehend identisch; der Hauptunterschied besteht darin, wie auf die Daten zugegriffen wird und wo sie geladen werden. Während Power BI beispielsweise Daten in ein semantisches Modell lädt, kann ein Dataflow Daten in Azure Data Lake Storage laden.

Power Query Online, das in der Cloud arbeitet, muss in der Lage sein, über ein lokales Datengateway auf alle lokalen Datenquellen zuzugreifen, wie in Abbildung 15.1 dargestellt.

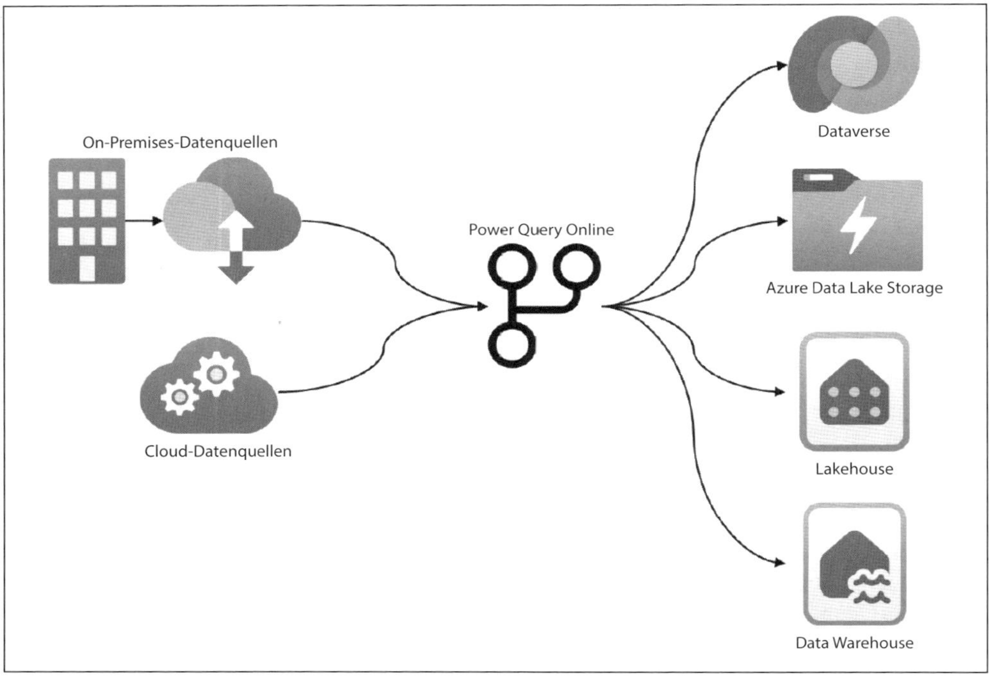

Abbildung 15.1 Mit Power Query Online können Sie Daten aus lokalen und Cloud-Datenquellen abrufen und in Azure Data Lake Storage und andere Ziele schreiben.

Die Beschreibung ausführlicher Details zu allen verfügbaren Ausgabeoptionen bei der Verwendung von Power Query Online liegt außerhalb des Rahmens dieses Buches. Weitere Einzelheiten zu den einzelnen Produkten, die Power Query enthalten, finden Sie unter den Links in Kapitel 1.

Wie Sie sehen, ist die Arbeit mit Ihren lokalen Computerdateien in Power Query Online aufgrund des erforderlichen On-Premises-Datengateways mit mehr Aufwand verbunden, obwohl Power Query Online für die Verarbeitung von lokalen Daten wohl nicht am besten geeignet ist. Wie Sie im weiteren Verlauf des Kapitels sehen werden, gehören zu den Vorteilen der Verwendung von Dataflows die Zentralisierung der Logik, eine verbesserte Gesamtressourcennutzung und neue Möglichkeiten der Zusammenarbeit.

In diesem Kapitel konzentrieren wir uns auf die Vorteile, die sich aus der Verwendung von Dataflows ergeben, da dies wohl das beliebteste Produkt ist, das Power Query Online enthält. Wir werden auch die relevanten Überlegungen untersuchen, die Sie bei der Verwendung von Dataflows beachten müssen.

Unterschiede zwischen Power Query für Desktop und Power Query Online

Die Anforderung eines On-Premises-Datengateways für lokale Datenquellen ist nicht der einzige Unterschied zwischen Power Query Online und Power Query für Desktop. Genauso wie es einige Unterschiede zwischen dem Laden von Daten in eine Excel-Arbeitsmappe und einem semantischen Power BI-Modell gibt, gibt es ein paar Feinheiten, die Sie bei der Arbeit mit Dataflows beachten müssen, die sich daraus ergeben, wie die Daten in Azure Data Lake Storage gespeichert sind.

Leerzeichen vs. Nullwerte

Sobald Sie Daten in Dataflows laden, werden aus Nullwerten leere Zeichenfolgen in Textspalten, wie es Abbildung 15.2 zeigt. Obwohl dies in vielen Fällen kein Problem darstellt, behandelt DAX Leerzeichen und Nullwerte in einigen Situationen unterschiedlich. Wenn Sie immer Nullwerte anstelle von Leerzeichen benötigen, können Sie Leerzeichen in Power Query im Anschluss an Power BI Desktop oder Excel durch null ersetzen. Sie können dies für alle Spalten in einer Tabelle auf einmal tun, anstatt die Ersetzung für jede Spalte einzeln vorzunehmen. Weitere Einzelheiten finden Sie in Übung 15.2, Teil 2.

Wenn Sie aus irgendeinem Grund in der Lage sein müssen, zwischen Leerzeichen und Nullwerten zu unterscheiden, sollten Sie in Erwägung ziehen, eine separate Spalte hinzuzufügen, die angibt, ob ein Wert null ist. Wenn Sie beispielsweise in Ihrem Dataflow eine Wahr/Falsch-Spalte mit dem Namen `A ist Null` erstellen möchten, die Ihnen sagt, ob Spalte A `null` ist, kann die benutzerdefinierte Spaltenformel so einfach sein wie

```
[A] = null
```

Mithilfe dieser Flag-Spalte können Sie dann eine bedingte Spalte erstellen, die die ursprünglichen Werte, sowohl `null` als auch leer, in derselben Spalte enthält. Nachdem Sie Daten aus dem Dataflow erhalten haben, können Sie zur Wiederherstellung der wahren Werte in Spalte A eine weitere Spalte mit der folgenden Formel erstellen:

```
if [A ist Null] then null else [A]
```

Datentypen

Ähnlich wie bei den kleinen Unterschieden in den Datentypen zwischen Power Query und den Daten, die in ein semantisches Modell in Power BI geladen werden, gibt es auch einige Unterschiede zwischen dem, was Sie im Power Query-Editor sehen, und dem, was in einen Dataflow zum späteren Abruf geladen wird:

- Einige Datentypen, wie beispielsweise Währung (auch bekannt als Feste Dezimalzahl) und Prozentsatz, werden in einem Dataflow als Dezimalzahl gespeichert, wie Abbildung 15.2 zeigt. Wenn Sie die Datentypen Währung oder Prozentsatz verwenden müssen, müssen Sie die Datentypen bei der Verbindung mit einem Dataflow möglicherweise neu zuweisen.

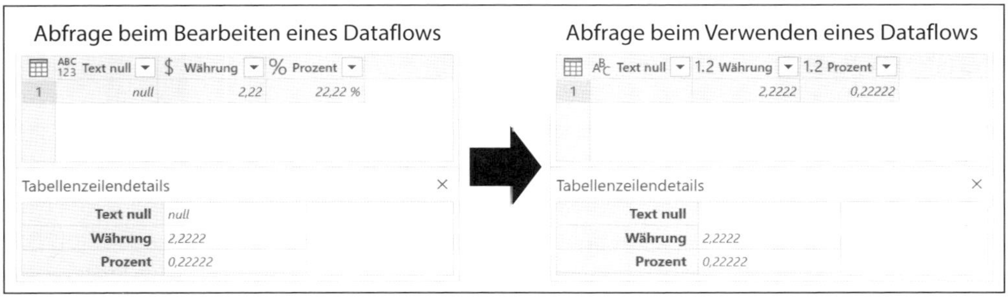

Abbildung 15.2 Daten werden beim Bearbeiten und beim Verwenden eines Dataflows unterschiedlich gespeichert.

- Komplexe Spaltentypen, wie beispielsweise Tabellen oder Listen, können nicht in einen Dataflow geladen werden, da Dataflows in Azure Data Lake Storage als CSV-Dateien gespeichert werden. Während Power BI Desktop zum Beispiel die Spalten beibehält und keine Daten darin lädt, entfernt Power Query automatisch alle Spalten, die komplexe Datentypen in Dataflows enthalten.
- Einige Spaltentypen, wie z. B. Dauer, werden überhaupt nicht unterstützt. Anstelle der automatischen Entfernung der Spalte kann es vorkommen, dass Ihr Dataflow gar nicht gespeichert wird. Wenn Sie mit dem Typ Dauer arbeiten müssen, sollten Sie erwägen, ihn vor dem Laden in eine Dezimalzahl umzuwandeln.

In Dataflows sind die Spaltentypen sogar noch wichtiger als in Power Query for Desktop. Wenn Sie zum Zeitpunkt des Ladens von Daten in eine Datenflowtabelle noch untypisierte Spalten haben, fügt Power Query Online eine automatische Fehlerbeseitigung und Typkonvertierung hinzu, damit keine Spalte ohne Datentyp bleibt.

Eine vollständige Liste der Einschränkungen von Dataflows finden Sie unter *learn.microsoft.com/power-bi/transform-model/dataflows/dataflows-features-limitations*.

Verstehen, wann Dataflows nützlich sind

Für viele Projekte kann es ausreichend sein, Ihre Power Query-Abfragen in semantischen Power BI-Modulen oder Excel-Arbeitsmappen zu speichern. Dies gilt insbesondere dann, wenn die Leistung kein Problem darstellt und es für die Daten, die Sie vorbereiten, nicht viele Nutzer gibt. In einer Unternehmensumgebung und in großen Organisationen kann die Arbeit an einem Bericht oder einer Arbeitsmappe schwierig werden, selbst wenn Sie Kapitel 8, »Herausforderungen bei der Zusammenarbeit meistern«, gelesen haben. Sie können Power Platform-Dataflows verwenden, um verschiedene Probleme zu lösen, die erst bei größeren Datenmengen, komplexeren Berichten und größeren Teams deutlich werden.

In diesem Abschnitt werden verschiedene Szenarien erörtert, in denen die Verwendung von Dataflows von Vorteil sein kann. Bitte beachten Sie jedoch, dass Sie Dataflows nicht zwangsläufig verwenden müssen, nur weil es eben möglich ist. Bei jeder Lösung sollten Sie abwägen, ob die

Vorteile der Verlagerung Ihrer Abfragen auf Dataflows die Kosten für die Verwaltung zusätzlicher Dataflows aufwiegen.

Zentralisierte Logik

Wenn Sie oder Ihr Team häufig dieselben Abfragen verwenden, können Sie diese zentralisieren, um den Aufwand für die Berichterstellung zu verringern. Anstatt Abfragen in Power BI-Berichten und Excel-Arbeitsmappen zu kopieren und einzufügen, können Sie eine Abfrage einmal in einem Dataflow erstellen und sie mit anderen teilen.

- Beispiel 1: Viele Berichte enthalten eine Datumsdimension, und es ist nicht ungewöhnlich, dass Unternehmen nicht standardisierte Kalender verwenden. Sie können eine Datumsdimension in einem Dataflow erstellen, mit dem sich jeder verbinden kann, sodass Ihre Datumsdimension in allen Berichten einheitlich ist.
- Beispiel 2: Obwohl es ideal ist, Änderungen an Daten in der Quelle vorzunehmen, ist dies nicht immer möglich. Wenn Ihr Team Daten verwendet, die von einer anderen Person erstellt wurden, und Sie häufig dieselben Verbesserungen daran vornehmen müssen, wie beispielsweise das Zusammenfassen und Gruppieren von Werten in Klassen, können Sie dies in einem Dataflow tun und den Dataflow wiederverwenden.

Einer der Hauptvorteile der zentralisierten Logik besteht darin, dass Sie eine Änderung – z. B. der Grenzwerte für die Gruppen/Klassen – nur einmal in einem Dataflow vornehmen müssen und dass die Änderung nach der nächsten Datenaktualisierung überall dort, wo der Dataflow verwendet wird, berücksichtigt wird.

Verbesserung der Abfrageleistung

Dataflows können die Abfrageleistung verbessern, insbesondere bei langsamen Datenquellen. Es gibt mehrere Möglichkeiten, wie die Verwendung von Dataflows zu kürzeren Aktualisierungszeiten für semantische Modelle oder Arbeitsmappen führen kann:

- Beispiel 1: Angenommen, die meisten Ihrer Abfragen sind relativ leistungsfähig, während eine Abfrage, die auf einer anderen Datenquelle basiert, die nicht so oft aktualisiert werden muss, möglicherweise schlecht funktioniert. Aufgrund einer langsamen Datenquelle leidet die Aktualisierungszeit des gesamten semantischen Modells oder der Arbeitsmappe. Sie können die problematische Abfrage in einen Dataflow verschieben, was bedeutet, dass Sie Ihre langsame Datenquelle nicht so oft abfragen müssen und der Dataflow die Daten schneller zurückgibt, was zu insgesamt kürzeren Aktualisierungszeiten Ihres Modells führt.
- Beispiel 2: Sie haben eine komplexe Lösung, bei der mehrere Abfragen von anderen Abfragen abhängen. Die Datenquelle, mit der Sie eine Verbindung herstellen, ist nicht sehr schnell. Da es nicht ungewöhnlich ist, dass Power Query eine Datenquelle mehr als einmal abfragt, sind Ihre Abfragen möglicherweise nicht so leistungsfähig wie gewünscht. Da Dataflows Daten in CSV-Dateien laden, kann das Verschieben von Zwischenergebnissen komplexer Abfragen in einen Staging-Dataflow zu erheblichen Leistungssteigerungen führen.

Wenn Sie Dataflows haben, die von anderen Dataflows abhängen, wird durch die Verknüpfung von Tabellen sichergestellt, dass vorgelagerte Aktualisierungen auch nachgelagerte Dataflows aktualisieren.

Verringerung des Ressourcenverbrauchs

In manchen Fällen mag die Abfrageleistung kein Problem darstellen, die Gesamtressourcennutzung könnte jedoch problematisch sein, und auch hier können Dataflows hilfreich sein:

- Beispiel 1: Wenn Sie all Ihre Abfragen in einem semantischen Modell oder einer Arbeitsmappe aufbewahren, werden unter Berücksichtigung von Abfrageabhängigkeiten und Parallelisierung alle mehr oder weniger zur gleichen Zeit aktualisiert. Das gleichzeitige Ausführen vieler – insbesondere ressourcenintensiver – Abfragen kann zu suboptimalen Aktualisierungszeiten führen; in reservierten Microsoft Fabric-Kapazitäten können Sie sogar beim Anzeigen von Berichten Leistungseinbußen feststellen – eine Aktivität, die scheinbar unabhängig von Power Query ist. Wenn Sie stattdessen Ihre Abfragen in verschiedene Dataflows aufteilen, die zu unterschiedlichen Zeiten aktualisiert werden, können Sie die maximale gleichzeitige Ressourcennutzung senken. Beachten Sie, dass ein Dataflow einem Satz von Abfragen aus einer einzigen PBIX- oder Excel-Datei ähnelt, und es liegt an Ihnen, zu entscheiden, wie Sie Abfragen zu Dataflows zuordnen.
- Beispiel 2: Wenn viele semantische Modelle oder Arbeitsmappen mit denselben Abfragen auf eine Datenquelle zugreifen und die Datenquelle nicht gut mit Gleichzeitigkeit zurechtkommt, können Sie Ihre Abfragen in einen Dataflow verschieben. Der Dataflow fragt die langsame Datenquelle einmal ab, und alle Berichte erhalten schnell Daten aus dem Dataflow, ohne die ursprüngliche Datenquelle zu überlasten.
- Beispiel 3: Anstatt den Benutzern Zugriff auf die ursprünglichen Datenquellen zu gewähren, zu denen auch Datenbanken oder Ordner gehören können, können Sie sich dafür entscheiden, bestimmte Tabellen als Dataflow verfügbar zu machen. Dies kann die Datenquellen vor übermäßigen Abfragen schützen und den Zugriff auf die Daten vereinfachen.
- Beispiel 4: In einem Modell können einige Abfragen Cloud-Datenquellen nutzen, während andere auf lokalen Datenquellen beruhen könnten. Die Verwendung von Dataflows kann dazu beitragen, die Belastung des lokalen Datengateways zu verringern, indem Daten einmal in die Cloud gebracht und den Nutzern zur Verfügung gestellt werden, ohne dass die lokale Datenquelle belastet wird und Daten unnötigerweise von der lokalen Quelle in die Cloud übertragen werden.

Eigenständig zusammenarbeiten

Bei großen Modellen, die von mehreren Personen erstellt werden, können verschiedene Teammitglieder für die Pflege verschiedener Abfragen verantwortlich sein. Ohne Tools von Drittanbietern wie Tabular Editor kann die Entwicklung komplexer Modelle mit getrennter Abfrageautorschaft eine Herausforderung darstellen, da die Teammitglieder sich ständig gegenseitig fragen müssen, ob sie den Bericht geöffnet haben (wer kennt es nicht?). Das Verschieben von

Abfragen in Dataflows ermöglicht nicht nur die eigenständige Entwicklung von Abfragen, sondern auch eine separate Aktualisierungsplanung für jeden Dataflow, die jeder Entwickler für sich selbst verwalten kann. Der Bericht erhält dann Daten aus Dataflows, wodurch sich die Notwendigkeit verringert, das Modell zu bearbeiten, wenn Abfragen aktualisiert werden.

Übung 15.1: Erstellen Sie Ihren ersten Dataflow

In dieser Übung werden wir einen Dataflow im Power BI-Dienst erstellen.

Um die Übungen in diesem Kapitel durchführen zu können, benötigen Sie ein Power BI-Konto und eine Pro-, Premium-Pro-User- oder Testlizenz sowie einen Zugang zu einem Arbeitsbereich oder die Möglichkeit, einen solchen zu erstellen. Wenn Sie kein Power BI-Konto haben, können Sie unter *www.microsoft.com/power-platform/products/power-bi/getting-started-with-power-bi* lesen, wie Sie Power BI kostenlos testen können.

Einzelheiten zum Erstellen eines Arbeitsbereichs finden Sie unter *learn.microsoft.com/power-bi/collaborate-share/service-create-the-new-workspaces*.

Lokale Datenquellen erfordern ein On-Premises-Datengateway. Weitere Informationen hierzu, finden Sie unter *learn.microsoft.com/de-us/power-bi/connect-data/service-gateway-onprem*.

---

1. Wechseln Sie zu einem gemeinsam genutzten Arbeitsbereich (Dataflows können nicht in *Mein Arbeitsbereich* erstellt werden) oder erstellen Sie einen neuen Arbeitsbereich, wenn Sie noch keinen haben.
2. Wählen Sie im Arbeitsbereich *Neues Element* und wählen Sie dann *Dataflow*.
3. Geben Sie einen Namen für den neuen Dataflow ein und wählen Sie *Erstellen*. Power Query Online wird gestartet.
4. Beachten Sie, dass es mehrere Möglichkeiten gibt, einen Dataflow zu erstellen:
   - Definieren Sie neue Tabellen: Verbinden Sie sich mit Datenquellen und erstellen Sie neue Tabellen.
   - Verknüpfen Sie Tabellen aus anderen Dataflows: Dies ist am besten geeignet, wenn Sie dieselbe Tabelle in mehreren Dataflows verwenden und die Duplizierung von Daten vermeiden wollen.
   - Modell importieren: Wenn Sie zuvor einen Dataflow in eine JSON-Datei exportiert haben, können Sie ihn mit dieser Option importieren.
   - Hängen Sie einen Common Data Model-Ordner an: Wenn Sie eine andere Anwendung haben, die Daten im CDM-Format erzeugt, können Sie den Ordner anhängen, der die Dateien enthält.

   In dieser Übung definieren Sie eine neue Tabelle.

5. Sie können eine Verbindung zu jeder verfügbaren Datenquelle herstellen. Für lokale Datenquellen, einschließlich Dateien auf Ihrem Computer, benötigen Sie ein lokales Datengateway. Wählen Sie für diese Übung den Befehl *Daten abrufen | Leere Abfrage*.
6. Geben Sie auf dem Bildschirm *Leere Abfrage* den folgenden Ausdruck ein:

```
let
  Quelle = Table.FromList(
    {1..10},
    Splitter.SplitByNothing(),
    type table [Zahl = Int64.Type]
  )
in
  Quelle
```

   Der obige Ausdruck erstellt eine Tabelle mit Werten von 1 bis 10 in einer Spalte mit dem Namen *Zahl* und dem Datentyp *Ganze Zahl*.

7. Wählen Sie unten rechts im Power Query-Fenster den Befehl *Veröffentlichen*. Sie kehren zum Arbeitsbereich zurück.
8. Warten Sie, bis die Veröffentlichung abgeschlossen ist und Datum und Uhrzeit der Aktualisierung angezeigt werden. Ein Dataflow enthält keine Daten, bis er aktualisiert ist.

Nachdem Sie Ihren Dataflow erstellt haben, können Sie von Power BI Desktop oder Excel oder sogar von einem anderen Dataflow aus eine Verbindung zu ihm herstellen.

Daten aus Dataflows abrufen

Der Dataflows-Connector ist sowohl in Power BI Desktop und Excel als auch in anderen Produkten verfügbar. Wenn Sie in der alten Power Query-Umgebung (Power BI Desktop und Excel) Daten aus einer Dataflows-Tabelle namens *Umsatz* abrufen, sieht Ihre Abfrage ähnlich aus wie die folgende:

```
let

  Quelle = PowerPlatform.Dataflows(null),
  Workspaces = Quelle{[Id="Workspaces"]}[Data],
  #"8458035e-ad40-4d90-ba92-76735689976d" = Workspaces{[workspaceId="8458035e-ad40-4d90-
ba92-76735689976d"]}[Data],
  #"4b8c07db-5f23-4e61-9c40-440ac16ea7d9" = #"8458035e-ad40-4d90-ba92-
76735689976d"{[dataflowId="2579c8d6-3de8-4015-ac6c-5c5ecfd1f5d9"]}[Data],
  Produkte_ = #"2579c8d6-3de8-4015-ac6c-5c5ecfd1f5d9"{[entity="Produkte",version=""]}[Data]
in
  Produkte_
```

In der neuen Power Query-Umgebung (z. B. Power Query Online) werden die Zwischenschritte ein wenig anders benannt:

```
let
  Quelle = PowerPlatform.Dataflows([]),
  #"Navigation 1" = Quelle{[Id = "Workspaces"]}[Data],
  #"Navigation 2" = #"Navigation 1"{[workspaceId = "8458035e-ad40-4d90-ba92-
76735689976d"]}[Data],
  #"Navigation 3" = #"Navigation 2"{[dataflowId = "2579c8d6-3de8-4015-ac6c-
5c5ecfd1f5d9"]}[Data],
  #"Navigation 4" = #"Navigation 3"{[entity = "Produkte", version = ""]}[Data]
in
  #"Navigation 4"
```

Der Hauptunterschied besteht darin, wie Power Query die Zwischenschritte benennt. Außerdem werden in der alten Power-Query-Umgebung die Navigationsschritte in einem Navigationsschritt zusammengefasst, während in neuen Power-Query-Umgebungen die Navigationsschritte separat angezeigt werden. In beiden Fällen besteht die Abfrage aus den folgenden Schritten:

1. den Katalog mit der Funktion `PowerPlatform.Dataflows` abrufen
2. Environments (für Power Apps-Dataflows) oder Workspaces (für Power BI-Datenflüsse) auswählen
3. Arbeitsbereich auswählen
4. Dataflow auswählen
5. Tabelle auswählen

Die Schritte sind in Abbildung 15.3 dargestellt.

Die Hierarchie Arbeitsbereich-Dataflow-Tabellen kann beispielsweise mit der Hierarchie Server-Datenbank-Tabellen in Azure SQL verglichen werden.

Wie Sie vielleicht bemerkt haben, verwendet Power Query standardmäßig global eindeutige Bezeichner (GUIDs), um Arbeitsbereiche und Dataflows auszuwählen, was die Verknüpfung von Dataflow-Tabellen und die Verfolgung der Abhängigkeit von einem Dataflow ermöglicht. Ein Nachteil der Verwendung von GUIDs ist, dass ein Dataflow, der gelöscht und neu erstellt wird, eine andere GUID erhält und alle Verweise auf die GUID unterbrochen werden. Darüber hinaus kann es in einigen Unternehmen üblich sein, getrennte Umgebungen für Entwicklung, Test und Produktion zu verwenden. Wenn Sie Dataflows für verschiedene Umgebungen entwickeln und sich bei der Verbindung mit einem Dataflow nicht auf GUIDs verlassen wollen, sollten Sie statt GUIDs Arbeitsbereichs- und Tabellennamen verwenden.

Wenn Sie daran interessiert sind, den Arbeitsbereich und den Dataflow zu parametrisieren, kann dies eine Herausforderung sein, da bei der Verwendung des Dataflows-Konnektors in Power Query standardmäßig Arbeitsbereichs- und Dataflow-IDs anstelle von Namen verwendet werden. Um die Namen von Arbeitsbereichen und Dataflows zu parametrisieren, müssen Sie Ihre Abfrage so ändern, dass sie sich auf Namen statt auf IDs bezieht, wie in Übung 15.2 gezeigt.

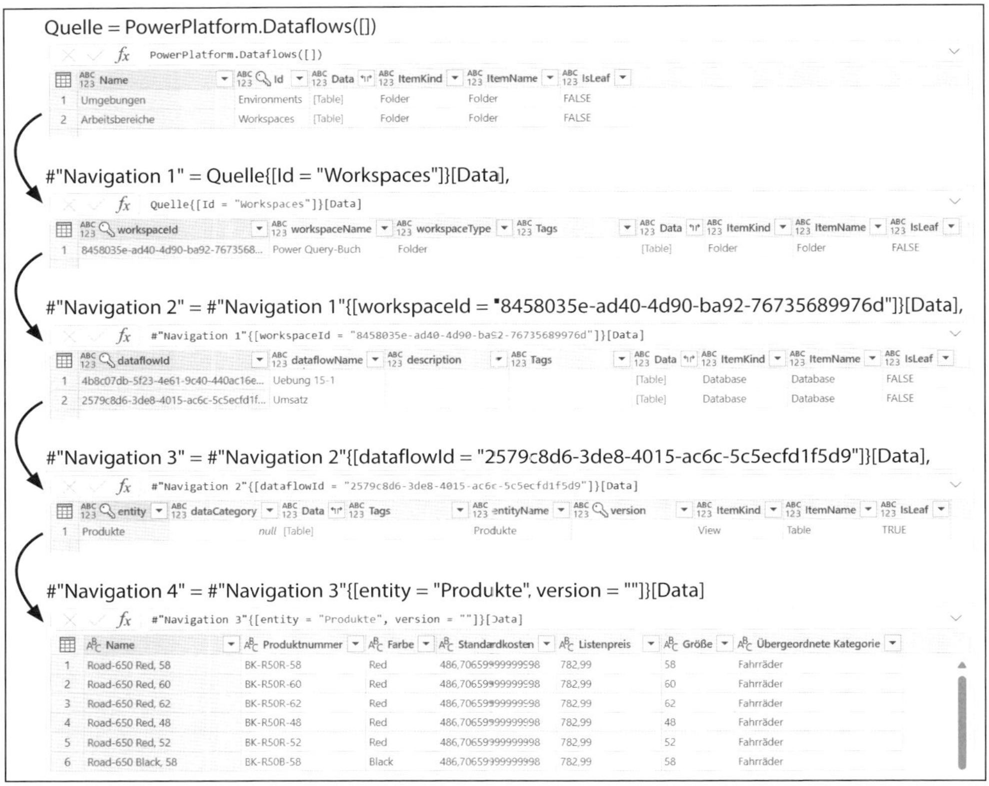

Abbildung 15.3 Die Navigation in der Dataflow-Abfrage beginnt mit einer Auswahl zwischen Umgebung und Arbeitsbereichen und endet mit einer Dataflow-Tabelle.

Übung 15.2, Teil 1: Erstellen einer Dataflow-Table-Picker-Funktion

Für diese Übung müssen Sie bereits einen Dataflow im Power BI-Dienst erstellt haben. Sie erstellen eine benutzerdefinierte Funktion, die Daten aus einer Dataflow-Tabelle basierend auf dem Arbeitsbereich, dem Dataflow und dem Tabellennamen abruft.

1. Stellen Sie eine Verbindung zu einer beliebigen Dataflow-Tabelle her und benennen Sie die neue Abfrage in **Dataflow-Tabelle** um.
2. Beachten Sie die Namen von Arbeitsbereich und Dataflow. In dieser Übung werden für den Arbeitsbereich und den Dataflow exemplarische Namen verwendet werden, und Sie müssen Ihre eigenen Werte verwenden.
3. Klicken Sie mit der rechten Maustaste auf die Abfrage *Dataflow-Tabelle* und wählen Sie *Duplizieren*. Benennen Sie die neue Abfrage in **Dataflow-Tabelle Beispiel** um.
4. Erstellen Sie einen neuen Parameter, indem Sie auf der Registerkarte Start den Befehl *Parameter verwalten | Neuer Parameter* wählen:

a. Geben Sie als *Parametername* **Arbeitsbereichsname** ein.

b. Wählen Sie für *Typ* die Option *Text*.

c. Für *Aktueller Wert* geben Sie **Arbeitsbereich Beispiel** ein.

Abbildung 15.4 zeigt die Konfiguration des Parameters.

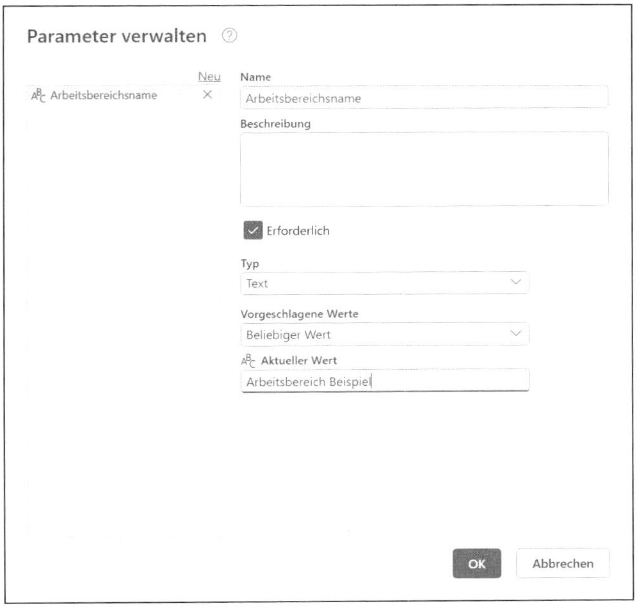

Abbildung 15.4 Verwenden Sie das Dialogfeld *Parameter verwalten*, um einen neuen Parameter zu konfigurieren, hier für den Namen des Arbeitsbereichs.

5. Wiederholen Sie Schritt 4 für einen neuen Textparameter mit dem Namen **Dataflowname**, und verwenden Sie **Dataflow Beispiel** als *aktuellen Wert*.
6. Wiederholen Sie Schritt 4 für einen neuen Textparameter mit dem Namen **Tabellenname** und dem *aktuellen Wert* **Tabelle Beispiel**.
7. Wählen Sie die Abfrage *Dataflow-Tabelle Beispiel* aus, öffnen Sie den erweiterten Editor und untersuchen Sie den Code. Wie im vorigen Abschnitt erläutert, können die Zwischenschritte unterschiedlich genannt werden.
8. Benennen Sie die Navigationsschritte in **Workspaces**, **Workspace**, **Dataflow** und **Tabelle** um, wie im folgenden Codeblock gezeugt (wobei Ihre GUIDs unterschiedlich sein werden):

```
let
  Quelle = PowerPlatform.Dataflows([]),
  Workspaces = Quelle{[Id = "Workspaces"]}[Data],
  Workspace = Workspaces{[workspaceId = "8458035e-ad40-4d90-ba92-76735689976d"]}[Data],
  Dataflow = Workspace{[dataflowId = "2579c8d6-3de8-4015-ac6c-5c5ecfd1f5d9"]}[Data],
  Tabelle = Dataflow{[entity = "Produkte", version = ""]}[Data]
in
  Tabelle
```

9. In Abbildung 15.2 sehen Sie, dass es in den ersten beiden Navigationsschritten Spalten mit den Bezeichnungen *workspaceName* und *dataflowName* gibt. Sie können diese anstelle von *workspaceId* bzw. *dataflowId* verwenden. Für den Tabellennamen können wir immer noch die Entitätsspalte verwenden (Dataflow-Tabellen wurden in der Vergangenheit als Entitäten bezeichnet). Aktualisieren Sie den Code und verwenden Sie die Parameter *Arbeitsbereichsname*, *Dataflowname* und *Tabellenname*. Die aktualisierten Teile sind fett gedruckt:

```
let
  Quelle = PowerPlatform.Dataflows([]),
  Workspaces = Quelle{[Id = "Workspaces"]}[Data],
  Workspace = Workspaces{[workspaceName = #"Arbeitsbereichsname"]}[Data],
  Dataflow = Workspace{[dataflowName = #"Dataflowname"]}[Data],
  Tabelle = Dataflow{[entity = #"Tabellenname", version = ""]}[Data]
in
  Tabelle
```

10. Passen Sie ggfs. die Werte der Parameter so an, dass sie mit dem von Ihnen erstellten Dataflow übereinstimmen. Überprüfen Sie, ob die Abfrage funktioniert: Sie sollte das gleiche Ergebnis liefern wie die ursprüngliche Abfrage *Dataflow-Tabelle*.
11. Klicken Sie mit der rechten Maustaste auf die Abfrage *Dataflow-Tabelle Beispiel* und wählen Sie *Funktion erstellen*. Geben Sie als Funktionsnamen **FxDataflowTable** ein und wählen Sie *OK*.

    Sie sollten außerdem das Laden der Abfrage *Dataflow-Tabellen-Beispiel* deaktivieren, da sie nur eine benutzerfreundliche Möglichkeit zum Ändern der Funktion `FxDataflowTable` darstellt. In Power BI Desktop können Sie mit der rechten Maustaste auf die Abfrage klicken und die Option *Laden aktivieren* deaktivieren; in Excel können Sie die Option *Nur Verbindung erstellen* auswählen.

Mit der neuen Funktion `FxDataflowTable` können Sie Daten aus einer beliebigen Dataflow-Tabelle abrufen, indem Sie den Namen des Arbeitsbereichs, des Dataflows und der Tabelle angeben. Wenn Sie beispielsweise eine Tabelle namens *Sales* in einem Dataflow *Operations* haben, die sich in einem Arbeitsbereich namens *Contoso* befindet, verwenden Sie die Funktion wie folgt:

```
FxDataflowTable("Contoso", "Operations", "Sales")
```

Sie sollten sich darüber bewusst sein, dass durch das Abrufen von Daten aus Dataflows mit diesem Verfahren – also durch Angabe von Arbeitsbereich- und Dataflow-Namen anstelle von IDs – die Tabellenverknüpfung unterbrochen und die Ansichten der Datenherkunft im Power BI-Dienst verzerrt werden. Wenn Sie sich auf verknüpfte Tabellen oder Datenherkunft-Ansichten verlassen, ist diese Funktion möglicherweise nicht für Sie geeignet.

Übung 15.2, Teil 2: Leere Zeichenfolgen in allen Textspalten durch Nullwerte ersetzen

Wie bereits weiter vorne in diesem Kapitel beschrieben, werden in Dataflows Nullwerte als leere Zeichenfolgen angezeigt. Wenn Sie für alle Tabellen `null` anstelle von leeren Zeichenfolgen sehen möchten, können Sie einen zusätzlichen Schritt einbauen, um leere Zeichenfolgen in allen Textspalten durch `null` ersetzen.

In Teil 2 der Übung 15.2 beginnen Sie dort, wo Sie in Teil 1 aufgehört haben.

12. Wählen Sie die Abfrage *Dataflow-Tabelle Beispiel* aus und erstellen Sie einen benutzerdefinierten Schritt, indem Sie in der Bearbeitungsleiste die Schaltfläche *fx* auswählen. Der neue Schritt enthält die folgende Formel:

```
Tabelle
```

13. Aktualisieren Sie die Formel wie folgt:

```
Table.ReplaceValue(Tabelle, "", null, Replacer.ReplaceValue,
Table.ColumnsOfType(Tabelle, {type nullable text}))
```

Die Formel ersetzt leere Zeichenfolgen in allen Textspalten durch `null`. Die Funktion `Table.ColumnsOfType` gibt eine Liste von Spalten zurück, die den Typ `nullable text` besitzen. Da in Dataflows alle Spalten `nullable` sind, müssen wir den Typ `nullable text` verwenden anstatt nur den Typ `text`. Der folgende Codeblock zeigt den vollständigen `FxDataflowTable`-Ausdruck:

```
(#"Arbeitsbereichsname" as text, #"Dataflowname" as text, #"Tabellenname" as text) =>
let
    Quelle = PowerPlatform.Dataflows([]),
    Workspaces = Quelle{[Id = "Workspaces"]}[Data],
    Workspace = Workspaces{[workspaceName = Arbeitsbereichsname]}[Data],
    Dataflow = Workspace{[dataflowName = Dataflowname]}[Data],
    Tabelle = Dataflow{[entity = Tabellenname, version = ""]}[Data],
    Benutzerdefiniert1 = Table.ReplaceValue(Tabelle, "", null, Replacer.ReplaceValue,
Table.ColumnsOfType(Tabelle, {type nullable text}))
in
   Benutzerdefiniert1
```

Alle Tabellen, die mit der Funktion `FxDataflowTable` abgerufen werden, enthalten nun Nullwerte anstelle von Leerzeichen.

Sie finden die Lösungsdateien *K15U02 – Lösung.pbix* und *K15U02 – Lösung.xlsx* in den Beispieldateien, die Sie von der Begleitwebsite zum Buch herunterladen können.

Zusammenfassung

In diesem Kapitel haben Sie gelernt, dass es neben Power Query für Desktop auch Power Query Online gibt, das in mehreren Microsoft-Produkten enthalten ist. Power Query für Desktop und Power Query Online sind zwar größtenteils ähnlich, aber Sie haben gelernt, dass in Power Query

Online alle Datenquellen über die Cloud zugänglich sein müssen (was manchmal die Installation eines Datengateways vor Ort erfordert) und dass es aufgrund unterschiedlicher Speichermethoden Unterschiede in der Ausgabe geben kann.

Unser Hauptaugenmerk lag auf Dataflows als der beliebtesten Integration von Power Query Online. Dataflows können verwendet werden, um Abfragen gemeinsam zu nutzen und zu zentralisieren, um die Konsistenz zu fördern und um Datensilos in einer Organisation zu reduzieren. Darüber hinaus kann die Verwendung von Dataflows die Abfrageleistung verbessern und die Gesamtressourcennutzung reduzieren, sei es in der Cloud oder On-Premises. Durch die Aufteilung von Abfragen in separate Dataflows können Sie außerdem verschiedene Abfragen gemeinsam entwickeln, im Gegensatz zu einem einzigen semantischen Power BI-Modell oder einer Excel-Arbeitsmappe.

In Übung 15.1 haben Sie einen Dataflow erstellt, und Sie haben vielleicht bemerkt, dass sich die Vorgehensweise nicht wesentlich von der Verwendung von Power Query in Power BI Desktop oder Excel unterscheidet. In Übung 15.2 haben Sie gelernt, wie Sie Daten aus Dataflows abrufen, indem Sie Arbeitsbereich, Dataflow und Tabellennamen als Parameter verwenden, ohne auf GUIDs angewiesen zu sein. Mit dem Wissen, das Sie über Power Query Online und Dataflows erworben haben, können Sie nun Power Query in großem Maßstab verwenden.

Im nächsten und letzten Kapitel werden Sie Ihre neuen Fähigkeiten im Umgang mit Daten in einer Reihe von Aufgaben üben, die die wichtigsten im Buch behandelten Themen abrunden werden. Wir denken, dass Sie nun in der Lage sind, das finale Projekt umzusetzen.

KAPITEL 16

Abschlussprojekt: Alles miteinander kombinieren

In diesem Kapitel:

- agieren Sie als Chief Data Officer der fiktiven Firma Wide World Importers
- bewältigen Sie herausfordernde Datasets und wenden Ihre Kenntnisse an, um die chaotischen Daten für die Analyse vorzubereiten
- kombinieren Sie Pivotieren- und Entpivotieren-Sequenzen in einem komplexen realen Szenario mit mehreren Dateien zusammengefasster Daten
- verwenden Sie verschiedene Zusammenführen-Transformationen, um zwei Tabellen zu vergleichen

Herzlichen Glückwunsch, Sie sind beim letzten Kapitel des Buches angekommen! Es ist an der Zeit, Ihre Fähigkeiten beim Data-Wrangling herauszufordern und Ihre Kenntnisse mit einem abschließenden Projekt zu testen.

Sie haben einen langen Weg zurückgelegt. In den bisherigen Kapiteln dieses Buches haben Sie gelernt, wie Sie fehlerhafte Datasets bereinigen, mehrere Tabellen kombinieren, nicht übereinstimmende Spaltennamen korrigieren, Daten pivotieren und entpivotieren sowie viele andere Datenherausforderungen zu bewältigen. Es ist an der Zeit, all dieses Wissen auf die Probe zu stellen und Ihre neuen Data-Wrangling-Kenntnisse für die Bewältigung einer umfangreichen Herausforderung zu nutzen.

Übung 16.1: Retten Sie Wide World Importers

Stellen Sie sich vor, Sie sind der neue Chief Data Officer bei Wide World Importers. Am vergangenen Wochenende erlebte das Unternehmen einen massiven Cyberangriff, der auf das Data Warehouse des Unternehmens abzielte. Ein Team von Spezialisten versucht, die Risiken für die Umsatzdaten zu bewerten, und Sie wurden gebeten, einen neuen zusammenfassenden Bericht über die Einnahmen des Unternehmens aus alten exportierten Daten zu rekonstruieren, die nicht von der Cyberattacke betroffen waren. Ihr Vorgänger führte Berichte über die Umsätze des Unternehmens in drei Excel-Arbeitsmappen für die Jahre 2022–2024. Jede Arbeitsmappe enthält zwölf Tabellenblätter – jeweils eine für jeden Monat des Jahres. Darüber hinaus wurden die Umsätze für das 2025 kürzlich in einem neuen herausfordernden Format exportiert.

Können Sie alle Daten aus jedem der insgesamt 36 Tabellenblätter importieren und mit den Daten von 2025 kombinieren, um eine einzelne Tabelle zu erstellen, ähnlich der in Abbildung 16.1?

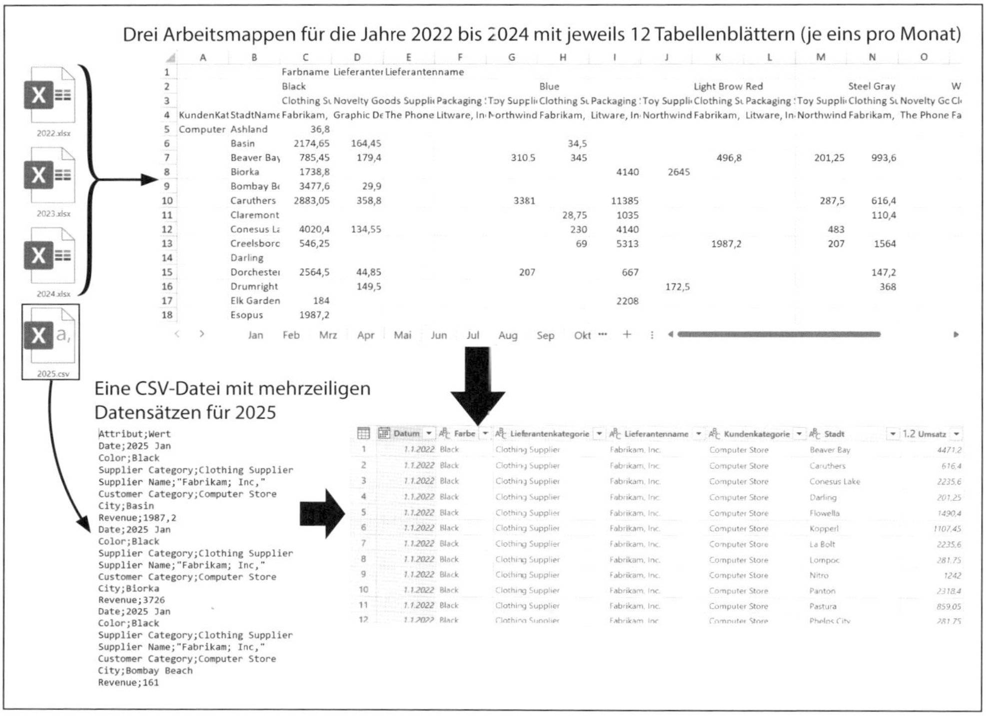

Abbildung 16.1 Ihre Herausforderung besteht darin, mehrere Tabellen von Wide World Importers aus drei Arbeitsmappen mit den Umsätzen der Jahre 2022 bis 2024 zu kombinieren. Jede Arbeitsmappe enthält zwölf Tabellenblätter (eins pro Monat); außerdem liegt zusätzlich eine CSV-Datei mit mehrzeiligen Datensätzen für den Umsatz im Jahr 2025 vor.

Um mit der Übung zu beginnen, benötigen Sie die ZIP-Datei *K16U01.zip* und die Tabelle mit den Ergebnissen in *K16U01 – Ziel.xlsx*. Beide Dateien finden Sie in den Begleitdateien zu diesem Buch. Extrahieren Sie die vier Dateien aus der ZIP-Datei in den Ordner *C:\Daten\K16\K16U01*.

Werfen Sie einen Blick in die Arbeitsmappen *2022.xlsx*, *2023.xlsx* und *2024.xlsx* sowie in deren Tabellenblätter. Jedes Tabellenblatt enthält eine zusammengefasste Tabelle im Format 2 x 3 mit den Kundenkategorien und Städten in den Zeilen und den Produktfarben, Lieferantenkategorien und Lieferantennamen in den Spalten.

Die Umsätze für das Jahr 2025 liegen in einer CSV-Datei mit den Spalten *Attribut* und *Wert* vor, wie unten links in Abbildung 16.1 dargestellt. Ihr Ziel ist es, alle Daten zu kombinieren, um einen Komplettbericht für die Umsätze von Wide World Importers zu erstellen, wie in *K16U01 – Ziel.xlsx* dargestellt.

Ich möchte Sie dazu ermutigen, erst mal nicht weiterzulesen. Versuchen Sie, diese Herausforderung selbst zu bewältigen. Verbringen Sie ruhig ein paar Stunden damit, es auszuprobieren. Wenn Sie Hilfe benötigen, können Sie die Tipps im folgenden Abschnitt lesen.

Tipps

Sie sind nicht sicher, wie Sie vorgehen sollen? Sie können die Herausforderung in Teilaufgaben aufgliedern:

1. Importieren Sie den Ordner und verwenden Sie zuerst nur die Excel-Arbeitsmappen.
2. Erstellen Sie eine neue Spalte mit den 36 Zeilen aus Tabellenobjekten (die den 36 Tabellenblättern aus den drei Arbeitsmappen mit jeweils zwölf Tabellenblättern der Einnahmen für jeden Monat der Jahre 2022–2024 entsprechen).
3. Überspringen Sie für jedes Tabellenblatt die erste Zeile und entfernen Sie die Spalte und Zeile mit dem Gesamtergebnis.
4. Wenden Sie die Funktion *FnUnpivotSummarizedTable* auf jedes Tabellenblatt an. (Siehe Kapitel 7, »Fortgeschrittenes Entpivotieren und Pivotieren von Tabellen«.)
5. Schließen Sie die Datei *2025.csv* ein, nachdem Sie die Sequenz für das Pivotieren aus Kapitel 7 durchgeführt haben.
6. Fügen Sie die Umsätze 2025 an die entpivotierten Daten an. Beachten Sie, dass es einige nicht übereinstimmende Spaltennamen gibt. Sie können zu Kapitel 3, »Daten aus mehreren Quellen kombinieren«, zurückkehren, um Ihr Wissen über die Normalisierung von Spaltennamen aufzufrischen.

Lesen Sie ab hier erst mal nicht weiter. Versuchen Sie, diese Herausforderung selbst zu meistern. Investieren Sie ruhig ein paar Stunden hinein. Wenn Sie Hilfe brauchen, lesen Sie erneut Kapitel 7. Wenn Sie weitere Unterstützung benötigen, können Sie Übung 16.1 Schritt für Schritt durchführen.

Übung 16.1, Teil 1: Start der Lösung

Um die pivotierten Daten der Jahre 2022 bis 2024 zu transformieren und die mehrzeiligen Datensätze von 2025 anzuhängen, können Sie die Schritte in dieser Übung ausführen.

1. Verwenden Sie die Datei *K16U01.zip* aus den Begleitdateien und extrahieren Sie die vier Dateien aus dieser ZIP-Datei in den Ordner *C:\Daten\K16\K16U01*.
2. Erstellen Sie einen neuen Power BI-Bericht oder eine leere Arbeitsmappe und rufen Sie Daten aus einem Ordner ab.
3. Wählen Sie den Ordnerpfad *C:\Daten\K16\K16U01* aus und wählen Sie *OK*. Klicken Sie im nächsten Dialogfeld auf *Daten transformieren*. Der Power Query-Editor wird geöffnet.

4. Um die Datei *2025.csv* herauszufiltern, die ein anderes Format als die anderen Dateien verwendet (Sie werden sie später behandeln), öffnen Sie das Filtersteuerelement in der Spalte *Name* und deaktivieren Sie das Kontrollkästchen vor *2025.csv*. Wählen Sie dann *OK*, um den Filterbereich zu schließen.
5. Benennen Sie die Abfrage *K16U01* in **Umsätze** um.
6. Klicken Sie in der Spaltenüberschrift der Spalte *Content* auf das Symbol *Dateien kombinieren*.
7. Wenn das Dialogfeld *Dateien kombinieren* geöffnet wird, klicken Sie mit der rechten Maustaste auf *Parameter1* und wählen Sie *Daten transformieren*.
8. Wenn der Power Query-Editor geöffnet wird und *Umsätze* ausgewählt ist, entfernen Sie die letzten drei Spalten.
9. Entfernen Sie die Erweiterung *.xlsx* aus den *Source.Name*-Werten, um das Jahr zu extrahieren, und benennen Sie die Spalte in **Jahr** um. (Es gibt mehrere Möglichkeiten, die Dateierweiterung zu entfernen. Wenn Sie nicht sicher sind, wie Sie dies tun sollen, schauen Sie in Kapitel 3 nach.)
10. Benennen Sie die Spalte *Name* in **Monat** um.

    In der Spalte *Data* befinden sich die Tabellenobjekte mit jeweils zusammenfassenden Tabellen. Bevor Sie die Sequenz für das Entpivotieren ausführen, sollten Sie die erste Zeile entfernen, die keine wertvollen Daten enthält und die nicht gut funktioniert, wenn Sie hierauf die Sequenz für das Entpivotieren anwenden. Sie sollten auch die Gesamtergebnisse in der letzten Spalte und Zeile entfernen. Die folgenden Schritte zeigen, wie Sie diese Aufgaben bewerkstelligen können.
11. Wählen Sie auf der Registerkarte *Spalte hinzufügen* den Befehl *Benutzerdefinierte Spalte* aus. Das Dialogfeld *Benutzerdefinierte Spalte* wird geöffnet. Nehmen Sie die folgenden Änderungen vor:
    a. Geben Sie in das Feld *Neuer Spaltenname* **Erste Zeile Auslassen** ein.
    b. Geben Sie in das Feld *Benutzerdefinierte Spaltenformel* die folgende Formel ein und wählen Sie dann *OK*:

    ```
    Table.Skip([Data], 1)
    ```

    Die neue Spalte gibt das Tabellenobjekt aus der Spalte *Data* zurück, nachdem die erste Zeile übersprungen wurde.
    c. Löschen Sie die Spalte *Data*.
12. Wählen Sie auf der Registerkarte *Spalte hinzufügen* den Befehl *Benutzerdefinierte Spalte*. Das Dialogfeld *Benutzerdefinierte Spalte* wird geöffnet. Nehmen Sie die folgenden Änderungen vor:
    a. Geben Sie in das Feld *Neuer Spaltenname* **Kein Gesamtergebnis** ein.
    b. Geben Sie in das Feld *Benutzerdefinierte Spaltenformel* die folgende Formel ein und wählen Sie dann *OK*:

    ```
    Table.RemoveColumns(
        [Erste Zeile Auslassen], {
           List.Last(Table.ColumnNames([Erste Zeile Auslassen]))
        }
    )
    ```

Diese Formel entfernt die letzte Spalte. Sie verwenden `Table.ColumnNames`, um die Spaltennamen jedes Tabellenobjekts in der Spalte *Erste Zeile Auslassen* abzurufen, und wenden `List.Last` an, um den Namen der letzten Spalte zu ermitteln.

Die neue Spalte gibt das Tabellenobjekt aus der Spalte *Data* zurück, nachdem die erste Zeile übersprungen wurde.

c. Löschen Sie die Spalte *Erste Zeile Auslassen.*

13. Wählen Sie auf der Registerkarte *Spalte hinzufügen* den Befehl *Benutzerdefinierte Spalte.* Das Dialogfeld *Benutzerdefinierte Spalte* wird geöffnet. Nehmen Sie die folgenden Änderungen vor:

    a. Geben Sie in das Feld *Neuer Spaltenname* **Zusammenfassende Tabelle** ein.

    b. Geben Sie in das Feld *Benutzerdefinierte Spaltenformel* die folgende Formel ein und wählen Sie dann *OK*:

    ```
    Table.RemoveLastN([Kein Gesamtergebnis], 1)
    ```

    c. Löschen Sie die Spalte *Kein Gesamtergebnis.*

Eine zu den Schritten 11 bis 13 alternative Möglichkeit zum Bereinigen der zusammenfassenden Tabellen besteht darin, eine einzelne Spalte zu verwenden. Sie können die folgende Spaltenformel verwenden, wenn Sie die Spalte *Data* haben:

```
let
   ErsteZeileAuslassen = Table.Skip(inputTable, 1),
   KeinGesamtergebnis = Table.RemoveColumns(
      ErsteZeileAuslassen, {
         List.Last(Table.ColumnNames(ErsteZeileAuslassen))}
   ),
   Ergebnis = Table.RemoveLastN(KeinGesamtergebnis, 1)
in
   Ergebnis
```

Übung 16.1, Teil 2: Die Funktion für das Entpivotieren aufrufen

In diesem Teil der Lösung von Übung 16.1 wenden Sie die benutzerdefinierte Funktion *FnUnpivotSummarizedTable* an. Rufen Sie sich in Erinnerung, dass Sie diese Funktion in Übung 7.3 erstellt haben, um zusammengefasste Tabellen zu entpivotieren. Jetzt ist in Übung 16.1 der Zeitpunkt gekommen, die zusammenfassenden Tabellen von Wide World Importers für die Jahre 2022 bis 2024 zu entpivotieren. Führen Sie die folgenden Schritte aus, um Übung 16.1 fortzusetzen:

14. Führen Sie die folgenden Schritte aus, um die Funktion *FnUnpivotSummarizedTable* aus Übung 7.3 zu kopieren:

    a. Speichern Sie Ihren aktuellen Bericht und lassen Sie ihn geöffnet.

    b. Öffnen Sie die Arbeitsmappe *K07U03 – Lösung.xlsx* aus den Begleitdateien für dieses Buch.

c. Klicken Sie auf der Registerkarte *Daten* auf *Abfragen und Verbindungen*.
d. Klicken Sie im Aufgabenbereich *Abfragen und Verbindungen* mit der rechten Maustaste auf *FnUnpivotSummarizedTable* und wählen Sie *Kopieren*.
e. Kehren Sie zu Ihrer aktuellen Übungsmappe oder Ihrem aktuellen Bericht für Übung 16.1 zurück und starten Sie den Power Query-Editor.
f. Wählen Sie den Hintergrundbereich des Bereichs *Abfragen* aus und drücken Sie `Strg`+`V`, um die Funktion `FnUnpivotSummarizedTable` einzufügen.

15. Wählen Sie im Bereich *Abfragen* die Abfrage *Umsätze* aus.
16. Wählen Sie auf der Registerkarte *Spalte hinzufügen* den Befehl *Benutzerdefinierte Spalte* aus. Das Dialogfeld *Benutzerdefinierte Spalte* wird geöffnet. Nehmen Sie die folgenden Änderungen vor:
    a. Geben Sie in das Feld *Neuer Spaltenname* **Entpivotiert** ein.
    b. Geben Sie wie in Abbildung 16.2 dargestellt die folgende Formel in das Feld *Benutzerdefinierte Spaltenformel* ein und wählen Sie dann *OK*:

```
FnUnpivotSummarizedTable([Zusammenfassende Tabelle], {"Kundenkategorie", "Stadt"},
{"Farbe", "Lieferantenkategorie", "Lieferantenname"}, "Umsatz")
```

    c. Löschen Sie die Spalte *Zusammenfassende Tabelle*.

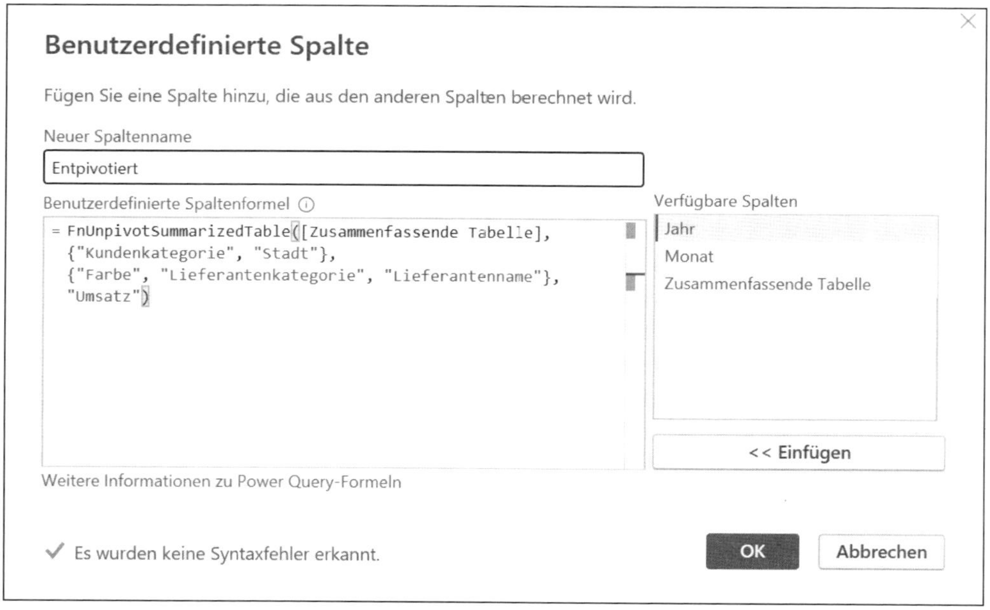

Abbildung 16.2 Um die zusammenfassenden Tabellen zu entpivotieren, rufen Sie die Funktion *FnUnpivotSummarizedTable* mithilfe des Dialogfelds *Benutzerdefinierte Spalte* auf.

17. Erweitern Sie die Spalte *Entpivotiert*. Deaktivieren Sie im Bereich *Erweitern* das Kontrollkästchen *Ursprünglichen Spaltennamen als Präfix verwenden* und wählen Sie *OK*.

Sie können im Vorschaubereich sehen, dass alle Tabellenblätter ordnungsgemäß entpivotiert wurden. Es ist an der Zeit, sich den Umsätzen für das Jahr 2025 zuzuwenden.

Übung 16.1, Teil 3: Die Pivotieren-Sequenz für die Umsätze 2025

Rufen Sie sich in Erinnerung, dass Sie in Schritt 4 dieser Übung die Datei *2025.csv* herausgefiltert haben. Diese Datei enthält durch Semikola getrennte Werte von Attribut-Wert-Paaren, und Sie können davon ausgehen, dass jeder mehrzeilige Umsatzdatensatz in *2025.csv* mit dem Attribut *Date* beginnt. In diesem Teil der Übung müssen Sie sie importieren und die Pivotieren-Sequenz anwenden, die Sie in Kapitel 7 gelernt haben. Führen Sie die folgenden Schritte aus, um mit Übung 16.1 weiterzumachen:

18. Importieren Sie die Datei *2025.csv* in den Power Query-Editor, indem Sie auf der Registerkarte *Start* den Befehl *Neue Quelle* auswählen. Benennen Sie die neue Abfrage in **2025 Umsätze** um.
19. Wählen Sie auf der Registerkarte *Transformieren* den Befehl *Erste Zeile als Überschriften verwenden*.
20. Wählen Sie auf der Registerkarte *Spalte hinzufügen* auf *Indexspalte*.
21. Wählen Sie auf der Registerkarte *Spalte hinzufügen* den Befehl *Bedingte Spalte*. Wenn das Dialogfeld *Bedingte Spalte hinzufügen* geöffnet wird, nehmen Sie die folgenden Änderungen vor:
    a. Geben Sie die **Zeilen ID** in das Feld *Neuer Spaltenname* ein.
    b. Legen Sie *Spaltenname* auf *Attribut* fest.
    c. Übernehmen Sie als *Operator ist gleich*.
    d. Geben Sie **Date** in das Feld *Wert* ein.
    e. Legen Sie *Ausgabe* auf die Option *Werte in einer Spalte verwenden* fest und wählen Sie die Spalte *Index* aus.
    f. Geben Sie **null** in das Feld *sonst* ein.
    g. Wählen Sie *OK*.
22. Markieren Sie die Spalte *Zeilen ID* und wählen Sie auf der Registerkarte *Transformieren* den Befehl *Ausfüllen | Nach unten*. Löschen Sie die Spalte *Index*.
23. Markieren Sie die Spalte *Attribute* und wählen Sie auf der Registerkarte *Transformieren* den Befehl *Spalte pivotieren*. Wenn das Dialogfeld *Spalte pivotieren* geöffnet wird, nehmen Sie die folgenden Änderungen vor:
    a. Legen Sie die *Wertespalte* auf *Wert* fest.
    b. Erweitern Sie die *Erweiterten Optionen*.
    c. Legen Sie die *Aggregatwertfunktion* auf *Nicht aggregieren* fest.
    d. Wählen Sie *OK*.
24. Löschen Sie die Spalte *Zeilen ID*.

Sie haben nun die Pivotieren-Sequenz für die Umsätze 2025 abgeschlossen, und es ist an der Zeit, die Ergebnisse zu kombinieren.

Übung 16.1, Teil 4: Die Umsätze 2025 und 2022 bis 2024 kombinieren

Die Schritte, die Sie in diesem Teil der Übung durchführen müssen, werden in Kapitel 4, »Tabellen mit unterschiedlichen Datenstrukturen kombinieren«, ausführlicher erläutert. Sie haben jetzt zwei Tabellen mit nicht übereinstimmenden Spaltennamen. Beachten Sie, dass die Abfrage *Umsätze* die Spalten *Jahr* und *Monat* und die Abfrage *2025 Umsätze* die Spalte *Date* enthält. Führen Sie die folgenden Schritte aus, um Übung 16.1 fortzusetzen:

25. Wählen Sie die Abfrage *Umsätze* aus. Markieren Sie die ersten beiden Spalten *Jahr* und *Monat* und klicken Sie auf der Registerkarte *Transformieren* auf *Spalten zusammenführen*.
26. Wenn das Dialogfeld *Spalten zusammenführen* geöffnet wird, wählen Sie *Leerzeichen* als **Trennzeichen** aus, geben Sie **Datum** in das Feld *Neuer Spaltenname* ein und klicken Sie auf *OK*.
27. Benennen Sie die Spaltennamen von *2025 Umsätze* so um, dass Sie den Namen aus Schritt 16 entsprechen.

In Schritt 16 haben Sie die Spaltennamen für die entpivotierten Umsätze der Jahre 2022 bis 2024 festgelegt. Die Namen der Attribute in der CSV-Datei verwenden englische Begriffe, die Sie in den Spaltenüberschriften der Abfrage *2024 Umsätze* sehen. Damit das Anfügen der Abfragen (nächster Schritt) ohne Probleme funktioniert, müssen Sie dafür sorgen, dass die Spaltennamen der Abfragen *Umsätze* und *2025 Umsätze* identisch sind.

---

28. Wählen Sie auf der Registerkarte *Start* den Befehl *Abfragen anfügen*. Wenn das Dialogfeld *Anfügen* geöffnet wird, wählen Sie in der Liste *Anzufügende Tabelle* den Eintrag *2025 Umsätze* aus und klicken Sie auf *OK*.
29. Ändern Sie den Typ der Spalte *Umsatz* in *Währung* oder *Dezimalzahl* und ändern Sie den Typ der Spalte *Datum* in *Datum* ab.
30. Laden Sie abschließend die Abfrage *Umsätze* in Ihren Bericht und deaktivieren Sie das Laden der Abfrage *2025 Umsätze*:

    In Power BI Desktop klicken Sie im Power Query-Editor im Bereich *Abfragen* mit der rechten Maustaste auf die Abfrage *2025 Umsätze* und deaktivieren Sie die Option *Laden aktivieren*.

    In Excel wählen Sie auf der Registerkarte *Daten* den Befehl *Abfragen und Verbindungen*. Klicken Sie mit der rechten Maustaste auf *2025 Umsätze* und klicken Sie auf *Laden in*. Wählen Sie im Dialogfeld *Daten importieren*, das geöffnet wird, die Option *Nur Verbindung erstellen* aus und klicken Sie auf *OK*.

Die Lösungsdateien für diese Übung finden Sie in den Begleitdateien im Power BI-Bericht *K16U01 – Lösung.pbix* und der Excel-Arbeitsmappe *K16U01 – Lösung.xlsx*.

Übung 16.2: Tabellen vergleichen und den Hacker aufspüren

Dank Ihres Erfolgs in Übung 16.1 konnten Sie den Umsatzbericht erstellen, der Ihrem Unternehmen Wide World Importers half, fundierte Entscheidungen zu treffen, um das Geschäft nach dem Cyberangriff am Laufen zu halten. Laut der Ermittlungsergebnisse des Cybersecurity-Teams haben die Hacker die Umsatzwerte im Data Warehouse manipuliert.

Ihre Aufgabe besteht nun darin, die zusammengefassten Einnahmen aus Übung 16.1 mit den kompromittierten Daten in *K16U02 – Kompromittiert.xlsx* zu vergleichen, die Sie in den Begleitdateien finden. Das Ziel besteht darin, die Datensätze zu identifizieren, die vom Hacker manipuliert und kompromittiert wurden. Können Sie die Datensätze finden, die geänderte Umsätze enthalten? Können Sie die Nachricht des Hackers in den Daten finden?

Versuchen Sie, diese Herausforderung zu meistern, indem Sie eine Abfrage erstellen, die *K16U01 – Lösung.xlsx* und *K16U02 – Kompromittiert.xlsx* vergleicht. Obwohl Sie die Unterschiede in den Tabellen mithilfe von PivotTables oder DAX-Measures finden können, versuchen Sie in dieser Übung, mithilfe des Power Query-Editors eine Lösung zu entwickeln.

Wir empfehlen Ihnen, vorerst nicht weiterzulesen. Versuchen Sie, diese Aufgabe selbst zu lösen. Lassen Sie sich ruhig ein paar Stunden Zeit. Wenn Sie Hilfe brauchen, können Sie die Tipps im folgenden Abschnitt lesen.

Tipps

Wenn Sie nicht sicher sind, wie Sie diese Herausforderung angehen können, finden Sie hier ein paar Tipps, die Ihnen den Einstieg erleichtern:

1. Der Hacker hat Änderungen in der Spalte *Umsatz* vorgenommen. Sie können die beiden Tabellen zusammenführen, um die nicht übereinstimmenden Einnahmen zu finden. Verwenden Sie beim Zusammenführen alle Spalten mit Ausnahme der Spalte *Umsatz für* und erweitern Sie dann die Spalte *Umsatz* aus der zweiten Tabelle. Wenden Sie als Nächstes einen Filter auf die beiden Umsatzspalten an, um Unterschiede zu finden.
2. Um die neuen Zeilen zu finden, die der Hacker hinzugefügt hat, können Sie *Spalten zusammenführen* mit einer rechten Anti-Join-Verknüpfung zwischen der zusammengefassten Tabelle aus Übung 16.1 und der kompromittierten Tabelle anwenden. Auf diese Weise werden während des Erweiterungsschritts, der nach dem Zusammenführen erfolgt, nur Zeilen erkannt, die in der kompromittierten Tabelle vorhanden sind.

Wir empfehlen Ihnen, vorerst nicht weiterzulesen. Versuchen Sie, diese Aufgabe selbst zu lösen und geben Sie sich etwas mehr Zeit. Falls Sie Hilfe brauchen, lesen Sie erneut Kapitel 2. Falls Sie mehr Unterstützung benötigen, können Sie Übung 16.2 Schritt für Schritt durcharbeiten, wie im nächsten Abschnitt beschrieben.

Übung 16.2, Teil 1: Nicht übereinstimmende Umsätze ermitteln

Um die nicht übereinstimmenden Umsätze zu ermitteln, müssen Sie die beiden Tabellen mit allen Spalten mit Ausnahme von *Umsatz* zusammenführen. Wenn Sie nicht selbst herausfinden können, wie dies geht, können Sie die Schritte in dieser Übung ausführen.

1. Importieren Sie mit Excel oder Power BI Desktop die Tabelle *Umsätze* aus *K16U01 – Lösung.xlsx* in den Power Query-Editor. Benennen Sie die Abfrage in **Korrekt** um. Markieren Sie die Spalte *Umsatz* und verwenden Sie auf der Registerkarte *Transformieren* den Befehl *Runden*, um die Werte auf zwei Dezimalstellen zu runden.
2. Importieren Sie mit Excel oder Power BI Desktop die Tabelle *Umsätze* aus *K16U02 – Kompromittiert.xlsx* in den Power Query-Editor. Benennen Sie die Abfrage in **Kompromittiert** um. Markieren Sie die Spalte *Umsatz* und verwenden Sie auf der Registerkarte *Transformieren* den Befehl *Runden*, um die Werte auf zwei Dezimalstellen zu runden.
3. Wählen Sie im Bereich *Abfragen* die Abfrage *Korrekt* aus. Wählen Sie dann auf der Registerkarte *Start* den Befehl *Abfragen zusammenführen | Abfragen als neue Abfrage zusammenführen*.
4. Wenn das Dialogfeld *Zusammenführen* geöffnet wird, nehmen Sie die folgenden Änderungen vor:
   a. Halten Sie die `Strg`-Taste gedrückt und wählen Sie in der Tabelle *Korrekt* die Spalte *Datum* aus. Halten Sie dann die `Umsch`-Taste gedrückt und wählen Sie die Spalte *Stadt* aus. Achten Sie darauf, dass Sie die angegebene Reihenfolge der Spalten verwenden.
   b. Wählen Sie im Dropdown-Menü *Rechte Tabelle für die Zusammenführung* die Abfrage *Kompromittiert* aus. Halten Sie die `Strg`-Taste gedrückt und wählen Sie in der Tabelle *Kompromittiert* die Spalte *Datum* aus. Halten Sie dann die `Umsch`-Taste gedrückt und wählen Sie die Spalte *Stadt* aus. Achten Sie auch hier darauf, dass Sie die angegebene Reihenfolge der Spalten verwenden.
   c. Wählen Sie in der Liste *Art des Joins* die Option *Innerhalb* aus, wie in Abbildung 16.3 dargestellt, und wählen Sie *OK*, um das Dialogfeld *Zusammenführen* zu schließen.
5. Benennen Sie die neue Abfrage in **Kompromittierte Zeilen** um und erweitern Sie die Spalte *Kompromittiert*. Deaktivieren Sie im Bereich *Erweitern* die Auswahl aller Spalten mit Ausnahme von *Umsatz*. Benennen Sie die neue Spalte in **Kompromittiert.Umsatz** um, indem Sie das Kontrollkästchen *Ursprünglichen Spaltennamens als Präfix verwenden* eingeschaltet lassen.

   Um die nicht übereinstimmenden Umsatzzeilen herauszufiltern, müssen Sie eine Filterbedingung anwenden, die in der Benutzeroberfläche nicht verfügbar ist. Sie können eine temporäre Filterbedingung über die Benutzeroberfläche erstellen und diese dann in der Bearbeitungsleiste an Ihre Anforderungen anpassen.
6. Klicken Sie auf das Filtersteuerelement in der Überschrift der Spalte *Umsatz* und wählen Sie *Zahlenfilter | Nicht gleich* aus. Geben Sie **12345** in das Textfeld neben dem Dropdown-Menü *entspricht nicht* ein. In der Bearbeitungsleiste wird dieser Ausdruck angezeigt:

```
Table.SelectRows(#"Erweiterte Kompromittiert", each [Umsatz] <> 12345)
```

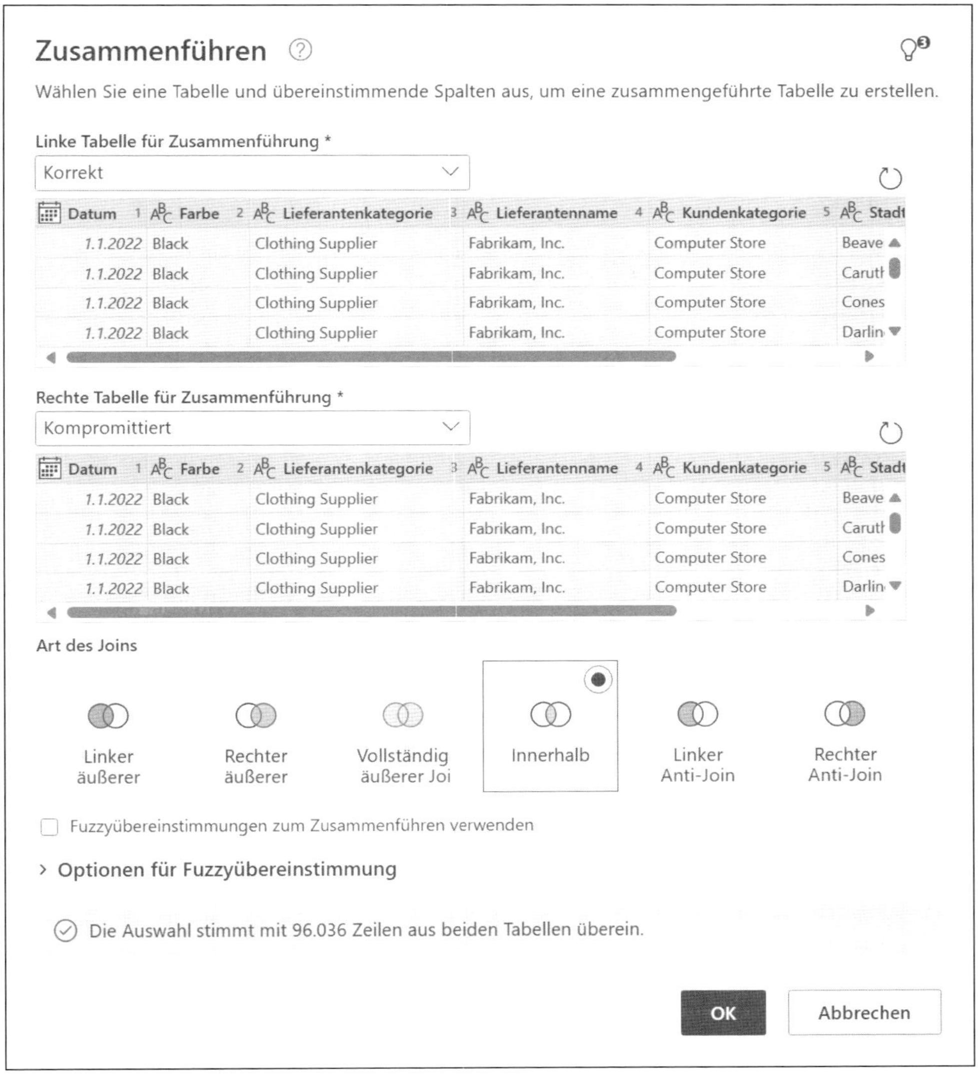

Abbildung 16.3 Das Dialogfeld *Zusammenführen* kann verwendet werden, um zwei Tabellen zu vergleichen und nicht übereinstimmende Werte zu finden.

7. Um die Zeilen zu filtern, in denen die Werte von *Umsatz* und von *Kompromittiert.Umsatz* nicht identisch sind, ändern Sie die Formel wie folgt ab:

```
Table.SelectRows(#"Erweiterte Kompromittiert", each [Umsatz] <> [Kompromittiert.Umsatz])
```

Sie sollten jetzt sieben Zeilen mit unterschiedlichen Werten in *Umsatz* und *Kompromittiert.Umsatz* sehen.

Übung 16.2, Teil 2: Die verborgene Nachricht des Hackers in der kompromittierten Tabelle entdecken

In den nächsten Schritten verwenden Sie beim Zusammenführen einen rechten Anti-Join, um die Zeilen in der kompromittierten Tabelle zu erkennen, die vom Hacker hinzugefügt wurden und die nicht in der ursprünglichen Tabelle enthalten sind. Führen Sie die folgenden Schritte aus, um Übung 16.2 fortzusetzen:

8. Wählen Sie im Bereich *Abfragen* die Abfrage *Korrekt* aus. Wählen Sie dann auf der Registerkarte *Start* den Befehl *Abfragen zusammenführen | Abfragen als neue Abfrage zusammenführen* aus.
9. Wenn das Dialogfeld *Zusammenführen* geöffnet wird, nehmen Sie die folgenden Änderungen vor:
   a. Wählen Sie in der Tabelle *Korrekt* die Spalte *Datum* aus. Halten Sie dann die Umsch-Taste gedrückt und wählen Sie die Spalte *Stadt* aus. Achten Sie darauf, dass Sie die angegebene Reihenfolge der Spalten verwenden.
   b. Wählen Sie in der Dropdown-Liste *Rechte Tabelle für die Zusammenführung* die Abfrage *Kompromittiert* aus. Wählen Sie in der Tabelle *Kompromittiert* die Spalte *Datum aus.* Halten Sie dann die Umsch-Taste gedrückt und wählen Sie die Spalte *Stadt* aus. Achten Sie darauf, dass Sie die angegebene Reihenfolge der Spalten verwenden.
   c. Wählen Sie als *Art des Joins* die Option *Rechter Anti-Join* aus und wählen Sie *OK*, um das Dialogfeld *Zusammenführen* zu schließen.
10. Benennen Sie die neue Abfrage in **Nachricht des Hackers** um.
11. Klicken Sie auf den Link *Table* in der Spalte *Kompromittiert*, um einen Drilldown in die zusammengeführte Tabelle auszuführen.
12. Suchen Sie nach der Nachricht des Hackers.
13. Laden Sie die Abfrage *Nachricht des Hackers* in Ihren Power BI-Bericht oder Ihre Excel-Arbeitsmappe.

Die Lösungsdateien für diese Übung finden Sie in den Begleitdateien im Power BI-Bericht *K16U02 – Lösung.pbix* und in der Excel-Arbeitsmappe *K16U02 – Lösung.xlsx*.

Weitere fortgeschrittene Abfragen zum Vergleichen von Abfragen finden Sie in den folgenden Blog-Beiträgen:

- ***datachant.com/downloads/compare-tables-excel-power-bi***
- ***datachant.com/2017/08/10/compare-tables-excel-power-bi-part-2***

Zusammenfassung

Nun, da Sie dieses letzte Projekt abgeschlossen haben, sind Sie offiziell ein kompetenter Daten-Wrangler. Mit dem Power Query-Editor können Sie jetzt einen erheblichen Einfluss auf Ihr Unternehmen – und darüber hinaus – nehmen. In diesem Projekt haben Sie eine Kombination von Fähigkeiten angewendet, einschließlich des Anfügens mehrerer Arbeitsmappen und Tabellenblätter, das Anwenden von fortgeschrittenen Entpivotieren- und Pivotieren-Sequenzen, der Verwendung benutzerdefinierter Funktionen sowie von *Abfragen Zusammenführen*, um Datasets zu vergleichen.

Ich empfehle Ihnen, dieses Buch als Referenz zu nutzen. Bewahren Sie die Lösungsbeispiele für die weitere Verwendung auf. Diese können in Zukunft nützlich sein, wenn Sie neue Probleme angehen. Auch wenn sich Ihre Datasets möglicherweise völlig von den Daten in diesem Buch unterscheiden, werden Sie nach und nach herausfinden, wie Sie die Techniken wiederverwenden und die Lösungen erweitern können, um Ihre spezifischen Datenherausforderungen zu bewältigen.

Den Einsatz von Power Query zu lernen, ist ein permanenter Prozess. Um Ihre Data-Wrangling-Fertigkeiten zu verbessern, empfehle ich, dass Sie weiterhin chaotische Datasets in Power Query untersuchen und sich selbst herausfordern, mehr zu tun. Jetzt ist ein guter Zeitpunkt, um zu Kapitel 9, »Einführung in die Power Query-Formelsprache M«, zurückzukehren und zu schauen, welche Teile der M-Referenz oder Syntax Sie jetzt besser verstehen und wann Sie M verwenden können, um Ihre in der Benutzeroberfläche erstellten Abfragen zu erweitern und zu verbessern.

Von den ersten Seiten dieses Buches bis jetzt haben Sie höchstwahrscheinlich neue Funktionen und Fähigkeiten von Power Query in Excel und Power BI sowie neue Anwendungsfälle entdeckt, in denen Power Query Hunderte von Stunden sparen kann. Nun ist der Zeitpunkt gekommen, um zu prüfen, wie Sie Ihre neuen Data-Wrangling-Kenntnisse in Produkten wie Microsoft Analysis Services, Microsoft Flows und Power Apps, die jetzt auch Power Query enthalten, freisetzen können. Ihre Reise hat gerade begonnen. Viel Spaß!

Index

Symbole

Numerisch

A

B

C

D

E

F

G

H

I

J

K

L

M

N

O

P

Q

R

S

T

X

Z